Uwe Backes/Alexander Gallus/
Eckhard Jesse/Tom Thieme (Hrsg.)

Jahrbuch
Extremismus & Demokratie
(E & D)

37. Jahrgang 2025

Nomos

SIPS Sächsisches Institut für Polizei- und Sicherheitsforschung

Gedruckt mit Unterstützung des Sächsischen Instituts für Polizei- und Sicherheitsforschung (SIPS) an der Hochschule der Sächsischen Polizei (FH).

Herausgeberschaft und Redaktion: Prof. Dr. Uwe Backes, Hannah-Arendt-Institut für Totalitarismusforschung, D-01062 Dresden, Tel. (0351) 46332802; Prof. Dr. Alexander Gallus, TU Chemnitz, Politikwissenschaft, Philosophische Fakultät, D-09107 Chemnitz, Tel. (0371) 53127710; Prof. em. Dr. Eckhard Jesse, TU Chemnitz, Politikwissenschaft, Philosophische Fakultät, D-09107 Chemnitz, Tel. (0371) 53127720; Prof. Dr. Tom Thieme, Hochschule der Sächsischen Polizei (FH), D-02929 Rothenburg/O.L., Tel. (035891) 462822.

Redaktion (Mitarbeit): Lukas Hämisch, M.A.; Daniela Weber; Frieda Koch

Kontakt: jahrbuch-ed@phil.tu-chemnitz.de

Internet: https://www.tu-chemnitz.de/phil/politik/pti/jahrbuch/jahrbuch.php

Konzept des Designs: Arifé Aksoy

Die Deutsche Nationalbibliothek verzeichnet diese Publikation in der Deutschen Nationalbibliographie; detaillierte bibliographische Daten sind im Internet über http://dnb.d-nb.de abrufbar.

ISBN 978-3-7560-3532-8 (Print)

ISBN 978-3-7489-6595-4 (ePDF)

Onlineversion
Nomos eLibrary

Jahrbuch
EXTREMISMUS & DEMOKRATIE (E&D)

Inhalt Band 37 (2025)

Einzelbesprechungen:

Editorial

Die politische Agenda in Deutschland war im Berichtszeitraum (2024) wie in den Vorjahren stark von internationalen Faktoren geprägt. Ein Ende des Ukraine-Krieges kam nicht in Sicht, und die sicherheitspolitische Diskussion blieb vom Ausmaß der notwendigen militärischen Unterstützung, der damit verbundenen außenpolitischen Prioritätensetzung und der Herkulesaufgabe der Ertüchtigung der Bundeswehr bestimmt. Die ökonomischen und sozialen Auswirkungen (hohe Energie- und Lebenshaltungskosten, Überforderung der Kommunen bei der Aufnahme und Integration von Flüchtlingen und Asylsuchenden, Verknappung der Mittel für sozialstaatliche Leistungen) blieben Gegenstand von Kontroversen. Hinzu kam das militante Vorgehen der israelischen Armee gegen die HAMAS im Gazastreifen mit gravierenden humanitären Auswirkungen und den sich daraus ergebenden Fragen für deutsche Unterstützungsleistungen. All dies schuf neben dem erneuten Einzug Donald Trumps ins Weiße Haus günstige Rahmenbedingungen und Gelegenheitsstrukturen für populistische wie extremistische Akteure. Die Alternative für Deutschland (AfD) konnte erneut reüssieren – trotz ihrer Russland-Nähe und „Remigration"-Rhetorik, die sich auf das ideologische Rüstzeug des Identitären Martin Sellner stützt, mit dem sich der Wiener Politikwissenschaftler Florian Hartleb in der Kategorie *Literatur aus der „Szene"* auseinandersetzt. Kam sie bei der Europawahl im Mai hinter der Union mit deutlichem Abstand auf Platz zwei, lieferte sie sich in den drei Wahlen im östlichen Deutschland ein Kopf-an-Kopf-Rennen mit den Christdemokraten. In Thüringen konnte sie sogar zur stärksten Partei avancieren. Eckhard Jesse (*Dossier* „Wahlen 2024") erwähnt die Thesen des Berliner Soziologen Steffen Mau, der Osten werde angesichts der Elitenschwäche, der Schrumpfungsprozesse und der Besonderheiten politischer Kultur mit ausgeprägten Vorbehalten gegen Immigration dauerhaft „anders bleiben". Erreichte die AfD in den westlichen Ländern ein ähnliches Niveau wie in den östlichen, wäre die international diskutierte „Krise der Demokratie" auch für Deutschland nicht zu leugnen. Zur Lage der Demokratie weltweit zieht der Heidelberger Emeritus für Politikwissenschaft Manfred G. Schmidt in seiner *Analyse* eine differenzierte Bilanz. Zu den Belastungsfaktoren rechnet er den gewachsenen Einfluss des Rechtspopulismus und insbesondere die Auswirkungen der Erfolge Trumps in den USA.

Die etablierten demokratischen Parteien in Deutschland hadern mit dem Problem des angemessenen Umgangs mit der AfD. In der Frage des Einsatzes der schärfsten Schwerter der „streitbaren Demokratie", insbesondere des Parteiverbots, herrscht Uneinigkeit – im Blick auf die Fragen der Legitimität wie der Effektivität. Mit historischen Mythen, die um die Entstehung des Konzepts kreisen, setzt sich Uwe Backes in seiner *Analyse* auseinander. Der breite Konsens in der Entstehungsperiode der zweiten deutschen Demokratie wurzelt in der „tiefen

Enttäuschung der westdeutschen Demokratiegründer angesichts des Untergangs der Weimarer Republik und ihrer wahrgenommenen Wehrlosigkeit". Daher war der Gedanke der „Wehrhaftmachung" der Demokratie omnipräsent und nicht das geistige Eigentum einiger weniger. Die historischen Hypotheken prägen den deutschen Umgang mit dem rechten Extremismus/Populismus bis in die Gegenwart. Der Mannheimer Emeritus für Politikwissenschaft Peter Graf Kielmansegg nimmt darin im internationalen Vergleich einen deutschen Sonderfall wahr. „Die regelmäßige Beschwörung der Gefahr der Wiederkehr des Nationalsozialismus" habe „durchaus etwas Zwanghaftes. Es ist, als wollten spätere Generationen die Probe, die die Zeitgenossen einst nicht bestanden haben, doch noch bestehen." Dabei übersieht er nicht die vom Rechtspopulismus ausgehenden Gefahren, insbesondere wenn dieser (wie in den USA und Ungarn) Mehrheiten gewinnt und regieren kann. Demokratieabbau scheint dann die unabwendbare Folge. Die deutsche Blickfixierung auf die NS-Vergangenheit machten „Augenmaß, Nüchternheit, Pragmatismus" im Umgang mit der AfD unmöglich, „aber eröffnen vermutlich die größeren Chancen, ihm erfolgreich entgegenzuwirken." Die Auseinandersetzung mit dem Populismus/Extremismus steht auch im Zentrum des Buches des ehemaligen SPD-Bildungs- und Finanzministers von Mecklenburg-Vorpommern, Mathias Brodkorb („Gesinnungspolizei im Rechtsstaat?"): Der studierte Philosoph und jetzige Publizist plädiert für einen grundlegenden Umbau der Sicherheitsbehörden. Wie umstritten das Thema ist, zeigen die konträren Ergebnisse der Rezensenten der Brodkorb-Studie (Bene Ausborn, Wolfgang Durner, Hans-Gerd Jaschke, Roland Löffler, Paul Schliefsteiner) in der Rubrik »Kontrovers besprochen«. Dabei dürfte Einigkeit zwischen den Autoren in einem Punkt bestehen: Extremismusbekämpfung muss sich innerhalb eines klar abgesteckten rechtsstaatlichen Rahmens bewegen und auch die unantastbaren Freiheitsrechte von Populisten/Extremisten respektieren. Wie die Migrationsforscherin von der Pädagogischen Hochschule Schwäbisch-Gmünd Sandra Kostner in ihrer *Analyse* zeigt, kann die Regulierung von Meinungsäußerungen in Sozialen Medien unerwünschte Nebenwirkungen zeitigen, etwa einen gesellschaftlichen Druck erzeugen, der Menschen davon abhält, ihre legitimen Auffassungen öffentlich frei zu äußern. Sie sieht Gefahren für die liberale Ordnung und übt Kritik am Verfassungsschutz.

Die Radikalisierung und der Einflussgewinn der AfD sind Gegenstand mehrerer Beiträge des Bandes. Die Politikwissenschaftler Carsten Wegscheider (Münster) und Fabian Habersack (Innsbruck) sehen in einem *Dossier* in der vom Verfassungsschutz als „gesichert rechtsextrem" bewerteten Jugendorganisation „Junge Alternative" ein Zentrum bei „der ideologischen und organisatorischen Radikalisierung der AfD". Sie habe als „ideologisches Versuchslabor, Kaderschmiede und kommunikatives Korrektiv [...] nicht nur einzelne Strömungen gestärkt, sondern den Kurs der Gesamtpartei nachhaltig nach rechts verschoben." Welche Bedeutung diese Entwicklung für die Gefährdung der Demokratie hat, untersucht der Dresdener Politikwissenschaftler Steven Schäller in einem *Literaturbericht*. Dabei hebt er eine Anzahl von Studien hervor, die fundierte Ergebnisse erarbeiten, hält aber auch einigen Autoren polemische Entgleisungen und eine ins Klischeehafte abdriftende Wahrnehmung „des Ostens“ vor. Schäller leitet damit gleichsam zur *Sammelrezension* des Bonner Politikwissenschaftlers Manuel Becker über: „Der Osten“ im noch nicht abgeschlossenen Transformationsprozess nach 1989/90, gespiegelt anhand markanter Neuerscheinungen sowohl fachwissenschaftlicher als auch essayistischer Provenienz.

Neben dem Schwerpunkt AfD bietet auch dieser Band eine Vielzahl von Beiträgen, die einem breiten Spektrum extremistischer Gruppierungen gewidmet sind. So kommentiert Alexander Gallus („Dokumentation 2024“) die Vorgänge um das „rechtwidrige Verbot“ der rechtsextremistischen Vereinigung „COMPACT“. Der Berliner Politikwissenschaftler Jan-Hinrick Pesch widmet dem MLPD-Organ „Rote Fahne“ ein *Medienporträt*. Sein Berliner Kollege Norman Siewert befasst sich mit dem Ende 2023 als „Reaktion auf den israelischen Gegenschlag gegen die Hamas und die vermeintliche staatliche ‚Repression‘ gegen die ‚Palästina-Solidarität‘ in Deutschland“ entstandenen „Kufiya-Netzwerk“, zu dem auch seit langem von den Verfassungsschutzbehörden beobachtete linksextremistische Vereinigungen wie die Deutsche Kommunistische Partei (DKP), die Revolutionäre Linke (RL) oder die Gruppe ArbeiterInnenmacht (GAM) zählen. Während dieses Milieu die Gefährdung durch islamistische Bestrebungen in Deutschland unterschätzt, lebt der Rechtspopulismus von der permanenten Anprangerung tatsächlicher oder vermeintlicher islamistischer Radikalisierung. Die Duisburger Politikwissenschaftler Cemal Öztürk und Susanne Pickel schlussfolgern in einem *Dossier*, Co-Radikalisierungsdynamiken seien in einem komplexen gesellschaftlichen Wirkungsgefüge zu analysieren: „Gefühle mangelnder Anerkennung, islamischer Fundamentalismus, Antisemitismus und demokratiefeindliche Einstellungsmuster müssen als Risikofaktoren eines islamistischen Radikalisierungspfades ernst genommen werden.“ Ein Bündel solcher Risikofaktoren behandelt die Bonner Extremismus- und Islamismusforscherin Evelyn Bokler in einem *Biographischen Porträt* am Beispiel des Lebensweges des 1978 in Frechen bei Köln geborenen Pierre Vogel. Er gehört zu den „charismatischsten Imamen“ in Deutschland. Den deutschen Rahmen verlässt das *Länderporträt* Tom Thiemes über Moldau. An der Nahtstelle von EU und russischer Einflusssphäre (Transnistrien) hat sich durch den Ukraine-Krieg die gesellschaftliche Polarisierung in „proeuropäische“ und „prorussische“ Kräfte weiter vertieft, woraus rechte, linke und separatistische Extremismen auf unterschiedliche Weise Profit schlagen.

Der *Rezensionsessay* aus der Feder des Berliner Politikwissenschaftlers Herfried Münkler würdigt die Memoiren Angela Merkels. Der Münsteraner Historiker Hans-Ulrich Thamer hat sich für *»Wieder gelesen«* Alan Bullocks Werk „Hitler und Stalin“ erneut angeschaut. Wie jedes Jahr enthält der Literaturteil eine Reihe von *Einzelbesprechungen*. Eine *Kommentierte Bibliographie* wird von einer kleinen Zeitschriftenauslese flankiert. Unter „Mitteilungen und Hinweise“ finden sich Selbstdarstellungen zum Informationsportal für Amts- und Mandatsträger, die Hass und Hetze erleben, und zur Stiftung Bundeskanzler-Adenauer-Haus mit den Ausstellungsorten Bad Honnef-Rhöndorf und Berlin.

U.B./A.G./E.J./T.T.

Analysen

Zur Geschichte des Konzepts der Streitbaren Demokratie

Von Uwe Backes

1. Einleitung

Wer die rechts- und politikwissenschaftliche Literatur zur Entstehung des Konzepts der Streitbaren Demokratie konsultiert, kann den Eindruck gewinnen, als handele es sich um die Erfindung einiger weniger Vordenker, die nach 1945 von den Demokratiegründern in den westlichen Besatzungszonen Deutschlands in den Prozess der Verfassungsgebung der Länder (allen voran: Bayern, Württemberg-Baden und Hessen) und des Bundes (Herrenchiemseer Verfassungskonvent und Parlamentarischer Rat) eingebracht und verfassungsrechtlich verankert worden sei. Am häufigsten genannt wird Karl Loewenstein. Er hatte 1937 in der *American Political Science Review* eine erste vergleichende Untersuchung zum Demokratieschutz in jenen europäischen Demokratien vorgelegt, die sich dem Ansturm extremistischer Bewegungen mit Massenanhang u. a. mittels der Einschränkung von Partizipationsrechten zumindest eine Zeitlang erfolgreich zur Wehr setzten. Mit dem Losungswort „Militant Democracy" lieferte er zugleich eine Formel, die diese Art des repressiv-intervenierenden Demokratieschutzes einprägsam zum Ausdruck brachte.[1] So liegt die Vermutung nahe, „die Vorschläge Loewensteins" müssten den Vätern und Müttern des Grundgesetzes „bekannt gewesen sein und Eindruck gemacht haben, denn sie wurden nahezu in ihrer Gesamtheit – in der Verfassung oder einfachgesetzlich – aufgegriffen".[2] Wer jedoch in den frühen Kommentaren zu den Länderverfassungen und zum Grundgesetz nach Verweisen auf den Beitrag Loewensteins sucht, wird enttäuscht.[3] Loewensteins Name fehlt auch im ersten umfangreichen Kommentar

1 Vgl. Karl Loewenstein, Militant Democracy and Fundamental Rights, in: American Political Science Review 31 (1937), S. 417–432, 638–658. Siehe zum historischen Hintergrund auch: Jan Vondráček, Die Selbstbehauptung der tschechoslowakischen Demokratie in der Zwischenkriegszeit als Vorbild und Impulsgeber für Karl Loewensteins Modell der Militant Democracy, in: Heidi Hein-Kircher/Steffen Kailitz (Hrsg.), Transformation zur Demokratie: Ostmitteleuropa zwischen den Kriegen, Marburg 2022, S. 221–237.

2 Anna-Bettina Kaiser, Ausnahmeverfassungsrecht, Tübingen 2020, S. 163.

3 Vgl. nur Hans Berger, Zur Entstehung des Bonner Grundgesetzes, in: Deutsche Verwaltung 2 (1949), S. 309–312; Wilhelm Grewe, Das Grundgesetz: Die Verfassungsrechtlichen Grundlagen der Bundesrepublik Deutschland, in: Deutsche Rechts-Zeitschrift 4 (1949) 14, S. 313–317; Hans Peter Ipsen, Über das Grundgesetz, Hamburg 1950; Hermann Jahrreiss, Demokratie. Selbstbewusstsein – Selbstgefährdung – Selbstschutz, in: Festschrift Richard Thoma zum 75. Geburtstag, Tübingen 1950, S. 71–91; Gerhard Leibholz, Volk und Partei im neuen deutschen Verfassungsrecht, in: Deutsches Verwaltungsblatt (1950) 7, S. 194–197; Werner Matz, Die Vorschriften des Grundgesetzes über die politischen Parteien in den Verhandlungen des Parlamentarischen Rates, in: Deutsche Rechts-Zeitschrift 5 (1950) 12, S. 273–275; Walter Menzel, Der Aufbau der Deutschen Republik, Minden 1947; ders., Die verfassungspolitischen Entscheidungen

zum Grundgesetz aus der Feder Hermann von Mangoldts, eines der Mitglieder des Parlamentarischen Rates.[4] Nicht einmal Friedrich Karl Fromme, der als erster eine umfassende Bilanz zur Anti-Weimar-Verfassungsgebung im westlichen Deutschland zog, erwähnt Loewensteins Militant Democracy-Analyse oder dessen daran anknüpfende Arbeiten der späten 1930er Jahre.[5] So spricht Augustin Simard mit einigem Recht von einer „Legende".[6]

Als Vordenker des Konzepts oft genannt wird auch der „Wissenssoziologe" Karl Mannheim. Als 1951 die deutsche Übersetzung seines 1941 in englischer Sprache erschienenen Buches *Diagnosis of our Time* erschien, wurde dessen Formel „militant democracy" mit „streitbare Demokratie" übersetzt. Diese Bezeichnung entwickelte sich zum Synonym für die besonderen Demokratieschutzmechanismen des Grundgesetzes.[7] Wenn dies zutrifft, ist das ein weiterer Hinweis auf die Überschätzung des Einflusses von Loewensteins „Militant Democracy"-Analyse aus dem Jahr 1937. Zudem war Mannheim kaum Ideengeber der spezifischen Form eines auf dosierte Eingriffe in Partizipationsrechte basierenden Demokratieschutzes. Mannheim plädierte für eine „militant democracy" vor allem im Sinne einer Absage an den „Laissez-faire liberalism"[8], der Toleranz als Neutralität verstehe und die Grundwerte menschenwürdigen Daseins aus den Augen verliere.

Vor allem Kritiker des Konzepts der Streitbaren Demokratie bringen es mit dem so berühmten wie berüchtigten Staatsrechtler Carl Schmitt in Verbindung, um seinen (vermeintlichen) antiliberalen Ursprung zu entlarven: „Was sich nach 1945 als geläuterte Form der Demokratie ausgab, speiste sich aus antiparlamentarischen,

im Grundgesetz, in: Deutsche Verwaltung 2 (1949), S. 312–314; Ulrich Scheuner, Der Verfassungsschutz im Bonner Grundgesetz, in: Um Recht und Gerechtigkeit. Festgabe für Erich Kaufmann zu seinem 70. Geburtstag, Stuttgart/Köln 1950, S. 313–330; Karl Schmid [d.i. Carlo Schmid], Die politische und staatsrechtliche Ordnung der Bundesrepublik Deutschland, in: Die Öffentliche Verwaltung 2 (1949), S. 201–207; Werner Weber, Weimarer Verfassung und Bonner Grundgesetz, Göttingen 1949. Siehe auch: Peter Häberle (Hrsg.), Entstehungsgeschichte der Artikel des Grundgesetzes. Neuausgabe des Jahrbuchs des öffentlichen Rechts der Gegenwart, Bd. 1/1951, Tübingen 2010.

4 Vgl. Hermann von Mangoldt, Das Bonner Grundgesetz, mit einem Geleitwort von Gerhard Leibholz, Berlin/Frankfurt a. M. 1953.

5 Friedrich Karl Fromme, Von der Weimarer Verfassung zum Bonner Grundgesetz. Die verfassungspolitischen Folgerungen des Parlamentarischen Rates aus Weimarer Republik und nationalsozialistischer Diktatur, Tübingen 1960. Loewensteins Aufsatz Verfassungsrecht und Verfassungsrealität (Archiv des Öffentlichen Rechts 77 [1951/52], S. 387–435) wird (neben anderen) oft zitiert, aber Loewenstein selbst geht in diesem weit ausgreifenden Vergleich nur knapp auf das Grundgesetz ein, ohne dessen Streitbarkeit in Verbindung zu seinen eigenen Arbeiten aus den 1930er Jahren zu bringen.

6 Augustin Simard, Das Erbe von Weimar aus transatlantischer Perspektive. Der Schutz der Demokratie bei Karl Loewenstein und Carl J. Friedrich, in: Manfred Gangl, Die Weimarer Staatsrechtsdebatte. Diskurs- und Rezeptionsstrategien, Baden-Baden 2011, S. 259–287, hier: S. 264.

7 Vgl. Eckhard Jesse, Streitbare Demokratie in der Bundesrepublik Deutschland. Das Beispiel des Extremistenbeschlusses von 1972, unveröffentlichte Habilitationsschrift, Universität Trier, 1989, S. 48 f.

8 Vgl. Karl Mannheim, The third way: a militant democracy, in: Ders., Diagnosis of our time. Wartime Essays of a Sociologist, London 1943, S. 7; ders., Diagnose unserer Zeit. Gedanken eines Soziologen, Zürich u. a. 1951, S. 17.

antipluralistischen und antiliberalen Traditionen der Weimarer Zeit."[9] Jedoch berief sich Schmitt bei seiner Diagnose der Inkonsistenz der Weimarer Reichsverfassung auf Kritiker der grenzenlosen Wertneutralität (wie Heinrich Triepel, Carl Bilfinger, Erwin Jacobi, Otto Koellreutter, Hans Gerber, Ottmar Bühler, Richard Thoma, Walter Jellinek und Karl Loewenstein)[10], die gegensätzliche verfassungspolitische Ziele verfolgten und Anfang der 1930er Jahre keineswegs alle Schmitts Nähe zu den autoritären Präsidialkabinetten teilten. Loewenstein gehörte der liberalen *Fortschrittlichen Volkspartei* an und blieb ihr „bis zum Schluss treu".[11] Nach dem Zusammenbruch des Dritten Reiches verfasste Loewenstein ein Memorandum für den alliierten Kontrollrat über die Persönlichkeit und das Werk Schmitts, das diesen einerseits als herausragenden Gelehrten, andererseits als skrupellos-opportunistischen Unterstützer des NS-Regimes charakterisierte. Er verdiene es, als Kriegsverbrecher verurteilt zu werden.[12]

Ob Karl Loewenstein, Karl Mannheim oder Carl Schmitt: Wer die Entstehung des Konzepts der Streitbaren Demokratie eng mit diesen Vordenkern verbindet, übersieht die Breite der Debatte, die bereits in der Endphase der Weimarer Republik über die Strukturfehler der Reichsverfassung und die Grenzen des Republikschutzes geführt wurde. Dies ist Gegenstand des folgenden Abschnitts. Die Forderung nach „Wehrhaftmachung" der Demokratie zirkulierte in den verstreuten Zirkeln des demokratischen Exils (Abschnitt 3) – und war Teil einer internationalen Diskussion, die sich um die Herausforderung des Demokratieschutzes durch totalitäre Massenbewegungen drehte (Abschnitt 4). Was von alledem in die Verfassungsgebung der Jahre 1946–1949 einfloss, ist nicht leicht zu bestimmen (Abschnitt 5). Wie sich zeigt, war der sozialdemokratische Einfluss weitaus größer als heute gemeinhin angenommen.

---

9 Claus Leggewie/Horst Meier, Republikschutz. Maßstäbe für die Verteidigung der Demokratie, Reinbek bei Hamburg 1995, S. 171.

10 Vgl. Carl Schmitt, Legalität und Legitimität, Nachdruck der ersten Auflage von 1932, Berlin 1968, S. 49. Siehe zum Verhältnis zwischen Schmitts und Loewensteins Arbeiten der 1920er und frühen 1930er Jahre: Mariano Croce, Democracy: constrained or militant? Carl Schmitt and Karl Loewenstein on what it means to defend the constitution, in: Intellectual History Review 35 (2025), S. 247–266; Jens Hacke, Existenzkrise der Demokratie. Zur politischen Theorie des Liberalismus in der Zwischenkriegszeit, Berlin 2018, S. 217–255.

11 Karl Loewenstein, Des Lebens Überfluß. Erinnerungen eines ausgewanderten Juristen, hrsg. von Oliver Lepsius, Robert Chr. van Ooyen und Frank Schale, Tübingen 2023, S. 119. Siehe zu Loewensteins verfassungspolitischen Positionen im Vergleich: Robert van Ooyen, Verfassungspolitologie des demokratischen „Verfassungsrealismus": von Lassalle über Kelsen zu Karl Loewenstein, in: Detlef Lehnert (Hrsg.), Verfassungsdenker. Deutschland und Österreich 1870–1970, Berlin 2017, S. 291–321; Markus Lang, Karl Loewenstein zwischen den „Ideen von 1789" und den „Ideen von 1914", in: Manfred Gangl (Hrsg.), Linke Juristen in der Weimarer Republik, Frankfurt a. M. u. a. 2003, S. 215–245; Oliver Lepsius, Karl Loewenstein (1891–1973), in: Peter Häberle/Michael Kilian/Heinrich Amadeus Wolff (Hrsg.), Staatsrechtslehrer des 20. Jahrhunderts. Deutschland – Österreich – Schweiz, Berlin 2015, S. 489–517.

12 Vgl. Markus Lang, Karl Loewenstein. Transatlantischer Denker der Politik, Stuttgart 2007, S. 249–251.

2. Legalitätstaktik und Republikschutz in der Endphase der Weimarer Republik

Oft zitiert wird Karl Loewensteins Forderung auf der Tagung der Deutschen Staatsrechtslehrer in Halle an der Saale (28./29. Oktober 1931). Er empfahl „staatstechnische Mittel […], um die aufgetretenen Stockungen und Fehlleitungen der Volkswillensbildung zu überwinden".[13] Statt Wahlrechtsreformen, wie sie Gerhard Leibholz in seinem Referat vorgeschlagen hatte, plädierte er für die Einführung von Vorwahlen nach amerikanischem Vorbild sowie Einschränkungen der Partizipationsrechte antidemokratischer Parteien: „Der Staat hat die Pflicht der Selbsterhaltung, sich dagegen zu wehren, dass gerade den Parteien der parlamentarische Apparat zur Verfügung gestellt wird, die sich zum Programm gemacht haben, diesen Apparat zu zerschlagen. Die gewöhnlichen Mittel gegen parlamentarische Obstruktion reichen nicht aus. Die Parteien, welche programmatisch und durch die Tat den Parlamentarismus verwerfen, müssten von seiner Benutzung überhaupt ausgeschlossen werden, dazu wäre vielleicht nicht einmal eine Verfassungsänderung erforderlich, sondern eine Änderung der Geschäftsordnung genügend. Der Staat, der von zwei radikalen Flügelparteien bewusst bedroht wird, muss sich entschlossen dagegen zur Wehr setzen."[14] Loewenstein berief sich nicht explizit auf einen zu schützenden normativen Verfassungskern, machte aber die Anwendung von Gewalt nicht zur Bedingung für den staatlichen Eingriff.

Viele demokratische Politiker waren in höchster Sorge angesichts der zunehmenden Wirkungslosigkeit des intervenierenden Republikschutzes. Zwei Faktoren trugen dazu maßgeblich bei: Die – von den desaströsen Folgen der Weltwirtschaftskrise geprägte – Reichstagswahl vom 14. September 1930 hatte den Wähleranteil der NSDAP nach oben schnellen lassen. Sie konnte ihren Stimmenanteil „nahezu verzehnfachen […], ein zumindest in der deutschen Wahlgeschichte bisher einmaliger Vorgang".[15] Hatte sie bis dahin auf Reichsebene nur eine marginale Rolle gespielt (Reichstagswahl 1928: 2,6 Prozent, 12 Mandate), avancierte sie (nach der SPD) zur zweitstärksten Partei im Reichstag (18,3 Prozent, 107 Mandate). Nun sah die NS-Führung die reale Chance einer Machtübernahme durch Wahlen, zumal es bereits Anfang 1930 in Thüringen zu einer ersten Regierungsbeteiligung der NSDAP auf Landesebene gekommen war. Im „Ulmer Reichswehrprozess" vor dem Reichsgericht in Leipzig (gegen Offiziere des 5. Artillerie-Regiments in Ulm, denen Konspiration mit der NSDAP und Vorbereitung einer Volkserhebung vorgeworfen wurde) erklärte Hitler (25. September 1930): „Die Verfassung schreibt uns nur die Methoden vor, nicht aber das Ziel. Wir werden auf diesem verfassungsmäßigen Wege die ausschlaggebenden Mehrheiten in den gesetzgebenden Körperschaften zu erlangen

13 Karl Loewenstein, Diskussionsbeitrag, in: Veröffentlichungen der Vereinigung der Deutschen Staatsrechtslehrer, Heft 7, Berlin/Leipzig 1932, S. 192.

14 Ebd., S. 193. Siehe auch zum Folgenden: Uwe Backes, Schutz des Staates. Von der Autokratie zur streitbaren Demokratie, Opladen 1998, S. 23–36.

15 Jürgen W. Falter, Hitlers Wähler, München 1991, S. 30.

suchen, um in dem Augenblick, wo uns das gelingt, den Staat in die Form zu gießen, die unseren Ideen entspricht.“[16]

Die mit Abstand stärkste staatstragende Partei, die SPD, war zwar durch das Ausscheiden aus der Reichsregierung (Scheitern des Kabinetts Hermann Müller im März 1930) geschwächt, verfügte aber noch über bedeutende Machtbastionen, insbesondere im größten Flächenstaat Preußen, wo sie mit Otto Braun den Ministerpräsidenten stellte und u. a. das Innenministerium (Albert Grzesinski, 1926–1930; Carl Severing, 1930–1932) leitete. Hatten die Sozialdemokraten die NSDAP lange Zeit vor allem als umstürzlerische, gewaltorientierte und auf einen Putsch hinarbeitende Partei bekämpft, wurde diesem Vorgehen durch den ostentativen Legalitätskurs und die Wahlerfolge der NSDAP zunehmend der Boden entzogen. Es zeugte von Hilflosigkeit, wenn Ministerpräsident Braun noch im Oktober 1930 vor allem auf die gewaltorientierten Umsturzpläne der NSDAP abhob.[17] Dies entsprach der rechtlichen Struktur des Weimarer Republikschutzes, dessen Eingriffsschwelle die Anwendung von Gewalt und die Vorbereitung gewaltsamer Umsturzhandlungen erforderte.[18]

Die SPD-Innenpolitiker empfanden die daraus erwachsenen Hemmungen im Umgang mit erklärten Republikfeinden zunehmend als existenzielles Problem. In einem bereits 1933 verfassten Rückblick beurteilte der ehemalige preußische Innenminister und Berliner Polizeipräsident Albert Grzesinski diese Lage als fatal: „Der deutschen Republik, in Sonderheit den republikanischen Parteien, fehlte vielfach der eiserne Wille zur Macht, fehlte die unerlässliche Härte, die ein um seine Existenz noch ringender Staat nicht entbehren kann, fehlte die unerbittliche Konsequenz in der Behandlung der politischen Feinde dieses Staates. An dem Grundsatze der demokratischen Presse-, Koalitions-, Versammlungs- und Redefreiheit hielt man auch denen gegenüber noch fest, die eingestandenermaßen diese Rechte nur für sich in Anspruch nahmen, um die so erhaltene Freiheit in Wort und Schrift zur Beseitigung der demokratischen Rechte zu gebrauchen.“[19]

Der 1930 in den Reichstag gewählte bayerische Jurist und SPD-Politiker Wilhelm Hoegner legte auf der Reichsverfassungsfeier in Augsburg am 9. August 1931 eine Absenkung der Eingriffsschwelle nahe: „Wir wissen genau, welches Schicksal uns

---

16 Adolf Hitler, Reden, Schriften, Anordnungen, Februar 1925 bis Januar 1933, Bd. III, Teil 3, hrsg. und kommentiert von Christian Hartmann, München u. a. 1995, S. 445. Siehe auch Peter Bucher, Der Reichswehrprozeß. Der Hochverrat der Ulmer Reichswehroffiziere 1939–30, Boppard am Rhein 1967, S. 275.

17 Vgl. Wolfram Pyta, Gegen Hitler und für die Republik. Die Auseinandersetzung der deutschen Sozialdemokratie mit der NSDAP in der Weimarer Republik, Düsseldorf 1989, S. 267. Siehe zum historischen Hintergrund auch: Gerhard Schulz, Einleitung: Staatsschutz und Nationalsozialismus in der Ära Brüning, in: Ilse Maurer/Udo Wengst (Bearb.), Staat und NSDAP 1930–1932. Quellen zur Ära Brüning, Düsseldorf 1977, S. VII-LXX.

18 Vgl. Gotthard Jasper, Der Schutz der Republik. Studien zur staatlichen Sicherung der Demokratie in der Weimarer Republik 1922–1930, Tübingen 1963, S. 286–292.

19 Albert Grzesinski, Im Kampf um die deutsche Republik. Erinnerungen eines Sozialdemokraten, hrsg. von Eberhard Kolb, München 2001, S. 212. Siehe dazu auch die Einleitung des Herausgebers Eberhard Kolb, S. 11–40. Ferner: Albert Grzesinski, Inside Germany, New York 1939, S. 139–145 („Democratic Tolerance“).

die Gegner bereiten wollen. Nicht allein nur durch das italienische Beispiel sind wir gewitzigt, wir erinnern uns noch genau an den 9. November 1923, als die Nationalsozialisten ihre Verfassung bekanntgaben. Alle anderen Parteien sollen aufgelöst, alle Parlamente beseitigt werden. Auch Köpfe sollen rollen. Wir wissen, was sie wollen. […] In der demokratischen Republik darf kein Platz sein für Leute, welche den demokratischen Staat vernichten wollen."[20]

Die mangelnde Durchschlagskraft im Umgang mit erklärten Republikfeinden führte Hoegner Jahre später wesentlich auf Strukturfehler der Weimarer Reichsverfassung zurück. Die „demokratischste Verfassung der Welt" sei gleichzeitig durch „schwere Mängel" gezeichnet gewesen, „die sich innenpolitisch auswirkten".[21] Vor allem habe sie unzureichenden „Schutz der demokratischen Einrichtungen gegen Staatsverbrecher" geboten: Die „Väter der Weimarer Verfassung […] kamen gar nicht auf den Gedanken, dass man das Volk zur Vernichtung seines eigenen Selbstbestimmungsrechts aufrufen könnte. Man ließ daher nach vermeintlich demokratischen Spielregeln auch Falschspieler mitspielen, die nach gelungenem Betrug den Spieltisch umwarfen und das Spiel für beendet erklärten. Im Namen der politischen Freiheit überließ man den Henkern den Strick, an dem sie die politischen Rechte der Staatsbürger aufknüpfen konnten. Im Namen der Freiheit sah man der politischen Bandenbildung und der Ansammlung von Waffen untätig zu. Ein liebenswürdiger, aber schwächlicher Reichstagspräsident ließ jahrelang nationalsozialistische Redner von der Tribüne des Reichstags herab die deutsche Republik als ‚System der Ehrlosigkeit und des Landesverrats' beschimpfen, ohne auch nur einen Ordnungsruf zu erteilen. In einer vermeintlich demokratischen Anwandlung gab er einmal den Vorsitz ab und setzte sich als Redner für die Aufhebung des Redeverbots gegen Hitler ein. Eine so missverstandene Demokratie laugte den Staat aus und machte ihn zum Gespött seiner geschworenen Feinde."[22]

Gewiss neigte Hoegner zu einer Überschätzung des Verfassungsrechts als Einflussfaktor der Regimelabilität. Sie dürfte aus der perspektivischen Verengung des Juristen ebenso wie aus dem verzweifelten Abwehrkampf gegen einen politischen Gegner zu erklären sein, dessen Gefährlichkeit Hoegner weit früher als andere erkannt hatte. Als Staatsanwalt und Richter sowie sozialdemokratischer Abgeordneter des Bayerischen Landtags (1924–1930) hatte er reiche Erfahrungen mit der frühen

20 Wilhelm Hoegner, Rede auf der Reichsverfassungsfeier in Augsburg, in: Im Sturm wird sich zeigen die unterschütterliche deutsche Republik!, Schwäbische Volkszeitung (Augsburg) vom 12. August 1931, S. 2. Siehe zu dieser Rede ausführlich: Thomas Nicklas, „La démocratie uniquement pour les démocrates!" L'axiologie de la politique républicaine selon Wilhelm Hoegner, in: Revue d'Allemagne 55 (2023), S. 185–197; Uwe Backes, Wilhelm Hoegner (1887–1980): ein unterschätzter Wegbereiter der Wehrhaften Demokratie, in: Recht und Politik 60 (2024), S. 445–458.

21 Ritter (Pseudonym für Wilhelm Hoegner), Lehren der Weimarer Republik, in: Schweizer Monatshefte. Zeitschrift für Politik, Wirtschaft, Kultur 25 (1945/46), H. 1, S. 14–34, hier: S. 25. Im Schweizer Exil hatte sich Hoegner jeglicher politischer Betätigung zu enthalten. Daher musste er Texte wie diesen unter Pseudonym veröffentlichen. Vgl. Peter Kritzer, Wilhelm Hoegner. Politische Biographie eines bayerischen Sozialdemokraten, München 1979, S. 113–133.

22 Hoegner (FN 21), S. 27 f.

NSDAP und ihrem Aufstieg in der „Ordnungszelle Bayern" unter Gustav von Kahr gesammelt und als Berichterstatter im Landtagsausschuss zur Untersuchung des Hitlerputsches (8./9. November 1923) und seiner Voraussetzungen fungiert.[23] Seine Jungfernrede im Reichstag am 8. Oktober 1930[24] bot eine schonungslose Abrechnung mit Programmatik und Politik der NSDAP – und machte Hoegner zu einem der am meisten gehassten Feinde der NS-Führung. Kurz nach der Machtübernahme der Nationalsozialisten erteilte Reinhard Heydrich in Bayern Haftbefehl gegen Hoegner, und dieser musste sich im Juli 1933 nach wochenlangem riskantem Versteckspiel mit einer Gewalttour übers Karwendel nach Tirol in Sicherheit bringen.[25]

3. Deutsche Demokraten im Exil zur „Wehrhaftmachung der Demokratie"

Als Sekretär der *Sozialdemokratischen Arbeiterpartei* in Innsbruck gab Hoegner die Parole „Demokratie nur für Demokraten" aus, die in den Exilzirkeln in der Tschechoslowakei, Österreich, der Schweiz, Frankreich und Großbritannien zirkulierte. Wer die „Spielregeln der Demokratie"[26] breche, könne nicht erwarten, dass man sie ihm gegenüber beachte. Währte der Tirol-Aufenthalt wegen der sich zuspitzenden innenpolitischen Lage nur siebeneinhalb Monate, sollte das Exil in der Schweiz beinahe zwölf Jahre dauern. Dort pflegte er Kontakte mit anderen Emigranten (wie Otto Braun und Joseph Wirth) und entwickelte ab 1939/40 Pläne für eine neue Reichsverfassung.[27] Einer der Entwürfe enthielt folgende Bestimmung: „Wählergruppen, deren Mitglieder darauf ausgehen, die staatsbürgerlichen Freiheiten zu vernichten oder gegen Volk, Staat und Verfassung Gewalt anzuwenden, dürfen sich an Reichstags-, Landtags- und Gemeindewahlen nicht beteiligen."[28]

Hoegner korrespondierte mit zahlreichen Vertretern des demokratischen Exils, aber unter den damaligen Bedingungen war nicht an einen intensiven geistigen Austausch über Landesgrenzen hinweg zu denken. Ideen zu einer „Wehrhaftmachung der Demokratie" waren nicht auf sozialdemokratische und sozialistische Exilzirkel

---

23 Vgl. Karl-Ulrich Gelberg (Hrsg.), Anonym (= Wilhelm Hoegner), Hitler und Kahr. Die bayerischen Napoleonsgrößen von 1923 (Anonym, 1928) (2. Juli 2007), in: Historisches Lexikon Bayerns, https://www.historisches-lexikon-bayerns.de/Lexikon/Anonym_(=_Wilhelm_Hoegner):_Hitler_und_Kahr._Die_bayerischen_Napoleonsgrößen_von_1923,_1928 (10. September 2024); Kritzer (FN 21), S. 52–58.

24 Vgl. Wilhelm Hoegner, Der Volksbetrug der Nationalsozialisten. Rede des Reichstagsabgeordneten Dr. Wilhelm Hoegner, Berlin 1930.

25 Kritzer (FN 21), S. 81–84; Wilhelm Hoegner, Flucht vor Hitler (1937). Erinnerungen an die Kapitulation der ersten deutschen Republik, München 1977, S. 192–196.

26 G. R. (Pseudonym), Grenzen der demokratischen Freiheit, in: Volkszeitung (Innsbruck) vom 17. Oktober 1933, S. 2.

27 Vgl. Kritzer (FN 21), S. 133–168.

28 Wilhelm Hoegner, Verfassungsentwurf, IfZ, NL Hoegner, ED 120, Bd. 19, S. 107. Siehe auch Annette Zimmer, Demokratiegründung und Verfassungsgebung in Bayern, Die Entstehung der Verfassung des Freistaates Bayern von 1946, Frankfurt a. M./Bern/New York 1987, S. 126.

begrenzt, wie etwa Pläne der Liberalen Hans Albert Kluthe[29] und Erich Koch-Weser[30] zeigen. Viele einte die Überzeugung: „Die zweite deutsche Demokratie würde sehr viel entschlossener gegenüber ihren Feinden auftreten müssen, als es der als ‚schwächlich' empfundene Weimarer Staat getan hatte."[31]

Als Thomas Mann im Frühjahr 1938 15 Städte der Vereinigten Staaten bereiste, um bei seinen Zuhörern Zuversicht im Blick auf den „kommenden Sieg der Demokratie" zu verbreiten, warnte er vor „grenzenlose[r] Duldsamkeit" im Namen der Humanität und forderte alle Demokraten dazu auf, „im Harnisch zu gehen und sich gegen ihre Todfeinde zu wehren".[32] Im Exilorgan *Neuer Vorwärts* lobte der ehemalige SPD-Reichstagsabgeordnete und Redakteur Friedrich Stampfer, Mitglied des (von Prag nach Paris umgezogenen) Sopade-Exilvorstandes, im September 1938 den Literatur-Nobelpreisträger für seine Forderung nach „Wehrhaftmachung der Demokratie".[33] Stampfer selbst empfahl im Oktober 1939 in der Parteizeitung die Einschränkung politischer Rechte für „Leute, die das Parlament missbrauchen, um

29 Vgl. Gerlinde Runge, Linksliberale Emigranten in Großbritannien: Überlegungen zu Gesellschaft und Demokratie im Nachkriegsdeutschland, in: Vierteljahrshefte für Zeitgeschichte 37 (1989), S. 57–83, hier: S. 78: „Einhelliger Konsens bestand über die Errichtung eines Rechtsstaates freiheitlich-demokratischer Prägung, der nach den Erfahrungen mit der ‚Machtergreifung' dem von liberalen Emigranten vielfach vertretenen Prinzip der ‚streitbaren Demokratie' folgen und eine Betätigung antidemokratischer Kräfte unterbinden solle."

30 Erich Koch-Weser, Deutsche Reichsverfassung (1941/42), in: Gerhard Ringshausen/Rüdiger von Voss (Hrsg.), Die Ordnung des Staates und die Freiheit des Menschen. Deutschlandpläne im Widerstand und Exil, Bonn 2000, S. 197–218, hier: S. 201.

31 Sebastian Ullrich, Der Weimar-Komplex. Das Scheitern der ersten deutschen Demokratie und die politische Kultur der frühen Bundesrepublik 1945–1959, Göttingen 2009, S. 185. Siehe für zahlreiche weitere Belege: Matthias Stoffregen, Kämpfen für ein demokratisches Deutschland. Emigranten zwischen Politik und Politikwissenschaft, Opladen 2002.

32 Thomas Mann, Vom kommenden Sieg der Demokratie (1938), in: Ders., Gesammelte Werke, Band XI, Frankfurt a. M. 1960, S. 910–941, hier: S. 939. Siehe auch zum Folgenden: Uwe Backes, Anachronistisch oder zeitgemäß? Streitbare Demokratie als Bruch mit der Vergangenheit, in: Eckhard Jesse (Hrsg.), Eine normale Republik? Geschichte – Politik – Gesellschaft im vereinigten Deutschland, Baden-Baden 2012, S. 167–184. Thomas Mann hat auch bei späteren Gelegenheiten häufig für eine Streitbare Demokratie plädiert. Siehe nur ders., Freedom and Equality, in: Ruth Nanda Anshen (Hrsg.), Freedom. Its Meaning, New York 1940, S. 68–83, hier: S. 80: „A militant democracy is needed of the day, a democracy freed of all selfdoubt, a democracy that knows what it wants, namely, victory – the victory of civilization over barbarism!" Vgl. dazu auch Jens Hacke, Münchner Konstellationen. Überlegungen zu Thomas Manns politischem Denken, in: Anna Kinder/Tim Lörke/Sebastian Zilles (Hrsg.), Thomas Mann und die politische Neuordnung Deutschlands nach 1945, Boston 2021, S. 9–24. Zur Entwicklung der politischen Auffassungen Manns: Alexander Gallus, Geistiges Mäandern auf dem Weg zur Weimarer Demokratie. Die Rede „Von deutscher Republik" und Thomas Manns Intellektuellenwerdung, in: Thomas Mann Jahrbuch 36 (2023), S. 13–22.

33 Friedrich Stampfer, Thomas Mann über den künftigen Sieg der Demokratie (11. 9. 1938), in: Erich Matthias/Werner Link (Hrsg.), Mit dem Gesicht nach Deutschland. Eine Dokumentation über die sozialdemokratische Emigration. Aus dem Nachlass von Friedrich Stampfer, ergänzt durch andere Überlieferungen, Düsseldorf 1968, S. 362–364, hier: S. 364. Siehe auch Detlef Lehnert, Friedrich Stampfer 1874–1957. Sozialdemokratischer Publizist und Politiker. Kaiserreich – Weimar – Exil – Bundesrepublik, Berlin 2022, S. 353.

es zu vernichten".[34] Sein damalige Mitstreiter Curt Geyer (er kritisierte später heftig die „nationalistische Tendenz"[35] der Sozialdemokratie und brach mit dem Londoner Exilvorstand) befürwortete sogar ein generelles Verbot extremistischer Parteien.[36]

Die Streitbare Demokratie im Sinne der Einschränkung von Partizipationsrechten für Antidemokraten wurde fester Bestandteil der Demokratieplanungen sozialdemokratischer/sozialistischer Gruppierungen, die sich im März 1941 in London zur „Union deutscher sozialistischer Organisationen in Groß-Britannien" zusammenschlossen. Einer der Architekten dieses heterogenen Zusammenschlusses[37], Erich Ollenhauer, referierte im Dezember 1942 über die kommende deutsche Demokratie. Es gelte, „aus unseren Erfahrungen in der demokratischen Periode von 1918 bis 1933 unsere Schlüsse zu ziehen und nach Mitteln und Wegen zu suchen, um die Fehler von damals und die schließliche Vernichtung der Demokratie zu vermeiden." Folglich dürfe man „den Feinden der Demokratie, den prinzipiellen Gegnern einer demokratischen Selbstverwaltung des Volkes, nicht wieder die Möglichkeit geben, mit den Mitteln der Demokratie die Demokratie zu untergraben".[38] Unmittelbar nach Kriegsende unterbreitete die Union „Vorschläge und Anregungen für die Politik deutscher Sozialisten". In den Ausführungen zur Staatsverfassung hieß es: „Ausgeschlossen von der Freiheit der Vereinigung und der Meinungsäußerung soll sein der Zusammenschluss und die Werbung für eine staatliche Ordnung, die ohne dauernde Beseitigung der Vereinigungsfreiheit und der Freiheit der Meinungsäußerung nicht aufrechterhalten werden kann."[39]

4. Die internationale Diskussion zur Militant Democracy

Die Diskussionen deutscher Exil-Politiker mit ihren über viele Länder verstreuten Zirkeln bewegten sich in einem internationalen (akademischen, politisch-publizistischen) Umfeld, in dem Fragen des Demokratieschutzes angesichts der Herausforderungen durch totalitäre Bewegungen und Regime in den 1930er und frühen 1940er

34 Friedrich Stampfer, Lernen wir von England! Das parlamentarische System bewährt sich, in: Neuer Vorwärts vom 29. Oktober 1939.

35 So Mike Schmeitzner, Proletarische Diktatur oder freiheitliche Demokratie? Die Wandlungen des Curt Geyer, in: Jahrbuch für Historische Kommunismusforschung XIV/2008, Berlin 2008, S. 285–295.

36 Vgl. ders., Die Bundesgenossen Hitlers. Die deutschen Kommunisten auf Befehl Stalins für den Hitlerfrieden, in: Neuer Vorwärts vom 14. April 1940. Siehe zu den Positionen Geyers und Stampfers: Rainer Behring, Demokratische Außenpolitik für Deutschland. Die außenpolitischen Vorstellungen der Sozialdemokraten im Exil 1933–1945, Düsseldorf 1999, S. 361 f.

37 Vgl. Brigitte Seebacher-Brandt, Ollenhauer. Biedermann und Patriot, Berlin 1984, S. 253.

38 Erich Ollenhauer, Grundgedanken eines Referates in der Mitglieder-Versammlung der „Union" am 6. Dezember 1942 in London, in: Ludwig Eiber, Die Sozialdemokratie in der Emigration. Die „Union der deutschen sozialistischen Organisationen in Großbritannien" 1941–1946 und ihre Mitglieder. Erklärungen, Materialien, Bonn 1998, S. 168–180, hier 174 f.

39 Friedrich Stampfer, Die dritte Emigration. Ein Beitrag zu ihrer Geschichte, in: Matthias/Link (FN 32), S. 61–169, hier: S. 136.

Jahren mit zunehmender Intensität erörtert wurden. Wer wen dabei beeinflusste und die Urheberschaft für bestimmte Ideen beanspruchen konnte, lässt sich in vielen Fällen kaum rekonstruieren, zumal der Zugang zu Quellen und Literatur in der damaligen Zeit ungleich schwieriger als in der Gegenwart war und der Umgang damit vielfach nicht den heute geltenden Standards entsprach. So kann nur spekuliert werden, ob etwa Thomas Mann Loewensteins Artikel in der *Neuen Zürcher Zeitung* las, in dem dieser im April 1937 Ergebnisse seiner Studien zur Militant Democracy prägnant präsentierte.[40] Jens Hacke erkennt in dem Beitrag „einen Hinweis darauf, woher Thomas Mann […] als regelmäßiger Leser der NZZ den Begriff nahm, den er selbst im Januar 1939 in seiner großen Rede über ‚Das Problem der Freiheit' verwendete".[41] Diese Annahme ist auch deshalb naheliegend, weil Loewenstein eine jahrelange enge persönliche Beziehung zum Ehepaar Mann pflegte, die sich in den Jahren des Exils intensivierte (mit Besuchen des Ehepaars Loewenstein bei den Manns in der Schweiz vor 1938 und Begegnungen in den USA danach).

Allerdings war Loewenstein nicht der Einzige, der in diesen Jahren von „Militant Democracy" sprach. Ohne diesen Terminus zu verwenden, hatten sich bereits vor Erscheinen der Loewenstein'schen Beiträge Autoren mit der Herausforderung der Demokratien durch totalitäre/extremistische Bewegungen beschäftigt und das Problem erkannt, das in dem Anspruch bestand, die Demokratie mit deren eigenen Mitteln zu besiegen. Gregor Boventer erkannte in einem Aufsatz des amerikanischen Juristen Day Kimball aus dem Jahr 1920 die Infragestellung grenzenloser Toleranz, wie sie aus dem ersten Verfassungszusatz (dem berühmten First Amendment zur Verfassung der USA aus dem Jahr 1791 mit der Garantie der Rede-, Religions-, Presse- und Versammlungsfreiheit) abgeleitet werden könne: „But legal toleration pushed to its ultimate conclusion becomes impotence, self-destruction. We may not believe that the truths we hold are immutable, but for some of them at least we must stand ready to fight. Somewhere we must be willing to put our back against the wall of opinion, or existence becomes impossible. The law must resist its own destruction."[42] Allerdings geht es bei Kimball im Wesentlichen um Grenzen der Toleranz gegenüber gewaltsamen Gesetzesbrechern.

Benjamin E. Lippincott hat bereits 1965 eine Studie veröffentlicht, die mit bewundernswerter Akribie die wissenschaftliche und politisch-publizistische Literatur in Großbritannien und den USA im Blick auf das Problem des „demokratischen Dilemmas" durchkämmt und so zumindest für diese beiden Länder eine solide Antwort auf diese Frage ermöglicht. Sein Resümee: Nur wenige Autoren erkannten in den 1930er und 1940er Jahren das „demokratische Dilemma" – und die

40 Anonym (Karl Loewenstein), Der Staatsschutz in den europäischen Demokratien, in: Neue Zürcher Zeitung vom 13. (Nr. 659, S. 1) und 14. April (Nr. 662, S. 2) 1937. Zur Urheberschaft: Gregor Boventer, Grenzen politischer Freiheit im demokratischen Staat. Das Konzept der streitbaren Demokratie in einem internationalen Vergleich, Berlin 1985, S. 62, 271.

41 Vgl. Hacke (FN 10), S. 261.

42 Day Kimball, The Espionage Act and the Limits of Legal Toleration, in: Harvard Law Review 33 (1920), S. 442–449, hier: S. 446. Vgl. Boventer (FN 40), S. 59.

wenigsten unter ihnen brachen mit den typischen Konzepten des „nineteenth-century liberalism“[43] in dem Sinne, dass sie empfahlen, die Freiheitsrechte von Extremisten zu beschränken. Dominierend blieben nach Lippincotts Recherchen jene Stimmen, die das klassisch-liberale Lied sangen, während die „realistic writers“ wenig Gehör fanden und kaum Wirkung entfalten konnten.[44] Immerhin bemerkt Karl Loewenstein in seinen Memoiren, die Beiträge zur Militant Democracy hätten in seinem „Leben eine Rolle“ gespielt. Denn die französische Buchversion seiner Aufsätze für die *Columbia Law Review*[45], habe er „in aller Hand“ gefunden, „als Südamerika mit den gleichen Abwehrproblemen beschäftigt war, es war auch die Veranlassung meiner Berufung in das amerikanische Justizministerium (1942). Es gab einfach keine andere Studie der Maßnahmen zum Schutze der Demokratie gegen die faschistische Unterwanderung.“[46]

Lippincott zufolge war es Reginald Bassett, Historiker und Politikwissenschaftler an der London School of Economics, der bereits 1935 in seinen *Essentials of Parliamentary Democracy* das demokratische Dilemma erkannte, wenn er es als dreiste Frechheit bezeichnete, dass Mosley-Anhänger und Kommunisten für sich ein „right to free speech“ beanspruchten, obwohl es klar sei, dass sie es anderen nach ihrer Machtübernahme konsequent verweigern würden.[47] In den USA war es Lippincott zufolge zuerst der Journalist und Publizist Walter Lippmann, der in seiner „Note on the Defense of Free Institutions“ (Februar 1935) zu dem Ergebnis gelangte, es stehe einer temporären Mehrheit nicht zu, künftigen Mehrheiten das Recht auf „free institutions“ zu entziehen. Keine noch so große demokratische Mehrheit dürfe dem gleichen Recht auf bürgerliche Freiheit den Boden entziehen: „That principle is that men may not use the facilities of liberty to impair them. No man may invoke a right in order to destroy it. The right of free speech belongs to those who are willing to preserve it. The right to free speech belongs to those who mean to transmit that right to their successors. The rule of the majority is morally justified only if another majority is free to reverse that rule.“[48] So lange Kommunisten und Faschisten schwach seien, könne man sie tolerieren. Wenn sie jedoch zu einer realen Gefahr würden, sei es selbstmörderisch, diese zu ignorieren.

Lippincott sieht Lippmann und Loewenstein als gleichermaßen bedeutende Verfechter eines realistischen Umgangs mit dem „demokratischen Dilemma“. Während der eine Schlussfolgerungen aus amerikanischen Erfahrungen gezogen habe, basiere

43 Benjamin E. Lippincott, Democracy's Dilemma. The Totalitarian Party in a Free Society, New York 1965, S. 4.

44 Siehe zum historischen Hintergrund und der Konzeptbildung auch: Giovanni Capoccia, Defending Democracy. Reactions to Extremism in Interwar Europe, Baltimore 2005.

45 Karl Loewenstein, Contrôle Législatif de l'Extrémisme Politique dans les Démocraties Européennes, Paris 1939.

46 Loewenstein (FN 11), S. 178 f.

47 Vgl. Reginald Bassett, The Essentials of Parliamentary Democracy, London 1935, S. 248; Lippincott (FN 43), S. 91.

48 Walter Lippmann, Note on the Defense of Free Institutions (5. Februar 1935), in: Ders., Interpretations, 1933–35, selected and edited by Allan Nevins, New York 1936, S. 313 f., hier: S. 314; Lippincott (FN 43), S. 99.

das Konzept des anderen auf der spezifischen Bedrohung der europäischen Demokratien und den deutschen Erfahrungen mit der NS-Machteroberung. Lippincott weist darauf hin, Loewenstein habe bereits in seinem Autokratie-Aufsatz aus dem Jahr 1935 die Legalitätstaktik Hitlers und die Unfähigkeit der Weimarer Republik beschrieben, darauf eine angemessene Antwort zu geben: „Nevertheless, by the generous and lenient Weimar republic, Hitlerism was allowed to use democracy for the avowed and explicit pourpose of destroying democracy. […] Democracy was doomed to failure from the beginning because it was pacifist instead of militant.“[49]

Lippincott würdigt zahlreiche weitere Autoren (der wohl bekannteste unter ihnen: Karl R. Popper[50]), die nach Lippmann und Loewenstein Antworten auf das „demokratische Dilemma“ zu geben versuchten. Nicht dazu rechnete er indes den bekannten amerikanischen Journalisten Max Lerner, Herausgeber der *Encyclopaedia of the Social Sciences* und des liberalen Magazins *The Nation*, der das „demokratische Dilemma“ 1938 überging.[51] Loewenstein äußerte sich 1939 in einer Rezension skeptisch, ob das von Lerner propagierte System umfassender ökonomischer Planung einen sinnvollen Beitrag zum Demokratieschutz leisten könne. Gefragt sei politische Intervention, für weitreichende ökonomische Planung die Zeit hingegen nicht reif.[52]

Da sich Lippincotts Untersuchung auf die USA und Großbritannien beschränkt, bleibt der niederländische Rechtswissenschaftler George van den Bergh unerwähnt. Dieser hatte im September 1936 in seiner Antrittsrede an der Universität Amsterdam in der grenzenlosen Abänderbarkeit demokratischer Verfassungen einen Verstoß gegen deren Fähigkeit zur Selbstkorrektur gesehen. Denn die Entscheidung zur Abschaffung der Demokratie könne zwar demokratisch zustande kommen, sei aber nicht mehr reversibel. Dies unterscheide sie kategorial von anderen formal demokratischen Entscheidungen.[53] Van den Berghs Beitrag fand (wohl wegen der Sprachbarriere) nicht Eingang in die internationale Demokratieschutzdiskussion und geriet auch in den Niederlanden lange Zeit in Vergessenheit.[54]

Im Jahr der Antrittsvorlesung erschien in Ostrau/Tschechoslowakei das Buch des Prager Zionisten, Philosophen und Journalisten Felix Welsch *Das Wagnis der*

49 Karl Loewenstein, Autocracy versus Democracy in Contemporary Europe, in: The American Political Science Review 29 (1935), S. 571–593, hier: S. 580. Vgl. Lippincott (FN 43), S. 100.

50 Vgl. Karl R. Popper, The Open Society and Its Enemis, Princeton 1950, S. 348–350; Lippincott (FN 43), S. 96.

51 Vgl. Lippincott (FN 43), S. 251. Siehe zu Lerner und dessen Buch: Graham Maddox, Karl Loewenstein, Max Lerner, and militant democracy: an appeal to „strong democracy“, in: Australian Journal of Political Science 54 (2019), S. 490–504.

52 Karl Loewenstein, Rezension von: Max Lerner, It Is Later Than You Think. The Need for a Militant Democracy, New York 1938, in: The American Political Science Review 33 (1939), S. 519–521.

53 Vgl. George van den Bergh, The Democractic State and the Non-Democratic Parties, in: Amos N. Guiora (Hrsg.), Populist and Islamist Challenges for International Law, Chicago 2019, S. 367–391, hier: S. 372.

54 Vgl. Bastiaan Rijpkema, Militant Democracy. The Limits of Democratic Tolerance, London/New York 2018, S. 25; Paul Cliteur/ders., The Foundations of Militant Democracy, in: Afshin Ellian/Gelijn Molier (Hrsg.), The State of Exception and Militant Democracy in a Time of Terror, Dordrecht 2012, S. 227–272.

Mitte, in dem er Fundamentalkritik an Kelsens Demokratiekonzept übte. Wenn die Demokratie sich gegenüber Antidemokraten demokratisch verhalte, führe sie die eigenen Grundsätze ad absurdum. Stattdessen müsse sie die Selbstaufhebung „mit sittlicher Überzeugung ablehnen", denn „es ist für die Demokratie sittlicher, sich selbst im Detail und vorübergehend aufzuheben, um sich im Ganzen für die Zukunft zu erhalten, als sich selbst im Detail und in jedem Augenblick konsequent zu erhalten, um sich im Ganzen und für die Zukunft aufzuheben."[55]

In der Schweiz kam 1940 eine Broschüre des aus Deutschland emigrierten Exilrussen Wladimir Astrow über *Grenzen der Freiheit in der Demokratie* heraus. Astrow wollte in die USA auswandern, hatte aber „Schwierigkeiten mit dem Visum oder mit seinen Reisepapieren". Als er die eigens verfasste Broschüre den amerikanischen Behörden vorlegte, stand „seiner Reise nichts mehr im Wege".[56] Astrow lobte den früheren preußischen Innenminister Grzezinski für die Selbstkritik in dem Buch *Inside Germany* (1939). Dieser hätte es „sicherlich vorgezogenen, Hitler nicht das Handwerk zu erleichtern, wenn nur die liberale Verfassung eine rechtliche Handhabe dazu geboten hätte."[57] Der Liberalismus nach Art der Weimarer Reichsverfassung zerstöre die eigenen Voraussetzungen. „Aus Angst vor dem Dogmatismus der Unfreiheit verwandelt man die Freiheit in ein Dogma."[58] Astrow zitierte, ohne den (anonymen) Verfasser Loewenstein zu kennen, aus dessen NZZ-Artikel von 1937, um mit Erleichterung eine „Entwicklung zur militanten Demokratie"[59] zu konstatieren.

Die konkrete Wirkung all dieser Autoren und ihrer Auseinandersetzungen mit dem „demokratischen Dilemma" lässt sich nur schwer bestimmen. In seinem Schweizer Exil scheint Wilhelm Hoegner nur eine Quelle beeindruckt zu haben: „Auf einer Tagung der internationalen Juristenvereinigung im Juli 1937 in Paris wurde das Verbot von Gewaltanwendung und der zu ihr sich bekennenden Parteien sowie der Erlass von Bestimmungen zum Schutze der Demokratie gegen antidemokratische Parteien als durchaus vereinbar mit der demokratischen Freiheit anerkannt. Damals fiel das beachtliche Wort: ‚In der Demokratie gibt es kein Recht der Diktatur!', auch nicht *zur* Diktatur, wie zu ergänzen wäre."[60] Wer das Protokoll dieser Tagung zur Hand nimmt, wird erkennen, dass die Frage des Demokratieschutzes dort kontrovers diskutiert wurde. Im Hoegner'schen Sinne äußerte sich lediglich der

55 Felix Weltsch, Das Wagnis der Mitte. Ein Beitrag zur Ethik und Politik der Zeit, mit einem Nachwort von Max Brod, unveränderter Nachdruck der Ausgabe Ostrau 1936, Stuttgart u. a. 1965, S. 87. Vgl. Hacke (FN 10), S. 257–261.

56 Wladimir Astrow Kurzbiografie, in: Ders., Grenzen der Freiheit in der Demokratie, Nachdruck, Zürich 2007, S. 38.

57 Wladimir Astrow, Grenzen der Freiheit in der Demokratie, Zürich 1940, S. 27. Siehe zu diesem Buch auch: Hacke (FN 10), S. 161 f.; Hella Mandt, Demokratie und Toleranz. Zum Verfassungsgrundsatz der streitbaren Demokratie (1977), in: Dies., Politik in der Demokratie. Aufsätze zu ihrer Theorie und Ideengeschichte, Baden-Baden 1998, S. 29–56, hier: S. 31.

58 Astrow (FN 57), S. 31 f.

59 Ebd., S. 30.

60 Wilhelm Hoegner, Lehrbuch des Bayerischen Verfassungsrechts, München 1949, S. 3 (Hervorhebung im Original).

Straßburger Jurist Charles Alexandre Eisenmann, der als Doktorand Hans Kelsen in Wien kennengelernt und viel zur Verbreitung von dessen Lehre in Frankreich beigetragen hatte.[61] Nun wich er in einem wichtigen Punkt von Kelsens Demokratieverständnis ab: „Die Freiheit schließt nicht das Recht ein, die der anderen zu unterdrücken. Daher ist es ganz und gar legitim, dass die Gesetzgebung der demokratischen Staaten Verteidigungsmaßnahmen gegen antidemokratische Parteien ergreift, gegen Parteien, die an der Macht eine Diktatur etablieren würden […]. Die Demokratie kann kein Recht auf Diktatur anerkennen, ohne sich selbst zu verleugnen und zu widersprechen."[62]

Wegen seiner Wirkung auf die Sozialdemokratie sei noch das Buch des Berliner Wirtschafts- und Sozialwissenschaftlers Eduard Heimann erwähnt, der aufgrund seiner jüdischen Familie 1933 emigrieren musste und an der New Yorker New School for Social Research bis 1958 lehrte. In seinem Buch *Communism, Fascism or Democracy?* plädierte er dafür, in einer „modernisierten Demokratie" Pluralismus verfassungsrechtlich abzusichern: „No majority, unless it abrogates democracy, can decide to kill the members of the minority, to abdicate from its position of responsibility, to repeal the rights of national or religous groups, or to prohibit the free and dignified expression of independent and possibly non-conformist opinions. […] It is these limits first of all which characterize any democracy, incomplete though is may be, and prevent it from being a majority tyranny or a majority totalitarianism."[63] Heimann zählte zum Kreis religiöser Sozialisten um den protestantischen Theologen und Religionsphilosophen Paul Tillich.[64]

5. Einflüsse auf die Implementierung der Streitbaren Demokratie

Wenn es also nicht nur einen, sondern viele Vordenker der Streitbaren Demokratie gibt: Welche von ihnen haben Einfluss auf die Verfassungsgebung der westlichen deutschen Länder in den Jahren 1946 bis 1949 genommen? Die Quellen für die Beantwortung dieser Frage sind verstreut. Zudem geben die Beratungsprotokolle

61 Vgl. Art. Eisenmann, Charles Alexander, Fédération des sociétés d'histoire et d'archéologie d'Alsace, unter: https://www.alsace-histoire.org/netdba/eisenmann-charles-alexandre/ (12. Juni 2025).

62 Übersetzung d. Verf. Im Original: „La liberté n'inclut pas le droit de supprimer celle des autres. Il est donc tout à fait légitime que la législation des États démocratiques prenne des mesures de défense contre les partis anti-démocratiques, contre les partis qui, au pouvoir, établiront leur dictature […]. La démocratie ne peut pas reconnaitre le droit de la dictature sans se nier et même se contredire." Association Juridique Internationale (Hrsg.), Régression des principes de liberté dans les réformes constitutionnelles de certains états démocratiques, Paris 1938, S. 31. Karl Loewenstein zählte laut Konferenzbericht nicht zu den Teilnehmern der Pariser Zusammenkunft.

63 Eduard Heimann, Communism, Fascism or Democracy?, New York 1938, S. 279.

64 Vgl. Gerhard Besier, No longer a „German patriot"? Eduard Heimann an der New School of Social Research, in: Mike Schmeitzner (Hrsg.), Totalitarismus von links. Deutsche Diskurse im 20. Jahrhundert, Göttingen 2007, S. 161–175.

(Herrenchiemsee, Parlamentarischer Rat) und frühen Verfassungskommentare über die Herkunft der Ideen nur spärlich Auskunft.

Karl Mannheim hat wohl als Namensgeber des Konzepts Streitbare Demokratie in den 1950er Jahren Spuren hinterlassen, aber die deutsche Übersetzung seiner englischen Aufsatzsammlung *Diagnosis of our Time* erschien erst 1951. Was Carl Schmitt betrifft, so findet sich sein Name ebenso wenig in den frühen Verfassungskommentaren wie der Karl Loewensteins. Angesichts der Prominenz und intellektuellen Schlagkraft der Schmitt'schen Publizistik ist dennoch eine gewisse Nachwirkung seiner Lehre „von der änderungsfesten Verfassungssubstanz" anzunehmen. Der Heidelberger Staatsrechtler Hans Schneider meinte sogar, „Carl Schmitts später Sieg"[65] komme in Art. 79 Abs. 3 GG zum Ausdruck.

Auch wenn Karl Loewenstein wegen seiner Beiträge in den 1930er Jahren häufig als Erfinder des Konzepts in Erscheinung tritt, ist sein direkter Einfluss schwer nachweisbar. Dass er nicht ohne Einfluss war, erscheint jedoch evident. Loewenstein arbeitete als Besatzungsoffizier von Juli 1945 bis September 1946 in der Rechtsabteilung des Alliierten Kontrollrates und unterstützte den Aufbau der Justiz in den entstehenden Ländern der amerikanischen Besatzungszone.[66] Er war mit den Ministerpräsidenten von Bayern (Wilhelm Hoegner), Württemberg-Baden (Reinhold Maier) und Groß-Hessen (Karl Geiler) „von früher bekannt".[67] Reinhold Maier titulierte ihn in seinen Memoiren „Rechtspapst bei dem Alliierten Kontrollrat in Berlin", der „ganz Deutschland in allen seinen Zonen"[68] kenne.

Besonders intensiv waren Loewensteins Verbindungen in seine Heimatstadt München. Anton Pfeiffer, Gründungsmitglied der CSU, de facto Leiter der bayerischen Staatskanzlei 1945/46 und Mitglied der bayerischen verfassungsgebenden Landesversammlung 1946 kannte Loewenstein aus seiner Zeit als Betreiber einer Münchener Amerika-Bildungseinrichtung.[69] Unmittelbar deutlich wird Loewensteins Einflussnahme in einer auf den 5. Juni 1946 datierten Denkschrift für Edward R. Litchfield, den Leiter der wichtigsten Abteilung der inneren OMGUS-Verwaltung. Als eines der Hauptziele war dort formuliert: „autoritäre Entwicklungen verhindern". Die

---

65 Hans Schneider, Die Reichsverfassung vom 11. August 1919, in: Josef Isensee/Paul Kirchhof, Handbuch des Staatsrechts der Bundesrepublik Deutschland, Bd. I: Grundlagen von Staat und Verfassung, Heidelberg 1987, S. 85–142, hier: S. 133. Siehe auch Hans-Jürgen Papier/Wolfgang Durner, Streitbare Demokratie, in: Archiv des öffentlichen Rechts 128 (2003), S. 340–371, hier: S. 345 f.

66 Vgl. Loewenstein (FN 11), S. 223–258; ders., Denkschrift zur Verfassunggebung in den Ländern der US-Zone, in: Helmut Berding (Hrsg.), Die Entstehung der Hessischen Verfassung von 1946. Eine Dokumentation, Wiesbaden 1996, S. 390–395.

67 Loewenstein (FN 11), S. 237.

68 Reinhold Maier, Ende und Wende. Das Schwäbische Schicksal 1944–1946. Briefe und Tagebuchaufzeichnungen, Stuttgart/Tübingen 1948, S. 377.

69 Vgl. Christiane Reuter, „Graue Eminenz der Bayerischen Politik". Eine politische Biographie Anton Pfeiffers (1888–1957), München 1987, S. 137; Sabine Kurtenacker, Der Einfluss politischer Erfahrungen auf den Verfassungskonvent von Herrenchiemsee. Entwicklung und Bedeutung der Staats- und Verfassungsvorstellungen von Carlo Schmid, Hermann Brill, Anton Pfeiffer und Adolf Süsterhenn, München 2017, S. 85.

Denkschrift formulierte das Dilemma, vor dem die Militärregierung stand: Einerseits müsse sie die Entstehung staatlicher Strukturen unterbinden, die unzulässig in individuelle Rechte eingriffen. Andererseits aber gelte auch: „An overdose of democratic freedom may well kill incipient German democracy. Restrictions on the individual liberties may seem indispensable as long as the new democratic state is not firmly established. The state must be protected against its own enemies. For example there can be no freedom of organization or propaganda for avowedly anti-democratic parties."[70]

Viele Jahre zurück reichten die Verbindungen Loewensteins zu Wilhelm Hoegner, den die amerikanische Militärregierung Ende September 1945 (als Nachfolger des BVP/CSU-Politikers Fritz Schäffer, dem sie mangelnden Eifer bei der Entnazifizierung zum Vorwurf gemacht hatte) zum bayerischen Ministerpräsidenten ernannte. Loewenstein und Hoegner hatten am Ende des Ersten Weltkriegs in München beide das zweite juristische Staatsexamen bestanden. Ein Wiedersehen nach vielen Jahren wurde möglich, weil Hoegner im Schweizer Exil Kontakte zum amerikanischen Militärgeheimdienst Office for Strategic Services (OSS) geknüpft und mit dessen Leiter Allen Dulles seine Verfassungspläne diskutiert hatte. In einem amerikanischen Militärjeep am 6. Juni 1945 von Zürich nach München zurückgebracht[71], kam er als Beauftragter für den Wiederaufbau der Justiz nahezu täglich „mit führenden amerikanischen Vertretern" zusammen, „darunter mit dem emigrierten Juristen Karl Loewenstein".[72] Auf einer Ministerratssitzung teilte Ministerpräsident Hoegner Mitte Januar 1946 mit, Loewenstein habe auf der letzten Justizministerkonferenz vom 17. Dezember 1945 die Entwürfe der bayerischen und der hessischen Verfassung mitgenommen und sich „insbesondere über den bayerischen Entwurf zustimmend ausgesprochen".[73]

Jedoch wäre die Annahme verfehlt, Loewenstein habe maßgeblichen Einfluss auf Hoegners verfassungspolitische Gedanken ausgeübt. Hoegner hatte sich seinen Ruf als wehrhafter Republikaner und entschiedener NS-Gegner unabhängig von Loewenstein erworben. Die Korrespondenz im Hoegner-Nachlass bezeugt langjährige Verbundenheit, lässt jedoch nichts erkennen, was auf eine Rezeption von Loewensteins einschlägigen Publikationen hindeuten würde.[74] Im Lehrbuch des Bayerischen Verfassungsrechts (1949) erwähnte Hoegner die Publikationen Loewen-

70 Loewenstein (FN 66), S. 394.

71 Vgl. Kritzer (FN 21), S. 171.

72 Karl-Ulrich Gelberg, Einleitung, in: Ders. (Bearb.), Die Protokolle des Bayerischen Ministerrats 1945–1962, Bd. 1: Das Kabinett Hoegner I, hrsg. von der Historischen Kommission bei der Bayerischen Akademie der Wissenschaften und der Generaldirektion der Staatlichen Archive Bayerns, München 1997, S. XXVII.

73 Karl-Ulrich Gelberg (Bearb.), Die Protokolle (FN 72), Bd. 1, S. 243.

74 Briefe Loewensteins an Hoegner vom 31. März 1948 und 31. März 1951; Brief Hoegners an Loewenstein vom 9. April 1951, IfZ, ED 120: 54; Briefe Hoegners an Loewenstein vom 8. Juni 1948, Loewensteins an Hoegner vom 17. Dezember 1954, Hoegners an Loewenstein vom 22. Dezember 1954, Amherst College Archives, Karl Loewenstein Papers, Box 50, Folder 118. Vor allem geht es um einen Besuch in den USA 1948 sowie Loewensteins Wiedereinsetzung und Entschädigung an der Juristischen Fakultät der Universität München. Siehe dazu

steins nicht, wohl aber Ergebnisse der bereits erwähnten Tagung der internationalen Juristenvereinigung vom Juli 1937 in Paris.[75]

Nicht Loewensteins, sondern Hoegners Einfluss wird unterschätzt. Dessen federführende Rolle bei der bayerischen Verfassungsgebung beruhte im Wesentlichen auf den Verfassungsplänen im Schweizer Exil. Bereits Ende Januar 1946 – noch bevor eine offizielle Anweisung der Militärregierung eingetroffen war – hatte die Arbeit an der bayerischen Verfassung begonnen. Der aus Wien stammende Münchener Staatsrechtler Hans Nawiasky, wie Hoegner aus München in die Schweiz emigriert, in St. Gallen lehrend[76] und als enger Berater und Diskussionspartner Hoegners fungierend, zählte (neben Experten des Ministerrats, der Regierungsparteien und den beiden Münchener Bürgermeistern Scharnagl und Wimmer) zu den Mitgliedern des Vorbereitenden Verfassungsausschusses, denen Hoegner am 8. März 1946 den von eigener Hand gefertigten ersten Verfassungsentwurf vorlegte.[77] Die Streitbare Demokratie kam in den Art. 11 und 78 zum Ausdruck. Art. 11 forderte in Abs. 1: „Wählergruppen, deren Mitglieder darauf ausgehen, die staatsbürgerlichen Freiheiten zu vernichten oder gegen Volk, Staat oder Verfassung Gewalt anzuwenden, dürfen sich an Wahlen und Abstimmungen nicht beteiligen." Die Entscheidung darüber, „ob diese Voraussetzungen vorliegen", obliege dem „bayerische[n] Staatsgerichtshof" („auf Antrag der Staatsregierung",[78] Abs. 2). Der Grundrechtsteil des Vorentwurfs postulierte eine umfassende „Treuepflicht gegenüber Volk und Verfassung, Staat und Gesetzen"[79] (Art. 74).

Nach den Protokollen des Vorbereitenden Verfassungsausschusses zählten die Art. 11 und 78 nicht zu den strittigen Materien. Art. 11 wurde mit geringfügiger Än-

ausführlich: Markus Lang, Karl Loewenstein. Transatlantischer Denker der Politik, Stuttgart 2007, S. 258–262.

75 Hoegner (FN 60), S. 3.

76 Vgl. Hans F. Zacher, Hans Nawiasky (1880–1961). Ein Leben für Bundesstaat, Rechtsstaat und Demokratie, in: Helmut Heinrichs/Harald Franzki/Klaus Schmalz/Michael Stolleis (Hrsg.), Deutsche Juristen jüdischer Herkunft, München 1993, S. 677–692; Andreas Kley, Hans Nawiaskys Wirken in der Schweiz, in: Bernhard Ehrenzeller/Benjamin Schindler (Hrsg.), Hans Nawiasky – Leben, Werk und Erinnerungen, Zürich 2012, S. 1–34.

77 Vgl. Karl-Ulrich Gelberg, Einleitung, in: Die Protokolle des Vorbereitenden Verfassungsausschusses in Bayern, eingeleitet und kommentiert von Karl-Ulrich Gelberg, München 2004, S. 9–40, hier: S. 18–25. Siehe auch Barbara Fait, Demokratische Erneuerung unter dem Sternenbanner. Amerikanische Kontrolle und Verfassunggebung in Bayern 1946, Düsseldorf 1998, S. 119 f.; Maximilian Lanzinner, Zwischen Sternenbanner und Bundesadler. Bayern im Wiederaufbau 1945–1958, Regensburg 1996, S. 70–81. Hinweise auf einen maßgeblichen Einfluss Nawiaskys auf Hoegners Ideen zur Streitbaren Demokratie fehlen. Siehe dazu auch Wilhelm Hoegner, Professor Dr. Hans Nawiasky und die Bayerische Verfassung von 1946, in: Wolfgang F. Bürgi (Hrsg.), Staat und Wirtschaft. Beiträge zum Problem der Einwirkung des Staates auf die Wirtschaft. Festgabe zum 70. Geburtstag von Hans Nawiasky, Einsiedeln 1950, S. 1–16. Ferner Hans Nawiasky, Die Grundgedanken des Grundgesetzes für die Bundesrepublik Deutschland. Systematische Darstellung und kritische Würdigung, Stuttgart 1950 (keine Hinweise auf Urheberschaft Nawiaskys).

78 Vorentwurf von MPr. Wilhelm Hoegner, Verfassung des Volksstaates Bayern, in: Die Protokolle (FN 77), S. 41–70, hier: S. 43.

79 Ebd., S. 57.

derung am 26. März 1946 einstimmig[80], die Treuepflicht des Art. 74 „unverändert angenommen".[81] Folglich gingen beide Bestimmungen in den Verfassungsentwurf ein, den der Verfassungsausschuss der Bayerischen Verfassunggebenden Landesversammlung nach ihrer Wahl Ende Juni 1946 beriet. Der Entwurf der „Verfassung des Freistaates Bayern" wurde am 26. Oktober angenommen. Die Bestimmungen der Streitbaren Demokratie lösten – anders als die Fragen der Schaffung eines bayerischen Staatspräsidenten, einer zweiten Kammer („Senat"), der Konfessionsschule oder gar einer umfassenden sozialistischen Planwirtschaft[82] – keine Kontroversen aus. Resümierend konstatierte Hoegner in einem weitverbreiteten Lehrbuch 1949: „Zum ersten Male wird [...] in der bayerischen Verfassung die Folgerung aus der Tatsache gezogen, dass die demokratischen Einrichtungen nicht ungestraft jenen Kräften ausgeliefert werden dürfen, die sich ihrer nur zur Zerstörung der Volksherrschaft bedienen wollen. Demokratie nur für Demokraten!"[83]

Es folgten Hinweise auf die eigene Urheberschaft an dieser Idee. In einem eigens verfassten Beitrag würdigte Hoegner seinen Berater und Mitstreiter Hans Nawiasky. Er habe sich ab dem Jahr 1944 an „Vorentwürfen zu einer neuen bayerischen Verfassung" beteiligt, an deren Ausarbeitung der „frühere Reichskanzler Dr. Joseph Wirth, der ehemalige hessische Regierungsrat Heinrich Ritzel, der Privatgelehrte Dr. J. J. Kindt-Kieffer und ich selbst" partizipierten. In „Polizeifragen" sei „der frühere Offizier der bayerischen Landespolizei Freiherr Michael von Godin" konsultiert, mehrfach auch der Rat des ehemaligen preußischen Ministerpräsidenten Otto Braun eingeholt worden. Über die Implementierung der Streitbaren Demokratie in die bayerische Verfassungsgebung hieß es: „Nawiasky sprach sich entschieden für die von mir vorgeschlagene Neuerung aus, verfassungsfeindliche Wählergruppen, deren Mitglieder oder Förderer darauf ausgehen, die staatbürgerlichen Freiheiten zu unterdrücken oder gegen Volk, Staat oder Verfassung Gewalt anzuwenden, nicht zu Wahlen und Abstimmungen zuzulassen. Er prägte das Wort: ‚Das Prinzip der Demokratie als Selbstmord wird abgelehnt.'"[84]

Hoegners bayerischer Verfassungsentwurf beeinflusste die Verfassungsberatungen Württemberg-Badens.[85] Die Grundzüge der Landesverfassung entwarf der Völkerrechtler Carlo [Karl] Schmid, der mit den Oberbürgermeistern von Tübingen und Reutlingen die württembergische SPD wiederbelebt hatte und vom Frühjahr 1946 an in zunehmend engem Austausch mit der Parteiführung um Kurt Schumacher in Han-

80 Ebd., S. 116.
81 Ebd., S. 186.
82 Vgl. pointiert zusammenfassend: Hildegard Kronawitter, Wilhelm Hoegner. Bayerischer Patriot, Gefühlssozialist und erfolgreicher Ministerpräsident, in: Einsichten und Perspektiven 2/2005, S. 35–57, hier: S. 46 f.
83 Hoegner (FN 60), S. 3.
84 Hoegner (FN 77), S. 6.
85 Vgl. Armin Scherb, Präventiver Demokratieschutz als Problem der Verfassungsgebung nach 1945, Frankfurt a. M. 1987, S. 41.

nover stand.[86] Er eröffnete seine Ausführungen in der 3. Sitzung des Verfassungsausschusses (5. April 1946) mit einem flammenden Plädoyer für einen „substantiellen Verfassungsbegriff", eine „Verfassung von wirklichem Wertgehalt" mit der Betonung der „Würde des Menschen" und seiner „Menschenrechte"[87] als Reaktion auf deren Missachtung und Vernichtung in der NS-Zeit. Einen ausformulierten Entwurf legte er in der 4. Sitzung am 29. April 1946 vor. Dort war auch von der Beschränkung von Grundrechten wie der Meinungs- (Art. 10) und Vereinigungsfreiheit (Art. 13) die Rede, wenn diese bedroht oder verletzt würden.[88] Die Bestimmungen standen im Einklang mit den Leitsätzen des an Macht gewinnenden sozialdemokratischen Gravitationszentrums in Hannover. Unabhängig von den Londonern hatte der durch langjährige Strafhaft schwer gezeichnete Kurt Schumacher in seinen „Politischen Richtlinien für die SPD" bereits Ende August 1945 – zur Vorbereitung der für Oktober geplanten Konferenz in Wennigsen – die Devise ausgegeben: „Toleranz in Sachen der Demokratie bedeutet den sicheren Sieg der intoleranten Feinde der Demokratie".[89]

In den Verfassungsberatungen Groß-Hessens war der sozialdemokratische Einfluss bei der Verankerung von Partizipationsbeschränkungen für erklärte Verfassungsfeinde besonders stark. Wilhelm [Willy] Knothe, ab Mai 1946 neben Erich Ollenhauer stellvertretender Bundesvorsitzender der SPD, bezeichnete auf der Verfassungsberatenden Landesversammlung Groß-Hessens in Wiesbaden am 5. August 1946 „Geistesfreiheit" als „das stärkste Fundament der Demokratie": „Jedoch dürfen Toleranz und Duldung nur denen gewährt werden, die sich zur Demokratie bekennen, während der demokratische Staat mit dynamischer Wucht gegen alle die einschreiten muss, die glauben, die demokratische Freiheit dazu benutzen zu können, um gegen die Demokratie anzukämpfen. Wir können nur in der Demokratie und durch die Demokratie zu einer freien Überzeugungsbildung kommen und nur auf der Plattform der Demokratie unsere ideologischen Gegensätze austragen."[90]

Die bereits im November/Dezember verkündeten Verfassungen in den drei Ländern der amerikanischen Besatzungszone gewannen Modellcharakter für die Verfassungsgebung in den übrigen westlichen Ländern ebenso wie für die Beratungen auf

86 Carlo Schmid, Erinnerungen, München 1981, S. 245–255; Petra Weber, Carlo Schmid 1896–1979. Eine Biographie, München 1996, S. 268.

87 Carlo Schmid, Grundzüge einer neuen Verfassung für das Land Württemberg-Baden, in: Paul Sauer (Bearb.), Quellen zur Entstehung der Verfassung von Württemberg-Baden. Erster Teil: Februar bis Juni 1946, Stuttgart 1995, S. 11 f.

88 Ebd., S. 82, 84. Vgl. auch Gerhard Hirscher, Carlo Schmid und die Gründung der Bundesrepublik. Eine politische Biographie, Bochum 1986, S. 71.

89 Kurt Schumacher, Politische Richtlinien für die SPD in ihrem Verhältnis zu den anderen politischen Faktoren (1945), in: Dieter Dowe/Kurt Klotzbach (Hrsg.), Programmatische Dokumente der deutschen Sozialdemokratie, 4. Aufl., Bonn 2004, S. 232–263, hier: S. 239.

90 Willy Knothe (SPD), Rede am 5. August 1946, Verfassungsberatende Landesversammlung Groß-Hessen. Abteilung III: Stenographische Berichte über die Plenarsitzungen, in: Berding (Hg.), Die Entstehung der Hessischen Verfassung von 1946, S. 413–423, hier: S. 422. Siehe zu dieser Stellungnahme und dem Übergewicht des sozialdemokratischen Elements in den Verfassungsberatungen Groß-Hessens: Scherb (FN 85), S. 44–64.

Herrenchiemsee (10. bis 23. August 1948) und im Parlamentarischen Rat (September 1948 bis Mai 1949 in Bonn). Carlo Schmid vertrat Württemberg-Hohenzollern auf Herrenchiemsee und übte als Vorsitzender der SPD-Fraktion und des Hauptausschusses des Parlamentarischen Rates großen Einfluss auf die Verfassungsberatungen aus. Wilhelm Hoegner hatte infolge der sich anbahnenden CSU-Dominanz seinen Einfluss auf die bayerische Staatsregierung 1947 verloren und nahm nicht an den Verfassungsberatungen auf Bundesebene teil. Hans Nawiasky und Anton Pfeiffer brachten als enge Mitstreiter Hoegners (über Parteigrenzen hinweg) ihre verfassungspolitische Expertise ein.[91] Der Gedanke einer gegen legal operierende Verfassungsfeinde Streitbaren Demokratie zählte – anders als etwa die Frage Einheitsstaat/Föderalismus oder die der Ausgestaltung der wirtschaftlichen Ordnung – zu den weitgehend unstrittigen Materien der Verfassungsgebung.[92]

6. Fazit

Das geringe Konfliktpotenzial der verfassungspolitischen Grundentscheidung für eine Streitbare Demokratie resultierte aus der tiefen Enttäuschung der westdeutschen Demokratiegründer angesichts des Untergangs der Weimarer Republik und ihrer wahrgenommenen Wehrlosigkeit. Die Forderung nach „Wehrhaftmachung der Demokratie" bildete folglich einen Grundkonsens der demokratischen Exilzirkel, so unterschiedlich auch die konkreten Demokratieschutzkonzepte aussahen. Den gordischen Knoten des „demokratischen Dilemmas" sollten dosierte Beschränkung von Partizipationsrechten für erklärte Antidemokraten auflösen.

Der sozialdemokratische Einfluss war besonders groß, weil die Exilzirkel – anders als die anderer politischer Parteien – ein gewisses Maß organisatorischer Kohäsion bewahrten – oder zumindest in den letzten Kriegsjahren zurückgewannen. Sie verfügten nach Kriegsende über ausgearbeitete Konzepte, die verfassungspolitisch umgesetzt werden konnten. Diese erwiesen sich zudem als überparteilich anschlussfähig und konnten Brücken ins weitaus heterogenere Lager der Union schlagen.

Die Streitbare Demokratie besaß viele Vordenker. Und die Ideen der wichtigsten unter ihnen hätten ohne diese politische Rückbindung keine verfassungsrechtliche Implementierung erlebt. Carl Schmitt kann schon deshalb nicht als wichtigster Vordenker der Streitbaren Demokratie gelten, weil Gegner autoritärer Staatskonzepte und Verteidiger freiheitlicher Ordnung unter den Verfechtern einer Streitbaren Demokratie dominierten. Die rechtsstaatlich kontrollierte und dosierte Beschränkung

91 Vgl. vor allem Sabine Kurtenacker, Der Einfluss politischer Erfahrungen auf den Verfassungskonvent von Herrenchiemsee. Entwicklung und Bedeutung der Staats- und Verfassungsvorstellungen von Carlo Schmid, Hermann Brill, Anton Pfeiffer und Adolf Süsterhenn, München 2017.

92 Vgl. vor allem Fromme (FN 5); Karlheinz Niclauß, Demokratiegründung in Westdeutschland. Die Entstehung der Bundesrepublik von 1945–1949, München 1974, S. 202–210; Scherb (FN 85).

von Freiheitsrechten sollte deren Bewahrung dienen. Daher fand Karl Loewenstein offene Türen, wenn er sich 1945/46 um die Verankerung von Befugnissen zur wirksamen Bekämpfung extremistischer Bestrebungen bemühte.

Unter den Vordenkern der Streitbaren Demokratie wird Wilhelm Hoegner (außerhalb Bayerns) zu wenig beachtet und gewürdigt. Sein Einfluss auf die Verfassungsgebung der Demokratiegründungsperiode dürfte größer gewesen sein als der aller anderen Verfechter der Streitbaren Demokratie. Mit Karl Loewenstein verband ihn eine lange persönliche Beziehung, aber seine Ideen und Verfassungspläne hatte er als sozialdemokratischer Jurist und NS-Gegner der ersten Stunde eigenständig entwickelt. Allerdings wären sie ohne amerikanische Unterstützung wohl in der Schublade geblieben.

Anders als Loewenstein, der die illiberalen Wirkungen des McCarthyismus in den 1950er Jahren erkannte und am eigenen Leib erfuhr[93], hat Wilhelm Hoegner die Anwendung der Abwehrinstrumente der Streitbaren Demokratie nicht von einer Situation akuter Demokratiegefährdung abhängig gemacht. Sie sollten auch im Normalzustand konsolidierter Demokratie gelten. Das Ziel der Errichtung einer politischen Ordnung, deren Aufrechterhaltung Gewaltanwendung erforderte, erschien dabei aber als notwendige Bedingung des Eingriffs. Dabei blieb mitunter unklar, ob Gewaltanwendung in der Gegenwart erforderlich sei oder ob es um die Verhinderung einer politischen Monopolstellung in der Zukunft ging, die nur mit Gewalt dauerhaft zu verteidigen wäre: „Wer sich aber mit Gewalt durchsetzen will, darf sich nicht darüber beklagen, wenn ihm die Freiheit, alle Freiheiten überhaupt zu vernichten, nicht gewährt, sondern wenn er von der Teilnahme an den öffentlichen Angelegenheiten ausgeschlossen wird. Demokratie nur für Demokraten! Vor Wehrwölfen muss die friedliche Herde geschützt werden. Wählergruppen, deren Mitglieder oder Förderer darauf ausgehen, die staatsbürgerlichen Freiheiten zu unterdrücken oder gegen Volksstaat oder Verfassung Gewalt anzuwenden, dürfen sich deshalb [...] nicht an Wahlen und Abstimmungen beteiligen."[94] Dass Hoegner eine Absenkung der Eingriffsschwelle in den Bereich nicht-gewaltsamen Handelns befürwortete, geht unzweifelhaft aus seinen Verfassungsentwürfen im Exil hervor. Denn die Streitbare Demokratie in diesem Sinne war die Antwort auf die Legalitätstaktik der Nationalsozialisten.

93 Vgl. Loewenstein (FN 11), 269–271. Siehe auch Matthias Stoffregen, Militante oder Disziplinierte Demokratie? Karl Loewenstein, politischer Extremismus und Rechtsstaat, in: Zeitschrift für Rechtsphilosophie 22 (2004), S. 116–126, hier: S. 123.

94 Wilhelm Hoegner, Die Grundlagen der Bayerischen Verfassung von 1946, in: Politische Studien 6 (1955), H. 66, S. 6–23, hier: S. 12.

Das deutsche Trauma
Über den Umgang der Deutschen mit dem Rechtspopulismus

Von Peter Graf Kielmansegg

1. Das Problem

Kein Begriff hat in der Sprache der Politik wie in der Sprache der Politikwissenschaft in den letzten Jahrzehnten eine solche Karriere gemacht wie der Begriff Populismus, meist mit dem Zusatz „rechts“ – Rechtspopulismus. Die Karriere des Begriffs Populismus ist der Spiegel des Aufstiegs eines Typus politischer Bewegungen, der mit dem gewohnten Vokabular nicht mehr gut beschreibbar zu sein schien. Tatsächlich hat, was man Populismus zu nennen übereingekommen ist, in seiner als „rechts“ gedeuteten Ausprägung wie eine Epidemie eine europäische Demokratie nach der anderen erfasst und die Vereinigten Staaten politisch erobert.[1]

Deutschland ist, was das Aufkommen des Rechtspopulismus angeht, auch seine inzwischen gewonnene Stärke, ein Fall unter anderen, eine unter vielen Demokratien, die es getroffen hat. Ein Sonderfall, ein wirklicher Sonderfall ist Deutschland hingegen in seinem Umgang mit der Herausforderung des Rechtspopulismus. Die Diskrepanz, die damit zur Sprache gebracht ist – der politisch organisierte deutsche Rechtspopulismus in Gestalt der *Alternative für Deutschland* (AfD) ein ziemlich normales Exemplar eines inzwischen weit verbreiteten Parteientypus, Deutschlands Auseinandersetzung mit dem Rechtspopulismus hingegen von sehr eigener, spezifisch deutscher Art – diese Diskrepanz wird uns im Folgenden beschäftigen.

---

1 Zum Populismus allgemein: Jan-Werner Müller, Was ist Populismus? Ein Essay, Berlin 2016; Benjamin Moffitt, The Global Rise of Populism. Performance, Political Style, and Representation, Stanford 2016; Cristóbal Rovira Kaltwasser u. a. (Hrsg.), The Oxford Handbook of Populism, Oxford 2017; Cas Mudde, Populismus in Europa. Von den Rändern zum Mainstream, in: Totalitarismus und Demokratie 17 (2020) S. 13–34. – Zu Ambivalenzen in der Beurteilung des Populismus Peter Graf Kielmansegg, Demos und Populus. Demokratietheoretische Annäherungen an das Phänomen Populismus, in: Thorsten Beigel/Georg Eckert (Hrsg.), Populismus. Varianten von Volksherrschaft in Geschichte und Gegenwart, Münster 2017, S. 267–281. – Zum Rechtspopulismus im Besonderen: Michael Minkenberg, Was ist Rechtspopulismus? in: Politische Vierteljahresschrift 59 (2018), S. 337–352; Isabelle Christine Panreck, Rechtspopulismus – historisches Phänomen, politischer Kampfbegriff, analytisches Konzept, in: Heinz Ulrich Brinkmann/Isabelle Christine Panreck (Hrsg.), Rechtspopulismus in Einwanderungsgesellschaften, Wiesbaden 2019; Frank Decker, Was ist Rechtspopulismus?, in: Ders. u. a. (Hrsg.), Aufstand der Außenseiter, Baden-Baden 2022, S. 35–56; Michael Kurz, Rechtspopulistische Parteien. Ein neuer Typ der Parteienfamilie oder eine Ansammlung nationaler Einzelphänomene?, Baden-Baden 2024.

2. Rechtspopulismus – eine politische Epidemie

Mit einer kurzen Beschreibung des Typus müssen wir beginnen, um die These, die AfD sei ein „ziemlich normales Exemplar", jedenfalls kurz zu illustrieren. Zwar gibt es in der Wissenschaft bei der Bestimmung des Phänomens Populismus keinen Konsens – Konsens gibt es unter Wissenschaftlern ohnehin nur selten. Aber es gibt inzwischen doch ein hohes Maß an Übereinstimmung. Der Wesenskern, der der Sache ihren Namen gibt, ist die Behauptung, das Volk, das rechtschaffene, wahre Volk mit seinen legitimen Forderungen brauche einen Fürsprecher, weil es von den Regierenden, die nur an ihre eigenen Interessen dächten, belogen, betrogen, geprellt werde. Sie sei es, die populistische Partei, die diese Aufgabe übernehme. Sie spreche für das Volk.[2] Dabei ist der Singular wichtig – das Volk. Dass das Volk in der Demokratie, wie wir seit Aristoteles wissen, als vielgestaltig begriffen werden muss, ist dem Populismus fremd.

Das Volk zumindest in Teilen mit dieser Behauptung gegen die Eliten in Stellung zu bringen, kann freilich nur unter bestimmten Voraussetzungen gelingen, nicht als ein gleichsam abstraktes Manöver. Populismus hat immer eine Vorgeschichte. Und diese Vorgeschichte ist die Geschichte eines Vertrauensverlustes. Der wiederum kann sehr unterschiedliche Gründe haben.

Für den rechten Populismus der Gegenwart ist es mit erstaunlicher Einfachheit und Eindeutigkeit in beinahe allen betroffenen Demokratien im Kern die gleiche Geschichte. Zuwanderung, als nicht mehr kontrolliert wahrgenommen und zu einem guten Teil auch nicht mehr unter Kontrolle, wurde zum entscheidenden Impuls für den Aufstieg der als rechts eingestuften populistischen Bewegungen.[3] Rechtspopulismus, heißt das, war und ist zuerst und vor allem eine Reaktion auf die Migrationsströme, die fast alle Wohlstandsdemokratien des europäisch-nordatlantischen Raumes überfluteten, der massenhaften Zuwanderung aus fremden Kulturräumen zumal. Etwas anders formuliert: eine Reaktion der Abwehr auf starke, anhaltende, als fremd wahrgenommene Zuwanderung. Dass es zu dieser Reaktion kam, ist alles andere als erstaunlich. Sie war vorhersehbar. Der Versuch, sie als moralisch unzulässig beiseitezuschieben, hat sie stark gemacht. Fremdenfeindlichkeit lautete das rasch gefällte Urteil. Der Rechtspopulismus hat zu diesem Urteil eingeladen. Dennoch: Man hat es sich mit ihm oft zu leicht gemacht. Menschen, die das Eigene gefährdet sehen und bewahren wollen, sind deshalb nicht notwendig Feinde des Fremden.

Nichts spricht allerdings dagegen, die sich politisch formierende abwehrende Reaktion auf die unkontrollierte Zuwanderung in ihrer rechtspopulistischen Variante nationalistisch zu nennen. Trumps „America first" hat diesen Nationalismus auf eine

---

2 In seinem Essay formuliert Müller (FN 1) das für den Populismus konstitutive Selbstverständnis so: „Wir – und nur wir – repräsentieren das wahre Volk" (ebd., S. 26).

3 Zu diesem Zusammenhang Brinkmann/Panreck (FN 1). Die elf Länder- und Regionalstudien dieses Bandes zeigen, dass Zuwanderung auch dort eine Schlüsselrolle gespielt hat, wo – wie in Österreich – die populistische Partei (die FPÖ) bereits etabliert war, als Zuwanderung zu einem Thema wurde.

Formel gebracht, die populistische Bewegungen sich mutatis mutandis überall zu eigen machen können. Allerdings ist es ein in seiner Stoßrichtung auf neue Verhältnisse zielender Nationalismus. Das zeigt sich in der Skepsis des rechten Populismus gegenüber der europäischen Integration, seinem Beharren auf der Souveränität der Nationalstaaten, seinem Hadern mit den wirtschaftlichen Folgen der Globalisierung. Dass in der Absage an jene Weltoffenheit, die Eliten als politisch vernünftig und moralisch geboten einfordern, auch materielle Motive der Besitzstandsverteidigung wirksam sind, liegt auf der Hand – die Sorge vor Konsequenzen auf dem Arbeits- und dem Wohnungsmarkt, in der medizinischen Versorgung, bei den Leistungen des Sozialstaates überhaupt. Aber materielle Motive sind es nicht allein und nicht einmal zuerst, die die nationalistische Egozentrik rechtspopulistischer Bewegungen erklären.

So wichtig das Schlüsselthema Migration ist, andere Impulse haben nachgeholfen. Die Corona-Pandemie war einer. Sie wurde als existenzielle Bedrohung einer völlig neuen, nicht für möglich gehaltenen Art erfahren. Regierungen wirkten im Umgang mit dieser existenziellen Bedrohung zugleich hilflos und in ihrem Zugriff auf das gesamte Leben bis in die privatesten Bezirke hinein rücksichtslos. Das hat Vertrauen zerstört und Wut angefacht. Auch die Klimathematik ist zu einem Impuls für den rechten Populismus geworden. Sobald deutlich wurde, dass der Kampf gegen die Erderwärmung Kosten mit sich bringen würde, die jedermann mitzutragen haben würde, begann der wohlfeile ökologische Konsens zu zerbrechen. Populistische Bewegungen waren es, die die Stirn hatten, gegen alle wissenschaftliche Evidenz die Verantwortung des Menschen für den Klimawandel schlicht weg zu leugnen und den Kampf gegen die Erderwärmung als ein wohlstandsvernichtendes Projekt grüner Eliten zu diskreditieren; und so denen ein gutes politisches Gewissen anzubieten, die die Lasten einer ökologischen Zeitenwende mitzutragen nicht bereit sind. Hier begegnet uns noch einmal in schärfsten Konturen die populistische Konstruktion eines elementaren Gegensatzes zwischen dem Volk hier und den selbstbezüglichen regierenden Eliten dort.

Es handelt sich freilich nicht nur um eine Konstruktion. Der Erfolg des Populismus ließe sich nicht erklären, hätte diese Konstruktion keinen Bezug zur Wirklichkeit. Den Menschen Weltoffenheit in Gestalt offener Grenzen teils zu verordnen, teils ratlos zuzumuten, war tatsächlich so etwas wie ein wohlmeinendes Elitenprojekt, das sich niemals auf Mehrheitszustimmung stützen konnte. Man kann über diese konkreten Zusammenhänge noch einen Schritt ins Allgemeine hinausgehen. Dann ist der rechte Populismus jedenfalls auch eine Art von Gegenrevolution gegen den Versuch einer linksliberalen, grünen Elite, das Volk im Geist der eigenen Weltsicht bis in die Sprache hinein umzuerziehen.

Dass die neuen Formen elektronischer Kommunikation, die neuen Medien, wie man oft etwas vereinfachend sagt, den Aufstieg des Populismus begünstigt, vielleicht überhaupt erst ermöglicht haben, ist eine durchaus plausible Annahme. Charakteristisch für populistische Bewegungen ist eine radikal vereinfachende und zugleich polarisierende Präsentation der Probleme, die sie aufgreifen. Die aber findet besonders günstige Bedingungen für Resonanz und Verbreitung in den geschlossenen, gegen alle Gegenwirkung abgeschirmten Kommunikationsräumen Gleichgesinnter, wie sie die neuen Medien in einer bis dahin unbekannten Weise geschaffen haben.

So klar sich der Typus der rechten populistischen Bewegung länderübergreifend beschreiben lässt – es versteht sich von selbst, dass diese Bewegungen in mehr oder weniger starkem Maße auch von den Gegebenheiten des Landes, in dem sie sich formieren, geprägt sind. In den USA etwa hat das präsidiale System die rechtspopulistische Machtergreifung wesentlich begünstigt.[4] Im Vereinigten Königreich war der durch den Beitritt zur Europäischen Union verursachte Souveränitätsverlust Schlüsselthema und der Brexit der größte Triumph des Populismus. In Italien gibt es Kontinuitäten, die zum Faschismus zurückführen. Auch in Österreich wirken die deutschnationale wie die nationalsozialistische Vergangenheit nach. In Belgien hat der flämische Nationalismus dem Rechtspopulismus seine Färbung gegeben.

Zu den deutschen Besonderheiten gehört, dass eine rechtspopulistische Bewegung von Gewicht erst spät die politische Bühne betrat. Und dass die Partei, in der der Rechtspopulismus sich schließlich politisch formierte, die AfD, anfangs ein anderes Profil hatte.[5] Die AfD wurde 2013 als Partei gegründet, die der deutschen Grundsatzkritik an der Währungsunion, getragen nicht zuletzt von der einschlägigen Wissenschaft, eine Stimme geben sollte; Kritik, so wie die Dinge im Gründungsjahr standen, im Besonderen an der Politik, auch die hochverschuldeten Mitgliedsländer – um Griechenland vor allem ging es – um jeden Preis in der Währungsunion zu halten. Das war insofern ein spezifisch deutsches Thema mit beträchtlicher öffentlicher Resonanz, als Deutschland damit zu rechnen hatte, die Folgekosten für den finanziellen Kollaps eines Mitgliedstaates der Währungsunion zu einem erheblichen Teil schultern zu müssen. Auch für die frühe, auf die Kritik an der Währungsunion fixierte AfD gilt also, dass sie in gewisser Weise für den Vorrang nationaler Interessen vor den Belangen der europäischen Gemeinschaft plädierte.

Aber erst als die Flüchtlingskrise des Jahres 2015 alle anderen politischen Themen überschattete und die AfD Zuwanderung zu ihrem Kernthema machte, wurde sie eine eindeutig rechtspopulistische Partei. Als solche hat sie sich inzwischen in das skizzierte Muster eingefügt. Wie sehr es das Flüchtlingsdrama der Jahre 2015/16 war, das ihr den entscheidenden Schub gab, zeigen die Zahlen mit großer Eindeutigkeit. Hatte die AfD in den Bundestagswahlen 2013 noch die Fünf-Prozent-Hürde

---

4 Die besondere Anfälligkeit der US-amerikanischen Demokratie für den populistischen Zugriff auf die Macht mag viele überrascht haben, orientiert sich doch die amerikanische Verfassung konsequent am Prinzip der Gewaltenteilung. Tatsächlich ist die Machtergreifung Trumps nur vor dem Hintergrund der extremen Polarisierung der amerikanischen Gesellschaft zu verstehen. Es war dann aber die Präsidialverfassung und das ihr eigene Zwei-Parteien-System, die dieser Polarisierung ihre besondere politische Dynamik verlieh. Parlamentarische Demokratien werden in der Regel durch Koalitionen regiert. Populistische Parteien können in Koalitionen durchaus einflussreich sein, aber nicht einfach durchregieren.

5 Vgl. Frank Decker, Die Alternative für Deutschland. Ein Portrait, in: Ders. u. a. (FN 1), S. 133–150.

knapp verfehlt, so überschritt sie sie 2017 weit. Schon in den Landtagswahlen des Jahres 2016 hatte sich das angekündigt. Migration blieb von nun an das Thema, mit dem vor allen anderen die Partei ihre Wähler mobilisierte. Dabei hat sie sich das populistische Narrativ von den selbstbezüglichen Eliten, die das Volk vergessen haben, konsequent zu eigen gemacht. Sie reizt es polemisch bis aufs Äußerste aus – in ihrem Einspruch gegen den medialen Oktroi einer „woken" Weltsicht, die das Volk nicht teile; im Kampf gegen die Asylpolitik der offenen Grenzen, zu der sich das Verständnis der Eliten von Weltoffenheit und ihre Handlungsschwäche als Regierende verbänden; auch in ihrer Kritik an dem Elitenprojekt europäische Integration, dem die Interessen des eigenen Landes geopfert würden, wie dem Elitenprojekt „Kampf dem Klimawandel", das die deutsche Wirtschaft ruiniere.

Das alles fügt sich sehr gut in das beschriebene Grundmuster rechtspopulistischer Politik ein. Als einen besonderen Akzent kann man die wütenden Attacken auf die „Lügenpresse" bzw. „Lückenpresse" ansehen, die traditionelle Medienlandschaft überhaupt mit dem öffentlich-rechtlichen Rundfunk im Zentrum, der in der Tat fast geschlossen AfD-kritisch eingestellt ist. Auch das deutlich stärkere Echo, dass die AfD im Osten des Landes findet, ist eine deutsche Besonderheit. Natürlich gibt es, was die Wahlerfolge populistischer Parteien angeht, beträchtliche regionale Unterschiede auch in anderen Ländern. Aber in Deutschland gewinnen diese Unterschiede ihr besonderes, beunruhigendes Gewicht daraus, dass sie aufs engste und sichtbarste mit der Teilungsgeschichte verbunden sind und sie in gewissem Sinne fortschreiben. In der Summe aber bleibt es dabei: Die AfD ist eine durchaus typische Angehörige der inzwischen großen Familie rechtspopulistischer Parteien in den westlichen Demokratien. Oder, wie Eckhard Jesse es formuliert hat: „Das deutsche Parteiensystem ist mit der AfD zum europäischen Normalfall geworden"[6] – mit der AfD, wie sie sich seit etwa 2015 aufgestellt hat, jedenfalls.

Mit der Art, wie Deutschland sich mit dem Rechtspopulismus auseinandersetzt, verhält es sich ganz anders. Sie ist sehr besonders, sehr deutsch. Wann immer eine politische Bewegung am rechten Rand auftaucht, sieht Deutschland den Nationalsozialismus wiederkehren. Die eine, in ihrer Fortwirkung übermächtige, weil einzigartig schreckliche Vergangenheit liefert die immergleiche Deutung für unterschiedliche Gegenwartswirklichkeiten. Polemisch, aber ohne starke Übertreibung könnte man von einem Pawlow'schen politischen Reflex sprechen. In der im Zuge der Auseinandersetzung mit der AfD populär gewordenen Formel „Nie wieder ist jetzt" wird dieser Reflex sehr deutlich sichtbar. „Nie wieder ist jetzt" heißt ja: Wir haben hier und heute eine drohende Katastrophe abzuwenden, die sich schon einmal ereignet hat, nämlich 1933. Geradezu paradigmatisch begegnete einer staunenden Öffentlichkeit die reflexhafte Beschwörung des Nationalsozialismus in dem Satz, mit dem der Vorsitzende der sozialdemokratischen Bundestagsfraktion in der Spätphase der Ampelkoalition die oppositionelle Union davon abbringen wollte, einen

6 Eckhard Jesse, Das Aufkommen der Alternative für Deutschland. Deutschland ist kein Ausnahmefall mehr, in: Brinkmann/Panreck (FN 1), S. 125.

Gesetzentwurf zur Migrationspolitik zur Abstimmung zu stellen, dem, wie vorherzusehen war, die AfD zur Mehrheit verhelfen würde. „Aber das Tor zur Hölle können Sie noch schließen", rief er ihr zu.[7] Tor zur Hölle – was soll damit anderes gemeint sein als das Tor zur Wiederkehr des Nationalsozialismus? Ein drittes Beispiel für das Denkschema, mit dem Deutschland auf den Rechtspopulismus reagiert: In einem Interview im Mai 2025 begründete der thüringische Innenminister seine Forderung, ein Verbotsverfahren gegen die AfD in Gang zu bringen, so: „Warum gibt es das Parteiverbot in unserer Verfassung? Wegen der Erfahrung des Nationalsozialismus. Damit eine solche Katastrophe nicht noch einmal passiert."[8]

Die regelmäßige Beschwörung der Gefahr der Wiederkehr des Nationalsozialismus hat durchaus etwas Zwanghaftes. Es ist, als wollten spätere Generationen die Probe, die die Zeitgenossen einst nicht bestanden haben, doch noch bestehen. Oder als wollten sie den Zeitgenossen, die freilich längst abgetreten sind, immer wieder vor Augen führen, dass und wie man sie hätte bestehen können. Gerade das zweite Beispiel zeigt freilich auch, dass Reflex und politisches Kalkül einander nicht ausschließen. Man kann in den politischen Diskussionen dieses Landes niemanden stärker diskreditieren als dadurch, dass man ihn in die Nähe des Nationalsozialismus rückt. Die Versuchung, es zu tun, ist da, sobald sich eine Gelegenheit bietet. Deutschland lebt mehr als jedes andere Land im Schatten seiner Geschichte und damit auch im Schatten der Möglichkeit ihrer Instrumentalisierung.

3. Drei Parteiverbotsverfahren

Es liegt auf der Hand, dass man auf eine Herausforderung, wie eine politische Bewegung am rechten Rand sie darstellt, nur angemessen antworten kann, wenn man sie als das wahrnimmt, was sie tatsächlich ist. Die reflexhafte Beschwörung der Gefahr der Wiederkehr des Nationalsozialismus ist dabei selten hilfreich. In den Wogen emotionaler Empörung versinken gleichsam alle Möglichkeiten argumentativer Auseinandersetzung. Davon wird genauer zu reden sein.

Zunächst ist nach den rechtlichen Vorgaben für den Umgang mit dem Rechtspopulismus zu fragen – wenn es sie denn gibt. In den deutschen Verhältnissen laufen alle Überlegungen zum Umgang mit politischen Bewegungen am rechten Rand, so auch dem Rechtspopulismus, sehr rasch auf die Frage hinaus, ob hier die rechtlichen Vorkehrungen der wehrhaften Demokratie greifen. Deshalb ist es zweckmäßig, diese Vorkehrungen im nächsten Schritt in den Blick zu nehmen. Populismus ist selbstverständlich kein Begriff des Verfassungsrechts. Das Grundgesetz kennt nicht einmal den Begriff des Extremismus, der heute die Debatten bestimmt und so gebraucht wird, als stünde er in der Verfassung. Das Grundgesetz spricht in den für seine Wehrhaftigkeit konstitutiven Artikeln von Parteien, „die darauf ausgehen, die frei-

7 Vgl. Frankfurter Allgemeine Zeitung vom 31. Januar 2025, S. 1.
8 Vgl. Frankfurter Allgemeine Zeitung vom 19. Mai 2025, S. 4.

heitliche demokratische Grundordnung zu beeinträchtigen oder zu beseitigen" (Art. 21 Abs. 2 Satz 1 GG); vom Missbrauch der Grundrechte durch Grundrechtsträger zum Kampf gegen die freiheitliche demokratische Grundordnung (Art. 18 GG) und von Vereinigungen, deren Zwecke sich gegen die verfassungsmäßige Ordnung richten (Art. 9 Abs. 2 GG).[9] Es ist der Kampf gegen die mit den beiden Attributen freiheitlich und demokratisch gekennzeichnete Verfassungsordnung, den das Bundesverfassungsgericht durch das Verbot einer Partei oder den Entzug von Grundrechten unterbinden kann. Bei dem durch die Exekutive ausgesprochenen, verwaltungsgerichtlicher Kontrolle unterliegenden Vereinigungsverbot ist etwas abweichend von verfassungsmäßiger Ordnung die Rede.

Die Möglichkeit, Parteien zu verbieten, wie sie Art. 21 Abs. 2 vorsieht, ist immer als die schärfste Waffe der wehrhaften Demokratie angesehen worden. Das Verfassungsgericht selbst hat das Parteiverbot so eingestuft und hinzugefügt, es sei nicht nur die schärfste, sondern auch eine zweischneidige Waffe des demokratischen Rechtsstaats im Kampf gegen seine organisierten Feinde – zweischneidig, weil ein tiefer Eingriff in den für die Demokratie konstitutiven offenen Wettbewerb der Meinungen (NPD-Urteil Leitsatz 1). Gleichwohl hat es nie einen Zweifel an der grundsätzlichen Vereinbarkeit des Art. 21 Abs. 2 Satz 1 mit dem Demokratieprinzip gelassen.

Es hat zur Glaubwürdigkeit des wehrhaften Selbstverständnisses der zweiten deutschen Demokratie vermutlich wesentlich beigetragen, dass diese Waffe in den Gründungsjahren der Bundesrepublik tatsächlich zweimal eingesetzt worden ist.[10] Das erste Verbotsurteil erging 1952 gegen die *Sozialistische Reichspartei* (SRP).[11] Es ist über den Urteilstenor hinaus vor allem deshalb von Bedeutung, weil das Verfassungsgericht es in diesem ersten Urteil unternahm und unternehmen musste, das Schutzgut des Artikels 21 Abs. 2, die freiheitliche demokratische Grundordnung, näher zu bestimmen. Im zweiten Leitsatz des SRP-Urteils heißt es in Worten, die dann immer wieder zitiert worden sind: „Zu den grundlegenden Prinzipien dieser Ordnung sind mindestens zu rechnen: die Achtung vor den im Grundgesetz konkretisierten Menschenrechten, vor allem vor dem Recht der Persönlichkeit auf Leben und freie Entfaltung, die Volkssouveränität, die Gewaltenteilung, die Verantwortlichkeit der Regierung, die Gesetzmäßigkeit der Verwaltung, die Unabhängigkeit der Gerichte und die Chancengleichheit für alle politischen Parteien mit dem Recht auf verfassungsmäßige Bildung und Ausübung einer Opposition." Das „mindestens" hielt die Tür für die Erweiterung dieser Liste der Essenzialia offen.

Die Begründung des Verbotes hingegen verzichtete weitgehend auf grundsätzliche Erwägungen. Sie hielt sich eng an den besonderen Fall SRP. Die SRP stehe nach

---

9 Vgl. hierzu eingehend Julia Gerlach, Die Vereinsverbotspraxis der streitbaren Demokratie. Verbieten oder Nicht-Verbieten?, Baden-Baden 2012.

10 Vgl. dazu ausführlich jetzt Eckhard Jesse, Das Instrumentarium des Parteiverbots: Vergangenheit – Gegenwart – Zukunft, in: Uwe Backes/Alexander Gallus/Eckhard Jesse/Tom Thieme (Hrsg.), Jahrbuch Extremismus & Demokratie, Bd. 36, Baden-Baden 2024, S. 15–47.

11 BVerfGE 2, 1–79.

Personal, Selbstverständnis und Organisationsprinzipien eindeutig in der Nachfolge der NSDAP. Das erlaube den Schluss, dass die SRP die Diktatur anstrebe. Auf das Programm der SRP wird bemerkenswerterweise nur beiläufig Bezug genommen. Es verschleiere aus taktischen Gründen die wahren Ziele der Partei eher, als dass es sie offenbare. Stattdessen ist es vor allem die innere, undemokratische Ordnung der Partei, aus der das Gericht auf ihre grundsätzliche Demokratiefeindschaft schließt.

Vier Jahre später, 1956, erging das zweite Verbotsurteil. Es traf die *Kommunistische Partei Deutschlands* (KPD).[12] Die Bundesregierung hatte beide Verbotsanträge 1951 gestellt. Dass das Gericht fast fünf Jahre und eine sich über Monate hinziehende mündliche Verhandlung brauchte, bis es zu einer Entscheidung kam, zeigt, dass es sich mit dieser Entscheidung weit schwerer tat als mit dem SRP-Verbot. Auch die Ausführlichkeit der Urteilsbegründung, die sich über hunderte von Seiten mit größter Sorgfalt, bisweilen Pedanterie mit den Texten der Klassiker des Marxismus-Leninismus ebenso wie mit den Argumenten, die die KPD im Prozess vorbrachte, auseinandersetzt, macht deutlich sichtbar, wie ernst das Gericht die Aufgabe nahm, vor die der Verbotsantrag der Regierung es stellte. Dass das Gericht, an die totalitäre Erfahrung der ersten Hälfte des 20. Jahrhunderts erinnernd, sich gerade in diesem Urteil erhebliche Mühe gab, die grundsätzliche Vereinbarkeit von Parteiverboten als äußerstes Mittel des Selbstschutzes der Demokratie mit dem Demokratieprinzip aufzuzeigen, weist in die gleiche Richtung.

Zu den besonderen Herausforderungen dieses Verfahrens gehörte übrigens auch das Argument der KPD, ein Verbot der Partei werde die vom Grundgesetz zwingend gebotene Wiedervereinigung erschweren. Aber das waren Seitenpfade. Im Kern blieb das Gericht auf dem im SRP-Urteil eingeschlagenen Weg. Es verwies auf seine Bestimmung der essenziellen Elemente der freiheitlichen demokratischen Grundordnung aus dem Jahr 1952. Es bestätigte seine Auslegung des Artikels 21 Abs. 2, eine Partei sei nicht schon dann verfassungswidrig, wenn sie die obersten Prinzipien der freiheitlichen demokratischen Grundordnung nicht anerkenne; es müsse vielmehr eine aktive, kämpferische, aggressive Haltung gegenüber der bestehenden Ordnung hinzukommen (KPD-Urteil Leitsatz 5). Und es fügte ergänzend hinzu, diese Haltung müsse sich aber nicht zu einem konkreten Vorhaben verdichtet haben, es genüge, wenn der konkrete Kurs der Partei durch eine Absicht bestimmt sei, die grundsätzlich und dauerhaft tendenziell auf die Bekämpfung der freiheitlichen demokratischen Grundordnung gerichtet sei (KPD-Urteil Leitsatz 6). Ob es des außerordentlichen argumentativen Aufwandes bedurft hätte, um eine Partei für verfassungswidrig zu erklären, die die proletarische Revolution und die Diktatur des Proletariats als Ziele, die es anzustreben gelte, in ihrer Dogmatik und ihrer Programmatik festgeschrieben hatte, steht dahin. Das Gericht hielt diesen Aufwand offensichtlich für notwendig.

Es dauerte mehr als ein halbes Jahrhundert, bis das Karlsruher Gericht ein drittes Mal eine Partei für verfassungswidrig erklärte, die *Nationaldemokratische Partei Deutschlands* (NPD), diesmal freilich – das kam überraschend – ohne die für verfas-

12 BVerfGE 5, 85–393.

sungswidrig erklärte Partei zu verbieten.[13] Das Urteil schlug eine Brücke über das halbe Jahrhundert, das seit den Urteilen der 1950er Jahre vergangen war, setzte aber auch deutlich neue Akzente. Es schlug eine Brücke zurück zu den älteren Urteilen, indem es die Auslegung der 1950er Jahre in wichtigen Punkten bestätigte und bekräftigte. Schutzgut, so sagte das Gericht auch in diesem Urteil, seien „nur die für den freiheitlichen Verfassungsstaat schlechthin unentbehrlichen Grundprinzipien" (NPD-Urteil Leitsatz 3). Und: Das Parteiverbot sei kein Gesinnungs- oder Weltanschauungsverbot (NPD-Urteil Leitsatz 6). Auch rechtfertige eine gegen die freiheitliche demokratische Grundordnung gerichtete Zielsetzung allein noch kein Verbot. Art. 21 Abs. 2 Satz 1 stelle mit der Formulierung „ausgehen auf" auf aktives Handeln, auf ein planmäßiges Vorgehen mit dem Ziel der Beseitigung oder Beeinträchtigung der freiheitlichen demokratischen Grundordnung ab (NPD-Urteil Leitsatz 6). Das offizielle Programm der Partei spielte wie in den vorangegangenen beiden Urteilen auch in diesem für die Beantwortung der Frage nach ihren „wirklichen Zielen" eine bemerkenswert geringe Rolle.

Einen neuen Akzent setzte das Urteil vor allem in der Betonung der Menschenwürde als Fundamentalprinzip der freiheitlichen demokratischen Grundordnung. Zwar hatte die Frage „Wie hält die Partei es mit der Menschenwürde?" auch in den älteren Urteilen durchaus schon eine Rolle gespielt. Aber erst im NPD-Urteil wurde sie nachdrücklich und ausführlich in den Mittelpunkt der Urteilsbegründung gestellt. Das Gericht nennt in den Leitsätzen als die drei für die freiheitliche demokratische Grundordnung schlechthin unentbehrlichen Grundprinzipien die Würde des Menschen, das Demokratieprinzip und das Rechtsstaatsprinzip (NPD-Urteil Leitsatz 3). Und es rückt in der anschließenden ausführlichen Begründung des Urteils Art. 1 GG ins Zentrum der Argumentation. Die NPD akzeptiere die Würde des Menschen als obersten und zentralen Wert der Verfassung nicht, sondern bekenne sich zum Vorrang einer ethnisch definierten Volksgemeinschaft. „Ihr Politikkonzept ist auf die Ausgrenzung, Verächtlichmachung und weitgehende Rechtlosstellung von Ausländern, Migranten, Muslimen, Juden und weiteren gesellschaftlichen Gruppen gerichtet" (NPD-Urteil Randziffer 635). Der von der NPD vertretene Volksbegriff sei verfassungsrechtlich unhaltbar (NPD-Urteil Randziffer 690). Er verletze auch das Demokratieprinzip. Denn er schließe die gleichgewichtige Teilnahme aller Staatsbürger am Prozess der Bildung des politischen Willens aus. Zudem bleibe im Dunkeln, wie in dem als Alternative zur parlamentarischen Demokratie postulierten ethnisch homogenen Nationalstaat das Prinzip der Volkssouveränität verwirklicht werden solle (NPD-Urteil Randziffer 758).

Noch ein zweiter neuer Akzent fällt auf. Das Gericht unterscheidet schärfer zwischen den beiden Angriffsintensitäten „beeinträchtigen" und „beseitigen" im Tatbestand des Artikels 21 Abs. 2 Satz 1, als es das in den früheren Urteilen getan hatte. Dabei ist „beeinträchtigen" der offensichtlich auslegungsbedürftigere Begriff. In „definitorischen Annäherungsversuchen" sprach das Gericht beispielhaft von plan-

13 Vgl. BVerfGE 144, 20–369.

mäßiger Hetze, Verächtlichmachung und Verhöhnung der freiheitlichen demokratischen Grundordnung als Angriffen, die es als Beeinträchtigungen sah. Damit war mindestens eine Spur gelegt (NPD-Urteil Randziffer 549).

Einer Beschäftigung mit dem zweiten Pfeiler der grundgesetzlichen wehrhaften Demokratie, der Grundrechtsverwirkung, bedarf es nicht. Es hat in der Geschichte der Bundesrepublik nur sehr wenige Versuche gegeben, von Art. 18 Gebrauch zu machen.[14] Und das Bundesverfassungsgericht hat nicht eine einzige Verwirkung ausgesprochen. Festzuhalten ist jedoch, dass Art. 18 noch deutlicher als Art. 21 mit seiner Formulierung „darauf ausgehen" auf den Begriff bringt, worum es geht: ums Handeln. Art. 18 spricht ausdrücklich vom Kampf gegen die freiheitliche demokratische Grundordnung. Kampf meint Kampf.

Wehrhafte Demokratie nach den Regeln des Grundgesetzes heißt also: Die Verfassung erlaubt zur Verteidigung der Freiheit tiefe Eingriffe in demokratische Grundfreiheiten. Ob die strengen Voraussetzungen eines solchen Eingriffs gegeben sind, entscheidet – jedenfalls im Fall der Art. 18 und 21 – ausschließlich das höchste Gericht, das sich aber nicht selbst in Spiel bringen kann. Zu entscheiden, ob das Gericht angerufen wird, ist Sache einiger weniger politischer Instanzen, die das Bundesverfassungsgerichtsgesetz benennt (§§ 36 und 43 BVerfGG). Deren Ermächtigung ist keine Verpflichtung. Die Entscheidung, einen Verbotsantrag zu stellen, ist damit jedenfalls auch eine Sache des politischen Kalküls.

Dass die in das Grundgesetz eingeschriebene Konzeption der wehrhaften Demokratie und die von jeder Bewegung am rechten politischen Rand neu geweckte traumatische Fixierung der politischen Kultur Nach-Hitler-Deutschlands auf die Gefahr der Wiederkehr des Nationalsozialismus einander stützen, ist offensichtlich. Wie auch nicht? Es war ja die dramatisch präsente Erinnerung an den Untergang der Weimarer Republik, der der Gedanke entsprang, die zweite deutsche Demokratie durch die Instrumente Parteiverbot und Grundrechtsverwirkung zur Selbstverteidigung zu befähigen. Der offene Angriff Hitlers und seiner Partei auf die erste deutsche Demokratie war gleichsam der Modellvorgang, auf den die Verfassung mit den Art. 9 Abs. 2, 18 und 21 Abs. 2 Satz 1 antwortete.

Das heißt nicht, dass das rechtliche Dispositiv der wehrhaften Demokratie und die habituelle, in den Tiefen der politischen Kultur wurzelnde Fixierung auf die immer neue Bewältigung einer nicht vergehenden Vergangenheit, mögen sie auch intensiv aufeinander bezogen, ineinander verklammert sein, als zwei Seiten einer Medaille anzusehen sind. Das rechtliche Instrumentarium zur Verteidigung der Demokratie ist bereitgestellt, aber es zwingt zu nichts. Die Freiheit, so oder so mit Herausforderungen der Demokratie umzugehen, bleibt erhalten. Eben diese Freiheit hebt das „Nie wieder ist jetzt" auf; es soll sie aufheben.

---

14 Es hat bisher vier Anträge gemäß Art. 18 GG gegeben. Keinem hat das Bundesverfassungsgericht stattgegeben. Vgl. detailliert Eckhard Jesse, Grenzen des Demokratieschutzes in der offenen Gesellschaft. Das Gebot der Äquidistanz gegenüber politischen Extremismen, in: Uwe Backes/Eckhard Jesse (Hrsg.), Gefährdungen der Freiheit. Extremistische Ideologien im Vergleich, Göttingen 2006, S. 493–520.

Tatsächlich wurde in dem halben Jahrhundert zwischen etwa 1965 und etwa 2015 das Selbstvertrauen der zweiten deutschen Demokratie, obwohl sie kritische Phasen zu durchstehen hatte, allmählich stärker. Mit dem wachsenden Selbstvertrauen stellte sich die Frage ein, ob sie der stärksten grundgesetzlichen Waffe der Selbstverteidigung der Demokratie, des Parteiverbotes, überhaupt noch bedürfe. Aber dabei war der Blick nach links gerichtet. Es waren die Jahrzehnte der Entspannungspolitik. Der Gedanke etwa, die *Deutsche Kommunistische Partei* (DKP) als Ersatzorganisation für die verbotene KPD zu verbieten, kam nie ernsthaft ins Gespräch. Sobald sich aber am rechten Rand des politischen Spektrums mit der Wendung der AfD zum Rechtspopulismus neue Kräfte formierten, zeigte sich, wie ungeschwächt die alten Wahrnehmungs- und Reaktionsmuster fortlebten. Es galt von neuem, die Demokratie gegen die Wiederkehr des Nationalsozialismus zu verteidigen. Und damit war auch das Thema Parteiverbot von neuem aktuell.

4. „Gesichert rechtsextremistisch“

Ein Stichwort fehlt noch bei der Beschreibung der Architektur der Wehrhaftigkeit der zweiten deutschen Demokratie, das Stichwort Verfassungsschutz. Zur wehrhaften Demokratie gehören nicht nur die Verbotsvorkehrungen der Verfassung, zu ihr gehört auch der in Bundes- und Landesbehörden aufwendig institutionalisierte Verfassungsschutz als eine Art Vorwarnsystem. Er hat für die Auseinandersetzung mit dem Rechtspopulismus eine besondere Bedeutung gewonnen. Bevor von ihm ausführlicher die Rede sein wird, ist als Zwischenbilanz festzuhalten: Die Ausgangslage für die Auseinandersetzung mit dem Rechtspopulismus war in Deutschland eine ganz andere als in anderen betroffenen Ländern. Die Handlungsspielräume für Nüchternheit, Pragmatismus, Augenmaß der Reaktion waren eher begrenzt. Dass 70 Jahre seit dem Ende der Hitlerherrschaft vergangen waren, als der Rechtspopulismus in Deutschland ein politischer Faktor wurde, hat an den traumatischen Dispositionen erstaunlich wenig geändert.

Mit dem Verfassungsschutz kommt die neben der zwanghaften Fixierung auf den historischen Imperativ, ein neues 1933 zu verhindern, zweite charakteristische Besonderheit des deutschen Umgangs mit dem Rechtspopulismus in den Blick.[15] Das

---

15 Kritische Stimmen zum Verfassungsschutz als einer spezifisch deutschen Institution Claus Leggewie/Horst Meier, Nach dem Verfassungsschutz. Plädoyer für eine neue Sicherheitsarchitektur der Berliner Republik, 2. Aufl., Berlin 2019; Dietrich Murswiek, Verfassungsschutz und Demokratie. Voraussetzungen und Grenzen für die Einwirkung der Verfassungsschutzbehörden auf die demokratische Willensbildung, Berlin 2020; Mathias Brodkorb, Gesinnungspolizei im Rechtsstaat? Der Verfassungsschutz als Erfüllungsgehilfe der Politik. Sechs Fallstudien, Springe 2024. Die Kritik dieser Autoren ist keineswegs nur oder auch nur primär am Umgang des Verfassungsschutzes mit der AfD festgemacht. – Zur Beobachtung politischer Parteien durch den Verfassungsschutz im besonderen Lars O. Michaelis, Politische Parteien unter Beobachtung des Verfassungsschutzes. Die streitbare Demokratie zwischen Toleranz und Abwehrbereitschaft, Baden-Baden 2020.

Verfassungsschutzgesetz beschreibt die Aufgabe des Verfassungsschutzes als „Sammlung und Auswertung von Informationen über Bestrebungen, die gegen die freiheitliche demokratische Grundordnung gerichtet sind" (§ 3 Abs. 1). Das sind Worte, die dem Verfassungsschutz deutlich eine dienende, beschränkte Rolle zuweisen. Tatsächlich ist das Bundesamt für Verfassungsschutz im Zuge der Beobachtung der AfD zu einer Art von Vor-Verfassungsgericht geworden. Jedenfalls wird, was nach dem Wortlaut des Gesetzes eine Mitteilung über die Auswertung von Informationen ist, von der Öffentlichkeit als Verkündung eines Urteils wahrgenommen. Das Bundesamt zelebriert diese Mitteilung auch so. Vorangekündigt wird sie von der Öffentlichkeit, auch den politischen Instanzen mit Spannung erwartet; die Verkündigung selbst ist ein durchaus förmlicher Akt; die verkündete Einschätzung wird wie ein Urteilsspruch kommentiert; und sie hat Folgen, die denen eines gerichtlichen Urteils nicht unähnlich sind. Sie wird etwa, um ein Beispiel zu nennen, als Legitimierung der Praxis wahrgenommen, der AfD im parlamentarischen Betrieb die Rechte vorzuenthalten, die alle anderen Parteien für sich in Anspruch nehmen und sich wechselseitig konzedieren.

Zwar unterliegt die Einstufung einer Partei durch den Verfassungsschutz als „Verdachtsfall" oder als „gesichert extremistisch" verwaltungsgerichtlicher Kontrolle. Aber die verwaltungsgerichtliche Bestätigung der Einstufung macht aus ihr erst recht einen dem verfassungsgerichtlichen Urteil vorangehenden autoritativen Urteilsspruch. Und ob, wenn die Bestätigung ausbleibt, verwaltungsgerichtliche Einwände die Wirkungen, die vom Votum der Verfassungsschutzbehörden ausgehen, zurückholen können, steht dahin. Bisher hat es diesen Fall im Kontext der Beobachtung von Parteien nicht gegeben.

Die Wirkungen des urteilsähnlichen Votums werden wesentlich bestimmt durch die Förmlichkeit der Sprache, in der die Verfassungsschutzbehörde ihre Bewertungen formuliert. „Gesichert extremistisch" – dieses Verdikt lässt sich kaum anders verstehen denn als ein abschließendes, legitimem Zweifel enthobenes Urteil. Dabei sind beide Komponenten des „Urteilstenors" für sich genommen problematisch; gemeinsam sind sie es erst recht, ganz unabhängig von dem zu prüfenden Einzelfall. „Gesichert" – das erweckt den Eindruck, als liege der Einstufung eine präzise Messung zu Grunde, die jeder nachvollziehen könne; eine Messung vergleichbar der Messung der Temperatur durch das Thermometer. So wird die Einstufung von der Politik und den empfänglichen Teilen der Öffentlichkeit auch aufgenommen: „Jetzt wissen wir es. Es ist Zeit, Konsequenzen zu ziehen." Dabei kann von gesicherter Erkenntnis bei Fragen wie der in Rede stehenden doch nur in dem Sinn die Rede sein, dass der Verfassungsschutz sich seines Urteils sicher ist, im Blick auf das faktische Fundament wie auf dessen verfassungsrechtliche Einschätzung. Auch wenn man dem Verfassungsschutz zugesteht, dass sich sein Urteil auf professionelle Beobachtung und professionelles Urteilsvermögen stützt, sind seine Schlussfolgerungen nicht von der Art, dass sie nicht mit guten Gründen infrage gestellt werden können. Sie sind nicht „gesichert" in dem Sinn, dass für eine Diskussion kein Raum mehr ist.

Die zweite Komponente der Urteilsformel, „extremistisch", ist auf andere Weise problematisch, jedenfalls dann, wenn es um die Frage geht, ob eine Partei verboten werden soll. Noch einmal: Die Verfassung kennt den Begriff extremistisch nicht. Das gilt auch für die einschlägigen Gesetze. Was Art. 21 Abs. 2 Satz 1 im Visier hat, wäre mit dem Wort Demokratiefeindschaft präziser gekennzeichnet, auch Verfassungsfeindschaft, wenn man den Begriff auf den normativen Kern der Verfassung bezieht. Dass der Begriff Extremismus in den letzten Jahrzehnten eine so erstaunliche Karriere gemacht hat, geht freilich nicht allein auf den Verfassungsschutz zurück. Die Wissenschaft hat das Ihre dazu beigetragen, ihn als einen Gegenbegriff zum Begriff der Demokratie zu etablieren. Aber das Bundesamt für Verfassungsschutz war es, das ihn in den Rang einer quasi-verfassungsrechtlichen Kategorie erhoben hat.

Über sein Verständnis des Begriffs kann man sich im Glossar seines Internetauftritts unterrichten. Dort stellt das Bundesamt für Verfassungsschutz die Begriffe Radikalismus und Extremismus einander gegenüber. Radikalismus, so das Glossar, sei die prinzipielle Ablehnung bestehender Verhältnisse, etwa des Kapitalismus, ohne Verneinung der Grundnormen der Demokratie. „Als Extremismus werden dagegen die Aktivitäten bezeichnet, die darauf abzielen, die Grundwerte der freiheitlichen Demokratie zu beseitigen." Extremismus wäre dann exakt das, was Art. 21 Abs. 2 Satz 1 GG in der Auslegung des Verfassungsgerichtes im Visier hat, ohne sich dieses Begriffes zu bedienen. „Aktivitäten" – das heißt: es geht um ein zielgerichtetes Handeln. Das „abzielen" entspricht dem „ausgehen auf" des Art. 21. Und die Grundwerte der freiheitlichen Demokratie sind in den Parteiverbots-Urteilen des Verfassungsgerichts als Kernbestandteile der freiheitlichen demokratischen Grundordnung explizit aufgezählt. Der einzige Schönheitsfehler wäre, dass die Verfassung den Sachverhalt nicht so benennt, wie es der Verfassungsschutz – und nicht nur er – tut. Aber ist das wirklich der einzige Schönheitsfehler?

Der Begriff Extremismus hat, gerade in seiner wissenschaftlichen Verwendung, einen deutlich weiteren Bedeutungshorizont, deshalb auch unschärfere Grenzen als der verfassungsrechtliche Tatbestand der Demokratiefeindschaft.[16] Er erfasst nichtdemokratiekompatible Denkungsarten und Verhaltensmuster, auf die die Waffen der wehrhaften Demokratie nicht abzielen und denen mit ihnen auch gar nicht beizukommen ist. Zudem verwischt der Begriff Extremismus die Grenzlinie zwischen System-Opposition und Politik-Opposition viel stärker als der Begriff Demokratiefeindschaft. Diese Grenzlinie ist gerade beim Rechtspopulismus nicht leicht zu ziehen, ein Befund übrigens, aus dem ein Argument in die eine wie in die andere Richtung gemacht werden kann. Das für die Demokratie konstitutive Postulat, den Raum politischer Kontroverse möglichst weit offenzuhalten, weist freilich klar in die eine dieser beiden Richtungen. Seiner Logik entspricht es, den Bereich der

16 Vgl. Uwe Backes, Extremismus im demokratischen Verfassungsstaat, Opladen 1989; ders., Politischer Extremismus. Eine Wort- und Begriffsgeschichte von der Antike bis zur Gegenwart, Göttingen 2006; Eckhard Jesse/Tom Thieme (Hrsg.), Extremismus in den EU-Staaten, Wiesbaden 2011.

Politik-Opposition weit und den der System-Opposition eng zu definieren, nicht umgekehrt. Damit ist gesagt: Zwischen dem Prüfungsbefund „gesichert extremistisch" und dem Sachverhalt „demokratiefeindlich" nach den harten Kriterien, an denen sich die wehrhafte Demokratie in ihrer grundgesetzlichen Ausprägung orientieren muss, herrscht eine Spannung, die – wahrgenommen oder nicht wahrgenommen – in den gedanklichen wie den praktischen Umgang mit den Bewegungen des politischen Randes ungut hineinwirkt.

5. Begründungsstrategien

Mit seinem „gesichert rechtsextremistisch" hat der Verfassungsschutz ein eindeutiges Urteil über die AfD gefällt.[17] So eindeutig dieses Urteil ist, so offensichtlich ist auf der anderen Seite: Die Herausforderung durch den Rechtspopulismus ist neuartig; neuartig gemessen an jenen Erinnerungen, die in die Konzeption der wehrhaften Demokratie eingegangen sind und die im kollektiven Gedächtnis derer in Deutschland fortwirken, die sich als Wächterelite gegen die Wiederkehr der Vergangenheit verstehen. Werden für die Einstufung des deutschen Rechtspopulismus als demokratiegefährdend Gründe genannt, die diese Neuartigkeit der Herausforderung zur Kenntnis nehmen? Auch wenn der Verfassungsschutz die ausführliche Begründung seines Urteils der Öffentlichkeit noch vorenthält, zwei Argumentationslinien, die dies versuchen, sind erkennbar.

Die eine: Demokratie- und Verfassungsfeindschaft treten nicht nur im frontalen Angriff auf Demokratie und Rechtsstaat in Erscheinung, sondern auch darin, dass das Vertrauen in Institutionen und Amtsträger der bundesrepublikanischen Demokratie systematisch unterhöhlt wird, ohne dass dabei ein Gegenmodell politischer Ordnung sichtbar würde. Es ist eine andere Art der Zerstörung als die, die die ursprüngliche Konzeption der wehrhaften Demokratie im Sinn hatte, aber eben auch Zerstörung. Unverkennbar nimmt der Verfassungsschutz hier einen Gedanken auf, der uns im NPD-Urteil des Bundesverfassungsgerichtes schon begegnet ist: Auch wer die Verfassungsordnung verächtlich macht, greift sie feindlich an.

Die Schwierigkeiten, mit denen diese Argumentation zu kämpfen hat, sind leicht benannt. Konflikt ist die Quintessenz der Demokratie – die argumentative Auseinandersetzung zwischen denen, die auf Zeit die Regierungsgewalt innehaben, und denen, die ihnen als Opposition gegenüberstehen. Zwar hat diese Auseinandersetzung die Regeln des demokratischen Wettbewerbs zu respektieren, zu denen auch das Gebot einer elementaren Fairness im Umgang miteinander gehört. Aber das schließt nicht aus, dass die Konflikte zwischen Regierung und Opposition mit großer Schärfe ausgetragen werden. Ist es möglich, zwischen legitimen Angriffen auf die Regierung und ihre Politik und einer Polemik, die die politische Ordnung als solche „verächtlich macht", mit einer Sicherheit zu unterscheiden, die es erlaubt, ein Parteiverbot

17 Es wurde nicht offiziell veröffentlicht, jedoch durch die Presse bekannt.

auf diese Unterscheidung zu gründen? Auf der Ebene gedanklicher Abstraktion vielleicht, im politischen Alltag kaum. Das heißt: Zu einer Diskussion darüber, ob politische Polemik, die geeignet ist, das Vertrauen in die demokratische politische Ordnung und ihre Repräsentanten als solche zu erschüttern, als verfassungswidriger Angriff auf die freiheitliche demokratische Ordnung im Sinne von Art. 21 Abs. 2 Satz 1 GG anzusehen ist, gehört die kritische Selbstbefragung, welche Einengungen des Raumes legitimer politischer Kontroverse in der Demokratie verantwortbar sind.

Die Sache wird nicht einfacher dadurch, dass an diesem Punkt auch die beiden unterschiedlichen Angriffsintensitäten des Art. 21 GG ins Spiel kommen: „beeinträchtigen" und „beseitigen". In seinem NPD-Urteil, also erst 2017, hatte das Bundesverfassungsgericht diese Unterscheidung, wie wir gesehen haben, genauer bedacht. Es liegt auf der Hand, dass die Zerstörung des Vertrauens in die Institutionen als Versuch, die freiheitliche demokratische Grundordnung zu beeinträchtigen, besser zu fassen ist denn als Versuch, sie zu beseitigen. Aber es liegt auch auf der Hand, dass der Begriff der Beeinträchtigung ein gefährlich weites Tor für die Anwendung des Artikels 21 Abs. 2 Satz 1 GG öffnet.

Die zweite Argumentationslinie greift auf Art. 1 GG zurück. In allen Gutachten, in denen der Verfassungsschutz in den letzten Jahren ein Urteil über die AfD abgegeben, sie als Verdachtsfall eingestuft und dann einzelne ihrer Landesverbände oder Teilorganisationen, schließlich die Gesamtpartei für „gesichert rechtsextremistisch" erklärt hat, ist die Begründung in ihrem Kern die gleiche:[18] Die AfD vertrete einen ethnisch-völkischen Volksbegriff. Sie erkenne damit Zuwanderer nicht als Menschen gleicher Würde an. Das in Art. 1 GG vorgegebene Menschenbild des Grundgesetzes sei nicht das ihre. Damit stelle sie sich außerhalb der Verfassung. Es ist, alltagssprachlich formuliert, seine Ausländerfeindlichkeit, die den deutschen Rechtspopulismus nach Einschätzung des Verfassungsschutzes mit dem Grundgesetz in Konflikt bringt.

Auch hier hat das NPD-Urteil des Bundesverfassungsgerichtes den Weg gewiesen. Es hat, wie wir gesehen haben, Art. 1 GG, das Argument der verletzten Menschenwürde, ins Zentrum der Begründung seines Votums, die NPD sei eine verfassungswidrige Partei, gerückt. Der Verfassungsschutz ist ihm jetzt in seiner Einschätzung der AfD auf diesen Argumentationsweg gefolgt. Mit Art. 1 GG, mit der Menschenwürde zu argumentieren heißt schwerstes Geschütz auffahren. Es heißt aber auch, dass das Schutzgut des Artikels 21 Abs. 2 Satz 1, die freiheitliche demokratische Grundordnung, nicht mehr mit jener Genauigkeit bestimmbar ist, die in Art. 21 eigentlich vorausgesetzt ist. Beide Auswirkungen sind problematisch.

Schwerstes Geschütz – das will sagen: Man kann einer Partei keine schwerwiegendere Verletzung des grundgesetzlichen Wertekanons vorwerfen als die programmatisch festgeschriebene oder in ihrem politischen Verhalten stetig geübte Missachtung der Menschenwürde. Art. 1 und Art. 20 GG definieren gewissermaßen den Raum, in dem demokratiekonformer politischer Wettbewerb, demokratiegemäßer

18 Die Berichte und Gutachten des Verfassungsschutzes sind in der Regel im Internet einsehbar.

politischer Konflikt möglich ist. Wer diesen Raum verlässt, hört auf, Partner eines demokratischen Konflikt-Dialoges zu sein. Das bedeutet dann aber auch: Man bricht die politisch, die argumentativ geführte Auseinandersetzung ab, wenn man eine Partei aus diesem Raum hinausdefiniert. Grundsätzlicher kann das Urteil über die, um es neutral zu formulieren, Verfassungsferne einer Partei nicht ausfallen.

Aber das ist nur die eine Seite der Sache. Die andere: Mit der Grundsätzlichkeit des Menschenwürde-Argumentes kommt auch seine Unbestimmtheit, das, was man seine Grenzenlosigkeit nennen könnte, ins Spiel. Wozu Art. 1 GG den Staat gegenüber Bürgern wie Nicht-Bürgern verpflichtet, darüber kann man, bei allem Konsens im Elementaren, sehr unterschiedlicher Meinung sein. Man kann diese Verpflichtungen mit guten Gründen sehr weit und mit guten Gründen sehr eng umschreiben. Man kann verschiedenste Themen in Zusammenhang mit Art. 1 GG bringen – die Höhe der Sozialhilfe ebenso wie die Abschiebepraxis.[19] Das bedeutet: Die Frage, ob die Programmatik oder die Praxis einer Partei Art. 1 GG verletzen, ist viel weniger eindeutig zu beantworten als die Frage, ob sie die freiheitliche demokratische Grundordnung zu beseitigen beabsichtigen, so, wie diese Zielsetzung in der ursprünglichen Konzeption der wehrhaften Demokratie verstanden wurde.

So folgenreich diese Unschärfe sein kann, als noch folgenreicher könnte sich die neue Ausrichtung der Extremismus-Diskussion auf Art. 1 GG in einer anderen Hinsicht erweisen. Das Bundesverfassungsgericht hat in seiner Rechtsprechung zu Art. 21 Abs. 2 Satz 1 durchgehend betont, dass es sich bei dieser Bestimmung nicht um ein Gesinnungs- oder Weltanschauungsverbot handle (NPD-Urteil Leitsatz 6). Nicht eine verfassungsfeindliche Überzeugung als solche, sondern nur eine aktive, kämpferische, aggressive Haltung gegenüber der freiheitlichen demokratischen Grundordnung könne ein Parteiverbot rechtfertigen (NPD-Urteil Leitsatz 5). Mehr noch: Ein planmäßiges Vorgehen müsse gegeben sein.

Das ist ein Versuch, nicht nur den Raum der Freiheit des Denkens, der durch staatliche Verbote ohnehin schwer zu erreichen ist, weit offen zu halten, sondern auch den Raum für die freie Meinungsäußerung, für den politischen Diskurs. Der Rückgriff auf Art. 1 GG weist in die andere Richtung. In dem Maße, in dem Art. 1 GG ins Spiel kommt, wird die Unterscheidung zwischen Meinen und Handeln porös. Natürlich ist diese Grenze nicht immer scharf zu ziehen. Schon gar nicht, wenn es sich um eine Partei handelt. Das „Meinen" von Parteien ist der Natur der Sache nach immer aufs politische „Handeln" ausgerichtet. Dennoch muss, wer die Vorgabe des Verfassungsgerichtes ernst nimmt, eine restriktive Auslegung der einzelnen Tatbestandsmerkmale des Artikels 21 Abs. 2 Satz 1 sei geboten, weil ein Parteiverbot ein schwerwiegender Eingriff in die Freiheit der politischen Willensbildung sei (NPD-Urteil Randziffer 524), zu dem Schluss kommen, dass nur klar erkennbare

19 Das Bundesverfassungsgericht hat Ansprüche sehr detaillierter Art mehrfach direkt aus Art. 1 GG hergeleitet. Beispiele für Leitsätze in einschlägigen Urteilen: BVerfGE 125, 175; BVerfGE 132, 134; BVerfGE 152, 68.

Handlungsabsichten, die die Würde des Menschen elementar missachten, verbotsrelevant sein können.

Dieser Schluss wird noch zwingender, als er ohnehin ist, wenn ein politisches Thema in Rede steht, das die Bürger intensiv und kontrovers beschäftigt und das seiner Bedeutung für das Gemeinwesen wegen nach einem weit offenen Diskussionsraum verlangt. Das Thema Migration, das Schlüsselthema des Rechtspopulismus, ist ein solches Thema. Die rechtliche Eingrenzung des Diskussionsraumes gerade bei diesem Thema könnte auf eine Selbstverstümmelung der Demokratie hinauslaufen, eine Selbstverstümmelung, die im Fall der AfD nach den der Öffentlichkeit zugänglichen Verfassungsschutzberichten eindeutig mehr auf Meinungsäußerungen von Parteifunktionären als auf klar formulierte Handlungsabsichten gestützt wäre. Mit anderen Worten: Es ist unverkennbar, dass sich mit dem Rückgriff auf Art. 1 GG eine Verschiebung von der Inkriminierung des Handelns hin zur Inkriminierung des Meinens vollzieht. Der Schritt zum Postulat, Voraussetzung für die Teilnahme am demokratischen Willensbildungsprozess sei – vom Verfassungsschutz überwachtes – verfassungskonformes Denken, ist nicht mehr groß. Und das auf einem Konfliktfeld, auf dem eine solche Verschiebung als besonders problematisch anzusehen ist.

Die Schlüsselbedeutung, die Art. 1 GG inzwischen für den kritischen Umgang mit dem Rechtspopulismus gewonnen hat, ist kaum zu erklären, ohne unsere Ausgangsthese heranzuziehen, die These, die traumatische Fixierung auf die Vergangenheit, die Überzeugung, dass es immer von neuem die Wiederholung des Jahres 1933 zu verhindern gelte, bestimme jede Auseinandersetzung mit politischen Bewegungen am rechten Rand. Sie mache es schwer, angemessen zu reagieren, wenn es sich tatsächlich um andersartige Herausforderungen handelt. Die zentrale Rolle, die der Begriff „völkisch“ in der Begründung der Einschätzung der AfD als rechtsextremistisch spielt, spricht in dieser Hinsicht eine – im Wortsinn – deutliche Sprache. Der Begriff schlägt klar und bewusst die Brücke zum Nationalsozialismus. Nicht dass es völlig abwegig wäre, vieles von dem, was in der AfD über das „deutsche Volk“ gesagt wird, als völkisch zu charakterisieren. Aber weil der Begriff eindeutig nationalsozialistisch geprägt ist, ist er geeignet und auch bestimmt, die Möglichkeit abzuschneiden, Fragen zu stellen, die legitim, ja notwendig sind; die Frage etwa, ob ein Volk sich allein über eine juristisch freihändig bestimmte Staatsangehörigkeit definiert; ob eine Demokratie, etwas anders formuliert, gut beraten ist, Staatsbürgerschaft zu regeln, ohne die Bedeutung erworbener, belastbarer nicht-rechtlicher Zugehörigkeiten zum Gemeinwesen zu beachten. Diese Zugehörigkeiten, von der Teilhabe an der Sprache bis zur Teilhabe an den Erinnerungen, die eine Nation zu einer Erinnerungsgemeinschaft machen, haben mit dem rassebiologischen Volksbegriff des Nationalsozialismus nichts zu tun. Der Begriff „völkisch“, mehr noch die gern genutzte Variante „ethnisch-völkisch“, ist geeignet, solche Unterscheidungen zu verwischen. Und soll sie, polemisch eingesetzt, auch verwischen. Der Demokratie bekommt das nicht gut. Sie ist auf sie angewiesen.

Die Entwicklung des Staatsangehörigkeitsrechts in Deutschland gibt akuten Anlass, an diese Zusammenhänge zu erinnern. Das Bundesverfassungsgericht hat zwar autoritativ festgestellt, das Grundgesetz räume dem Gesetzgeber volle Freiheit in der Gestaltung des Staatsangehörigkeitsrechtes ein (NPD-Urteil Randziffer 690). Das mag juristisch so sein. Aber die Demokratietheorie meldet erhebliche Zweifel an dieser juristischen Maxime an. Schon die Annahme, dass der Gesetzgeber, von der Gesamtheit der Staatsbürger bestellt und ihr verantwortlich, seinerseits die Freiheit habe, nach seinem Gutdünken Rechte der Zugehörigkeit zu dieser Gesamtheit zu verleihen und dabei den demokratischen Souverän möglicherweise neu zu definieren, ist für sich nicht sonderlich plausibel. Erst recht stellt sich die Frage, ob die Demokratiefähigkeit eines Kollektivs, die Fähigkeit also, im Modus des ständigen politischen Konfliktes zu leben und doch ein Bewusstsein der Zusammengehörigkeit zu bewahren, auf das sich verlässliche Solidarität gründen kann, nicht Voraussetzungen hat, auf die das Staatsangehörigkeitsrecht Rücksicht nehmen muss. Jedenfalls, und darauf kommt es hier an: Die eilfertig genutzte, die Assoziation „Nationalsozialismus" heraufbeschwörende Vokabel „völkisch" bringt die Gefahr mit sich, dass das Nachdenken über ein demokratiegemäßes Staatsangehörigkeitsrecht, das gerade in Zeiten weltweiter Massenmigration dringlich ist, vorschnell blockiert wird.

6. Was tun?

Die Frage, ob der Rechtspopulismus in Gestalt der AfD verfassungswidrig sei, ist eine sehr deutsche Frage. Andere würden eher fragen: Wie gefährlich ist der Rechtspopulismus für die Demokratie? Und: Wie kann man ihm erfolgreich entgegenwirken? Was die erste Frage angeht: Es ist schwierig geworden, pauschal über die Bedrohung für die Demokratie durch den Rechtspopulismus zu urteilen. Vom allein regierenden, über eine parlamentarische Mehrheit verfügenden Rechtspopulismus gehen, so wird man inzwischen sagen müssen, beträchtliche Gefahren aus. Die USA und Ungarn führen vor Augen, welche es sind, auch das Polen der *Prawo i Sprawiedliwość* (PiS) hat es getan. Und tut es von neuem. Der regierende Rechtspopulismus, zeigen diese Beispiele, versucht sich die Justiz gefügig zu machen, legt also Hand an einen der tragenden Pfeiler des Rechtsstaates. Er verkürzt nach Kräften die Chancen seiner Gegner im für die Demokratie konstitutiven freien Wettbewerb der politischen Kräfte. Er engt den freien politischen Diskurs ein. Und Trumps Weigerung, seine Niederlage in den Präsidentschaftswahlen von 2020 anzuerkennen, zeigte, dass er den Vorrang der Grundregeln der Demokratie von den eigenen Machtinteressen nicht akzeptierte, eine Weigerung, die für die Demokratie tödlich ist.[20] Auch die PiS in Polen verweigert dem demokratischen Wechsel offensichtlich die Anerkennung als legitim. Aber ist mit dem Verweis auf die Entwicklungen in Trumps USA, in Orbans Ungarn, in Kaczyńskis Polen der Beweis geliefert, dass

20 Zur Gefährdung der US-amerikanischen Demokratie durch Trump und seine Gefolgschaft Steven Levitsky/Daniel Ziblatt, Tyranny of the Minority. How to reverse an authoritarian turn und forge a democracy for all, New York 2023.

der Rechtspopulismus sich überall, wo er auftritt, die Zerstörung von Demokratie und Rechtsstaat zum Ziel gesetzt hat – sei es explizit in einer Programmatik, sei es implizit in seiner Strategie? Welches Bild ergibt sich für die europäischen Demokratien, in denen Rechtspopulisten nur mitregieren oder zeitweilig mitregiert haben? Wo ist die AfD einzuordnen im Spektrum des Denkbaren, das sich einer solchen Betrachtung auftut?

Die zweite unserer beiden Fragen ist einfacher zu beantworten. Von der deutschen Strategie des Kampfes gegen den Rechtspopulismus, wenn man denn überhaupt von einer solchen sprechen will, lässt sich nur eines mit Sicherheit sagen: Sie ist erfolglos gewesen. Der Versuch, die AfD durch die Beschwörung der dunkelsten Vergangenheit klein zu halten, ist krass gescheitert. Der in Gestalt der AfD organisierte deutsche Rechtspopulismus ist in dem einen Jahrzehnt seiner Existenz immer stärker geworden. Um nur von den Wahlen zum Bundestag zu sprechen: Die AfD startete 2013 mit 4,7 Prozent der Wählerstimmen, erreichte 2017 12,6 Prozent, fiel 2021 leicht auf 10,3 Prozent zurück, und wurde 2025 mit 20,8 Prozent zur zweitstärksten Partei. Inzwischen gibt es Landtage, in denen die AfD über ein Drittel der Sitze verfügt und so Entscheidungen, die einer Zweidrittel-Mehrheit bedürfen, blockieren kann. Die Zahl deutscher Parlamente wächst, in denen zwar noch Koalitionswechsel unter Ausschluss der AfD möglich sind, aber nicht mehr die komplette Ablösung einer regierenden Mehrheit durch eine siegreiche Opposition – eigentlich der Musterfall demokratischen Regierungswechsels. Die These, dass die deutsche Art der Auseinandersetzung mit der AfD dazu beigetragen habe, ist jedenfalls nicht unplausibel.

An zwei Wirkungszusammenhänge ist dabei vor allem zu denken. Der erste: Die argumentative Auseinandersetzung mit einer Partei bricht ab, wenn sie als rechtsextremistisch eingestuft wird. Der rechtliche Modus der Verteidigung der Demokratie – Beobachtung durch den Verfassungsschutz, Einstufung durch den Verfassungsschutz, Diskussion über ein Verbotsverfahren – ersetzt den politischen. Die Etikettierung als rechtsextremistisch, so wirkt sie jedenfalls, macht alles weitere Argumentieren überflüssig. Es bedarf dessen nicht mehr, weil, so gibt es uns das deutsche Trauma vor, mit dieser Etikettierung alles gesagt ist. Der zweite: Anders als bei Bewegungen am linken Rand des politischen Spektrums werden selbst die vorsichtigsten Versuche der Einbindung einer Partei, die auch nur als Verdachtsfall gilt, ausgeschlossen, sobald das Stichwort Rechtsextremismus gefallen ist. Wobei das versuchsweise Einbinden ja zunächst einmal nicht mehr bedeutet, als ihr die parlamentarischen Mitwirkungsrechte zuzugestehen, die alle Parteien haben; sie als ernstzunehmende Oppositionspartei zu behandeln; und deutlich zu machen, was von ihr erwartet wird, wenn mehr möglich sein soll.

Man kann es auch so zusammenfassen: Die eine wie die andere Strategie des feindlichen Ignorierens des Rechtspopulismus machen Augenmaß, Nüchternheit, Pragmatismus im Umgang mit ihm unmöglich. Augenmaß, Nüchternheit und Pragmatismus aber eröffnen vermutlich die größeren Chancen, ihm erfolgreich entgegenzuwirken.

Angriffsflächen für eine politische Auseinandersetzung bietet die AfD, so wie sie sich entwickelt hat, genug – von der Kumpanei mit dem Aggressor Putin und seinem Russland über ihre Europafeindlichkeit, ihre Weigerung, die Bedrohung durch die Erderwärmung ernst zu nehmen, bis hin zur törichten Undifferenziertheit ihrer Ausländer- und Migrationspolitik, um nur wenige Hauptthemen zu nennen. Das alles sind Politikfelder von zentraler Zukunftsbedeutung. Dazu kommt die Zweifelhaftigkeit eines beträchtlichen Teils ihres politischen Personals, auch der Stil, mit dem sie innerhalb wie außerhalb der Parlamente agiert.[21] Dass der Radikalisierungsprozess des letzten Jahrzehnts nicht nur von innen heraus angetrieben, sondern auch von der Dämonisierung der Partei durch ihre Gegner befördert wurde, erklärt einiges, rechtfertigt aber nichts von alledem.

Wie viele ihrer inzwischen zehn Millionen Wähler man durch eine ernsthafte politische Auseinandersetzung mit der AfD zurückgewinnen kann, weiß niemand. Es sind über die Jahre sicher weniger geworden. Wählerbindungen an die AfD haben sich verfestigt. Schon daraus ergibt sich, dass es vor allem darauf ankommt – diese Einsicht ist inzwischen weit verbreitet –, die Probleme ernsthaft, und das heißt nicht zuletzt demonstrativ politisch in Angriff zu nehmen, die der AfD Wähler zugetrieben haben und zutreiben. Da rasche, sichtbare Erfolge nicht zu erwarten sind, muss man freilich fürchten, dass der Verlust an politischer Glaubwürdigkeit, den etwa das unbeirrbare jahrelange Festhalten an der Politik offener Grenzen bewirkt hat, einstweilen nicht wieder gutzumachen ist. Wenn es so ist, wird die deutsche Demokratie lernen müssen, über längere Zeit ungewöhnliche Belastungen ruhig und mit Blick auf das Wesentliche auszuhalten. Das wird im Übrigen schon deshalb so sein, weil unter den Ursachen für den Aufstieg der AfD nicht alle politisch traktabel sind. Die Verstörungen etwa, die die Pandemie zur Folge hatte, sind es kaum.

So viel ist jedenfalls gewiss: Verbotspolitik, die sich nicht auf eine eindeutige, starke, alle Gutwilligen überzeugende Evidenz der Verfassungsfeindlichkeit der AfD stützen kann, würde von den Betroffenen nicht als Verteidigung der Demokratie, sondern als Angriff auf die Demokratie wahrgenommen werden. Betroffen wären zur Zeit, um die Zahl noch einmal zu nennen, etwa zehn Millionen Wähler. Sie würden, vor allem im Bereich der ehemaligen DDR, ein Verbot der AfD überwiegend als faktischen Entzug des Wahlrechts erleben. Das könnte Folgen haben, die man besser vorher bedenkt.

---

21 Zur Entwicklung der AfD Tom Mannewitz/Isabelle Christine Panreck, Systemtransformatives Potenzial im deutschen Parteiensystem. Die rechtspopulistische AfD, in: Totalitarismus und Demokratie 17 (2020), S. 97–118; Decker (FN 5), S. 133–150.

Zur Lage der Liberalen Demokratien

Von Manfred G. Schmidt

1. Einleitung

In welcher Verfassung befinden sich die Liberalen Demokratien? Sind sie kerngesund oder angeschlagen? Oder stecken sie in einer schweren Krise und steuern womöglich auf den Niedergang zu?

„Liberale Demokratie" ist ein Fachbegriff der Demokratiebeobachtung. Er meint Staaten, die sich durch allgemeines Wahlrecht, freie und faire Wahlen, autonome Opposition, Meinungs- und Pressefreiheit ebenso auszeichnen wie durch Freiheitsrechte sowie richterliche und legislative Kontrolle der Exekutive.[1] Die Freiheitsrechte und die Kontrolle der Exekutive unterscheiden die „Liberalen Demokratien" von einem zweiten Demokratietyp: den „Elektoralen Demokratien".[2]

Gemessen werden Liberale Demokratien durch den *Liberal Democracy Index*. Dieser Index wird anhand einer großen Anzahl von Indikatoren ermittelt.[3] Er reicht von 0 bis 1, dem Höchstwert Liberaler Demokratie. 0 ist der Mindestwert. Er zeigt einen komplett autokratischen Staat an. Zur Gruppe der Liberalen Demokratien werden in der Regel Staaten ab einem *Liberal Democracy Index* von 0,60 gezählt. Zu ihnen gehören unter anderem Deutschland und die meisten anderen Mitgliedstaaten der Europäischen Union.

Bewertet wird der Zustand der Liberalen Demokratien in diesem Beitrag anhand von Stand und Veränderung des *Liberal Democracy Index* und ihrem Umgang mit den Belastungsproben, denen sie mittlerweile ausgesetzt sind. Der Zustand der Liberalen Demokratien ist strittig. Die Urteile reichen von „Alles in Ordnung", wie in der Theorie des „Democracy Advantage"[4], bis zur Diagnose einer allgemeinen Krise[5] und der „Demokratiedämmerung".[6]

Die Antworten überzeugen nicht. Weder ist in den Liberalen Demokratien alles im Wesentlichen in Ordnung, noch stecken sie insgesamt in einer tiefen Krise oder befinden sich schon im Niedergang. Der Sachverhalt ist vielschichtiger: Es

1 Den Begriff prägte das Varieties of Democracy-Institute (V-Dem 2025). V-Dem 2025 dient im Folgenden als Kurzform des im Original genannten Autorenteams: Marina Nord/David Altman/Fabio Angiolillo/Tiago Fernandes/Ana Good God/Staffan I. Lindberg, Democracy Report 2025: 25 Years of Autocratization – Democracy Trumped?, Göteborg 2025.

2 V-Dem 2025 (FN 1), S. 14.

3 Details in ebd., S. 57 f.

4 Morton Halperin/Joe Siegle/Michael M. Weinstein, The Democracy Advantage. How Democracy promotes Prosperity and Peace, 2. Aufl., London 2010.

5 Vgl. Michel Crozier/Samuel P. Huntington/Joji Wanatuki, The Crisis of Democracy. A Report on the Governability of Democracies to the Trilateral Commission, New York 1975.

6 Veith Selk, Demokratiedämmerung. Eine Kritik der Demokratietheorie, 2. Aufl., Berlin 2024.

gibt Licht und Schatten in der Welt der Liberalen Demokratien. Zudem ist die Bandbreite groß. Manche Demokratien bleiben intakt, andere straucheln, manche haben Abwehrkräfte, andere sind schwer angeschlagen.

Um der Verfassung der Liberalen Demokratien auf die Spur zu kommen, sind andere Zugänge als die bislang eingeschlagenen ergiebiger. Ich schlage zwei Zugriffe vor: Der *erste* betrifft die Verbreitung der Liberalen Demokratien und der Autokratien heutzutage und in früheren Zeiten. Wie schneiden sie bei diesem Vergleich ab? Der *zweite* erkundet, ob die Liberalen Demokratien mit den Bewährungsproben zurechtkommen, die sich ihnen mittlerweile stellen – von der abnehmenden Wahlbeteiligung über den Aufstieg des Rechtspopulismus und der dritten Autokratisierungswelle bis zu den nichtmajoritären Institutionen.

2. Die Verbreitung der Liberalen Demokratien und der Autokratien

2024 wurden weltweit 29 Liberale Demokratien gezählt – unter ihnen Deutschland und die meisten anderen Mitgliedstaaten der Europäischen Union. Hinzu kamen 59 Elektorale Demokratien. Zu ihnen gehören Argentinien und Israel, mittlerweile auch das Vereinigte Königreich von Großbritannien.[7] 56 Staaten zählten als Elektorale Autokratien (beispielsweise die Türkei und Venezuela) und 35 als Hardliner-Autokratien, unter ihnen China und Saudi-Arabien.[8] Liberale Demokratien sind in der Staatenwelt folglich eine Minderheit. Nur zusammen mit den Elektoralen Demokratien sind die Demokratien fast so zahlreich wie die Autokratien.

Elektorale und Liberale Demokratien sind junge Staatsformen. Vor 250 Jahren (1775) existierten nur Autokratien. Die Demokratie kam erst im 19. Jahrhundert allmählich zum Zuge. Doch selbst vor 100 Jahren, 1925, wurde ein *Liberal Democracy Index* von mindestens 0,60 nur in elf Ländern erreicht.[9] Weitere sieben Länder galten damals als Elektorale Demokratien.[10] Nach dem Ende des Zweiten Weltkrieges begann allerdings ein spektakulärer Aufstieg der Demokratie vor allem in Westeuropa und Nordamerika. Nun schlug die Stunde der zweiten „Demokratisierungswelle".[11] Man betrachte allein die Jahre von 1973 bis 2024:

7 V-Dem 2025 erwähnt, dass manche Elektorale Demokratien zur Kategorie der Liberalen Demokratie aufrücken könnten. Das gilt insbesondere für Staaten mit einem *Liberal Democracy Index* über 0,60 – unter ihnen Österreich, Kanada und das Vereinigte Königreich.

8 Vgl. V-Dem 2025 (FN 1), S. 14. Diese heißen im Original „Closed Autocracies".

9 Unter ihnen in den englischsprachigen Staaten Australien, Großbritannien, Irland und Neuseeland, aber nicht in den USA (Liberaler Demokratie-Index: 0,45). Und nicht in Deutschland (0,49).

10 Gemessen an der 0,60-Schwelle des Electoral Democracy Index.

11 Samuel P. Huntington, The Third Wave. Democratization in the late Twentieth Century, Norman/London 1991, S. 14 f. Die zweite Welle datierte Huntington auf die Jahre von 1943 bis 1962. Die dritte Welle beginnt 1973/74 und währt, so heißt es in der Fortschreibung von Huntington, bis Ende des 20. Jahrhunderts, mitunter bis 2012. Siehe Hans-Joachim Lauth/Simon Bein, Vergleichende Demokratieforschung, Baden-Baden 2025, S. 94.

- Jetzt machten die Liberalen Demokratien Boden gut: Ihre Zahl lag 1973 bei 20, 2024 bei 29 und einige Jahre vorher sogar bei 43.
- Besonders kräftig stieg die Zahl der Elektoralen Demokratien: von 15 (1973) auf 59 im Jahr 2024.
- In die Gegenrichtung bewegten sich die Hardliner-Autokratien. Ihre Zahl schrumpfte im letzten halben Jahrhundert drastisch: von 87 (1973) auf 35 (2024).
- Ein Teil ihres Niedergangs kompensierten jedoch die Elektoralen Autokratien. 36 wurden 1973 gezählt, 56 waren es 2024.[12]

Die Gesamtzahl der Autokratien ist demnach im letzten halben Jahrhundert kleiner geworden. Sie sank von 123 (1973) auf 91 (2024). Die Gesamtzahl der Demokratien hingegen wuchs in diesen Jahren von 35 auf 88.

Der Zahl der Staaten nach zu urteilen ist die Welt in den letzten 50 Jahren demokratiefreundlicher geworden. Die Zahl aller Liberaler und Elektoraler Demokratien ist 2024 den Autokratien fast ebenbürtig, und nach der Wirtschaftskraft zu urteilen sind sie wohlhabender. Legt man jedoch die Bevölkerungsgröße zugrunde, haben die Autokratien die stärksten Bataillone. Zu ihnen gehören die zwei bevölkerungsstärksten Staaten – die Volksrepublik China und mittlerweile Indien, das sich laut Varieties of Democracy in eine Elektorale Autokratie verwandelt hat. Die Liberalen Demokratien sind wohlhabend, doch im weltweiten Vergleich sind sie eine Minderheit.

3. Bewährungsproben

Die Demokratien waren auch in den Jahren ihres Aufstiegs nicht ohne Schimpf und Tadel, wie allein die Krisendiagnosen renommierter Zeitzeugen zeigen.[13] Im ersten Viertel des 21. Jahrhunderts türmen sich die Herausforderungen der Demokratien allerdings zu neuen schweren Bewährungsproben. Vier sind besonders wichtig. Mit dem Trend zur abnehmenden Wahlbeteiligung wächst der Kreis der Nichtwähler in eine potenziell bedrohliche Höhe. Hinzu kommt der Rechtspopulismus. Gefährdet sein Aufstieg nicht nur die etablierten Parteien, sondern die Demokratie insgesamt? Die zunehmende Bedeutung nichtmajoritärer Institutionen ist die dritte Bewährungsprobe, die neue Autokratisierungswelle die vierte.

3.1. Wahlbeteiligung und Nichtwähler

Die erste Bewährungsprobe ist am Fieberthermometer der Demokratie abzulesen: dem Anteil der Nichtwähler. Ist er niedrig, kann sich die Demokratie regen Zu-

12 Vgl. V-Dem 2024, Democracy Report 2024. Democracy Winning and Losing at the Ballot, Göteborg 2024, S. 11, Figure 4; V-Dem 2025 (FN 1), S. 14.

13 Vgl. Crozier/Huntington/Watanuki (FN 5). So auch der Befund von Lauth/Bein (FN 11).

spruchs rühmen. Ist die Wahlbeteiligung jedoch gering und der Nichtwähleranteil demnach hoch, steckt die Demokratie wegen schwächelnder Beteiligung in einer bedrohlichen Lage.

Wie entwickelten sich Wahlbeteiligung und Nichtwählerquote in den Parlaments- oder Präsidentschaftswahlen? Im Folgenden werden die 22 Staaten ausgewählt, die seit 1960 ununterbrochen oder in der großen Mehrzahl der Jahre als Liberale Demokratien eingestuft wurden. Ende 2024 lag die Wahlbeteiligung im Durchschnitt dieser Staatengruppe bei 72,1 Prozent. Deutlich geringer war die durchschnittliche Wahlbeteiligung in allen anderen Demokratien.

Die Wahlbeteiligung variiert von Land zu Land. In den 22 Liberalen Demokratien ist die Spannweite zwischen der höchsten und der niedrigsten Wahlbeteiligung geringer als in den Elektoralen Demokratien: 2024 reichte sie von 46,6 Prozent in den Schweizer Nationalratswahlen bis zu Australiens 89,7 Prozent. Die Elektoralen Demokratien meldeten geringere Wahlbeteiligung. 2023 beispielsweise lag das Maximum bei 88,4 Prozent (in Bolivien, wo Wahlpflicht herrscht). Das Minimum wurde mit 32,0 Prozent aus Rumänien berichtet.

Zur Wahl geht nach wie vor die Mehrheit der Wahlberechtigten. Im Durchschnitt aller Demokratien – Liberaler wie Elektoraler – sind das 2024 rund drei Viertel. Damit liegt der Nichtwähleranteil im Durchschnitt aller Demokratien bei rund 25 Prozent. Jeder vierte Wahlberechtigte bleibt demnach der Wahlurne fern. Wie sich die Wahlbeteiligung und entsprechend die Nichtwahl im Zeitverlauf beispielsweise ab 1960 verändert haben, zeigt die Tabelle 1 anhand der oben erwähnten 22 Länder.

Tabelle 1: Wahlbeteiligung in 22 Liberalen Demokratien 1960–2024

	Wahlbeteiligung 1960	Wahlbeteiligung 2024	Wandel 1960–2024	Nichtwähler 2024 %	Zuwachs Nichtwähler 1960–2024
Australien	95,2	89,7	-5,5	10,3	5,5
Belgien	89,3	82,4	-6,9	17,6	6,9
Costa Rica	80,9	65,6	-15,3	34,4	15,3
Dänemark	85,4	84,2	-1,2	15,8	1,2
Deutschland*	87,7	82,5	-5,2	17,5	5,2
Finnland	85,1	68,5	-16,6	31,5	16,6
Frankreich	84,8	72,0	-12,8	28,0	12,8
Großbritannien	78,7	59,8	-18,9	40,2	18,9
Irland	70,6	59,7	-10,9	40,3	10,9
Island	90,6	80,2	-10,4	19,8	10,4
Israel	81,3	70,6	-10,7	29,4	10,7
Italien	93,7	63,8	-29,9	36,2	29,9
Japan	73,5	53,8	-19,7	46,2	19,7

Kanada	80,1	62,3	-17,8	37,7	17,8
Luxemburg	92,3	87,2	-5,1	12,8	5,1
Neuseeland	90,3	78,2	-12,1	21,8	12,1
Niederlande	92,2	77,7	-14,5	22,3	14,5
Norwegen	79,1	77,2	-1,9	22,8	1,9
Österreich	94,2	76,3	-17,9	23,7	17,9
Schweden	85,9	84,2	-1,7	15,8	1,7
Schweiz	68,5	46,6	-21,9	53,4	21,9
USA	63,1	63,4	0,3	36,6	-0,3
Mittelwert	84,1	72,1	-12,0	28,0	12,0

Spalte 1: Ländername. Deutschland: einschließlich der Bundestagswahl vom 28. Februar 2025.
Spalte 2 und Spalte 3: Wahlbeteiligung – Prozentanteil der Wähler an allen Wahlberechtigten bei nationalen Parlaments- bzw. Präsidentschaftswahlen 1960 (oder im nächsten Wahljahr vor 1960) und 2024 (oder im nächsten Wahljahr vor 2024). Frankreich: 1. Wahlgang der Parlamentswahl (ab 1965). USA: Präsidentschaftswahl 2024.
Spalte 4: Veränderung der Wahlbeteiligung 1960–2024; Prozentpunktdifferenz.
Spalte 5: Anteil der Nichtwähler 2024, Deutschland 2025.
Spalte 6: Veränderung des Nichtwähleranteils (Prozentpunktdifferenz) 1960 bis 2024, Deutschland bis 2025.

Quellen: idea_export_voter_turnout_database_world (Abruf am 17. Februar 2025), Spalte F: Turnout; Die Bundeswahlleiterin: Wahl zum 21. Deutschen Bundestag am 23. Februar 2025, Wiesbaden 2025.

Die Tabelle zeigt eine insgesamt abnehmende Wahlbeteiligung an. 1960 gingen 84 von 100 Wahlberechtigten zur Wahl. Mehr als 60 Jahre später waren es 72 von 100. Entsprechend stieg der Anteil der Nichtwähler von 16 auf 28 Prozent.

Die Ursachen der sinkenden Wahlbeteiligung sind zahlreich.[14] Ein zentraler Grund ist die Unzufriedenheit mit der Funktionsweise der Demokratie im eigenen Land. Demotivierend wirkt auch die nachlassende Bindung der Wähler an sozialmoralische Milieus, einschließlich ihrer Parteien, und überhaupt die schwächere Bindung an umfassende Großorganisationen. Nun fehlt eine nennenswerte Bindung an „class and group milieux"[15], und keine Parteiidentifikation gibt mehr Halt. Für geringere Wahlbeteiligung sorgen zudem schmale Ressourcen bei Bildung, berufli-

14 Darüber berichten vor allem der Rational-Choice-Institutionalismus, die soziologische Wahlforschung und der sozialpsychologische Ansatz. Vgl. Kai Arzheimer/Annette Schmitt, Der ökonomische Ansatz, in: Jürgen W. Falter/Harald Schoen (Hrsg.), Handbuch Wahlforschung, 2. Aufl., Wiesbaden 2014, S. 331–404; Claudio Cabarello, Nichtwahl, in: Ebd., S. 437–488; Mark N. Franklin/Carolien Van Ham, Electoral Turnout, in: International Encyclopedia of Political Science 3, Berkeley, Cal. 2011, S. 756–759; Lars-Christopher Stövsand/Sigrid Roßteutscher, Wahlbeteiligung, in: Sigrid Roßteutscher/Rüdiger Schmitt-Beck/Harald Schoen/Bernhard Weßels/Christof Wolf (Hrsg.), Zwischen Pluralisierung und Beharrung. Die Bundestagswahl 2017, Baden-Baden 2019, S. 145–156; European Commission, Standard Eurobarometer 79, Spring 2023. Public Opinion in the European Union, Brüssel 2023.

15 Vgl. Herbert Kitschelt/Philipp Rehm, Political participation, in: Daniele Caramani (Hrsg.), Comparative Politics, 6. Aufl., Oxford 2023, S. 334–352.

chem Prestige und Einkommen. Diese finden sich vor allem in der Unterschicht und der unteren Mittelschicht.

In drei nordeuropäischen Staaten sinkt die Wahlbeteiligung allerdings nur gering: Dänemark, Norwegen und Schweden sind die Fälle. In den USA entsprach die Wahlbeteiligung von 2024 der von 1960 – allerdings auf einem mäßig hohen Stand. Deutschland hat bei Bundestagswahlen noch einigermaßen vorzeigbare Beteiligungswerte. Die Wahlbeteiligung überstieg 1960 und 2024 den Durchschnitt der Liberalen Demokratien. Bei der Bundestagswahl am 23. Februar 2025 lag sie sogar sechs Prozentpunkte über der Wahlbeteiligung von 2021.

Insgesamt laborieren die Demokratien jedoch an einer beträchtlichen, tendenziell zunehmenden Nichtwählerquote. Noch liegt ihr Durchschnitt unter kritischen Schwellen wie der Fünfzig-Prozent-Marke. Die Tendenz ist aber steigend. Und in einigen Ländern hat die Nichtwählerquote 40 Prozent überschritten, wie im Vereinigten Königreich, in Irland, Japan und der Schweiz. Dort kompensiert allerdings die weit ausgebaute Direktdemokratie die zurückhaltende Beteiligung bei Nationalratswahlen. Sinkt aber die Wahlbeteiligung weiterhin, was wahrscheinlich ist, wird der Kreis der Nichtwähler selbst in den führenden Demokratien wachsen.

3.2. Rechtspopulismus

Eine zweite Bewährungsprobe der Demokratien ist der Aufstieg rechtspopulistischer Parteien. Von ihm zeugt ein umfangreiches Schrifttum. Aus ihm ragt die international vergleichende Studie zum *Cultural Backlash*[16] heraus. Gemeint ist der Rückschlag gegen einen kulturellen Wandel, aus dem der als „Silent Revolution“ bezeichnete Wertewandel von materiellen zu postmaterialistischen Werten hervorsticht.[17] Der rechtspopulistische Rückschlag wirkt wie eine „silent counter-revolution“[18], wie eine Gegenwelle gegen den sozialliberal bis rot-grün gefärbten Wertewandel. Diese Gegenwelle brachte neue rechtspopulistische Parteien hervor. In etlichen Ländern sind diese Parteien mittlerweile regierungsbeteiligt. Im März 2025 war das der Fall unter anderem in Finnland, Italien, den Niederlanden, Schweden, der Schweiz, der Slowakei und Ungarn sowie in den USA seit dem Amtsantritt von Donald Trump als 47. Präsident am 20. Januar 2025 (Tabelle 2).

---

16 Vgl. Pippa Norris/Ronald Inglehart, Cultural Backlash. Trump, Brexit, and Authoritarian Populism, Cambridge 2019.

17 Vgl. Ronald Inglehart, The Silent Revolution: Changing Values and Political Styles Among Western Publics, Princeton 1977.

18 Piero Ignazi, The silent counter-revolution. Hypotheses on the emergence of extreme right-wing parties in Europe, in: European Journal of Political Research 22 (1987), S. 3–34.

Tabelle 2: Rechtspopulistische Parteien in Europa und den USA

Land	Partei	Stimmenanteil März 2025 (oder früheres Wahljahr)	Regierungsbeteiligung März 2025
Belgien	Vlaams Belang	12,0 % (2019)	Nein
Bulgarien*	Wasraschdane (Wiedergeburt)	13,4 % (2023)	Nein
Dänemark	Dansk Folksparti (DF)	2,6 % (2022)	Nein §
Deutschland	Alternative für Deutschland (AfD)	20,8 (2025)	Nein
Finnland	Perussuomalaiset (PS)	20,1 % (2023)	Ja
Frankreich	Rassemblement National	32,1 % (2024)	Nein
Griechenland	Elliniki Lysi	4,5 % (2023)	Nein
Italien	Fratelli d'Italia, Lega und Forza Italia	FdI 26,0%, Lega 8,6%, FI 8,1% (2022)	Ja
Niederlande	PVV Partij voor de Vrijheid	23,5 % (2023)	Ja
Norwegen	Fremskrittspartiet (FrP)	11,6 % (2021)	Nein
Österreich*	Freiheitliche Partei Österreichs (FPÖ)	26,9 % (2024)	Nein
Polen*	PiS (Recht und Gerechtigkeit)	35,4 % (2023)	Nein §§
Portugal*	Chega	18,1 % (2024)	Nein
Rumänien*	AUR (Bündnis für die Union der Rumänen)	18,0 % (2024)	Nein
Schweden	Schwedendemokraten	20,5 % (2022)	Ja
Schweiz	Schweizerische Volkspartei	28,0 % (2023)	Ja
Slowakei*	SNS (Slowakische Nationalpartei)	5,6 % (2023)	Ja
Spanien	Vox	12,4 % (2023)	Nein
Tschechien	SPD (Svoboda a primá demokracie)	9,6 % (2021)	Nein
Ungarn*	Fidesz	54,3 % (2022)	Ja
USA	Republican Party	49,7 % (2024)	Ja
VK Großbrit.*	Reform UK	14,3 % (2024)	Nein

Die Tabelle 2 informiert über den Rechtspopulismus in europäischen Liberalen und Elektoralen Demokratien mit einer Wohnbevölkerung ab fünf Millionen und in den USA. Elektorale Demokratien sind mit * gekennzeichnet. Quellen: Norris/Inglehart (FN 16). Neuere Zahlen: internetbasierter Abruf nationaler Statistiken. Spalte 3: Stimmenanteil bei nationaler Parlamentswahl 2024 (oder im letzten Wahljahr vor 2024). Frankreich: Parlamentswahl von 2024, 2. Wahlgang, 1. Wahlgang 29,3 Prozent. USA: Ergebnis der Präsidentschaftswahl von 2024, Stimmenanteil des Wahlsiegers Donald Trump. §: Mitglied von Minderheitsregierungen 2001–2011 und Stützung einer Minderheitsregierung 2015–2019. §§: Regierungspartei 2005–2007 und 2016–2023.

Im Unterschied zum Rechtspopulismus der 1920er, 1930er und 1940er Jahre steht heute die große Mehrheit der rechtspopulistischen Parteien nicht dem Faschismus nahe.[19] Und im Unterschied zum alten Rechtspopulismus streben die neuen rechtspopulistischen Parteien nicht nach einer Autokratie. Vielmehr favorisieren sie eine Demokratie eigener Art: eine illiberale Demokratie mit großem Handlungsspielraum für die Exekutive und beträchtlichen Einschränkungen der Judikative, der Pressefreiheit und der Zivilgesellschaft.

Die rechtspopulistischen Parteien von heute befürworten einen gesteigerten Nationalismus, haben eine konservativ-materialistische Wertorientierung – „social conservatism" hat sie Cas Mudde genannt – und favorisieren eine protektionistische Wirtschaftspolitik. Sie halten Distanz zu transnationaler Organisation und Kooperation und pochen auf vorrangige Förderung des eigenen Landes. Die rechtspopulistischen Parteien propagieren zudem eine volksnahe, gegen das „Establishment" geneigte Sicht. Nicht die Eliten, ihre Gepflogenheiten und Institutionen sind für sie Quellen legitimer Autorität, sondern das als homogen unterstellte Volk und seine gewählten oder per Akklamation benannten Führungsleute. Rechtspopulistische Anführer verstehen sich mitunter als Verkörperung des Volkes, als „Homme-peuple".[20] „Ich bin kein Mensch, ich bin ein Volk", hat sich Jorge Eliécer Gaitán gerühmt, ein führender kolumbianischer Populist der 1930er und 1940er Jahre.[21]

Zur „Anatomie des Populismus" gehören mobilisierte Leidenschaften und Emotionen.[22] Um das Anliegen des Populismus auf den Weg zu bringen, sind Affekte politisch zentral, nicht nur Verstand und Zahlen. Und Mobilisierung heißt Rehabilitierung von Emotionen positions-, verstandes- und handlungsbezogener Art. Positionsbezogen können Bestimmungen wie „Wir als Ausgegrenzte" sein. Verstandesbezogen sind Überzeugungen mit hoher Mobilisierungskraft, beispielsweise Diffamierungen des Gegners. Und handlungsbezogen können aufpeitschende Schlachtrufe sein, wie die Parole lateinamerikanischer Populisten der 2000er Jahre: „*Que se vayan todos*! (Alle sollen abhauen!)".[23]

Über die Ursachen des Aufstiegs der rechtspopulistischen Parteien hat Piero Ignazi schon in den frühen 1990er Jahren Wegweisendes vorgetragen. Zentral ist, so seine Diagnose, „eine wachsende Unzufriedenheit mit dem politischen System und ein entsprechend abnehmendes Vertrauen in seine Wirksamkeit. Ein zunehmendes Gefühl des Niedergangs hat im Unterschied zum postmaterialistischen Optimismus neue Anforderungen hervorgebracht […]. Diese Anforderungen schließen den Vollzug von Gesetz und Ordnung ein, und vor allem die Kontrolle der Zuwanderung, die die führende Streitfrage für alle neuen Parteien der Rechten zu sein scheint".[24]

19 Vgl. ebd., S. 24.
20 Pierre Rosanvallon, Das Jahrhundert des Populismus. Geschichte – Theorie – Kritik, Bonn 2021, S. 44.
21 Zitiert in: Ebd., S. 45.
22 Vgl. ebd., S. 15, 59–71.
23 Ebd., S. 68.
24 Ignazi (FN 18), S. 25. Im Original heißt es: Zentral ist „a growing dissatisfaction vis-à-vis the political system and a corresponding decline in confidence in its efficacy. A mounting sense of doom, in contrast to postmaterialist optimism, has been transformed into new demands […].

Cas Mudde hat die Mechanismen genauer benannt, mit denen die politische Unzufriedenheit in Stimmen für Rechtspopulisten umgemünzt wird: Der „perfect breeding ground for populist radical right parties"[25] ist dort anzutreffen, wo Kernanliegen dieser Parteien gefährdet oder bedroht werden. Die Infragestellung ethnischer oder nationaler Identität durch Massenzuwanderung und Multikulturalismus ist ein ebenso zentraler Beweggrund der Rechtspopulisten wie die aktuelle oder potenzielle Bedrohung durch Kriminalität und Hinterfragung traditioneller Werte. Wie bei Ignazi gehören die Unzufriedenheit mit der politischen Repräsentation und die Überzeugung, man könne sich politisch wirksam wehren, zum Hintergrund der rechtspopulistischen Anliegen.[26]

Ob diese Anliegen in Wählerstimmen und Parteienbildung umgesetzt werden, hängt allerdings von den Rahmenbedingungen ab. Zu ihnen zählen politische Streitfragen, die rechtspopulistische Parteien begünstigen, wie massenhafte Immigration und Multikulturalismus, sowie die „issue ownership"[27], die Deutungshoheit des Rechtspopulismus bei diesen Streitfragen. Kommt weiteres Popularitätsdienliches hinzu – ein charismatischer Führer, eine schlagkräftige Parteiorganisation, professionelle Werbung und Medienresonanz –, steigen die Chancen der Stimmenwerbung des Rechtpopulismus.

Wie und mit welchem Ergebnis reagieren die Liberalen Demokratien auf den Rechtspopulismus? In den meisten Fällen wurden rechtspopulistische Parteien ab einer nennenswerten Größe hingenommen, bei Abstimmungen eingebunden, und mitunter in Koalitionsregierungen aufgenommen, sofern die Rechtspopulisten nicht aus eigener Kraft die Regierung übernahmen, wie in Italien, Polen und den Vereinigten Staaten. Davon unterscheidet sich eine zweite Reaktionsweise: die „Brandmauer", die unbedingte Abgrenzung aller anderen Parteien vom Rechtspopulismus. Das ist in Deutschland der Fall, mit Ausnahme weniger Kooperationen auf lokaler Ebene.

Dem Rechtspopulismus konnten beide Reaktionsweisen nicht Einhalt bieten. Vielerorts wurden die Rechtspopulisten populärer. In Deutschland war der Zuwachs des Rechtspopulismus in den Jahren der „Ampel"-Regierung aus SPD, *Bündnis 90/Die Grünen* und FDP in den Bundestagswahlen besonders stark. Der Stimmenanteil der AfD stieg bei den Bundestagswahlen von 2021 bis 2025 von 10,4 auf 20,8 Prozent.

Eine dritte Reaktion – eine restriktive Migrationspolitik – hatte jedoch andere Wirkungen. Verfolgt eine Regierung eine betont restriktive Migrationspolitik – insbesondere mit strengen Grenzkontrollen und rigider Asylpolitik –, wird der Wählerrückhalt für rechtspopulistische Parteien beträchtlich verringert. Dänemark ist dafür ein Beispiel. Dort ging die *Socialdemokraterne,* Dänemarks Sozialdemokratie, zu einer restriktiven Asylpolitik über. Dieser Politikwechsel hat viel zum Niedergang

---

These demands include law and order enforcement and, above all, immigration control, which seems to be the leading issue for all new right-wing parties" (S. 25).

25 Cas Mudde, Populist Radical Right Parties in Europe, Cambridge 2007, S. 297.

26 Vgl. ebd., S. 297 f.

27 Ebd., S. 300.

der *Dansk Folkeparti*, der rechtspopulistischen *Dänischen Volkspartei*, beigetragen. Ihr Stimmenanteil stürzte vom 2015 erreichten Höchststand (21,1 Prozent) vier Jahre später auf 8,7 und 2022 auf 2,6 Prozent.

Schließlich steht die Frage an, was rechtspopulistische Parteien als Regierungsmacht tun und lassen. Besonders aufschlussreich sind vollständig oder überwiegend rechtspopulistische Regierungen, wie Polen unter den PiS-geführten Koalitionen (2005–2007 und 2016–2023), Ungarn unter dem seit 2010 amtierenden Ministerpräsidenten Viktor Orbán, Italien unter der Regierung von Giorgia Meloni und vor allem die USA in den Jahren der Präsidentschaft von Donald Trump. Die rechtspopulistischen Regierungen stehen allesamt im Zeichen einer nationalistischen Politik, die einerseits mehr Wohlstand für ihre Gefolgschaft verspricht, andererseits zu illiberaler Politik neigt und mit zunehmender Amtsdauer einen Prozess einzuleiten versucht, der in ein „competitive authoritarian system" führt, so die Vermutung von Keith Pruschankin und Cristóbal Rovira Kaltwasser.[28]

Unter bestimmten Bedingungen kann eine rechtspopulistische Regierung jedoch schon in kürzester Zeit radikale Richtungsänderungen vollziehen. Die Trump-Administration in den USA ist dafür das Paradebeispiel. Hier hat Donald Trump nicht nur seine Wahlniederlage vom November 2020 bis heute nicht anerkannt, sondern auch als ein nationalistisch-populistischer Regierungschef eines präsidentiellen Regierungssystems vor allem in seiner zweiten Amtszeit ab 20. Januar 2025 in kürzester Zeit eine Fülle grundlegender Kursänderungen in der Innen- und Außenpolitik eingeleitet. Das schließt die Infragestellung von Bündnissen, wie die Einbindung in die NATO, und der transatlantischen Beziehungen zwischen den USA und Europas Demokratien ebenso ein wie die Hofierung des autokratischen, kriegführenden Russlands unter Putin, die Behauptung, die von Russland überfallene Ukraine sei verantwortlich für den Krieg, Angriffe auf die Autonomie der Judikative, Verletzung der Forschungsfreiheit, Unterminierung demokratischer Öffentlichkeit und tiefe Eingriffe in die staatliche Daseinsvorsorge durch den Angriff auf den als „deep state" geschmähten Staatsapparat. Ob diese Vorhaben gegen die institutionellen *checks and balances* im amerikanischen Regierungssystem unvermindert bleiben oder gelockert werden, wird sich erst mit größerem Abstand zum blitzkriegsartigen Start der Trump-Administration zeigen. Doch mehren sich die Indizien eines Regimewandels der Vereinigten Staaten von Amerika, der sich zu einem „Putschversuch" steigert[29]

28 Vgl. Keith Pruschankin/Cristóbal Rovira Kaltwasser, Populism and autocratization, in: Aurel Croissant/Luca Tomini (Hrsg.), The Routledge Handbook of Autocratization, London 2024, S. 278–288, hier: S. 286.

29 Den Begriff hat Steven Levitsky in einem Interview verwendet (Der Spiegel vom 22. März 2025, S. 101). Levitsky folgt der Auffassung, dass sich die USA unter Trump zu einem kompetitiven Autoritarismus wandeln. Steven Levitsky/Lucan A. Way, The Path to American Authoritarianism. What Comes After Democratic Breakdown, in: Foreign Affairs, March/April 2025, unter: https://www.foreignaffairs.com/united-states/path-american-authoritarianism-trump (10. Juni 2025).

und zugleich schwerste Verwerfungen in der Sicherheitsarchitektur der gesamten westlichen Welt erzeugt.[30]

3.3. Die dritte Autokratisierungswelle

Um die Jahrtausendwende ist der große Aufschwung der Demokratien ans Ende gekommen. Seither mehren sich die Zeichen einer neuen Welle der Autokratisierung, der dritten in der Geschichte der Demokratie.[31] Das besagt eine einflussreiche Schule der neueren Demokratie- und Autokratieforschung aus dem Varieties of Democracy-Institute und seinem Umkreis.[32] Bahnbrechend waren Lührmann und Lindberg. Ihnen zufolge unterscheiden sich die Autokratisierungswellen nach Art und Verteilung der Autokratisierungsepisoden. In den ersten beiden Wellen geschah Autokratisierung durch illegale Machtergreifung, Militär-Putsch, Invasion von außen oder „Selbst-Putsch" (autogolpe), mit dem die politische Führung auf legalem Wege die Regierungsgeschäfte übernahm und anschließend in einem Coup demokratische Schlüsselinstitutionen, wie die Wahl der Parlamente, abschaffte. In der dritten Autokratisierungswelle, die laut Lührmann und Lindberg noch in den 1990er Jahren entstand, kam die Autokratisierung hingegen meist als „demokratische Erosion" zustande.[33] In der „demokratischen Erosion" gewann die politische Führung auf legalem Wege die Macht und ging dann dazu über, graduell, aber substanziell die demokratischen Normen zu unterminieren, ohne die demokratischen Schlüsselinstitutionen abzuschaffen. Polen und Ungarn gehörten zu den prominenten Fällen.

Die erste Autokratisierungswelle (1926 bis 1942) betraf Demokratien und Autokratien. Die zweite Autokratisierungswelle (1960 bis 1975) erreichte überwiegend autokratisch regierte Staaten. In der dritten Autokratisierungswelle begann nach Lührmann und Lindberg die Autokratisierung 47mal in Demokratien und 28mal in Autokratien.

Autokratisierung meint in dieser Forschung nicht den Zusammenbruch der Demokratie und ihre Umwandlung in einen autokratischen Staat, sondern einen meistens allmählichen, schleichenden Vorgang. Gemessen wird er durch einen schrumpfenden *Liberal Democracy Index* – und zwar in Höhe von mindestens -0,10 auf der von 0 bis 1 reichenden Skala und in neueren Messungen sogar mit einem Rückgang von -0,01, sofern er über mehrere Jahre wiederholt erfolgt.

---

30 Zur Trump-Administration in den ersten Wochen nach der Machtübernahme insbesondere V-Dem 2025 (FN 1), S. 46–47; Lessons from Trump`s week of chaos, in: The Economist February 8th-February 14th, S. 55–56; Presidential Power. Order and Chaos, in: The Economist February 22nd-29th 2025, S. 15–17; The Economist March 15th-21st: America`s New Foreign Policy.

31 Vgl. Anna Lührmann/Staffan I. Lindberg, A Third Wave of Autocratization is Here: What is New About It?, in: Democratization 26 (2019), S. 1095–1113.

32 Beispielsweise V-Dem 2023, Democracy Report 2023. Defiance in the Face of Autocratization, Göteborg 2023; V-Dem 2025 (FN 1).

33 Vgl. Lührmann/Lindberg (FN 31), S. 1105.

Diese Messung hat ihre Tücken. Sie neigt zu schweren Übertreibungen. Schon ein Absinken des *Liberal Democracy Index* beispielsweise von 0,80 auf 0,70 würde als Autokratisierung gedeutet, obwohl das betreffende Land im Kreis der Liberalen Demokratien bleibt. Noch größer ist die Wahrscheinlichkeit alarmistischer Fehldeutung bei einem Rückgang von 0,01, selbst wenn er über mehrere Jahre wiederholt wird.

Fehldeutungen dieser Art vermeidet hingegen eine Beobachtungsmethode, die von nennenswerter Autokratisierung erst spricht, wenn der *Liberal Democracy Index* eines Landes nicht geringe Unterschiede zwischen zwei oder mehreren weit auseinander liegenden Zeitpunkten anzeigt, sondern mittelgroße und große. Mit dieser Methode wird in Abbildung 1 verglichen, wie sich der *Liberal Democracy Index* weltweit zwischen 2000 und 2024 entwickelt hat. Hierzu wird der Index für 2024 auf der senkrechten Achse und der Index für 2000 auf der waagerechten abgetragen.

Bleibt der Index in beiden Jahren gleich, liegt das betreffende Land auf der von links unten nach rechts oben verlaufenden Referenzlinie. Autokratisierung hingegen kennzeichnet alle Länder, die unterhalb der Referenzlinie platziert sind: In ihnen ist der *Liberal Democracy Index* von 2000 im Jahr 2024 auf einen niedrigeren Wert gesunken. Die Fälle oberhalb der Referenzlinie weisen hingegen auf Demokratisierung hin: Ihr Index von 2024 ist größer als der von 2000.

Abbildung 1: Liberaler Demokratie Index im internationalen Vergleich 2000 und 2024

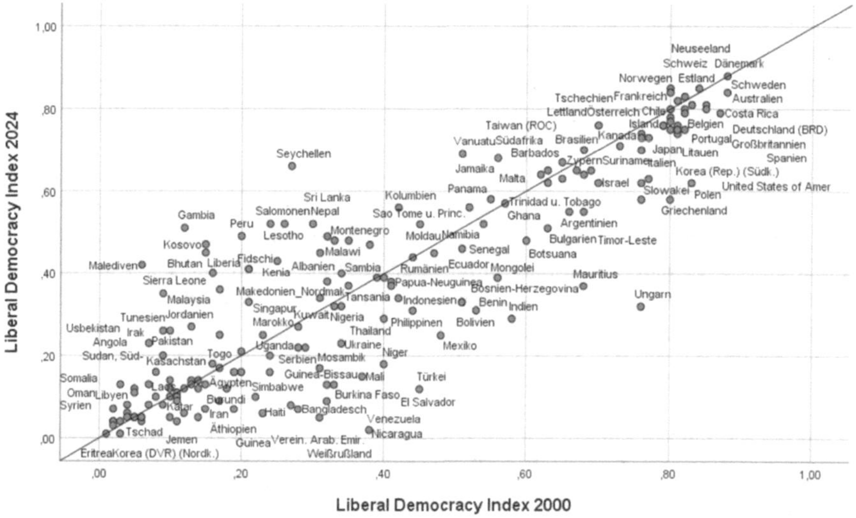

Quelle: Erstellt auf der Basis von V-Dem 2024 und V-Dem 2025.

Die Abbildung 1 bezeugt eine auffällige Autokratisierung seit 2000. Dieser Befund stützt die Auffassung, dass eine neue Autokratisierungswelle unterwegs ist. Allerdings variiert der Grad der Autokratisierung beträchtlich. In manchen Ländern ist er groß, in anderen gering. Groß ist er in Venezuela, der Türkei und Nicaragua. Und groß ist er im Kreis der EU-Mitgliedstaaten Ungarn und Polen sowie in Indien unter den Regierungen Modi. Hinzu kommen viele kleinere Autokratisierungen. Insgesamt erfolgt zwischen 2000 und 2024 aber kein flächendeckender Demokratiezusammenbruch wie in den 1920er und 1930er Jahren.

Weitgehend stabile Ergebnisse sind für die große Mehrheit der Liberalen Demokratien zu berichten. Zu dieser Mehrheit gehören Deutschland und die meisten EU-Mitgliedstaaten sowie noch die USA – man schreibt 2024. Größere Autokratisierung ist den vormals gefestigten Demokratien bis 2024 nur Ungarn, Polen und Indien widerfahren. Alle anderen Liberalen Demokratien haben laut *Liberal Democracy Index* ihre Demokratiequalität entweder bis zu diesem Zeitpunkt behalten oder nur geringe Einbußen erfahren. Allerdings ist der Fall USA seit der zweiten Amtszeit von Donald Trump ab 2025 zu bedenken. Hier macht sich eine Liberale Demokratie auf den Weg in eine nichtdemokratische Zukunft, wenn die Dinge so bleiben, wie sie derzeit – Ende April 2025 – sind.

Insgesamt zeigen die Zahlen des Schaubildes 1 ein gemischtes Bild: Autokratisierung gibt es. Besonders bedrohlich ist der Zustand der Vereinigten Staaten von Amerika, in denen Donald Trump, der Präsident, seit seinem Amtsantritt am 20. Januar 2025 radikale Kurswechsel in der Innen- und Außenpolitik begonnen hat. Die große Mehrheit der Liberalen Demokratien bleibt allerdings im Wesentlichen stabil. Davon zeugt auch der Großteil der makro-, meso- und mikropolitischen Befunde zur Gefährdung der Demokratien in der Studie von Lauth und Bein 2015.[34] Zudem zeigt der *Liberal Democracy Index* bei etlichen Staaten 2024 höhere Werte als 2000. Das sind die Länder oberhalb der Referenzlinie. Zudem kehrten viele Staaten mit Autokratisierungsepisoden nach einer Übergangszeit wieder um. Davon kündet eine neue Studie aus dem V-Dem-Projekt.[35] Ihr zufolge wurden 52 Prozent aller Autokratisierungsepisoden von 1900 bis 2023 rückgängig gemacht. 73 Prozent waren es sogar unter den Autokratisierungsepisoden der letzten 30 Jahre. Mehr noch: Die große Mehrheit dieser Kehrtwenden stellte das frühere Demokratisierungsniveau wieder her oder steigerte es. So der Stand der Jahre bis Ende 2024.

3.4. „Nichtmajoritäre Institutionen“

Der Aufstieg des Rechtspopulismus ist ohne die „nichtmajoritären Institutionen“ nicht zu verstehen. So lautet die Diagnose der Studie über die *Demokratische Re-*

---

34 Vgl. Lauth/Bein (FN 11), S. 139–189.

35 Vgl. Marina Nord/Fabio Angiolillo/Martin Lundstedt/Felix Wiebrecht/Staffan I. Lindberg, When autocratization is reversed: episodes of U-Turns since 1900, in: Democratization 32 (2025), doi.org/10.1080/13510347.2024.2448742.

gression.[36] Diesem Werk zufolge hat der Populismus zwei Hauptursachen: schwere Repräsentationsmängel der Demokratie und selbstverschuldeten Kompetenzverlust. Repräsentationsmängel liegen in der pluralistischen Parteien-, Medien- und Verbändelandschaft. In ihr singt ein Chor mit starkem Oberklassenakzent, so lautet Elmer E. Schattschneiders vielzitierte Kritik des Pluralismus.[37] Schattschneiders Deutung übernehmen Armin Schäfer und Michael Zürn. Ihre Studien bestätigen Schattschneiders Befund. Sie benennen eine Ursache des abnehmenden Vertrauens vieler Wähler in Parlamente und Parteien.

Hinzu kommt die Verlagerung von Kompetenzen aus der Welt der Parteien, Parlamente und Regierungen in die „nichtmajoritären Institutionen".[38] Gemeint sind Verfassungsgerichte, Zentralbanken und internationale Organisationen wie die Europäische Union. Die nichtmajoritären Institutionen treffen Entscheidungen von großer Tragweite: Die Verfassungsgerichte tun das mit verfassungspolitischen Urteilen, die Zentralbanken mit Geldpolitik und die internationalen Organisationen mit der Schaffung und Übertragung internationalen Rechts auf die Nationalstaaten. Allerdings haben die Entscheidungsträger der nichtmajoritären Institutionen keine Wahlkämpfe zu bestehen. Und sie sind weder durch Wahlen noch durch Abwahl belangbar. Mehr noch: Sie bevorzugen größtenteils liberale Anliegen[39], beispielsweise Individual- statt Kollektivrechte, Vorrang für Inflationsbekämpfung und angebotsorientierte Politik anstelle von Nachfragestärkung, Vorfahrt für Globalisierung und offene Grenzen anstelle des Vorrangs nationaler Gesetzgebung, sowie überhaupt Konformität nationaler Politik mit völker- und europarechtlichen Bestimmungen. Gegen all diese Weichenstellungen laufen die Anhänger des Populismus Sturm: Ihnen steht der Sinn nicht nach internationalistischem „Kosmopolitismus", sondern nach Vorrang für territorial gebundene Gemeinschaft und Identität sowie ethnische Homogenität.[40] Von diesem Protest aus „ist es nur noch ein kleiner Schritt zur Unterstützung einer autoritär-populistischen Partei".[41] Sehr wahrscheinlich ist ein solcher Schritt in Staaten, die einen erheblichen Teil ihrer Befugnisse an nichtmajoritäre Institutionen abgegeben haben. Zu diesen Ländern gehören die mit dem Weltmarkt eng verflochtenen Mitgliedstaaten der Europäischen Union.

36 Armin Schäfer/Michael Zürn, Die Demokratische Regression. Die politischen Ursachen des autoritären Populismus, Berlin 2021. Ergänzend, jedoch empirisch und theoretisch enger als Schäfer/Zürn: Philip Manow, Unter Beobachtung. Die Bestimmung der liberalen Demokratie und ihrer Freunde, Berlin 2024.

37 Vgl. Elmer E. Schattschneider, The Semi-Sovereign People. A Realists' View of Democracy in America, New York 1960.

38 Vgl. Schäfer/Zürn (FN 36), S. 119.

39 Vgl. ebd., S. 117.

40 „Kommunitarismus" heißt diese Position in der Forschung über Konfliktlinien.

41 Vgl. Schäfer/Zürn (FN 36), S. 118.

4. Schlussfolgerung

In welcher Verfassung befinden sich die Liberalen Demokratien? Einerseits sind die meisten von ihnen stabil. Andererseits haben selbst die Leistungsstärksten unter ihnen Schwächen wie Legitimations- und Gestaltungsmängel. Probleme bereiten ihnen zudem die zuvor untersuchten Bewährungsproben. In den meisten Ländern bezeugt ein beträchtlicher, weiterhin wachsender Nichtwähleranteil größere Legitimitätsschwächen. Sodann tun sich Liberale Demokratien mit rechtspopulistischen Parteien schwer. In Bedrängnis kommen sie, wenn rechtspopulistische Parteien zur Alleinregierung werden, wie insbesondere die US-amerikanische Trump-Administration zeigt. Große Schwierigkeiten bereiten den Liberalen Demokratien zudem die nichtmajoritären Institutionen, deren Träger keine Wahlkämpfe bestehen müssen und weder gewählt noch abgewählt werden können.

Uneinheitlich wirkt hingegen die dritte Autokratisierungswelle. Einerseits bleibt die große Mehrheit der Liberalen Demokratien von dieser Welle verschont. Andererseits erfasst die Autokratisierungswelle einzelne Länder: Indien unter der Regierung Modi, Polen unter der PiS-Regierung, Ungarn unter der Regierung Orbán und die USA seit dem zweiten Amtsantritt von Donald Trump, dem 47. Präsidenten des Landes.

Insgesamt ist die große Mehrheit der Liberalen Demokratien weder kerngesund noch sterbenskrank. Doch fallen Licht und tiefe Schatten auf sie. Zudem variiert das Profil der Liberalen Demokratien von Land zu Land. Zu den Unterschieden gehören die semiautokratischen Regimeänderungen in den Vereinigten Staaten von Amerika, sofern die Politik der Trump-Administration weiterführt, was sie in den ersten drei Monaten seit ihrem Amtsantritt am 20. Januar 2025 begonnen hat.

Meinungsfreiheit
Vom Abwehrrecht gegen den Staat zum Staat als Beschützer vor „gefährlichen“ Meinungen?

Von Sandra Kostner

1. Die Ausübung der Meinungsfreiheit erfordert ein liberales Meinungsklima

„Die Behauptung, man dürfe in Deutschland seine Meinung nicht mehr frei aussprechen, ist ein längst ausgeleiertes Klischee aus der reaktionären Mottenkiste.“[1] Diesen Satz sagte Bundespräsident Frank-Walter Steinmeier in seiner Rede bei der Jahresversammlung der Hochschulrektorenkonferenz im November 2019. Um diese Aussage zu untermauern, brachte er ein Zitat aus einem über zwanzig Jahre alten Leserbrief eines Professors an die FAZ: „Wer in Deutschland von seinem Recht auf freie Meinung Gebrauch macht, kommt auf die Anklagebank.“ Er kommentierte das mit den Worten: „Vor Jahrzehnten, ja immer schon, wurde offenbar so gejammert.“[2]

Wer die Erfahrungen und Beobachtungen oder auch nur das subjektive Freiheitsempfinden von Menschen als Gejammer abtut, das es schon immer gab, lässt erkennen, dass es ihm an Bewusstsein für die Bedeutung mangelt, die das Meinungsklima dafür hat, ob Menschen ihr Recht auf freie Meinungsäußerung in Anspruch nehmen. Ob Menschen das Meinungsklima als liberal oder restriktiv empfinden, ist ein wichtiger Indikator für den in der gesellschaftlichen Realität vorhandenen Verwirklichungsgrad der Meinungsfreiheit. Drohen für Meinungsäußerungen soziale Ausgrenzung, moralische Stigmatisierung oder institutionelle Sanktionen, werden Menschen vorsichtiger mit Äußerungen. Je mehr Themen mit einem Sanktionsrisiko assoziiert werden, desto stärker wird die Neigung von Menschen zur Selbstzensur.

Dass sich das Meinungsklima – anders als vom Staatsoberhaupt nahegelegt – in den letzten Jahrzehnten eingetrübt hat, verdeutlichen die Daten des Instituts für Demoskopie Allensbach. Dieses führt seit 1953 Erhebungen zu der Frage durch: „Haben Sie das Gefühl, dass man heute in Deutschland seine politische Meinung frei sagen kann, oder ist es besser, vorsichtig zu sein?“ Am freiesten empfanden die Befragten das Meinungsklima im Jahr 1971: 83 Prozent stimmten der Aussage zu, dass man seine politische Meinung frei sagen könne. In den folgenden beiden Jahrzehnten lag die Zustimmungsrate um 80 Prozent, woraus sich ein recht stabiles, wenngleich sich nicht weiter liberalisierendes Meinungsklima ablesen lässt. Eine

1 Bundespräsidialamt, Rede von Bundespräsident Dr. Frank-Walter Steinmeier bei der Jahresversammlung der Hochschulrektorenkonferenz am 18. November 2019 in Hamburg, unter: https://www.bundesregierung.de/breg-de/service/newsletter-und-abos/bulletin/rede-von-bundespraesident-dr-frank-walter-steinmeier-1696216 (12. Juni 2025).

2 Ebd.

negative Trendwende setzte in den frühen 1990er Jahren ein. So sank der Anteil der Befragten, die sich frei fühlten, in der Öffentlichkeit zu politischen Themen Stellung zu beziehen, bis zum Jahr 2003 auf 72 Prozent. Acht Jahre später lag er nur noch bei 66 Prozent. Das Meinungsklima wurde demnach im Lauf von zwei Jahrzehnten zunehmend als unfreier empfunden. Dieser Prozess vollzog sich aber schleichend, so dass er unterhalb der öffentlichen Wahrnehmungsschwelle blieb.[3]

Das änderte sich in den 2010er Jahren mit einer Zunahme an Diskussionen darüber, wer mit welchem Interesse bestrebt sei, den sogenannten Meinungskorridor zu verengen, ob dergestalt die Meinungsfreiheit eingeschränkt werde oder diese gar in ihrem Wesensgehalt bedroht sei. Dass das Meinungsklima von Menschen als zunehmend restriktiv empfunden wird, verdeutlichen die Allensbach-Erhebungen. So ging der Anteil der Befragten, der die Freiheit der politischen Meinungsäußerung als gegeben ansah, in keinem anderen Zeitfenster so rapide zurück wie zwischen 2011 und 2021, nämlich um 21 Punkte von 66 auf 45 Prozent. Seitdem ist der Anteil der sich in seiner politischen Meinungsäußerung frei fühlenden Befragten nicht mehr über 50 Prozent gestiegen. Im Jahr 2023 – also 70 Jahre nach der Durchführung der ersten Erhebung – lag der Anteil der Befragten, der sagte, man halte sich mit politischen Meinungsäußerungen zurück, erstmals sogar höher (44 Prozent) als der Anteil derjenigen, die sich in ihrer Äußerungsfreiheit nicht eingeschränkt fühlten (40 Prozent). Im Jahr 2024 hat sich wenigstens dieses Verhältnis wieder umgekehrt, aber 47 Prozent sich frei fühlender zu 41 Prozent sich lieber vorsichtig verhaltender Befragter ist weit entfernt von den Werten, die man nach bald acht Jahrzehnten freiheitlicher Gesellschaftsordnung vorfinden sollte.[4]

Parallel zum Rückgang des Freiheitsgefühls hat sich die Bewertung der Meinungsfreiheit geändert: Sie wird nicht mehr per se als etwas Positives, als die schlechthin für die Entfaltung des Individuums und für die Demokratie zentrale Freiheit gesehen, sondern als potenzielle Gefahr für Angehörige „vulnerabler" Gruppen und für die Demokratie perzipiert. Die negative Aufladung des Grundrechts spiegelt sich in Neologismen oder in Begriffen, die vor zehn Jahren im Sprachgebrauch kaum eine Rolle spielten, nunmehr aber geläufig sind. Zur Bezeichnung von Gefährdungen, die Meinungsäußerungen zugeschrieben werden, finden insbesondere diese Begriffe Verwendung: Hass und Hetze, Fake News/Falschinformation und Desinformation. Die Hauptinstrumente, die zur Begrenzung der von der Meinungsfreiheit ausgehenden Bedrohungen entwickelt werden, heißen: Faktenchecker, Digi-

---

3 Vgl. Thomas Petersen, Die Mehrheit fühlt sich gegängelt, in: Frankfurter Allgemeine Zeitung vom 16. Juni 2021, S. 8; David Rech, Nur 40 Prozent der Deutschen glauben, Meinung frei äußern zu können, in: ZEIT-Online vom 19. Dezember 2023, unter: https://www.zeit.de/politik/deutschland/2023-12/meinungsfreiheit-zensur-studie-freiheitsindex-deutschland-2023 (12. Juni 2025).

4 Petersen (FN 3); Rech (FN 3); Daniel Friedrich Sturm, Neuer Freiheitsindex veröffentlicht. 39 Prozent der Deutschen finden ihre Meinung in den Medien kaum wieder, in: Der Tagesspiegel vom 17. Oktober 2024, unter: https://www.tagesspiegel.de/politik/neuer-freiheitsindex-die-deutschen-fuhlen-sich-deutlich-freier--und-sind-unzufrieden-mit-den-medien-12533876.html (12. Juni 2025).

tal Services Act/Trusted Flagger sowie Meldestellen für Meinungsäußerungen unterhalb der Strafbarkeitsgrenze. Hinzu kommen Verschärfungen des Strafrechts für Äußerungsdelikte, beispielsweise zum Ehrenschutz für Politiker (§ 188 StGB).

Das abnehmende Freiheitsgefühl in der Bevölkerung sowie der zunehmende Gebrauch von Begriffen, die Meinungsfreiheit mit einer Gefährdung verbinden, werfen eine Reihe an Fragen auf: Was hat dazu geführt, dass es seit 2011 mit dem Freiheitsgefühl so stark bergab ging?[5] Warum werden Meinungsäußerungen verstärkt mit einem Gefährdungspotenzial assoziiert? Nehmen Hass und Hetze sowie Desinformation – wie oft behauptet – wirklich immer mehr zu oder wird dem Thema „nur" mehr Aufmerksamkeit geschenkt?[6] Ist es Aufgabe des Staates, hiergegen vorzugehen? Und wenn ja, mit welchen Mitteln?

Der Fokus dieses Textes liegt auf den von staatlicher Seite in den letzten Jahren implementierten Maßnahmen zum Schutz von Individuen und Demokratie vor spezifischen Meinungsäußerungen. Zunächst wird dargestellt, was das Grundrecht auf Meinungsfreiheit schützt und wo sich verfassungskonform Grenzen ziehen lassen. Anschließend wird analysiert, ob Desinformation sowie Hass und Hetze hinreichend bestimmte Begriffe sind, um meinungssanktionierende Instrumente zu rechtfertigen. Darauf aufbauend wird anhand von zwei Instrumenten analysiert, inwieweit sie Ausdruck für eine Umdeutung der Meinungsfreiheit sind beziehungsweise inwiefern sie einer Neujustierung dieses Grundrechts Vorschub leisten: von einem Abwehrrecht des Bürgers gegen den Staat zum Staat als Beschützer vor „gefährlichen" Meinungen. Abschließend wird betrachtet, ob die zunehmend erhobene Forderung nach Meinungsregulierung zum Schutz vor Extremismus mit dem Grundrecht auf Meinungsfreiheit vereinbar ist.

---

5 Dieser Frage bin ich in diesem Text detailliert nachgegangen: Sandra Kostner, Bedrohte Meinungsfreiheit oder Meinungsfreiheit als Bedrohung?, in: Maria-Sibylla Lotter (Hrsg.), Probleme der Streitkultur in Demokratie und Wissenschaft, Baden-Baden 2023, S. 99–128.

6 Siehe exemplarisch zu „Hass und Hetze": Bayerisches Staatsministerium für Familie, Arbeit und Soziales, Hate Speech (Hass und Hetze im Netz), unter: https://bayern-gegen-gewalt.de/gewalt-infos-und-einblicke/formen-von-gewalt/digitale-gewalt/hatespeech/ (12. Juni 2025); Ministerium des Inneren, für Digitalisierung und Kommunen Baden-Württemberg, Jahresbericht 2024 des Kabinettsausschusses „Entschlossen gegen Hass und Hetze", Pressemitteilung vom 18. Februar 2025, unter: https://www.baden-wuerttemberg.de/de/service/presse/pressemitteilung/pid/bericht-zur-arbeit-des-kabinettsausschusses-entschlossen-gegen-hass-und-hetze-1 (12. Juni 2025); Hass und Hetze im Netz nehmen zu, in: NDR Info vom 13. Januar 2025, unter: https://www.ndr.de/nachrichten/info/Hass-und-Hetze-im-Netz-nehmen-zu,ndrinfo68760.html (12. Juni 2025); zu Desinformation: Bundesministerium des Innern, Schutz der Bundestagswahl 2025 vor hybriden Bedrohungen und Desinformation, unter: https://www.bundesregierung.de/breg-de/aktuelles/umgang-mit-desinformation-1905340 (12. Juni 2025); Knut Bauer, Verfassungsschutz in BW warnt vor Desinformation, in: SWR Aktuell vom 8. Februar 2025, unter: https://www.swr.de/swraktuell/baden-wuerttemberg/verfassungsschutz-in-bw-warnt-vor-desinformation-100.html (12. Juni 2025).

2. Meinungsfreiheit im Staat des Grundgesetzes

Das in Artikel 5 Abs. 1 des Grundgesetzes verankerte Grundrecht auf Meinungsäußerungsfreiheit ist ein Abwehrrecht des Individuums gegen den Staat. Es schützt die „kommunikative Selbstbestimmung des Individuums", sichert „das natürliche Urbedürfnis des Menschen, sich anderen mitzuteilen", um „mit seiner Meinung auf andere zu wirken"[7] und fördert die „freie Entfaltung der Persönlichkeit" (Artikel 2 Abs. 1 GG) auf der kommunikativen Ebene. Da die Meinungsbildung in einer Wechselbeziehung zu den „allgemein zugänglichen Quellen" steht, ist der ungehinderte Zugang zu diesen Quellen wie die Gewährleistung der Presse-, Rundfunk- und Filmfreiheit ebenfalls Bestandteil von Artikel 5 Abs. 1.

Das Bundesverfassungsgericht hat 1958 im sogenannten „Lüth-Urteil" die herausgehobene Bedeutung der Meinungsfreiheit sowohl für das Individuum als auch den liberal-demokratischen Verfassungsstaat folgendermaßen definiert: „Es [das Grundrecht auf freie Meinungsäußerung] ist in gewissem Sinne die Grundlage jeder Freiheit überhaupt, ‚the matrix, the indispensable condition of nearly every other form of freedom' (Cardozo)".[8] Hinsichtlich der Relevanz für die freie Entfaltung des Individuums heißt es im Urteil: „Das Grundrecht auf freie Meinungsäußerung ist als unmittelbarster Ausdruck der menschlichen Persönlichkeit in der Gesellschaft eines der vornehmsten Menschenrechte überhaupt."[9] Bezugnehmend auf die freiheitlich-demokratische Staatsordnung hielt das Gericht fest, dass dieses Grundrecht „schlechthin konstituierend" ist, „denn es ermöglicht erst die ständige geistige Auseinandersetzung, den Kampf der Meinungen, der ihr Lebenselement ist."[10]

Das Bundesverfassungsgericht hat den Schutzbereich der Meinungsfreiheit – aufgrund ihrer überragenden Bedeutung für Individuum und Demokratie – seit dem „Lüth-Urteil" in ständiger Rechtsprechung sehr weit gefasst. So genießen Meinungen „den Schutz des Grundrechts, ohne dass es darauf ankommt, ob die Äußerung begründet oder grundlos, emotional oder rational ist, als wertvoll oder wertlos, gefährlich oder harmlos eingeschätzt wird".[11] Dieses Schutzverständnis schließt

---

7 Sebastian Müller-Franken, Meinungsfreiheit im freiheitlichen Staat, Paderborn 2013, S. 19. Alle drei Zitate in diesem Satz sind dem Buch von Müller-Franken entnommen; für den Verweis auf das „natürliche Urbedürfnis des Menschen" hat der Autor als Quelle angegeben: Edzard Schmidt-Jortzig, Meinungs- und Informationsfreiheit, in: Josef Isensee/Paul Kirchhof (Hrsg.), Handbuch des Staatsrechts der Bundesrepublik Deutschland, Bd. IV, Heidelberg 2011, § 102, Rn. 7.

8 Bundesverfassungsgericht, Beschluss des Ersten Senats vom 15. Januar 1958 – 1 BvR 400/51, Rn. 31.

9 Ebd.

10 Ebd.

11 Bundesverfassungsgericht, Beschluss des Ersten Senats vom 4. November 2009 – 1 BvR 2150/08, Rn. 49.

Meinungen ein, die „scharf und verletzend“[12] sowie „polemisch“[13] sind, die „zur sachgemäße[n] Meinungsbildung nichts beitragen“[14] oder die gar „auf eine grundlegende Änderung der politischen Ordnung zielen“.[15]

Das bedeutet, dass der Bürger „die der Verfassung zugrunde liegenden Wertsetzungen persönlich“ nicht teilen muss. Das Grundgesetz baut „zwar auf der Erwartung auf, dass die Bürger die allgemeinen Werte der Verfassung akzeptieren und verwirklichen, erzwingt die Werteloyalität aber nicht.“[16] Das Bundesverfassungsgericht strich heraus, dass das Grundgesetz, selbst wenn es um die „Verbreitung totalitärer und menschenverachtender Ideologien“ geht, „auf die Kraft der freien Auseinandersetzung als wirksamste Waffe“ vertraue.[17] Solchen Ideologien wirksam entgegenzutreten überantworte das Grundgesetz den Bürgern und „der staatlichen Aufklärung und Erziehung in den Schulen gemäß Art. 7 GG“.[18] Anders gesagt: Das Grundgesetz sieht den Bürger als mündig an und geht deshalb von der Erwartung aus, „dass sich im politischen Meinungskampf“, den die mündigen Bürger austragen, „das rationale demokratische Argument gegen irrationale Demagogie durchsetzt“.[19]

Unterschiedliche Rechtsauffassungen bestehen bei der Frage, ob Tatsachenbehauptungen grundsätzlich oder nur in Abhängigkeit ihrer Verknüpfung mit einer Meinungsäußerung unter den Schutz der Meinungsfreiheit fallen.[20] Meinungen werden als subjektive Werturteile eingestuft, die sich „nicht als wahr oder unwahr erweisen“ lassen.[21] Tatsachenbehauptungen können hingegen auf ihren Wahrheitsgehalt überprüft werden. Nun sind jedoch, wie auch das Bundesverfassungsgericht anerkennt, Meinungen und Tatsachenbehauptungen eng – oftmals untrennbar – miteinander verwoben, weil Meinungen das Resultat von „tatsächlichen Annahmen“ sind. In diesen – also den meisten – Fällen greift der Schutz der Meinungsfreiheit.[22]

Dem unmittelbar grundrechtsverpflichteten Staat (Artikel 1 Abs. 3 GG) obliegt die Pflicht, grundrechtskonform zu handeln, um die Freiheitsrechte des Individuums

---

12 Bundesverfassungsgericht, Beschluss des Ersten Senats vom 13. April 1994 – 1 BvR 23/94, Rn. 26.

13 Bundesverfassungsgericht, Beschluss des Ersten Senats vom 10. Oktober 1995 – 1 BvR 1476/91, 1 BvR 221/92, 1 BvR 102/92, 1 BvR 1980/91, Rn. 108.

14 Bundesverfassungsgericht, Beschluss vom 13. Mai 1980 – 1 BvR 103/77, Rn. 38.

15 Bundesverfassungsgericht (FN 11), Rn. 50.

16 Ebd., Rn. 49.

17 Ebd., Rn. 50.

18 Ebd., Rn. 50.

19 Christian Hillgruber, Die Meinungsfreiheit als Grundrecht der Demokratie: Der Schutz des demokratischen Resonanzbodens in der Rechtsprechung des BVerfG, in: JuristenZeitung 71 (2016), S. 495–501, hier: S. 497.

20 So vertritt beispielsweise Sebastian Müller-Franken abweichend von der herrschenden Meinung die Position, dass die Selbstbestimmung des Individuums, um die es bei der Meinungsfreiheit zuallererst geht, die Entscheidung des Einzelnen umfasst, was er als Tatsachen auffasst und mitteilen möchte. Falsche Tatsachen, die nichts zur Meinungsbildung beitragen könnten, als Schutzgrenze festzusetzen, wie es das Bundesverfassungsgericht in seinem Beschluss vom 13. April 1994 tat, untergrabe den Gehalt der Meinungsfreiheit, weil sie in einen institutionellen Kontext gestellt würde; siehe dazu: Müller-Franken (FN 7), S. 32 f.

21 Bundesverfassungsgericht (FN 12), Rn. 26.

22 Ebd., Rn. 27–29.

nicht zu verkürzen. Der daraus resultierende Schutz des Einzelnen vor einem übergriffigen Staat ist eine wichtige Voraussetzung dafür, dass sich Menschen in den öffentlichen Meinungsbildungsprozess – oder um mit dem Bundesverfassungsgericht zu sprechen: in „den Kampf der Meinungen“[23] – einbringen. Darin liegt ein wesentliches Unterscheidungsmerkmal zwischen einem freiheitlichen und einem autoritären Staat: Letzterer zeichnet sich dadurch aus, dass Menschen befürchten müssen, ihnen drohten staatlicherseits Sanktionen, wenn sie Argumente vortragen, die Machteliten missfallen, oder wenn sie Kritik am Regierungskurs/an Regierungspolitikern üben. Für ersteren ist Machtkritik – auch in „scharfer Form“[24] oder als „polemische Zuspitzung“[25] – ein konstitutives Element. Dementsprechend betont das Bundesverfassungsgericht, dass das „Recht, Maßnahmen der öffentlichen Gewalt ohne Furcht vor staatlichen Sanktionen auch scharf kritisieren zu können“ zum „Kernbereich der Meinungsfreiheit“[26] gehört. Strafrechtlicher Schutz für Amtsträger des Staates ist möglich, darf aber nicht so weit gehen, dass er Staatsorgane und Amtsträger vor Kritik abzuschirmen geeignet ist.[27]

Dass Meinungsfreiheit nicht schrankenlos gilt, legt das Grundgesetz in Artikel 5 Abs. 2 selbst fest. Einschränkungen sind im Rahmen allgemeiner Gesetze, zum Schutz der Jugend und zur Wahrung des Rechts auf persönliche Ehre möglich. Dem Staat kommt hiernach eine doppelte Schutzfunktion zu: In erster Linie muss er das Grundrecht auf Meinungsfreiheit schützen, in bestimmten Fällen aber auch andere geschützte Rechtsgüter. Die Gesetze zum Schutz dieser anderen Rechtsgüter dürfen jedoch weder im Wortlaut noch in der Anwendung dazu führen, dass der weite Schutzbereich der Meinungsfreiheit eingeschränkt wird. Dies gilt insbesondere für Äußerungen, die „Bestandteil der ständigen geistigen Auseinandersetzung, des Kampfes der Meinungen um Angelegenheiten von öffentlicher Bedeutung“[28] sind.

Überdies haben Gesetzgeber und Rechtsprechung zu beachten, dass Artikel 5 „nicht den staatlichen Zugriff auf die Gesinnung“ erlaubt, „sondern […] erst dann zum Eingriff“ ermächtigt, „wenn Meinungsäußerungen die rein geistige Sphäre des Für-richtig-Haltens verlassen und in Rechtsgutverletzungen oder erkennbar in Gefährdungslagen umschlagen“.[29] Ferner verpflichtet das Grundgesetz den Gesetzgeber mit der „Erfordernis der Allgemeinheit meinungsbeschränkender Gesetze“ dazu, „Rechtsgüterschutz vor Meinungsäußerungen unabhängig von bestimmten Überzeugungen, Haltungen und Ideologien zu gewährleisten“.[30]

23 Siehe hierzu auch: Bundesverfassungsgericht (FN 14), Rn. 38.
24 Bundesverfassungsgericht (FN 13), Rn. 115.
25 Vgl. Bundesverfassungsgericht, Beschluss der 2. Kammer des Ersten Senats vom 14. Juni 2019 – 1 BvR 2433/17, Rn. 17.
26 Ebd.
27 Bundesverfassungsgericht (FN 13), Rn. 115.
28 Bundesverfassungsgericht, Beschluss des Ersten Senats vom 15. November 1982 – 1 BvR 108, 438, 437/80, Rn. 37.
29 Bundesverfassungsgericht (FN 11). Rn. 67.
30 Ebd., Rn. 66.

Eine Ausnahme von diesem Grundsatz des Sonderrechtsverbots für „meinungsbeschränkende Gesetze“ hat das Bundesverfassungsgericht hinsichtlich der in § 130 Abs. 4 StGB mit strafrechtlichen Konsequenzen belegten Billigung, Verherrlichung oder Rechtfertigung der nationalsozialistischen Gewalt- und Willkürherrschaft anerkannt.[31] Das Gericht begründet diese Ausnahme damit, dass dem Grundgesetz als Gegenentwurf zum Nationalsozialismus eine identitätsprägende Bedeutung zukommt, „die einzigartig ist und allein auf der Grundlage allgemeiner gesetzlicher Bestimmungen nicht eingefangen werden kann“.[32] Strafrechtliche Konsequenzen drohen im Fall von § 130 nicht für die Gesinnung, sondern für die Störung des öffentlichen Friedens: Das ist ein wesentlicher Unterschied. Wäre ersteres der Fall, wäre die Tür für ein Gesinnungsstrafrecht geöffnet, welches das Bundesverfassungsgericht mehrfach als der Intention von Artikel 5 entgegenstehend abgewiesen hat.[33]

Der Staat hat nicht nur meinungsbeschränkende Gesetze freiheitsschonend und weltanschauungsneutral auszugestalten. Er muss sich auch aus der Meinungsbildung des Souveräns heraushalten. So hat das Bundesverfassungsgericht im Jahr 1966 in seiner Entscheidung zur Parteienfinanzierung klar vorgegeben, in welcher Richtung die politische Willensbildung in einer Demokratie zu erfolgen hat, nämlich: „vom Volk zu den Staatsorganen, nicht umgekehrt von den Staatsorganen zum Volk hin.“[34] Ergänzend führte das Gericht aus: Da die Staatsorgane erst „durch den Prozess der politischen Willensbildung des Volkes, der in Wahlen einmündet“, hervorgebracht werden, sei „es den Staatsorganen grundsätzlich verwehrt [...], sich in Bezug auf den Prozess der Meinungs- und Willensbildung des Volkes zu betätigen.“[35] Dieser Prozess müsse „grundsätzlich ‚staatsfrei‘“ bleiben.[36] „Einwirkungen“ staatlicher Organe auf die Willensbildung, die über die Öffentlichkeitsarbeit hinausgehen, erforderten einen besonderen „verfassungsrechtlich legitimierenden Grund“[37], wie er sich beispielsweise aus dem Bildungsauftrag der Schulen (Artikel 7 GG) ergibt.

3. Meinungsbezogene Sanktionsinstrumente

Harte Sanktionsinstrumente, also Gesetze, die Meinungsäußerungen mit strafrechtlichen Konsequenzen verbinden, stehen im Staat des Grundgesetzes nur sehr eingeschränkt zur Verfügung. Solche harten Sanktionsinstrumente müssen rechtssicher begründet werden, und der Bürger kann sich vor Gericht dagegen wehren. So hat der Staat, wie die entsprechenden Paragraphen im Strafgesetzbuch verdeutlichen, in engen Grenzen das Recht, Meinungsäußerungen als Straftat zu qualifizieren, aber nur,

31 Vgl. ebd., 1. Leitsatz sowie Rn. 66, 101–109.
32 Ebd., Rn. 65.
33 Ebd., Rn. 67.
34 Bundesverfassungsgericht, Urteil vom 19. Juli 1966 – 2 BvF 1/65, Rn. 147.
35 Ebd.
36 Ebd.
37 Ebd., Rn. 147 f.

wenn er einen verfassungsrechtlich legitimen Zweck verfolgt und das Gebot der Verhältnismäßigkeit wahrt. Zulässig ist beispielsweise die strafrechtliche Verfolgung von personenbezogenen Äußerungsdelikten (insbesondere: §§ 185–188 StGB), um Individuen ein Rechtsmittel an die Hand zu geben, mit dem sie gegen Beleidigungen, üble Nachrede oder Verleumdung vorgehen können. Exemplarisch soll § 187 StGB „Verleumdung" zitiert werden: „Wer wider besseres Wissen in Beziehung auf einen anderen eine unwahre Tatsache behauptet oder verbreitet, welche denselben verächtlich zu machen oder in der öffentlichen Meinung herabzuwürdigen oder dessen Kredit zu gefährden geeignet ist, wird mit Freiheitsstrafe bis zu zwei Jahren oder mit Geldstrafe und, wenn die Tat öffentlich, in einer Versammlung oder durch Verbreiten eines Inhalts (§ 11 Absatz 3) begangen ist, mit Freiheitsstrafe bis zu fünf Jahren oder mit Geldstrafe bestraft."

Mit diesem Paragraphen versucht der Staat, Menschen davon abzuhalten, andere zu verleumden. Kommt es doch zu einer Verleumdung, bietet der Staat dem Verleumdeten einen Schutzmechanismus, um sich dagegen juristisch wehren und seine Reputation wiederherstellen zu können. Für die Strafbarkeit entscheidend ist hier der Wahrheitsgehalt der über eine andere Person aufgestellten Behauptung. Handelt es sich um eine wahre Tatsache, versagt das Strafrecht der betroffenen Person den Schutz. Da eine unwahre Tatsachenbehauptung massive Folgen für ein Individuum haben kann, greift der Schutz vor einer Äußerung hier früher als bei unwahren Tatsachenbehauptungen, die mit einem Sachthema verknüpft sind.[38]

Neben dem Schutz der persönlichen Ehre kann auch der öffentliche Frieden strafrechtlich als Schutzgut eingestuft werden (§ 130 StGB „Volksverhetzung" oder § 166 StGB „Beschimpfung von Bekenntnissen, Religionsgesellschaften und Weltanschauungsvereinigungen"). Strafbar macht sich – um das Schutzgut im Fall von § 130 Abs. 1 zu illustrieren –, wer eine Äußerung in Bezug auf die dort genannten Gruppen (Rasse/Ethnie und Religion) oder Mitglieder dieser Gruppen tätigt, die zum Hass gegen sie aufstachelt oder zu „Gewalt- und Willkürmaßnahmen" gegen sie auffordert, und daher „geeignet ist, den öffentlichen Frieden" zu stören. Darunter versteht das Bundesverfassungsgericht Äußerungen, „die ihrem Inhalt nach erkennbar auf rechtsgutgefährdende Handlungen hin angelegt sind", weil sie „bei den Angesprochenen Handlungsbereitschaft auslösen oder Hemmschwellen herabsetzen oder Dritte unmittelbar einschüchtern", und dadurch das friedliche Miteinander gefährden.[39]

In den letzten Jahren nimmt die Zahl an polizeilichen Ermittlungen wegen Volksverhetzung auffällig stark zu.[40] Dies liegt nicht allein an einer realen Zunahme an Fällen. Zumindest teilweise liegt dem Anstieg zugrunde, dass Strafanzeigen wegen

---

38 Vgl. Armin Steinbach, Meinungsfreiheit im postfaktischen Umfeld, in: JuristenZeitung 72 (2017), S. 653–661, hier: S. 655.

39 Vgl. Bundesverfassungsgericht (FN 11), Rn. 78.

40 Vgl. Statista, Anzahl der polizeilich erfassten Fälle von Volksverhetzung in Deutschland von 1996 bis 2023, unter: https://de.statista.com/statistik/daten/studie/157434/umfrage/polizeilich-erfasste-faelle-von-volksverhetzung-seit-1996/ (12. Juni 2025).

Volksverhetzung in einer Zeit, in der identitätspolitisch motivierte Akteure fordern, ethnische, religiöse und sexuelle Minderheiten vor Gefühlsverletzungen zu schützen, dazu dienen, dieses auf subjektive Empfindungen abhebende Schutzverständnis mit juristischen Mitteln durchzusetzen.[41]

Dem Gebrauch von § 130 als Mittel der Durchsetzung von Deutungshoheit oder als Instrument zur Unterdrückung missliebiger Meinungen hat das Bundesverfassungsgericht auf der Ebene der Strafverfolgung und Rechtsprechung einen Riegel vorgeschoben. Es hält fest: „Nicht tragfähig für die Rechtfertigung von Eingriffen in die Meinungsfreiheit ist ein Verständnis des öffentlichen Friedens, das auf den Schutz vor subjektiver Beunruhigung der Bürger durch die Konfrontation mit provokanten Meinungen und Ideologien oder auf die Wahrung von als grundlegend angesehenen sozialen oder ethischen Anschauungen zielt. Eine Beunruhigung, die die geistige Auseinandersetzung im Meinungskampf mit sich bringt und allein aus dem Inhalt der Ideen und deren gedanklichen Konsequenzen folgt, ist notwendige Kehrseite der Meinungsfreiheit und kann für deren Einschränkung kein legitimer Zweck sein. Die mögliche Konfrontation mit beunruhigenden Meinungen, auch wenn sie in ihrer gedanklichen Konsequenz gefährlich und selbst wenn sie auf eine prinzipielle Umwälzung der geltenden Ordnung gerichtet sind, gehört zum freiheitlichen Staat. Der Schutz vor einer Beeinträchtigung des ‚allgemeinen Friedensgefühls' oder der ‚Vergiftung des geistigen Klimas' sind ebenso wenig ein Eingriffsgrund wie der Schutz der Bevölkerung vor einer Kränkung ihres Rechtsbewusstseins durch totalitäre Ideologien oder eine offenkundig falsche Interpretation der Geschichte. Auch das Ziel, die Menschenrechte im Rechtsbewusstsein der Bevölkerung zu festigen, erlaubt es nicht, zuwiderlaufende Ansichten zu unterdrücken. Die Verfassung setzt vielmehr darauf, dass auch diesbezüglich Kritik und selbst Polemik gesellschaftlich ertragen, ihr mit bürgerschaftlichem Engagement begegnet und letztlich in Freiheit die Gefolgschaft verweigert wird."[42]

Mit diesen Zeilen hat Karlsruhe all jenen eine Absage erteilt, die das Strafgesetzbuch nach Äußerungsdelikten durchkämmen, um ihrem gesinnungsbasierten Schutz-

41 Vgl. Sandra Kostner, Keine Meinungsfreiheit ohne ein Klima der Freiheit, in: Aus Politik und Zeitgeschichte B 12–13/2020, S. 8–11. Die Autorin dieses Textes hat einen solchen Fall im Wintersemester 2017/18 selbst erlebt: Eine Studentin erstattete Anzeige nach einem hochschulöffentlichen Vortrag eines Referenten, der über das muslimische Kopftuch sagte, dass man akzeptieren müsse, wenn eine erwachsene Frau dieses freiwillig trage. Anders sei das in Schulen, dort sollte dies aufgrund der Neutralitätspflicht des Staates nicht möglich sein. Die das muslimische Kopftuch tragende Studentin kam vier Wochen nach dem Vortrag, zu dem ich den Referenten eingeladen hatte, in meine Sprechstunde und teilte mir mit, dass sie Strafanzeige wegen Volksverhetzung gegen den Referenten gestellt habe. Sie betonte mehrfach, dass Ziel dieser Anzeige sei, dass niemand mehr an die Hochschule eingeladen werde, der sich kritisch zum Kopftuch äußere, denn, so ihre Begründung: Sie habe ein Recht auf ein diskriminierungsfreies Studium.

42 Bundesverfassungsgericht (FN 11), Rn. 77.

verständnis zur Geltung zu verhelfen, und zu diesem Zweck in Kauf nehmen oder gar bestrebt sind, die Meinungsäußerungsfreiheit Dritter stark zu verkürzen.[43]

4. Begründungen für Meinungssanktionen: Desinformation sowie Hass und Hetze

Der weite Schutzbereich der Meinungsfreiheit hat im vergangenen Jahrzehnt vermehrt Unbehagen ausgelöst, wie die zahlreichen Rufe vonseiten zivilgesellschaftlicher, politischer und medialer Akteure nach Schutz vor Desinformation/Fake News sowie Hass und Hetze verdeutlichen. Ein zentraler Grund für diese Entwicklung sind die Sozialen Medien, die den öffentlichen Diskurs durch den Abbau von Zugangsbarrieren demokratisiert haben: Jeder kann auf den Plattformen Konten eröffnen und seine Meinungen dort posten. Das bedeutet aber auch, dass es keine Gatekeeper mehr gibt, die Informationen vor der Veröffentlichung auf den Faktengehalt prüfen. Mit diesem Kontrollverlust über die Informationen, die in der Öffentlichkeit verbreitet werden, ging für die politisch-medialen Eliten auch ein Verlust der Deutungshoheit einher, denn die etablierten Mechanismen, die dem *Manufacturing Consent*[44] dienen, büßten an Wirksamkeit ein.

Hinzu kommt, dass in den Sozialen Medien teilweise ein rauer Umgangston herrscht. Soziale Distanz bei gleichzeitiger Möglichkeit der Anonymität senkt die in der analogen Welt wirkenden Hemmschwellen für die Verwendung abwertender Ausdrücke. Davon sind auch Politiker betroffen, die in der digitalen Welt direkt mit (harschen) Unmutsäußerungen von Bürgern über politische Positionen und Entscheidungen konfrontiert werden.

Überdies haben die Sozialen Medien den Verbreitungsgrad und die Permanenz („Das Netz vergisst nichts“) von Informationen und Meinungen enorm erhöht: Was dort gepostet wird, verbreitet sich in großer Geschwindigkeit, woraus eine ganz neue Dynamik hinsichtlich der Meinungsbildung zu gesellschaftspolitischen Themen sowie mit Blick auf Machtkritik entstehen kann.

Wenngleich die Schattenseiten des digitalen Kommunikationsraums schon bald nach seiner Entstehung thematisiert wurden und die Frage auftrat, inwiefern er der Regulierung bedarf, hielt sich die Politik mit Maßnahmen zurück. Das änderte sich nahezu schlagartig mit der Wahl Donald Trumps zum US-Präsidenten im November 2016. Gezielt lancierte „Fake News“ wurden vonseiten der Demokraten und den ihnen nahestehenden Medien mit Trumps Wahlsieg in Verbindung gebracht. Trump selbst bezeichnete missliebige Presseberichte in seiner ersten Amtszeit als „Fake News“.

---

43 Vgl. Johannes Masing, Meinungsfreiheit und Schutz der verfassungsrechtlichen Ordnung, in: JuristenZeitung 67 (2012), S. 585–592, hier: S. 589.

44 Edward S. Herman/Noam Chomsky, Manufacturing Consent. The Political Economy of the Mass Media, New York 1988.

Der auf Datenanalysen spezialisierte Informatiker David Rozado hat die Erwähnung der Begriffe „Falschnachrichten" und „Desinformation" in den wichtigsten US-Medien und in wissenschaftlichen Artikeln ausgewertet. Er konnte zeigen, dass beide Begriffe zwischen 1970 und 2016 ziemlich selten verwendet wurden und dass die Verwendung in diesem Zeitraum kaum Schwankungen unterlag, während sie nach Trumps Wahl exponentiell zunahm.[45] Fake News und Desinformation sind seitdem – auch in Deutschland und auf EU-Ebene – Begriffe, die den Blick auf den digitalen Kommunikationsraum prägen. Geleitet von der Sorge, dass ausländische Mächte (allen voran Russland) über *Social Bots* Einfluss auf Wahlen nehmen könnten, wird den Sozialen Medien seither ein demokratiegefährdendes Potenzial zugeschrieben, dem mit entsprechenden Maßnahmen entgegengewirkt werden soll.[46]

Weiteren Aufwind erhielt der Ruf nach Desinformationsbekämpfung im Zuge der Coronapandemie. Kritikern der Coronapolitik wurde regelmäßig unterstellt, gesundheitsgefährdende Verschwörungsideologien und Desinformation zu verbreiten.[47] Mit Beginn des Ukrainekriegs geriet wieder Russland ins Visier der Desinformationsbekämpfung. Die Vorwürfe lauten: Russland versuche mithilfe von Propaganda, sein Narrativ über den Krieg im Westen zu etablieren, wolle mit gezielten Fake News unsere Gesellschaft spalten sowie das Vertrauen in unsere Institutionen schwächen und die deutsche/europäische Unterstützung für die Ukraine untergraben.[48]

In Anbetracht der behaupteten Bedrohungslage durch Desinformation und Fake News würde man erwarten, dass staatliche Organe, die darin ein beachtliches Gefahrenpotenzial für die Gesellschaft sehen, über allgemeine Aussagen hinausgehen und konkrete Beispiele nennen, um die postulierte Gefahr mit Belegen zu illustrieren. Aber genau das ist selten der Fall. Manche Ausführung deutet sogar darauf hin, dass

45 David Rozado postete eine Graphik dazu auf X am 14. Oktober 2024, unter: https://x.com/DavidRozado/status/1845940646827512151 (12. Juni 2025). Siehe dazu auch: Elena Broda/Jesper Strömbäck, Misinformation, disinformation, and fake news: lessons from an interdisciplinary, systematic literature review, in: Annals of the International Communication Association 48 (2024), H. 2, S. 139–166, hier: S. 147.

46 Siehe exemplarisch für Deutschland: Hessisches Ministerium des Innern, für Sicherheit und Heimatschutz, Desinformation. Sensibilisierung im Kontext der Bundestagswahl 2025, Pressemitteilung vom 13. Januar 2025, unter: https://hessen.de/presse/sensibilisierung-im-kontext-der-bundestagswahl-2025 (12. Juni 2025); für die EU: Europäische Kommission, Bekämpfung von Desinformation im Internet, unter: https://digital-strategy.ec.europa.eu/de/policies/online-disinformation; European Parliament, Information integrity online and the European democracy shield, Briefing vom Dezember 2024, unter: https://www.europarl.europa.eu/RegData/etudes/BRIE/2024/767153/EPRS_BRI(2024)767153_EN.pdf. (12. Juni 2025).

47 Siehe hierfür beispielsweise: Alice Echtermann/Till Eckert, Warum Demokratie Faktenchecks braucht, in: Correctiv vom 9. Juli 2020, unter: https://correctiv.org/top-stories/2020/07/09/warum-demokratie-faktenchecks-braucht/ (12. Juni 2025); Europäische Kommission, Bekämpfung von Desinformation (Coronavirus), unter: https://commission.europa.eu/strategy-and-policy/coronavirus-response/fighting-disinformation_de (12. Juni 2025).

48 Siehe: Bundesregierung, Begriffsklärung. Was ist Desinformation?, Stand: 6. Mai 2025, unter: https://www.bundesregierung.de/breg-de/aktuelles/was-ist-desinformation-1875148 (12. Juni 2025); Bundesministerium des Innern, FAQ – Desinformation im Kontext des russischen Angriffskrieges gegen die Ukraine, unter: https://www.bmi.bund.de/SharedDocs/faqs/DE/themen/heimat/desinformation/faq-liste-desinformation.html (12. Juni 2025).

der Kampf gegen Desinformation und Fake News auch dem Ziel der Absicherung von Deutungshoheit dient.

Ein einschlägiges Beispiel dafür sind die Äußerungen des damaligen Präsidenten des Bundesamts für Verfassungsschutz, Thomas Haldenwang, im Mai 2023. Die deutsche Demokratie sei dadurch bedroht, dass Russland auf vielen Ebenen versuche, „das demokratische System in Deutschland zu destabilisieren", etwa durch die Verbreitung der „Erzählung, dass der Kreml den Krieg gegen die Ukraine auch deshalb führe, weil die eigenen Sicherheitsinteressen durch den Westen verletzt worden seien".[49] Selbst wenn die russische Kriegsbegründung nicht der Wahrheit entspräche, wäre zu fragen, inwieweit sie geeignet sein könnte, die Demokratie in Deutschland zu destabilisieren. Sollte hingegen eine Verletzung russischer Sicherheitsinteressen ein Kriegsgrund sein, wäre die Beschäftigung damit eine Notwendigkeit, um Wege zur Beendigung des Krieges zu finden. Das führt zu der Frage: Warum versucht Haldenwang, die Befassung mit einer russischen Begründung für den Krieg zu delegitimieren? Die naheliegende Antwort könnte lauten: um das westliche Narrativ des „unprovozierten" Angriffskriegs aufrechterhalten zu können. Vor allem aber ist zu fragen: Welche Folgen hat es für das Meinungsklima, wenn die Diskussion russischer Perspektiven auf den Ukrainekrieg als demokratiegefährdend dargestellt wird? Die Wahrscheinlichkeit, dass davon ein *Chilling Effect* ausgeht, ist hoch.

Ohne Zweifel versuchen Regierungen – also auch die russische –, ihre Sicht der Dinge in der Öffentlichkeit zu verankern. Dass sie dabei Fakten auswählen, die ihr Vorgehen in einem möglichst positiven Licht erscheinen lassen, ist ebenso wenig neu, wie ihr Bestreben, die Glaubwürdigkeit von Politikern und Regierungen, die ihre Positionen herausfordern, zu unterminieren. Ein Produkt des letzten Jahrzehnts ist hingegen die Idee, dass der Staat den Bürger vor schädlichen Informationen und Perspektiven schützen muss, um „unsere" Demokratie vor ihren externen (autoritäre Mächte) und internen (AfD, Verschwörungsideologen, Coronaleugner, Putinversteher etc.) Feinden zu bewahren. Inhärent ist dieser Idee ein mangelndes Maß an Vertrauen in die Fähigkeit der Menschen, Informationen einordnen zu können. Sie wird zudem von einem mangelnden Vertrauen darin getragen, dass sich Ratio und Wahrheit in einem offenen Meinungsklima durchsetzen. Aus diesem fehlenden Vertrauen speist sich die Vorstellung, dass der Staat Instrumente entwickeln müsse, um die Gesellschaft vor demokratiegefährdenden Informationen und Meinungen – und somit auch vor denjenigen, die solchermaßen etikettierte Dinge verbreiten – zu schützen.

Der Einsatz meinungssanktionierender Instrumente im Namen der Desinformations-/Fake-News-Bekämpfung erfordert jemanden, der feststellen kann, ob etwas wahr oder unwahr ist. Nur: Ab wann ist etwas als erwiesen wahr einzustufen?

49 Tagesschau, Haldenwang warnt vor China und Russland, in: Tagesschau.de vom 22. Mai 2023, unter: https://www.tagesschau.de/inland/verfassungsschutz-sabotage-russland-china-afd-100.html (12. Juni 2025).

Wenn 97 Prozent der Wissenschaftler sich einig sind, dass der Klimawandel menschengemacht ist?[50] Letztlich ist es so, dass man gerade in Bezug auf aktuelle Entwicklungen nicht mit Sicherheit sagen kann, welche Informationen und Positionen sich als korrekt herausstellen. Der Stand der Wissenschaft heute ist bekanntermaßen der Irrtum von morgen. Je mehr staatliche Organe vor Desinformation und Fake News warnen und ihrer Verbreitung den Kampf ansagen, desto mehr entsteht gesellschaftlich ein Klima, in dem Menschen sich ermuntert fühlen, diese Begriffe zu verwenden, um weltanschaulich unliebsame Argumente und Positionen zu delegitimieren. Anders gesagt: Begriffe, zumal so interpretationsoffene wie Desinformation und Fake News, sind anfällig dafür, im gesellschaftlichen Deutungskampf als Waffe eingesetzt zu werden, mit dem Ziel, Andersdenkende aus dem „legitimen" Diskursraum zu verbannen.

Ein zweites Begriffspaar, das in den letzten Jahren zum festen Bestandteil von Diskussionen über die Meinungsfreiheit avancierte, ist: „Hass und Hetze". Dieses Begriffspaar zeichnet sich ebenfalls durch Deutungsoffenheit und mangelnde rechtliche Bestimmtheit aus. Es unterliegt daher der gleichen ideologischen und machtpolitischen Instrumentalisierungsanfälligkeit wie Desinformation und Fake News. Das liegt daran, dass die Verwendung von Hass und Hetze nur teilweise vom Strafrecht erfasst wird. Am eindeutigsten trifft das auf § 130 StGB zu, wo das Aufstacheln zum Hass gegen bestimmte Merkmalsgruppen als Volksverhetzung klassifiziert wird. Des Weiteren können die Äußerungsdelikte der Beleidigung, üblen Nachrede und Verleumdung (§ 185–187 StGB) oder auch der Bedrohung (§ 241 StGB) und Nötigung (§ 240 StGB) als Hassrede eingestuft werden. Hier ist aber der Interpretationsspielraum deutlich größer als bei § 130 StGB, denn es erfordert keinen Hass, um jemanden beispielsweise zu beleidigen, hierfür reichen Unzufriedenheit, Unmut oder Wut aus.

Die Begriffe „Hass" und „Hetze" sind jedoch nicht nur deutungsoffen. Sie sind ferner „für eine bestimmte, politisch vorweggenommene Richtung"[51] reserviert. Sie sind stark von den identitätspolitischen Vorstellungen geprägt, die in den USA im Rahmen der *Critical Race Theory* entwickelt wurden. In diesem Sinne kann von *hate speech* (Hassrede) nur betroffen sein, wer einer Opfergruppe angehört. Verbreiter von Hass und Hetze – dem Begriffspaar, das sich in Deutschland für *hate speech* eingebürgert hat – gehören grundsätzlich einer Schuldgruppe an, d. h. einer Merkmalsgruppe, die historisch betrachtet aufgrund ihres Geschlechts, ihrer Ethnie, Religion oder sexuellen Orientierung privilegiert war. Letzteren wird die Aufgabe zugeteilt, diskriminierungsfrei zu sprechen und so für einen Kommunikationsraum

50 Siehe beispielsweise: Axel Bojanowski, Die 97-Prozent-Falle, in: Spiegel-Online vom 23. September 2014, unter: https://www.spiegel.de/wissenschaft/natur/klimawandel-97-prozent-konsens-bei-klimaforschern-in-der-kritik-a-992213.html (12. Juni 2025); John Cook, Klimafakten, in: Helmholtz Dialog-Plattform vom Juli 2010, aktualisiert im August 2021, unter: https://helmholtz-klima.de/klimafakten/behauptung-es-gibt-noch-keinen-wissenschaftlichen-konsens-zum-klimawandel (12. Juni 2025).

51 Thomas-Michael Seibert, Äußerungsdelikte. Spiegelungen eines politischen Strafrechts, Frankfurt a. M. 2023, S. 27.

zu sorgen, in dem sich kein Angehöriger einer Opfergruppe durch eine Äußerung verletzt fühlen könnte.

Es wurde nicht nur das identitätspolitisch aufgeladene Grundkonzept der Hassrede aus den USA importiert. Auch der *Concept Creep* wurde nachvollzogen. Als *Concept Creep* bezeichnet der australische Sozialpsychologe Nick Haslam die Erweiterung des Bedeutungsinhalts von Begriffen.[52] So werden unter Gewalt zunehmend auch Gefühlsverletzungen gefasst. Ein Prozess, der besonders gut ablesbar ist an Neologismen wie Mikroaggression, Mikroangriff sowie Mansplainung oder Whitesplaining. Diese Neologismen dienen dazu, um etablierte Begriffe für gewalttätiges, teilweise strafrechtsrelevantes Handeln mithilfe der Vorsilbe „Mikro" auf Gefühlsverletzungen übertragen zu können. Das identitätspolitische Ziel einer diskriminierungsfreien Sprache in Verbindung mit dem *Concept Creep* hat Einfluss darauf, ob Menschen Sprache als verroht wahrnehmen und welche Äußerungen sie als Beleidigung auffassen.

Das Zusammenwirken dieser beiden Phänomene bildet die Grundlage für den Kampf gegen Hass und Hetze. Einen relevanten politischen Resonanzboden hat dieser Kampf in Deutschland ab 2015 im Zuge der Asylmigration und dem damit verbundenen Aufstieg der AfD gefunden.[53] Die heftige und durchaus auch derbe Kritik an der Asylpolitik der Regierung förderte dort die Bereitschaft, meinungssanktionierende Instrumente zu schaffen, um Äußerungen, die als Hassrede wahrgenommen wurden, im digitalen Raum etwas entgegenzusetzen. Indem staatliche Organe sich die identitätspolitisch konnotierten Ausdrücke Hassrede, Hasskriminalität sowie Hass und Hetze zu eigen machten, übernahmen sie auch ein gesinnungsbasiertes Konzept, was sich wiederum darauf auswirkt, mit welcher Zielsetzung die neuen meinungssanktionierenden Instrumente geschaffen und wie sie angewendet werden. Symptomatisch dafür sind die Worte der damaligen Bundesjustizministerin Christine Lambrecht anlässlich des Inkrafttretens des Gesetzes zur Bekämpfung des Rechtsextremismus und der Hasskriminalität: „Die Hetze ist sehr oft rechtsextremistisch, rassistisch und frauenfeindlich. Es ist eine ernste Bedrohung unserer demokratischen Gesellschaft, wenn Menschen aufgrund ihres Namens oder ihres Aussehens attackiert werden – oder mundtot gemacht werden, weil sie sich politisch oder wissenschaftlich äußern oder gesellschaftlich engagieren."[54]

Was all das zeigt, ist: Aufgrund ihrer Deutungsoffenheit und ihrer Anfälligkeit für macht- und ideologiemotivierte Instrumentalisierung stellen weder Desinformation/ Fake News noch Hass und Hetze eine geeignete Rechtfertigungsgrundlage für Meinungssanktionen dar, die einem freiheitlichen Verfassungsstaat angemessen wäre.

52 Vgl. Nick Haslam, Concept creep: Psychology's expanding concepts of harm and pathology, in: Psychological Inquiry 27 (2016), S. 1–17.

53 Vgl. Liriam Sponholz, Der Begriff ‚Hate Speech' in der deutschsprachigen Forschung: Eine empirische Begriffsanalyse, in: SWS-Rundschau 60 (2020), S. 43–65, hier: S. 52 f.

54 Bundesministerium der Justiz, Gesetzespaket gegen Hass und Hetze tritt am 3. April 2021 in Kraft, Pressemitteilung Nr. 034/2021, unter: https://www.bmj.de/SharedDocs/Pressearchiv/Pressemitteilungen/2021/0401_Hasskriminalitaet.html (12. Juni 2025).

Dennoch sind in den letzten Jahren diese Begriffe von staatlichen Organen herangezogen worden, um eine Reihe an Instrumenten zu implementieren, die dem Schutz vor Desinformation sowie vor Hass und Hetze dienen sollen. Zwei werden aufgrund ihrer herausgehobenen Relevanz hinsichtlich des Sanktionsgrades und des Ausmaßes, in dem sie die Idee des Staates als Beschützer von Individuen und Demokratie vor schädlichen Informationen und Meinungen verkörpern, einer genaueren Betrachtung unterzogen: der Digital Services Act (DSA) und der § 188 StGB.

5. Meinungssanktionierende Instrumente zum Schutz vor Desinformation sowie Hass und Hetze

5.1. Der Digital Services Act: Intention und die Rolle der Trusted Flagger

Mit der am 16. November 2022 in Kraft getretenen EU-Verordnung über einen Binnenmarkt für digitale Dienste wurde das bislang weitreichendste Instrument zur Bekämpfung von Desinformation und Hassrede geschaffen. Seit dem 17. Februar 2024 ist diese Verordnung, für die zumeist die englische Bezeichnung Digital Services Act verwendet wird, EU-weit anzuwenden.[55]

Ziel des DSA ist es, „ein sicheres, berechenbares und vertrauenswürdiges Online-Umfeld sicherzustellen, das der Verbreitung rechtswidriger Online-Inhalte und den gesellschaftlichen Risiken, die die Verbreitung von Desinformation oder anderen Inhalten mit sich bringen kann, entgegenwirkt".[56] Begründet wird die Notwendigkeit von Eingriffen in den digitalen Kommunikationsraum insbesondere damit, dass Menschen ihr Recht auf Meinungs- und Informationsfreiheit nur in einem entsprechend sicheren und vertrauenswürdigen Umfeld wahrnehmen könnten.[57]

Eingriffe in die Meinungs- und Informationsfreiheit werden demnach als notwendig erachtet, um diese beiden Grundfreiheiten zu schützen. Bei eindeutig rechtswidrigen Inhalten wie Bedrohungen, Nötigungen, Verleumdungen kommt der Strafbarkeit für solche Äußerungen in der Tat eine hohe Relevanz für den Schutz der Meinungsfreiheit zu. Denn: Menschen halten sich mit Meinungsäußerungen zurück, wenn diese zu Bedrohungen etc. führen. Zwar können auch Beleidigungen rechtswidrig sein, aber sie eröffnen einen breiteren Deutungshorizont und stellen das zentrale Einfallstor für identitätspolitische Vorstellungen von Hassrede dar.

---

55 Deutschland hatte im Oktober 2017 mit dem Netzwerkdurchsetzungsgesetz (NetzDG) schon eine gesetzliche Grundlage geschaffen, um gegen Hasskommentare im Internet vorgehen zu können. Seit dem Inkrafttreten des DSA hat das NetzDG an Bedeutung verloren, weil erhebliche Teile des Gesetzes nunmehr durch den DSA geregelt werden.

56 Amtsblatt der Europäischen Union, Verordnung (EU) 2022/2065 des Europäischen Parlaments und des Rates vom 19. Oktober 2022 über einen Binnenmarkt für digitale Dienste und zur Änderung der Richtlinie 2000/31/EG, 27. Oktober 2022, S. 3.

57 Vgl. ebd., S. 2.

Den Schutz der Meinungs- und Informationsfreiheit dadurch garantieren zu wollen, dass der Verbreitung von Desinformation und anderen Inhalten entgegengewirkt wird, bietet ein noch erheblich breiteres Einfallstor für eine macht- und agendakonforme Regulierung der digitalen Welt. Allein die mangelnde Bestimmtheit beider Begriffe ermöglicht gesinnungsbasierte Eingriffe. Insbesondere unter „andere Inhalte" kann so ziemlich alles gefasst werden, wodurch ein großer Interpretationsspielraum für diejenigen entsteht, die einstufen sollen, welche Inhalte „gesellschaftliche Risiken" darstellen.

Das sichere und vertrauenswürdige Online-Umfeld soll geschaffen werden, indem (1) die Anbieter der sehr großen Online-Plattformen und Online-Suchdienste verpflichtet werden, einmal jährlich eine „Risikobewertung" in Bezug auf im DSA benannte „systemische Risiken" durchzuführen; und (2) durch die Zertifizierung von vertrauenswürdigen Hinweisgebern (Trusted Flagger).

Die Plattformen haben die Risikobewertung in vier Bereichen vorzunehmen: Verbreitung rechtswidriger Inhalte; etwaige nachteilige Auswirkungen auf die Ausübung der Grundrechte; „tatsächliche oder absehbar nachteilige Auswirkungen auf die gesellschaftliche Debatte und auf Wahlprozesse und die öffentliche Sicherheit"; und „alle tatsächlichen und absehbaren nachteiligen Auswirkungen in Bezug auf geschlechtsspezifische Gewalt, den Schutz der öffentlichen Gesundheit und von Minderjährigen sowie schwerwiegende nachteilige Folgen für das körperliche und geistige Wohlbefinden einer Person".[58]

Diese Bewertungspflicht enthält eine Reihe deutungsoffener Formulierungen, und sie fordert von den Plattformen, dass sie eine Instanz einrichten, die einstuft, welche Informationen und Meinungen sich potenziell nachteilig auswirken könnten. Besonders problematisch ist dies in Bezug auf die gesellschaftliche Debatte. Was als nachteilig eingestuft wird, hängt stark von interessengeleiteten Perspektiven ab. Käme es dazu, dass zum Bewertungsmaßstab wird, was für staatliche Organe nachteilig sein könnte, weil ihre Positionen infrage gestellt werden, würde dies den freien politischen Willensbildungsprozess, der, wie das Bundesverfassungsgericht 1966 feststellte, vom Souverän auszugehen hat, beeinträchtigen, weil auf die Einstufung von Inhalten als schädlich schnell die Löschung entsprechender Posts folgt.[59]

Die Aufgabe „rechtswidrige" beziehungsweise „schädliche" Inhalte zu identifizieren und den Plattformen mit dem Ziel der Löschung zu melden, überträgt der DSA den Trusted Flaggern. Jeder Mitgliedstaat hat eine Koordinationsstelle für digitale Dienste einzurichten, bei der sich Organisationen für die Zertifizierung als Trusted Flagger bewerben können. In Deutschland ist die Bundesnetzagentur dafür zuständig. Anlässlich der Bekanntgabe der Zertifizierung der „Meldestelle REspect" als erstem Trusted Flagger äußerte sich der Präsident dieser Bundesoberbehörde, Klaus Müller, zu deren Aufgabenbereich folgendermaßen: „Plattformen sind verpflichtet, auf Meldungen von Trusted Flaggern sofort zu reagieren. Illegale Inhalte,

---

58 Ebd., S. 64, Artikel 34 „Risikobewertung".
59 Vgl. Bundesverfassungsgericht (FN 34), Rn. 147.

illegaler Hass und illegale Fake News können sehr schnell und ohne bürokratische Hürde entfernt werden. Das hilft, das Internet sicherer zu machen. Was illegal ist, entscheiden weder Trusted Flagger noch die Bundesnetzagentur."[60]

Der letzte Satz wurde erst nach heftiger Kritik an diesem Statement ergänzt, wobei offengelassen wird, wer darüber entscheidet, was illegal ist. Es kommen letztlich nur die Trusted Flagger infrage und die Plattformen, die entscheiden müssen, ob gemeldete Posts illegale Inhalte aufweisen. Da den Plattformen, wenn sie die Meldungen der Trusted Flagger nicht prioritär bearbeiten, hohe Geldbußen drohen, kann davon ausgegangen werden, dass im Zweifelsfall ein Post eher gelöscht wird als nicht.

Ferner wurde auf Kritik mit der Einfügung von „illegal" vor Inhalte, Hass und Fake News reagiert. Nur: Was unterscheidet legalen von illegalem Hass, was legale von illegalen Fake News? Wäre eine legale Fake News die regierungsseitig lange verbreitete Behauptung, die Coronaimpfung verhindere die Weitergabe des Virus (Narrativ von der „Pandemie der Ungeimpften")? Und wie sieht es beim Hass aus: Wäre „alle hassen die AfD" legal, aber „alle hassen die Grünen" nicht? Die Wahrscheinlichkeit, dass die Unterscheidung in legale und illegale Fake News auf der Basis von Weltanschauungen vorgenommen wird, ist hoch und rechtsstaatlich sehr bedenklich. Noch bedenklicher ist, dass Müller als positiven Effekt des DSA hervorhebt, dass Löschungen nunmehr „ohne bürokratische Hürden" vorgenommen werden könnten. Denn das heißt, dass die Entfernung von Inhalten unter Umgehung der rechtsstaatlich zuständigen Institutionen erfolgt. Bei diesen können Betroffene zwar gegen die Entfernung ihrer Inhalte Klage einreichen, um die Löschung rückgängig zu machen, aber der Gang vor Gericht kostet Zeit und Geld.

Im DSA heißt es mit Blick auf die Trusted Flagger, dass sie „rechtswidrige Inhalte" melden sollen. Der von der Bundesnetzagentur herausgegebene „Leitfaden zur Zertifizierung als Trusted Flagger" definiert allerdings ein weitaus breiteres Meldespektrum, das sich schwerpunktmäßig an den Aspekten orientiert, die der DSA für die von den Plattformen vorzunehmende Risikobewertung festlegt. So enthält die dem Leitfaden angehängte „Liste der Bereiche mit unzulässigen Inhalten" eindeutig Rechtswidriges wie Holocaustleugnung oder Kinderpornographie. Aber sie führt auch Punkte auf, die deutungsoffen sind und stark weltanschaulichen Bewertungen unterliegen, wie: Diskriminierung; Hassrede; negative Auswirkungen auf den zivilen Diskurs oder Wahlen; Gefahr von Umweltschäden sowie Gefahr für die öffentliche Gesundheit.[61]

Der DSA überträgt den Online-Plattformen und den Trusted Flaggern eine große Entscheidungsmacht darüber, welche Inhalte legal und unschädlich beziehungsweise welche zu entfernen sind. Anders gesagt: Der Staat delegiert in einem grundrechts-

60 Bundesnetzagentur, Pressemitteilung vom 1. Oktober 2024, unter: https://www.bundesnetzagentur.de/SharedDocs/Pressemitteilungen/DE/2024/20240927_DSC_TrustedFlagger.html (12. Juni 2025).

61 Vgl. Bundesnetzagentur, Leitfaden zur Zertifizierung als Trusted Flagger gemäß Artikel 22 Digital Services Act, 14. Mai 2024, S. 14 ff.

sensiblen Bereich Aufgaben, für die Strafverfolgungsbehörden und Gerichte zuständig sind, an private Einrichtungen. Dabei begrenzt er den Aktionsraum der beauftragten Dritten nicht auf rechtswidrige Inhalte, sondern geht deutlich darüber hinaus, indem er diese auffordert, auch „illegale“ Fake News oder potenziell gesellschafts-, umwelt- und gesundheitsschädigende Inhalte ins Visier zu nehmen. Dergestalt leistet er bewusst einer – an weltanschaulichen Präferenzen orientierten – Vorverlagerung der Grenzen des sanktionsfrei Sagbaren Vorschub.

Dazu trägt ferner bei, dass nicht hinreichend sichergestellt ist, ob die Trusted Flagger wirklich unabhängig und neutral arbeiten. Schließlich werden sie von einem Exekutivorgan zertifiziert, was diesem die Möglichkeit bietet, weltanschauliche Präferenzen in die Auswahl der Trusted Flagger einfließen zu lassen. Bei der „Meldestelle REspect“ kommt hinzu, dass diese über staatliche Gelder finanziert wird (Bundesfamilienministerium; Landesregierungen von Baden-Württemberg und Bayern).[62] Will sie ihren Trusted-Flagger-Status nicht verlieren, wird sie geneigt sein, die Inhalte, die sie als illegal oder schädlich meldet, an die Erwartungen und Perspektiven ihrer Geldgeber anzupassen. Überdies ist nicht auszuschließen, dass Trusted Flagger eigene Weltanschauungen in ihre Tätigkeit einfließen lassen. Dies war zumindest bei den Faktenprüfern, die Facebook zwischen Dezember 2016 und Januar 2025 in den USA mit der Überprüfung von Posts beauftragt hatte, laut des Konzernchefs Mark Zuckerberg in Bezug auf identitätspolitische Themen der Fall.[63]

Selbst wenn die Trusted Flagger gänzlich unabhängig und neutral agieren, stehen sie vor der Herausforderung, oftmals nicht über das notwendige Wissen zu verfügen, um einen Inhalt als rechtswidrig oder anderweitig schädlich einstufen zu können. Nehmen wir das Beispiel Verleumdung: Einem Social-Media-Post ist nicht unbedingt entnehmbar, ob eine Behauptung eine Verleumdung darstellt. Selbst wenn das auf den ersten Blick der Fall zu sein scheint, ist zu ermitteln, ob die Behauptung der Wahrheit entspricht. Tut sie das, mag der Post eine Person zwar in einem sehr negativen Licht erscheinen lassen und sie dies als „Hassrede“ empfinden, er ist dann aber von der Meinungsfreiheit gedeckt.[64] Das gleiche Problem stellt sich in Bezug auf wahre und unwahre Tatsachenbehauptungen bei Sachthemen. Hier gilt laut Bundesverfassungsgericht, dass unwahre Tatsachenbehauptungen, die mit einer Bewertung verknüpft sind, eine Mischäußerung darstellen und deshalb unter den Schutz der Meinungsfreiheit fallen.[65] Dieses weite Schutzverständnis ist auch aus dem Grund wichtig, weil tatsachenbezogene Äußerungen das Resultat eines subjektiven Filters sind: angefangen vom Wissen, über das jemand verfügt, bis hin zu den Darstellungsformen, die ausgewählt werden. Konkret: Was wird aus welchen Gründen erwähnt, was wird weggelassen, was wird wie bewertet?[66]

---

62 Vgl. https://meldestelle-respect.de/ (12. Juni 2025).

63 Vgl. Mark Zuckerberg im Podcast-Interview mit Joe Rogan #2255, 9. Januar 2025, unter: https://www.youtube.com/watch?v=7k1ehaE0bdU (12. Juni 2025).

64 Vgl. Steinbach (FN 38), S. 655.

65 Vgl. Bundesverfassungsgericht (FN 12), Rn. 27–29.

66 Vgl. Steinbach (FN 38), S. 655.

Ein weiterer Grund für das weite Schutzverständnis ist, dass in vielen Fällen schwer zu ermitteln ist, welche Tatsachen erwiesenermaßen (un)wahr sind. Zwei Beispiele zur Illustration: In den Coronajahren galt die Laborunfallthese als Verschwörungstheorie. Inzwischen gilt der Laborursprung als wahrscheinlich.[67] Im Jahr 2003 behauptete die US-Regierung, dass Saddam Hussein Massenvernichtungswaffen besitze. Heutzutage ist klar, dass es sich hier um regierungsseitig verbreitete Desinformation handelte, um den Angriffskrieg auf den Irak zu rechtfertigen.[68] Was als (un)wahr gilt, ist auch interessenabhängig und kann sich im Lauf der Zeit ändern, d. h.: Die Fake News von heute können die Wahrheit von morgen sein und umgekehrt.

Woher sollen Trusted Flagger wissen, welche Tatsachenbehauptungen der Wahrheit entsprechen? Im Zweifelsfall darf als wahrscheinlich gesehen werden, dass sie sich an „Autoritäten" orientieren, zumal wenn es sich dabei um diejenigen handelt, die sie zertifizieren und finanzieren. Melden sie von der „offiziellen" Linie abweichende Inhalte als Desinformation/Fake News und werden diese Inhalte dann gelöscht, greifen sie zum Vorteil der Regierungsposition in die Informationsfreiheit und den Meinungsbildungsprozess der Bevölkerung ein.

All das führt letztlich zu einer Aushöhlung des vom Bundesverfassungsgericht in ständiger Rechtsprechung weit gefassten Schutzbereichs der Meinungs- und Informationsfreiheit. Eine Abkehr von der Idee, dass der Staat meinungssanktionierende Instrumente schaffen müsse, um Individuen und Gesellschaft vor Desinformation sowie Hass und Hetze zu schützen, zeichnet sich nicht ab. Im Gegenteil: CDU/CSU und SPD haben in ihrem im April 2025 vorgelegten Koalitionsvertrag ausdrücklich festgehalten, dass sie Desinformation und Fake News als „ernste Bedrohungen für unsere Demokratie, ihrer Institutionen und den gesellschaftlichen Zusammenhalt" sehen. Um diesen beiden Gefahren sowie Hass und Hetze zu begegnen, kündigen sie an, sie würden den DSA konsequent umsetzen und darauf hinwirken, dass die „Plattformen strafbare Inhalte entfernen und systemische Risiken wie Desinformation aktiv angehen".[69]

5.2. Sonderrecht für Politiker beim Ehrenschutz: Sind Politiker besonders schutzbedürftig?

Anfang April 2020 veröffentlichte das Redaktionsnetzwerk Deutschland (RND) einen mit „Russland: Hohe Geldstrafen für Beleidigung Putins" überschriebenen

---

67 Vgl. Ijoma Mangold/Lars Weisbrod, Was, wenn die Verschwörungstheorie wahr ist?, in: ZEIT-Online vom 24. März 2025, unter: https://www.zeit.de/kultur/2025-03/corona-verschwoerung-theorie-feuilleton-podcast (12. Juni 2025).

68 Vgl. Matthias von Hein, Irak-Krieg: Nach der Lüge folgte der Völkerrechtsbruch, in: Deutsche Welle vom 19. März 2023, unter: https://www.dw.com/de/irak-krieg-nach-der-l%C3%BCge-folgte-der-v%C3%B6lkerrechtsbruch/a-64942299 (12. Juni 2025).

69 CDU, CSU. SPD, Verantwortung für Deutschland. Koalitionsvertrag zwischen CDU, CSU und SPD, 21. Legislaturperiode, April 2025, S. 71, 123.

Artikel, in dem das im Frühjahr 2019 von der Duma verabschiedete Gesetz zum Schutz der „Ehre und Würde des Präsidenten“ einer kritischen Bewertung unterzogen wurde. Das Gesetz zielt darauf, die „vor allem in sozialen Netzwerken im Internet“ verbreiteten wüsten „Beschimpfungen gegen den Präsidenten“ leichter bestrafen zu können.[70] Laut einem für die Menschenrechtsorganisation Agora tätigen Anwalt wurden im ersten Jahr nach Inkrafttreten des Gesetzes 51 Verfahren „wegen abfälliger Bemerkungen über Putin“ eingeleitet. Als Beispiele für verhängte Geldstrafen werden die Bezeichnung Putins als „Verbrecher“ oder als „sagenhafte Dumpfbacke“ genannt.[71] Gesetz und Gerichtsurteile werden in Bezug zu westlichen Staaten gesetzt und mit diesen Worten kommentiert: „In Deutschland und anderen westlichen Demokratien sind abfällige Bemerkungen über Politiker durch das Recht auf freie Meinungsäußerung geschützt.“[72]

Die Verfasser des Artikels durften sich nur wenige Wochen später im Mai 2020 durch einen Beschluss des Bundesverfassungsgerichts in ihrer grundsätzlichen Einschätzung bestätigt sehen. Dieses wies darauf hin, „dass der Schutz der Meinungsfreiheit gerade aus dem besonderen Schutzbedürfnis der Machtkritik erwachsen“ sei, weshalb „Bürger von ihnen als verantwortlich angesehene Amtsträger in anklagender und personalisierter Weise für deren Art und Weise der Machtausübung angreifen können, ohne befürchten zu müssen, dass die personenbezogenen Elemente solcher Äußerungen aus diesem Kontext herausgelöst werden und die Grundlage für einschneidende gerichtliche Sanktionen bilden“.[73] Politiker, so das Gericht weiter, treten bewusst in die Öffentlichkeit, und sie treffen Entscheidungen, die mit erheblichen gesellschaftlichen Folgen einhergehen können. Mit Verweis auf die ständige Rechtsprechung des Europäischen Gerichtshofs für Menschenrechte (EGMR) betont das Bundesverfassungsgericht deshalb, „dass die Grenzen zulässiger Kritik an Politikern weiter zu ziehen sind als bei Privatpersonen“[74] – solange sich die Äußerung auf das öffentliche Wirken von Politikern bezieht. Ebenfalls sei zu berücksichtigen, dass nicht alle Mitglieder der Gesellschaft gleichermaßen differenziert und kultiviert in ihrer Ausdrucksfähigkeit sind.[75] Der Leipziger Staatsrechtler Christoph Degenhart brachte diesen – soziale und personale Aspekte berücksichtigenden – Ansatz mit diesen Worten treffend auf den Punkt: „Wer also grob wird, weil er nicht gelernt hat sich feiner auszudrücken, wer nicht in der Lage ist, Beleidigungen so geschickt in

70 Redaktionsnetzwerk Deutschland, Russland: Hohe Geldstrafen für Beleidigung Putins, 8. April 2020, unter: https://www.rnd.de/politik/russland-hohe-geldstrafen-fur-beleidigung-putins-2UJH6GGE5XZW7J2HUETXNP3S3M.html (12. Juni 2025).

71 Ebd.

72 Ebd.

73 Bundesverfassungsgericht, Beschluss der 2. Kammer des Ersten Senats vom 19. Mai 2020 – 1 BvR 1094/19, Rn. 23.

74 Ebd., Rn. 24.

75 Ebd., Rn. 21.

scheinbare Komplimente, vage Andeutungen und Anspielungen zu fassen, dass sie unangreifbar werden, soll hieraus keine Nachteile erleiden."[76]

Als weitere Bestätigung können die Autoren des RND-Artikels gewertet haben, dass es zwar mit § 188 StGB einen gesonderten Straftatbestand für die „üble Nachrede und Verleumdung gegen Personen des politischen Lebens" gab, dieser aber bis dahin kaum zur Anwendung kam.[77] Das hat sich fünf Jahre später deutlich geändert, wie die Anzahl der Strafanzeigen/-anträge von Regierungspolitikern der „Ampel" zeigt. Für den Zeitraum von September 2021 bis August 2024 ermittelte *Statista* über 1400 Strafanzeigen/-anträge wegen Beleidigung und Bedrohung, die von Bundesministern gestellt wurden. Angeführt wurde die Liste mit großem Abstand von Robert Habeck (805 Anzeigen), gefolgt von Annalena Baerbock (513 Anzeigen).[78]

Das Tor zu dieser Anzeigenflut öffnete die im Rahmen des „Gesetzes zur Bekämpfung des Rechtsextremismus und der Hasskriminalität" beschlossene Ausweitung von § 188 StGB auf den Tatbestand der Beleidigung.[79] Diese am 3. April 2021 in Kraft getretene Änderung enthält auch ein höheres Strafmaß für Politikerbeleidigungen (bis zu drei Jahren Freiheitsstrafe sind möglich) als für Beleidigungen aller anderen Menschen im Land (§ 185 StGB sieht maximal eine zweijährige Freiheitsstrafe vor).

Begründet wurde das Gesetz damit, dass im Internet und vor allem in den sozialen Medien eine „zunehmende Verrohung der Kommunikation" im Allgemeinen und Politikern gegenüber im Besonderen zu beobachten sei, wodurch neben dem Persönlichkeitsrecht der Betroffenen „auch der politische Diskurs in der demokratischen und pluralistischen Gesellschaftsordnung angegriffen und in Frage gestellt"[80] werde. Mithilfe digitaler Medien verbreitete „respektlose" und „herabwürdigende" Inhalte über Politiker seien im Internet für die Öffentlichkeit langfristig wahrnehmbar und ließen die Hemmschwelle bei anderen für „gleichgerichtete Äußerungen" sinken.[81] Um dem entgegenzuwirken und den freien Austausch von Meinungen zu fördern, wurde der Schutzbereich von § 188 StGB um den Tatbestand der Beleidigung ergänzt.

---

76 Christoph Degenhart, Meinungsfreiheit als konstitutives Element und als Bedrohung der Demokratie, in: Kriminalpolitische Zeitschrift 1 (2025), S. 4–9, hier: S. 7.

77 Im Jahr 1951 wurde – damals noch als § 187a StGB – ein Paragraph ins Strafgesetzbuch eingefügt, der Politikern einen besonderen Ehrenschutz angedeihen ließ: Wissenschaftliche Dienste des Deutschen Bundestags, Der Straftatbestand der gegen Personen des politischen Lebens gerichteten Beleidigung (§ 188 Absatz 1 StGB), Nr. 18/24 vom 22. November 2024.

78 Statista, Strafanzeigen durch Bundesminister in Deutschland bis 2024, 16. September 2024, unter: https://de.statista.com/statistik/daten/studie/1493232/umfrage/strafanzeigen-durch-bundesminister-in-deutschland/. Mit weitem Abstand folgen Marco Buschmann (26 Anzeigen), Bettina Stark-Watzinger (24 Anzeigen) und Cem Özdemir (14 Anzeigen).

79 Gesetz zur Bekämpfung des Rechtsextremismus und der Hasskriminalität, Bundesgesetzblatt, Teil 1 Nr. 13, 1. April 2021.

80 Bundesregierung, Entwurf eines Gesetzes zur Bekämpfung des Rechtsextremismus und der Hasskriminalität, 18. Februar 2020, S. 1.

81 Ebd.

Was auf den ersten Blick nicht nach einer einschneidenden Änderung aussehen mag, weil durch § 188 StGB Personen des politischen Lebens in Bezug auf üble Nachrede und Verleumdung schon zuvor ein eigener Ehrenschutz zukam, hat die Schwelle für Strafanträge deutlich abgesenkt. Denn nunmehr können Politiker auch gegen werturteilsbasierte Äußerungen vorgehen, die sie als geeignet erachten, ihr „öffentliches Wirken erheblich zu erschweren". Üble Nachrede und Verleumdung unterscheiden sich von der Beleidigung dadurch, dass ihnen eine Tatsachenbehauptung zugrunde liegt, die dem Wahrheitsbeweis zugänglich ist. Beleidigung umfasst hingegen auch „ehrverletzende Werturteile", womit sie unmittelbar vom Schutzgut der Meinungsfreiheit erfasst sind.[82]

Wie problematisch insbesondere die interpretationsoffene Formulierung ist, dass eine Beleidigung, um strafbar zu sein, geeignet sein muss, „das öffentliche Wirken erheblich zu erschweren", wird durch das Anzeigenverhalten der Politiker, das Vorgehen der Strafverfolgungsbehörden und die Urteile von Gerichten verdeutlicht. So erachteten Robert Habeck, der den Strafantrag stellte, und die Staatsanwaltschaft, die eine Hausdurchsuchung durchführen ließ, ein auf „X" geteiltes Meme offensichtlich für geeignet, solch eine Wirkung zu entfalten. Das Meme zeigte unter dem Porträtfoto Habecks (in Abwandlung einer Shampoomarke) den Schriftzug „Schwachkopf PROFESSIONAL".[83] Ein anderer Bürger wurde für die Bezeichnung von Annalena Baerbock – weil sie im Ukrainekrieg Friedensgespräche verhindere und Waffenlieferungen ins Kriegsgebiet fordert – als „dümmster Außenministerin der Welt" zu einer Strafzahlung von 9600 Euro verurteilt.[84]

Die bislang höchste Strafe verhängte das Amtsgericht Bamberg im April 2025: sieben Monate Freiheitsstrafe auf Bewährung für eine satirische Fotomontage, die Nancy Faeser mit einem Schild zeigt, auf dem steht: „Ich hasse die Meinungsfreiheit". Das Gericht wollte den satirischen Gehalt des Memes nicht erkennen, und stufte es nach § 188 StGB als Verleumdung ein. Das Foto von Faeser war ursprünglich zum Holocaust-Gedenktag 2023 veröffentlicht worden; auf dem von ihr gehaltenen Schild stand: „WE REMEMBER".[85] Der Chefredakteur des *Deutschland-Kuriers* hatte Ende Februar 2024 das Schild als Kommentar zu Faesers im gleichen

82 Wissenschaftliche Dienste des Deutschen Bundestags (FN 77).

83 Michael Hanfeld, Robert Habeck erklärt sich zu seiner Strafanzeige, in: FAZ-Online vom 19. November 2024, unter: https://www.faz.net/aktuell/feuilleton/medien-und-film/robert-habeck-zeigt-nutzer-an-der-ihn-schwachkopf-nannte-nun-erklaert-er-sich-110121389.html (12. Juni 2025).

84 Tweet vom 24. März 2023, unter: https://archive.ph/Uqiw7#selection-421.0-431.206 (12. Juni 2025); Gerichtsurteil: Isabel Schaffner, Baerbock als „dümmste Außenministerin" bezeichnet: Franke muss 9600 Euro zahlen, in: Franken.de vom 15. November 2024, unter: https://www.infranken.de/lk/kronach/baerbock-beleidigung-strafbefehl-kronach-verhandlung-gerichtsprozess-strafantrag-politische-personen-berliner-staatssekretaerin-art-5945790 (12. Juni 2025).

85 Bundesministerium des Innern und für Heimat, Tweet vom 26. Januar 2023, mit dem Text: „Wir gedenken der Opfer des Nationalsozialismus. Wir stehen für Demokratie und Pluralismus ein. Wir treten Hass und Hetze entschlossen entgegen. Wir bekämpfen Antisemitismus" und dem Foto von Faeser, unter: https://x.com/BMI_Bund/status/1618673666673512448 (12. Juni 2025).

Monat in einer Pressekonferenz getätigten Äußerung, dass „diejenigen, die den Staat verhöhnen" es „mit einem starken Staat zu tun bekommen" müssen, satirisch verfremdet.[86]

Die WELT kontaktierte das bayerische Justizministerium, um zu erfahren, wie man dort zu diesem Urteil steht. Die Antwort einer Sprecherin lautete: „Die konsequente Verfolgung von strafbarem Hass, insbesondere im Internet, dient gerade dem Schutz der Meinungsfreiheit. Strafbare Beleidigungen und Bedrohungen können dazu führen, dass Andersdenkende eingeschüchtert werden und dass sich Menschen aus dem für die Demokratie unentbehrlichen offenen Meinungsaustausch zurückziehen."[87]

Ob die Einstufung von scharfer, polemisch-überspitzter oder satirischer Machtkritik als Straftat dem Schutz der Meinungsfreiheit dient, ist zweifelhaft. Sie steht jedoch exemplarisch für das geänderte Schutzverständnis, was in Bezug auf die Ausweitung und gegenwärtige Anwendung von § 188 StGB bedeutet: weniger Schutz für Machtkritik – mehr Schutz vor Machtkritik. Die Verfassungskonformität wurde noch nicht überprüft. Angesichts der steigenden Zahl an Fällen wird es wohl nur eine Frage der Zeit sein, bis sich das Bundesverfassungsgericht damit befassen muss. Fakt ist: Geld- oder Freiheitsstrafen für Äußerungen, die sich auf das öffentliche Wirken von Politikern beziehen lassen, haben das Potenzial andersdenkende Bürger einzuschüchtern. Das kann zur Folge haben, dass sich Mitglieder des Souveräns – von dem ja im Staat des Grundgesetzes die politische Willensbildung ausgehen soll – aus dem „für die Demokratie unentbehrlichen offenen Meinungsaustausch zurückziehen".

Der Preis für die Demokratie, der mit dem veränderten Schutzverständnis einhergeht, ist potenziell hoch. Hinzu kommt: Solange § 188 StGB sich nur auf üble Nachrede und Verleumdung bezog und kaum angewendet wurde, war den meisten Bürgern nicht bewusst, dass das Strafrecht einen „privilegierenden Ehrenschutz"[88] für Politiker umfasst. Das hat sich nun geändert und die Frage aufgeworfen: Warum sollten Politiker in Deutschland beim Ehrenschutz gleicher sein als andere? An Relevanz gewinnt diese Frage dadurch, dass es offenkundig Politiker gibt, die den verschärften Strafrechtsparagraphen nutzen, um umfassend gegen – in einer Demokratie zulässige – Machtkritik vorzugehen; und dass es Staatsanwaltschaften und Gerichte gibt, die dem umgedeuteten Schutzverständnis folgen und dazu beitragen, dass die Grenzen der Machtkritik enger gezogen werden.

Diese Entwicklung hat – auch aufseiten von Politikern – Kritik hervorgerufen. So kommentierte beispielsweise Armin Laschet die Hausdurchsuchung wegen des

---

86 Katharina Müller-Sanke, Chefredakteur des Deutschlandkurier David Bendels zu Haftstrafe verurteilt, in: Bayreuther Tagblatt vom 8. April 2025, unter: https://www.bayreuther-tagblatt.de/nachrichten-meldungen-news/david-bendels-wegen-faeser-meme-verurteilt/ (12. Juni 2025).

87 Christoph Lemmer, „Verfolgung von strafbarem Hass dient gerade dem Schutz der Meinungsfreiheit", heißt es aus Bayern, in: WELT-Online vom 12. April 2025, unter: https://www.welt.de/politik/deutschland/plus255914270/Aeusserungen-im-Internet-Verfolgung-von-strafbarem-Hass-dient-gerade-Schutz-der-Meinungsfreiheit-heisst-es-aus-Bayern.html (12. Juni 2025).

88 Degenhart (FN 76), S. 6.

„Schwachkopf-PROFESSIONAL“-Memes mit den Worten: „In einer Demokratie darf man die Herrschenden Idioten, Schwachköpfe, Deppen nennen. In Diktaturen wird man dafür strafrechtlich verfolgt. Als Ministerpräsident wurde mir oft vorgeschlagen, beleidigende Tweets mit Strafanzeigen zu verfolgen. Bis heute unterzeichne ich solche nur bei Morddrohungen. Liberale Demokratie braucht Gelassenheit, Maß und Mitte.“[89]

6. Meinungsfreiheit und Extremismusbekämpfung

Die Auffassung, der Staat müsse Meinungsäußerungen im digitalen Kommunikationsraum regulieren, um die Demokratie zu schützen, wird besonders offensiv im Kontext des Kampfes gegen extremistische Bestrebungen vorgetragen. Exemplarisch dafür soll Karin Prien (CDU), Bundesministerin für Bildung, Familie, Senioren, Frauen und Jugend, zitiert werden, die bei einem Auftritt bei der Digitalkonferenz re:publica am 27. Mai 2025 sagte: „Machen wir uns nichts vor. Um Regulierung kommen wir nicht drumherum, wenn wir unser liberales, demokratisches System retten wollen.“ Sie begründete die Notwendigkeit nach mehr Regulierung damit, dass Rechtsextremisten und Islamisten die sozialen Medien missbrauchten, „um ihre kruden Theorien und ihre extremistischen Positionen vor allem jungen Menschen näherzubringen“.[90]

Indem Prien von „retten“ spricht, beschwört sie in alarmistischer Manier eine maximale Bedrohung für die liberale Demokratie. Die beschworene Bedrohung wiederum dient dazu, eine intensivere staatlich veranlasste und kontrollierte Regulierung der sozialen Medien zu rechtfertigen. Aufschlussreich ist zudem, dass Prien den Rechtsextremismus und den Islamismus, nicht aber den Linksextremismus als Bedrohung für das liberal-demokratische System ausmacht. Wenn schon Extremismus zur Begründung der Meinungsregulierung herangezogen wird, dann müsste zumindest der antiextremistische Konsens strikte Beachtung finden. Ansonsten steht der Verdacht im Raum, dass der Meldung, Löschung und strafrechtlichen Verfolgung von Social-Media-Posts nicht der Schutz des liberal-demokratischen Systems vor Extremismus zugrunde liegt, sondern dass die politische Opportunität von Gesinnungen handlungsleitend für die angestrebten weiterreichenden Regulierungen ist.

Wolfgang Kubicki (FDP) hat Priens Rettungsnarrativ und ihre Regulierungsideen folgendermaßen kommentiert: „Wem zur Rettung der liberalen Demokratie zuerst die Instrumente von Autokraten einfallen, hat sich auf dem Weg zur Rettung der

---

89 Armin Laschet auf X am 16. November 2024, unter: https://x.com/ArminLaschet/status/1857778173569605853?lang=de (12. Juni 2025).

90 „Hat sich schon verlaufen“ – Kubicki kritisiert neue Bildungsministerin für Regulierungsvorstoß, in: WELT-Online vom 29. Mai 2025, unter: https://www.welt.de/politik/deutschland/article256186468/meinungsfreiheit-instrumente-von-autokraten-kubicki-greift-prien-wegen-vorstoss-zu-regulierung-an.html (12. Juni 2025).

Demokratie schon verlaufen. Leider ein weitverbreitetes Phänomen in der deutschen Politik. Die Durchsetzung des Rechts in den sozialen Medien ist wichtig. Wer darüber hinaus meint, die öffentliche Debatte staatlich steuern zu können, weil Positionen ‚krude' seien, hat weder den Kern der Meinungsfreiheit noch die Aufgabe demokratischer Politiker im Meinungskampf verstanden."[91]

Kubicki spricht hier zwei entscheidende Punkte an: Die liberale Demokratie darf keine Instrumente anwenden, die nicht im Einklang mit ihren Grundprinzipien stehen, denn sonst entkernt sie sich selbst. Das macht sie nicht wehrlos gegenüber extremistischen Bestrebungen, es begrenzt sie jedoch in der Wahl der Mittel, die nicht illiberal und repressiv – ergo verfassungswidrig – sein dürfen.[92] Das Bundesverfassungsgericht hat klar herausgestellt, dass der Staat erst dann zum Eingriff ermächtigt ist, „wenn Meinungsäußerungen die rein geistige Sphäre des Für-richtig-Haltens verlassen und in Rechtsgutverletzungen oder erkennbar in Gefährdungslagen umschlagen".[93] Wäre es dem Staat erlaubt, meinungssanktionierende Instrumente zum Einsatz zu bringen, weil er Äußerungen als gefährlich einstuft, würde dies den Wesenskern des Grundrechts auf Meinungsfreiheit, der aus einem Abwehrrecht des Bürgers gegen den Staat besteht, aushöhlen. Denn dergestalt würde dem Staat enorme Deutungsmacht darüber zuteil, was er als gefährlich ansieht und wie er Extremismus definiert: Darunter könnte aufgrund von machtpolitischen Erwägungen auch heftige Regierungskritik fallen.

Im Gegensatz zu den Amtsträgern des Staates[94], die im freien Meinungskampf, der zwangsläufig auch extremistische Positionen umfasst, eine Gefahr für die Demokratie sehen, und die deshalb den digitalen Kommunikationsraum stärker regulieren möchten, betont das Bundesverfassungsgericht, dass das Grundgesetz selbst, wenn es um die „Verbreitung totalitärer und menschenverachtender Ideologien" geht, „auf die Kraft der freien Auseinandersetzung als wirksamste Waffe" vertraue.[95] Das Grundgesetz vertraut demnach genau auf das, worauf inzwischen auch die Eigentümer der großen Social-Media-Plattformen X (Elon Musk) und Facebook sowie Instagram (Mark Zuckerberg) mit ihrem Instrument der Community Notes vertrauen: auf die Kraft der freien Auseinandersetzung unter mündigen Bürgern, durch die Falschinformationen aufgedeckt und Extremismus eingehegt werden.

Wie wenig Vertrauen man in Deutschland gegenwärtig in den mündigen Bürger hat, verdeutlichen die Reaktionen in Politik und Medien auf die Ankündigung Mark

91 Wolfgang Kubicki auf X am 28. Mai 2025, unter: https://x.com/KubickiWo/status/1927748490597195991.

92 Vgl. Wolfgang Kubicki, Meinungsfreiheit – Karin Prien setzt die freiheitsfeindliche Agenda von Lisa Paus fort, in: Cicero-Online vom 31. Mai 2025, unter: https://www.cicero.de/innenpolitik/meinungsfreiheit-karin-prien-setzt-die-freiheitsfeindliche-agenda-wird-von-lisa-paus-fort (12. Juni 2025).

93 Bundesverfassungsgericht (FN 11), Rn. 67.

94 Neben Karin Prien haben sich weitere ranghohe Politiker für mehr Regulierung ausgesprochen: Friedrich Merz, Lisa Paus, Nancy Faeser, Thomas Haldenwang oder auf EU-Ebene Ursula von der Leyen.

95 Bundesverfassungsgericht (FN 11), Rn. 50.

Zuckerbergs Anfang Januar 2025, er werde die Faktenprüfung durch Dritte beenden und stattdessen Community Notes einführen. So kommentierte beispielsweise Friedrich Merz (CDU) Zuckerbergs Ankündigung mit den Worten: „Ich beobachte das mit zunehmender Besorgnis, dass hier vor allem Plattformen geschaffen werden für Falschinformationen, für einseitige Kampagnen, für Halbwahrheiten, für Hetze, für Hass und diese Auswüchse, die wir dort sehen“, weshalb er sich dafür aussprach, „dass sich die Europäische Union mit diesem Thema beschäftigt und dass sie das auch reguliert“.[96]

Dieses Zitat stellt nachgerade eine Verkörperung von Kubickis zweitem entscheidenden Punkt dar, nämlich, dass diejenigen, die Meinungsregulierung im digitalen Kommunikationsraum zur Rettung der Demokratie vor extremistischen Bestrebungen oder zum Schutz vor Hass und Hetze, vor einseitigen Kampagnen oder Halbwahrheiten fordern, den Kern der Meinungsfreiheit und ihre Aufgabe als Politiker im Meinungskampf nicht verstanden haben. Wobei sich die Frage stellt: Haben sie es wirklich nicht verstanden? Oder sind ihre Forderungen nicht vielmehr Ausdruck der zunehmenden Umdeutung eines Abwehrrechts in eine Schutzpflicht des Staates? Für letzteres spricht die Selbstverständlichkeit, mit der Politiker wie Merz und Prien den Schutz von Individuen und Demokratie als Begründung für die Regulierungsbestrebungen vorbringen und der recht geringe Widerspruch, den sie damit hervorrufen.

Ein weiteres Indiz in diese Richtung liefert das im April 2025 bekanntgemachte 1108 Seiten umfassende Gutachten des Bundesamtes für Verfassungsschutz zur Hochstufung der AfD vom Verdachtsfall zur „gesichert rechtsextremistischen Bestrebung“.[97] Ziel des Gutachtens ist es, anhand von Äußerungen von Parteimitgliedern zu begründen, warum es sich bei der AfD um eine rechtsextremistische Bestrebung handelt. Obgleich das Gutachten nicht darauf abzielt, Meinungen zu markieren, auf die sich die Regulierung des digitalen Kommunikationsraums fokussieren sollte, signalisiert es durch die Äußerungen, die zur Beweisführung ausgewählt wurden, welche Meinungen als rechtsextremistisch, als gegen die Prinzipien der Menschenwürde, der Demokratie und des Rechtsstaats verstoßend einzustufen und somit auch einer Regulierung zu unterwerfen sind. Welche Auswirkungen dies auf das Meldeverhalten der Trusted Flagger hat, ist noch offen. Es ist durchaus wahrscheinlich, dass diese sich an den im Gutachten dokumentierten Meinungsäuße-

96 EU muss Facebook-Konzern Meta regulieren, in: ZEIT-Online vom 8. Januar 2025, unter: https://www.zeit.de/news/2025-01/08/merz-eu-muss-facebook-konzern-meta-regulieren (12. Juni 2025).

97 Bundesamt für Verfassungsschutz stuft die „Alternative für Deutschland“ als gesichert rechtsextremistische Bestrebung ein, Pressemitteilung des BfV vom 2. Mai 2025 (die Pressemitteilung wurde am 8. Mai 2025 von der Homepage entfernt, weil das BfV die Hochstufung bis zur Gerichtsentscheidung im Eilverfahren vor dem Verwaltungsgericht Köln ausgesetzt und bis dahin eine Stillhaltezusage unterzeichnet hat). Das Gutachten wurde zunächst geheimgehalten, wurde aber offensichtlich einigen Medien zugespielt. Am 13. Mai 2025 wurde es zunächst von „Cicero“, dann von weiteren Medien, veröffentlicht.

rungen orientieren, um Social-Media-Posts als rechtsextremistisch oder verfassungsfeindlich zu melden.

Das Hauptproblem daran wäre, dass viele der im Gutachten zitierten Äußerungen von der Meinungsfreiheit gedeckt sind. Das gilt auch für das Gros der Äußerungen, die polemisch zugespitzt, überzogen, pauschalisierend, (äußerst) geschmacklos sowie moralisch anstößig sind oder die in unangemessener Art und Weise historische Vergleiche ziehen.[98] Wie das Bundesamt für Verfassungsschutz argumentativ vorgeht, um Äußerungen als Ablehnung des Demokratieprinzips zu werten, soll exemplarisch an einem Abschnitt des Gutachtens illustriert werden. Das ist der Abschnitt „Maßnahmen zur Eindämmung der COVID-19-Pandemie", der mit diesem Satz eingeleitet wird: „Die AfD knüpfte bei der Beschreibung des deutschen Staates als Diktatur oder Regime an das behördliche Agieren während der COVID-19-Pandemie an und versuchte, ihre – das politische Handeln delegitimierenden – Narrative insbesondere durch eine verzerrte Darstellung der COVID-19-Schutzmaßnahmen zu untermauern."[99]

Als gezielte Delegitimierung des Handelns von Regierungsverantwortlichen und damit als Zeichen für das demokratiefeindliche Agieren der AfD wertete der Verfassungsschutz beispielsweise diese Äußerungen[100]: (1) „Die Stimmungsmache der regierungsnahen Medien mit ihren immer neuen Corona-Bedrohungsszenarien kann keinen aufgeklärten Demokraten in seinem Urteil mehr täuschen: Deutschland ist kein Rechtsstaat mehr."[101] (2) „Unsere Grundrechte, liebe Freunde, sind kein Privileg, das allein der Willkür der Oligarchie aus Altparteien, Pharmalobby und Meinungsmachern unterliegt."[102] (3) „Mit der Ausgrenzung von Bevölkerungsgruppen begann im letzten Jahrhundert der Faschismus! Haben die Deutschen nichts aus der Geschichte gelernt?"[103] (4) „Trotz aller Diktatur-Erfahrungen im vergangenen Jahrhundert ignoriert man die damaligen verbrecherischen Experimente an Menschen und spuckt auf den daraus entstandenen ‚Nürnberger Kodex'."[104]

---

98 Vgl Mathias Brodkorb, Cicero veröffentlicht das gesamte Geheimgutachten des Verfassungsschutzes zur AfD, in: Cicero-Online vom 13. Mai 2025, unter: https://www.cicero.de/innenpolitik/cicero-veroffentlicht-das-gesamte-geheimgutachten-des-verfassungsschutzes-zur-afd (12. Juni 2025); vgl. Wolfgang Kubicki, Viele Irrtümer und zwei Gewinner, in: Cicero-Online vom 17. Mai 2025, unter: https://www.cicero.de/innenpolitik/cicero-veroffentlicht-afd-gutachten-viele-irrtumer-und-zwei-gewinner (12. Juni 2025).

99 Bundesamt für Verfassungsschutz, Gutachten AfD, April 2025, S. 610.

100 Ebd., S. 651.

101 Ebd., Facebook-Post von Björn Höcke vom 21. Dezember 2021, S. 611.

102 Ebd., Rede von Hannes Gnauck bei einer Demonstration am 25. Februar 2022, S. 612.

103 Ebd., Facebook-Post von Karsten Hilse am 27. August 2021, S. 615.

104 Ebd., Rede von Andreas Galau bei einer AfD-Wahlkampfveranstaltung am 7. September 2021, S. 619. Der Nürnberger Kodex wurde 1947 als Ergebnis der Nürnberger Ärzteprozesse formuliert. In diesen Prozessen mussten sich Ärzte für Experimente, die sie an Menschen während des Zweiten Weltkriegs durchführten, vor Gericht verantworten. Der Nürnberger Kodex hält wichtige ethische Prinzipien für medizinische Experimente fest, die mit Menschen durchgeführt werden, allen voran, dass es einer freiwilligen Zustimmung der Versuchspersonen bedarf und diese über die möglichen Risiken aufgeklärt werden, um eine informierte Entscheidung über ihre Versuchsteilnahme zu treffen.

Diese Äußerungen sind überzogen – bei aller gerechtfertigten Kritik an Coronamaßnahmen –, aber eine Ablehnung des Demokratieprinzips stellen sie nicht dar. Im Gegenteil: Sie zielen im Kern darauf, die Regierung, wenngleich mit drastischen Worten, daran zu erinnern, dass in einer freiheitlichen Demokratie Not Gebot kennt. Diktaturvergleiche (so unangemessen sie auch sein mögen) dienen hier erkennbar dazu, vor diktatorischen Tendenzen zu warnen.[105] Der Verfassungsschutz hingegen sieht darin einen Beleg für die Ablehnung des Demokratieprinzips, weil dergestalt „suggeriert wird, handlungsleitend für die Entscheidungsträgerinnen und -träger seien nicht Wohl und Nutzen der Bevölkerung, sondern Maßstäbe, die mit nationalsozialistischen Positionen vergleichbar seien", wodurch „das Vertrauen in die demokratischen Institutionen insgesamt in Zweifel gezogen" würde.[106]

Indem der Verfassungsschutz es für gegeben ansieht, dass die Entscheidungsträger sich am Wohl und Nutzen der Bevölkerung orientiert haben, stellt er sich schützend vor diese und liefert eine Rechtfertigung für die verfügten Maßnahmen: Es war gut gemeint. Dass eine Behörde, die dem Bundesinnenministerium unterstellt ist, zugunsten der Regierung Partei ergreift, ist ein bedenklicher Vorgang, der dadurch gesteigert wird, dass die Behörde zugleich Kritik vonseiten der Opposition als demokratiefeindlich delegitimiert, und dabei auch den Kontext der Kritik ignoriert, nämlich, dass der „Instrumentenkasten" der Regierung Maßnahmen umfasste, „die vorher eher aus autoritären Staaten bekannt waren: Ausgangssperren, Kontaktverbote, Denunziationsaufrufe und Demonstrationsverbote".[107] Hinzu kommt, dass Politik und Medien Maßnahmenkritiker auf eine Art und Weise diffamierten, die mit einer freiheitlich verfassten Gesellschaft nicht in Einklang zu bringen ist. Und alles andere als eine Sternstunde der Demokratie war der Umgang mit den Ungeimpften. Sie wurden nicht nur verächtlich gemacht, sondern zudem durch staatlich verordnete 2G-Mandate aus Teilen des gesellschaftlichen Lebens ausgeschlossen.[108]

Was die zentrale Begründung des Maßnahmenkurses der Regierung in den Coronajahren betrifft, zeigt sich eine auffällige Parallele zur Hauptbegründung, die im Hinblick auf die Regulierung des digitalen Kommunikationsraums vorgetragen wird: Es besteht eine Gefahr – in einem Fall für die Gesundheit, im anderen für die Demokratie –, die so groß ist, dass das Abwehrrecht des Bürgers gegen den Staat hinter der Schutzpflicht des Staates zurücktreten muss. In den Coronajahren wurden maßnahmenkritische Stimmen auch deshalb delegitimiert und sanktioniert

105 Vgl. Andreas Rosenfelder, Der große Corona-Verdacht, in: WELT-Online vom 15. Mai 2025, unter: https://www.welt.de/debatte/plus256113426/Verfassungsschutz-Der-grosse-Corona-Verdacht.html (12. Juni 2025).

106 Bundesamt für Verfassungsschutz (FN 99), S. 619.

107 Rosenfelder (FN 105).

108 Für detaillierte Ausführungen zur Ausgrenzungspolitik siehe beispielsweise: Sandra Kostner, Droht ein gesellschaftliches Long Covid?, in: Sandra Kostner/Tanya Lieske (Hrsg.), Pandemiepolitik. Freiheit unterm Rad? Stuttgart 2022, S. 127–141; Stefan Luft, Der Firnis der Zivilisation ist dünn. Gruppenbezogene Menschenfeindlichkeit in der Pandemiepolitik, in: Sandra Kostner (Hrsg.), Die Wir-gegen-Die-Gesellschaft. Warum der von Arthur M. Schlesinger vor 30 Jahren diagnostizierte Samen der identitätspolitischen Spaltung aufgegangen ist, Stuttgart 2024, S. 227–261.

(Löschung von Social-Media-Posts, Sperrung von Profilen), weil bereits die Infragestellung von Maßnahmen mit einem Gesundheitsrisiko assoziiert wurde. Die Gefahren- und somit auch Eingriffsschwelle wurde dadurch vorverlagert: vom gegen Maßnahmen verstoßenden Verhalten zur maßnahmenkritischen Meinungsäußerung.[109] Diese Vorverlagerung verkürzt aber die Freiheit des Einzelnen, sich in den vom Bundesverfassungsgericht als konstituierend für unsere Gesellschaftsordnung erachteten „Kampf der Meinungen"[110] einzubringen.

Es war auch im Zusammenhang mit der Coronapolitik, dass der Verfassungsschutz als neuen Phänomenbereich die „verfassungsschutzrelevante Delegitimierung des Staates" eingeführt hat. Diesem Phänomenbereich werden Personen zugeordnet, die „demokratische Entscheidungsprozesse und Institutionen von Legislative, Exekutive und Judikative verächtlich" machen, „ihnen öffentlich die Legitimität" absprechen und „zum Ignorieren behördlicher oder gerichtlicher Anordnungen und Entscheidungen" aufrufen. „Diese Form der Delegitimierung", so der Verfassungsschutz weiter, „erfolgt meist nicht durch eine unmittelbare Infragestellung der Demokratie als solche, sondern über eine ständige Agitation gegen und Verächtlichmachung von demokratisch legitimierten Repräsentantinnen und Repräsentanten sowie Institutionen des Staates und ihrer Entscheidungen. Hierdurch kann das Vertrauen in das staatliche System insgesamt erschüttert und dessen Funktionsfähigkeit beeinträchtigt werden. Eine derartige Agitation steht im Widerspruch zu den elementaren Verfassungsgrundsätzen wie dem Demokratieprinzip oder dem Rechtsstaatsprinzip".[111]

Dieser Beschreibung des neuen Phänomenbereichs liegt eine für ein freiheitlich-demokratisches System fragwürdige Unterteilung in „legitime" und „delegitimierend-extremistische" Kritik am Handeln der Vertreter von Staatsorganen zugrunde, die sich auch im Gutachten zur AfD wiederfindet. Dort werden Äußerungen von AfD-Mitgliedern unterschieden in „zulässige Machtkritik", womit „bloße Kritik an etwaigen Missständen des parlamentarischen Systems" gemeint ist, und darüber hinausgehende „gehäufte pauschale Beschimpfungen, Verdächtigungen und Verleumdungen gegenüber anderen demokratischen Parteien und deren Politikerinnen und Politikern", die, so der Verfassungsschutz, „Anhaltspunkte für verfassungsfeindliche Bestrebungen darstellen" können, insbesondere dann, wenn dadurch „das Vertrauen zu den Repräsentantinnen und Repräsentanten der Bundesrepublik in der Bevölkerung" erschüttert werden soll.[112]

In besonderem Maße problematisch an dieser Unterteilung ist, dass dergestalt die Tür dafür geöffnet wird, Kritik am Handeln der Vertreter von Staatsorganen, wenn diese nur heftig genug und persistierend vorgebracht wird, als extremistisch zu bezeichnen und damit eine Rechtfertigung bereitzustellen, mit der politisch inop-

109 Vgl. Kostner 2022 (FN 108), S. 128–131.
110 Vgl. Bundesverfassungsgericht (FN 14), Rn. 38.
111 Bundesministerium des Innern und für Heimat, Verfassungsschutzbericht 2021, Berlin 2022, S. 112.
112 Bundesamt für Verfassungsschutz (FN 99), S. 534.

portune Stimmen aus dem demokratischen Diskurs ausgeschlossen werden können. Indem der Verfassungsschutz ‚Gummibegriffe' wie Delegitimierung, Verächtlichmachung, ständige Agitation oder pauschale Beschimpfung zum Bewertungsmaßstab für die Einstufung von Äußerungen und Gruppierungen als extremistisch macht, übernimmt er eine Beschützerrolle für die Regierung, wodurch er seine Zuständigkeit in den Bereich der Machtkritik verschiebt – für den das Bundesverfassungsgericht jedoch ein besonderes Schutzbedürfnis festgestellt hat.[113] Das Vorgehen des Verfassungsschutzes ist demnach auch deshalb fragwürdig, weil es im Konflikt mit der ständigen Rechtsprechung des Bundesverfassungsgerichts zur Meinungsfreiheit im Allgemeinen und zur Machtkritik im Besonderen steht.

Zweifelhaft ist zudem die vom Verfassungsschutz vorgebrachte Begründung für die Einstufung von Äußerungen als demokratiefeindliche Delegitimierung des Staates, die auf die Erschütterung des Vertrauens „in das staatliche System insgesamt" abhebt.[114] Anstatt Vertrauen in den mündigen Bürger und dessen Fähigkeit zur Einordnung von Kritik zu haben, scheint er zu glauben, er müsse die Regierung vor allzu harscher Kritik schützen, weil sonst das Vertrauen in das System selbst gefährdet sei. Es ist jedoch nicht die Aufgabe des Verfassungsschutzes, die Regierung vor einem Vertrauensverlust, der von harter – auch weit überzogener – Regierungskritik ausgehen könnte, in der Bevölkerung zu schützen. Vertrauen in die Staatsorgane entsteht durch das Handeln seiner Vertreter. Wenn es erodiert, liegt es in erster Linie am Handeln der Repräsentanten der Staatsorgane und nicht daran, was Kritiker über sie sagen beziehungsweise ihnen in delegitimierender Absicht unterstellen.

Fazit: Der Kampf gegen den Extremismus darf nicht zu einer der Intention der Verfassung widersprechenden Verkürzung der Meinungsfreiheit führen, beispielsweise indem Meinungen, weil sie – auch – von AfD-Politikern geäußert werden, allgemein unter Extremismusverdacht gestellt, als Gefahr für die Demokratie bezeichnet und daraus abgeleitet Instrumente geschaffen werden, um solche Meinungen zu sanktionieren (siehe die eingangs zitierte Forderung von Karin Prien nach einer verschärften Regulierung der Sozialen Medien). Generell ist der Einsatz von meinungssanktionierenden Instrumenten zur Extremismusbekämpfung problematisch. Das beginnt mit der Definition von Extremismus. Insbesondere beim Rechtsextremismus sehen wir seit Jahren, dass die Grenzen zwischen rechts, im Sinne von konservativ, und rechtsextrem verschwimmen. So ist allenthalben vom „Kampf gegen rechts" die Rede, was weit über den Kampf gegen rechtsextremistische Bestrebungen hinausgeht. Das Gutachten des Bundesamts für Verfassungsschutz zur AfD ist ein Paradebeispiel für die mangelnde Trennschärfe von rechtskonservativ und rechtsextremistisch.

Hinzu kommt, dass der Verfassungsschutz Machtkritik als Anhaltspunkt für Demokratiefeindlichkeit wertet, wenn dadurch „das Vertrauen zu den Repräsentantinnen und Repräsentanten der Bundesrepublik in der Bevölkerung" erschüttert werden

113 Bundesverfassungsgericht (FN 73), Rn. 23.
114 Vgl. Bundesministerium des Innern und für Heimat (FN 111), S. 112.

soll, so dass „ihr zugleich die freiheitliche demokratische Grundordnung als Ganzes fragwürdig erscheine".[115] Meinungssanktionierende Instrumente, die sich an dieser rechtsstaatlich zweifelhaften Unterscheidung in legitime und demokratiefeindliche Machtkritik orientierten, würden eher das Misstrauen in der Bevölkerung gegenüber den Staatsorganen verstärken – insbesondere aufseiten von Personen, die die regierungskritischen Positionen der AfD teilen. Die von staatlich zertifizierten Trusted Flaggern vorgenommene Meldung von entsprechenden Social-Media-Posts würde die negative Haltung zum Staat bei den betroffenen Personen mit hoher Wahrscheinlichkeit verstärken. Diesen Effekt gab es bereits in den Coronajahren. In dieser Zeit wurden massenhaft maßnahmenkritische Posts von Faktenprüfern gemeldet und auf den Plattformen gelöscht.[116]

Insbesondere, wenn eindeutig von der Meinungsfreiheit gedeckte Äußerungen als Gefahr für die Gesundheit (bei Corona) oder die Demokratie (bei der AfD) eingeordnet und dadurch zur Löschung freigegeben werden, ist dieses Vorgehen dazu geeignet, das Vertrauen in die Vertreter und Institutionen des Staates zu untergraben. Im schlimmsten Fall führt die Verwendung meinungssanktionierender Instrumente dazu, dass sich Personen, die ursprünglich machtkritische, aber gemäßigte Positionen vertraten, in Richtung Extremismus radikalisieren. Der Rückzug in meinungshomogene Gruppen ist oftmals der erste Schritt zur Radikalisierung, weil in diesen Gruppen das ausgleichende Element des Widerspruchs fehlt.[117] Die Verwendung meinungssanktionierender Instrumente ist ungeeignet, um Vertrauen in das freiheitlich-demokratische System zu generieren und zu erhalten. Ihr Einsatz sollte daher auf aktiv-kämpferisch gegen die freiheitlich-demokratische Grundordnung gerichtete und zum entsprechenden Handeln aufrufende Meinungsäußerungen beschränkt bleiben. Dann ist auch gewährleistet, dass ihre Verwendung verfassungskonform erfolgt.

---

115 Bundesamt für Verfassungsschutz (FN 99), S. 534.

116 Mark Zuckerberg berichtete in einem Podcast-Gespräch mit Joe Rogan am 9. Januar 2025, was viele Maßnahmenkritiker lange vermutet hatten, was aber als Verschwörungsdenken abgetan wurde: Dass Regierungsvertreter, in diesem Fall von der Biden-Regierung, Druck auf den Meta-Konzern ausübten, damit dieser die Nebenwirkungen der Coronaimpfung thematisierende Posts entfernt: Zuckerberg (FN 63).

117 Vgl. Cass Sunstein, Going to Extremes. How Like Minds Unite and Divide, Oxford 2011.

Daten, Dokumente, Dossiers

Wahlen 2024

Von Eckhard Jesse

1. Rückblick und Ausgangsposition

Im Jahr 2024 fanden zum zehnten Mal die Wahlen zum Europäischen Parlament und zum achten Mal drei Landtagswahlen in Ostdeutschland statt. Diese Wahlen wurden mit besonderer Aufmerksamkeit verfolgt – nicht zuletzt wegen des zu erwartenden guten Abschneidens der *Alternative für Deutschland* (AfD) – aufgrund der Migrationskrise und der verbreiteten Unzufriedenheit der Bevölkerung mit der Politik der „Ampel"-Regierung in Berlin.[1]

Bei den Landtagswahlen im Oktober 2023 in den beiden Flächenländern Bayern und Hessen hatte die AfD stark zugelegt.[2] Gelangte sie in Bayern auf den dritten Platz, so in Hessen gar auf den zweiten. Nirgendwo hatte sie zuvor in einem westdeutschen Bundesland 18,4 Prozent der Stimmen erreicht. Fiel bei der Wiederholungswahl im Stadtstaat Berlin im Februar die Zunahme für sie eher bescheiden aus, konnte sie bei der April-Wahl in Bremen, einem anderen Stadtstaat, nicht daran teilnehmen, weil zwei konkurrierende Wahlvorschläge unter dem Namen der AfD eingereicht worden waren. Dieser Umstand begünstigte sehr stark die Wählervereinigung *Bürger in Wut*. Gehörte in Berlin *Die Linke* nicht mehr dem Senat an, währte ihre Regierungsbeteiligung im kleinsten Bundesland fort.

Bei den Landtagswahlen 2019 in den drei ostdeutschen Ländern Brandenburg, Sachsen und Thüringen hatte die AfD beträchtliche Stimmengewinne erzielt. Überall war sie zweitstärkste Partei geworden. Diesmal bestand für sie Hoffnung auf den ersten Platz[3], freilich ohne Aussicht auf eine Regierungsbeteiligung. Längst hatte die AfD der Partei *Die Linke* im Osten den Rang als Protestpartei abgelaufen – wie bereits bei der Bundestagswahl 2017. Allerdings war *Die Linke* (im Westen: 7,4 Prozent) immer noch mehr eine Ostpartei als die AfD (im Westen 10,7 Prozent), wie der Quotient von 2,4 gegenüber 2,0 verdeutlicht. *Die Linke* hatte von Wahl zu Wahl – nicht nur 2023, sondern schon von 2021 an – Stimmen verloren.

Sah die AfD zu Beginn des Jahres 2024 mit großem Optimismus den Europawahlen und den drei ostdeutschen Landtagswahlen entgegen[4], traf folglich das glatte

1 Vgl. Uwe Backes, Organisationen 2023, in: Uwe Backes/Alexander Gallus/Eckhard Jesse/Tom Thieme (Hrsg.), Jahrbuch Extremismus & Demokratie, Bd. 36, Baden-Baden 2024, S. 151–174.

2 Vgl. Eckhard Jesse, Wahlen 2023, in: Ebd., S. 121–149.

3 Vgl. den Beitrag von Uwe Backes über „Organisationen 2024" in diesem Band.

4 Allerdings sorgte das linke Recherchenetzwerk Correctiv für großes Aufsehen, als es im Januar 2024 plakativ und suggestiv von einem Treffen betuchter Unternehmer, Repräsentanten der AfD und Mitglieder der Werteunion berichtet hatte. Auf ihm hielt Martin Sellner, wohl der führende Kopf der Identitären, einen Vortrag. Vgl. Geheimplan gegen Deutschland, unter: https://correcti

Gegenteil für *Die Linke* zu, zumal sich Anfang des Jahres die Richtung um Sahra Wagenknecht von ihr getrennt und eine eigene Partei unter dem Namen *Bündnis Sahra Wagenknecht* (BSW) ins Leben gerufen hatte.

Am 11. Februar 2024 kam es aufgrund eines Urteils des Bundesverfassungsgerichts zu einer Teilwiederholungswahl in Berlin. In 455 Wahlbezirken musste neu gewählt werden. Das betraf etwa jeden fünften Berliner Wahlberechtigten. Hatte der Berliner Verfassungsgerichtshof im November 2022 die Wiederholung der Abgeordnetenhauswahl angeordnet[5], begnügte sich das Bundesverfassungsgericht aufgrund anderer Kriterien folglich mit einem deutlich geringeren Eingriff.[6] „Dass […] die eine Wahl (teil-)gültig und die andere vollständig ungültig sein soll, ist nur schwer zu vermitteln“[7] – zumal derselbe Wahlgang davon betroffen war. Es ist wenig plausibel, eine Wahlwiederholung nach 1,5 Jahren und eine Teilwahlwiederholung nach 2,5 Jahren anzusetzen. Die Wahlwiederholung nach einer so langen Zeit ist „in Wahrheit eine Neuwahl für eine verkürzte Wahlperiode.“[8]

Das Ergebnis der Teilwiederholungswahl in den 455 Berliner Wahlbezirken von insgesamt 2256 führte bundesweit zu geringen Verschiebungen, sieht man einmal vom Verlust eines Mandates für die FDP ab.[9] Die Wahlbeteiligung sank von 76,6 auf 76,4 Prozent. Zwei Parteien steigerten sich jeweils um 0,1 Punkte: Die CDU kam nun auf 24,2 Prozent, die AfD auf 20,4 Prozent; zwei büßten 0,1 Punkte ein: Die Grünen erhielten jetzt 14,7, die Liberalen 11,4 Prozent. Da im Wahlkreis Berlin-Lichtenberg nur in wenigen Wahlbezirken neu gewählt wurde, war das Direktmandat von Gesine Lötzsch nicht in Gefahr. Andernfalls hätte *Die Linke* bei einem Stimmenanteil von 4,9 Prozent nur über zwei Direktmandate verfügt und den Einzug in den Bundestag verpasst. Vielleicht war dieser Umstand – verständlicherweise – ausschlaggebend für das Urteil des Bundesverfassungsgerichts, nicht die gesamte Bundestagswahl in Berlin wiederholen zu lassen.

---

v.org., 10. Januar 2024 (12. Januar). Es kam in der Folge zu Massendemonstrationen „gegen rechts“. Die hohen Werte für die AfD gingen bei den Meinungsumfragen daraufhin zurück. Wie sich später herausstellte, hatte Correctiv weniger Fakten, mehr Meinungen ausgebreitet. Siehe statt vieler: Christoph Kucklick/Stefan Niggemeier/Felix W. Zimmermann, Der Correctiv-Bericht verdient nicht Presse, sondern Kritik – und endlich eine echte Debatte, unter: uebermedien.de, 30. Juli 2024 (15. August 2024).

5 Vgl. Horst Risse, Die Entscheidung des Berliner Verfassungsgerichtshofs zur Abgeordnetenhauswahl 2021 – des Dramas zweiter Akt, in: Zeitschrift für Parlamentsfragen 52 (2022), S. 719–729.

6 Vgl. ders., Berlin-Wahl 2021 – 3. und 4. Akt des Dramas, in: Zeitschrift für Parlamentsfragen 55 (2024), S. 128–141.

7 Ebd., S. 141.

8 Ebd.

9 Wegen der geringen Wahlbeteiligung von 51,0 Prozent bei der Teilwiederholungswahl verloren drei weitere Berliner Abgeordnete (von der CDU, der SPD und den Grünen) ihre Mandate. Diese fielen dann an Bewerber der jeweiligen Partei aus anderen Bundesländern. Vgl. FDP-Fraktion verliert Sitz nach Wiederholungswahl in Berlin, unter: https://www.bundestag.de/dokumente/textarchiv (20. Oktober 2024).

2. Europawahl

Die Wahl zum Europäischen Parlament am 6. Juni 2024[10] fand erneut – wie 2014 und 2019 – ohne Sperrklausel statt. Alle drei „Ampel“-Parteien büßten Stimmen ein, am meisten *Bündnis 90/Die Grünen*, am wenigsten die FDP (vgl. Tabelle 1). Die SPD mit dem bundesweit magersten Resultat von 13,9 Prozent erreichte einen dreimal schlechteren Stimmenanteil als bei der allerersten Direktwahl zum Europäischen Parlament. Die Union gewann zwar 1,1 Punkte dazu, aber nicht annähernd so viele wie die AfD mit einem Plus von 4,9 Punkten. Damit gelangte diese bundesweit zum ersten Mal auf den zweiten und in den östlichen Bundesländern auf den ersten Platz. Das BSW erreichte bei seiner allerersten Kandidatur 6,2 Prozent, also mehr als doppelt so viel wie *Die Linke* mit 2,7 Prozent (vgl. Tabelle 1). Die Ergebnisse für die Splitterparteien fielen diesmal etwas besser aus als 2019: *Volt* bekam sogar drei Mandate, *Die PARTEI* zwei. Je ein Mandat erhielten die *Tierschutzpartei*, die ÖDP, die *Familien-Partei* und die *Partei des Fortschritts*. Die *Letzte Generation* (0,3 Prozent) erhielt ebenso kein Mandat wie die *Klimaliste* (0,1 Prozent). Die drei linksextremistischen Parteien – *Deutsche Kommunistische Partei* (DKP) mit ihrem Spitzenkandidaten Patrik Köbele (14.951 Stimmen), die *Marxistisch-Leninistische Partei Deutschlands* (MLPD) mit ihrer Spitzenkandidatin Monika Gärtner-Engel (13.551 Stimmen) und die *Sozialistische Gleichheitspartei, Vierte Internationale* (SGP) mit ihrem Vorsitzenden Christoph Vandreier (5.926 Stimmen) kamen über 0,0 Prozent der Stimmen nicht hinaus, wobei sie auf den drei letzten Plätzen rangierten. Sogar die sektiererische *Partei für schulmedizinische Verjüngungsforschung* schnitt besser ab. Alle anderen Parteien erzielten mindestens 0,1 Prozent der Stimmen. Dazu gehört *Die Heimat*, die frühere NPD, die 2023 umbenannt wurde und in ihrem Kurzwahlprogramm mit dem Spitzenkandidaten Udo Voigt („Nur wir haben Udo Voigt!“) den Austritt aus der Nato wie der EU forderte.

Das nicht-extremistische BSW (Spitzenkandidat: Fabio De Masi) stellte vier Punkte in den Vordergrund: wirtschaftliche Vernunft, soziale Gerechtigkeit, Frieden, Freiheit und Demokratie. Zum letzten Punkt heißt es: „Seit Jahren […] erleben wir eine zunehmende Verengung des ‚zulässigen‘ Meinungskorridors. Moralisch und emotional aufgeladen werden kritische Stimmen diffamiert, stigmatisiert und ausgegrenzt und so ein Konformitätsdruck erzeugt, der mit einer offenen, liberalen Gesellschaft unvereinbar ist.“[11] Extremistische Positionen der wirtschaftspolitisch linken und gesellschaftspolitisch eher konservativen Kraft waren nicht erkennbar, wie immer man ihre Art der Friedenspolitik bewerten mag. Insofern trifft das marki-

10 Vgl. die folgenden Beiträge: Heiko Gothe, Die Wahl zum Europäischen Parlament am 9. Juni 2024: Debakel für die Ampel-Parteien, Erfolg für Parteien mit restriktiver Migrationspolitik; Peter Rütters, Zum Sozialprofil der in Deutschland gewählten Abgeordneten des Europäischen Parlaments nach der Wahl am 9. Juni 2024, jeweils in: Zeitschrift für Parlamentsfragen 55 (2024), S. 719–748, 749–776.

11 Bündnis Sahra Wagenknecht, Programm für die Europawahl 2024, unter: www.bsw-vg,de, S. 19.

*Tabelle 1: Europawahl 2024 (Stimmen in Prozent)**

CDU	23,7	(+1,1)
AfD	15,9	(+4,9)
SPD	13,9	(-1,9)
Bündnis 90/Die Grünen	11,9	(-8,6)
CSU	6,3	(0,0)
BSW	6,2	(-)
FDP	5,2	(-0,2)
Die Linke	2,7	(-2,8)
Freie Wähler	2,7	(+0,5)
Volt Deutschland	2,6	(+1,9)
Die PARTEI	1,9	(-0,5)
Tierschutzpartei	1,4	(0,0)
ÖDP	0,6	(-0,3)
Familien-Partei	0,6	(-0,1)
Partei des Fortschritts	0,6	(-)
Piratenpartei	0,5	(-0,2)
Aktion Partei für Tierschutz	0,4	(+0,2)
Bündnis Deutschland	0,4	(-)
DAVA	0,4	(-)
MERA25	0,3	(-0,1)
LETZTE GENERATION	0,3	(-)
diebasis	0,2	(-)
Partei der Humanisten	0,2	(-)
Bündnis C	0,2	(-)
V-Partei	0,1	(-)
Menschliche Welt	0,1	(-)
Die Heimat	0,1	(-0,2)
Klimaliste Deutschland	0,1	(-)
Bündnis für Innovation & Gerechtigkeit	0,1	(-0,1)
Partei der Vernunft	0,1	(-)
Aktion für Bürger und Gerechtigkeit	0,1	(-)
Partei für schulmedizinische Verjüngungsforschung	0,0	(-0,1)
DKP	0,0	(0,0)
MLPD	0,0	(0,0)
SGP	0,0	(0,0)

* Die Angaben in Klammern beziehen sich auf die Veränderungen gegenüber der letzten Europawahl im Jahre 2019 (in Prozentpunkten).

Quelle: Zusammenstellung nach den amtlichen Statistiken.

ge Diktum des CDU-Vorsitzenden Friedrich Merz über diese Partei nicht zu: „Sie ist in einigen Themen rechtsextrem, in anderen wiederum linksextrem.“[12]

Die Linke (Spitzenkandidat Martin Schirdewan) erklärt in der Einleitung ihres Wahlprogramms: „Wir treten an gegen ein Europa der Reichen, Rechten und Lobbyist*innen – und für ein Europa im Interesse der abhängig Beschäftigten und Erwerbslosen, all der Menschen mit niedrigem und mittlerem Einkommen. Das sind unsere Leute. Für sie machen wir Politik.“[13] Den „völkerrechtswidrigen Angriffskrieg Russlands gegen die Ukraine“ verurteilt die Partei, wobei es zugleich heißt, dieser Krieg zeige, „wie anfällig der globale Kapitalismus“[14] sei. Das Programm umfasst fünf Hauptkapitel, die überwiegend auf „Gerechtigkeit“ zielen: Umverteilen für soziale Gerechtigkeit; sozial und ökologisch gerechter Umbau der Wirtschaft; Klimagerechtigkeit; gerechter Frieden; mehr Demokratie, weniger Lobbyismus. Am Ende heißt es: „In unserem Wahlprogramm haben wir formuliert, was sich ändern muss für ein Europa der Menschen statt der Banken und Konzerne. Jede einzelne der genannten Maßnahmen wäre eine Verbesserung. Alles zusammen erfordert einen grundlegenden Umbau, einen Systemwechsel.“[15]

Dem „Kampf gegen rechts“[16] kommt ein zentraler Stellenwert zu. Die „bürgerlichen Parteien“ übernähmen oft Positionen der „extremen Rechten“. „Der Effekt ist eine Erosion von Demokratie, Menschenrechten und Humanität auf europäischer Ebene. Dies ist untrennbar verbunden mit der Militarisierung der Gesellschaft.“[17] Zu den Hauptforderungen mit Blick auf Europa zählen: Die Empfehlungen der Europäischen Kommission gegen Rassismus und Intoleranz sowie der Agentur für Grundrechte müssen umgesetzt werden; die EU habe zwecks Bekämpfung von Racial Profiling, rassistischer Polizeigewalt und institutionellem Rassismus auf die Mitgliedstaaten einzuwirken; europaweite Programme gegen „alle Formen des Rassismus und Neofaschismus“[18] bedürfen der finanziellen Stärkung; länderübergreifende Monitoring-Projekte gegen die extreme Rechte sind zu errichten; Opfer rechter Gewalt verdienen ein Bleiberecht.

Eine der Kernaussagen lautet: „Kein Mensch ist illegal!“[19] Anders formuliert: Niemand dürfe abgeschoben werden. Mit dem zweiten Spitzenplatz für die parteilose Kapitänin Carola Rackete, bekannte „Klimaaktivistin“ als Unterstützerin von *Extinction Rebellion*, und für Nichtregierungsorganisationen in der Seenotrettung tätig, setzte die Partei Akzente. Als Mitglied der *Partei der Europäischen Linken*

12 Zitiert nach Konstantin von Hammerstein/Jonas Schaible, Merz auf roten Sohlen, in: Der Spiegel vom 7. September 2024.
13 Die Linke, Zeit für Gerechtigkeit. Zeit für Haltung. Zeit für Frieden. Programm zur Europawahl 2024, Berlin 2024, S. 12.
14 Ebd., S. 10.
15 Ebd., S. 97.
16 Ebd., S. 86.
17 Ebd., S. 86.
18 Ebd., S. 87.
19 Ebd., S. 90.

unter dem Vorsitz von Walter Baier, dem langjährigen Chef der *Kommunistischen Partei Österreichs*, ist *Die Linke* europaweit gut vernetzt.

„Die Alternative für Deutschland steht seit ihrer Gründung zu der Idee eines Europas der Vaterländer, einer europäischen Gemeinschaft souveräner, demokratischer Staaten, die zum Wohle ihrer Bürger bei all jenen Aufgaben zusammenwirken, die gemeinsam besser bewältigt werden können."[20] So beginnt das im Juli und August 2023 auf der Europawahlversammlung in Magdeburg verabschiedete Wahlprogramm der AfD. Nach der Aufzählung als gravierend wahrgenommener Defizite (in der Klima-, Energie-, Migrations- und Sanktionspolitik) folgt das Credo: „Wir halten die EU für nicht reformierbar und sehen sie als gescheitertes Projekt. Daher streben wir einen ‚Bund europäischer Nationen' an, eine neu zu gründende europäische Wirtschafts- und Interessengemeinschaft, in der die Souveränität der Mitgliedstaaten gewahrt ist. Das Wohl Deutschlands und seiner Bürger steht für uns dabei an erster Stelle."[21]

Enthalten die ersten fünf Kapitel wertende Überschriften („Ein Europa der Nationen", „Fundamentalistischer Islam – Gefahr für Europa", „Die Identität der Nationen bewahren", „Geld- und Währungspolitik: Der Euro ist gescheitert", „Die wirtschafts- und sozialpolitische Souveränität der EU-Staaten wahren"), nennen die weiteren elf nur die Politikfelder wie Außen-, Gesundheits- und Familienpolitik.

Im Vordergrund der Programmatik steht die Migrationspolitik. An zwei Stellen ist von der „Festung Europa"[22] die Rede. Die Masseneinwanderung müsse beendet werden – der Schutz der europäischen Außengrenzen gilt als vorrangig. Unter der Überschrift „Remigration statt Talentabwerbung" heißt es: „Die millionenfache Aufnahme junger Menschen aus Entwicklungsländern Afrikas und des Nahen Ostens in Europa beraubt die Herkunftsstaaten jener Leistungsträger, die dort zum Aufbau bzw. Wiederaufbau dringend benötigt werden (sogenannter ‚Brain Drain'). […] Sobald in einem Herkunftsland in den meisten Gebieten wieder Frieden herrscht, hat die EU bzw. Deutschland umgehend die Bedingungen für eine Rückkehr der hier aufgenommenen Asylbewerber auszuhandeln und diese Rückkehr auch konsequent durchzusetzen. […] Nicht ‚Resettlements', also Umsiedlungsprogramme nach Europa, sind das Gebot der Stunde, sondern das Gegenteil: Auf nationaler und europäischer Ebene müssen Remigrationsprogramme auf- und ausgebaut werden."[23]

Im Gegensatz zur in Europa gut verzweigten Partei *Die Linke* hapert es bei der AfD an Netzwerken: Auf dem Spitzenplatz stand Maximilian Krah, der bereits von 2019 an dem Europaparlament angehört hatte, auf dem zweiten Platz Petr Bystron, von 2017 bis 2024 Mitglied des Bundestages. Beide sahen sich Vorwürfen ausgesetzt, Geld vom russlandfreundlichen Nachrichtenportal *Voice of Europe* bezogen zu haben. Die Partei ging auf Distanz zu beiden, die in die zweite Reihe traten, so

---

20 Programm der Alternative für Deutschland für die Wahl zum 10. Europäischen Parlament, EUROPA neu denken!, Berlin o. J. (2023), S. 8.
21 Ebd., S. 9.
22 Ebd., S. 11, S. 16.
23 Ebd., S. 17.

dass im Wahlkampf faktisch der auf Platz 3 gewählte René Aust als Spitzenkandidat fungierte. In diesem Zusammenhang wurde die gesamte AfD aus der Fraktion „Identität und Demokratie“ ausgeschlossen, zumal Krah in einem Interview mit einer italienischen Zeitung eine als suspekt empfundene Äußerung zur SS getätigt hatte. Nach der Wahl wurde er nicht in die neue Fraktion *Europa der Souveränen Nationen* aufgenommen. Neben der AfD gehören ihr u. a. auch zwei Parteien mit je drei Abgeordneten aus Bulgarien und Polen an.

Das Abschneiden kam für *Die Linke* einem Schock gleich. Sie lag mit ihrem Plädoyer für offene Grenzen nur mit 0,1 Punkten vor *Volt* und erzielte dasselbe Ergebnis (2,7 Prozent) wie die *Freien Wähler*. Die AfD, die ganz auf das publikumswirksame Migrationsthema gesetzt hatte, schnitt sechsmal so gut wie *Die Linke* ab. Votierten 15 bzw. 14 Prozent der Bürger bei den Themen „Kriminalität bekämpfen“ sowie „Asyl- und Flüchtlingspolitik“ für die AfD, schrieben nur sechs Prozent der Partei *Die Linke* bei ihrem Leib- und Magenthema der sozialen Gerechtigkeit die höchste Kompetenz zu. Im Vergleich zur letzten Wahl entsprach dies einem Malus von neun Prozentpunkten.[24]

Die AfD erreichte 20,0 Prozent bei den Männern, bei den Frauen mit 12,0 Prozent nur knapp etwas mehr als die Hälfte dieses Anteils.[25] Im Vergleich zu 2019 (Männer: 14,6 Prozent; Frauen: 7,6 Prozent) ist die Schere zwischen den Geschlechtern leicht zurückgegangen. Hingegen ist *Die Linke* eine „Frauenpartei“ (Frauen: 3,2 Prozent; Männer: 2,2 Prozent). Noch 2019 schnitt sie bei den Männern mit 5,7 Prozent knapp besser ab als bei den Frauen (5,3 Prozent). Beim Wahlverhalten der Altersgruppen fallen die Differenzen für *Die Linke* hingegen größer aus als für die AfD. 6,9 Prozent der 16- bis 24-Jährigen votierten für *Die Linke*, aber nur 1,8 Prozent der über 70-Jährigen. Bei der AfD sind es 20,6 Prozent der 35- bis 44-Jährigen und 9,2 Prozent der ab 70-Jährigen. Ist die AfD von der Wählerstruktur her eher eine „mittel-alte“ Partei (mit Spitzenwerten bei den 35- bis 59-Jährigen), sinkt bei der Partei *Die Linke* mit zunehmendem Alter der Stimmenanteil. Liegen die Extremwerte für die AfD zwischen 7,1 Prozent (ab 70-jährige Frauen) und 25,1 Prozent (35- bis 44-jährige Männer), lauten die größten Abweichungen für *Die Linke* wie folgt: 1,6 Prozent (Männer zwischen 45 und 59) und 9,7 Prozent (Frauen zwischen 16 und 24).

3. Landtagswahl in Sachsen

Den Ausgang der Landtagswahl in Sachsen am 1. September 2024, auf den Tag genau fünf Jahre nach dem letzten Wahlgang, fieberten nicht nur Politikwissenschaftler, Publizisten und Politiker mit größtem Interesse entgegen. Ein Indiz dafür ist die

24 Vgl. Gothe (FN 10), S. 730.
25 Vgl. für diese und die folgenden Daten: Der Bundeswahlleiter, Europawahl 2024, H. 4: Wahlbeteiligung und Stimmabgabe nach Geschlecht und Altersgruppen, Wiesbaden 2025, S. 17–22.

bisher höchste Wahlbeteiligung im Lande. Die Gretchenfrage lautete: Würde die AfD, die der sächsische Verfassungsschutz im Dezember 2021 als „gesichert rechtsextrem“ erklärt hatte[26], die im Land bisher klar dominierende CDU überholen?

*Tabelle 2: Landtagswahl Sachsen 2024 (in Prozent)**

CDU	31,9	(-0,2)
AfD	30,6	(+3,1)
BSW	11,8	(-)
SPD	7,3	(-0,4)
Bündnis 90/Die Grünen	5,1	(-3,5)
Die Linke	4,5	(-5,9)
Freie Wähler	2,3	(-1,1)
Freie Sachsen	2,2	(-)
Tierschutz hier!	1,0	(-)
FDP	0,9	(-3,6)
Die PARTEI	0,8	(-0,7)
Piratenpartei	0,3	(0,0)
Bündnis Deutschland	0,3	(-)
WerteUnion	0,3	(-)
diebasis	0,2	(-)
Bündnis C	0,2	(-)
V-Partei	0,1	(-)
ÖDP	0,1	(-0,2)
BüSo	0,1	(-)

* Die Angaben in Klammern beziehen sich auf die Veränderungen gegenüber der letzten Landtagswahl im Jahre 2019 (in Prozentpunkten).

Quelle: Zusammenstellung nach den amtlichen Statistiken.

Die CDU konnte dank ihres Ministerpräsidenten Michael Kretschmer einen gewissen Vorsprung vor der AfD wahren.[27] Im Vergleich zur letzten Landtagswahl verlor sie knapp, im Vergleich zur letzten Europa- und Bundestagswahl gewann sie klar. Sie kam so mit einem blauen Auge davon. Allerdings gab es Probleme bei der Regierungsbildung: Die bisherige Koalition, in der es ohnehin geknirscht hatte, erreichte keine Mehrheit, und das als neuer Regierungspartner erwartete BSW unter der Wagenknecht-Vertrauten Sabine Zimmermann ließ zur allgemeinen Überraschung die Sondierungsgespräche platzen. Die Konsequenz: Bildung einer schwarz-roten Minderheitsregierung. Ein etablierter Konsultationsmechanismus soll die parlamen-

26 Ein einschlägiges Gutachten wurde nicht öffentlich gemacht.

27 Vgl. für Einzelheiten Eckhard Jesse, Die sächsische Landtagswahl vom 1. September 2024: Erste Minderheitsregierung unter Führung der CDU, in: Zeitschrift für Parlamentsfragen 56 (2025), S. 39–61.

tarische Opposition im Vorfeld von Gesetzesvorhaben einbeziehen, wobei die AfD als Mehrheitsbeschaffer nicht in Frage komme, *Die Linke* schon. Ein Scheitern des Konsultationsverfahrens, dessen Sinn offenkundig in der Ausgrenzung der AfD liegt, würde das Ende der Minderheitsregierung bedeuten. Frühere sächsische CDU-Spitzenpolitiker wie Manfred Kolbe, Frank Kupfer, Matthias Rößler und Arnold Vaatz hatten Bedenken gegen das Mantra von der „Brandmauer" mit Blick auf die AfD kundgetan, konnten sich jedoch nicht durchsetzen. Eine starke Bevölkerungsminderheit war für eine Beteiligung der AfD (41 Prozent dafür, 56 dagegen) und des BSW (40 Prozent dafür, 53 Prozent dagegen) an der Landesregierung.[28]

Die AfD hatte mit ihrem Vorsitzenden und Spitzenkandidaten Jörg Urban 30,6 Prozent erreicht. Ohne eine Kandidatur der rechtsextremistischen *Freien Sachsen* (2,2 Prozent) wäre für sie der erste Platz möglich gewesen. Im Vergleich zu den Europawahlen blieb das Ergebnis der AfD etwas hinter den Erwartungen zurück. *Die Linke* gelangte trotz eines für sie deprimierend niedrigen Stimmenanteils von 4,5 Prozent in den Landtag, da sie mit Hilfe des Gewinns von zwei Direktmandaten in Leipzig die Fünfprozenthürde zu umgehen vermochte: zum einen – es ist das dritte Mal – durch Juliane Nagel im roten Stadtteil Connewitz, zum anderen durch den Deutsch-Vietnamesen Nam Duy Nguyen, mit seinem publikumswirksamen Haustürwahlkampf, finanziell unterstützt von der Kampagneplattform „Campact". Bei einem Scheitern der Partei *Die Linke* an der Sperrklausel hätte die AfD im Parlament die Sperrminorität erreicht.[29]

Die Linke unter dem Vorsitz von Susanne Schaper und Stefan Hartmann betitelte ihr Wahlprogramm „durch und durch sozial". Sie stellte soziale Gerechtigkeit schon in der Präambel heraus. Und bereits hier klang ihr Antifaschismus-Mantra an: „Wir sind die Partei des konsequenten Antifaschismus. Wir treten den extremen Rechten nicht nur in den Parlamenten und auf der Straße entgegen, sondern knicken – im Gegensatz zu den anderen Parteien – auch politisch vor ihnen nicht ein."[30] Die Partei strebte eine grundsätzliche Wende in der Asyl- und Migrationspolitik an: Sachsen solle ein offenes Land werden, das den Familiennachzug ermöglicht. Die Partei befürwortete eine „Bleiberechtsoffensive".[31] So heißt es: „Abschiebehaft gehört abgeschafft, weil Flucht kein Verbrechen ist."[32] Was auffällt: Da die Partei weiß, wie sich die Masse der Wählerschaft mit ihrem Land identifiziert, spart sie nicht mit Komplimenten an die Bevölkerung: „Vier Millionen Menschen, die mit

---

28 Vgl. Infratest dimap, Landtagswahl Sachsen 2024, Berlin 2024, S. 9.

29 Allerdings gewann auch der parteilose Matthias Berger von den Freien Wählern ein Direktmandat. Dieser zeigte sich nicht abgeneigt, gegebenenfalls die AfD in der einen oder anderen Frage zu unterstützen. Die AfD votierte bei der Wahl des Ministerpräsidenten im zweiten Wahlgang nicht für ihren Spitzenkandidaten Jörg Urban, sondern für Berger. Ein solches, taktisch bedingtes Abstimmungsverhalten ist schwerlich seriös. Es erinnert an das Thüringer Manöver der AfD im Jahre 2020 zugunsten des Liberalen Thomas Kemmerich.

30 Durch und durch sozial! Landtagswahlprogramm der Linken Sachsen zur Landtagswahl 2024, Dresden 2024, S. 6.

31 Ebd. S. 71, S. 93.

32 Ebd., S. 93.

fröhlichem Eigensinn ihr Leben gestalten und sich zugleich in die Gemeinschaft einbringen. […] Der Blick, der von außen auf Sachsen geworfen wird, liefert oft ein negativ verzerrtes Bild.“[33] Im Vergleich zum Wahlprogramm des BSW, bei dem „Frieden“ ganz vorne stand[34], nahm das Thema einen nachrangigen Platz ein.

Die AfD stellte schon in der Überschrift ihres Wahlprogramms auf Sachsen ab: „Damit Sachsen Heimat bleibt!“ Für die Partei war das wichtigste Thema „Zuwanderung, Asyl, Staatsangehörigkeit“, so die Überschrift des sechsten Kapitels. Aus den Unterkapiteln geht die Programmatik hervor: „Massenzuwanderung ist keine Lösung – Rechtsmissbrauch beenden“; „Sichere Grenzen – illegale Migration verhindern“; „Konsequente Abschiebung und Rückführung“; „Altersfeststellung bei unbegleiteten minderjährigen Flüchtlingen einführen“; „Sachleistungsprinzip statt Geldleistungsprinzip“; „Zentrale Unterbringung in Transfer- und Transit-Zentren und Zahl der Abschiebehaftplätze erhöhen“; „Abschiebungen erleichtern und konsequent umsetzen“; „Beschränkung der Aufwendungen und Vorbereitung auf die Remigration“; „Migration zukunftsfähig gestalten“. Die Partei votiert gegen „die schleichende Etablierung islamischer Strukturen, in denen die Scharia gepredigt und parallel zu unserem Rechtssystem etabliert wird, und jede Form migrantischer Parallelgesellschaften“.[35] Sie plädiert für die Umstellung auf Sach- statt Geldleistungen. Ausreisepflichtige und geduldete Personen müssten nicht integriert werden und hätten „keinen Anspruch auf Sozialleistungen“.[36]

Die AfD sage „jeglichem Extremismus und dem Terrorismus den Kampf an.“ Der Verfassungsschutz „in seiner jetzigen Form“ müsse abgeschafft und durch einen „regierungsunabhängig agierenden Inlandsgeheimdienst“ ersetzt werden. Für die Förderung von Vereinen sei die „Abgabe einer Demokratieerklärung mit Extremismusklausel“[37] Voraussetzung.

Die 2021 gegründeten *Freien Sachsen* unter ihrem Vorsitzenden Martin Kohlmann – sie lassen Doppelmitgliedschaften zu, so mit der NPD, die seit 2023 *Die Heimat* heißt – zeigten sich mit der Politik höchst unzufrieden, etwa mit dem „Corona-Chaos“.[38] Sie forderten in ihrem Programm einen „erheblichen Nachsteuerungsbedarf in der Einwanderungspolitik“. Die folgenden Sätze fallen sarkastisch bis zynisch aus: „Menschen, welche in unserem Land Zuflucht suchen, sollten für eine Übergangszeit ein Dach über dem Kopf und täglich eine warme Mahlzeit erhalten. Mussten sie tatsächlich vor Todesgefahr fliehen, werden sie froh und dankbar darüber sein. Für Wirtschaftsflüchtlinge wird unser Land dadurch jedoch

33 Ebd., S. 5.

34 Vgl. Bündnis Sahra Wagenknecht, Sachsen Zukunft: friedlich, vernünftig, gerecht. Wahlprogramm zur Landtagswahl 2024, Dresden 2024, S. 6 f.

35 AfD, Damit Sachsen Heimat bleibt! Wahlprogramm Landtagswahl Sachsen 2024, Dresden 2024, S. 61.

36 Ebd., S. 65 f.

37 Ebd., S. 58.

38 Freie Sachsen, Wofür wir stehen, unter: https//freie-sachsen/info/wofuer-wir-stehen/ (1. August 2025), S. 3.

vollständig unattraktiv."[39] Die Partei, die bei der zukünftigen Gestaltung Sachsens das sächsische Königshaus angemessen einbinden will, schließt den „Säxit" nicht aus.

Mit Blick auf die Bildung traten beim Elektorat der AfD und der Partei *Die Linke* fundamentale Unterschiede zutage. 41 Prozent der Wähler mit niedriger Bildung votierten für die AfD, aber nur 19 Prozent mit hoher. Gerade umgekehrt fallen die Werte für *Die Linke* aus: Acht Prozent der Wähler mit hoher Bildung gaben ihr die Stimme, lediglich zwei Prozent mit niedriger. Was die Wohndauer im Land betrifft, ist ebenfalls Gegenläufigkeit erkennbar. Je länger jemand in Sachsen lebt, umso höher steigt der Anteil der AfD-Wähler. Beim Elektorat ist es umgekehrt. Die wirtschaftliche Lage schätzt die AfD-Wählerschaft deutlich negativer ein als die der Partei *Die Linke*.[40] Beim Parteiansehen (auf einer Skala von +5 bis -5) übertraf die AfD (-1,2) knapp *Die Linke* (-1,3) und klar die *Grünen* (-2,1).[41] Das Votum fiel vor fünf Jahren ganz anders aus.

Die AfD ist klar eine Männerpartei (36,8 zu 24,8 Prozent).[42] Sie ist bei den jungen (18-24 Jahre: 25,8 Prozent; 25-34 Jahre: 25,5 Prozent) und bei den ganz alten Wählern (ab 70 Jahre: 23,8 Prozent) am schwächsten vertreten. Am höchsten fällt der Anteil bei den 45- bis 59-Jährigen aus. Die Partei konnte in der jüngsten Altersgruppe ihren Stimmenanteil mit 8,6 Punkten zwar überproportional erhöhen, aber die vielfach alarmistischen Kommentierungen nach der Wahl beruhten auf den extrem ungenauen Angaben von Infratest dimap[43], die auf Wahltagsbefragungen beruhten. Danach sprachen sich 40 Prozent der männlichen Wähler in der Altersgruppe zwischen 18 und 24 Jahren für die AfD aus. Das ist gegenüber dem exakten Ergebnis eine Differenz von immerhin 6,8 Punkten. *Die Linke* hat jetzt ihre Hochburgen bei den jungen Wählern, anders als früher. Wer Alter und Geschlecht zusammen betrachtet, stößt auf folgende Extremwerte: bei der AfD 42,6 Prozent (45- bis 59-jährige Männer) gegenüber 19,0 Prozent (18- bis 24-jährige Frauen), bei der Partei *Die Linke* 16,2 (18-24-jährige Frauen) gegenüber 1,8 Prozent (60-69-jährige Männer).

Das gegenläufige Wahlverhalten bei einer Partei, bezogen auf Alter und Geschlecht, springt ins Auge: Die AfD steigerte ihren Stimmenanteil bei den 18- bis 24-jährigen Männern um 12,0 Punkte, büßte bei den 25- bis 34-jährigen Männern aber 0,5 Punkte ein. Und *Die Linke* legte hier 0,5 Punkte zu, verlor jedoch 13,8 Punkte bei den ab 70-jährigen Männern. Besonders erklärungsbedürftig ist das soeben erwähnte Phänomen: Verlor die erfolgreiche AfD bei den 25- bis 34-jährigen Männern 0,5 Punkte, gewann die abgestrafte *Die Linke* hier 0,5 Punkte.

39 Ebd., S. 7.

40 Vgl. Infratest dimap (FN 28), S. 8.

41 Vgl. Forschungsgruppe Wahlen, Landtagswahl in Sachsen, 1. September 2024, Mannheim 2024, S. 2.

42 Vgl. für diese und die folgenden Angaben Statistisches Landesamt Sachsen, Sächsischer Landtags. Ergebnisse der Repräsentativen Wahlstatistik, Kamenz 2024, S. 16–18.

43 Vgl. Infratest dimap (FN 28), S. 8.

4. Landtagswahl in Thüringen

Der thüringischen Landtagswahl, ebenso am 1. September, wurde nicht mit weniger großem Interesse entgegen gesehen.[44] *Die Linke* hatte 2019 haushoch gewonnen, und diesmal siegte ebenso haushoch die AfD unter dem besonders radikalen Björn Höcke (vgl. Tabelle 3). Aber dieser wurde nicht Ministerpräsident. Stand von 2019 bis 2024 Bodo Ramelow (*Die Linke*) einer Minderheitsregierung vor, mehr oder weniger toleriert von der CDU, bildete jetzt die CDU unter Mario Voigt eine Minderheitsregierung (CDU, BSW, SPD), mehr oder weniger toleriert von der Partei *Die Linke*. Voigt hatte seinen Bekanntheitsgrad im April 2024 durch das TV-Duell mit Höcke erhöhen können. 61,7 Prozent der Stimmen entfielen auf drei Parteien, die es in der „Bonner Republik" noch gar nicht gab: Die AfD steigerte sich auf 32,8 Prozent, *Die Linke* schrumpfte auf 13,0 Prozent (trotz ihres als leutselig geltenden Ministerpräsidenten), und das BSW überholte mit 15,8 Prozent auf Anhieb die bisherige Hauptregierungspartei.

Die MLPD sank in ihrer Hochburg von 0,3 Prozent auf 0,1 Prozent – trotz des rege agitierenden Landesvorsitzenden Tassilo Timm. Im Vordergrund ihres Zehn-Punkte-Wahlprogramms stand neben der Kritik an der „Hochrüstung" die Auseinandersetzung mit der AfD im Vordergrund: Deren Wahlprogramm „ist völkisch und prokapitalistisch, hetzt gegen Arbeiter anderer Länder und treibt die Umweltzerstörung voran. Wer AfD wählt, der wählt Faschismus! Weil es so nicht weitergehen kann, kämpfen wir für den echten Sozialismus."[45]

Zum ersten Mal in der bundesdeutschen Wahlgeschichte gelangte eine Rechtsaußenpartei auf den ersten Platz, und zwar klar. Dabei gilt die thüringische AfD, vom Verfassungsschutz als „gesichert rechtsextrem" klassifiziert, unter den Landesverbänden der Partei als besonders radikal, nicht zuletzt wegen ihres Fraktionsvorsitzenden und – neben Stefan Möller – Landessprechers Björn Höcke. Dieser wurde im Vorfeld der Wahl wegen des Gebrauchs der Parole „Alles für Deutschland", einer SA-Losung, zu einer Geldstrafe verurteilt. Der große Erfolg der AfD ist ein Zeichen für die immense Unzufriedenheit der Bevölkerung mit der als verfehlt angesehenen Migrationspolitik, der bedingungslosen Unterstützung der Ukraine und der als unausgegoren wahrgenommenen „Energiewende", nicht unbedingt ein Indiz für eine Zustimmung zu Höcke. Das öffentliche, in einhelliger Manier bekundete Missfallen mag zu einer gewissen Solidarisierung mit dem radikalen Politiker und seiner Partei beigetragen haben. *Die Linke* fiel vom ersten auf den vierten Platz. Das war auch eine Reaktion auf ihren sich abzeichnenden Niedergang.

Dem Wahlprogramm mit dem anspielungsreichen Titel „Alles für Thüringen" ist der Text eines heimatlichen Volksliedes von Franz Langheinrich („Rauscht ihr noch,

---

44 Vgl. für Einzelheiten Torsten Oppelland, Die thüringische Landtagswahl vom 1. September 2019: Erste Minderheitsregierung unter Führung der CDU, in Zeitschrift für Parlamentsfragen 56 (2025), S. 62–80.

45 MLPD, Wahlprogramm Landtagswahl Thüringen, unter: https.//www.mlpd, S. 2 (2. Dezember 2024).

*Tabelle 3: Landtagswahl Thüringen 2024 (Stimmen in Prozent)**

AfD	32,8	(+9,4)
CDU	23,6	(+1,9)
BSW	15,8	(-)
Die Linke	13,1	(-17,9)
SPD	6,1	(-2,1)
Bündnis 90/Die Grünen	3,2	(-2,0)
Freie Wähler	1,3	(-)
FDP	1,1	(-3,9)
Aktion Partei für Tierschutz	1,0	(-0,1)
WerteUnion	0,6	(-)
Familien-Partei	0,5	(-)
Bündnis Deutschland	0,4	(-)
Piratenpartei	0,3	(-0,1)
ÖDP	0,2	(-0,2)
MLPD	0,1	(-0,2)

* Die Angaben in Klammern beziehen sich auf die Veränderungen gegenüber der letzten Landtagswahl im Jahre 2019 (in Prozentpunkten).

Quelle: Zusammenstellung nach den amtlichen Statistiken.

ihr alten Wälder“) aus dem Jahr 1912 vorangestellt.[46] Es enthält 19 Punkte, die alle mit „Für“ anfangen, und zahleiche Unterpunkte. Manche Passagen im Vorwort sind starker Tobak bzw. sprechen Klartext, je nach Perspektive. So findet sich in einem langen Satz eine „Liste des Schreckens“: „Heute stehen wir vor dem gigantischen Scherbenhaufen einer verfehlten Politik: illegale Masseneinwanderung, gesellschaftliche Verrohung, drastisch ansteigende Gewaltkriminalität, Perspektivlosigkeit der Jugend, menschenfeindlicher Genderirrsinn, Kultur- und Bildungsverfall, Verschandelung unserer schönen Thüringer Landschaft durch Windkraftanlagen und Solarfelder, Explosion der Energie- und Lebenshaltungskosten, erodierende Sozialsysteme, Zerstörung unserer Wirtschaft durch die Klimapolitik aller Altparteien, Aussetzung der Grundrechte im Zuge des Corona-Regimes, Sprech- und Denkverbote, Unterdrückung der Opposition, würdeloses Vasallentum und fahrlässige Kriegstreiberei.“[47]

Dem stellt die Partei ihre Anliegen gegenüber. Die erste Forderung lautet: „Für eine lebendige Demokratie“. Die AfD sieht die Meinungsfreiheit als Grundlage der Demokratie an. Sie tritt für eine direkte Demokratie ebenso ein wie für eine Verkleinerung des Landtags. Ein Wahlrecht für Ausländer komme nicht in Frage.

46 Der thüringische Umweltminister Bernhard Stengele (Bündnis 90/Grüne) stellte aufgrund des späteren NS-Engagements Langheinrichs Strafanzeige wegen Volksverhetzung, doch die Erfurter Staatsanwaltschaft beendete die Ermittlungen im November 2024.

47 Alles für Thüringen. Wahlproramm der AfD Thüringen zur Landtagswahl 2024, Erfurt 2024, S. 4.

Der Verfassungsschutz sei ein „sogenannter" und „die größte Gefahr für unsere Demokratie". Er sei unreformierbar und müsse „in seiner jetzigen Form"[48] abgeschafft werden. Im Programm ist an mehreren Stellen von „linksextrem"[49] die Rede, aber niemals von „rechtsextrem".

Was nicht verwundert: Das Thema Migration nimmt einen breiten Raum ein. Unter der Überschrift „Für eine identitätserhaltende Migrationspolitik" wird die Praxis heftig kritisiert („dramatische Zunahme des Anteils nichtdeutscher Tatverdächtiger an der Kriminalitätsentwicklung"; „Öffnung der Sozialsysteme für faktisch alle Ausländer, die deutschen Boden erreichen"; „Irrweg einer multikulturellen Gesellschaft").[50] Der asylpolitische Kurswechsel: Start einer Abschiebeinitiative; Beenden der Sozialmigration; Erhalt der Rückkehrfähigkeit; enge Begrenzung des Familiennachzuges; Altersfeststellung unbegleiteter minderjähriger Flüchtlinge; kein Sonderstaus für muslimische Gemeinschaften. Und schließlich: Die „positive Diskriminierung" stelle „eine die Angehörigen der angestammten Bevölkerung zurücksetzende, linksextreme und rassistische Ideologie dar, welche in jeder Hinsicht verfassungsfeindlich ist."[51] Das Schlüsselwort „Remigration" taucht erstaunlicherweise nirgendwo auf.

Insgesamt ist das Wahlprogramm – mit Marginalien, einem Stichwortverzeichnis und passenden Bildern zu einigen Themen – systematisch aufgebaut und sprachlich gut geschrieben. Gleiches gilt für das Regierungsprogramm der Partei *Die Linke*, mit dem Konterfei Ramelows auf dem Titelblatt. Es spart nicht mit Lob für Thüringen: „Hand aufs Herz: Thüringen ist ein starkes Land. Unser Freistaat hat eine gute Entwicklung genommen. Wir können auf eine beeindruckende Leistung der Menschen schauen, das war ein hartes Stück Arbeit."[52] An anderer Stelle spricht *Die Linke* vom „Chancenland Thüringen 2025".[53] Die Partei stand vor einem Dilemma: Einerseits wollte sie Missstände aufspießen, andererseits musste sie aufpassen, damit die Kritik nicht auf sie als Regierungspartei zurückfiel. Das glich einer Gratwanderung. Es sei gelungen, „das Land aus fast 25 Jahren CDU-Filz und ‚Deals' aus verantwortungsloser Politik zu befreien. […] Wir haben […] unser Land zum Besseren verändert. Doch immer stand die CDU auf dem Bremsklotz, wenn es darum ging, Mehrheiten zu schaffen – von der FDP ganz zu schweigen."[54]

„Antifaschismus" nimmt im Programm an zwei Stellen einen zentralen Platz ein. Im Zusammenhang mit der Machtübernahme durch die Nationalsozialisten 1933

---

48 Ebd., S. 21

49 Vgl. ebd., S. 19, 21, 72. Auch der „religiöse Extremismus (ebd., S. 72) wird erwähnt. Das Wort „rechtsextremistisch" taucht zwar auf (ebd., S. 66 – in Anführungszeichen), bezieht sich aber auf Aussagen von „Altparteien", die bestimmte, ihnen unangenehme Aussagen so zu titulieren versuchten.

50 Vgl. ebd., S. 15, 65 f.

51 Ebd., S. 72.

52 Die Linke, Unser Thüringen. Menschlich. Stark. Gerecht. Regierungsprogramm für 2024 bis 2029, Erfurt 2024, S. 6.

53 Ebd., S. 10.

54 Ebd., S. 10.

heißt es: „Wer in Thüringen die AfD wählt, bekommt den Höcke-Extremismus. Seine Position ist eindeutig und offen faschistisch. Im Schatten von Buchenwald haben wir die Pflicht, den erneuten Griff nach der Macht von Rechtsaußen zu verhindern.“[55] Im Unterkapitel „Antifaschismus jetzt erst recht“ liest man von der „Zunahme antifeministischer Positionen, von Rechtsruck und gewalttätigen Übergriffen auf Migrant:innen sowie andere Menschen, die zu Feindbildern von Neonazis und anderen Menschenfeinden gehören.“[56] Das verdeutliche den erhöhten Handlungsbedarf. Gleichwohl findet sich der folgende apodiktisch formulierte Satz: „Das Amt für Verfassungsschutz ist abzuschaffen.“[57]

Was das Thema Migration betrifft, fordert *Die Linke*, dass Geflüchtete ihren Aufenthaltsort frei wählen können und das Recht zur Arbeit erhalten müssen. „Egal aus welchem Grund Menschen zu uns kommen: Wir wollen sie gewinnen für eine gute Zukunft, für die wir jede Hand und jeden Menschen mit seinen und ihren Ideen für ein weltoffenes Thüringen brauchen können.“[58] Die Partei unterscheidet sich damit krass von der AfD, aber ebenso vom BSW. Das Vorwort Sahra Wagenknechts zum Wahlprogramm wendet sich dezidiert gegen „die unkontrollierte Migration, die die Kommunen und Bürger im Freistaat heillos überfordert.“[59] Im Wahlprogramm selber steht Integration im Mittelpunkt. Das beruht auf einem etwas anderen Kurs des von Katja Wolf geführten BSW in Thüringen, als von Wagenknecht gewünscht.

58 Prozent der Thüringer Wähler wollten keine Regierungsbeteiligung der AfD, jedoch wünschten 36 Prozent diese. Mit Blick auf das BSW fiel das Ergebnis anders aus. 37 Prozent befürworteten eine solche, während sich 27 Prozent dagegen aussprachen. Bei der Partei *Die Linke* erzielte Bodo Ramelow (+0,8) auf einer +5/-5-Skala bessere Wert als seine Partei (-0,3), hingegen Björn Höcke (-2,1) schlechtere als dessen Partei (-1,5).[60] Trotz dieser weitaus besseren Zahlen für *Die Linke* samt Kandidaten fiel ihr Resultat zweieinhalbmal schlechter aus als das der AfD – noch 2019 lag *Die Linke* 7,6 Punkte vor der AfD.

Die repräsentative Wahlstatistik, erst Mitte Juli 2025 publiziert[61] und dann später erweitert, bedingt durch eine Intervention des Verfassers, in einem Nachtrag mit den entscheidenden Zusatztabellen[62], die erst die „eigentlichen“ Daten enthalten, macht diesmal ihrem Namen nicht alle Ehre. Die Angaben sind ungenau. So verzeichnet die Statistik einen Anteil von 34,9 Prozent für die AfD, das Wahlresultat beträgt aber 32,8 Prozent. Lapidar heißt es: Die *Berechnung* der Repräsentativwerte in der vorlie-

55 Ebd., S. 10.
56 Ebd., S. 69.
57 Ebd., S. 69.
58 Ebd., S. 54.
59 Neustart für Thüringen. Damit sich was ändert. BSW-Landtagswahlprogramm für Thüringen, Erfurt 2024, S. 5.
60 Vgl. Forschungsgruppe Wahlen, Landtagswahl in Thüringen 01. September, Mannheim 2024, S. 1 f.
61 Vgl. Thüringer Landesamt für Statistik, Landtagswahl in Thüringen am 1. Oktober 2024. Repräsentative Wahlstatistik nach Geschlecht und Altersgruppen, Erfurt 2025.
62 Vgl. dass., Stimmverhalten der Altersgruppen für die Parteien nach Geschlecht – Zusatztabellen, Erfurt 2025.

genden Veröffentlichung basiert auf den Ergebnissen der Stichprobenauswahlbezirke für den Freistaat Thüringen. Dadurch kann es zu Abweichungen zum festgestellten amtlichen Endergebnis und aufgrund methodisch bedingter Toleranzen zu marginal vertretbaren Unterschieden in anderen Publikationen kommen."[63] Diese Erklärung ist unbefriedigend.

Ist die AfD – wiewohl etwas weniger stark als 2019 – klar eine Männerpartei (41,5 Prozent; Frauen: 28,4 Prozent), schneidet *Die Linke* bei den Frauen (14,2 Prozent) besser ab als bei den Männern (11,0 Prozent)[64], wenngleich auf einem deutlich niedrigeren Niveau. Die Verluste fielen bei den Frauen weniger gravierend aus als bei den Männern. Die AfD hatte mit 42,8 Prozent ihre Hochburg bei den 45- bis 59-Jährigen, *Die Linke* mit 19,0 Prozent bei den ab 70-Jährigen. Die Extremwerte mit Blick auf Geschlecht und Altersgruppen: bei der AfD 49,7 Prozent (45- bis 59-jährige Männer) und 20,3 Prozent (18- bis 24-jährige Frauen), bei der Partei *Die Linke* 19,3 Prozent (Frauen ab 70) und 7,6 Prozent (45- bis 59-jährige Männer). Die Hochburgen der AfD deckten sich folglich mit den „Tiefpunkten" bei der Partei *Die Linke* und umgekehrt. Schließlich hatten die ab 70-jährigen Frauen bloß zu 20,9 Prozent für die AfD votiert, also nur wenig mehr als die ganz jungen Frauen.

5. Landtagswahl in Brandenburg

Die Wahl vom 22. September 2019 im Land der „Streusandbüchse" oder des „roten Adlers" stand wegen der etwas schwächeren AfD, obwohl sie bei der Europawahl zuvor mit 19,9 Prozent stärkste Kraft geworden war, im Schatten der sächsischen und thüringischen, fand mithin in einer weniger aufgeladenen Atmosphäre statt.[65] Mit der Wahl in Brandenburg endete die achte Serie der ostdeutschen Landtagswahlen von 1990 an. Alle Parteien hatten wie in Sachsen und Thüringen ein Bündnis mit der AfD kategorisch ausgeschlossen, sich ansonsten mit Blick auf Koalitionen weithin „bedeckt" gehalten. Für das BSW galt dies ebenso. Es setzte unter ihrem Spitzenkandidaten Robert Crumbach, einem langjährigen SPD-Mitglied, auf Frieden, Sicherheit, Bürgernähe und freie Meinungsbildung, soziale Gerechtigkeit, Bildung sowie wirtschaftliche Vernunft.[66]

Die SPD, die im Land bisher ständig den Regierungschef gestellt hatte, schaffte es dank ihres angesehenen Ministerpräsidenten Dietmar Woidke[67] abermals, stärkste Kraft zu werden. Dieser ging ohne Not ein großes Risiko ein. Sollte seine Partei

63 Dass. (FN 62), S. 5 (im Original fett).

64 Für diese und die folgenden Zahlen vgl. dass. (FN 62).

65 Vgl. für Einzelheiten Oskar Niedermayer, Die brandenburgische Landtagswahl vom 22. September 2024: Dietmar Woidke pokert „all in" und gewinnt, in: Zeitschrift für Parlamentsfragen 56 (2025), S. 97–115.

66 Vgl. BSW Landesverband Brandenburg, Brandenburg – vernünftig und gerecht. Wahlprogramm zur Landtagswahl 2024, Potsdam 2024.

67 Dieser, und das ist einmalig in der bundesdeutschen Wahlgeschichte, wurde eigens vom sächsischen CDU-Ministerpräsidenten Michael Kretschmer unterstützt.

nicht besser als die AfD abschneiden, stehe er für das hohe Amt nach der Wahl nicht mehr zur Verfügung. Ein derartiges Erpressungspotenzial zahlte sich aus, auch wegen der Distanz zur Bundesregierung – und auf Kosten der CDU, des Juniorpartners, der nun nicht mehr der Regierung angehört, wohl aber das BSW als Juniorpartner der SPD. Die AfD lag 1,7 Punkte hinter der SPD, *Die Linke* mit ihrem farblosen Spitzenkandidaten Sebastian Walter, einem jungen Gewerkschaftssekretär, unterhalb der Fünfprozenthürde (<3,0 Prozent). Dies gilt auch für die *Brandenburger Vereinigten Bürgerbewegungen/Freie Wähler* (BVB/Freie Wähler), die Grünen und die Liberalen. Deswegen erreichte die AfD mit 29,2 Prozent die Sperrminorität von mehr als einem Drittel der Mandate. Die Hoffnungen auf ein Direktmandat, mittels derer die Fünfprozentklausel zu umgehen gewesen wäre, trogen jeweils, auch für Kerstin Kaiser (die frühere Fraktionsvorsitzende der Partei *Die Linke*). Sie erreichte in ihrem Wahlkreis nur 9,3 Prozent.

*Tabelle 4: Landtagswahl Brandenburg 2024 (Stimmen in Prozent)**

SPD	30,9	(+4,7)
AfD	29,2	(+5,7)
BSW	13,5	(-)
CDU	12,1	(-3,5)
Bündnis 90/Die Grünen	4,1	(-6,6)
Die Linke	3,0	(-7,7)
BVB/Freie Wähler	2,6	(-2,5)
Tierschutzpartei	2,0	(-0,6)
Plus Brandenburg	0,9	(-0,4)
FDP	0,8	(-3,3)
Deutsch Land Wirtschaft	0,4	(-)
WerteUnion	0,3	(-)
DER DRITTE WEG	0,1	(-)
DKP	0,1	(-)

* Die Angaben in Klammern beziehen sich auf die Veränderungen gegenüber der letzten Landtagswahl im Jahre 2019 (in Prozentpunkten).

Quelle: Zusammenstellung nach den amtlichen Statistiken.

Das Wahlprogramm der AfD, in Brandenburg vom dortigen Verfassungsschutz „nur“ als rechtsextremistischer Verdachtsfall eingeordnet, lautete selbstbewusst „Regierungsprogramm“. Im Vorwort des Spitzenkandidaten Hans-Christoph Berndt hieß es, die SPD habe mit ihren wechselnden Koalitionspartnern Brandenburg „zum Experimentierfeld von Weltverbesserungsvorhaben gemacht“.[68] Die Lücke zwischen

68 ES IST ZEIT für eine andere Politik. Regierungsprogramm für Brandenburg der Alternative für Deutschland für die Landtagswahl in Brandenburg 2024, Potsdam 2024, S. 4.

dem Alltagsempfinden der Bürger und der veröffentlichten Meinung werde immer größer.

Bereits aus den Hauptüberschriften zu den 18 Abschnitten des Programms geht klar die jeweilige Programmatik hervor: „Demokratie ist mehr, als alle fünf Jahre einen neuen Landtag zu wählen“ (Demokratie und Staatsverständnis), „Wer ordentlich arbeitet, muss davon auch ordentlich leben können“ (Arbeit und Soziales), „Sicherheit darf nicht nur ein Gefühl sein: Polizei und Justiz stärken“ (Innere Sicherheit und Recht), „Keine weitere Einwanderung in unsere Sozialsysteme“ (Einwanderung, Asyl und Abschiebung), „Nicht das Klima ist bedroht, sondern unser Wohlstand“ (Klima und Energie) usw. Im Einzelnen sieht das folgendermaßen aus. Der Abschnitt über „Demokratie und Staat“ umfasst einen Katalog von zehn Forderungen: Volksentscheide erleichtern; bei Verfassungsänderungen abstimmen lassen; fakultative Referenden über Gesetze; das Zustimmungsquorum bei Landratswahlen abschaffen; Einführen direkter Demokratie auf Ortsteilebene; Rechte der parlamentarischen Opposition schützen; für einen Rundfunk ohne Ideologie und Korruption; Abschaffen der Briefwahl; und schließlich: „Wir werden den brandenburgischen Verfassungsschutz auflösen, sofern dieser nicht im Sinne seiner eigentlichen Aufgabe reformiert werden kann.“[69]

Das für die Partei wichtigste Thema der Einwanderung umfasste 14 Punkte: Asylmissbrauch beenden; keine weitere Einwanderung in unsere Sozialsysteme; keine Sozialleistungen für bestandskräftig ausreisepflichtige Ausländer; keine Überweisung von Transferleistungen ins Ausland; Wiedereinführen wirksamer Grenzkontrollen; konsequentes Zurückführen von Ausreisepflichtigen in ihre Heimatländer; Identitäts- und Altersfeststellen der Asylbewerber; Stilllegen der Asylindustrie; das Verhindern der Abschiebungen ahnden; Unterbringen der Flüchtlinge in wenigen zentralen Einrichtungen; Parallelgesellschaften verhindern; Integrationsbereitschaft der Eingewanderten; Rückkehr zum Abstammungsprinzip wie bis zum Jahre 2000. Der letzte Punkt lautete: „Remigrationsprogramm 2029“: Brandenburg brauche keine bildungsfernen Migranten – detailliert wird das „Abschiebungsprogramm“[70] erläutert.

Das Programm schließt mit einem Wahlaufruf, es sei Zeit für den Regierungswechsel. „Mit unserem Regierungsprogramm zeigen wir einen Weg auf, wie unser Land Brandenburg solide ausgebaut werden kann. Dafür müssen wir die Bürgergesellschaft, den Zusammenhalt der Menschen, vor Ort stärken. Wir brauchen nicht mehr Globalisierung, weitere Internationalisierung und politischen Größenwahn, sondern endlich orts- und sachnahe Problemlösungen.“[71] Mit keinem Wort war – angesichts der strikten Distanz der anderen Parteien – von der fehlenden Machtoption der AfD die Rede.

69 Ebd., S. 7.
70 Ebd., S. 33.
71 Ebd., S. 67.

Die Linke, wie die AfD in der parlamentarischen Opposition, nimmt mit einem kompakten sechsseitigen Programm vorlieb.[72] Im Grunde ist es eine griffige Erzählung, kein herkömmliches Programm. Mit Understatement fängt es an. „Zugegeben: Wir Brandenburger sind speziell. Wenn wir meinen, hier ist es richtig schön, sagen wir: ‚Jeht so. In Brandenburg'."[73] Und am Ende folgt auch ein Spruch: „Wenn wir das Gefühl haben, dass uns jemand zu viel verspricht, merken wir das in Brandenburg. Wenn uns jemand für blöd verkauft, sagen wir: ‚Gloobste doch selber nicht!'"[74] Offenbar weiß die Partei, dass die Brandenburger sich mit ihrem Land identifizieren. Solche Wendungen durchziehen den Text wie ein roter Faden. Ein Beispiel: „Klar, früher war auch nicht alles besser, oft im Gegenteil. Aber manchmal fragt man sich halt schon. An unseren Bahnhöfen, zum Beispiel, da war mal richtig was los. Züge hielten an ‚jeder Milchkanne'. Die Dörfer waren nicht abgehängt. Und Oma und Opa nicht darauf angewiesen, dass die Kinder – wenn denn mal Zeit sein sollte – sie in die nahe Stadt fuhren. Zum Arzt oder einfach nur zum Einkaufen und Bummeln."[75] Nicht nur hier überwiegt ein pessimistischer Grundton. Die Partei betont die Notwendigkeit der Verkehrswende, leistbare Mieten, fordert einen Mindestlohn von 15 Euro pro Stunde, den Erhalt aller Krankenhausstandorte und die Sicherung der ärztlichen Versorgung auf dem Land, gute Bildung und Betreuung für alle Kinder sowie Stärkung des sozialen Zusammenhalts, ferner Klimaneutralität für Brandenburg bis 2045. Fast alles bezieht sich auf das hiesige Bundesland.

Das lange Positionspapier holt weiter aus. Vier Punkte stehen im Vordergrund: Sicherheit im Wandel – Solidarität als Gesellschaftsprinzip – Der Zukunft zugewandt[76] – Neuer Demokratischer Aufbruch. Linke Politik sei antifaschistisch, feministisch und internationalistisch. Die Diagnose zur heutigen Lage fällt skeptisch aus: „Die rechtsextreme Agitation der vergangenen Jahre hat Spuren hinterlassen. Längst haben Verschwörungserzählungen sowie antidemokratische, antisemitische, rassistische und queerfeindliche Propaganda ihr Gift entfaltet und Raum im gesellschaftlichen Diskurs gewonnen und eine erschreckende Akzeptanz in Teilen der Gesellschaft gefunden. […] Und auch die rechtsextreme Landnahme durch völkische Siedler, Reichsbürger und aktive Neonazis schreitet vor allem im ländlichen Raum Brandenburgs voran. Mit der AfD hat sich der parlamentarische Arm der extremen Rechten im Parteiensystem etabliert und träumt öffentlich von der Ergreifung der Macht."[77] Der rot-schwarz-grünen Regierung fehle es an einer gemeinsamen Idee für Brandenburg. Sie stehe für Stillstand bei den großen Fragen. *Die Linke* hingegen sei eine politische Kraft, die Brandenburg sozialer und gerechter zu machen gedenkt.

---

72 Daneben hat die Partei ein 148-seitiges Positionspapier ins Netz gestellt: Weil es möglich ist! Unsere Positionen zur Landtagswahl, unter: wahlprogramm.die linke-brandenburg.de.

73 Die Linke, Mut für Brandenburg. Das Land. Die Leute. Was zählt, Potsdam 2024, S. 2 (im Original kursiv).

74 Ebd., S. 7 (im Original fett).

75 Ebd., S. 2.

76 Dieses Motto ist eher vergangenheitsorientiert und entspricht der zweiten Zeile der DDR-Hymne (mit „und").

77 Weil es möglich ist! (FN 72), S. 114.

Die AfD erreichte beim Thema Flüchtlinge/Asyl klar die höchsten Kompetenzwerte mit 30 Prozent.[78] Selbst bei der sozialen Gerechtigkeit schnitt sie besser als *Die Linke* ab (14 zu 11 Prozent). 56 Prozent der Brandenburger wünschten die AfD nicht in die Regierung (zustimmend 33 Prozent), wohl aber 43 Prozent das BSW (ablehnend 29 Prozent). Was vielleicht überraschen mag: Nur 17 Prozent der Anhänger der Partei *Die Linke* befürworteten dies.

Wie schon bei den anderen Wahlen zuvor, zeigte sich in Brandenburg innerhalb des AfD-Elektorats eine Verschiebung bei den Altersgruppen. Die Jüngeren votierten stärker als früher für die Partei und lagen bei den 16- bis 24-Jährigen ebenso klar an erster Stelle wie bei den 25- bis 34-Jährigen.[79] Das bedeutet aber keineswegs eine Überrepräsentation: Erhielt die Partei nach der Auswertung 29,3 Prozent, lag der Anteil der 16- bis 24-Jährigen wie jener der 25- bis 34-Jährigen jeweils bei 29,2 Prozent. Am besten schnitt die Partei bei den 45- bis 59-Jährigen mit 36,0 Prozent ab, klar am schwächsten bei den über 70-Jährigen (17,8 Prozent). *Die Linke* hingegen ist, was die Wählerschaft betrifft, eine junge Partei. Sie erhielt 8,6 Prozent in der ersten Altersgruppe, aber nur 1,7 Prozent bei den 45- bis 59-Jährigen. Ist die Schwankungsbreite mit Blick auf die Altersgruppen deutlich größer beim Elektorat der Partei *Die Linke*, gilt dies ebenfalls für das Geschlecht. Auf einen männlichen Wähler entfallen 1,78 Frauen. Bei der AfD sind dies 0,69. Früher nahm sich das Geschlechterverhältnis bei der Partei *Die Linke* ausgewogener aus, ebenso das Verhältnis zwischen den Altersgruppen. Die Dominanz bei den „Alten" ist verloren gegangen. Wer Alter und Geschlecht kombiniert, erhält folgende Spannweite: für die AfD von 13,6 Prozent (über 70-jährige Frauen) bis 43,4 Prozent (45- bis 59-jährige Männer), für *Die Linke* von 1,5 Prozent (45- bis 59-jährige Männer) bis 11,4 Prozent (16- bis 24-jährige Frauen).

6. Fazit und Ausblick

Im Vorfeld der drei Landtagswahlen spielte das neue BSW angesichts der erwartbaren Schwierigkeiten bei der Koalitionsbildung eine zentrale Rolle. Deshalb bemühten sich Michael Kretschmer, Mario Voigt und Dietmar Woidke darum, das BSW um Wagenknecht nicht vor den Kopf zu stoßen, etwa mit ihrem Meinungsbeitrag in der FAZ, der sich für Verhandlungen mit Putin aussprach.[80] Das Paradoxe: Bodo Ramelow, der Ministerpräsident von der Partei *Die Linke*, verzichtete darauf, obwohl das BSW Fleisch vom Fleisch seiner politischen Kraft ist.

78 Für diese und die folgenden Angaben vgl. Forschungsgruppe Wahlen, Landtagswahl in Brandenburg 22. September 2024, Mannheim 2024, S. 2.

79 Vgl. für die folgenden Angaben Amt für Statistik Berlin-Brandenburg (Hrsg.), Statistischer Bericht B VII 2 – 5 – 5j / 24. Landtagswahlen 2024 im Land Brandenburg. Repräsentative Wahlstatistik, Potsdam 2025, S. 14.

80 Vgl. Michael Kretschmer/Mario Voigt, Dietmar Woidke, Keine Freiheit ohne Sicherheit, in: Frankfurter Allgemeine Zeitung vom 4. Oktober 2024, S. 10.

Nur in Thüringen gab es dieselbe Konstellation nach der Wahl wie vor der Wahl, diesmal allerdings – nach einigem Hin und Her – in Form einer Minderheitsregierung durch CDU, SPD und das BSW, genauer: einer Regierung ohne Mehrheit. Lediglich die kleine SPD blieb in der Regierung. In den beiden anderen Ländern reüssierte die Partei des bisherigen Ministerpräsidenten, nicht zuletzt wegen des „Landesvater"-Bonus. Reichte es in Brandenburg für eine Mehrheitskoalition aus zwei Parteien, genügten in Thüringen nicht einmal drei für ein Mehrheitsbündnis.

Die Resultate in den drei ostdeutschen Ländern ließen mehr Parallelen als Unterschiede erkennen.[81] Die drei Parteien der „Ampel" verloren überall Stimmen, ob nun in der Regierung oder nicht – mit Ausnahme des Sonderfalls der SPD in Brandenburg. Waren die Grünen vorher an allen drei Landesregierungen beteiligt, gehören sie nun keiner mehr an. Nur in Sachsen gelangten sie knapp ins Parlament. Wurden die etablierten Kräfte ebenso weithin abgestraft wie die Postkommunisten von der Partei *Die Linke*, wuchs die AfD ausgerechnet in Thüringen klar zur stärksten Partei an. In Sachsen und Brandenburg kam sie mit knappem Rückstand hinter der jeweiligen Regierungspartei auf den zweiten Platz. Das BSW erreichte auf Anhieb zweistellige Ergebnisse und landete überall auf dem dritten Platz. Beide Parteien, die es vor 2013 noch nicht gab, hatten ihre Hochburgen in Thüringen. Dort hätte es arithmetisch zu einer klaren Mandatsmehrheit gereicht.

Was Ende 2023 zutraf, galt erst recht Ende 2024. Die AfD stand gestärkt da, *Die Linke* geradezu zerrüttet. Zum ersten Mal war sie mit Brandenburg in einem ostdeutschen Landtag nicht mehr vertreten. Weder die AfD noch *Die Linke* gehört einer der drei Landesregierungen an. Das ist die eine Seite. Die andere: Obwohl *Die Linke* deutlich schwächer als die AfD abschnitt, ist ihr Einfluss deutlich größer. Das gilt für Sachsen wie für Thüringen mit den Minderheitsregierungen. Die beiden Freistaaten sind mehr oder weniger auf *Die Linke* angewiesen. Diese ist angesichts der Stärke der AfD ihrerseits bereit, die Politik der Landesregierungen in zentralen Punkten (wie der Verabschiedung des Haushalts) zu unterstützen. Deshalb kann *Die Linke* auch manche ihrer Anliegen durchsetzen, so in Thüringen ein drittes beitragsfreies Kindergartenjahr[82], so in Sachsen, anders als früher, einen „Gedenktag zum Tag der Befreiung vom Nationalsozialismus und der Beendigung des Zweiten Weltkrieges in Europa".[83]

81 Vgl. Eckhard Jesse, Die Landtagswahlen in Sachsen, Thüringen und Brandenburg. Nach den Europawahlen im Juni 2024 und vor der Bundestagswahlen 2025: Desaster für die etablierten Parteien, in: Gesellschaft – Wirtschaft – Politik 73 (2024), S. 249–437; Kerstin Völkl, Die Landtagswahlen in Brandenburg, Sachsen und Thüringen 2024: Neue Formen des Regierens als Antwort auf die Wahlergebnisse, in: Zeitschrift für Politikwissenschaft 34 (2024), S. 515–523.

82 Vgl. Markus Wehner, Thüringer Pakt mit der Linken, in: Frankfurter Allgemeine Zeitung vom 8. April 2025, S. 8.

83 Vgl. Hendrik Lasch, 8. Mai als Gedenktag: Erfolg für Sachsen Linke im 205. Anlauf, unter: http://www.nd-aktuell.de, 31. März (5. April 2025).

Für den Berliner Soziologen Steffen Mau, und nicht nur für ihn, wird „der Osten dauerhaft anders bleiben."[84] Das gilt auch für das Wahlverhalten. Er nennt die Elitenschwäche, den anhaltenden Schrumpfungsprozess und die andersartige politische Kultur, die sich etwa durch größere Vorbehalte gegenüber der Migration zeigt. „Unzufriedenheit, Protest und Radikalisierung – das scheinen gegenwärtig wesentliche Triebfedern der politischen Entwicklung in Ostdeutschland (aber nicht nur dort!) zu sein."[85] Niemand weiß, wie lang „gegenwärtig" anhält. Die Zukunft des BSW, dessen Wählerschaft erstaunliche Affinitäten zu der von der AfD erkennen lässt[86], steht ohnehin in den Sternen. Setzt es sich bundesweit durch? Etabliert es sich nur in den Hochburgen, den neuen Bundesländern? Oder folgt ein bundesweiter Niedergang – wie einst bei der *Piratenpartei*?

Was die vorgezogenen Bundestagswahlen, die ersten Wahlen im Jahr 2025, betrifft, ist das Elektorat im Osten wohl nicht entscheidend: Nur jeder sechste Wähler wohnt in den neuen Bundesländern. Aber die ostdeutsche Wählerschaft mit einer stärkeren Repräsentanz der AfD, des BSW und der Partei *Die Linke*, die alle nicht für die Regierungsbildung in Frage kommen, könnte diese erschweren. Die Landtagswahlen nach der Bundestagswahl 2021 zeigten eine klare Tendenz: Stärke der AfD, Schwäche der Partei *Die Linke*. Der Bruch der „Ampel"-Koalition schien diesem Befund nicht entgegenzustehen.[87] Und in Hamburg, der zweiten Wahl 2025, sprach alles für eine Fortsetzung der bisherigen Koalition.

84 Steffen Mau, Ungleich vereint. Warum der Osten anders bleibt, Berlin 2024, S. 11.

85 Ebd., S. 145.

86 Vgl. Markus Klein/Christoph Kühling, Wer wählt (das Bündnis) Sahra Wagenknecht? Erste Erkenntnisse aus der Forschung und den Wahlen des Jahres 2024, in: Gesellschaft – Wirtschaft – Politik 74 (2025), S. 49–59. Thomas Waldvogel/Nikolaus Dörr, Nothing left? Die Positionierung des Bündnis Sahra Wagenknecht in der deutschen Parteienlandschaft zur Europawahl 2024, in: Zeitschrift für Politik 72 (2025), S. 3–21.

87 Vgl. Frank Decker, Nach dem Ende der Ampel. Erwägungen zu der vorgezogenen Bundestagswahl 2025, in: Gesellschaft – Wirtschaft – Politik 74 (2025), S. 35–48; Werner J. Patzelt, Deutschlands blaues Wunder. Die AfD und der Populismus, München 2025.

Organisationen 2024

Von Uwe Backes

1. Ausgangssituation und Rückblick

Neben dem Ukraine-Krieg beeinflussten die Folgen des HAMAS-Überfalls vom 7. Oktober 2023 (Militäreinsatz Israels im Gazastreifen und zunehmend heftige Gefechte mit der *Hizb Allah* im Libanon)[1] die innerparteilichen Auseinandersetzungen ebenso wie die erneute US-Präsidentschaftskandidatur Donald Trumps, der im Wahlkampf als EU-Kritiker, Putin-Flüsterer und Rechtspopulismus-Förderer Besorgnisse erregt und Hoffnungen geweckt hatte. Diese Ereignisse konnten nicht ohne Folgen für die Kräfteverhältnisse an den Flügeln des politischen Spektrums, die Wahlchancen[2] und das Protestgeschehen bleiben. Auch mögliche Wirkungen auf das komplexe Interaktionsgefüge gewaltorientierter Gruppierungen waren zu bedenken.

Mit Blick auf das Jahr 2024 stellten sich Fragen wie die folgenden: Würden die Konsequenzen des Ukraine-Krieges und der Konflikteskalation im Nahen Osten die politische Polarisierung weiter erhöhen? Welche Störeffekte waren von dem schwer berechenbaren neuen US-Präsidenten zu erwarten? Könnte die AfD mit ihren Hochburgen im östlichen Deutschland verstärkt an Zulauf gewinnen und die Koalitionsarithmetik zunehmend bestimmen? Würde die Wagenknecht-Partei das Parteienspektrum noch weiter auffächern und sich zu einer ernsthaften Konkurrenz der AfD (und der Partei *Die Linke*) entwickeln? Und: Welche Wirkungen gingen vom Geschehen an den Flügeln des Parteiensystems auf gewaltgeneigte Szenen aus?

2. Linksextremismus

Die Verfassungsschutzbehörden schätzten die Zahl der Anhänger linksextremistischer Vereinigungen zum Jahresende 2024 auf rund 38.000 bundesweit (siehe Tabelle 1).[3] Die Partei *Die Linke* mit rund 58.500 Mitgliedern Ende 2024[4] war wie in den Vorjahren kein Beobachtungsobjekt der Verfassungsschutzbehörden. Das galt indes für einige Suborganisationen, die Landesbehörden als „offen extremis-

1 Vgl. nur Daniel Voelsen (Koord.), Trump II und die Folgen für die internationale Politik, Stiftung Wissenschaft und Politik, Berlin, 3. Dezember 2024, unter: https://www.swp-berlin.org/publikation/trump-2-und-die-folgen-fuer-die-internationale-politik#c10320 (15. Juli 2025).

2 Vgl. das Dossier „Wahlen 2024“ von Eckhard Jesse in diesem Band.

3 Vgl. Bundesministerium des Innern (Hrsg.), Verfassungsschutzbericht 2024, Berlin 2025, S. 142. Im Folgenden zitiert als: VSB 2024.

4 Vgl. Oskar Niedermayer, Parteimitgliedschaften im Jahre 2024, in: Zeitschrift für Parlamentsfragen 56 (2025), S. 418–448, hier: S. 423.

tisch" bewerteten. In Baden-Württemberg traf dies auf die *Antikapitalistische Linke* (AKL), die *Kommunistische Plattform* (KPF), den trotzkistischen Zirkel *marx21* sowie die Jugendvereinigungen *Linksjugend ['solid]* und *Sozialistisch-Demokratischer Studierendenverband* (DIE LINKE.SDS) zu.[5] In Bayern und Nordrhein-Westfalen fanden nur die Jugend- und Studierendenorganisationen in den Verfassungsschutzberichten Erwähnung.[6] Zur Gesamtmitgliederzahl dieser Gruppierungen machten die Behörden keine Angaben. Die *Linksjugend ['solid]* teilte im Sommer 2024 mit, ihr gehörten bundesweit 7.500 aktive Mitglieder an.[7] Zweifellos handelte es sich um die mit Abstand größte der genannten Suborganisationen. Sie lehnte jede Form des „Kapitalismus" entschieden ab und plädierte für dessen Überwindung zugunsten einer „sozialistischen Gesellschaft", „in der Produktion und Verteilung demokratisch organisiert sind und die Mittel, mit denen wir produzieren, kein Privateigentum mehr sind. Dabei beziehen wir uns positiv auf die kommunistische Vision einer klassenlosen Gesellschaft und die Tradition des Marxismus."[8] Die Jugendorganisation sah sich als Teil einer organisierten „Klasse", die im Bündnis mit einer sozialistischen Bewegung und einer „linken Massenpartei" zielstrebig daran arbeite, „den Kapitalismus zu überwinden und eine neue, gerechte Welt zu erschaffen".[9]

Der „linken Massenpartei" fehlte allerdings die Massenbasis. Der bereits in den Vorjahren zu beobachtende Schwund politischer Anziehungskraft setzte sich bis weit in die zweite Jahresmitte 2024 hinein fort. Er hatte viele Ursachen.[10] Wo *Die Linke* als regierende Partei politischen Pragmatismus bewies, sorgte dies oftmals für Enttäuschung an der Wählerbasis. Am rechten Flügel des Parteiensystems konnte die AfD als zugkräftige Protestformation in linke Hochburgen vordringen. Hinzu kam im Januar 2024 die lange Zeit zuvor angekündigte Gründung des *Bündnis Sahra Wagenknecht* (BSW), das sich als linkspopulistische Abspaltung um die Wiedergewinnung der verlorenen Wählerschaft bemühte – und bei den Europawahlen vom Mai 2024 einen erstaunlichen Anfangserfolg verbuchte.[11] Erst der Bruch der Ampelko-

5 Vgl. Ministerium des Inneren, für Digitalisierung und Kommunen Baden-Württemberg (Hrsg.), Verfassungsschutzbericht 2024, Stuttgart 2025, S. 121.

6 Vgl. Bayerisches Staatsministerium des Innern für Sport und Integration (Hrsg.), Verfassungsschutzbericht 2024, München 2025, S. 259; Ministerium des Innern des Landes Nordrhein-Westfalen (Hrsg.), Verfassungsschutzbericht des Landes Nordrhein-Westfalen über das Jahr 2024, Düsseldorf 2025, S. 165–167.

7 Vgl. https://www.linksjugend-solid.de/faq/ (14. Juli 2025).

8 Unter: https://www.linksjugend-solid.de/inhalte/ („Antikapitalismus, Sozialismus & Kommunismus"; 14. Juli 2025).

9 Unter: https://www.linksjugend-solid.de/beschluss/gemeinsam-die-linke-neu-denken-unser-parteiverhaeltnis/ (14. Juli 2025).

10 Vgl. Eckhard Jesse, Die Linke und ihr Niedergang, in: Gesellschaft – Wirtschaft – Politik 72 (2023), S. 150–155.

11 Vgl. Maik Herold/Cyrill Otteni, Closing the Left-Conservative Gap of Political Representation? Ideological Positions and Democratic Attitudes of ‚Bündnis Sahra Wagenknecht' (BSW) Supporters in Germany, in: German Politics (2025), S. 1–28, unter: https://doi.org/10.1080/09644008.2025.2497083 (12. Juli 2025); J. Philipp Thomeczek, Bündnis Sahra Wagenknecht (BSW): Left-Wing Authoritarian – and Populist? An Empirical Analysis, in: Politische Vierteljahresschrift 65 (2024), S. 535–552.

alition (6. November 2024) und die Ankündigung einer Bundestagswahl für Februar 2025 verliehen der *Linken* neue Dynamik: Nicht zuletzt die „Mission Silberlocke" der populären Politprofis Bartsch, Gysi und Ramelow[12] und der „Wahlkampf-Booster"[13] brachten die Partei aus der Talsohle. Jugendliche Fans erreichte die Bundestagsabgeordnete Heidi Reichinnek (geb. 1988), die der AfD auf *TikTok* Paroli bot und mit provozierenden Inhalten wie auch „Videos über ihre zahlreichen Tattoos" „mehr Likes als Alice Weidel und Sahra Wagenknecht" einheimsen konnte.[14]

Für eine Ausmerzung des Kapitalismus im Sinne der *Linksjugend ['solid]* boten sich andere Parteien an. Aber bei denen konnte von einer Massenbasis noch weit weniger die Rede sein. Die *Deutsche Kommunistische Partei* (DKP) verlor auf ohnehin niedrigem Niveau weiter an Mitgliedern (Ende 2024: 2.700).[15] Enge Beziehungen pflegte sie zur KPF der Partei *Die Linke*, deren Positionen sie meist teilte. Folgende Kritik an der außenpolitischen Linie des Parteivorstandes der *Linken* hätte auch von der KPF kommen können: „Die beiden Parteivorsitzenden Jan van Aken und Ines Schwerdtner reden gerne von Frieden und Diplomatie, setzen aber auch auf Sanktionen gegen Russland." Der auf dem *Linken*-Parteitag beschlossene Leitantrag schwanke „zwischen Äquidistanz und NATO-Linie. Tiefergehende Analysen des Ukraine-Kriegs? Fehlanzeige: Der Russe ist schuld. Und vom Völkermord in Gaza spricht man lieber auch nicht."[16] Die DKP gehörte dem antiimperialistisch-propalästinensischen, Israel als „kolonialistisch" denunzierenden *Kufiya-Netzwerk* an – zusammen u. a. mit der *Sozialistischen Deutschen Arbeiterjugend* (SDAJ) und der trotzkistischen *Gruppe ArbeiterInnenmacht* (GAM).[17]

Die *Marxistisch-Leninistische Partei Deutschlands* (MLPD) mit ihren unverändert rund 2.800 Mitgliedern Ende 2024 rang mit der DKP um politischen Einfluss. Nicht nur in der Frage des Ukraine-Krieges vertrat sie eine abweichende Position. Sie distanzierte sich von der „neuimperialistischen" Politik Russlands (im Verhältnis zur „kapitalistischen Ukraine") wie vom „faschistischen Iran".[18] Die MLPD ehrte Mao Tse-tung und Stalin als ideologische Vordenker, sah aber die Volksrepublik China (anders als die DKP) nicht auf dem Weg zum Sozialismus. Ihr beträchtliches

---

12 Vgl. https://www.mission-silberlocke.de/start/aktuell/ (12. Juli 2025).

13 So der Ko-Parteivorsitzende Jan van Aken laut FAZ: Parteien wachsen seit dem Aus der Ampel, in: Frankfurter Allgemeine Zeitung vom 20. November 2024, S. 2.

14 Thomas Vorreyer, Politikerin mit Reichweite, in: tagesschau.de vom 16. Februar 2024, unter: https://www.tagesschau.de/inland/innenpolitik/tiktok-reichinnek-linke-100.html (15. Juli 2025).

15 Vgl. VSB 2024 (FN 3), S. 195.

16 Live-Ticker zum Bundesparteitag 2024 der Linkspartei, in: Unsere Zeit vom 20. Oktober 2024, unter: https://www.unsere-zeit.de/live-ticker-pdl-parteitag-2024/ (12. Juli 2025).

17 Vgl. VSB 2024 (FN 3), S. 168. Siehe ausführlich den Beitrag von Norman Siewert in diesem Band.

18 Vgl. Hodo, MLPD ruft zur Beteiligung an der Friedensdemonstration am 3. 10. in Berlin auf, in: Rote Fahne vom 29. September 2024.

Parteivermögen (durch Mitgliedsbeiträge, Spenden und Erbschaften[19]) setzte sie zur ideologischen Schulung und in der Jugendarbeit ein.

Tabelle 1: Mitglieder linksextremistischer Organisationen, 2022–2024

	2022	2023	2024
Nicht gewaltorientierte Linksextremisten			
hiervon	27.600	27.800	28.800
DKP	2.850	2.800	2.700
MLPD	2.800	2.800	2.800
RH	13.100	13.700	14.400
Gewaltorientierte Linksextremisten	10.800	11.200	11.200
hiervon Autonome	8.300	8.300	8.600

Quelle: Verfassungsschutzberichte des Bundes 2023 und 2024.

Während die Mitgliederzahl von DKP und MLPD rückläufig war oder stagnierte, blieb der Auftrieb der *Roten Hilfe* (RH) ungebrochen. Sie wuchs von 13.700 Mitgliedern Ende 2023 auf 14.400 Ende 2024.[20] Dazu bei trug ihre Selbstdarstellung als parteiunabhängige und strömungsübergreifende „Solidaritätsorganisation, die politisch Verfolgte aus dem linken Spektrum unterstützt".[21] Aber wer eintrat, dokumentierte damit tiefes Misstrauen gegenüber den staatlichen Institutionen: Die RH geißelte jede Art rechtsstaatlicher Ahndung von Straftaten als Akte politischer Verfolgung, sofern sie von „Linken" verübt wurden und diese sich zu ihren Taten bekannten. Anlässlich der Festnahme der früheren RH- und RAF-Aktivistin Daniela Klette[22] (geb. 1958) berichtete die RH-Zeitung voller Sympathie über „Danielas" Festnahme und ihre Haftbedingungen. Sie überbrachte den Lesern eine Solidaritätserklärung der Inhaftierten zugunsten der Palästinenser mit einer pauschalen Verurteilung des „von Deutschland unterstützten Krieg[es] Israels in Gaza".[23]

Die wichtigste RH-Klientel bildeten Gewalttäter aus der *Autonomen*-Szene, deren Anhängerzahl nach einer Phase der Stagnation wieder anstieg – auf rund 8.600 Ende 2024. Schwerpunkte blieben wie in den Vorjahren Berlin, Hamburg und Leipzig, wo sie über „ein breites sympathisierendes und anlassbezogen mobilisierbares Szeneumfeld"[24] verfügten. Während die Leipziger Szene weiter florierte, ging das Personenpotenzial der *Autonomen* in Berlin erneut zurück. Auch die *postautonome*

19 Vgl. Deutscher Bundestag, 20. Wahlperiode, Drucksache 20/11910 vom 20. Juni 2024: Bekanntmachung von Rechenschaftsberichten politischer Parteien, S. 269–292.

20 Vgl. VSB 2024 (FN 3), S 193.

21 Rote Hilfe e.V., Über uns, unter: https://rote-hilfe.de/ueber-uns (12. Juli 2025).

22 Vgl. Butz Peters, Tödlicher Irrtum. Die Geschichte der RAF, Berlin 2004, S. 709; Alexander Straßner, Die dritte Generation der „Roten Armee Fraktion", Wiesbaden 2003, S. 107 f.

23 Lukas Theune, Am 26. Februar 2024 wurde Daniela Klette in Berlin-Kreuzberg festgenommen, in: Rote Hilfe Zeitung 2/2024, S. 20.

24 Vgl. VSB 2024 (FN 3), S. 173.

Vereinigung *Interventionistische Linke* (IL) verzeichnete sinkende Anhängerzahlen (bundesweit: von 1.000 2023 auf 900 2024).[25] In ihrem „Zwischenstandspapier #2" präsentierte sie sich dennoch selbstbewusst als „eine der großen linksradikalen Strukturen im deutschsprachigen Raum" – mit Ortsgruppen „in über 20 Städten".[26] Strategisch ging sie über die Programmatik von 2014 hinaus, indem sie die Anwendung von Gewalt prinzipiell legitimierte: „Die gesellschaftliche Normalität zu unterbrechen und sich ihr aktiv zu widersetzen, ist Ausgangspunkt, um Risse in den Herrschaftsverhältnissen zu vertiefen. Ungehorsam ist die Voraussetzung für eine radikale Umwälzung des Bestehenden. Wir setzen dabei auf eine Politik der Selbstermächtigung der Ausgebeuteten und Unterdrückten. Diese Politik fragt nicht nach der Legalität, sondern nach der Legitimität ihres Handelns und bestreitet damit das staatliche Gewaltmonopol."[27]

Gezielte „Regelverletzungen" und Gewalt gegen Sachen waren ohnehin längst Teil erprobter Praxis, wo immer die IL intervenierte.[28] In der Frage des Gaza-Krieges nahm sie eine vergleichsweise differenzierte Haltung ein. Frieden könne weder von der „rechten Regierung in Israel" noch „von der Hamas" erwartet werden. Nur durch internationalen Druck unter deutscher Beteiligung sei ein Waffenstillstand zu erreichen. Ihre Enthaltsamkeit bei den Demonstrationen in Berlin begründete die IL im April 2024 mit den „teils absurden Konflikte[n] und Spaltungslinien, zu denen das Thema in der deutschen Linken geführt hat". Es sei in den „letzten Jahren [...] nicht nur wiederholt zu Eskalationen des Krieges" gekommen, sondern auch zu „Konsequenzen in der deutschen Gesellschaft, u. a. steigenden Antisemitismus und eine sich zuspitzende Kriminalisierung der palästinensischen Bewegung (Stichwort BDS-Resolutionen)." Die IL sprach das Massaker vom 7. Oktober 2023 an, erklärte es für illegitim, Morde, Vergewaltigungen und Verschleppungen mit Widerstand gegen Unterdrückung zu rechtfertigen, und warnte vor „Allianzen mit Islamisten".[29] Die IL nahm so eine vermittelnde Position zwischen den proisraelischen Demonstranten der „Antideutschen" und Teilen der Autonomen wie den propalästinensischen, nicht selten israelfeindlichen Aktiven vor allem aus dem marxistisch-leninistischen Spektrum ein.[30] Dies traf auch auf die weniger als 300 Mitglieder zählende[31]

25 Vgl. Senatsverwaltung für Inneres und Sport/Abteilung Verfassungsschutz (Hrsg.), Verfassungsschutzbericht 2024, Berlin 2025, S. 64 f.

26 Interventionistische Linke, Zwischenstandspapier #2, unter: https://interventionistische-linke.org/zwischenstandspapier-2 (12. Juli 2025), unpaginiert, Einleitung.

27 Ebd., III. 2. („Ungehorsam Kämpfen").

28 Vgl. Philipp Currle, Interventionistische Linke: Motor der Protest-Radikalisierung?, in: Uwe Backes/Alexander Gallus/Eckhard Jesse/Tom Thieme (Hrsg.), Jahrbuch Extremismus & Demokratie, Bd. 32, Baden-Baden 2020, S. 157–166.

29 Zweites Statement der IL Berlin zum Krieg in Israel/Palästina (7. Mai 2024), unter: https://interventionistische-linke.org/print/beitrag/zweites-statement-der-il-berlin-zum-krieg-israelpalaestina (12. Juli 2025).

30 Vgl. VSB 2024 (FN 3), S. 58.

31 Vgl. ebd., S. 197.

trotzkistische *Sozialistische Gleichheitspartei* (SGP) zu, die im Bundestagwahlkampf mit dem Plakat „Stoppt den Genozid in Gaza“[32] warb.

Der Anstieg der als linksextremistisch bewerteten Straftaten ging teilweise auf die Straßenproteste im Kontext des Nahost-Konflikts zurück. Gegenüber dem Jahr 2023 verzeichneten die Landeskriminalämter nahezu eine Verdreifachung der Delikte (2024: 437).[33] Die Zahl der Gewalttaten sank (siehe Tabelle 2). Die Verfassungsschutzbehörden erklärten das mit einer „deutlich verringerten Anzahl eskalativer linksextremistischer Versammlungen und damit weniger Gewalt gegen die Polizei“.[34] Insgesamt entfiel das Gros der Gewalttaten auch 2024 auf Körperverletzungen, Landfriedensbrüche und Widerstandsdelikte, die oft am Rande des Protestgeschehens auf den Straßen verübt werden. Selten waren Begehungsweisen (wie Sprengstoffanschläge), die auf umfangreiche Vorbereitungshandlungen hindeuten.

Tabelle 2: Gewalttaten mit linksextremistischem Hintergrund, 2022–2024

	2022	2023	2024
Tötungsdelikte	1	3	0
Sprengstoffanschläge	3	2	6
Brandanschläge	62	104	86
Körperverletzungen	301	317	216
Raubüberfälle	6	6	9
Landfriedensbrüche und Widerstandsdelikte	193	251	204
Gefährliche Eingriffe in den Bahn-, Luft-, Schiffs- oder Straßenverkehr	31	46	10
Freiheitsberaubung	1	0	0
Erpressung	1	0	1
Gewalttaten insgesamt	602	727	532

Quelle: Verfassungsschutzberichte des Bundes 2023 und 2024.

Antikapitalismus, Antirepression, Antimilitarismus, Antigentrifizierung bildeten Motivkomplexe, die planhaft vorgehende linksextremistische Gewalttäter oft in Verbindung mit Klimaschutzmotiven in den Mittelpunkt stellten, um Anschluss an radikalisierte Teile der linksökologischen Protestmilieus zu gewinnen. Anschlagsziele bildeten sensible Infrastrukturen ebenso wie Unternehmen, denen die Täter „Profitgier“, „Greenwashing“ und Klimaschädlichkeit anlasteten. Schaden in Millionenhöhe verursachte der Brandanschlag einer *Vulkangruppe* gegen die Tesla-„Gigafacto-

32 Vgl. https://www.gleichheit.de/home.html (12. Juli 2025).
33 Vgl. Bundesministerium des Innern/Bundeskriminalamt, Bundesweite Fallzahlen 2024 Politisch motivierte Kriminalität, Berlin 2025, S. 24.
34 VSB 2024 (FN 3), S. 142.

ry“ in Grünheide (Brandenburg) am 5. Mai 2024.[35] Eine Serie von Anschlägen verübten Gruppen, die unter dem Label *Switch off* in Erscheinung traten. Eine eigens eingerichtete Homepage informierte über eine stattliche Zahl von Gewalttaten im In- und Ausland (meist in Deutschland, häufig auch in Frankreich, selten in den USA und Kanada): zerstörte Baufahrzeuge, unterbrochene Bahnlinien, zerstochene Reifen von Elektroautos, Angriffe auf E-Ladestationen, Beschädigung der Sensoren einer Geothermieanlage, Sabotage an Strommasten und Windrädern, Feuer im Mercedes-Autohaus etc.[36] Mitunter zielten die Angriffe auch auf Politiker und Amtsträger wie den Hamburger Innensenator: „Wir haben gestern morgen am 13. 12. 2019 um kurz nach 8 Uhr […] auf den Hamburger Innensenator Andy Grote (SPD) gewartet. Als die BMW-Limousine der Fahrbereitschaft des Hamburger Senats […] ihn wie immer an seinem Wohnort […] im Hinterhof abgeholt hatte und an uns vorbei fuhr, wurde sie von Farbflaschen getroffen.“ Die Täter machten ihn für Polizeieinsätze gegen „Obdachlose und People of Color“[37] verantwortlich.

Die Zahl der Gewalttaten gegen wahrgenommene „Faschisten“ stieg im „Superwahljahr“ um 37,3 Prozent auf 280 Delikte.[38] Ein Teil der Körperverletzungsdelikte wurde von Personen aus militant-antifaschistischen Gruppen verübt, die strategisch-zielgerichtet vorgingen. Ein Beispiel: „Am 20. Oktober 2024 griffen 10 bis 15 vermummte Personen die baden-württembergische Landesvorsitzende der rechtsextremistischen Partei ‚Die Heimat‘ an einem Bahnhof an, als sie auf dem Weg zu einer Veranstaltung war. Die Angreifer beleidigten sie als ‚Nazischlampe‘, warfen sie zu Boden und schlugen unter anderem mit Eisenstangen mehrfach auf sie ein. Die Landesvorsitzende erlitt mehrere Prellungen.“[39]

Am 8. November 2024 gelang der Polizei die Festnahme des lange Zeit flüchtigen antifaschistischen Gewalttäters Johann G., der eine Schlüsselrolle in der Gruppe um Lina E.[40] gespielt und laut Bundesanwaltschaft am „Tag der Ehre“ in Budapest (Februar 2023), einer internationalen Kundgebung von Rechtsextremisten, Teilnehmer mit „Schlagwerkzeugen“[41] angegriffen und teilweise schwer verletzt hatte. 2024 erfolgten aufgrund der Budapester Vorgänge weitere Festnahmen gegen Mitglieder einer als *Antifa Ost* titulierten Vereinigung. Es ging um Angriffe auf Personen auf öffentlichen Plätzen in Budapest: „In beiden Fällen verfolgte die Gruppierung die Opfer zunächst für eine kurze Zeit unauffällig, um sodann mit Schlagwerkzeugen

35 Vgl. VSB 2024 (FN 3), S. 160.
36 Switch off – the system of destruction, unter: https://switchoff.noblogs.org/ (15. Juli 2025).
37 Angriff auf Hamburger Innensenator Andy Grote (SPD), unter: https://de.indymedia.org/node/53445 (15. Juli 2025). Vgl. auch VSB 2024 (FN 3), S. 161.
38 Vgl. VSB 2024 (FN 3), S. 142.
39 Ebd., S. 146.
40 Vgl. Mikhail Logvinov/Jan Böhme, Gewalt als politischer Inhalt. Ideologie, Strategie und Taktik „antifaschistischer Militanz“ unter besonderer Berücksichtigung der Gruppierung um Johann G. und Lina E., in: Uwe Backes/Alexander Gallus/Eckhard Jesse/Tom Thieme (Hrsg.), Jahrbuch Extremismus & Demokratie, Bd. 36, Baden-Baden 2024, S. 185–201.
41 Generalbundesanwalt beim Bundesgerichtshof, Pressemitteilung vom 9. November 2024, unter: https://www.generalbundesanwalt.de/SharedDocs/Pressemitteilungen/DE/2024/Pressemitteilung-vom-09-11-2024.html (12. Juli 2025).

blitzartig einen zeitlich begrenzten Angriff von etwa 30 Sekunden auszuführen. Bei dem ersten Vorfall am 10. Februar 2023 brachte ein Vereinigungsmitglied den Geschädigten mit einem Teleskopschlagstock zu Boden. Dort traten und schlugen ihn dann auch andere Mitglieder mit Schlagstöcken und sonstigen Schlagwerkzeugen wiederholt mit großer Wucht in den Bereich von Kopf und Oberkörper. Einige Gruppenmitglieder, darunter die Angeschuldigte, fixierten die Beine und Arme des Geschädigten am Boden, um ihn daran zu hindern, eine Schutzhaltung einzunehmen. Das Opfer erlitt dadurch erhebliche Kopfwunden, die zum Tode hätten führen können."[42] Die Täter sahen sich zu solchem Handeln offenbar durch ihren Antifaschismus legitimiert.

3. Rechtsextremismus

Das Neue Jahr begann für die AfD mit einem Eklat. Eine investigative „Correctiv"-Reportage über ein Treffen in der Villa Adlon am Potsdamer Lehnitzsee (25. November 2023) wartete am 10. Januar mit sensationsheischenden[43] Enthüllungen auf: „Geheimplan gegen Deutschland. Von diesem Treffen sollte niemand erfahren: Hochrangige AfD-Politiker, Neonazis und finanzstarke Unternehmer kamen im November in einem Hotel bei Potsdam zusammen. Sie planten nichts Geringeres als die Vertreibung von Menschen aus Deutschland."[44] Die Brisanz für die AfD im Vorfeld der bevorstehenden Wahlen: Ein enger Mitarbeiter der Bundessprecherin Alice Weidel (geb. 1979), der Jurist Roland Hartwig (geb. 1954), Leiter einer Arbeitsgruppe zum Umgang der Partei mit der Beobachtung durch den Verfassungsschutz, nahm an dem Treffen ebenso teil wie eine Anzahl szenebekannter rechtsextremer Irrläufer mit Martin Sellner, dem Wiener Remigrationsvordenker und Bewegungsunternehmer der im deutschen Verfassungsschutzbericht als rechtsextremistisch gelisteten *Identitären Bewegung* (IB) an der Spitze. Unmittelbare Folgen: Weidel löste den Vertrag

42 Generalbundesanwalt beim Bundesgerichtshof, Pressemitteilung vom 8. Oktober 2024, unter: https://www.generalbundesanwalt.de/SharedDocs/Pressemitteilungen/DE/2024/Pressemitteilung-vom-08-10-2024.html?nn=2031572 (12. Juli 2025).

43 Zur Kritik an der journalistischen Qualität des Beitrags: Nathan Giwerzew, Wie stichhaltig war der „Correctiv"-Beitrag über das „Geheimtreffen" in Potsdam?, in: Neue Zürcher Zeitung vom 10. Januar 2025; Nicolai Kary, Klagen, Kritik und ein bisschen Hoffnung, in: die tageszeitung vom 10. Januar 2025.

44 Neue Rechte. Geheimplan gegen Deutschland (10. Januar 2024), unter: https://correctiv.org/aktuelles/neue-rechte/2024/01/10/geheimplan-remigration-vertreibung-afd-rechtsextreme-november-treffen/ (12. Juli 2025).

mit ihrem Berater auf[45] – und an den Wochenenden danach protestierten Tausende von Menschen in zahlreichen deutschen Städten „gegen rechts".[46]

Auch für die AfD-Führung trat etwas Überraschendes ein: Was die einen empörte, löste bei anderen einen Solidarisierungseffekt aus: In der Bundesgeschäftsstelle in Berlin gingen zeitweise täglich mehr als 100 Mitgliedsanträge ein. „Viele begründen ihren Eintritt damit, der Partei sei unrecht getan worden, erst mit dem angeblich verfälschenden ‚Correctiv'-Bericht, dann mit einer Verbotsdebatte und schließlich mit Demonstrationen. Sie beklagten Unrecht und DDR-Verhältnisse, heißt es in der Partei. Bei früheren AfD-Skandalen trat allerdings noch eine andere Sorte in die Partei ein: Jene, die das, was der Partei vorgeworfen wurde, gar nicht leugneten, sondern guthießen. So erklärt sich auch, warum die AfD mit jeder Eintrittswelle radikaler wurde."[47]

Der Protestwelle folgte eine Serie von Wahlerfolgen, die den Zustrom neuer Mitglieder nicht abreißen ließ. Ihre Zahl stieg von rund 40.000 Ende 2023 auf 51.300 Ende 2024. Dies übertraf in absoluten Zahlen (nicht relativ[48]) den Zuwachs, den die AfD bereits im Vorjahr im Vergleich zum Stand Ende 2022 hatte erzielen können (siehe Tabelle 3). Der Mitgliederzustrom war nicht auf die östlichen Länder konzentriert, sondern erfolgte in ähnlicher Höhe auch in den westlichen Landesverbänden.[49] Offenbar schätzten die Aspiranten die AfD fundamental anders ein als die Anhänger der übrigen im Deutschen Bundestag vertretenen Parteien. Mehr als 70 Prozent von ihnen nahmen die AfD als eine Gefahr für die Demokratie wahr.[50]

Für diese Einschätzung lieferte die AfD den Medien emsig Munition: Im Februar 2024 erfuhr die Öffentlichkeit durch Berichte der exilrussischen Plattform *The Insider* und des Nachrichtenmagazins *Der Spiegel* über den Verdacht langjähriger Kontakte des AfD-Abgeordneten Eugen Schmidt (geb. 1975) zum russischen Inlandsgeheimdienst FSB.[51] Ende März 2024 informierte der *Spiegel* über Rechercheergebnisse tschechischer Nachrichtendienstquellen, wonach über das russische Propagandamedium *Voice of Europe* Finanzleistungen an kooperative Kandidaten für

45 Vgl. Marie Scholl/Nicole Diekmann/David Gebhard, Weidel beendet Zusammenarbeit mit Hartwig (15. Januar 2024), unter: https://www.zdfheute.de/politik/deutschland/afd-weidel-geheimtreffen-reaktion-hartwig-100.html (12. Juli 2025).

46 Vgl. Bundesweit weitere Demonstrationen gegen Rechtsextremismus angekündigt, unter: https://www.zeit.de/gesellschaft/zeitgeschehen/2024-01/demonstration-gegen-rechts-afd (12. Juli 2025).

47 Justus Bender, Der Eine-Million-Euro-Fehler. Zuerst war der AfD der „Correctiv"-Bericht unangenehm. Das ändert sich, in: Frankfurter Allgemeine Zeitung vom 26. Januar 2024, S. 8.

48 Vgl. Niedermayer (FN 4), S. 423.

49 Vgl. ebd., S. 425.

50 Vgl. Statista Research Department (9. September 2024), unter: https://de.statista.com/statistik/daten/studie/1396291/umfrage/umfrage-zur-gefahr-fuer-die-demokratie-in-deutschland-durch-die-afd-nach-parteien/ (12. Juli 2025).

51 Vgl. Christo Grozev u. a., Kremlnaher Aktivist Wladimir Sergijenko: Mitarbeiter eines AfD-Abgeordneten soll Verbindungen zu russischem FSB-Agenten haben, in: Der Spiegel vom 1. Februar 2024.

die Europawahl 2024 erbracht worden seien.[52] Das Ziel der Einflussoperation war nach Informationen des tschechischen Inlandsnachrichtendienstes BIS die Beeinflussung des Ergebnisses der Europawahlen durch die Verbreitung russlandfreundlicher Narrative und die Untergrabung der Ukraine-Unterstützung.[53] Die Generalstaatsanwaltschaft München nahm u. a. Ermittlungen gegen den früheren AfD-Landesvorsitzenden in Bayern, Petr Bystron (geb. 1972), auf, der im Mai für die AfD ins Europaparlament einzog.[54]

Anlässlich der Präsidentschaftswahlen in Russland reisten die bayerischen AfD-Abgeordneten Andreas Jurca (geb. 1987), Elena Roon (geb. 1977) und Ulrich Singer (geb. 1976) als geladene Wahlbeobachter nach Moskau. Offenbar erhoffte sich das Regime Vorteile von deren spezifischer Expertise, denn Wahlbeobachter der *Organisation für Sicherheit und Zusammenarbeit in Europa* (OSZE) waren nicht zugelassen. Innerhalb der Münchener Landtagsfraktion stieß das Verhalten auf Kritik.[55] Der AfD-Abgeordnete Florian Köhler (geb. 1994) mahnte: „Wir sollten uns nicht zum Büttel für zwielichtige Staaten machen."[56] Auch die Bundesgeschäftsstelle verhielt sich in der Sache reserviert. Auf dem AfD-Bundesparteitag in Essen (28.-30. Juni 2024) lehnten die Delegierten jedoch einen Antrag ab, Auslandreisen von Abgeordneten stärker zu reglementieren.[57]

Das sächsische Landtagspräsidium verhängte im August 2024 gegen den AfD-Abgeordneten Jörg Dornau (geb. 1970) ein ungewöhnlich hohes Ordnungsgeld, weil er seine meldepflichtige unternehmerische Tätigkeit in Belarus nicht angezeigt hatte. Der „Zwiebelkönig" (die Kapitalgesellschaft „OOO Zybulka-Bel" produzierte Speisezwiebeln im großen Stil) und „Lukaschenko-Fan"[58] war zuvor öfters mit regimefreundlichen Äußerungen in der Öffentlichkeit aufgefallen.

Im nordrhein-westfälischen Landesverband tobte ein Richtungsstreit um den Bundestagsabgeordneten Matthias Helferich (geb. 1988), der dem Deutschen Bundestag wegen offen bekundeter Sympathie für den Nationalsozialismus (in öffentlich gewordenen Chatprotokollen hatte er sich als „das freundliche Gesicht des Nationalso-

---

52 Maik Baumgärtner u. a., Verdächtiges Internetportal „Voice of Europe": Westliche Geheimdienste enttarnen russische Desinformationskampagne, in: Der Spiegel vom 27. März 2024.

53 „Voice of Europe". Tschechien erlässt Sanktionen gegen russisches Propaganda-Portal, in: Radio Prague International vom 28. März 2024, unter: https://deutsch.radio.cz/voice-europe-tschechien-erlaesst-sanktionen-gegen-russisches-propaganda-portal-8812672 (15. Juli 2025).

54 Vgl. Christian Fuchs u. a., AfD und Russland: 20.000 Euro, Übergabe in Prag, in: Die Zeit vom 4. April 2024; Maik Baumgärtner u. a., Verdacht auf russische Geldzahlungen – Videoaufnahmen sollen AfD-Politiker Bystron belasten, in: Der Spiegel vom 19. April 2024.

55 Kritik aus den eigenen Reihen. AfD-Landtagsabgeordnete reisen zur Wahlbeobachtung nach Russland, in: Der Tagesspiegel vom 12. März 2024.

56 AfD-Abgeordnete müssen Russland-Reisen nicht absprechen, in: Die Zeit vom 30. Juni 2024.

57 Vgl. Friederike Haupt, Führung mit langer Leine, in: Frankfurter Allgemeine Zeitung vom 2. Juli 2024, S. 4.

58 Markus Wehner, Der Zwiebelkönig der AfD, in: Frankfurter Allgemeine Zeitung vom 9. August 2024, S. 10.

zialismus“[59] bezeichnet) seit 2021 als fraktionsloser Abgeordneter angehörte. Der Landesvorstand warf Helferich im Parteiausschluss-Antrag an das Landesschiedsgericht u. a. menschenverachtende Äußerungen zur „Außerlandesverbringung von deutschen Staatsbürgern mit Migrationshintergrund“[60] vor.

Im Mai 2024 bestätigte das Oberverwaltungsgericht Münster die Rechtsmäßigkeit der Einstufung der AfD durch das Bundesamt für Verfassungsschutz als rechtsextremistischer „Verdachtsfall“ (ab März 2022). Allerdings rechnete die Behörde lediglich 20.000 Mitglieder (weniger als die Hälfte) zum „Rechtsextremismuspotenzial“.[61] In dieser Zahl enthalten waren 4.300 Mitglieder der Teilorganisation *Junge Alternative* (JA), die ab April 2023 als „gesichert extremistische Bestrebung“ geführt wurde. Diese Einstufung sah das Verwaltungsgericht Köln als rechtmäßig an. Sie stützte sich in erster Linie auf die Propagierung eines „ethnisch-abstammungsmäßigen“ Volksbegriffs, der mit Art. 1 GG unvereinbar sei.[62]

Tabelle 3: AfD – Mitgliederentwicklung, 2013–2024

2013	17.700	2019	34.800
2014	20.700	2020	31.900
2015	16.400	2021	30.100
2016	25.000	2022	29.100
2017	27.600	2023	40.000
2018	33.500	2024	51.300

Quelle: Niedermayer (FN 4), S. 423.

Eine enge Vernetzung von Teilen der AfD sahen die Verfassungsschutzbehörden vor allem mit dem *Institut für Staatspolitik* (IfS), der Initiative *Ein Prozent e.V.* und der *COMPACT-Magazin GmbH*; über die Jugendorganisation zudem mit der *Identitären Bewegung* (IB). Das IfS spielte als Ideengeber für den „Flügel“ Björn Höckes (geb. 1972) eine herausragende Rolle. Auch zu anderen führenden Vertretern der Partei bestanden rege Beziehungen. So erschien Maximilian Krahs (geb. 1977) ideologische Fibel „Politik von rechts“[63] 2024 im Verlag Antaios mit einem rühmenden Vorwort des AfD-Ehrenvorsitzenden Alexander Gauland (geb. 1941) in mehreren (unveränderten) Neuauflagen. Die Auflösung des Instituts[64] mit dem zugehörigen Ver-

59 Siehe zur „Nazi-Affäre“ zuletzt: Christoph Ulrich, Schwere Vorwürfe gegen AfD-Abgeordneten Matthias Helferich, in: WDR vom 23. Mai 2025, unter: https://www1.wdr.de/nachrichten/landespolitik/helferich-afd-vorwuerfe-rassenlehre-100.html (15. Juli 2025).

60 AfD will Helferich loswerden. Landesverband erhebt schwere Vorwürfe, in: Frankfurter Allgemeine Zeitung vom 6. Juni 2024, S. 4.

61 VSB 2024 (FN 3), S. 67.

62 Vgl. VG Köln, Beschluss vom 5. Februar 2024 – Az. 13 L 1124/23; VSB 2024 (FN 3), S. 105.

63 Vgl. Uwe Backes, Literatur aus der „Szene“: Ein verhinderter rechter Vordenker, in: Uwe Backes/Alexander Gallus/Eckhard Jesse/Tom Thieme (Hrsg.), Jahrbuch Extremismus & Demokratie, Bd. 36, Baden-Baden 2024, S. 349–354.

64 Vgl. VSB 2024 (FN 3), S. 115.

ein und die Überführung der Strukturen in die neue *Metapolitik Verlags UG* sowie die *Menschenpark Veranstaltungs UG* (April 2024) beruhte nicht auf einem politischen Richtungswechsel, sondern dürfte vor allem der Erschwerung möglicher Verbotsmaßnahmen gedient haben.[65] Derartige Befürchtungen fanden am 5. Juni 2024 eine Bestätigung durch das (später durch das Bundesverwaltungsgericht wieder aufgehobene) Verbot der COMPACT-Magazin GmbH Jürgen Elsässers (geb. 1957), der im Wahljahr 2024 „mit einer Bühne unter dem Slogan ‚Die blaue Welle rollt' durch verschiedene Bundesländer"[66] tourte und Wahlwerbung für die AfD betrieb.[67]

Die rechtspopulistische AfD-Wahldynamik ließ wenig Raum für harte rechtsextremistische Konkurrenzparteien. Die lange Zeit dominierende Kraft innerhalb des rechtsextremistischen Spektrums, 2023 mit dem idyllisch klingenden Namen *Die Heimat* bedacht, konnte von der Umetikettierung nicht profitieren und verlor weiter an Mitgliedern. Vor allem in Baden-Württemberg und Hamburg fand die Neugründung der alten *Nationaldemokratischen Partei Deutschlands* (NPD) Unterstützer. Zudem konnte die Jugendorganisation *Junge Nationaldemokraten* (JN) u. a. mit Protesten gegen Christopher Street Day-Veranstaltungen mobilisieren.[68] Der Ausschluss von der staatlichen Parteienfinanzierung durch Urteil des Bundesverfassungsgerichts vom 23. Januar 2024[69] war für *Die Heimat* weitgehend belanglos, weil sie ohnehin seit Jahren keine Wahlkampfkostenerstattung mehr erhielt. Bei der Landtagswahl in Sachsen verzichtete die Partei auf eine eigene Kandidatur und unterstützte stattdessen die *Freien Sachsen.* Die enge Verbindung zwischen beiden Parteien kam auch dadurch zum Ausdruck, dass der auf dem Bundesparteitag vom 23./24. November in Bernsdorf (Landkreis Bautzen/Sachsen) neugewählte Bundesvorsitzende Peter Schreiber (geb. 1973) zugleich als kommunaler Mandatsträger und Vorstandsmitglied der *Freien Sachsen* fungierte.[70] Immerhin konnten die *Freien Sachsen* die Zahl ihrer Mitglieder im Schatten der AfD-Erfolge konstant halten (ca. 1.200 Ende 2024).[71] Gleiches galt für die neonationalsozialistische Kleinstpartei *Die Rechte* mit ihren ca. 300 Mitgliedern. Dagegen gelang es der ideologisch eng verwandten Partei *Der III. Weg*, ihre Organisationsstrukturen in Sachsen, Sachsen-Anhalt und Baden-Württemberg auszubauen und neue Mitglieder zu gewinnen (Ende 2024: 950).[72]

---

65 Vgl. Konrad Litschko, Schnellroda formiert sich neu, in: taz vom 12. Mai 2024.
66 Bundesverwaltungsgericht, Pressemitteilung vom 24. Juni 2025: Bundesverwaltungsgericht hebt COMPACT-Verbot auf, unter: https://www.bverwg.de/pm/2025/48 (12. Juli 2025).
67 Vgl. Rechtsextremist Jürgen Elsässer und die „Blaue Welle", unter: https://www.youtube.com/shorts/vCZuRSNsfpI (15. Juli 2025).
68 Vgl. VSB 2024 (FN 3), S. 96.
69 Vgl. BVerfGE 168, Urteil des Zweiten Senats vom 23. Januar 2024 – 2 BvB 1/19 –, Rn. 1–510.
70 Vgl. Staatsministerium des Innern/Freistaat Sachsen (Hrsg.), Sächsischer Verfassungsschutzbericht 2024, Dresden 2025, S. 33. Siehe zur Person auch: Johannes Kiess/Michael Nattke, Widerstand über alles. Wie die Freien Sachsen die extreme Rechte mobilisieren, Leipzig 2024, S. 65.
71 Vgl. Staatsministerium des Innern/Freistaat Sachsen (FN 70), S. 37.
72 Vgl. VSB 2024 (FN 3), S. 96–98.

Tabelle 4: Mitglieder rechtsextremistischer Organisationen, 2022–2024

	2022	2023	2024
In parteiunabhängigen bzw. parteiungebundenen Strukturen	8.500	8.500	8.500
Weitgehend unstrukturiertes rechtsextremistisches Personenpotenzial	16.000	17.000	18.000
Sonstiges rechtsextremistisches Personenpotenzial in Parteien	1.150	1.100	350
In Parteien	15.500	16.300	25.000
hiervon: AfD	10.200	11.300	20.000
Die Rechte	450	300	300
Der III. Weg	700	800	950
Die Heimat	3.000	2.800	2.500
Davon gewaltorientierte Rechtsextremisten	14.000	14.500	14.500

Quelle: Verfassungsschutzberichte des Bundes 2023 und 2024.

Zu den „parteiunabhängigen" Strukturen zählten die Verfassungsschutzbehörden einen Teil (1.400 Personen) der sogenannten *Reichsbürger* und *Selbstverwalter*, sofern organisierte Strukturen und rechtsextreme Tendenzen erkennbar waren. Dagegen konnten weitere 1.400 Aktive dieses Spektrums „keiner festen Struktur"[73] zugeordnet werden. Wenn rechtsextreme Inhalte (wie Geschichtsrevisionismus, völkische Ansätze, Antisemitismus) zu fehlen schienen, ordneten sie die Verfassungsschutzbehörden der (schillernden) Kategorie „Verfassungsschutzrelevante Delegitimierung des Staates" zu.

Hier fanden sich auch die *Vereinten Patrioten*, deren Terror- und Umsturzpläne in den Vorjahren zu Polizei-Razzien in mehreren Bundesländern geführt hatten. 2024 ergingen Strafurteile gegen zwei Mitglieder an den Oberlandesgerichten Düsseldorf und Frankfurt am Main, während der Prozess vor dem Oberlandesgericht Koblenz gegen die Hauptbeschuldigten andauerte.[74] Dort offenbarte die Vordenkerin der Gruppe, eine 76-jährige promovierte Theologin und ehemalige Religionslehrerin, ein „zutiefst antisemitisches Weltbild"[75] und den Glauben an die Gültigkeit der Reichsverfassung von 1871.

Die Zahl der „gewaltorientierten Rechtsextremisten" blieb 2024 mit 14.500 auf dem Vorjahresniveau. Dagegen stieg die Zahl der registrierten rechtsextremistisch motivierten Gewalttaten erneut an: auf insgesamt 1.281 (siehe Tabelle 5). Die sechs (versuchten, unvollendeten) Tötungsdelikte hatten alle eine fremdenfeindliche Mo-

73 Ebd., S. 67.

74 Vgl. ebd., S. 137.

75 Joachim F. Tornau, Reichsbürger im Wettlauf um den Umsturz, in: Endstation Rechts vom 17. Mai 2024, unter: https://www.endstation-rechts.de/news/reichsbuerger-im-wettlauf-um-den-umsturz (15. Juli 2025).

tivation.[76] Die Zahl der gesondert erfassten antisemitisch motivierten Gewalttaten blieb prozentual gering (unter 5 Prozent), stieg aber in absoluten Zahlen an: von 43 2023 auf 54 Gewaltdelikte 2024. Die Zahl der Körperverletzungen erhöhte sich erneut deutlich. Nur ein geringer Anteil entfiel auf Delikte, die auf einen organisierten Hintergrund und strategisches Vorgehen hindeuten (Herbeiführung einer Sprengstoffexplosion, Raub, Erpressung).

Tabelle 5: Gewalttaten mit rechtsextremistischem Hintergrund, 2022–2024

	2022	2023	2024
Tötungsdelikte	2	4	6
Sprengstoffanschläge	0	2	3
Brandanschläge	18	16	23
Körperverletzungen	879	1.016	1.121
Raubüberfälle	7	9	18
Landfriedensbrüche und Widerstandsdelikte	101	83	85
Gefährliche Eingriffe in den Bahn-, Luft-, Schiffs- oder Straßenverkehr	3	14	13
Freiheitsberaubung	0	0	0
Erpressung	6	4	12
Gewalttaten insgesamt	1.016	1.148	1.281

Quelle: Verfassungsschutzberichte des Bundes 2023 und 2024.

„Selbstorganisierte Täter"[77] ohne erkennbare organisatorische Strukturen, oft eingebunden in radikalisierende Online-Netzwerke (in öffentlich zugänglichen Propaganda-Plattformen oder in mithilfe von Messengerdiensten formierten geschlossenen Chatgruppen), stellten eine besondere Herausforderung für die Sicherheitsbehörden dar. Anderer Art war die Vereinigung, deren Aufdeckung im November 2024 Aufsehen in der Öffentlichkeit erregte. Die Bundesanwaltschaft ließ acht Personen in Sachsen und in der polnischen Grenzstadt Zgorzelec (Görlitz) festnehmen. Sie standen unter dem Verdacht der Mitgliedschaft in der 2020 gegründeten terroristischen Vereinigung *Sächsische Separatisten* mit bis zu 20 NS-affinen Mitgliedern: „Aus Sicht der Vereinigung steht außer Zweifel, dass Deutschland vor dem ‚Kollaps' steht und an einem, wenngleich zeitlich noch unbestimmten ‚Tag X' der staatliche und gesellschaftliche Zusammenbruch eintreten wird. Bei dieser Gelegenheit möchte die Gruppierung mit Waffengewalt Gebiete in Sachsen und gegebenenfalls auch in anderen ostdeutschen Ländern erobern, um dort ein am Nationalsozialismus ausgerichtetes Staats- und Gesellschaftswesen zu errichten. Unerwünschte Menschen-

76 Vgl. VSB 2024 (FN 3), S. 65.
77 Ebd., S. 69.

gruppen sollen notfalls durch ethnische Säuberungen aus der Gegend entfernt werden."[78] Einer der Inhaftierten war zum Zeitpunkt der Festnahme AfD-Stadtrat in Grimma, JA-Schatzmeister in Sachsen und Vorstandsmitglied im AfD-Kreisverband Leipzig.[79] Der AfD-Bundesvorstand ordnete den sofortigen Parteiausschluss des Festgenommenen und zweier weiterer AfD-Mandatsträger unter den *Sächsischen Separatisten* an.[80]

Im April 2024 erhob die Bundesanwaltschaft Anklage gegen vier deutsche Staatsangehörige wegen des Verdachts der Fortführung der verbotenen rechtsterroristischen Vereinigung *Combat 18 Deutschland.* Sie habe in den Jahren 2020 bis 2022 „mindestens 14 konspirative Treffen"[81] ausgerichtet, um neue Mitglieder zu rekrutieren und zu trainieren. Die Gruppe finanzierte sich u. a. durch die Erlöse von Rechtsrock-Konzerten und den Vertrieb von Tonträgern und szenetypischer Bekleidung. Sie bemühte sich um Verbindungen zu anderen rechtsextremistischen Vereinigungen wie der im thüringischen Eisenach aktiven Kampfsportgruppierung *Knockout 51.*

4. Politisch-religiöser Fundamentalismus

Die deutschen Sicherheitsbehörden registrierten im Jahr 2024 – wie schon in den Vorjahren – die „Mehrzahl der Straftaten mit Terrorismusqualität" in Deutschland im Phänomenbereich „religiöse Ideologie", was „die hohe Gefährdungslage, welche vom islamistischen Terrorismus unverändert ausgeht"[82], verdeutliche. Die Zahl der Delikte mit „Terrorismusqualität" stieg erneut, von 94 (2023) auf 105 (2024). Der „Anstieg des Gesamtfallzahlenaufkommens" im Phänomenbereich war „maßgeblich durch die Entwicklungen im Nahost-Konflikt in Folge der Anschläge durch die Terrororganisation HAMAS gegen den Staat Israel seit dem 07.10.2023 beeinflusst."[83] Legitimierende Wirkung hatte das militärische Vorgehen der israelischen Verteidigungskräfte im Gaza-Streifen mit zahlreichen zivilen Opfern.[84] In Deutschland kam

78 Generalbundesanwalt beim Bundesgerichtshof, Pressemitteilung vom 5. November 2024, unter: https://www.generalbundesanwalt.de/SharedDocs/Pressemitteilungen/DE/2024/Pressemitteilung-vom-05-11-2024.html?nn=2031572 (15. Juli 2025).

79 Vgl. MDR Sachsen vom 5. November 2024, unter: https://www.mdr.de/nachrichten/sachsen/festnahmen-generalbundesanwalt-rechtextremisten-terrorvereinigung-102.html (15. Juli 2025).

80 Vgl. Nicole Diekmann, Nach Razzia: AfD schließt drei Mitglieder aus (6. November 2024), unter. https://www.zdfheute.de/politik/deutschland/afd-parteimitglieder-ausgeschlossen-saechsische-separatisten-100.html (15. Juli 2025).

81 Generalbundesanwalt beim Bundesgerichtshof, Pressemitteilung vom 7. März 2024, unter: https://www.generalbundesanwalt.de/SharedDocs/Pressemitteilungen/DE/2024/Pressemitteilung-vom-04-04-2024.html (15. Juli 2025).

82 Bundesministerium des Innern/Bundeskriminalamt (FN 33), S. 28.

83 Ebd.

84 Über die Höhe der zivilen Opferzahlen kursierten höchst unterschiedliche Angaben. Vgl. zur Problematik der Informationsgewinnung nur: Rafael Beyar/Karl Skorecki, Concerns regarding Gaza mortality estimates, in: The Lancet 404 (2024), H. 10466, S. 1925–1927.

es vorwiegend zu „Resonanzstraftaten", verübt von propalästinensischen Individuen und Gruppen teils im Zusammenhang mit dem Protestgeschehen auf den Straßen. HAMAS-Anhänger (die Zahl der Aktiven stieg von 450 Ende 2023 auf 550 Ende 2024) traten wie in den Vorjahren in der Regel nicht offen in Erscheinung, zumal das im November 2023 verhängte Betätigungsverbot weitergalt.[85] Entsprechend unauffällig trieben die Mitglieder Spenden ein, organisierten zudem Unterstützungsleistungen.

Die international ausgerichteten Terrororganisation *Islamischer Staat* (IS) war 2024 – mehr als *al-Qaida* mit diversen Ablegern – „von hoher Relevanz für die Gefährdungslage in Deutschland".[86] Das galt insbesondere für regionale Strukturen wie den in Afghanistan wirkenden *Islamischen Staat Provinz Khorasan* (ISPK), der propagandistisch auf Europa zielte und mit Anschlägen in Deutschland drohte. In Mannheim verletzte ein IS-Sympathisant am 31. Mai 2024 anlässlich einer islamkritischen Kundgebung mehrere Personen mit einem Jagdmesser. Ein zur Hilfe eilender Polizist wurde so schwer am Hals verletzt, dass er wenige Tage danach starb.[87] Auf dem Solinger Stadtfest stach laut Anklage der Bundesanwaltschaft ein syrischer Staatsangehöriger „mit einem Messer hinterrücks wiederholt und gezielt auf den Hals- und Oberkörperbereich von Besuchern des Festivals ein. Drei Personen verstarben, acht weitere Personen wurden zum Teil schwer verletzt."[88] Der Angreifer habe die IS-Ideologie geteilt und sich der Vereinigung zu einem unbekannten Zeitpunkt angeschlossen.

Die Verfassungsschutzbehörden zählten Ende 2024 28.280 (2023: 27.200) Personen zum „Islamismuspotenzial".[89] Gut ein Drittel davon entfiel auf „salafistische Bestrebungen". Der entsprechende Personenkreis erweiterte sich nach dem Rückgang im Vorjahr 2024 wieder (11.000 Ende 2024). Dessen ökonomische Basis bildeten unterschiedliche Unternehmungen: „Dazu zählen Schnellrestaurants, Einzelhandelsgeschäfte und Onlineshops, die Szene-Untensilien wie salafistische Ratgeber- und Kinderliteratur, Kleidungsstücke oder Gebetsteppiche vertreiben. Fest etabliert hat sich eine salafistische Reisebranche, die Pilgerreisen für Muslime nach Saudi-Arabien anbietet." Auch wurden Kongresse und „Großveranstaltungen mit bis zu 1.000 Besuchern" organisiert, die der Integration der Gemeinschaft dienten und „erhebliche Einnahmen"[90] erbrachten.

Salafisten bildeten strategisch keine Einheit. In ihrer großen Mehrheit bewegten sie sich im Rahmen der geltenden Gesetze, warben um Anhänger, erhoben aber nicht den Anspruch, politischen Einfluss auszuüben. Nicht Aufrufe zur Gewalt, son-

85 Vgl. VSB 2024 (FN 3), S. 221.
86 Ebd., S. 213.
87 Vgl. Rüdiger Soldt, Messerstiche im Herzen der Stadt, in: Frankfurter Allgemeine Zeitung vom 7. August 2024, S. 3.
88 Generalbundesanwalt beim Bundesgerichtshof, Pressemitteilung vom 25. August 2024, unter: https://www.generalbundesanwalt.de/SharedDocs/Pressemitteilungen/DE/2024/Pressemitteilung-vom-25-08-2024.html?nn=2031572 (15. Juli 2025).
89 Vgl. VSB 2024 (FN 3), S. 204.
90 Ebd., S. 207.

dern ein aggressiv-kämpferisches Vorgehen gegen die freiheitliche demokratische Grundordnung und den Gedanken der Völkerverständigung veranlasste die niedersächsischen Sicherheitsbehörden, die *Deutsch-Muslimische Gemeinschaft* (DMG) in Braunschweig zu verbieten, einen „Knotenpunkt der salafistischen Szene in Deutschland“.[91] Ihre Moschee übte bundesweit Anziehungskraft aus. Vor allem „ihr massives und diversifiziertes Onlineangebot ließ die DMG Braunschweig neben ihrem realweltlichen Wirken auch im virtuellen Raum zu einem wirksamen Multiplikator werden.“[92]

Das Streben nach politischer und sozialer Einflussnahme kennzeichnete die Vereinigungen der türkeiorientierten *Millî Görüş-Bewegung* (MGB). Ende 2024 veranschlagte das Bundesamt für Verfassungsschutz deren extremistische Anhänger wie im Vorjahr auf etwa 10.000 Personen.[93] Der Generalsekretär der *Islamischen Gemeinschaft Millî Görüş* (IGMG), Ali Mete (geb. 1982), appellierte anlässlich der Landtagswahlen in Sachsen, Thüringen und Brandenburg an die Wähler, der AfD keine Stimme zu geben. Es handele sich um das „politische Pendant zu Rostock, Solingen, Mölln, Hanau oder Halle“.[94] Mit Kommentaren zur Kandidatur der *Demokratischen Allianz für Vielfalt und Aufbruch* (DAVA) anlässlich der Europawahlen hielt sich die Vereinigung zurück. Integrationsforscher äußerten Skepsis mit Blick auf die Erfolgschancen der neuen „Gruppierung von Erdoğan-Fans“.[95]

Zu den legalistischen Vereinigungen rechneten die Verfassungsschutzbehörden wie in den Vorjahren auch die weitaus kleinere, vor allem in Großstädten wie Berlin, Dortmund, Hamburg und München aktive *Furkan-Gemeinschaft*, die sich ideologisch an den Lehren des gelernten türkischen Bauingenieurs Arpaslan Kuytul (geb. 1965) orientierte und in kritischer Distanz zur Erdoğan-Regierung stand. Die Zahl ihrer Mitglieder blieb gegenüber dem Vorjahr in etwa konstant (Ende 2024: 500).[96] Die dezidiert israelfeindliche Vereinigung befasste sich auf ihren Social Media-Kanälen intensiv mit der Entwicklung im Gaza-Streifen. Im Blick auf die HAMAS bediente sie „das übliche Opfernarrativ“. Sie deutete die „Terroranschläge als Akt der Selbstverteidigung“.[97] Die Furkan-Gemeinschaft stand insofern der Muslim-Bruderschaft nahe, als sie sich auf deren Gründer Hasan al-Bannā (geb. 1906, gest. 1949) und Sayyid Qutb (geb. 1906, gest. 1966) berief.

---

91 Zentrum des Salafismus in Deutschland verboten, in: Frankfurter Allgemeine Zeitung vom 13. Juni 2024, S. 4.

92 Niedersächsisches Ministerium für Inneres, Sport und Digitalisierung/Verfassungsschutz, Verfassungsschutzbericht 2024, Hannover 2025, S. 238.

93 Vgl. VSB 2024 (FN 3), S. 204.

94 Islamische Gemeinschaft ruft zur Teilnahme an den Landtagswahlen in Sachsen, Thüringen und Brandenburg auf, IGMG-Pressemitteilung vom 28. August 2024, unter: https://www.igmg.org/islamische-gemeinschaft-ruft-zur-teilnahme-an-landtagswahlen-in-sachsen-thueringen-und-brandenburg-auf/ (15. Juli 2025).

95 Caner Aver im Interview mit Katrin Elger, in: Der Spiegel vom 1. Februar 2024, unter: https://www.spiegel.de/politik/migrationsforscher-ueber-erdogan-nahe-vereinigung-in-deutschland-ich-wuerde-dava-nicht-waehlen-a-db0f7b10-e42f-42fc-96da-0e62b8028e17 (15. Juli 2025).

96 Vgl. VSB 2024 (FN 3), S. 251.

97 Ministerium des Innern des Landes Nordrhein-Westfalen (FN 6), S. 261.

Tabelle 6: Mitglieder islamistischer Organisationen, 2022–2024

	2022	2023	2024
IGMG	10.000	10.000	10.000
Furkan-Gemeinschaft	400	500	500
Kalifatsstaat	700	700	600
MB	1.450	1.450	1.450
Hizb Allah	1.250	1.250	1.250
Türkische Hizbullah	400	400	400
Hizb ut-Tahrir	700	800	850
HAMAS	450	450	550
Tablighi Jama'at	550	550	550
Salafisten	11.000	10.500	11.000

Quelle: Verfassungsschutzberichte des Bundes 2023 und 2024.

Die *Muslimbruderschaft* (MB) betonte wie in den Vorjahren ihre Integration in die Mehrheitsgesellschaft, indem sie meist als *Deutsche Muslimische Gemeinschaft* firmierte. Obwohl sie der Ideologie ihres Gründers al-Bannā die Treue hielt und eine enge Verschmelzung von Staat und Religion propagierte, trat sie „gegenüber Politik, Behörden und zivilgesellschaftlichen Partnern als Ansprechpartnerin eines vorgeblich gemäßigten, weltoffenen Islam in Erscheinung".[98] Ihre Mitgliederzahl hielt sich mit rund 1.450 Ende 2024 auf Vorjahresniveau.[99]

Während islamistische Vereinigungen wie die *Türkische Hizbullah* (TH; Ende 2024 rund 400 Mitglieder), die Missionierungsbewegung *Tablighi Jama'at* (TJ; Ende 2024 ca. 550) oder der *Kalifatsstaat* (Ende 2024: 600) stagnierten oder sinkende Mitgliederzahlen verbuchten, konnte die 2003 verbotene Vereinigung *Hizb ut-Tahrir* die Zahl ihre im Verborgenen wirkenden Aktiven erneut steigern: auf 850 Ende 2024. Anhänger warben unter Bezeichnungen wie *Realität Islam*, *Generation Islam* und *Muslim Interaktiv* und waren „propagandistisch außerordentlich aktiv".[100] Sie traten für die Errichtung eines Kalifats ein, das die Unterdrückung der Muslime in vielen Staaten beenden werde.

Die Unterdrückung der Protestwelle im Iran 2022 war der Auslöser für das Vorgehen der deutschen Sicherheitsbehörden gegen das *Islamische Zentrum Hamburg* (IZH), den Trägerverein der *Imam Ali-Moschee*, der als wichtigste Anlaufstelle des schiitischen Islamismus in Deutschland galt. Gleichzeitig wurden die Teilorganisationen *Islamische Akademie Deutschland e.V.*, *Verein der Förderer einer iranisch-islamischen Moschee in Hamburg e.V.*, *Zentrum der Islamischen Kultur e.V.* in Frankfurt am Main, *Islamische Vereinigung Bayern e.V.* in München und das *Islamische Zentrum Berlin e.V.* verboten. Enge Verbindungen unterhielten diese Gruppierungen

98 Vgl. VSB 2024 (FN 3), S. 245.
99 Vgl. ebd., S. 204.
100 Ebd., S. 225.

zur 2020 verbotenen, iranorientierten *Hizb Allah* (unverändert 1.250 Aktive in Deutschland), die sich nach dem Überfall der HAMAS auf Israel am 7. Oktober 2023 von ihren Stellungen im Süden Libanons aus an massiven Angriffen auf den Norden Israels beteiligt hatte. Zahlreiche ihrer Mitglieder in Beirut und anderen libanesischen Orten wurden am 17. September 2024 durch von israelischen Sicherheitsbehörden manipulierte Pager verletzt oder getötet. Bei einem Luftangriff der israelischen Armee (27. September 2024) starb der Anführer Hassan Nasrallah (geb. 1960), die Leitfigur auch der in Deutschland aktiven Mitglieder.[101] Die Verfassungsschutzbehörden registrierten bei den deutschen Anhängern ungewöhnlich offene Stellungnahmen zu den Vorgängen im Libanon, wie sie in den Jahren zuvor aus strategischen Gründen stets vermieden worden waren.[102]

5. Vergleich und Ausblick

Der Islamismus/Dschihadismus fand vor allem aufgrund der Anschläge in Mannheim und Solingen größere öffentliche Beachtung als im Vorjahr. Rechtsextremen Muslimfeinden spielte das in die Hände. Die Situation im Gazastreifen bot allen Formen des Antisemitismus Nahrung: biologischen Rassisten, linksextremistischen Antizionisten ebenso wie islamistischen Israel-Hassern. Die Folge: eine Protestlandschaft, in der sich Weltbilder der konträren Strömungen mischten und überlappten.

An den parteipolitischen Rändern wirkte sich all dies unterschiedlich aus: Die Dynamik der radikalisierten AfD blieb ungebrochen, während die Gegenkräfte linksaußen teils schwächelten, teils hinter den Erwartungen zurückblieben: *Die Linke* fand erst nach dem Scheitern der Ampelkoalition zum Jahresende zu neuer Form, während das aus ihr hervorgegangene BSW nach fulminanten Anfangserfolgen zurückfiel und sich trotz der migrationskritischen Agenda nicht zu einer Gefahr für die AfD entwickelte. Linksextremistische Kaderparteien vegetierten am linken Narrensaum.

Mit Blick auf das Jahr 2025 stellten sich Fragen wie die folgenden: Würden der Ukraine-Krieg und die Konflikteskalation im Nahen Osten die politische Polarisierung weiter antreiben? Könnte die AfD mit ihren Hochburgen im östlichen Deutschland eine Demokratieregression in Gang setzen? Oder gelänge es der streitbaren Demokratie unter geänderten politischen Vorzeichen, der Partei das Wasser abzugraben? Oder würde der Antifaschismus der Partei *Die Linke* von der verbreiteten Kritik an der AfD profitieren? Und: Welche Rückwirkungen waren vom Geschehen an den Flügeln des Parteiensystems auf das Interaktionsgefüge gewaltorientierter Gruppierungen zu erwarten?

101 Nasrallah's body found, in: Times of Israel vom 29. September 2024, unter: https://www.timesofisrael.com/liveblog_entry/nasrallah-said-killed-by-blunt-trauma-from-force-of-strike-blast/ (15. Juli 2025).

102 Vgl. ausführlich Landesamt für Verfassungsschutz Hamburg, Verfassungsschutzbericht 2024, Hamburg 2025, S. 45.

Dokumentation 2024: Verfassungswidrigkeit noch kurz vor der Schwelle zur Prägung Die rechtsextremistische Vereinigung COMPACT und ihr rechtswidriges Verbot

Von Alexander Gallus

1. Präsentation

Das Bundesministerium des Innern und für Heimat (BMI) erließ am 5. Juni 2024 eine Verbotsverfügung gegen die COMPACT-Magazin GmbH und ihre Teilorganisationen, die am 16. Juli 2024 umgesetzt wurde. Die Verbotsverfügung wurde durch die hier abgedruckte Bekanntmachung im Bundesanzeiger an diesem Tag veröffentlicht. Das insgesamt 79 Seiten umfassende Dokument mit der detaillierten Begründung machte das BMI indes nicht publik. Es lag aber unter anderem dem Online-Magazin *Legal Tribune Online* (LTO) vor. Bis zum Vollzug des Verbots war es als vertraulich („VS – nur für den Dienstgebrauch“) eingestuft.[1] Unter Bezugnahme auf Art. 9 Abs. 2 Grundgesetz („Vereinigungen, deren Zwecke oder deren Tätigkeit den Strafgesetzen zuwiderlaufen oder die sich gegen die verfassungsmäßige Ordnung oder gegen den Gedanken der Völkerverständigung richten, sind verboten.“) in Verbindung mit § 3 Abs. 1 S. 1 Vereinsgesetz („Das Verbot erstreckt sich, wenn es nicht ausdrücklich beschränkt wird, auf alle Organisationen, die dem Verein derart eingegliedert sind, daß sie nach dem Gesamtbild der tatsächlichen Verhältnisse als Gliederung dieses Vereins erscheinen [Teilorganisationen].“) wurde das Verbot begründet. Unter Verweis auf § 17 Nr. 1 Vereinsgesetz wurde außerdem klargestellt, dass die Regelungen auch mit Blick auf eine GmbH angewendet werden dürften.

Das BMI sah im Falle von COMPACT die Ablehnung der verfassungsmäßigen Ordnung als gegeben an. Die Vereinigung verfolge ein „völkisch-nationalistisches Gesellschaftskonzept“, verbreite antisemitische Narrative und Stereotype ebenso wie Verschwörungsideologien, nehme eine „aggressiv-kämpferische Haltung“ ein und propagiere Vorstellungen der „Remigration“, wie sie prominent in verschiedenen COMPACT-Foren von dem „Identitären“ Martin Sellner vorgebracht worden seien. Neben solchen inhaltlichen Positionen in Reden und Texten pflege COMPACT überhaupt „zahlreiche Verbindungen“ zu rechtsextremistischen Organisationen und Per-

1 Vgl. Felix W. Zimmermann/Markus Sehl/Max Kolter, LTO liegt unveröffentlichtes Dokument vor: So begründet das BMI das Compact-Verbot, in: Legal Tribune Online vom 18. Juli 2024, unter: https://www.lto.de/persistent/a_id/55026 (21. Juli 2025).

sonen.[2] Der Verfassungsschutz stufte COMPACT erstmals im Jahr 2021 als gesichert extremistisch ein.[3] In der Verbotsverfügung setzte sich das BMI auch mit der Frage auseinander, ob die vom Grundgesetz festgeschriebene Meinungs- und Pressefreiheit nicht gegen ein Verbot spreche. Es gelangte dabei zu der Auffassung, dass die COMPACT-Magazin GmbH „ihre Medienerzeugnisse gezielt als Sprachrohr" nutze, „um ihre verfassungsfeindlichen Zielsetzungen reichweitenstark zu verbreiten". Das heißt, den Medienprodukten komme nur eine instrumentelle Rolle zu, nämlich „ausschließlich der Verwirklichung verbotswidriger Vereinszwecke [zu] dienen". Außerdem hätten sich die von COMPACT veröffentlichten Beiträge nur in einem engen Meinungskorridor zu bewegen und müssten der „inhaltlich vorgegebenen Linie" Jürgen Elsässers, des Gründers und Chefredakteurs von COMPACT, entsprechen.[4] Darüber hinaus stützte sich das BMI auf ein Urteil des Bundesverwaltungsgerichts vom 26. Januar 2022, in dem es das Verbot einer auch mit Medieninhalten agierenden Teilorganisation der in Deutschland verbotenen *Kurdischen Arbeiterpartei* (PKK) bestätigte.[5]

Die COMPACT-Magazin GmbH ging rechtlich gegen das Verbot vor und reichte am 24. Juli 2024 Klage beim Bundesverwaltungsgericht (BVerwG) in Leipzig ein. Mit Beschluss vom 14. August 2024 setzte das Gericht im Eilverfahren zur Gewährung vorläufigen Rechtsschutzes den Sofortvollzug des COMPACT-Verbots außer Kraft. In ihrer Begründung betonten die Leipziger Richter, dass nach einer „summarischen Prüfung" innerhalb des Eilverfahrens die Erfolgsaussichten der Klage im Hauptverfahren „als offen" betrachtet werden. Sie sahen indes „keine Bedenken gegen die Anwendbarkeit des Vereinsgesetzes auf die in der Rechtsform einer Gesell-

2 Wiedergegeben ebd.; siehe auch Martin Sellner, Remigration. Ein Vorschlag, 3. Aufl., Schnellroda 2024.

3 Vgl. Michael Götschenberg, „Gesichert extremistisch", in: tagesschau.de vom 10. Dezember 2021.

4 Zitate nach Zimmermann/Sehl/Kolter (FN 1); vgl. zur Einordnung von Elsässer und COMPACT: Jürgen P. Lang, Biographisches Porträt: Jürgen Elsässer, in: Uwe Backes/Alexander Gallus/Eckhard Jesse/Tom Thieme (Hrsg.), Jahrbuch Extremismus & Demokratie, Bd. 28, Baden-Baden 2016, S. 225–240; Felix Schilk, Medienporträt: Compact, in: Ebd., Bd. 36, Baden-Baden 2024, S. 269–291.

5 Vgl. Zimmermann/Sehl/Kolter (FN 1); siehe auch Bundesverwaltungsgericht, Einbeziehung von Teilorganisationen in das Betätigungsverbot der PKK, Urteil vom 26.01.2022 – BVerwG 6 A 7.19, unter: https://www.bverwg.de/260122U6A7.19.0 (22. Juli 2025). Es gab weitere juristische Experteneinschätzungen, die auf die bereits mehrfach erprobte Praxis des Vereinsverbots auch im Falle von Mediengesellschaften und Internetplattformen (etwas Altermedia Deutschland oder linksunten.indymedia) verwiesen. Vgl. Sandra Lukosek, Warum das Compact-Verbot auf Grundlage des Vereinsrechts ergehen konnte. Eine Tour d'horizon durch bisherige Verbotsentscheidungen, in: Verfassungsblog vom 22. Juli 2024, unter: https://verfassungsblog.de/warum-das-compact-verbot-auf-grundlage-des-vereinsrechts-ergehen-konnte/ (22. Juli 2025); Kathrin Groh, Vereinsverbote und wehrhafte Demokratie. Warum die Einwände gegen das Verbot der COMPACT-Magazin GmbH nicht überzeugen, in: Verfassungsblog vom 22. Juli 2024, unter: https://verfassungsblog.de/vereinsverbote-und-wehrhafte-demokratie/ (22. Juli 2025). Vgl. auch Michael Hanfeld, Hält das Verbot? Verfassungsrechtler Degenhart hat Zweifel am Vorgehen gegen das Magazin „Compact", in: Frankfurter Allgemeine Zeitung vom 18. Juli 2024; Marlene Grunert, Wie weit die Pressefreiheit reicht. Das Bundesverfassungsgericht verhandelt über das „Compact"-Verbot, in: Frankfurter Allgemeine Zeitung vom 11. Juni 2025.

schaft mit beschränkter Haftung organisierte und als Presse- und Medienunternehmen tätige" COMPACT-Magazin GmbH.[6] Dies war ein Gesichtspunkt, der vor allem die öffentliche Diskussion nach Bekanntwerden und Vollzug des Verbots bewegt hatte: die – angebliche – Missachtung der grundgesetzlich garantierten Presse- und Meinungsfreiheit mittels des Vereinsrechts. Diesen Kritikpunkt ließ das Gericht nicht gelten. Im vorweggestellten Leitsatz des Beschlusses betonte der 6. Senat des Bundesverwaltungsgerichts, ein Vereinsverbot wie im Falle von COMPACT dürfe durchaus als Mittel eines „präventiven Verfassungsschutzes" selbst „gegenüber zum Zweck der Verbreitung von Nachrichten und Meinungsbeiträgen gegründeten Medienorganisationen erlassen werden".[7]

Ebenso wenig äußerte das BVerwG Zweifel an der formellen Rechtmäßigkeit der Verbotsverfügung. Hingegen, hieß es weiter, könne „derzeit nicht abschließend beurteilt werden", ob die inkriminierte Vereinigung den „Verbotsgrund des Sichrichtens gegen die verfassungsmäßige Ordnung erfüllt". Die Bundesrichter erkannten wohl „Anhaltspunkte" in den verschiedenen COMPACT-Äußerungen und -Aktionen, die dem Menschenwürde-Artikel (Art. 1) des Grundgesetzes zuwiderliefen. Es deute auch vieles auf eine „kämpferisch-aggressive Haltung gegenüber elementaren Verfassungsgrundsätzen". Gleichwohl – und das sollte der entscheidende Aspekt auch während des Hauptsacheverfahrens werden – führte das Gericht weiter aus: „Zweifel bestehen jedoch, ob angesichts der mit Blick auf die Meinungs- und Pressefreiheit in weiten Teilen nicht zu beanstandenden Beiträge in den Ausgaben des ‚COMPACT-Magazin für Souveränität' die Art. 1 Abs. 1 GG verletzenden Passagen für die Ausrichtung der Vereinigung insgesamt derart prägend sind, dass das Verbot unter Verhältnismäßigkeitsgesichtspunkten gerechtfertigt ist." Es hätten gegebenenfalls statt eines Verbots zunächst „mildere Mittel" – so den Ländern obliegende presse- und medienrechtliche Maßnahmen – zur Anwendung zu kommen. Das Leipziger Gericht betonte schließlich im Vorausblick auf das Hauptsacheverfahren, dass der Klage gegen diesen Verein insoweit „ein besonderes Gewicht" zukomme, als in diesem Fall die Grundrechte der Meinungs- und Pressefreiheit aus Art. 5 Abs. 1 GG tangiert würden.[8]

Nach der Niederlage im Eilverfahren betonte das BMI in einer Pressemeldung, für das Hauptsacheverfahren den „prägenden Charakter der Verfassungsfeindlichkeit" des COMPACT-Zirkels „weiter substantiieren" zu wollen. Außerdem erneuerte das Ministerium nochmals Kernargumente zur Begründung des Verbotsbegehrens. Die COMPACT-Magazin GmbH verbreite mit „ihren reichweitenstarken Publikationen und Produkten" regelmäßig „antisemitische, rassistische, minderheitenfeind-

6 Bundesverwaltungsgericht, Pressemitteilung Nr. 39/2024 vom 14. August 2024: Bundesverwaltungsgericht setzt Sofortvollzug des COMPACT-Verbots teilweise aus, unter: https://www.bverwg.de/pm/2024/39 (21. Juli 2025). Die Pressemitteilung fasst Kernelemente des Beschlusses vom 14. August 2024 zusammen: BVerwG 6 VR 1.24.

7 Vereinsrechtliches Verbot eines Medienunternehmens – COMPACT. Beschluss vom 14. August 2024 – BVerwG 6 VR 1.24, unter: unter: https://www.bverwg.de/140824B6VR1.24.0 (21. Juli 2025)

8 Bundesverwaltungsgericht, Pressemitteilung Nr. 39/2024 (FN 6).

liche, geschichtsrevisionistische und verschwörungstheoretische Inhalte". Zudem agitiere sie „gegen ein pluralistisches Gesellschaftssystem, das die Menschenwürde des Einzelnen achtet und die freie und gleichwertige Teilhabe aller Staatsbürgerinnen und Staatsbürger an der politischen Willensbildung vorsieht". An den verschiedenen unter der Marke COMPACT versammelten Publikationen lasse sich „ein völkisch-nationalistisches Gesellschaftskonzept" ablesen. Dies ziele darauf, „‚ethnisch Fremde' aus dem Staatsvolk" auszuschließen. So werde die Menschenwürde derer missachtet, die einem solchen ethnischen Leitbild nicht entsprächen. Außerdem mache sich COMPACT eine „Widerstands- und Revolutionsrhetorik" zu eigen und praktiziere „gezielte Grenzüberschreitungen ebenso wie verzerrende und manipulative Darstellungen". Das Agieren von COMPACT sei darauf ausgerichtet, „Angehörige bestimmter ethnischer, insbesondere arabischstämmiger Bevölkerungsgruppen als Menschen zweiter Klasse herabzuwürdigen. Ihnen werden pauschal Negativeigenschaften wie Gewaltneigung und ein Hang zu Kriminalität zugeschrieben. Hierdurch soll ein gesellschaftliches und politisches Klima der Ausgrenzung dieser Bevölkerungsgruppen geschaffen werden." Darüber hinaus verbreite COMPACT „antisemitische Inhalte", die in „Verschwörungserzählungen etwa von einer omnipotenten jüdischen Finanzelite" zum Ausdruck kämen. Es sei zu befürchten, wie das BMI in seiner Pressemitteilung schlussfolgerte, „dass Rezipienten der Medienprodukte durch die Publikationen, die auch offensiv den Sturz der politischen Ordnung propagieren, aufgewiegelt und zu Handlungen gegen die verfassungsmäßige Ordnung animiert werden". Innerhalb einer weit verzweigten „Neuen Rechten" käme COMPACT zudem die Rolle zu, rechtsextremistisches Gedankengut in popularisierter Form zu verbreiten und für die Vernetzung der verschiedenen neu-rechten Bestrebungen zu sorgen. Ausdrücklich betonte das BMI „enge Verbindungen" zur *Identitären Bewegung* (IB) und zum rechtsextremistischen Parteienspektrum.[9]

Nach zwei Verhandlungstagen am Anfang des Monats sprach der 6. Senat des Bundesverwaltungsgerichts schließlich am 24. Juni 2025 sein Urteil im Hauptsacheverfahren. Es hob das vom BMI ausgesprochene Vereinsverbot als rechtswidrig auf. In der Urteilsbegründung verfolgte das Gericht den bereits im Eilverfahren eingeschlagenen Weg weiter. Zunächst betonte es erneut explizit, dass das Vereinsgesetz – entgegen der Auffassung der Klägerin – auf ein Medienunternehmen wie COMPACT anwendbar sei. Auch das vom Grundgesetz garantierte Verbot der Vorzensur hielt es nicht für tangiert. Das Gericht betonte, es handle sich bei COMPACT „nicht nur um ein Presse- und Medienunternehmen". „Vielmehr verfolgt der maßgebliche Personenzusammenschluss nach seinem eigenen Selbstverständnis eine politische Agenda, organisiert Veranstaltungen sowie Kampagnen und versteht sich als Teil einer Bewegung, für die er auf Machtperspektive hinarbeitet". Im konkreten Fall sprach das Gericht in bündelnder Form vom „Elsässer-Kreis" als Personenzusam-

9 Pressemeldung des BMI: Rechtsextremistische Vereinigungen „COMPACT-Magazin GmbH" und „CONSPECT FILM GmbH" verboten, unter: https://www.bmi.bund.de/SharedDocs/kurzmeldungen/DE/2024/07/verbot-compact.html (21. Juli 2025). Diese Meldung stammte vom 16. Juli 2024 und wurde nach dem Eilverfahren-Beschluss des BVerwG aktualisiert.

menschluss im Sinne des Vereinsrechts. Dazu zählten die Leipziger Richter auch Martin Sellner, der als Vordenker der *Identitären Bewegung* mit seinem „Remigrationskonzept", das sich gegen das „sowohl durch die Menschwürde als auch das Demokratieprinzip geschützte egalitäre Verständnis der Staatsangehörigkeit" richte, publikumswirksam provozierte. Für das BVerwG stand fest, dass die Klägerin sich mit Sellners „Remigrationskonzept" identifiziere und ihn als „unser Held" regelrecht hofiert habe. Zahlreiche Fundstellen in COMPACT-Publikationen seien Beleg dafür, dass es sich nicht um „vereinzelte Ausreißer" handele. Widerstreitende Einlassungen der Klägerin im Prozess erschienen dem Gericht „als bloß prozesstaktisches, nicht glaubhaftes Vorbringen".[10]

Wer bis hierhin die Würdigung des Bundesverwaltungsgerichts wahrnahm, konnte nachvollziehen, dass es sich die Entscheidung nicht leicht gemacht habe, wie der Vorsitzende Richter Ingo Kraft während der Urteilsverkündung sagte.[11] Die Argumentation ließ zunächst eher eine Bestätigung des Verbots erwarten als dessen Aufhebung. Anhand der weiteren Erwägungen zur Urteilsbegründung lässt sich allerdings begreifen, weshalb die Leipziger Richter das Verbot schließlich doch aufhoben. Sie betonten, wie sehr das Grundgesetz „im Vertrauen auf die Kraft der freien gesellschaftlichen Auseinandersetzung selbst den Feinden die Meinungs- und Pressefreiheit" garantiere. Mit der „Vereinigungsfreiheit" vertraue die bundesdeutsche Verfassung „grundsätzlich auf die freie gesellschaftliche Gruppenbildung und die Kraft des bürgerschaftlichen Engagements im freien und offenen politischen Diskurs". Vor der Folie dieser Grundsatzüberlegung, schlussfolgerte der 6. Senat, sei „ein Vereinsverbot mit Blick auf das das gesamte Staatshandeln steuernde Prinzip der Verhältnismäßigkeit nur gerechtfertigt, wenn sich die verfassungswidrigen Aktivitäten für die Vereinigung als prägend erweisen". Das Gericht sichtete und evaluierte umfangreiches Material aus den verschiedenen COMPACT-Medien, um zu dem folgenden urteilsentscheidenden Resultat zu gelangen: „In der Gesamtwürdigung erreichen die verbotsrelevanten Äußerungen und Aktivitäten noch nicht die Schwelle der Prägung."

Im Einzelnen hieß es weiter zur Begründung: „Eine Vielzahl der von der Beklagten als Beleg für den Verbotsgrund angeführten migrationskritischen bzw. migrationsfeindlichen Äußerungen" lasse sich „als überspitzte, aber letztlich im Lichte der Kommunikationsgrundrechte zulässige Kritik an der Migrationspolitik deuten". Zudem sei „die rechtspolitische Forderung nach strengeren Einbürgerungsvoraussetzungen und höheren Integrationsanforderungen im Staatsangehörigkeitsrecht für sich genommen nicht als mit der Menschenwürde oder dem Demokratieprinzip un-

10 Bundesverwaltungsgericht, Pressemitteilung Nr. 48/2025 vom 24. Juni 2025: Bundesverwaltungsgericht hebt COMPACT-Verbot auf, unter: https://www.bverwg.de/pm/2025/48 (21. Juli 2025). Die Pressemitteilung bündelt Kernaussagen zum Urteil vom 24. Juni 2025 – BverwG 6 A 4.24. Die schriftliche Urteilsbegründung lag bis zur Fertigstellung dieser Dokumentation noch nicht vor.

11 Vgl. Daniel Heymann, Verbot aufgehoben. „Compact" darf weitermachen, in: zdfheute.de vom 24. Juni 2025. Eingebunden in diesen Bericht findet sich ein Video von der Urteilsverkündung durch den Vorsitzenden des 6. Senats.

vereinbar zu beanstanden". Insbesondere in den COMPACT-Printmedien würden neben dem Migrationsthema auch weitere politisch-publizistische Schwerpunkte rund um den Ukrainekrieg oder die Coronapolitik gebildet. „Die darin generell zum Ausdruck kommende polemisch zugespitzte Machtkritik sowie die von der Klägerin bedienten Verschwörungstheorien und geschichtsrevisionistischen Betrachtungen", das unterstrich das Gericht, „genießen den Schutz des Art. 5 Abs. 1 GG und vermögen das Vereinsverbot nicht zu rechtfertigen."[12]

Das mittlerweile von Alexander Dobrindt (CSU) geleitete Bundesinnenministerium teilte nach dem Urteil mit, es zur Kenntnis zu nehmen, zu respektieren und – sobald die schriftliche Urteilsbegründung vorliege – sorgfältig prüfen zu wollen. Das BMI wies zudem nochmals eigens darauf hin, dass das Gericht im Vereinsverbot keine unzulässige Vorzensur erkannte und es prinzipiell auf ein Presse- und Medienunternehmen für anwendbar hielt. Zudem diagnostizierte das Gericht, wie das BMI betonte, bei COMPACT Verstöße gegen den Menschenwürde-Grundsatz und damit gegen die verfassungsmäßige Ordnung. Die damit verbundene Agitation sei indes „nicht prägend genug", um ein Verbot zu rechtfertigen, das insofern unverhältnismäßig sei.[13]

Während das BMI das Urteil nüchtern würdigte und zugleich nochmals verdeutlichte, dass das BVerwG ebenfalls deutliche Anhaltspunkte erkannte, ein Verbotsbegehren ernsthaft in Erwägung zu ziehen, feierten Jürgen Elsässer und COMPACT das Urteil überschwänglich. Sie erkannten darin das „wichtigste Urteil zur Pressefreiheit seit 1949".[14] Die historische Dimension des Richterspruchs, wie sie Elsässer triumphierend behauptete, suchte er auch dadurch in provokativer Weise zu verdeutlichen, dass er die Leipziger Entscheidung in eine Reihe mit dem Urteil des Bundesverfassungsgerichts zum Abschluss der „*Spiegel*-Affäre" am Beginn der 1960er Jahre stellte[15] und das COMPACT-Magazin – wie Rudolf Augstein einst den *Spiegel* – als „Sturmgeschütz der Demokratie"[16] bezeichnete. Direkt nach Bekanntgabe des Gerichtsurteils präsentierte Elsässer sich in einem COMPACT-Shirt

---

12 Alle vorherigen Zitate in: Bundesverwaltungsgericht, Pressemitteilung Nr. 48/2025 (FN 10).

13 Bundesministerium des Innern, Bundesverwaltungsgericht entscheidet zum Verbot der COMPACT-Magazin GmbH, Pressemitteilung vom 24. Juni 2025, unter: https://www.bmi.bund.de/SharedDocs/pressemitteilungen/DE/2025/06/gerichtsurteil.html (22. Juli 2025).

14 Jürgen Elsässer, Sommer der Freiheit, in: COMPACT 7/2025, auch unter: https://www.compact-online.de/sommer-der-freiheit/ (23. Juli 2025).

15 Vgl. Markus Sehl/Panos Athanasiadis, Darum wird das „Compact"-Verbot aufgehoben, in: Legal Tribune Online vom 24. Juni 2025, unter: https://www.lto.de/persistent/a_id/57477 (22. Juli 2025); siehe auch das damalige Urteil: Bundesverfassungsgericht – Verkündet am 5. August 1966 – Im Namen des Volkes ..., in: Der Spiegel vom 21. August 1966.

16 So u.a. zitiert von mgt. [Marlene Grunert], Verbot von „Compact" aufgehoben, in: Frankfurter Allgemeine Zeitung vom 25. Juni 2025. Michael Hanfeld, Faesers Pleitenerbe. Rechtsextremes Blatt „Compact" triumphiert, in: Frankfurter Allgemeine Zeitung vom 25. Juni 2025, hielt dem einigermaßen süffisant entgegen: „‚Compact' ist selbstverständlich nicht das ‚Sturmgeschütz' der Demokratie, sondern eine Stalinorgel, die die freiheitlich demokratische Grundordnung unter Dauerfeuer nimmt."

mit dem Aufdruck „Bundesregierung-Besieger", das fortan im COMPACT-Shop als „Fanartikel" käuflich erhältlich war.[17]

Äußerte Elsässer zeitweilig, er wolle Bundesinnenministerin Nancy Faeser (SPD), die im Sommer 2024 das Verbot gegen COMPACT autorisiert und darin einen „harten Schlag" gegen „ein zentrales Sprachrohr der rechtsextremistischen Szene" erkannt hatte,[18] auf Schadensersatz verklagen, dankte er ihr am Ende des Verfahrens voll des Spottes. Schließlich sei der gesamte Verbotsvorgang „natürlich für uns auch eine Werbemaßnahme von Frau Faeser"[19] gewesen. Verschiedene Medien kritisierten das Verbotshandeln des Bundesinnenministeriums – häufig mit einem Bezug auf Nancy Faesers Person – scharf. Michael Hanfeld sprach in der *Frankfurter Allgemeinen Zeitung* von „Faesers Pleitenerbe". Sie habe „den Sheriff gespielt" und letztlich so in unüberlegter Weise das Gegenteil des Beabsichtigten erreicht. Statt die Rechtsextremisten zu schwächen, könnten sie sich nun „als Verteidiger der Freiheit gerieren".[20] Für Christoph Schwennicke, Chefredakteur von *T-Online*, habe sich eine „schwache Ministerin" als Politikerin wie Jurstin „blamiert". Schließlich habe Faeser das COMPACT-Verbot „zu oberflächlich, zu ideologiegetrieben, zu vorschnell" verfügt.[21] Noch schärfer polemisierte die *Bild*-Zeitung unter der Überschrift „Sieg für die Meinungsfreiheit, Pleite für Staats-Ideologen" gegen das Vorgehen der damaligen Bundesinnenministerin. Chefautor Peter Tiede ließ sich in seinem „Zwischenruf" dazu hinreißen, Faeser vorzuwerfen, sie habe „sich an der Presse- und damit an der Meinungsfreiheit vergangen" und in diesem Zuge „am Staatsfundament gewerkelt – schlimmer als es Elsässer und sein rechts-außen Magazin jemals könnten". Mit dem Vereinsrecht gegen ein Medienunternehmen vorzugehen, bezeichnete er als einen „juristischen Winkelzug" und einen „Kniff", „den außerhalb ihres Hauses schon vor einem Jahr kein Experte für halbwegs haltbar hielt".[22] *Die Zeit* mahnte als Erkenntnis aus dem Verwaltungsgerichtsurteil an: „Staatliche Repression gegen die radikale Rechte muss effektiv, gezielt und vor allem juristisch wasserdicht sein."[23]

Es ist indes eine Streitfrage, ob die Verbotsverfügung des BMI juristisch besser abgesichert hätte werden müssen. In einer abwägenden Würdigung des Münsteraner Rechtswissenschaftlers Patrick Hilbert in der *Frankfurter Allgemeinen Zeitung* kriti-

---

17 Siehe: https://www.compact-shop.de/shop/fanartikel/sonstige-bekennerartikel/compact-shirt-bundesregierung-besieger/ (22. Juli 2025).

18 Bundesministerium des Innern, Harter Schlag gegen die rechtsextremistische Szene: Bundesinnenministerin verbietet die „COMPACT-Magazin GmbH", Pressmitteilung vom 16. Juli 2024, unter: https://www.bmi.bund.de/SharedDocs/pressemitteilungen/DE/2024/07/exekutive1.html (22. Juli 2025).

19 Zitiert nach: Lillybelle Eisele, Das rechtsextreme Magazin „Compact" darf weiter erscheinen, in: Neue Zürcher Zeitung vom 25. Juni 2025.

20 Hanfeld (FN 16).

21 Christoph Schwennicke, Als Ministerin gescheitert, in: t-online.de vom 24. Juni 2025.

22 Peter Tiede, Sieg für die Meinungsfreiheit, Pleite für Staats-Ideologen, unter: bild.de vom 24. Juni 2025; siehe hingegen zu anderweitigen juristischen Einschätzungen die Verweise in FN 5.

23 Özge Inan, Der liberalen Demokratie gehen die Ideen aus, in: ZEITOnline vom 24. Juni 2025.

sierte er ein „verfehltes Verständnis von rechtlicher Eindeutigkeit“. Es trete „in der Behauptung“ zutage, „das Urteil zeige, dass man rechtliche Maßnahmen gegen Verfassungsfeinde nur ergreifen dürfe, wenn man sich ihrer Gerichtsfestigkeit sicher sei. Eine solche Sicherheit gibt es im gewaltengeteilten Rechtsstaat grundsätzlich nicht.“ Zudem wies Hilbert darauf hin, dass die förmliche Feststellung der Rechtswidrigkeit durch das Gericht keineswegs bedeute, „dass es nicht auch gute Gründe dafür gegeben haben kann, den aufgehobenen Rechtsakt als rechtmäßig anzusehen. Diese Ambivalenz ist wegen der Deutungsoffenheit des Rechts unvermeidlich.“[24] Die *taz* knüpfte insofern an diese Einschätzung an, als sie die „Unberechenbarkeit von Verboten“ hervorhob und betonte, das Bundesverwaltungsgericht habe „Compact keinesfalls einen Freibrief“ ausgestellt.[25] Die Behauptung, das Bundesverwaltungsgericht habe „klipp und klar“ die Rechtswidrigkeit des Verbots festgestellt, so ein Kommentator des *Cicero*, wird der differenziert-abwägenden Darlegung des Urteils kaum gerecht.[26]

Jost Müller-Neuhof, rechtspolitischer Korrespondent des Berliner *Tagesspiegel*, stellte die Mehrschichtigkeit des Leipziger Urteils heraus, das bei nüchterner Betrachtung „beide Seiten enttäuscht“ haben müsse – und sich deshalb vermutlich als „ein gutes“ erweisen werde. Denn einerseits habe es nicht nur den extremistischen Charakter von COMPACT dokumentiert, sondern auch die Möglichkeit eines Vereinsverbots selbst im Falle eines solchen Zusammenschlusses rund um ein Medienunternehmen als zulässig bezeichnet. „Dies ist sinnvoll in einer Zeit“, schrieb Müller-Neuhof, „in der sich jede Aktivistengruppe als Presse bezeichnen kann, sobald sie eine Webseite mit Nachrichten befüllt.“ Andererseits habe das Gericht „ein liberales Anliegen gestärkt“, indem es aufgezeigt hat, wie hoch die Schwellen für Verbote angesetzt werden müssten. Sie haben „die große Ausnahme im freiheitlichen Verfassungsstaat“ zu bleiben. „Selbst für Feinde der Freiheit gibt es Freiheit. Extremismus ist nichts, was verschwinden muss.“[27]

Weitere Kommentatoren hoben ebenfalls hervor, dass das Urteil des Bundesverwaltungsgerichts die freie politisch-gesellschaftliche Debatte selbst unter Einbeziehung radikaler Positionen gestärkt habe, ohne Extremisten einen Blankoscheck auszustellen. Das Gericht habe allerdings, wie der Jurist und Journalist Reinhard Müller in der *Frankfurter Allgemeinen Zeitung* – dort zuständig für „Staat und Recht“ – herausstellte, klar aufgezeigt, dass die „Versagung der Ausübung von grundrechtlichen Freiheiten […] erst an letzter Stelle stehen kann“. Das „staatliche Frühwarnsystem“, das eine wehrhafte Demokratie grundsätzlich vorsieht, dürfe „weder Zensurbehörde

24 Patrick Hilbert, „Klatsche“? Zum Compact-Urteil, in: Frankfurter Allgemeine Zeitung vom 26. Juni 2025; Alexander Neubacher, Ein Schmierblatt darf weitermachen, in: SpiegelOnline vom 24. Juni 2025, schrieb: „Eine Klatsche für Faeser, deren Rücktritt zu fordern sich freilich erübrigt hat.“

25 Christian Rath, Die Unberechenbarkeit von Verboten, in: taz.de vom 24. Juni 2025.

26 Volker Boehme-Nessler, Ein Sieg für die Pressefreiheit – und für die Verfassung, in: cicero.de vom 24. Juni 2025.

27 Jost Müller-Neuhof, Extremismus ist nichts, was verschwinden muss, in: Der Tagesspiegel vom 25. Juni 2025.

noch eine Stiftung Warentest des politischen Geschmacks“ werden. Vorrangig für bedenklich hielt Müller die dahinterstehende „Haltung“ – nämlich: „Was ich nicht mag, gehört verboten.“ Um regelrecht erleichtert zu ergänzen: „Doch das ist zum Glück nicht die Haltung des Grundgesetzes, das grundsätzlich auf freien Diskurs setzt.“[28] Für Andreas Rosenfelder von der *Welt* besaß das Urteil „Signalcharakter“, habe es doch verdeutlicht, dass Systemkritik nicht automatisch ein Verbot rechtfertige – und Regierungskritik schon gar nicht. „Mit dem freiheitlichen Geist unserer Verfassung steht diese Haltung nicht im Einklang.“ Ob sich COMPACT deshalb gleich „einen Platz in den Annalen der Pressefreiheit gesichert“ hat, darf man allerdings bezweifeln, zumal das Gericht die Zulässigkeit eines solchen durch Vereinsrecht abgestützten Verbots ausdrücklich als zulässig erachtete.[29] Aus Sicht von Journalisten-Vereinigungen wurde das Urteil ebenfalls in grundsätzlicher Hinsicht als Stärkung der Pressefreiheit begrüßt.[30]

Im Anschluss an die Aufhebung des COMPACT-Verbots waren verschiedentlich Stimmen zu vernehmen, die darin einen Fingerzeig für all jene erkannten, die ein Parteiverbot befürworteten. Für *Spiegel*-Leitartiklerin Maria Fiedler hielt der COMPACT-Fall eine deutliche „Mahnung“ parat, nicht leichtfertig mit einem AfD-Verbot zu hantieren. Sollte der Verlauf ähnlich jenem in der COMPACT-Causa sein, würde es sich als „Worst Case für die Demokratie“ erweisen.[31] In Interviews nach dem Leipziger Urteilsspruch frohlockte im Übrigen Jürgen Elsässer sogleich: „Unmittelbar wird auch die AfD von diesem Urteil profitieren. Denn wenn es unmöglich war, Compact zu verbieten, ist es auch unmöglich, die AfD zu verbieten. Der AfD wird im Grunde dasselbe vorgeworfen wie uns vorgeworfen wurde.“[32] Die AfD selbst signalisierte die große Bedeutung, die sie dem COMPACT-Prozess zumaß, indem sie gleich mehrere parlamentarische Anfragen oder Anträge dazu auf Europa-, Bundes- und Landesebene stellte.[33] Außerdem hatten die Brandenburger AfD-Fraktion und

28 Reinhard Müller, Freier Diskurs, in: Frankfurter Allgemeine Zeitung vom 25. Juni 2025.

29 Andreas Rosenfelder, Systemkritik ist nicht verboten, in: Die Welt vom 25. Juni 2025; in diese Richtung zielt auch Boehme-Nessler (FN 26); auch schon Deniz Yücel, „Compact“ ist ein Fall für Karlsruhe, in: Die Welt vom 13. Juni 2025.

30 So die zu ver.di gehörende Deutsche Journalistinnen- und Journalisten-Union, Urteil zum Compact-Verbot bekräftigt Stellenwert der Pressefreiheit, Presseinformation vom 24. Juni 2025, unter: https://dju.verdi.de/presse/pressemitteilungen/++co++2936313e-50f3-11f0-af65-5d8f3ad36e92 (22. Juli 2025); ebenfalls: Reporter ohne Grenzen, Compact-Verbot aufgehoben, Pressemitteilung vom 24. Juni 2025, unter: https://www.reporter-ohne-grenzen.de/pressemitteilungen/meldung/compact-verbot-aufgehoben (22. Juli 2025).

31 Maria Fiedler, Der Fall „Compact“ ist eine Mahnung für alle, die sich ein AfD-Verbot wünschen, in: Der Spiegel vom 27. Juni 2025, auch unter: https://www.spiegel.de/politik/deutschland/compact-der-fall-ist-eine-mahnung-fuer-alle-die-sich-ein-afd-verbot-wuenschen-a-b064b8eb-fdde-4d5e-9f19-dff69ac3f4b2 (23. Juli 2025).

32 Zitiert nach: Compact-Urteil richtungsweisend für AfD-Verbotsverfahren, in: tagesschau.de vom 25. Juni 2025.

33 Für die Fraktion im Europäischen Parlament „Europa der Souveränen Nationen“ (ESN), der auch die AfD angehört, siehe: Alexander Jungbluth, Widerrechtliches Verbot des „Compact“-Magazins und Einschränkung der Pressefreiheit in der Bundesrepublik Deutschland durch Nancy Faeser, Parlamentarische Anfrage (P-001603/2024), Europäisches Parlament vom 3. September 2024, unter: https://www.europarl.europa.eu/doceo/document/P-10-2024-001603

ihr Vorsitzender Hans-Christoph Berndt gemeinsam mit Jürgen Elsässer während einer eigens einberufenen Pressekonferenz im Landtag bereits die Aussetzung des Verbots im Eilverfahren gefeiert und sich gemeinsam als unbeirrbare Kämpfer für die Aufrechterhaltung des Rechtsstaats gerühmt.[34]

Ob das COMPACT-Urteil indes auf den Rechtsstreit rund um die Einstufung der AfD als gesichert extremistisch und deren Beobachtung durch den Verfassungsschutz abfärben wird oder in ihm sogar für den Fall eines etwaigen Parteiverbotsverfahrens relevante rechtliche wie politische Überlegungen mitschwingen, bleibt abzuwarten. Insbesondere die vertiefte juristische Auseinandersetzung über das COMPACT-Urteil und die Frage nach dessen grundsätzlicher Bedeutung[35] wird erst einsetzen, sobald die ausführliche schriftliche Urteilsbegründung vorliegt.

2. Dokumentation

Bundesanzeiger
Herausgegeben vom
Bundesministerium der Justiz
www.bundesanzeiger.de

Bekanntmachung
Veröffentlicht am Dienstag, 16. Juli 2024
BAnz AT 16.07.2024 B1

Bundesministerium
des Innern und für Heimat

Bekanntmachung
eines Vereinsverbots gegen
„COMPACT-Magazin GmbH"
und ihre Teilorganisation
„CONSPECT FILM GmbH"

Vom 5. Juni 2024

_DE.html (22. Juli 2025); Kleine Anfrage der AfD-Fraktion im Deutschen Bundestag, Verbot des Magazins „Compact", Drucksache 20/12640 vom 26. August 2024, unter: https://dserver.bundestag.de/btd/20/126/2012640.pdf (22. Juli 2025); Antrag der Fraktion der AfD im Landtag Nordrhein-Westfalen, Compact-Verbot gescheitert: Klare Kante für die Pressefreiheit! – Auch wer die Pressefreiheit angreift, stellt sich gegen unsere demokratischen Grundwerte, Drucksache 18/14552 vom 1. Juli 2025, unter: https://www.landtag.nrw.de/portal/WWW/dokumentenarchiv/Dokument/MMD18-14552.pdf (22. Juli 2025).

34 Vgl. Marlene Grunert/Friederike Haupt, Zwei, die frohlocken. Nach dem vorläufigen Sieg für „Compact" triumphieren dessen Chefredakteur und die AfD, in: Frankfurter Allgemeine Zeitung vom 16. August 2024.

35 Vgl. auch Markus Sehl, BVerwG zu Compact-Verbot: Ein bisschen Grundsatzentscheidung, in: Legal Tribune Online vom 24. Juni 2025, unter: https://www.lto.de/persistent/a_id/57490 (22. Juli 2025).

Nach Artikel 9 Absatz 2 des Grundgesetzes in Verbindung mit § 3 des Vereinsgesetzes vom 5. August 1964 (BGBl. I S. 593), das zuletzt durch Artikel 5 des Gesetzes vom 30. November 2020 (BGBl. I S. 2600) geändert worden ist, erlässt das Bundesministerium des Innern und für Heimat die folgende

Verfügung

1. Der Verein „COMPACT-Magazin GmbH“ einschließlich seiner Teilorganisation „CONSPECT FILM GmbH“ richtet sich gegen die verfassungsmäßige Ordnung.
2. Der Verein „COMPACT-Magazin GmbH“ und seine Teilorganisation „CONSPECT FILM GmbH“ sind verboten und werden aufgelöst.
3. Es ist verboten, die folgenden Online-Angebote des Vereins bereitzustellen, zu hosten, zu betreiben und weiter zu verwenden:
   - Homepage: https://www.compact-online.de
   - Homepage: https://www.conspect-film.com
   - YouTube: @COMPACTTV
   - YouTube: @JürgenElsässer7613
   - Telegram: COMPACT-Magazin
   - Telegram: COMPACTTV
   - Telegram: COMPACT.DerTag
   - X (ehemals Twitter): @COMPACTMagazin
   - TikTok: compact.magazin
   - Gettr: @compact
   - Facebook: compact.tv
   - Facebook: Conspect Film GmbH
   - Instagram: Paul Klemm
   - VK: COMPACT-Magazin
   - WhatsApp: COMPACT
4. Es ist verboten, Ersatzorganisationen für den Verein „COMPACT-Magazin GmbH“ und seiner Teilorganisation „CONSPECT FILM GmbH“ zu bilden oder bestehende Organisationen als Ersatzorganisation fortzuführen.
5. Es ist verboten, Kennzeichen des Vereins „COMPACT-Magazin GmbH“ und seiner Teilorganisation „CONSPECT FILM GmbH“ für die Dauer der Vollziehbarkeit des Verbots öffentlich, in einer Versammlung oder in Schriften, Ton- und Bildträgern, Abbildungen oder Darstellungen, die verbreitet werden oder zur Verbreitung bestimmt sind, zu verwenden.

Kennzeichen und Symbole des Vereins „COMPACT-Magazin GmbH“ und seiner Teilorganisation „CONSPECT FILM GmbH“:[36]

COMPACT^C
MAGAZIN FÜR SOUVERÄNITÄT
COMPACT
COMPACT+
C
CONSPECT
FILMPRODUKTION GmbH

Die Blaue Welle^C
Die Blaue Welle
rollt durch Deutschland

Weitere Kennzeichen des Vereins „COMPACT-Magazin GmbH“ sind aufgrund des einheitlich genutzten Corporate Designs auch die verwendeten COMPACT-Schriftzüge, kombiniert mit einem rot geschriebenen Wort und in der Regel einem weißen „C“ auf einem roten Kreis. Hier exemplarisch:

COMPACTSellner^C
COMPACTDerTag^C
COMPACTShop^C
COMPACTAktuell^C
COMPACTAbo^C
COMPACTClub^C
COMPACTDasLetzte^C
COMPACTEdition^C
COMPACTGeschichte^C
COMPACTInterview^C
COMPACTLive^C
COMPACTMagazin^C
COMPACTReportage^C
COMPACTPützZeit^C
COMPACTSatire^C
COMPACTSpezial^C
COMPACTPirinçci^C
COMPACTSonderhefte
COMPACTTV^C
COMPACTKulturZeit^C
COMPACTMoskau^C
COMPACTGespräch^C
COMPACTVideo^C
www.compact-online.de
COMPACTKonferenz^C
COMPACTBlitz^C
COMPACTLivestream^C
COMPACTBlaueWelle^C

36 In der Folge werden die Insignien und Symbole in der Originaltype/-grafik wiedergegeben. Hier sind sie in transkribierter Form abgedruckt, wobei das hochgestellte C im Original weiß innerhalb eines roten Kreises erscheint. Dabei handelt es sich um das Kernsymbol von COMPACT.

COMPACT Editorial[C]
COMPACT Themen[C]
COMPACT Foto des Monats[C]
COMPACT Leserbriefe[C]
COMPACT Zitate des Monats[C]
COMPACT Intern[C]
COMPACT Titelthema[C]
COMPACT Politik[C]
COMPACT Dossier[C]
COMPACT Leben[C]
COMPACT Kolumnen[C]
COMPACT Impressum[C]

6. Das Vermögen des Vereins „COMPACT-Magazin GmbH“ einschließlich seiner Teilorganisation „CONSPECT FILM GmbH“ wird beschlagnahmt und zugunsten des Bundes eingezogen.
7. Forderungen Dritter gegen den Verein „COMPACT-Magazin GmbH“ oder seine Teilorganisation „CONSPECT FILM GmbH“ werden beschlagnahmt und zugunsten des Bundes eingezogen, soweit sie nach Art, Umfang oder Zweck eine vorsätzliche Förderung der gesetzeswidrigen Bestrebungen des Vereins „COMPACT-Magazin GmbH“ einschließlich der ihm zuzurechnenden „CONSPECT FILM GmbH“ darstellen oder soweit sie begründet wurden, um Vermögenswerte des Vereins „COMPACT-Magazin GmbH“ einschließlich der ihm zuzurechnenden „CONSPECT FILM GmbH“ dem behördlichen Zugriff zu entziehen oder den Wert des Vermögens des Vereins „COMPACT-Magazin GmbH“ einschließlich der ihm zuzurechnenden „CONSPECT FILM GmbH“ zu mindern. Hat ein Gläubiger eine solche Forderung durch Abtretung erworben, wird sie eingezogen, soweit der Gläubiger die Eigenschaft als Kollaborationsforderung oder als Umgehungsforderung im Zeitpunkt ihres Erwerbs kannte.
8. Sachen Dritter werden beschlagnahmt und zugunsten des Bundes eingezogen, soweit der Berechtigte durch Überlassung der Sachen an den Verein „COMPACT-Magazin GmbH“ oder seine Teilorganisation „CONSPECT FILM GmbH“ deren gesetzeswidrige Bestrebung vorsätzlich gefördert hat oder soweit die Sachen zur Förderung dieser Bestrebungen bestimmt sind.
9. Die sofortige Vollziehung dieser Verfügung wird angeordnet. Dies gilt nicht für die Einziehungsanordnungen in den Nummern 6, 7 und 8.

Berlin, den 5. Juni 2024
ÖSII3.20106/2#24

Bundesministerium
des Innern und für Heimat
Im Auftrag
Reinfeld

Das „Kufiya-Netzwerk“ und die „palästina-solidarische“ Bewegung in Deutschland

Norman Siewert

1. Einleitung

Im Dezember 2023 wurde als Reaktion auf den israelischen Gegenschlag gegen die *Hamas* und die vermeintliche staatliche „Repression“ gegen die „Palästina-Solidarität“ in Deutschland ein Text mit dem Titel „Freiheit für Palästina! Demokratie für Deutschland“ veröffentlicht.[1] Offiziell unterzeichnet wurde dieser Text, der das Gründungsdokument des *Kufiya-Netzwerkes* darstellt, zunächst von diversen linken Gruppierungen mit einer „palästina-solidarischen“ Ausrichtung. Das Netzwerk versteht sich selbst als „offenes Netzwerk von Gruppen und Einzelpersonen, die sich für die Befreiung Palästinas und demokratische Grundrechte in Deutschland einsetzen“.[2] Von den Erstunterzeichnern – und auch den dazugekommenen Unterstützern – lassen sich nicht wenige als linksextremistisch klassifizieren und werden dementsprechend von den Verfassungsschutzbehörden beobachtet. Das Bundesamt für Verfassungsschutz (BfV) bewertet das Netzwerk als lagerübergreifenden Versuch linksextremistischer Organisationen sowie Gruppen des „auslandsbezogenen Extremismus und des nicht extremistischen Spektrums“, eine gemeinsame, die ideologischen Gräben überbrückende Basis der Kooperation zu begründen.[3] Einer der Mitinitiatoren hatte in diesem Sinne kurz nach der Gründung des Netzwerks ausgeführt, dass man sich als „Linke“ nicht (mehr) durch das Thema „Palästina“ spalten und gegeneinander ausspielen lassen wolle: „Im ‚Kufiya-Netzwerk‘ können wir die Debatten führen, die durch die bürgerliche Presse und die staatlichen Institutionen eingeschränkt und immer mehr zensiert und auch kriminalisiert werden.“[4] Das *Kufiya-Netzwerk* strebt also an, die heterogene Landschaft der „palästina-solidarischen“ Organisationen, Initiativen und Kampagnen als bundesweite Vernetzungs- und Kampagnenplattform zu bündeln und zu verbinden. Ist es dem Netzwerk seitdem gelungen, eine schlagkräftige nationale „pro-palästinensische“ Bewegung aufzubauen?

---

1 Vgl. Kufiya Netzwerk Statement, 5. Dezember 2023, unter: https://kufiya-netzwerk.de (23. Mai 2025).

2 Vgl. ebd.

3 Vgl. Palästinasolidarität im dogmatischen Linksextremismus, April 2024, hrsg. vom BfV, unter: https://www.verfassungsschutz.de/SharedDocs/hintergruende/DE/linksextremismus/ palaestina-solidaritaet-im-dogmatischen-linksextremismus.html (25. Mai 2025); Bundesministerium des Innern (BMI) (Hrsg.), Verfassungsschutzbericht 2024, Berlin 2025, S. 168.

4 Vgl. Jakob Reimann, „Es sind ziemlich bedrohliche Zeiten“. Frankfurt am Main: Propalästinensisches „Kufiya-Netzwerk“ gegründet. Ein Gespräch mit Thana Douwa und Wieland Hoban, in: www.jungewelt.de vom 19. Dezember 2023.

2. Ideologie und Programmatik

Ideologisch lässt sich das *Kufiya-Netzwerk* auf den ersten Blick nicht leicht einordnen. Im Vordergrund steht unverkennbar der Israel-Palästina-Konflikt. Die Programmatik des Netzwerks beschränkt sich nicht nur auf die Forderung nach einem sofortigen Waffenstillstand zwischen Israel und der *Hamas* sowie einem Ende der Blockade des Gaza-Streifens. Vielmehr geht es um das „Ende der Besatzung Palästinas" an sich.[5] Dabei bleibt undeutlich, was dies konkret bedeuten soll. Klar ist für die Unterzeichner dagegen, dass die „Gewalt der Besatzer" (gemeint ist Israel) nicht mit dem „gewaltsamen Widerstand der Besetzten" gleichgestellt, „kriminalisiert" und mithin „enthistorisiert" werden dürfe. Die Stoßrichtung der Gründungserklärung bezieht sich somit eindeutig gegen Israel, aber auch gegen die Bundesrepublik, die Israels Kriegsverbrechen, ja den „Genozid", aktiv unterstütze. In einem zweiten Schlüsseltext anlässlich des ersten Jahrestages, der seine Botschaft in großer Klarheit im Titel trägt („Es begann nicht am 7. Oktober – 76 Jahre Genozid"), wurde der historische Kontext des „gewaltsamen Widerstandes" näher ausgeführt und als beinahe notwendige Konsequenz exkulpiert.[6] Der 7. Oktober 2023 müsse vor dem Hintergrund von 100 Jahren „zionistischem Siedlerkolonialismus", 56 Jahren israelischer Besatzung und einer 16-jährigen Blockade des Gaza-Streifens betrachtet werden. Was an diesem Tag eigentlich geschehen war, wird indes nicht ausgesprochen. „[W]estliche Medien" verbreiteten ohnehin Propagandalügen darüber, um den palästinensischen Widerstand „zu delegitimieren". Das Grauen des 7. Oktobers liege vielmehr darin begründet, dass dieses Datum den Startpunkt der „Vertreibung und Massakrierung" der Palästinenser im Gaza-Streifen markiere. Das Ereignis wird somit in ein verkehrtes Opfer-Täter-Narrativ eingebettet: „Seit dem 7. Oktober 2023 wurde die Vertreibung und Massakrierung, die die Besatzungsmacht seit der Nakba von 1948 gegen das palästinensische Volk ausübt, auf ihr bisher höchstes Eskalationslevel gehoben. Das verdeutlicht, dass es dem siedlerkolonialen Staat um die Auslöschung des palästinensischen Volks geht."[7]

Historisch-politischer Fixpunkt dieser Erzählung stellt der palästinensische Nationalmythos von der „Nakba" (1947/49) bzw. der bis heute „andauernden Nakba" dar, der in seiner populär-antizionistischen Spielart sämtliche historische Ambivalenzen und Ambiguitäten des israelisch-palästinensischen Konflikts zugunsten eines einseitigen, simplen und schlechthin kontrafaktischen Geschichtsbildes von der rücksichtslosen zionistischen Okkupation Palästinas auflöst:[8]„Im Zuge der Gründung

---

5 Vgl. Kufiya Netzwerk Statement (FN 1). Vgl. auch Valerie Profes u. a., Die forensische Relevanz von Antisemitismus als doppelte Brückenideologie, in: Praxis der Rechtspsychologie 34 (2024), H. 2, S. 185–200, hier: S. 195.

6 Vgl. Es begann nicht am 7. Oktober – 76 Jahre Genozid, 22. September 2024, unter: https://kufiya-netzwerk.de/page/2/ (3. Juni 2025).

7 Ebd.

8 Zum historischen Hintergrund der „Nakba" und der historiographischen Debatte darüber vgl. u. a. Noam Zadoff, Geschichte Israels. Von der Staatsgründung bis zur Gegenwart, Bonn 2020, S. 31–36; Muriel Asseburg, Palästina und die Palästinenser. Eine Geschichte von der Nakba bis

Israels 1948 wurden über 800.000 Palästinenser vertrieben, getötet, inhaftiert, Opfer von Gewalt und Vergewaltigung. Palästinenser bilden seitdem die größte Flüchtlingsgruppe (prozentual zur Bevölkerung). Die Nakba, wie die Palästinenser dieses Ereignis nennen, bedeutet heute: 76 Jahre ethnische Säuberung, Verbrechen gegen die Menschlichkeit, Apartheid und Willkür. Israel ist damit seit seiner Staatsgründung eine Siedlerkolonie, die sich nur aufgrund der anhaltenden Unterdrückung bis heute gehalten hat.“[9]

Das *Kufiya-Netzwerk* bestätigt und übernimmt das identitätskonstituierende Gründungsnarrativ der palästinensischen „Nation“, die sich als Opfer eines welthistorischen Sündenfalls imaginiert. Dabei ist die ideologische Zielrichtung nicht ausschließlich gegen Israel, sondern auch gegen „den“ Westen (allen voran Großbritannien, die USA und Deutschland) gerichtet, der die „zionistische Siedlerkolonie“ bis heute fördere, schütze und ausrüste. Um die Jahrtausendwende herum wurde der „Nakba-Tag“, der 15. Mai, von der Palästinensischen Autonomiebehörde als zentraler palästinensischer Gedenktag eingeführt, womit die „Nakba“-Erzählung im kollektiven Gedächtnis der Palästinenser verankert wird und die damit einhergehenden Ansprüche (u. a. das Rückkehrrecht der palästinensischen Flüchtlinge bzw. ihrer Nachkommen) verstetigt werden. Seitdem wird weltweit, in den palästinensischen Autonomiegebieten und in der Diaspora sowie in den arabisch-muslimischen Einwanderer-Communities und den „palästina-solidarischen“ Szenen im Westen der „Nakba“ gedacht. Insbesondere in Berlin, dem Ort mit einer der größten palästinensischen Diaspora-Gemeinschaften, gewann der „Nakba-Tag“ in den vergangenen Jahren, befördert durch die seit 2015 anhaltende Massenmigration von jungen Syrern und in Syrien lebenden palästinensischen Flüchtlingen, immer größere Bedeutung. Schon vor dem 7. Oktober 2023 fungierten die „Nakba“-Demonstrationen als Schauplätze antizionistischer, israelfeindlicher und zum Teil offen antisemitischer Agitation und Gewalt – etwa im Jahr 2021 vor dem Hintergrund des damaligen Schlagabtausches zwischen Israel und der *Hamas*.[10] Es mag nicht verwundern, dass mit *Palästina Spricht*, *Jüdische Stimme für gerechten Frieden in Nahost* (*Jüdische Stimme*) und der Berliner Ortsgruppe der Kampagne *Boycott, Divestment and Sanctions* (BDS) drei zentrale Mobilisierungsakteure der „Nakba-Demonstrationen“

---

zur Gegenwart, Bonn 2022, S. 27–30; Philipp Ther, Die dunkle Seite der Nationalstaaten. „Ethnische Säuberungen“ im modernen Europa, Bonn 2012, S. 212–233, hier insbesondere S. 224–233. Zur Rolle und Bedeutung des „Nakba“-Mythos in gegenwärtigen antizionistischen und antisemitischen Diskursen in Deutschland vgl. Amadeu Antonio Stiftung (AAS) (Hrsg.), Israelhass und Antiamerikanismus. Zivilgesellschaftliches Lagebild Antisemitismus #11, Berlin 2023, S. 11- 5; Bundesverband RIAS e. V. und IIBSA (Hrsg.), Mobilisierungen von israelbezogenem Antisemitismus im Bundesgebiet 2021, Berlin 2021, hier insbesondere S. 35 ff.; JFDA (Hrsg.), Feindbild Israel. Wieso der Hass gegen den jüdischen Staat in Teilen der politischen Linken anschlussfähig ist, im.feld #2, Berlin 2023, S. 7 f., 25 f.

9 Es begann nicht am 7. Oktober (FN 6).

10 Vgl. Massive Gewalt und offener Judenhass bei Palästina-Demos in Berlin, 15. Mai 2021, unter: https://democ.de/artikel/massive-gewalt-und-offener-judenhass-bei-palaestina-demos-in-berlin/ (2. Juni 2025); IIBSA (FN 8), S. 47 ff., 53 ff.

ebenfalls dem *Kufiya-Netzwerk* angehören.[11] Ebenso hatte der im November 2023 verbotene deutsche Ableger der palästinensischen Gefangenenunterstützungsorganisation *Samidoun* wiederholt zu den Versammlungsorganisatoren gehört.[12] Das *Samidoun*-Verbot wird vom *Kufiya-Netzwerk* übrigens vehement verurteilt.[13] Der 15. Mai jedenfalls ist bundesweit fest im Protestkalender des *Kufiya-Netzwerks* verankert. Dabei zeigt sich, dass der „Nakba"-Mythos in mehrfacher Hinsicht als historisch-politische Legitimationsressource ausgebeutet wird. Als Schlüsselerzählung für das antiisraelisch-dualistische Weltbild beinhaltet es die identitätsstiftenden Topoi sowohl von der (Selbst-)Viktimisierung als auch vom tapferen Widerstand. Mit Parolen wie „We mourn the dead and fight like hell for the living"[14] und „77 Jahre anhaltende Vertreibung, Unterdrückung und Widerstand"[15] wird der eigene Aktionismus zum heroischen Akt verklärt und in eine Traditionslinie mit dem leidvollen Widerstand der Palästinenser gestellt.

Die aktualisierte Genozid-Erzählung, mit dem 7. Oktober 2023 habe ein unerbittlicher Völkermord im Gaza-Streifen begonnen, lädt den „Nakba"-Mythos zusätzlich apokalyptisch auf. Der Terrorismusexperte Peter Neumann weist auf die hohe emotionale Wirkmacht des neuen Genozid-Vorwurfs und dessen verheerenden Einfluss auf extremistische Radikalisierungsverläufe hin.[16] Besonders frappant ist hierbei, dass der Genozid-Vorwurf inzwischen weitgehend normalisiert wurde und weithin in politischen, zivilgesellschaftlichen und intellektuellen Kreisen geteilt wird.[17] Einen der intellektuellen Tiefpunkte des Genozid-Narrativs markierte die Demonstration der *Jüdischen Stimme* am Holocaust-Gedenktag in Berlin, die unter dem Motto „Jüd:innen gegen den Gaza-Genozid" beworben wurde.[18] Überhaupt gehört der Vergleich bzw. die Gleichsetzung Israels mit dem „Dritten Reich" zum Standardreper-

---

11 Vgl. IIBSA (FN 8), S. 35 ff.; JFDA (FN 8), S. 25 f.

12 Vgl. IIBSA (FN 8), S. 35 f.; Terrorpropaganda für den Westen. Die antiisraelische Organisation „Masar Badil", hrsg. von democ., Berlin 2024, S. 8.

13 Vgl. diverse Instagram-Beiträge von @kufiyanetzwerk, bspw. vom 16. Mai 2025, unter: https://www.instagram.com/p/DJuYXQuopp4 (13. Juni 2025).

14 Instagram-Beitrag von @kufiyanetzwerk vom 3. Mai 2024, unter: https://www.instagram.com/p/C6g48F1MrFt/?img_index=4 (13. Juni 2025).

15 Instagram-Beitrag von @kufiyanetzwerk vom 11. Mai 2025, unter: https://www.instagram.com/p/DJfTRjJI9rA/ (13. Juni 2025).

16 Vgl. Peter R. Neumann, Die Rückkehr des Terrors. Wie uns der Dschihadismus herausfordert, Berlin 2024, S. 53–57.

17 Vgl. hierzu auch Verena Buser, Anatomie eines Genozidvorwurfs. Der 7. Oktober 2023 und der Völkermordvorwurf aus der Holocaust- und Genozidforschung, in: Olaf Glöckner/Günther Jikeli (Hrsg.), Antisemitismus in Deutschland nach dem 7. Oktober 2023, Baden-Baden 2025, S. 257–291. Wie bei der „Nakba"-Erzählung ist auch beim Genozid-Vorwurf idealtypisch zu unterscheiden zwischen dem ideologisch-dogmatischen Diskurs, der apodiktisch und pauschalisierend auf die Dämonisierung Israels ausgerichtet ist, und dem rational-kritischen Diskurs, in dem spezifische potenziell genozidale Aspekte des israelischen Vorgehens seriös und abwägend geprüft werden. Vgl. hierzu u. a. Wolfgang Kraushaar, Israel: Hamas – Gaza – Palästina. Über einen scheinbar unlösbaren Konflikt, Bonn 2024, S. 160–164.

18 Vgl. IIBSA (Hrsg.), Der Verein „Jüdische Stimme für gerechten Frieden in Nahost". Geschichte, Verbindungen, Ideologie und Arbeitsweise, Berlin 2024, S. 6.

toire linker antizionistischer und antiisraelischer Akteure.[19] So schrieb beispielweise der Account der „Jüdischen Stimme“ am 9. November 2024, also anlässlich des Gedenktages an die Reichspogromnacht: „Was haben die ganzen Gedenkstätten und Geschichtsstunden und Museen gebracht, wenn vom gleichen Land, wo vor 80 Jahren bei einem Genozid weggeschaut wurde, erneut solche Verbrechen [sic!] zugelassen und sogar unterstützt werden?“[20]

Noch ungenierter bringt es *Palästina Spricht* auf der Plattform X zum Ausdruck, etwa indem brennende Flüchtlingszelte im Gaza-Streifen (2024) den Kaminen der Krematorien von Auschwitz (1944) gegenübergestellt werden.[21] Derlei kontrafaktische NS- und Holocaust-Vergleiche sind Legion und spiegeln die geradezu manichäische Israel-Feindschaft. Sie zielen auf dessen Dämonisierung und Delegitimierung ab.

3. Strategie und Kampagnen

In strategischer Hinsicht beschränkt sich das *Kufiya-Netzwerk* auf die Form eines losen und letztlich auf wenige Regionen beschränkten Bündnisses und einer Kampagnenplattform mit zugegebenermaßen geringer Schlagkraft. Sowohl die Homepage als auch das Instagram-Profil werden im Vergleich zu den sonstigen Text- und Bilderfluten „pro-palästinensischer“ Akteure im Internet nur spärlich bespielt. Der umfangreichste Bereich der Internetseite findet sich unter dem Navigationsreiter „Material & Aktion“. Hier werden u. a. praxisorientierte Hilfestellungen rund um die Durchführung von Versammlungen aufbereitet.[22] Daneben bietet die Seite noch umfangreiches Informations- und Kampagnenmaterial für zwei eigenständige Kampagnenformate, nämlich zu den Schwerpunktthemen „Palästinensische Gefangene“ und „Es begann nicht am 7. Oktober“.

Im (pro-)palästinensischen Protestkalender gehört der „Tag der palästinensischen Gefangenen“ (17. April) neben dem „Nakba-Tag“ zu einem der wichtigsten Mobilisierungstermine.[23] Das *Kufiya-Netzwerk* rief 2024 und 2025 gleich eine ganze „Aktionswoche“ rund um das Datum aus und stellte hierfür umfangreiches Online-Material wie mehrsprachige Informationsplakate, Werbeflyer und weiterführende Link-

19 Vgl. hierzu Jan Riebe, Linker Antisemitismus, in: Nicholas Potter/Stefan Lauer (Hrsg.), Judenhass Underground. Antisemitismus in emanzipatorischen Subkulturen und Bewegungen, Bonn 2024, S. 32–44, hier: S. 35 ff. Vgl. hierzu auch Monika Schwarz-Friesel, Judenhass im Internet. Antisemitismus als kulturelle Konstante und kollektives Gefühl, Bonn 2020, S. 107 f.

20 X-Beitrag von @JSNahost am 9. November 2024, unter: https://x.com/JSNahost/status/1855200274048065720 (16. Juni 2025).

21 Vgl. X-Beitrag von @PalestinSpricht am 14. Oktober 2024, unter: https://x.com/PalestinSpricht/status/1845935759695458714 (16. Juni 2025).

22 Vgl. Versammlungs-Leitfäden, unter: https://kufiya-netzwerk.de/versammlungs-leitfaeden/ (16. Juni 2025).

23 Vgl. hierzu RIAS (Hrsg.), Antisemitismus bei BDS. Akteure – Aktionsformen – Wirkungen, Berlin 2023, S. 90; vgl. auch BMI (FN 3), S. 281 f.

sammlungen zur Verfügung.[24] Ausgerechnet Berlin, die Stadt mit den meisten „pro-palästinensischen" Versammlungen, spielte hierbei jedoch im Jahr 2024 gar keine und 2025 nur eine nebengeordnete Rolle.[25] Immerhin wurde ein Ausschnitt aus der Berliner Kundgebung vom 17. April 2025 als einziger für so relevant erachtet, um ihn als Instagram-Beitrag hochzuladen – zu sehen ist dort eine Frau mit Kufiya, die immer wieder zur „Intifada" aufruft.[26]

Ebenfalls ist auf dem Instagram-Profil des *Kufiya-Netzwerks* ein Videomitschnitt aus Leipzig vom 23. April 2024 abrufbar, auf dem eine Rednerin die israelische Praxis u. a. der Administrativhaft in den „Kolonialknästen" geißelt.[27] In diesem Zusammenhang rechtfertigte sie die Geiselnahmen durch die *Hamas* am 7. Oktober 2023, welche sie lediglich als „islamische Widerstandsbewegung in Gaza" benennt, damit, dass diese anschließend gegen die palästinensischen Gefangenen hätten getauscht werden sollen. Die Frau ist mutmaßlich *Handala Leipzig* bzw. *Handala e. V.* zuzuordnen, welches seinerseits dem *Kufiya-Netzwerk* angehört und im letzten Jahresbericht des sächsischen Verfassungsschutzes im Phänomenbereich „Auslandbezogener Extremismus" als erwiesen extremistisch eingestuft wurde.[28] Der 2022 gegründete Verein gehörte dem sächsischen LfV zufolge seit 2023 zusammen mit *Young Struggle* zu den Haupttreibern der „pro-palästinensischen" Protestszene in Sachsen bzw. dem sächsischen Hotspot Leipzig. *Handala* falle immer wieder durch Solidaritätsbekundungen für die *Hamas* und die Legitimierung derer Taten auf. Außerdem fordere der Verein ausdrücklich Freiheit für das „historische", d. h. „arabische", Gesamt-Palästina (oder besser Groß-Palästina).[29] Die sozialistische Tageszeitung *neues deutschland* (nd), die als nahestehendes Medium gute Einblicke in die Strukturen und Verflechtungen der linken Szene besitzt, verortet *Handala* – sowie auch die ebenfalls im *Kufiya-Netzwerk* organisierten Gruppierungen *Young Struggle* und *Zora* – im Umfeld der zuletzt erstarkten „roten Gruppen mit autoritärer, antiimperialistischer Ausrichtung und Kaderstruktur", die einer „traditionslinken Linie" folgen und im Auftreten an die K-Gruppen der 1970er Jahre erinnern.[30]

---

24 Vgl. Aktionswoche – Tag der palästinensischen Gefangenen 2024, unter: https://kufiya-netzwerk.de/call-to-action/; vgl. Aktionswoche – Tag der palästinensischen Gefangenen 2025, unter: https://kufiya-netzwerk.de/pal-gefangene-aktionswoche-2025/; vgl. Ressourcen/Material, unter: https://kufiya-netzwerk.de/ressourcen-material/ (17. Juni 2025).

25 Vgl. Instagram-Beiträge von @kufiyanetzwerk vom 14. April 2024, unter: https://www.instagram.com/p/C5wDRpDMt3t; vom 15. April 2025, unter: https://www.instagram.com/p/DIdpHk2CQ6O (17. Juni 2025).

26 Vgl. Instagram-Beitrag von @falastin_resists48 vom 17. April 2025, unter: https://www.instagram.com/p/DIkEfalsdyz/ (17. Juni 2025).

27 Vgl. Instagram-Beitrag von @handala.leipzig vom 23. April 2024, unter: https://www.instagram.com/p/C6G_xN7MaSl/ (17. Juni 2025).

28 Vgl. Sächsisches Staatsministerium des Innern und Landesamt für Verfassungsschutz Sachsen (Hrsg.), Sächsischer Verfassungsschutzbericht 2024, Dresden 2025, S. 196 f., 202–205.

29 Vgl. ebd., S. 196 f.

30 Vgl. Tobias Prüwer, Neue K-Gruppen: Die Avantgarde von vorgestern, 12. Februar 2024), in: www.nd-aktuell.de vom 12. Februar 2024.

Die Gefangenenkampagne des *Kufiya-Netzwerks* dient nicht zuletzt als Scharnier zwischen internationaler Menschenrechtsagenda und lokaler Protestpraxis. Sie bindet Fälle wie den Verbotserlass gegen *Samidoun* und individuelle Strafprozesse in eine Argumentationslinie ein, die deutsche Innen- und Außenpolitik als Komplizen eines kolonialen Unterdrückungsregimes darstellt. Das wichtigste Beispiel dieser Agenda stellt der Fall von *Palästinasolidarität Duisburg* (PSDU) dar, den das Netzwerk im Internet so intensiv bearbeitet wie kaum ein anderes Thema.

Im Mai 2024 berichtete das Netzwerk über das vom NRW-Innenministerium erlassene Verbot des Vereins.[31] Die damit verbundenen Durchsuchungsmaßnahmen wurden als Akt der Einschüchterung skandalisiert. Überhaupt wurde die Auflösung als „weiterer Schlag gegen die Bewegung für Palästina in Deutschland“ und letztlich Ergebnis einer medialen und politischen Hetzkampagne gegen den Verein dargestellt. Das Innenministerium hatte PSDU dagegen ein „antiisraelisches und antisemitisches Weltbild“ beschieden und das Verbot damit begründet, dass der Verein Ressentiments gegen Juden schüre.[32] Dabei war PSDU schon vor dem 7. Oktober 2023 mit israelfeindlicher Agitation aufgefallen.[33] Kurz nach dem Massaker in Südisrael organisierte der Verein zusammen mit *Samidoun* eine „palästina-solidarische“ Kundgebung, bei der szene-typischerweise Israel die Verantwortung für die Gewalt zugesprochen wurde.[34] Während dieser wurde von den Teilnehmern neben u. a. „Yallah Intifada, von Duisburg bis nach Gaza!“ auch „Allahu Akbar!“ gerufen. Auf den, seit dem Vereinsverbot abgeschalteten, Social Media-Profilen verbreitete PSDU in den folgenden Monaten gewaltverherrlichende Inhalte, in denen beispielsweise pro-israelische Gegendemonstranten mit dem „Roten Dreieck“ („*Hamas*-Dreieck“) markiert und das Terrorkommando des „Schwarzen Septembers“ sowie die Terroristen des 7. Oktobers glorifizierten wurden.[35] Für das BfV stellte PSDU ein „Beispiel für das gemeinsame Engagement dogmatischer Linksextremisten mit propalästinensischen Strukturen“ dar.[36] Insbesondere eine der Führungsfiguren, vermutlich Leon Wystrychowski, gehörte laut LfV NRW ursprünglich dem dogmatischen Linksextre-

31 Vgl. Bericht über die Repression gegen Duisburger Palästina-Aktivisten, 18. Mai 2024, unter: https://kufiya-netzwerk.de/bericht-ueber-die-repression-gegen-duisburger-palaestina-aktivisten/ (20. Juni 2025).

32 Vgl. Innenministerium verbietet Gruppierung „Palästina Solidarität Duisburg“, 16. Mai 2024, unter: https://www.land.nrw/pressemitteilung/innenministerium-verbietet-gruppierung-palaestina-solidaritaet-duisburg (20. Juni 2025). Vgl. auch Ministerium des Innern des Landes Nordrhein-Westfalen (Hrsg.), Verfassungsschutzbericht des Landes Nordrhein-Westfalen über das Jahr 2024, Düsseldorf 2025, S. 188 f.

33 Vgl. Peter Ansmann, Terroristen-freundlich und 100% antisemitisch: „Palästina Solidarität Duisburg“, in: www.ruhrbarone.de vom 28. August 2023.

34 Vgl. Peter Ansmann, Wenig Resonanz bei den Israelhassern in Duisburg, in: www.ruhrbarone.de vom 10. Oktober 2023; Christian Schmitt u. a., Marsch durch Hochfeld. Pro-Palästina-Demonstration in Duisburg drohte zu eskalieren, in: www.waz.de vom 9. Oktober 2023.

35 Vgl. Peter Ansmann, „Palästina Solidarität Duisburg“ markiert Unterstützer Israels mit Zeichen der Hamas öffentlich als Terrorziele, in: www.ruhrbarone.de vom 18. Februar 2024.

36 Vgl. BfV (FN 3).

mismus/Marxismus-Leninismus an.[37] Auch das nd nennt Wystrychowski einen Linken, der wie das Blatt selbst kritisierte, die Taten des 7. Oktobers öffentlich als „Aufstand“ und „großartige Leistung“ bewundert habe.[38] Wystrychowski zufolge würden beim Palästina-Thema viele linke innen- wie außenpolitische Kämpfe zusammengeführt.[39] Das *Kufiya-Netzwerk* jedenfalls unterstützte vom PSDU-Verbot an massiv die entsprechende Solidaritätskampagne.[40]

Die andere groß angelegte Kampagne des *Kufiya-Netzwerks* bezieht sich ausgerechnet auf den 7. Oktober selbst. Der oben bereits zitierte programmatische Text „Es begann nicht am 7. Oktober – 76 Jahre Genozid“ sowie das umfangreiche zur Verfügung gestellte Material zielte vor dem Hintergrund des einjährigen Jahrestags erstens auf eine möglichst umfangreiche Protest-Mobilisierung und zweitens – wie schon dargelegt – auf die ideologische Formung des historisch-politischen Narrativs rund um diesen Tag im eigenen Sinne ab.[41] So werden insbesondere die westlichen Medien heftig dafür kritisiert, dass sie oft ungeprüft die israelische Perspektive übernommen und somit der (vermeintlichen) Genozid- und Repressionskampagne gegen die Palästinenser vorgebaut hätten.[42] Hierzu werden Einzelaspekte wie der gezielte Beschuss eigener Soldaten und möglicherweise auch Zivilisten am 7. Oktober 2023 durch das israelische Militär im Rahmen der umstrittenen „Hannibal-Direktive“ aufgeblasen, um den Militäreinsatz zu diskreditieren und die mörderische Dimension des *Hamas*-Angriffs zu relativieren.[43] In der Medienberichterstattung würde dieser Sachverhalt weitgehend verschwiegen, um Israel zu schützen. Tatsächlich findet sich die „Hannibal-Direktive“ in diesem Kontext in der deutschen Berichterstattung kaum wieder – ein Umstand, der zurecht kritisiert werden kann.[44] In Israel selbst jedenfalls wurde darüber berichtet und diskutiert.[45] Ferner kritisiert das *Kufiya-Netzwerk* die „Lügengeschichten“ von „den 40 enthaupteten Babys“ sowie vom „angeb-

---

37 Vgl. Ministerium des Innern des Landes Nordrhein-Westfalen (Hrsg.), Verfassungsschutzbericht des Landes Nordrhein-Westfalen über das Jahr 2023, Düsseldorf 2024, S. 61.

38 Vgl. Sebastian Weiermann, Israel, Hamas und der Gazastreifen: Die Grenzen der Solidarität, in: www.nd-aktuell.de vom 17. Oktober 2023.

39 Vgl. Henning von Stoltzenberg, „Das ist auch innenpolitisch ein wichtiges Kampffeld“. Interview mit Leon Wystrychowski, in: www.jungewelt.de vom 2. Juni 2023.

40 Vgl. exemplarisch Instagram-Beitrag von @kufyanetzwerk vom 18. Mai 2024, unter: https://www.instagram.com/kufiyanetzwerk/p/C7G1ZRgM7w_ (20. Juni 2025).

41 Vgl. Aktionswoche „Es begann nicht am 7. Oktober“, unter: https://kufiya-netzwerk.de/aktionswoche-es-begann-nicht-am-7-oktober/ (24. Juni 2025).

42 Vgl. Rolle der Medien im Genozid an den Palästinensern, 22. September 2024, unter: https://kufiya-netzwerk.de/rolle-der-medien-im-genozid-an-den-palaestinensern/ (24. Juni 2025).

43 Vgl. hierzu auch Mis- and disinformation and conspiracy theories about the October 7 Hamas attack on Israel, 7. Oktober 2024, hrsg. von ISD, unter: https://www.isdglobal.org/digital_dispatches/mis-and-disinformation-and-conspiracy-theories-about-the-october-7-hamas-attack-on-israel/ (14. Oktober 2024) sowie Jens Winter, Verschwörungstheorie gegen Israel. Friendly Fire statt Hamas, in: jungle.world vom 23. November 2023.

44 Dass das Thema für die deutschen Medien keineswegs unbekannt ist, zeigt die Diskussion über die „Hannibal-Direktive“ im Jahr 2024. Vgl. exemplarisch Ulrike Putz, Israels heikle Hannibal-Direktive, in: www.spiegel.de vom 21. Juli 2024.

45 Vgl. exemplarisch Yaniv Kubovich, IDF Ordered Hannibal Directive on October 7 to Prevent Hamas Taking Soldiers Captive, in: www.haaretz.com vom 7. Juli 2024.

liche[n] systematische[n] Einsatz sexualisierter Gewalt gegen Frauen“ durch die Angreifer des 7. Oktobers, die sich hartnäckig in der Öffentlichkeit halten würden. Ohne näher auf die Vorwürfe einzugehen[46], sei hier lediglich angemerkt, dass umgekehrt in diesem Zusammenhang an keiner Stelle die erwiesenen Gräueltaten an Israelis auch nur erwähnt werden. Insofern fällt der Vorwurf der Manipulation durch verzerrte Berichterstattung auf das *Kufiya-Netzwerk* und seine Unterstützer selbst zurück. Kernstück dieser bundesweit angelegten Kampagne waren schließlich die Protestversammlungen genau am 7. Oktober 2024 vor allem in Frankfurt am Main – aber auch in Berlin, wo es gleich am 5., 6. und 7. Oktober 2024 zu aggressiv israelfeindlichen und teilweise gewalttätigen Aufzügen kam.[47]

4. Netzwerk und Akteure

Wie bereits dargelegt, zeigt sich das *Kufiya-Netzwerk* programmatisch relativ offen für verschiedene ideologisch-weltanschauliche Strömungen und ethnisch-nationale Identitäten. Gemeinsamer Nenner ist die dualistische Feindschaft zu Israel und dem Zionismus (und dessen Unterstützern). In politischer Hinsicht lassen sich vor allem zwei Akteursgruppen differenzieren: 1.) Diaspora- und migrantische „antirassistische“ Gruppen und 2.) dogmatisch-kommunistische Kaderorganisationen. Daneben besteht ein loses Sammelsurium von Single-Issue-Initiativen, die von einem linkspolitischen Weltbild aus das Thema „Palästina“ intensiv bewirtschaften, sowie einzelne Akteure, die genuin im Klima- oder „queerfeministischen“ Aktivismus beheimatet sind. Es fällt auf, dass palästinensische (Diaspora-)Gruppierungen, sofern dem Autor bekannt, bis auf die „Palästinensische Gemeinde Hessen“ kaum vertreten sind. Beispielsweise findet sich das für Berlin und die dortige palästinensische Community relevante *Vereinte Palästinensische Nationalkomitee* (VPNK) nicht unter den Unterzeichnern des gemeinsamen Netzwerk-Aufrufs.[48] Davon einmal abgesehen spiegelt die Liste einen repräsentativen Querschnitt der „pro-palästinensischen“ Protestszene wider.

46 Für einen differenzierten und medienkritischen Überblick siehe Yossi Bartal, Die Kinder vom 7. Oktober, in: taz.de vom 5. Juni 2024.

47 Vgl. Zum 7. Oktober. Pro-israelische und pro-palästinensische Demos in Berlin beendet, in: www.rbb24.de vom 5. Oktober 2024; Christoph Papenhausen und Ingo Salmen, 49 Festnahmen in Berlin. Palästina-Demonstranten versuchen, israelische Touristin in die Menge zu ziehen, in: www.tagesspiegel.de vom 6. Oktober 2024; Jahrestag des Hamas-Angriffs. Festnahme bei Pro-Palästina-Demo in Kreuzberg – Greta Thunberg unter Teilnehmern, in: www.rbb24.de vom 8. Oktober 2024.

48 Vgl. hierzu Senatsverwaltung für Inneres und Sport (SenInnSport) (Hrsg.), Verfassungsschutz Berlin. Bericht 2023, Berlin 2024, S. 26 f.; dies. (Hrsg.), Verfassungsschutz Berlin. Bericht 2024 – Pressefassung, Berlin 2025, S. 26, 28, 43.

4.1. Diaspora- und „antirassistische“ Gruppen

Hierunter lassen sich beispielsweise die panafrikanische kommunistische *All African People's Revolutionary Party*, *Black Power Frankfurt*, die trotzkistischen *Egyptian Revolutionary Socialists* und *Panthifa* subsumieren. Insgesamt zeichnen sich diese Gruppen dadurch aus, dass sie als Vertreter nicht-palästinensischer, migrantischer Interessen zwar ethnisch-national keinen unmittelbaren Bezug zum Israel-Palästina-Konflikt aufweisen, aber sich mit der Situation der Palästinenser als (vermeintlich) rassistisch und politisch diskriminierte Minderheit identifizieren und mithin solidarisieren. Als herausragende und inzwischen weithin bekannte und berüchtigte Bewegungsakteure gehören *Migrantifa* und *Palästina Spricht* auch in diese Kategorie, die sich beide den Kampf gegen Rassismus und das koloniale Erbe des Westens auf die Fahnen geschrieben haben.[49] Ihr „antirassistischer“ und „dekolonialistischer“ Aktivismus richtet sich dabei nicht nur radikal gegen das weit entfernte Israel, dessen Existenz sie per se negieren, sondern auch gegen das hiesige liberaldemokratische System, das sie pauschal als rassistisches und postkoloniales Unterdrückungssystem verunglimpfen.[50] Beide arbeiten bereits seit einigen Jahren immer wieder eng zusammen und sind fester Bestandteil in den Versammlungsbündnissen der extremen Linken etwa im Rahmen der jährlichen Hanau-Gedenkdemonstrationen (19. Februar), der „Revolutionären 1. Mai-Demonstration“, des „Nakba-Tages“ (15. Mai) und der „Internationalistischen Queer Pride-Parade“.[51] Inzwischen zeichnen vor allem diese beiden verantwortlich für eine immer stärkere Sichtbarkeit der „Palästina-Solidarität“ auf derlei Versammlungen.[52] Sie mobilisierten zudem für die „Palestine Resists“-Demonstration am 7. Oktober 2024 in Berlin.[53]

Im Übrigen gehört die *Migrantifa*-Regionalgruppe Rhein-Main zu den Gründungsorganisationen des *Kufiya-Netzwerks*.[54] Ebenso wie eine weitere Organisation, die hier als wichtiger Bewegungsakteur hervorzuheben ist – nämlich die *Jüdische*

49 Vgl. Anastasia Tikhomirova, Antirassistische und antiimperialistische Gruppen, in: Potter u. a. (FN 19), S. 100–110, hier: S. 102–105; AAS (Hrsg.), Antisemitische Allianzen nach dem 7. Oktober. Zivilgesellschaftliches Lagebild Antisemitismus #13, Berlin 2024, S. 20 f.

50 Vgl. Sebastian Leber, Links, progressiv – und antisemitisch. Die heimliche Macht der Israel-Hasser, in: www.tagesspiegel.de vom 13. Oktober 2023; Diana Pieper, Anti-Israel-Demos. Die verworrene Judenhasser-Allianz in Berlin-Neukölln, in: www.welt.de vom 27. Oktober 2023; Jean-Philipp Baeck/Christian Jakob, Linker Antisemitismus. Linke ohne Leitplanken, in: taz.de vom 28. Oktober 2023. Vgl. auch BMI (FN 3), S. 281.

51 Vgl. JFDA (FN 8), S. 26; Tikhomirova (FN 49), S. 102 f.; AAS (FN 8), S. 15; RIAS u. a. (FN 8), S. 36 f.

52 Vgl. hierzu Pascal Beck, Israelfeindlichkeit wird in Teilen der deutschen Linken wieder salonfähig. Comeback der Intifada-Fans, in: jungle world vom 15. Juni 2023; Madlen Haarbach, „Ausbruch aus dem größten Gefängnis der Welt“. Nahost-Debatte spaltet die linke Szene Berlins, in: www.tagesspiegel.de vom 3. November 2023; Alexander Dinger, Brisante Protest-Strecke zum 1. Mai in Berlin – Nahost-Konflikt heizt Lage an, in: www.welt.de vom 29. April 2024.

53 Vgl. Nicolas Potter, Der 7. Oktober und seine Folgen: Ein Jahr der Radikalisierung, 1. Oktober 2024, unter: https://cemas.io/blog/7-oktober-und-seine-folgen/ (13. Oktober 2024).

54 Vgl. FN 4.

Stimme. Ausgerechnet ein jüdischer Verein kooperiert mit radikalen Israelhassern, die vom Ende der Existenz desjenigen Staates träumen, der Juden aus aller Welt Zuflucht gewährt. Tatsächlich weist diese Zusammenarbeit eine langjährige Tradition auf, denn der 2007 gegründete Verein versteht sich als radikal antizionistisch und unterstützt die BDS-Kampagne.[55] Dass der Verein nicht nur bestens in der Szene vernetzt, sondern auch ein zentraler Impulsgeber ist, zeigt sich u. a. daran, dass der Vereinspräsident Wieland Hoban in der Vergangenheit gleichzeitig auch als ein Vertreter des *Kufiya-Netzwerks* auftrat.[56] Ein anderes Vorstandsmitglied erlangte zudem in den vergangenen Monaten bundesweite Berühmtheit als eines der Gesichter der „pro-palästinensischen“ Proteste. So tritt der stets auffällig gekleidete, sich selbst als Frau identifizierende jüdische Israeli Udi Raz immer wieder als regelrechter Protestunternehmer in Erscheinung, der Kampagnen initiiert, Reden hält, neue Gruppierungen aus dem Boden stampft, Verbindungen zwischen den verschiedenen Gruppen festigt und immer wieder im Rahmen des Demonstrationsgeschehen die Polizei provoziert.[57] Vor allem im studentisch geprägten Teil der Berliner Protestszene erwies sich der in der Freien Universität immatrikulierte Promovend als überaus umtriebig.[58] In den Sozialen Netzwerken wuchs sein Instagram-Account (@udiraza) infolgedessen zu den relevantesten und reichweitenstärksten Profilen der Szene heran.[59]

4.2. Dogmatische Kommunisten

Im Unterstützerumfeld des *Kufiya-Netzwerks* finden sich darüber hinaus zahlreiche dogmatisch-kommunistische Kaderorganisationen, die von Wissenschaftlern und Sicherheitsbehörden als klar linksextremistisch, also gegen die liberale Demokratie gerichtet, eingeschätzt werden. Zu nennen sind unter anderem: *Deutsche Kommunistische Partei* (DKP), *Kommunistische Organisation* (KO), *Revolutionäre Linke* (RL), *Gruppe ArbeiterInnenmacht* (GAM) und *Initiative Sozialismus von Unten* (SvU). Sie alle spielen seit dem 7. Oktober 2023 im deutschlandweiten Protestgeschehen eine zentrale Rolle. Das Themenfeld „Palästina-Solidarität“ ist für diese Organisationen, die einem orthodox-antiimperialistisch begründeten Antizionismus anhängen, von großer Bedeutung und gehört seit dem Terrorangriff zu ihren vordringlichsten Kampagnenthemen.[60] Am radikalsten exponierte sich die – von der DKP abge-

55 Vgl. JFDA (FN 8), S. 27 ff. Vgl. auch BMI (FN 3), S. 279 ff. Siehe außerdem FN 18.
56 Vgl. FN 4.
57 Vgl. Nora Noll, Propalästinensische Demo am Samstag: für das Recht auf Protest, in: www.nd-aktuell.de vom 31. Oktober 2023; Isabel Pfannkuche/Iman Sefati, Es sind immer dieselben Gesichter. Der harte Kern der Israel-Hasser in Berlin, in: www.bz-berlin.de vom 21. Mai 2024.
58 Vgl. exemplarisch Malte Neumann, Palästina-Aktivistin Udi Raz an der Berliner ASH. Mit Wassermelonen-Kippa gegen den Staat Israel, in: www.tagesspiegel.de vom 17. April 2025.
59 Vgl. Corinne Heuer/Thilo Manemann, Antisemitische Propaganda auf Instagram: Ein Risikofaktor für ausländische Einflussnahme, 15. Oktober 2024, unter: https://cemas.io/blog/antisemitische-propaganda-instagram-auslaendische-einflussnahme/ (15. Oktober 2024).
60 Vgl. BfV (FN 3).

spaltene – traditionskommunistische KO, die öffentlich ungeniert ihre Bewunderung für den „Aufstand" vom 7. Oktober ausdrückte und im Zuge dessen ihre Solidarität mit dem „Widerstand" erklärte.[61] Der nationale Befreiungskampf gegen den US-Imperialismus, hier in Form des „Kolonialstaates" Israel, müsste laut KO breit aufgestellt sein und Seite an Seite mit nationalistischen und islamistischen Kräften gefochten werden. Ähnliche Überlegungen stellte auch die von der trotzkistischen Organisation *Marx21* abgespaltete RL an, die glaubt, ausgerechnet in der ägyptischen Revolution gegen die Mubarak-Militärdiktatur ein Vorbild für eine erfolgreiche strategische Zusammenarbeit zwischen Sozialisten und Islamisten zu erkennen.[62]

Trotz ihres Rufs, sich als sektiererische Splittergruppen mit absolutem Wahrheitsanspruch von anderen als „revisionistisch" gebrandmarkten Linken strikt abzugrenzen, finden sich die dogmatischen Kommunisten regelmäßig in breiten lagerübergreifenden Protestbündnissen wieder und prägen diese mitunter ganz erheblich. Die trotzkistische GAM gehört in Berlin fest dazu und organisierte neben zahlreichen Demonstrationen maßgeblich auch den „Palästina Kongress 2024" mit – sowie auch die RL.[63] Die beachtliche Vernetzung dogmatischer Kommunisten mit „pro-palästinensischen" Akteuren zeigt sich im Übrigen auch an vielfältigen personellen Verflechtungen. So ist etwa Hoban Vorsitzender der *Jüdischen Stimme* und zugleich in der RL aktiv.[64] Gleiches gilt für Doris Ghannam, die *BDS Berlin* (ebenfalls im *Kufiya-Netzwerk*) vorsteht und sich für die RL engagiert.[65] Und der medial als Enfant Terrible der Partei *Die Linke* berühmt gewordene Ramsis Kilani gehörte dort dem innerparteilichen *Marx21*-Netzwerk an, war zudem lange Zeit Frontfigur von *Palästina Spricht* und baut mit SvU eine neue revolutionär-kommunistische Organisation auf, die sich ganz der „Palästina-Solidarität" verschrieben hat.[66] Ähnlich umtriebig zeigte sich nicht zuletzt das ehemalige DKP- und nunmehrige KO-Mitglied Aitak Barani, die sich im 2024 aufgelösten *Palästina e. V.* (ebenfalls im

---

61 Vgl. Alexander Gallus, Dokumentation 2023: Instrumentalisierung des Terrors. Vereinnahmung des „Aufstands vom 7. Oktober 2023" durch Linksextremisten im „antiimperialistischen" Kampfmodus, in: Uwe Backes/Alexander Gallus/Eckhard Jesse/Tom Thieme (Hrsg.), Jahrbuch Extremismus & Demokratie, Bd. 36., Baden-Baden 2024, S. 175–184, hier: S. 177 f.

62 Vgl. AAS (FN 49), S. 20 f.; Hendrik Hansen, Eine neue Querfront von Linksextremismus und Islamismus? Antiimperialismus und Postkolonialismus als Grundlagen von Antisemitismus, März 2024, unter: https://www.kas.de/de/analysen-und-argumente/detail/-/content/eine-neue-querfront-von-linksextremismus-und-islamismus (12. März 2024).

63 Vgl. Frederik Schindler, Georg Ismael. Dieser Linksradikale organisiert den Berliner Kongress der Israel-Hasser, in: www.welt.de vom 12. April 2024; vgl. auch SenInnSport (FN 48), S. 26, 66. Vgl. allgemein hierzu BMI (FN 3), S. 175.

64 Vgl. FN 18, S. 5.

65 Vgl. Maria Fiedler u. a., Vorwurf Antisemitismus. Was steckt hinter der BDS-Bewegung?, in: www.tagesspiegel.de vom 22. Juni 2022; vgl. exemplarisch auch den Facebook-Beitrag von Doris Ghannam am 20. September 2023.

66 Vgl. Leber (FN 50); Alexander Fröhlich, „Es wird mehr als einen Mord an Israelis brauchen". Im Epizentrum der Hamas-Versteher der Berliner Linken, in: www.tagesspiegel.de vom 17. Oktober 2024; Robert Kiesel, Nach Antisemitismus-Eklat. Linke will Berliner Anti-Israel-Aktivisten ausschließen, in: www.tagesspiegel.de vom 14. November 2024.

Kufiya-Netzwerk) an führender Position engagierte und in Frankfurt am Main zudem im „pro-palästinensischen“ studentischen Umfeld gut vernetzt ist.[67]

5. Fazit

Das 2023/24 ins Leben gerufene *Kufiya-Netzwerk* stellt einen Versuch der überregionalen Vernetzung und Bündelung von „pro-palästinensisch“-antiisraelischen Protestakteuren dar, um eine deutschlandweite schlagkräftige „Palästina-Solidaritätsbewegung“ aufzubauen. Die zentralen politischen Ziele bestehen darin, den israelischen Militäreinsatz im Gaza-Streifen („Genozid“) zu beenden und die Unterstützung („Komplizenschaft“) Deutschlands für Israel zu unterbinden. Ideologisch ist das Netzwerk durch eine manichäisch-dualistische Feindschaft gegen den Staat Israel und den Zionismus geprägt. Die veröffentlichten Texte zielen vor allem darauf, Israel im historischen Kontext kontrafaktisch als alleinschuldig am Nahostkonflikt darzustellen. Auch der 7. Oktober 2023 ist dieser Lesart folgend eine zwingende Konsequenz des jahrzehntelangen Agierens Israels und der Zionisten gewesen. Wie gezeigt, bestreitet ein Großteil der Unterstützer des *Kufiya-Netzwerks* das israelische Existenzrecht radikal und solidarisiert sich mit dem bewaffneten palästinensischen „Widerstand“. Zahlreiche der im Netzwerk organisierten, vor allem linken, Gruppierungen werden vom Verfassungsschutz und von Experten als extremistisch, demokratiefeindlich und antisemitisch bewertet. Das *Kufiya-Netzwerk* gilt somit als antizionistisch-antisemitisches Hub der deutschen und auslandsbezogenen linksextremistischen „Palästina-Solidarität“.

Dennoch kann keine Rede davon sein, das *Kufiya-Netzwerk* sei mehr als die Summe seiner Teile. Die Bedeutung des Netzwerks als aktionsorientiertes Kampagnenbündnis für die „pro-palästinensische“ Protestszene ist nicht als besonders hoch zu bewerten. Weder vermochte es, die über ganz Deutschland verteilten Protestakteure zu einer ganzheitlichen Bewegung zu bündeln, noch scheint es über das Spektrum der dezidiert linken „Palästina-Solidarität“ hinausgreifen zu können, geschweige denn in muslimisch-arabischen Milieus – oder auch nur in der palästinensischen Diaspora – Fuß zu fassen. In Berlin, dem Epizentrum der antiisraelischen Proteste, spielt das *Kufiya-Netzwerk* praktisch so gut wie keine Rolle als Mobilisierungs- oder Vernetzungsakteur. Hier dominieren im Wesentlichen jahrelang eingeübte Versammlungsbündnisse, die sich nach dem 7. Oktober 2023 durch neue Akteure erweitert und professionalisiert haben.

67 Vgl. Oliver Teutsch, Razzia bei „Palästina e. V.“ in Frankfurt und Darmstadt, in: www.fr.de vom 22. Januar 2025; Florian Weber, Frankfurt: „Hochschulen ein Hotspot für Antisemitismus“, in: www.fr.de vom 16. April 2024.

Die Junge Alternative

Von Carsten Wegscheider und Fabian Habersack

1. Einleitung

Die *Junge Alternative für Deutschland* (JA) gründete sich im Juni 2013, wenige Monate nach ihrer Mutterpartei, der *Alternative für Deutschland* (AfD). Zunächst rang sie um die formale Anerkennung durch die AfD, etablierte sich jedoch rasch als Sprachrohr für die jüngere Generation und den radikaleren Flügel innerhalb der Partei. Bereits zwei Jahre nach ihrer Gründung zählte der Verein laut eigenen Angaben rund 800 Mitglieder[1] und unterhielt Landesverbände in fast allen Bundesländern. Diese Mitgliederzahl wuchs stetig an und belief sich 2023 nach verschiedenen Angaben auf 2.500[2] bis 4.000 Personen.[3]

Während die JA in ihrer Anfangsphase noch weitgehend deckungsgleiche ideologische Positionen wie die Mutterpartei vertrat, profilierte sie sich frühzeitig als unabhängiger Akteur mit zunehmend radikalisierten Inhalten. Dies zeigte sich beispielsweise in der scharfen Kritik an der Unterstützung des transatlantischen Freihandelsabkommens TTIP sowie an der als unzureichend empfundenen EU-Skepsis unter Bernd Lucke. Insbesondere die Forderung nach einer vollständigen „Auflösung der Europäischen Union“ markierte eine klare Absetzbewegung vom damaligen wirtschaftsliberalen Kurs der Parteiführung.[4] Die Spannungen zwischen dem wirtschaftsliberalen, eurokritischen Lager um Lucke und den aufstrebenden nationalkonservativen Kräften innerhalb der AfD verschärften sich ab 2014 zunehmend. Mit Frauke Petry traten migrations- und asylpolitische Themen sowie die Betonung nationaler Identität ins Zentrum der parteiinternen Debatten. Der Machtkampf eskalierte schließlich auf dem Essener Parteitag 2015, als Petry den Parteigründer Lucke ablöste und dieser mit mehreren tausend Mitgliedern die Partei verließ.[5] Dieses Ereignis markiert die programmatische Neuausrichtung der AfD – weg von einem

1 Vgl. Tilman Steffen, AfD-Nachwuchs kickt Lucke-Anhänger raus, in: ZEIT ONLINE vom 23. Mai 2015, unter: https://www.zeit.de/politik/deutschland/2015-05/afd-lucke-petry-meyer-weckruf2015-junge-alternative (10. Juni 2025).

2 Vgl. „Junge Alternative: Mitmachen“, unter: https://jungealternative.net/mitmachen (10. Juni 2025).

3 Vgl. Bundesministerium des Innern und für Heimat (Hrsg.), Verfassungsschutzbericht 2023, Berlin 2024, S. 117.

4 Vgl. Leonie Feuerbach, Ideologie statt Verstand, in: Frankfurter Allgemeine Zeitung vom 6. Januar 2015, unter: https://www.faz.net/aktuell/politik/inland/die-junge-alternative-als-afd-nachwuchs-13354681.html (10. Juni 2025).

5 Vgl. Jens Schneider, Lucke und der Auszug der Gemäßigten, in: Süddeutsche Zeitung vom 6. Juli 2015, unter: https://www.sueddeutsche.de/politik/afd-vor-spaltung-lucke-und-der-auszug-der-gemaessigten-1.2553174 (10. Juni 2025).

eurokritisch-konservativen Profil[6], hin zu einer dezidiert rechtspopulistischen Partei mit ausgeprägt islam- und migrationskritischer Agenda.[7]

Die JA begleitete diese Transformation nicht nur, sondern erwies sich als treibende Kraft. Schon in der Lucke-Ära sammelte sie jene Mitglieder, die eine ideologische Öffnung hin zu ethnonationalistischen Positionen befürworteten. Mit dem Aufstieg Petrys und der späteren Dominanz des sogenannten „Flügels" um Björn Höcke radikalisierte sich auch die Parteijugend zunehmend. Die JA forcierte eine aggressivere Rhetorik, attackierte innerparteilich moderatere Strömungen und übernahm zentrale Rollen in Mobilisierungskampagnen. Besonders prägend war dabei ihre enge Vernetzung mit Akteuren der Neuen Rechten, allen voran der *Identitären Bewegung Deutschland* (IBD).[8] Die JA verstand sich zunehmend als ideologisches Korrektiv innerhalb der Partei – mit dem erklärten Ziel, die AfD weiter nach rechts zu verschieben. Sie wurde so nicht nur zum Spiegel der parteiinternen Radikalisierung, sondern zu einer aktiven Kraft ihrer Fortschreibung.

Diese Entwicklung blieb staatlichen Institutionen nicht verborgen. Das Bundesamt für Verfassungsschutz (BfV) stufte die JA 2019 zunächst als „Verdachtsfall" ein – ebenso wie später auch die AfD. Im April 2023 folgte die Hochstufung des Bundesverbands der JA zur „gesichert rechtsextremistischen Bestrebung". Gleiches galt für mehrere AfD-Landesverbände (in Sachsen, Sachsen-Anhalt, Mecklenburg-Vorpommern und Brandenburg), bis das BfV im Mai 2025 schlussendlich auch die Bundespartei als „gesichert rechtsextremistisch" einstufte.[9] Als zentrale Begründungen nannte das Amt die „völkisch-abstammungsmäßige" Ideologie sowie die „enge Vernetzung mit der Neuen Rechten".[10]

Angesichts der zunehmenden rechtlichen und politischen Implikationen beschloss die AfD im Frühjahr 2025, die JA formell aufzulösen.[11] An ihre Stelle soll eine neue, enger an die Partei angebundene Jugendorganisation treten, deren Mitglieder gleichzeitig AfD-Parteimitglieder sein müssen, was zuvor nicht der Fall war. Dieser Schritt kann als strategisches Signal gedeutet werden, mit dem sich die AfD formal von ihrem als rechtsextrem eingestuften Nachwuchs distanzieren will – nicht zuletzt

6 Vgl. Nicole Berbuir/Marcel Lewandowsky/Jasmin Siri, The AfD and its sympathisers: Finally a right-wing populist movement in Germany?, in: German Politics 24 (2015), S. 154–178.

7 Vgl. Kai Arzheimer/Carl C. Berning, How the Alternative for Germany (AfD) and their voters veered to the radical right, 2013–2017, in: Electoral Studies 60 (2019), unter: https://doi.org/10.1016/j.electstud.2019.04.004 (12. Juli 2025), S. 4.

8 Vgl. Anna-Lena Herkenhoff, Rechter Nachwuchs für die AfD – die Junge Alternative (JA), in: Alexander Häusler (Hrsg.), Die Alternative für Deutschland: Programmatik, Entwicklung und politische Verortung, Wiesbaden 2016, S. 201–217, hier: S. 207.

9 Vgl. „Verfassungsschutz: AfD ‚gesichert rechtsextremistisch'", in tagesschau.de vom 2. Mai 2025 unter: https://www.tagesschau.de/inland/innenpolitik/verfassungsschutz-afd-102.html (12. August 2025).

10 Bundesministerium des Innern und für Heimat (FN 3), S. 119.

11 Vgl. „Germany‘s far-right AfD replaces ‚Young Alternative‘ group", in: Deutsche Welle vom 12. Januar 2025, unter: https://www.dw.com/en/germanys-far-right-afd-replaces-young-alternative-group/a-71278353 (10. Juni 2025).

im Hinblick auf die Debatte um ein mögliches Parteiverbotsverfahren.[12] Zugleich verfolgt die Parteiführung damit jedoch das Ziel, die Kontrolle über wichtige parteiinterne Entscheidungsprozesse zurückzuerlangen.

Im Zuge dieses strategischen Manövers beschloss schließlich auch die JA selbst, sich formell aufzulösen.[13] Der Beschluss erfolgte Ende März 2025 nach interner Abstimmung innerhalb des Bundesvorstands der Jugendorganisation. Öffentlich wurde die Entscheidung jedoch erst im Nachgang des AfD-Bundesparteitags in Riesa kommuniziert, auf dem bereits mit großer Mehrheit die Gründung einer neuen Jugendorganisation beschlossen worden war. Während führende JA-Vertreter den Schritt als freiwillige „Neuaufstellung" bezeichneten, werteten parteiinterne Kritiker die Auflösung als Akt der Unterwerfung – sowohl gegenüber der Parteiführung als auch dem politisch-medialen Mainstream, der alles daransetze, die JA und letztlich auch die AfD loszuwerden.

Ungeachtet ihrer formalen Auflösung bleibt die politische Bedeutung der JA bestehen. Ihre ideologischen Prägungen sind tief in das programmatische und personelle Profil der AfD eingeschrieben. Zahlreiche ehemalige JA-Mitglieder bekleiden heute führende Positionen in der Partei oder üben Mandate in Landesparlamenten und im Bundestag aus. Dieses Dossier zeichnet die Entwicklung der JA von ihrer Gründung bis zu ihrer Einstufung als rechtsextremistische Organisation durch das Bundesamt für Verfassungsschutz und ihrer anschließenden Auflösung nach. Es beleuchtet dabei ihre organisatorische Struktur, ihre ideologischen Positionen, ihr Demokratieverständnis und ihr Verhältnis zu staatlichen Institutionen.

2. Organisationsgeschichte

Die JA wurde im Juni 2013 gegründet. Zu den Gründungsmitgliedern zählten Markus Frohnmaier, der später Bundesvorsitzender der JA wurde, sowie Fabian Jacobi und Philip Stein. Der Weg zur offiziellen Anerkennung als Jugendorganisation der AfD war allerdings langwierig und konfliktbehaftet: Erst im November 2015 erhielt die JA diesen Status formal durch Beschluss der Partei. Zwischen Gründung und Anerkennung lassen sich mehrere Phasen ideologischer und struktureller Transformation unterscheiden – von einer wirtschaftsliberal geprägten Anfangsphase über erste Radikalisierungsschübe bis hin zur endgültigen ideologischen Festlegung auf ein ethnonationalistisches Profil.

In den Jahren 2013 bis 2015 wurde die JA von ihren ersten drei Vorsitzenden Torsten Heinrich, Philipp Ritz und Philipp Meyer geleitet. In dieser Zeit war sie eine lose organisierte Jugendinitiative mit stark wirtschaftsliberaler Ausrichtung. Gleich-

12 Vgl. „Warum ein AfD-Verbot Thema im Bundestag wird", 30. Januar 2025, unter: https://www.tagesschau.de/inland/innenpolitik/afd-verbotsverfahren-bundestag-100.html (10. Juni 2025).

13 Vgl. „Germany's far-right AfD dissolves extremist youth branch to avert ban", 1. April 2025, unter: https://www.politico.eu/article/afd-ends-youth-branch-germany (12. Juni 2025).

zeitig formierten sich bereits früh nationalkonservative Strömungen innerhalb der JA, die insbesondere von AfD-Politikern wie Alexander Gauland und André Poggenburg unterstützt wurden. Interne Konflikte zwischen diesen Strömungen führten zu ersten Abspaltungen und Austritten. Die im Mai 2015 gewählte Doppelspitze aus Sven Tritschler und Markus Frohnmaier markierte eine erste Zäsur: Sie spiegelte nicht nur die strategische und radikale Neuausrichtung der Jugendorganisation wider, sondern war zugleich Ausdruck eines tiefergehenden Richtungsstreits innerhalb der AfD.[14]

Die enge Anbindung der JA an den aufstrebenden nationalkonservativen „Flügel" der AfD, insbesondere durch persönliche Kontakte zu Björn Höcke, manifestierte sich in der Unterstützung der sogenannten „Erfurter Resolution". Diese stellte sich als Gegenentwurf zu Luckes innerparteilichem Reformprojekt „Weckruf 2015" sowie zur moderateren „Deutschlandresolution" dar, in denen die zunehmende Dominanz des radikalen und PEGIDA-nahen Flügels kritisiert wurde.[15] Die Erfurter Resolution hingegen forderte eine offen nationalistische Programmatik und positionierte sich gegen jede Form parteiinterner Mäßigung. Die JA entwickelte sich in dieser Phase zunehmend zur Kaderschmiede für Funktionäre, die den Kurs der Partei radikalisierten. Als Philipp Meyer sich offen gegen Björn Höcke stellte und den „Weckruf" unterstützte, wurde er als JA-Vorsitzender abgesetzt. An seine Stelle trat Markus Frohnmaier, der die Organisation zwischen 2015 und 2018 prägte und weiter radikalisierte.[16]

Ein Schlaglicht auf die internationale Vernetzung der JA warf ein Treffen ihrer Führung mit Vertretern der *Jungen Garde Russlands*, der Jugendorganisation von Putins Partei *Einiges Russland*, das im April 2016 öffentlich bekannt wurde. Frohnmaier und Tritschler sahen sich daraufhin breiter öffentlicher Kritik ausgesetzt – der Vorfall zeigte jedoch, dass die JA längst über den innerparteilichen Rahmen hinaus strategisch agierte.[17]

Bernd Lucke hatte angesichts der zunehmenden Radikalisierung bereits 2015 vergeblich versucht, eine neue, stärker an die Partei gebundene Jugendorganisation als Alternative zur JA zu etablieren.[18] Auch Frauke Petry verweigerte der JA zunächst

---

14 Vgl. Anna-Sophie Heinze, Drivers of radicalisation? The development and role of the far-right youth organisation 'Young Alternative' in Germany, in: International Political Science Review 46 (2025), S. 108–124, hier: S. 114.

15 Johannes Grunert, Alexander Gauland und der rechte Rand", in: ZEIT ONLINE vom 20. Januar 2019, unter: https://www.zeit.de/politik/deutschland/2019-01/rechtspopulismus-neue-rechte-afd-alexander-gauland-schnellroda/komplettansicht (10. Juni 2025).

16 Vgl. Tilman Steffen, AfD-Nachwuchs kickt Lucke-Anhänger raus, in: ZEIT ONLINE vom 23. Mai 2015, unter: https://www.zeit.de/politik/deutschland/2015-05/afd-lucke-petry-meyer-weckruf2015-junge-alternative (10. Juni 2025).

17 Vgl. Melanie Amann/Pavel Lokshin, 140 Millionen Freunde, in: Der Spiegel vom 22. April 2016, unter: https://www.spiegel.de/politik/140-millionen-freunde-a-8fccec9c-0002-0001-0000-000144430252 (10. Juni 2025).

18 Vgl. „AfD-Chef Lucke warnt vor Flügelstreit", in: Junge Freiheit vom 16. März 2015, unter: https://jungefreiheit.de/politik/deutschland/2015/afd-chef-lucke-warnt-vor-fluegelstreit (10. Juni 2025).

die Anerkennung, mit der Begründung, man habe „noch keine gemeinsame Basis gefunden".[19] Die parteiinternen Auseinandersetzungen gipfelten in der Spaltung der Partei auf dem Essener Bundesparteitag im Juli 2015. Der Sturz Luckes und die Machtübernahme durch Petry festigten die Position der JA innerhalb der Partei. Mit der offiziellen Anerkennung als Jugendorganisation der AfD erhielt die JA nicht nur eine formale Grundlage, sondern auch eine strategische Rolle als Nachwuchsorganisation der Partei.

In den Parteistatuten hieß es bis Januar 2025: „Die Junge Alternative für Deutschland (JA) ist die offizielle Jugendorganisation der Alternative für Deutschland."[20] Des Weiteren wurde festgehalten: „Die JA dient als Innovationsmotor der AfD und hat das Ziel, das Gedankengut der Partei in ihrem Wirkungskreis zu verbreiten sowie die besonderen Anliegen der Jugend innerhalb der AfD zu vertreten."[21] Formal blieb die JA ein eigenständiger Verein; eine AfD-Mitgliedschaft war für JA-Mitglieder nicht verpflichtend.[22] Dennoch verfügte die Organisation über erhebliche Einflussrechte, etwa durch die Möglichkeit, Anträge auf Parteitagen einzubringen und Delegierte zu entsenden – auch wenn sie in ihrer internen Struktur lange Zeit schwach und finanziell stark von der AfD abhängig blieb.[23]

Unter dem Vorsitz von Damian Lohr ab 2018 wurde die JA zu einer strategischen Stütze des sich konsolidierenden rechtsextremen Parteiflügels. Anfang 2019 stufte das BfV die Organisation als „Verdachtsfall" ein.[24] Lohr verschärfte in dieser Zeit die Rhetorik gegenüber staatlichen Institutionen und positionierte die JA programmatisch zunehmend als nationalistische und rechtsextreme Bestrebung. Zwar führte die Beobachtung durch das BfV zunächst zu einer Austrittswelle[25], doch wurde die Organisation im Kern ideologisch gefestigt.

Diese Konsolidierung setzte sich unter Hannes Gnauck fort, der 2022 den Vorsitz übernahm.[26] Gnauck, der zuvor als Soldat vom Militärischen Abschirmdienst wegen rechtsextremer Äußerungen und Auftritte vom Dienst suspendiert worden war[27],

19 Vgl. Kay-Alexander Scholz, Lucke setzt sich durch, in: Deutsche Welle vom 31. Januar 2015, unter: https://www.dw.com/de/afd-mit-neuer-satzung-lucke-setzt-sich-durch/a-18228005 (15. Juni 2025).
20 AfD, Bundessatzung, Berlin 2025, § 17a (1).
21 Ebd., § 17a (2).
22 Ebd., § 17a (3).
23 Vgl. Heinze (FN 14), S. 117.
24 Vgl. Bundesministerium des Innern, für Bau und Heimat (Hrsg.), Verfassungsschutzbericht 2019, Berlin 2020, S. 88 f.
25 Vgl. Severin Weiland, Teile der AfD wollen härter gegen Nachwuchs vorgehen", in: Der Spiegel vom 27. Februar 2019, unter: https://www.spiegel.de/politik/deutschland/afd-alternative-mitte-kritisiert-junge-alternative-a-1255468.html (10. Juni 2025).
26 Vgl. Hans Pfeifer, AfD-Parteijugend – die jungen Feinde der Demokratie, in: Deutsche Welle vom 21. Februar 2024, unter: https://www.dw.com/de/afd-parteijugend-die-jungen-feinde-der-demokratie/a-68309953 (10. Juni 2025).
27 Vgl. „Junge Alternative wählt als Extremisten eingestuften Soldaten zum Bundesvorsitzenden", in: Der Spiegel vom 16. Oktober 2022, unter: https://www.spiegel.de/politik/deutschland/junge-alternative-waehlt-als-extremisten-eingestuften-soldaten-zum-bundesvorsitzenden-a-95c63033-9622-4369-874a-7aee633ed025 (10. Jni 2025); „Immunität von AfD-Abgeordnetem

verfolgte eine konfrontative Strategie. Seine Rhetorik kreiste zunehmend um Begriffe wie „Remigration“ und zeigte eine deutlich autoritäre Schlagseite. Die endgültige Einstufung der JA als „gesichert rechtsextremistisch“ durch den Verfassungsschutz im April 2023 basierte unter anderem auf der Forderung nach einer ethnisch homogenen Gesellschaft, der Delegitimierung demokratischer Institutionen und der Verbreitung autoritärer Staatsvorstellungen.[28] Trotz interner Kritik hielt Gnauck an seinem Kurs fest und bestritt öffentlich – noch im August 2024 – eine Abgrenzung der Partei von ihrer Jugendorganisation.[29]

Vor dem Hintergrund wachsender juristischer Risiken entschied sich die AfD im Januar 2025 zur Auflösung der JA. Die neue Parteijugend, deren Gründung für Ende 2025 vorgesehen ist, soll institutionell enger an die Partei gebunden sein, um zukünftige ideologische Abweichungen zu verhindern. Eine Mitgliedschaft ist dann nur noch für gleichzeitige AfD-Mitglieder möglich. Es entbehrt dabei nicht einer gewissen Ironie, dass die Neugründung weitgehend dem Modell entspricht, das ursprünglich von Lucke und später auch von Jörg Meuthen angestrebt worden war. Die neuen Parteistatuten halten nun fest: „Die Jugendorganisation der AfD ist ein rechtlich unselbständiger Teil der Partei.“[30] Von einem „Innovationsmotor“ ist keine Rede mehr. Stattdessen binden die neuen Statuten eine Mitgliedschaft in einer Nachfolgeorganisation – im Frühjahr 2025 kursierte „Patriotische Jugend“ als möglicher Name[31] – direkt an die Parteimitgliedschaft.[32]

Bereits vor der formalen Auflösung beantragte die AfD beim Deutschen Patent- und Markenamt die Eintragung der neuen Bezeichnung, was auf eine bewusste Abkehr vom belasteten Namen „Junge Alternative“ hindeutet – jedoch nicht notwendigerweise von ihrer antidemokratischen Gesinnung.[33] Vielmehr zeigt sich hier eine doppelte Strategie: Während nach außen der Bruch mit der rechtsextremistisch eingestuften Jugendorganisation signalisiert wird, um der anhaltenden Beobachtung durch den Verfassungsschutz und einem potenziellen Parteiverbotsverfahren argumentative Angriffsflächen zu entziehen, bleiben zentrale ideologische Linien nach innen anschlussfähig. Die Neugründung dient somit weniger einer politischen Neuausrichtung als der Sicherung strategischer Handlungsfähigkeit unter veränderten institutionellen Bedingungen.

Gnauck aufgehoben“, in: tagesschau.de vom 16. Mai 2024, unter: https://www.tagesschau.de/inland/innenpolitik/afd-gnauck-bundestag-immunitaet-102.html (17. Juni 2025).

28 Bundesministerium des Innern und für Heimat (FN 3), S. 117–119.

29 Vgl. Pressemitteilung: Hannes Gnauck zur angeblichen Abgliederung der JA, 16. August 2024, unter: https://jungealternative.net/pressemitteilung-hannes-gnauck-zur-angeblichen-abgliederung-der-ja (17. Juni 2025).

30 Vgl. AfD, Bundessatzung, § 17a (1), unter: https://www.afd.de/satzung/#§ 17a (17. Juni 2025).

31 Vgl. AfD-Jugendorganisation löst sich auf, 1. Februar 2025, unter: https://www.tagesschau.de/inland/junge-alternative-aufloesung-100.html (17. Juni 2025).

32 Vgl. AfD, Bundessatzung, § 17a (4).

33 Vgl. Correctiv, Patriotisch, Deutschland, Jugend: So soll der AfD-Nachwuchs heißen, 11. April 2025, unter: https://correctiv.org/aktuelles/debatte-um-afd-verbot/2025/04/11/drei-namen-fuer-afd-parteijugend (10. Juni 2025).

Abbildung 1: Zeitleiste der AfD-Bundessprecher bzw. -sprecherinnen und JA-Vorsitzenden

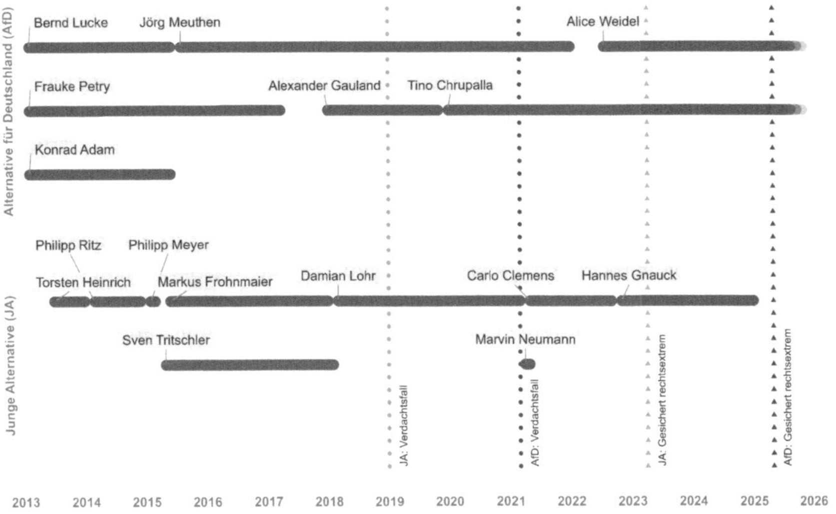

Quelle: Eigene Darstellung, i.a. basierend auf Heinze (FN 14) sowie eigener Recherche. Stand: 12. August 2025.

Auch nach ihrer Auflösung bleibt der Einfluss der JA innerhalb der AfD bestehen. Viele der ehemaligen Mitglieder sind weiterhin in Schlüsselpositionen aktiv und prägen die strategische Ausrichtung der Partei. So wurden etwa die früheren JA-Vorsitzenden Carlo Clemens und Dennis Hohloch im Juni 2022 in den AfD-Parteivorstand gewählt.[34] Die Geschichte der JA verweist somit auf ein strukturelles Dilemma rechtspopulistischer Parteien: Eine ideologisch eigenständige Jugendorganisation kann zur programmatischen Radikalisierung beitragen, aber auch juristische Risiken erzeugen, die das Gesamtprojekt gefährden.[35] Gleichzeitig ermöglichte die formale Eigenständigkeit der JA eine strategische Entkopplung von ihrer Mutterpartei – eine bewährte Strategie rechtspopulistischer Parteien und eine bis zuletzt genutzte rhetorische Verteidigungslinie.[36]

34 Vgl. Neue Führungsspitze auf dem 13. Bundesparteitag der AfD gewählt, 18. Juni 2022, unter: https://www.afd.de/neue-fuehrungsspitze-auf-dem-13-bundesparteitag-der-afd-gewaehlt (17. Juni 2025).

35 Vgl. Bartek Pytlas/Jan Biehler, The AfD within the AfD: Radical right intra-party competition and ideational change, in: Government and Opposition 59 (2024), S. 322–340.

36 Vgl. Ruth Wodak, Analysing the micropolitics of the populist far right in the 'post-shame era', in: Pieter Bevelander/dies. (Hrsg.), Europe at the crossroads: Confronting populist, nationalist, and global challenges, Lund 2019, S. 63–92.

3. Ideologie und Demokratieverständnis

Die ideologische Ausrichtung der JA ist eng mit ihrer personellen Verflechtung mit rechtsextremen Gruppierungen und Strömungen verknüpft. Zahlreiche Überschneidungen mit Akteuren der extremen und Neuen Rechten lassen sich sowohl auf struktureller als auch auf inhaltlicher Ebene beobachten. Diese Überschneidungen reichen bis in zentrale Parteistrukturen der AfD, nicht zuletzt deshalb, weil viele JA-Mitglieder zugleich in Funktionen innerhalb der Partei tätig sind oder als Mitarbeiter bzw. Mitarbeiterinnen von AfD-Abgeordneten in Bundes- und Landesparlamenten arbeiten.

Eine Vielzahl von Funktionären der JA, insbesondere jene mit Anstellung bei Bundestagsabgeordneten der AfD, weist belegbare Verbindungen zur IB, zu rechten Burschenschaften sowie zu weiteren Organisationen der Neuen Rechten auf. Diese Verbindungen werden durch gemeinsame Teilnahmen an Demonstrationen, Veranstaltungen und Netzwerktreffen dokumentiert und stehen exemplarisch für die enge Verzahnung zwischen JA und neu-rechten Akteuren.[37]

Der Verfassungsschutz beobachtet diese Entwicklungen spätestens seit dem Jahr 2020 systematisch.[38] Dokumentiert werden unter anderem personelle Kontakte sowie die inhaltliche Rezeption und Reproduktion rechtsextremer Positionen in Form eigener Kampagnen, Publikationen und öffentlicher Auftritte. Zu den relevanten Akteuren zählen u. a. das *Institut für Staatspolitik* (IfS), das *COMPACT-Magazin*, das Netzwerk *Ein Prozent* sowie rechtsextreme Verlage und Aktivisten bzw. Aktivistinnen der IB. Sichtbar wurde diese Nähe etwa beim Bundeskongress der JA am 15. Oktober 2022 in Apolda, bei dem mehrere dieser Organisationen mit eigenen Informationsständen vertreten waren.[39]

Neben diesen organisatorischen und personellen Verbindungen lässt sich auch auf inhaltlicher Ebene eine starke Nähe zur extremen Rechten feststellen. Die JA vertritt vielfach radikalere Positionen als die Mutterpartei AfD und trägt aktiv zu deren ideologischer Radikalisierung bei.[40] Im Sinne idealtypischer Konzeptualisierungen[41] umfasst dieses ein nativistisches Gesellschaftsverständnis, autoritäre Ordnungsvorstellungen sowie eine populistische Gegenüberstellung eines homogenen Volkes gegenüber korrupten Eliten und angeblich bevorteilten Minderheiten.

Ein zentrales ideologisches Motiv stellt die Ablehnung einer multikulturellen Gesellschaft dar. Die JA fordert eine Einschränkung der Migration – insbesondere von Menschen aus nicht-europäischen Herkunftsländern – sowie den Ausschluss

---

37 Vgl. Hannah Bley/Anna Grieben, Junge Alternative im Bundestag: Nächste Generation AfD, in: die tageszeitung vom 1. Juni 2018, unter: https://taz.de/Junge-Alternative-im-Bundestag/!5506272/ (15. Januar 2025); Herkenhoff (FN 8).

38 Vgl. Bundesministerium des Innern, für Bau und Heimat (Hrsg.), Verfassungsschutzbericht 2020, Berlin 2021, S. 51, 76.

39 Vgl. Bundesministerium des Innern und für Heimat (Hrsg.), Verfassungsschutzbericht 2022, Berlin 2023, S. 93.

40 Vgl. Heinze (FN 14).

41 Vgl. Cas Mudde, Populist Radical Right Parties in Europe, Cambridge 2007.

von Migranten aus sozialstaatlichen Leistungen. Ihre Rhetorik stützt sich dabei häufig auf rechtsextreme Verschwörungserzählungen wie die Theorie des „Großen Austauschs" und bedient offen rassistische Bedrohungsszenarien. Die Formulierung eines nativistischen, ethnisch definierten Volksbegriffs, der ausschließlich die „autochthone" Bevölkerung umfasst, zieht sich konsequent durch die programmatischen Äußerungen.[42]

Erstmals wurde die JA 2019 im Verfassungsschutzbericht des Bundes als rechtsextremistischer Verdachtsfall eingestuft.[43] Ausschlaggebend war u. a. das Grundsatzpapier der Organisation, der sogenannte „Deutschlandplan". Das Papier enthielt zahlreiche Passagen, die aus Sicht des Bundesamtes für Verfassungsschutz gegen die freiheitlich-demokratische Grundordnung verstießen. Zwar wurde der Deutschlandplan im Nachgang überarbeitet – auch unter dem Druck der öffentlichen Berichterstattung und durch Einrichtung einer parteiinternen „Arbeitsgruppe Verfassungsschutz" – jedoch blieben wesentliche ideologische Grundlinien bestehen.[44]

Das ursprüngliche Grundsatzprogramm der JA – der „Deutschlandplan" in seiner Fassung von Juni 2018 – formuliert offen ethnonationale Zielsetzungen. Es wird ein „kultureller und ethnischer Erhalt des deutschen Volkes" gefordert und ein umfassender Migrationsstopp verlangt – ausgenommen sind lediglich „nachweislich deutschstämmige Volkszugehörige".[45] Dies stellt eine klare Rezeption der ethnopluralistischen Theorie dar und zielt auf eine politische Vision, in der ethnische Homogenität durch staatliche Maßnahmen gewahrt werden soll, unter anderem durch Einschränkung des Asylrechts.

So betont die JA auch in ihren aktuellen programmatischen Leitlinien („Jugend, die vorangeht!"), beschlossen auf dem Bundeskongress in Apolda 2022, ihre Vorstellung eines ethnisch und kulturell homogenen Nationalstaats. In diesen Leitlinien heißt es, Deutschland dürfe nicht zum „Siedlungsgebiet und Experimentierfeld einer unkontrollierten Masseneinwanderung" werden. Migranten wird die „Erwartungshaltung einer Assimilation" auferlegt. Der Begriff des deutschen Volkes wird konsequent in völkisch-abstammungsmäßiger Weise interpretiert.[46]

Die ideologische Radikalisierung der JA blieb nicht folgenlos: Im April 2023 stufte das Bundesamt für Verfassungsschutz die Jugendorganisation als „gesichert rechtsextremistisch" ein und ermöglichte damit die vollständige Überwachung durch nachrichtendienstliche Mittel.[47] Als Begründung nennt das Amt unter anderem das propagierte „völkische Gesellschaftskonzept", biologistische Grundannahmen und

42 Vgl. Herkenhoff (FN 8); Bundesministerium des Innern, für Bau und Heimat (FN 38).
43 Vgl. Bundesministerium des Innern, für Bau und Heimat (FN 24), S. 87 f.
44 Vgl. ebd., S. 88 f.
45 Rainer Roeser, Die AfD-Jugendorganisation „Junge Alternative": Entwicklung und aktuelle Aktivitäten, in: FORENA-Diskussionspapier, unter https://www.forena.de/wp-content/uploads/2022/12/FORENA_Diskussionspapier__6_2022-1.pdf (30. Januar 2025), S. 6.
46 Vgl. Junge Alternative: Radikaler als AfD (29. Januar 2025), unter: https://www.deutschlandfunk.de/junge-alternative-rechtsextrem-afd-100.html (30. Januar 2025); Roeser (FN 45).
47 Vgl. Bundesministerium des Innern und für Heimat (FN 39); Heinze (FN 14).

eine Abwertung von Staatsbürgern mit Migrationshintergrund, die systematisch als Deutsche zweiter Klasse betrachtet würden.[48]

Zusätzlich zur nationalistisch-exkludierenden Ideologie lassen sich bei der JA auch demokratie- und rechtsstaatsfeindliche Positionen identifizieren. Insbesondere im Kontext der Covid-19-Pandemie äußerten sich Vertreter und Vertreterinnen der Organisation wiederholt in verschwörungsideologischer Weise und sprachen etwa von einer „Corona-Diktatur" oder einem „Ermächtigungsgesetz" – eine Wortwahl, die den historischen Nationalsozialismus verharmlost.[49]

Ein differenzierter Einblick in das Demokratieverständnis von JA-Funktionären ergibt sich aus einer qualitativen Interviewstudie mit führenden Mitgliedern der Jugendorganisation. Zwar äußerten sich die Befragten grundsätzlich zustimmend zu den Prinzipien demokratischer Ordnung – etwa zu Rechtsstaatlichkeit, Gewaltenteilung und Meinungsfreiheit –, doch traten in der konkreten Auseinandersetzung mit liberalen Normen erhebliche Spannungen zutage. Insbesondere dann, wenn diese Prinzipien mit den Mehrheitsinteressen oder den eigenen politischen Zielsetzungen kollidierten, zeigten die Interviewten eine deutliche Präferenz für ein stärker majoritäres, ethnisch-exklusives Demokratieverständnis, bei dem politische Rechte auf bestimmte Bevölkerungsgruppen beschränkt werden.[50]

So wurden etwa Minderheitenrechte oder inklusive Staatsbürgerschaft wiederholt als zweitrangig gegenüber dem Willen der Mehrheitsbevölkerung eingeordnet. Muslime sowie Migranten und Migrantinnen wurden dabei besonders häufig als integrationsunwillig oder sogar als Bedrohung wahrgenommen, deren Ansprüche auf Schutz und Teilhabe zurückgewiesen. Auch gegenüber unabhängigen Medien und Gerichten herrschte Misstrauen; Letztere wurden teils als politisch beeinflusst dargestellt. Stattdessen betonten die JA-Vertreter das Primat der „Volksmehrheit" und plädierten für eine stärker direkte Demokratie, in der etwa durch Referenden politische Entscheidungen gegen Institutionen wie Verfassungsgerichte durchgesetzt werden könnten. Insgesamt offenbart sich ein Demokratieverständnis, das formal an demokratische Verfahren anschließt, inhaltlich jedoch eine deutliche Distanz zu liberal-pluralistischen Prinzipien aufweist und autoritäre, exkludierende Tendenzen erkennen lässt.[51]

---

48 Vgl. Michael Götschenberg/Martin Schmidt, Verfassungsschutz: Junge Alternative ist erwiesen rechtsextremistisch, in: tagesschau.de vom 26. April 2023, unter: https://www.tagesschau.de/inland/junge-alternative-verfassungsschutz-100.html (14. Januar 2025).

49 Vgl. Bundesministerium des Innern; für Bau und Heimat (FN 38), S. 97, 99; Bundesministerium des Innern, für Bau und Heimat (Hrsg.), Verfassungsschutzbericht 2021, Berlin 2022, S. 90.

50 Vgl. Luise Anter/Uwe Backes/Reinhard Heinisch/Steffen Kailitz/Carsten Wegscheider, Challenging Liberal Principles: Understanding of Democracy among Populist Radical Right Youth Leaders in Austria and Germany, in: German Politics 34 (2025), S. 555–585.

51 Ebd.

4. Fazit

Die JA war über Jahre hinweg ein zentraler Akteur in der ideologischen und organisatorischen Radikalisierung der AfD. Als ideologisches Versuchslabor, Kaderschmiede und kommunikatives Korrektiv hat sie nicht nur einzelne Strömungen gestärkt, sondern den Kurs der Gesamtpartei nachhaltig nach rechts verschoben. Ihre Bedeutung lag dabei nicht allein in der Verankerung rechtsextremer Inhalte, sondern auch in der strategischen Funktion, politische Grenzverschiebungen testweise zu erproben – mit Rückkopplungseffekten auf das Programm, die Sprache und das Personal der Mutterpartei.

Die Entscheidung, die JA aufzulösen, beruht vor diesem Hintergrund nicht auf einer inhaltlichen Umorientierung, sondern erscheint als taktisches Manöver zur Schadensbegrenzung angesichts zunehmenden juristischen Drucks. Die formale Abwicklung der Organisation dient primär dazu, Reibungsflächen im Blick auf ein mögliches Parteiverbotsverfahren zu verringern und sich der Beobachtung durch den Verfassungsschutz zumindest partiell zu entziehen.[52] Eine Distanzierung von den vertretenen Inhalten lässt sich daraus nicht ableiten. Vielmehr bleibt fraglich, ob die geplante Neugründung einer parteiintern stärker kontrollierten Jugendorganisation tatsächlich mit einer programmatischen Neuausrichtung einhergeht – oder ob lediglich eine juristisch entlastende Hülle geschaffen wird.

Die stärkere formale Anbindung der neuen Parteijugend an die AfD mag kurzfristig eine strengere Kontrolle ermöglichen. Langfristig aber birgt sie auch Risiken: Sollte sich die Nachfolgeorganisation erneut radikalisieren, entfällt die bisherige Möglichkeit glaubhafter Abgrenzung. Die Verantwortung für extremistische Äußerungen oder Entwicklungen innerhalb der Jugendstrukturen läge dann unmissverständlich bei der Parteiführung.

Unklar bleibt zudem, ob sich die Strukturen der JA tatsächlich auflösen oder lediglich in informelle Netzwerke der Neuen Rechten übergehen. Aufgrund der engen personellen und ideologischen Verflechtungen ist zu erwarten, dass sich ein Teil der Aktivitäten in außerparlamentarische Räume verlagert, während sich frühere JA-Mitglieder weiterhin strategisch innerhalb der Partei positionieren. Der Einfluss der JA wirkt somit fort – durch Narrative, durch Netzwerke, durch Personal.

Die Auseinandersetzung mit demokratiefeindlichen Kräften endet nicht mit der Auflösung einer Organisation. Die strukturelle Normalisierung extrem rechter Positionen in politischen und gesellschaftlichen Institutionen stellt eine dauerhafte Herausforderung dar – insbesondere dann, wenn diese sich unter dem Deckmantel formaler Erneuerung stabilisieren. Entscheidend wird sein, ob es demokratischen Institutionen, zivilgesellschaftlichen Akteuren und der politischen Öffentlichkeit gelingt, solchen Prozessen nicht nur mit Abgrenzung, sondern auch mit strategischer Gegenmobilisierung zu begegnen.

52 Spätestens mit der Einstufung der AfD durch das BfV im Mai 2025 als „gesichert rechtsextremistisch" dürfte sich der erhoffte entlastende Effekt dieser Maßnahme relativiert haben.

Islamistische Radikalisierungsprozesse unter Muslimen in Deutschland im Schatten des Nahostkonflikts: Theoretische Zugänge und empirische Erkenntnisse

Von Cemal Öztürk und Susanne Pickel

1. Einleitung

Der Islamismus wurde schon mehrfach für Tod erklärt – hat sich aber doch immer wieder als „Hydra" erwiesen. Die globale Gefahr des Dschihadismus ist bis heute nicht gebannt.[1] Ein Ereignis, welches der Weltöffentlichkeit die Barbarei und den nihilistischen Todeskult dieser Ideologie ein weiteres Mal vor Augen hätte führen müssen, war der 7. Oktober 2023. Nach dem brutalen Massaker der *Hamas*, bei dem 1.200 Menschen ermordet und über 240 Menschen als Geiseln in den Gaza-Streifen verschleppt wurden, währte die Anteilnahme mit seinen Opfern aber nur kurz. Viel eher gilt es zu konstatieren, dass Juden weltweit einen „Tsunami des Antisemitismus" erleben.

Seine Wellenbewegungen haben auch vor Deutschland keinen Halt gemacht: Die mittlerweile verbotene Organisation *Samidoun* feierte das Massaker in Berlin-Neukölln und brachte seine Freude durch das Verteilen von Baklava zum Ausdruck.[2] Spätestens seitdem die israelische Regierung der *Hamas* und ihren Helfershelfern (z. B. die *Hisbollah* und das Mullah-Regime) den Krieg erklärte, überwiegen in Deutschland weniger israelsolidarische Kundgebungen, sondern vermeintlich propalästinensische Demonstrationen das Protestgeschehen. Nun ist das Demonstrationsrecht ein hohes Gut und es ist legitim, wenn Menschen, die vom Krieg betroffen sind, ihre Trauer über die zivilen Opfer zum Ausdruck bringen. Vielerorts sind die Proteste jedoch zu einer Plattform für Antisemitismus und Hass auf den Staat Israel avanciert. Immer wieder kommt es zu Anzeigen wegen Volksverhetzung und Gewaltaufrufen – auch Sympathiebekundungen für *Hamas* und *Hisbollah* sind keine Seltenheit.[3]

---

1 Vgl. statt vieler Asiem El Difraoui, Die Hydra des Dschihadismus. Entstehung, Ausbreitung und Abwehr einer globalen Gefahr, Frankfurt a. M. 2021.

2 Vgl. Christian Parth, Samidoun: Sie feiern den Terror der Hamas auf deutschen Straßen (11. Oktober 2023), unter: https://www.zeit.de/gesellschaft/zeitgeschehen/2023-10/samidoun-pro-palaestinensische-demos-hamas-israel (5. Juli 2025).

3 Vgl. Cemal Öztürk/Susanne Pickel/Gert Pickel, Der islamisierte Antisemitismus: Aufgebauschtes Schreckgespenst oder bagatellisiertes Ressentiment? (13. Februar 2024), unter: https://blog.prif.org/2024/02/13/der-islamisierte-antisemitismus-aufgebauschtes-schreckgespenst-oder-bagatellisiertes-ressentiment (5. Juli 2025).

Im Windschatten dieser Proteste überschlagen sich die Ereignisse: Häuser, in denen Juden leben, wurden mit Davidsternen markiert; es flogen Molotow-Cocktails auf ein jüdisches Gemeindezentrum, und es wurden Mahnmale geschändet, die an die Verbrechen des NS-Regimes erinnern sollen.[4] Um Einzelfälle handelt es sich nicht. So verzeichnen die deutschen Sicherheitsbehörden seit zwei Jahren einen alarmierenden Anstieg antisemitischer Hasskriminalität. Nachdem sich die registrierten Straftaten im Jahr 2023 nahezu verdoppelt hatten, stiegen sie im Jahr 2024 mit 6.236 Fällen erneut um 20,8 Prozent. Ein nicht zu unterschätzender Anteil des Anstiegs dieser Straftaten (+29 Prozent) wird Akteuren zugeschrieben, die aus einer „religiösen Ideologie" heraus handeln.[5]

Tatsächlich lässt sich in den sozialen Medien – die sich auch in diesem Kontext als „Radikalisierungsmaschinen" erweisen[6] – beobachten, wie islamistische Gruppen die Eskalation des Nahostkonflikts propagandistisch ausschlachten. Allen voran Organisationen, die der in Deutschland verbotenen *Hizb-ut-Tahrir*-Bewegung nahestehen, verbreiten emotionalisierende und verstörende Bilder über getötete Kinder und Frauen in Gaza – und kehren dabei unter den Teppich, dass die Hamas ihren Tod billigend in Kauf nimmt, weil sie Zivilisten als „menschliche Schutzschilder" missbraucht. Ihre Strategie ist dabei leicht dechiffriert: Sie setzen auf Viktimisierungsdiskurse und versuchen junge Muslime davon zu überzeugen, dass die „muslimische Gemeinschaft", ob in Palästina oder in Deutschland, den Anfeindungen, Erniedrigungen und der Gewalt von „Feinden des Islam" ausgesetzt sei. Sie versuchen damit, die Muslime von der deutschen Gesellschaft zu entfremden[7] und nutzen den internationalen Konflikt als eine Art „Einstiegsdroge" in die islamistische Ideologie. Dabei setzen sie auf Feindbildkonstruktionen (z. B. der Westen, der Zionismus usw.) und schüren Misstrauen gegen das politische System und Politiker, die sie als Parteigänger eines vermeintlichen „Genozids in Gaza" attackieren.[8]

Selbst wenn der Antisemitismus und die Mobilisierungserfolge des Islamismus seit dem 7. Oktober eine neue Qualität erreicht haben, gilt es zu betonen, dass die

---

4 Vgl. Jüdische Allgemeine, Berlin: Unbekannte markieren Wohnungen von Juden mit Davidstern (15. Oktober 2023), unter: https://www. juedische-allgemeine.de/politik/unbekannte-markieren-wohnungen-von-juden-mit-davidstern/ (5. Juli 2025); Jüdische Allgemeine, Berlin: Brandanschlag auf Jüdische Gemeinde (18. Oktober 2023), unter: https://www.juedische-allgemeine.de/politik/brandanschlag-auf-juedisches-gemeindezentrum/ (5. Juli 2025); Jüdische Allgemeine, Berlin: NS-Denkmal in der Rosenstraße beschmiert (28. August 2024), unter: https://www. juedische-allgemeine.de/politik/berliner-denkmal-antisemitisch-beschmiert/ (5. Juli 2025).

5 Vgl. Bundesministerium des Innern und Bundeskriminalamt, Bundesweite Fallzahlen 2024: Politisch motivierte Kriminalität (Mai 2025), unter: https://www.bka.de/DE/UnsereAufgaben/Deliktsbereiche/PMK/ PMKZahlen2024/ (5. Juli 2025).

6 Siehe dazu Julia Ebner, Radikalisierungsmaschinen. Wie Extremisten die neuen Technologien nutzen und uns manipulieren, Frankfurt a. M. 2019.

7 Vgl. Marvin Hild, Muslimisch identitär?, in: Demokratie-Dialog 11 (2022), S. 46–53, hier: S. 51 f.

8 Vgl. Yasmina Shamdin/Hanin El-Auwad, Islamistische Stimmungsmache in Sozialen Medien. Wie Islamist:innen internationale Konflikte instrumentalisieren (22. März 2023), unter: https://www.bpb.de/themen/infodienst/519310/islamistischestimmungsmache-in-den-sozialen-medien/ (5. Juli 2025).

beschriebene Problemlage keinesfalls neu ist. Es gibt bereits seit längerem Stimmen, die vor der Bagatellisierung des „islamisierten Antisemitismus" warnen.[9] Auch vergangene Eskalationsepisoden des Nahostkonflikts aktivierten antisemitische Ressentiments unter Muslimen und lieferten radikalisierten Akteuren einen Vorwand, um ihren Hass auf Juden und den Staat Israel in Wort und Tat auf die Straße zu tragen.[10]

Klar ist somit auch: Die Rekrutierungsnarrative der Islamisten verlaufen nicht im Sande und stoßen durchaus auf Nachfrage. Dieser Beitrag versucht, ihr Mobilisierungspotenzial unter Muslimen in Deutschland zu beleuchten. Er beschreibt das Ausmaß von Gefühlen mangelnder Anerkennung, die Empfänglichkeit für fundamentalistische Auslegungen des Islam, antisemitische Ressentiments und demokratiefeindliche Einstellungsmuster – und analysiert, wie das Ineinandergreifen dieser Risikofaktoren individuelle Radikalisierungsintentionen begünstigt. Dafür werden empirische Analysen einer Umfrage unter Muslimen (n = 607) präsentiert, die im Rahmen des BMBF-geförderten RIRA-Projektes[11] ein Jahr vor dem 7. Oktober 2023 entstanden ist.

2. Radikalisierung: Zugänge zu einem umstrittenen Begriff und gängige Annahmen über Radikalisierungsprozesse

Die Beschäftigung mit islamistischer Radikalisierung setzt eine Begriffsklärung voraus. Eine Definition, über die Konsens besteht, wird man allerdings vergeblich suchen. Etymologisch betrachtet, ist Radikalisierung der Versuch, gesellschaftliche Probleme – oder dass, was radikale Akteure dafür halten – an der Wurzel zu packen. Erwähnenswert ist, dass liberale und demokratische Kräfte im 19. und 20. Jahrhundert das Adjektiv „radikal" für sich reklamierten.[12] Diese positiv konnotierte Verwendung des Begriffs ist in der Gegenwart nicht mehr gängig. Radikalisierung wird vor allem mit Links- und Rechtextremismus sowie religiösem Fanatismus in

9 Siehe dazu Michael Kiefer, Islamischer, islamistischer oder islamisierter Antisemitismus?, in: Die Welt des Islams 46 (2006), S. 277–306.

10 Vgl. Thomas Richter/Katrin Brettfeld/Simon Greipl/Julian Hohner/Sophia Hunger/Eylem Kanol/Mirna El-Masri/Peter Wetzels, Auswirkungen des Gaza-Krieges 2021 auf Deutschland: Eine mehrdimensionale Analyse des Radikalisierungsgeschehens (31. August 2022), unter: https://www.jura.uni-hamburg.de/die-fakultaet/aktuelle-meldungen/2022-08-31/motra-monitor 2021-uhh-gazakonflikt.pdf (5. Juli 2025).

11 Das Projekt RIRA (Radikaler Islam versus radikaler Anti-Islam) wurde von 2020 bis 2024 vom BMBF gefördert. Für einen Überblick sei an dieser Stelle auf die Projekt-Homepage verwiesen: https://www.uni-due.de/politik/projekt-rira (5. Juli 2025).

12 Vgl. Hande Abay Gaspar/Christopher Daase/Nicole Deitelhoff/Julian Junk/Manjana Sold, Was ist Radikalisierung? Präzisierungen eines umstrittenen Begriffs (Mai 2018), unter: https://www.prif.org/publikationen/publikationssuche/publikation/was-istradikalisierung-praezisierungen-eines-umstrittenen-begriffs (5. Juli 2025), S. 3.

Verbindung gebracht und kommt zum Einsatz, um Individuen und Gruppen zu etikettieren, die Gewalt als legitimes Mittel zur Durchsetzung ihrer Ziele ansehen.[13]

Diese Ausführungen liefern allerdings nur einen ersten Zugang – und vor allem die Gleichsetzung von Radikalisierung mit der Bereitschaft zur Gewaltanwendung erscheint verkürzt. Radikale Gruppen verfügen über unterstützende Netzwerke, in denen es Mitglieder gibt, die selbst passiv bleiben, aber die Gewalthandlungen ideell oder finanziell unterstützen. Vor diesem Hintergrund spricht vieles für eine breitere Begriffsverwendung. Wir folgen dem Definitionsvorschlag von Abay Gaspar u. a. und verstehen unter Radikalisierung „die zunehmende Infragestellung einer normativen Ordnung und/oder die zunehmende Bereitschaft, die institutionelle Struktur dieser Ordnung zu bekämpfen".[14]

Diese Definition verweist auf einstellungs- und handlungsorientierte Komponenten von Radikalisierungsprozessen und erlaubt es, zwischen einer Radikalisierung ohne Gewalt, Radikalisierung in die Gewalt und einer Radikalisierung in der Gewalt zu differenzieren. Mit der Kategorie der „Radikalisierung ohne Gewalt" wird herausgestellt, dass es radikalisierte Milieus gibt, die die Legitimität der freiheitlich-demokratischen Grundordnung anzweifeln, aber gewaltfrei und im legalen Rahmen des Rechtsstaates bleiben.[15]

Bezogen auf den Gegenstand dieses Beitrags entspricht diese Kategorie dem heterogenen Akteursgeflecht des „legalistischen Islamismus". So agieren Bewegungen wie die *Islamische Gemeinschaft Millî Görüş* (IGMG) aus taktischen Opportunitätserwägungen innerhalb des legalen Rahmens. Sie strebt jedoch eine islamische Sozial- und Gesellschaftsordnung an, die sich mit der freiheitlich-demokratischen Grundordnung schwerlich vereinbaren lässt.[16] Der Schritt in die Illegalität ist bei einer „Radikalisierung in die Gewalt" erreicht. Diese Kategorie trifft auf Individuen oder Gruppen zu, die auf den Einsatz von Gewalt setzen, um ihre politischen Zielsetzungen zu erreichen.[17] Dabei kann ihre Gewaltbereitschaft, wie die Kategorie der „Radikalisierung in der Gewalt" hervorhebt, verschiedene Eskalationsstufen annehmen. Dies betrifft sowohl den Rückgriff auf immer extremere Formen der Gewalt als auch die Ausweitung der als legitim erachteten Ziele der Angriffe. Am Ende dieses Spektrums stehen u. a. dschihadistische Selbstmordattentäter, die ihren eigenen Tod in Kauf nehmen, um möglichst viele Zivilisten zu töten.[18]

---

13 Vgl. UNESCO. Lehrerhandbuch zur Prävention von gewalttätigem Extremismus (2017), unter: https://unesdoc.unesco.org/ark:/48223/pf0000260267 (5. Juli 2025), S. 12.

14 Vgl. Gaspar/Daase/Deitelhoff/Junk/Sold (FN 12), S. 5.

15 Vgl. ebd., S. 13–25.

16 Vgl. Thomas Schmidinger, „Legalistischer Islamismus" als Herausforderung für die Prävention (17. Dezember 2020), unter: https://www.bpb.de/politik/extremismus/radikalisierungspraevention/322922/legalistischer-islamismus-als-herausforderungfuer-die-praevention (5. Juli 2025).

17 Vgl. Gaspar/Daase/Deitelhoff/Junk/Sold (FN 12), S. 8.

18 Vgl. ebd., S. 11.

Damit ist allerdings noch nicht geklärt, warum sich Individuen radikalisieren. Einen in der sozialpsychologischen Radikalisierungsforschung prominent rezipierten Ansatz liefert die Significance Quest Theory. Sie führt die Wahrscheinlichkeit von Radikalisierungsprozessen auf das Zusammenspiel von Bedürfnissen (needs), Narrativen (narratives) und Netzwerken (networks) zurück.[19] Ihr Hauptaugenmerk liegt dabei weniger auf den Organisationen, die politische Ziele (z. B. die Errichtung eines Kalifats) verfolgen, sondern auf der Motivation von Individuen, die sich entsprechenden Gruppen anschließen. Letztere sind mannigfaltig und umfassen u. a. den Wunsch, die eigene Ehre wiederherzustellen oder Erniedrigungen und Ungerechtigkeiten zu rächen. Denkbar ist auch, dass eine Verbesserung des eigenen Status und monetäre Vorteile zu den zentralen Pullfaktoren gehören oder dass Menschen den Führern radikaler Gruppen imponieren wollen, in dem sie als loyale Unterstützer auftreten.[20]

Die Kernannahme der Theorie lautet, alle diese Beweggründe verbinde eine gemeinsame motivationale Klammer: Das menschliche „Bedürfnis“ nach Bedeutsamkeit.[21] Für den Einstieg in Radikalisierungsprozesse benötigt es nach dieser Lesart zunächst eines Triggers, etwa die Wahrnehmung oder Befürchtung eines Bedeutungsverlustes oder die Antizipation eines Bedeutungsgewinns.[22] Für eine Radikalisierung in die Gewalt bedarf es zweitens eines ideologischen „Narrativs“, welches die Gewalt oder den Terror rechtfertigt. Erste Warnsignale, dass Menschen eine solche Ideologie internalisiert haben, liegen vor, wenn sie glauben, ihre Eigengruppe sei einem tiefsitzenden Groll ausgesetzt, und sie zugleich von der Existenz vermeintlicher Urheber dieser Gemengelage überzeugt sind. Noch entscheidender ist: Den Mitgliedern radikalisierter Gruppen wird das Gefühl gegeben, die Gewalt gegen die auserkorenen Sündenböcke sei gerechtfertigt. Um Schuldgefühle gar nicht erst aufkommen zu lassen, wird auf die Entmenschlichung der Gegner gesetzt, was sich darin äußert, dass sie häufig als Kakerlaken, Ratten, Schlangen, Schweine oder Affen porträtiert werden.[23] Genauso entscheidend ist, dass radikalisierte Individuen von den Erfolgsaussichten des ideologischen Narrativ überzeugt sein müssen. Dabei ist es das „Netzwerk“ der radikalisierten Gruppe, in der die Individuen auf eine wiederkehrende Validierung der gewaltlegitimierenden Ideologie stoßen. Gelingt das, kommt es im Extremfall zu einer Fusion der eigenen Identität und den Zielen und Überzeugungen der Gruppe.[24] Ergänzend ist hervorzuheben, dass das Netzwerk

---

19 Siehe Arie W. Kruglanski/Jocelyn J. Belangér/Rohan Gunaranta, The Three Pillars of Radicalization: Needs, Narratives, and Networks, Oxford 2019.

20 Vgl. David Webber/Arie W. Kruglanski, Psychological Factors in Radicalization. A "3 N" Approach, in: Gary LaFree/Joshua D. Freilich (Hrsg.), The Handbook of the Criminology of Terrorism, Hoboken, N. J. 2016, S. 33–46, hier: S. 34.

21 Vgl. Kruglanski/Belangér/Gunaranta (FN 19), S. 44.

22 Vgl. ebd., S. 46–47.

23 Vgl. Webber/Kruglanski (FN 20), S. 39–41.

24 Vgl. Ebd., S. 41–42.

auch eine Infrastruktur bietet, in der Gewalttaten vorbereitet und koordiniert werden.[25]

Eine alternative Konzeptualisierung, welche von der Individualebene abstrahiert und die kollektiven Dynamiken von Radikalisierungsprozessen stärker akzentuiert, verdankt das Forschungsfeld dem Sozialpsychologen Fathali M. Moghaddam.[26] Für ihn ist Radikalisierung ein komplexes Zusammenspiel von historischen, kulturellen und ökonomischen Faktoren, psychologischen Charakteristiken von Individuen und radikalisierten Gruppen und den Positionierungen ihrer Führer.[27]

Aus einer soziologischen Perspektive ist sein Werk gehaltvoller, weil Fathali M. Moghaddam betont, dass es zwischen radikalisierten Gruppen und ihren auserkorenen Gegnern – etwa den Konfliktparteien im Nahostkonflikt – zu Prozessen wechselseitiger Radikalisierung kommen kann. Vor allem stellt er die Irrationalität in Radikalisierungsprozessen heraus. So seien es Emotionen und nicht rationale Erwägungen, die die Wahrnehmung von Problemen und Problemlösungsstrategien dominierten. Besonders deutlich wird das im „pathologischen Hass" radikalisierter Gruppen. Es geht im Extremfall darum, den Feind zu vernichten – und zwar völlig unabhängig von der Frage, welche Konsequenzen das für den Einzelnen oder die Eigengruppe nach sich ziehen kann.[28] Allenfalls ließe sich beobachten, dass Menschen einen großen Erfindungsreichtum an den Tag legen, um ihre Taten zu rationalisieren. Radikalisierte Gruppen und Individuen wähnen sich im Kampf gegen ihre Gegner immer im Recht. Sie inszenieren sich so, als ob sie aus Notwehr handeln. Oder sie hoffen auf posthumen Ruhm und Belohnung – so gilt der Märtyrertod in der dschihadistischen Ideologie als „Expressticket ins Paradies".[29]

Schlussendlich argumentiert er, dass Radikalisierungsprozesse idealtypisch auf einer Abfolge von drei Phasen beruhen. In der ersten Phase kommt es zu einer „Gruppenmobilisierung": Die Zugehörigkeit zur Eigengruppe gewinnt an Bedeutung, da sich ihre Mitglieder als Opfer von Ungerechtigkeiten und Entbehrungen ansehen. Das Erleben (oder die schiere Perzeption) eigener Viktimisierung wird so sehr zum integralen Bestandteil der sozialen Identität, dass die Eigengruppe sich selbst und die Fremdgruppe nur noch in stereotypen Mustern wahrnehmen kann. Der Pluralismus in der Eigengruppe wird folglich ausgeblendet, während die Differenzen zu den Anderen überbetont werden.[30] In der zweiten Phase kommt es zu einer „extremen Eigengruppenkohäsion": Die Wahrnehmung einer bedrohlichen Umwelt geht mit einem autoritären Reflex einher. Innerhalb der Eigengruppe greift ein so starker Konformitäts- und Unterordnungsdruck, dass moderate Kräfte, die auf eine friedliche Lösung von Konflikten setzen, als „Verräter" gegeißelt werden. In

25 Vgl. Kruglanski/Belangér/Gunaranta (FN 19), S. 59.
26 Vgl. Fathali M. Moghaddam, Mutual Radicalization. How Groups and Nations Drive Each Other To Extremes, Washington D.C. 2018.
27 Vgl. ebd., S. 22.
28 Vgl. ebd., S. 28.
29 Vgl. ebd., S. 28 f.
30 Vgl. ebd., S. 30–32.

den Reihen der Autoritäten der Gruppe und ihrer Gefolgschaft schlägt stattdessen die Stunde dogmatischer Hardliner, die mit einer aggressiven und gewaltbereiten Rhetorik gegen die internen und externen Feinde agitieren. Den Kitt liefert eine Ideologie, die an der Angemessenheit des Konfrontationskurses keinen Zweifel lässt.[31] Radikalisierungsprozesse kulminieren im Extremfall in eine „antagonistische Identitätstransformation“: In der Eigengruppe setzen sich sukzessive extremistische Positionen durch. Die Bekämpfung des Gegners wird zum normativen Gebot – und dieser Zweck heiligt dann die Mittel bzw. den Einsatz von Gewalt.[32]

Abschließend gilt es, keinen falschen Eindruck zu hinterlassen: Wie Fathali M. Moghaddam betont, verlaufen die Dynamiken von Radikalisierungsprozessen nicht linear und müssen keinesfalls in eine „antagonistische Identitätstransformation“ münden. Häufig gebe es auch zyklische Bewegungen: Auf eine Phase der Radikalisierung kann eine De-Radikalisierung folgen – und vice versa.[33]

3. Wege in den Extremismus: Konturen islamistischer Radikalisierungsprozesse in der deutschen Einwanderungsgesellschaft

Wer sich an einer Synthese dieser Ansätze versucht, wird Folgendes resümieren können: Damit sich Menschen auf den Weg in den Extremismus begeben – an dessen Ende traumatisierende Gewalt, der eigene Tod oder lange Gefängnisstrafen stehen können – bedarf es einer starken Motivationsquelle. Die Grundlage für eine solche Konfliktbereitschaft können ein tiefes Ungerechtigkeitsempfinden oder Gefühle der Kränkung[34] sein, die das menschliche Bedürfnis und Streben nach Bedeutsamkeit untergraben.[35] In einer solchen Konstellation gewinnen die Narrative radikalisierter Gruppen an Anziehungskraft. Die von ihnen angebotene Ideologie erfüllt dabei eine Doppelfunktion: Zum einem wertet sie das Selbstwertgefühl ihrer Mitglieder auf.[36] Zum anderen kanalisiert sie die Wut, indem sie Sündenböcke präsentiert, die für die reale oder imaginierte Malaise der Eigengruppe vermeintlich verantwortlich seien.[37] Mit den hieraus resultierenden Animositäten und Feindbildkonstruktionen geraten radikalisierte Gruppen unweigerlich in einen Antagonismus zur freiheitlich-demokratischen Grundordnung.

Ihre Freiheits- und Gleichheitsversprechen gelten schließlich für alle ihre Mitglieder.[38] Mit der Infragestellung der Legitimität demokratischer Verfahren, rechtsstaat-

31 Vgl. ebd., S. 33 f.
32 Vgl. ebd., S. 34 f.
33 Vgl. ebd., S. 35 f.
34 Vgl. ebd., S. 30–32.
35 Vgl. Kruglanski/Belangér/Gunaranta (FN 19), S. 44.
36 Vgl. ebd., S. 44.
37 Vgl. Webber/Kruglanski (FN 20), S. 39–41.
38 Vgl. statt vieler Jürgen Habermas, Die Einbeziehung des Anderen. Studien zur politischen Theorie, Frankfurt a. M. 1996.

licher Normen und demokratischer Grundwerte verliert auch das strikte Gewaltverbot der Demokratie an Bindungskraft. Dies ebnet den Weg zu einer Radikalisierung in die Gewalt: Gesetzesverstöße und Gewalt werden in diesem Stadium von Radikalisierungsprozessen als legitim erachtet, um für die Sache der Eigengruppe einzustehen und den Gegnern den größtmöglichen Schaden zuzufügen.[39]

Übereinstimmende Überlegungen und Befunde finden sich auch in der Forschung zu islamistischen Radikalisierungsprozessen. So ist es – wenn man den Blick auf europäische Einwanderungsgesellschaften richtet – weitestgehend unumstritten, dass die Abwertungs-, Stigmatisierungs- und Diskriminierungserfahrungen von Muslimen den Narrativen radikal-islamistischer Gruppen in die Karte spielen.[40] Hierfür sprechen bereits ihre Schwarz-Weiß-Darstellungen und dichotomen Identitätskonstruktionen. So zeichnen sie ein Bild, in dem die „muslimische Gemeinschaft" – ob in westlichen Gesellschaften oder in internationalen Konflikten (z. B. Afghanistan, Syrien, Libyen, Bosnien oder Palästina) – den Feindseligkeiten, Erniedrigungen und der Gewalt von „Islamfeinden" ausgesetzt seien. In westlichen Einwanderungsgesellschaften kann dieses Framing auch deshalb verfangen, weil es tatsächlich weit verbreitete Ablehnungshaltungen gegenüber „dem Islam" und „den Muslimen" gibt.[41]

Spätesten seit den Terroranschlägen von 11. September 2001 steht es schlecht um ihren Ruf: Eine Mehrheit der deutschen Bevölkerung empfindet den Islam als bedrohlich und assoziiert ihn mit Fanatismus, Gewaltbereitschaft und der Unterdrückung von Frauen.[42]

Der Islamismus färbt dabei auf die Wahrnehmung der Muslime ab. Über 40 Prozent der Bevölkerung sind davon überzeugt, Muslime verfolgten eine Islamisierungsagenda und hegten Sympathien für die Gräueltaten von Islamisten.[43] Besonders gefährlich ist, dass sich solche Wahrnehmungen mit Exklusionslogiken verknüpfen: 47 Prozent vertreten die Auffassung, die hier lebenden Muslime gehörten nicht zu Deutschland – womit sie zu verstehen geben, dass sie die Identitätskategorien „deutsch" und „muslimisch" als Gegensatzpaar denken.[44] Über 30 Prozent gehen

39 Vgl. Cemal Öztürk/Susanne Pickel, Die Gefahr der Co-Radikalisierung. Wie sich Muslimfeindlichkeit und Islamismus in Deutschland wechselseitig verstärken, in: Zeitschrift für Religion, Gesellschaft und Politik 8 (2024), S. 197–239, hier: S. 204.

40 Vgl. Nils Schuhmacher, „Islamismus" und „Radikalisierung" – Was wir wissen (könnten), in: Stefan E. Hößl/Jamal Lobna/Frank Schellenberg (Hrsg.), Politische Bildung im Kontext von Islam und Islamismus, Bonn 2020, S. 119–141, hier: S. 119.

41 Vgl. Webber/Kruglanski (FN 20), S. 35.

42 Vgl. Detlef Pollack/Olaf Müller/Gergely Rosta/Nils Friedrichs/Alexander Yendell, Grenzen der Toleranz. Wahrnehmung und Akzeptanz religiöser Vielfalt in Europa, Wiesbaden 2014, S. 21.

43 Vgl. Öztürk/Pickel (FN 39), S. 215.

44 Vgl. Cemal Öztürk/Susanne Pickel, Gesellschaftlicher Rechtsruck und islamistische Radikalisierung: Schlaglichter auf ihre Wechselwirkungen und die Gefahr der Co-Radikalisierung, in: Ligante. Fachdebatten aus der Präventionsarbeit 8 (2025), i. E.

noch weiter und erteilen der Aussage „Muslimen stehen in Deutschland die gleichen Rechte zu wie allen anderen“ eine Absage.[45]

Für gesellschaftliche Co-Radikalisierungsdynamiken spricht, dass die Strategen radikal-islamistischer Gruppen dieses ressentimentgeladene Gesellschaftsklima bewusst in Kauf nehmen. Den Strategiepapieren des sogenannten *Islamischen Staates* (IS) ist zu entnehmen, dass ihre Terroranschläge in europäischen Metropolen auch darauf zielten, Misstrauen und Zwietracht gegen Muslime zu sähen. Die damit verknüpften und antizipierten Mobilisierungserfolge von Parteien des extrem-rechten ideologischen Spektrums würden – so ihr zynisches Kalkül – eine Gemengelage schaffen, in der ihr Rekrutierungsnarrativ eines „islamfeindlichen Europas“ besonders leicht greifen könne.[46]

Diese Rechnung geht auf: Die europaweiten Wahlerfolge populistischer Rechtsaußenparteien verdanken sich nicht zuletzt ihrer islam- und muslimfeindlichen Positionierung.[47] Dieser Trend hat auch vor Deutschland keinen Halt gemacht. Die *Alternative für Deutschland* (AfD) – die 2013 gegründet wurde und sich seitdem sukzessive radikalisiert hat – konnte 2017 erstmals in den Bundestag einziehen.[48] Bei der letzten Bundestagswahl konnte sie ihren Zweitstimmenanteil mit 20,8 Prozent verdoppeln und ist somit nach den Unionsparteien die zweitstärkste Kraft des deutschen Parteiensystems und derzeit die größte Oppositionspartei.[49]

Wer auf Grenzziehungen gegenüber dem Islam und einen Einwanderungsstopp von Menschen aus mehrheitlich-muslimischen Gesellschaften hofft, findet bei der AfD ein klar formuliertes politisches Angebot. So heißt es im Grundsatzprogramm der Partei: „Der Islam gehört nicht zu Deutschland. In seiner Ausbreitung und in der Präsenz einer ständig wachsenden Zahl von Muslimen sieht die AfD eine große Gefahr für unseren Staat, unsere Gesellschaft und unsere Werteordnung“.[50] Die AfD konstruiert so eine polarisierende Dichotomie zwischen „dem Islam“ und „der deutschen Gesellschaft“ und verbreitet Angstdiskurse: „Die Muslime“ werden als

45 Vgl. Cemal Öztürk/Susanne Pickel/Merve Schmitz-Vardar/Oliver Decker/Gert Pickel, Muslim:innenfeindliche Demokratieferne. Zur autoritären Dynamik antimuslimischer Einstellungen und ihrem gesellschaftlichen Radikalisierungspotenzial, in: Susanne Pickel/Gert Pickel/Oliver Decker/Immo Fritsche/Michael Kiefer/Frank M. Lütze/Riem Spielhaus/Haci-Halil Uslucan (Hrsg.), Gesellschaftliche Ausgangsbedingungen für Radikalisierung und Co-Radikalisierung, Wiesbaden 2023, S. 261–291, hier: S. 272.

46 Vgl. statt vieler John Turner, Manufacturing the Jihad in Europe: The Islamic State's Strategy. The International Spectator. Italian Journal of International Affairs 55 (2020), S. 112–125.

47 Vgl. statt vieler Aristotle Kallis, The Radical Right and Islamophobia, in: Jens Rydgren (Hrsg.), The Oxford Handbook of the Radical Right, Oxford 2018, S. 42–60.

48 Vgl. Kai Arzheimer/Carl C. Berning, How the Alternative for Germany (AfD) and their Voters Veered to the Radical Right, 2013–2017, in: Electoral Studies 60 (2019), https://doi.org/10.1016/j.electstud.2019.04.004, hier: S. 1, 7.

49 Vgl. Cemal Öztürk/Susanne Pickel (FN 44).

50 Siehe Alternative für Deutschland, Programm für Deutschland. Das Grundsatzprogramm der Alternative für Deutschland (Mai 2023), unter: https://www.afd.de/wpcontent/uploads/2023/05/Programm_AfD_Online.pdf (5. Juli 2025).

sicherheitspolitische Gefahr und kulturelle Bedrohung für Deutschland inszeniert.[51] Auch ihr Kalkül geht auf: Die islam- und muslimfeindliche Positionierung erweist sich als erfolgreiches „Wahlkampfticket"[52] und „Türöffner in die Mitte der Gesellschaft".[53] So ist die AfD in der letzten Dekade zur politischen Heimat von Wählern geworden, die verfestigte Vorurteile gegen Muslime und den Islam hegen.[54]

Die Spindoktoren der AfD verstehen es dabei geschickt, ihre Rhetorik an ihr heterogenes Wählerklientel anzupassen. Ihren konservativ-bürgerlichen Wählern verkauft sie ihre Positionierung als Verteidigung der liberalen Demokratie. Sie müsse diese wahlweise gegen einen „demokratieinkompatiblen Islam" oder vermeintlich frauenfeindliche, homophobe und antisemitische Muslime verteidigen.[55] Dabei spielt es ihnen in die Hände, dass entsprechende Feindbildkonstruktionen in fundamentalistischen Submilieus der deutschen Muslime keine rechte Chimäre darstellen. Folglich sind solche kulturalisierenden und verallgemeinernden Zuschreibungen gesellschaftlich kaum tabuisiert.[56] Für ihr rechtsradikales und rechtsextremes Unterstützermilieu intoniert die AfD die Muslimfeindlichkeit hingegen in Form von schriller Hetze.[57] So sei an dieser Stelle beispielhaft hervorgehoben, dass Alice Weidel eine Haushaltsdebatte dafür instrumentalisierte, um Geflüchtete aus dem Nahen und Mittleren Osten als „Kopftuchmädchen, alimentierte Messermänner und sonstige Taugenichtse" zu verunglimpfen.[58]

Diese sprachliche Verrohung hat das Potenzial, gewaltbereite Akteure auf den Plan zu rufen, die – um es in den Worten des sogenannten *Nationalsozialistischen Untergrund*es (NSU) zu sagen – auf „Taten statt Worte" setzen. Sinnbildlich für diese Gefahr steht der rechtsterroristische Anschlag von Hanau, bei dem neun

---

51 Vgl. statt vieler Ruth Wodak, The Politics of Fear: What Right-Wing Populist Discourses Mean, London 2015.

52 Vgl. Alexander Häusler, AfD, Pegida & Co. Die Formierung einer muslimfeindlichen rechten Bewegung, in: Peter Antes/Rauf Ceylan (Hrsg.), Muslime in Deutschland. Historische Bestandsaufnahme, aktuelle Entwicklungen und zukünftige Forschungsfragen, Wiesbaden 2017, S. 59–74.

53 Vgl. Alexander Häusler, Feindbild Moslem. Türöffner von Rechtsaußen hinein in die Mitte?, in: Gideon Botsch/Olaf Glöckner/Christoph Kopke/Michaela Spieker (Hrsg.), Islamophobie und Antisemitismus – ein umstrittener Vergleich, Berlin/Boston 2012, S. 169–190.

54 Vgl. Cemal Öztürk/Gert Pickel, Eine Stimme gegen die Invasion der Muslim*innen? Zur Bedeutung muslim*innenfeindlicher Einstellungen für die Mobilisierungserfolge und den machtpolitischen Aufstieg rechtspopulistischer Parteien in Europa, in: Wolfgang Muno/Christian Peiffer (Hrsg.), Populismus an der Macht: Strategien und Folgen populistischen Regierungshandelns, Wiesbaden 2021, S. 61–100, hier: S. 78.

55 Vgl. Florian Biskamp, Populism, Religion, and Distorted Communication, in: Zeitschrift für Religion, Gesellschaft und Politik 2 (2018), S. 247–276.

56 Vgl. Gert Pickel/Cemal Öztürk, Die Bedeutung antimuslimischer Ressentiments für die Erfolge des Rechtspopulismus in Europa – Konzeptuelle Überlegungen und empirische Befunde, in: Sozial Welt. Sonderband 25 (2022), S. 303–355, hier: S. 310.

57 Vgl. Christoph Bitzl/Michael Kurze, Rechtsextreme Muslimhetze: Die Instrumentalisierung von Religion als Vote-Seeking-Strategie der AfD, in: Zeitschrift für Religion, Gesellschaft und Politik 5 (2021), S. 471–502.

58 Vgl. Constanze Spieß, „Kopftuchmädchen, alimentierte Messermänner und sonstige Taugenichtse". Sprachliche Gewalt in öffentlich-politischen Diskussionen, in: Der Deutschunterricht 2 (2022), S. 20–30.

Menschen von einem Rassisten kaltblütig erschossen wurden.[59] Dies ist aber nur die Spitze des Eisberges: Allein 2024 registrierten die Sicherheitsbehörden 1.848 islamfeindliche Hassdelikte[60] – eine Zahl, die den Schluss zu lässt, dass Angriffe auf Muslime und ihre Gotteshäuser in Deutschland zum Alltag gehören.

All das geht an den Muslimen in Deutschland natürlich nicht spurlos vorbei. Einen Einblick in ihr Diskriminierungserleben liefert eine Umfrage der *European Agency for Fundamental Rights*. Ihr ist zu entnehmen, dass 57 Prozent der Muslime in Deutschland über Diskriminierungserfahrungen in den vergangenen zwölf Monaten berichten. Sie gelangten zum Eindruck, aufgrund ihrer Herkunft, ihres Glaubens oder ihrer Hautfarbe unfair behandelt worden zu sein. Besonders häufig erleben sie Diskriminierung bei der Arbeits- und Wohnungssuche, im Bildungssektor, im Kontakt mit staatlichen Behörden (z. B. der Polizei) sowie im Gesundheitswesen.[61] Generell ist die Sorge vor Diskriminierung und Angst vor rassistischen Übergriffen unter Muslimen kein Randphänomen.[62]

Genauso klar ist allerdings auch, dass keine einfachen Kausalbeziehungen oder Automatismen zwischen Diskriminierungserfahrungen und Radikalisierungsprozessen existieren.[63] Menschen stehen Strategien offen, um – im Angesicht von Anfeindungen und Abwertung – ein positives Selbstbild zu bewahren. Hierzu gehören Versuche, den Negativzuschreibungen durch sozialen Aufstieg zu entgehen, die Einführung vorteilhafterer Vergleichsdimensionen, die performative Abgrenzung von der Eigengruppe, aber eben auch der Rückzug in die eigene Religionsgemeinschaft und sozialer Wettbewerb, in Form einer Abwertung anderer Gruppen.[64] Die beiden zuletzt genannten Optionen zeigen deutlich: Es gibt keine Garantie dafür, dass die Diskriminierung- und Ausgrenzungserfahrungen von Muslimen in einen „Kampf um Anerkennung" münden müssen.[65]

Auch Sicht der Uncertainty-Identity Theory sind regressive Dynamiken sogar wahrscheinlicher. Gesellschaftliche Desintegrationsprozesse – die sich in der Lebenswelt von Muslimen in kollektiven Unsicherheitsgefühlen materialisieren – haben das Potenzial, dass sich Menschen radikalen Gruppen anschließen.[66] Dann

59 Vgl. Naika Foroutan, Muslimische Identitäten. Soziale Konstruktionen und Performanz vor dem Hintergrund antimuslimischer Einstellungen in Deutschland, in: Stefan E. Hößl/Jamal Lobna/Frank Schellenberg (Hrsg.), Politische Bildung im Kontext von Islam und Islamismus, Bonn 2020, S. 21–53, hier: S. 24.

60 Vgl. Bundesministerium des Innern und Bundeskriminalamt (FN 5), S. 11.

61 Vgl. European Agency for Fundamental Rights, Being Muslim in the EU – Experiences of Muslims (23. Oktober 2024), unter: https://fra.europa.eu/sites/default/files/fra_uploads/fra-2024-beingmuslim-in-the-eu_en.pdf (5. Juli 2025).

62 Vgl. Öztürk/Pickel (FN 39), S. 215.

63 Vgl. statt vieler Daniela Pisoiu, Zusammenhänge zwischen Radikalisierung und Diskriminierung, in: Stefan E. Hößl/Jamal Lobna/Frank Schellenberg (FN 59), S. 284–300.

64 Vgl. Foroutan (FN 59), S. 30.

65 Siehe dazu Axel Honneth, Kampf um Anerkennung. Zur moralischen Grammatik sozialer Konflikte, Frankfurt a. M. 1994.

66 Vgl. Michael A. Hogg, Self-Uncertainty, Social Identity, and the Solace of Extremism, in: Dies./Danielle L. Blaylock (Hrsg.), Extremism and the Psychology of Uncertainty, New Jersey 2012, S. 19–35, hier: S. 28.

schlägt die Stunde von Gruppen mit rigiden Grenzziehungen gegenüber der Umwelt, starker interner Kontrolle und Narrativen eines gemeinsamen Schicksals.[67] Solche Gruppen – zu denen fundamentalistische Religionsgemeinschaften gezählt werden können – bieten ihren Mitgliedern ein „Netzwerk", in dem sie die Abwertung gegen Respekt und Anerkennung eintauschen können.[68] Auch stärken sie das individuelle Sicherheitsgefühl, da sie durch klare Dresscodes, gemeinsame religiöse Rituale und Verhaltensnormen, die auch weltliche Lebensbereiche strukturieren, das gesamte Leben ihrer Mitglieder prägen und ihre soziale Identität festigen.[69]

Die „Verlockungen des Fundamentalismus"[70] bergen dessen unbenommen eine Vielzahl von Problematiken: Religiös-fundamentalistische Gruppen begrenzen individuelle Freiheiten, pochen auf autoritäre Unterordnung, unterdrücken Dissens und sind intolerant gegenüber Andersdenkenden. Um es drastischer zu formulieren: Abweichler in den eigenen Reihen gelten als „teuflische Häretiker" und Andersgläubige als „moralisch minderwertig".[71] Ihr Anspruch auf einen exklusiven Zugang zur Wahrheit läuft auf ein Dominanzstreben hinaus, und von ihren mannigfaltigen Feindbildern (z. B. Frauen, die sich ihren patriarchalen Normen nicht unterwerfen, Apostaten, Homosexuelle und Andersgläubige) ist es häufig nur ein kleiner Schritt zu religiös legitimierter Gewalt[72] und Radikalisierungsprozessen.[73]

Im islamischen Fundamentalismus nimmt dabei der Hass auf Juden und die Feindschaft gegen Israel eine Schlüsselrolle ein. Spätestens seit Sayyid Qutbs Hetzschrift „Unser Kampf mit den Juden" – in der der Vordenker der *Muslimbruderschaft* eine ewige Feindschaft und Verschwörung „der Juden" gegen „den Islam" konstruierte[74] – ist der Antisemitismus eine der wichtigsten ideologischen Klammern des Islamismus.[75] Dies gilt gleichermaßen für den transnational agierenden Dschihadismus (z. B. *Al-Qaida* und IS), islamistische Terrorgruppen mit einer regionalen Agenda (z. B. *Hisbollah* und *Hamas*) als auch für Staaten (z. B. der Iran), in

67 Vgl. Michael A. Hogg/Janice R. Adelmann/Robert D. Blagg, Religion in the Face of Uncertainty: An Uncertainty-Identity Theory Account of Religiousness, in: Personality and Social Psychology Review 14 (2010), S. 72–83, hier: S. 74.

68 Vgl. Kruglanski/Belangér/Gunaranta (FN 19), S. 44.

69 Vgl. Hogg/Adelmann/Blagg (FN 67), S. 74, 76.

70 Siehe Wilhelm Heitmeyer/Helmut Schröder/Joachim Müller, Verlockender Fundamentalismus. Türkische Jugendliche in Deutschland, Frankfurt a. M. 1997.

71 Vgl. Hogg/Adelmann/Blagg (FN 67), S. 75, 77.

72 Vgl. Ruud Koopmans/Eylem Kanol/Dietlind Stolle, Scriptural Legitimation and the Mobilization of Support for Religious Violence: Experimental Evidence across three Religions and Seven Countries, in: Journal of Ethnic and Migration Studies 47 (2021), S. 1498–1516.

73 Vgl. Öztürk/Pickel (FN 39), S. 224.

74 Vgl. statt vieler Bassam Tibi, Religion, Prejudice and Annihilation. The Case of Traditional Islamic Judeophobia and its Transformation into the Modern Islamist Antisemitism, in: Anthony McElligot/Jeffrey Herf (Hrsg.), Antisemitism before and since the Holocaust, Basingstoke 2017, S. 115–145.

75 Vgl. Armin Pfahl-Traughber, Antisemitismus im Islamismus. Ideengeschichtliche Bedingungsfaktoren, agitatorische Erscheinungsformen und soziale Verankerung (20. November 2023), unter: https://www.bpb.de/themen/islamismus/dossierislamismus/36356/antisemitismus-im-islamismus/ (5. Juli 2025).

denen Islamisten an die Schaltstellen der Macht gelangen konnten.[76] In dieser Reihe muss auch die Türkei Recep Tayyip Erdoğans gezählt werden: Kurz nach dem 7. Oktober 2023 adelte Ali Erbas, der Vorsitzende der türkischen Religionsbehörde *Diyanet* – deren Einfluss auf die Verbandsstrukturen der DITIB unumstritten ist – die *Hamas* als „Freiheitskämpfer" und bezeichnete Israel als einen „rostigen Dolch im Rücken der islamischen Geographie".[77]

Wie man es dreht und wendet: Die gesellschaftliche und politische Ordnungsvorstellung des islamischen Fundamentalismus, in der die Scharia die oberste Richtschnur der Gesetzgebung ist und es keine Vorstellung von Volkssouveränität, Religionsfreiheit und Gleichheit für Mitglieder anderer Religionen und Frauen gibt,[78] steht im eklatanten Widerspruch zur Demokratie. Auch seine antisemitischen Feindbildkonstruktionen sind nichts weniger als eine Kriegserklärung gegen die freiheitlich-demokratische Grundordnung.[79]

Denn die Akzeptanz von Pluralismus und Toleranz gegenüber Gruppen und Lebensentwürfen, die den eigenen normativen Überzeugungen wiedersprechen, gilt als „Lackmustest"[80] einer demokratischen politischen Kultur.[81] Wird der Demokratie erst einmal ihre Legitimität entzogen, schwindet auch die Akzeptanz des staatlichen Gewaltmonopols. Der Hass auf die Anderen wird so stark, dass sich radikalisierte Akteure und Individuen anmaßen, „Kläger und Richter" in einer Person zu sein. Diese Radikalisierungsintention äußert sich in der Bereitschaft, gegen geltendes Recht zu verstoßen und Gewalt zu akzeptieren.[82]

Empirisch-analytisch gewendet, läuft der skizzierte Forschungsstand auf zwei forschungsleitende Hypothesen hinaus. Wir gehen erstens davon aus, dass das Gefühl einer mangelnden Anerkennung unter Muslimen die individuelle Radikalisierungsintention erhöht (H1). Zweitens kommt eine indirekte Wirkung des Gefühls einer mangelnden Anerkennung hinzu: Es wird zur Quelle von Risikofaktoren – wie der Hinwendung zum islamischen Fundamentalismus, tradierten antisemitischen Ressentiments und demokratiefeindlichen Einstellungsmustern –, die in ihrem Zu-

76 Vgl. Lars Rensmann, Politischer Antisemitismus im postfaktischen Zeitalter. Formen und Ursachen in Demokratien des 21. Jahrhundert, Baden-Baden 2025, hier: S. 203–209.

77 Vgl. Eren Güvercin, Erdogan und Erbas: Die Scharfmacher vom Bosporus 1. November 2023, unter: https://www.juedische-allgemeine.de/politik/erdogan-der-scharfmacher-vom-bosporus/ (5. Juli 2025).

78 Vgl. statt vieler Wolfgang Bock, 2012. Islam, Islamisches Recht und Demokratie, in: Juristen Zeitung 67 (2012), S. 60–67.

79 Vgl. statt vieler Samuel Salzborn, Wehrlose Demokratie? Antisemitismus und die Bedrohung der politischen Ordnung, Leipzig 2024.

80 Siehe Juan J. Linz, The Breakdown of Democratic Regimes: Crisis, Breakdown and Reequilibration. An Introduction, Baltimore 1978.

81 Vgl. statt vieler Gert Pickel/Susanne Pickel, From Prejudice to Polarization and Rejection of Democracy. Attitudes to Social plurality as the Litmus Test of a Democratic Political Culture, in: Analyse & Kritik 45 (2023), S. 55–84.

82 Vgl. Sophia Moskalenko/Clark McCauley, Measuring Political Mobilization. The Distinction between Activism and Radicalization, in: Terrorism and Political Violence 21 (2009), S. 239–260, hier: S. 246.

Abbildung 1: Quelle und Risikofaktoren eines islamistischen Radikalisierungspfades

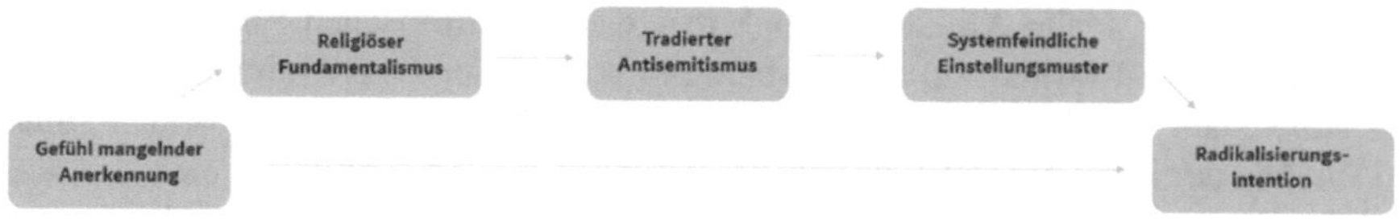

Quelle: Eigene Darstellung. Anmerkung: Die Abbildung fasst das theoretische Modell zusammen.

sammenspiel und Ineinandergreifen eine Radikalisierungsintention besonders wahrscheinlich machen (H2).

4. Forschungsdesign: Datengrundlage, Operationalisierung und methodisches Vorgehen

Der empirische Teil dieses Beitrags stützt sich auf einer Umfrage unter Muslimen (n = 607), die im Rahmen des BMBF-geförderten RIRA-Projektes entstanden ist und in der zweiten Jahreshälfte 2022 vom Sozialforschungsinstitut USUMA erhoben wurde. Die Datenerhebung erfolgte über Random-Route-Verfahren, durch Kontaktierung muslimischer Vereine und Organisationen sowie über Plattformen in den Sozialen Medien. Zum Einsatz kamen dabei sowohl Selbstausfüllerfragebögen als auch Online-Befragungen. Ein Quotenplan, der sich an verfügbaren statistischen Informationen über in Deutschland lebenden Muslimen orientierte, stellte dabei eine angemessene regionale Verteilung der Befragten sowie die Erfassung von Alters- und Geschlechtergruppen sicher. Dessen unbenommen gilt es zu betonen, dass es sich um eine non-probabilistische Stichprobe handelt. Die Zustimmungswerte, die im empirischen Teil des Beitrags beschrieben werden, repräsentieren somit die Ansichten und Erfahrungen der Personen, die an der Umfrage teilgenommen haben – und bieten nur eine grobe Annäherung an das Einstellungsklima unter Muslimen in Deutschland. Belastbarer sind indessen die Beziehungen zwischen den theoretisch identifizierten Risikofaktoren islamistischer Radikalisierung.

Für die Operationalisierung dieser theoretischen Konstrukte kommen stets mehrere Items aus der Umfrage zum Einsatz, die zu additiven oder multiplikativen Indizes zusammengeführt wurden. Die Reliabilität dieser Instrumente wurde auf der Grundlage ihrer internen Konsistenz geprüft. Die ermittelten Cronbachs Alpha variieren zwischen 0,74 und 0,86. Erwähnenswert ist ferner, dass die genutzten Items unterschiedliche Skalierungen aufweisen. Sie wurden deshalb auf einen Wertebereich zwischen 0 und 1 normalisiert. Ein Wert von 0 steht dabei für die Abwesenheit des

Merkmals und ein Wert von 1 für seine volle Existenz. Zwischenpositionen auf den Skalen werden durch Dezimalstellen dargestellt.[83]

Die abhängige Variable der Untersuchung sind radikale Handlungsabsichten, die in der Akzeptanz von Gesetzesübertretungen und Gewalt zum Ausdruck kommen. Für ihre Erfassung nutzen wir die Aussagen „Ich würde an einer Demonstration für die Interessen von Muslimen teilnehmen, auch wenn sie gegen das Gesetz verstößt" und „Ich habe Verständnis für Gruppen, die sich für die Interessen von Muslimen einsetzen, auch wenn sie dabei auf Gewalt zurückgreifen" (1 = trifft überhaupt nicht zu, 4 = trifft voll und ganz zu). Die Items wurden einem Erhebungsinstrument von Moskalenko und McCauley[84] entnommen. Es bildet die Radikalisierungsintentionen von Individuen ab.

Als eine mögliche motivationale Quelle von Radikalisierungsprozessen haben wir das Gefühl einer mangelnden Anerkennung identifiziert. Zur Operationalisierung der unabhängigen Variablen der Untersuchung kommen dabei die folgenden drei Items zum Einsatz: „Meine Erfahrungen von Ablehnung in Deutschland machen mich immer wütender", „Wenn ich die Zeitung lese oder Fernsehen sehe, habe ich das Gefühl, dass Muslime in Deutschland nicht erwünscht sind" sowie „Da ich das Gefühl habe, dass ich in Deutschland nicht gewollt bin, halte ich mich weitgehend unter Muslimen auf" (1 = stimme überhaupt nicht zu, 4 = stimme voll und ganz zu).

Als vermittelnde Größen zwischen dem Gefühl einer mangelnden Anerkennung und individuellen Radikalisierungsintentionen wurden die Hinwendung zu einer fundamentalistischen Auslegung des Islam, tradierter Antisemitismus und demokratiefeindliche Einstellungsmuster herauskristallisiert. Für die Operationalisierung des religiösen Fundamentalismus greifen wir auf konzeptuelle Vorarbeiten von Pollack u. a.[85] zurück. Das Messinstrument nimmt dabei hohe Werte an, wenn die Befragten den folgenden Aussagen zustimmen: „Es gibt nur eine wahre Religion", „Die Regeln meiner Religion (des Korans) sind mir wichtiger als die deutschen Gesetze", „Muslime sollten die Rückkehr zu einer Gesellschaftsordnung wie zu Zeiten des Propheten Mohammed anstreben" sowie „Nur der Islam ist in der Lage, die Probleme unserer Zeit zu lösen" (1 = stimme gar nicht zu, 4 = stimme stark zu).

Das Kernmerkmal des tradierten Antisemitismus ist die Wahnvorstellung eines Übermaßes an Macht, der Vorwurf der Gerissenheit und das Stereotyp eines starken internen Zusammenhalts „der Juden".[86] Für die empirische Analyse greifen wir auf ein von Kiess u. a.[87] validiertes Messinstrument zurück, welches die Zustimmung zu

83 Vgl. Christian Welzel, Freedom Rising. Human Empowerment and the Quest for Emancipation, Cambridge 2013, S. 63 f.

84 Vgl. Moskalenko/McCauley (FN 82), S. 246.

85 Vgl. Detlef Pollack/Sarah Demmrich/Olaf Müller, Editorial-Religious Fundamentalism: New Theoretical and Empirical Challenges across Religions and Cultures, in: Zeitschrift für Religion, Politik und Gesellschaft 7 (2023), S. 1–11, hier: S. 5.

86 Vgl. Wolfgang Benz, Antisemitismus. Präsenz und Tradition eines Ressentiments, Frankfurt a. M. 2016, hier: S. 67–68.

87 Vgl. Johannes Kiess/Oliver Decker/Ayline Heller/Elmar Brähler, Antisemitismus als antimodernes Ressentiment: Struktur und Verbreitung eines Weltbildes, in: Oliver Decker/Elmar

den folgenden drei Aussagen zusammenfasst: „Auch heute noch ist der Einfluss der Juden zu groß", „Die Juden haben einfach etwas Besonderes und Eigentümliches an sich und passen nicht so recht zu uns" sowie „Die Juden arbeiten mehr als andere Menschen mit üblen Tricks, um das zu erreichen, was sie wollen" (1 = lehne völlig ab, 5 = stimme voll und ganz zu).

In der politischen Kulturforschung wird das Legitimitätsempfinden gegenüber der Demokratie mit der Befürwortung demokratischer Systeme bzw. Ablehnung nicht-demokratischer Regime ermittelt.[88] Eine unterstützende Haltung gegenüber der Demokratie erfassen wir anhand der Aussage „Die Demokratie ist das politische System, das am besten zu unserer Gesellschaft passt" (1= trifft überhaupt nicht zu, 4= trifft voll und ganz zu). Hinzu kommt eine Skala, die hohe Werte annimmt, wenn die Befragten den Aussagen „Was Deutschland jetzt braucht, ist eine einzige starke Partei, die die Volksgemeinschaft insgesamt verkörpert", „Wir sollten einen Führer haben, der Deutschland zum Wohle aller mit starker Hand regiert" und „Im nationalen Interesse ist unter bestimmten Umständen eine Diktatur die bessere Staatsform" (1= stimme voll und ganz zu, 5= stimme überhaupt nicht zu) ablehnend gegenüberstehen. Um nicht nur oberflächliche Lippenbekenntnisse zur Demokratie zu erfassen, wurden die beiden Skalen in einen multiplikativen Index überführt. Das hat zur Folge, dass hohe Werte auf der finalen Skala nur dann erreicht werden, wenn die Befragten die Demokratie unterstützen und zugleich nicht-demokratische Regime ablehnen. Da es in der empirischen Analyse um die Wirkung demokratiefeindlicher Einstellungsmuster geht, nutzen wir die inverse Version dieses Index.

Um mögliche verzerrende Einflüsse auf die Analyseergebnisse zu minimieren, kontrollieren wir, ob die Befragten autoritäre Persönlichkeitsmerkmale aufweisen. Dies ist notwendig, weil der Autoritarismus aufs Engste mit Antisemitismus, der Hinwendung zu nicht-demokratischen Systemen und einer Bereitschaft zu Gewalt verknüpft ist.[89] Seinen zentralen Komponenten (der autoritären Unterwürfigkeit, dem Konventionalismus und der autoritären Aggression) liegen dabei jeweils drei Items zugrunde, deren genauer Wortlaut der Leipziger Autoritarismus-Studie entnommen werden kann.[90]

Als weitere zu kontrollierende Faktoren erachten wird die Frage, ob sich die Befragten mit den Muslimen identifizieren (1 = trifft überhaupt nicht zu, 6 = trifft voll und ganz zu) und ob sie sich als religiöse Person (0= gar nicht religiös, 10= sehr religiös) beschreiben. Somit lässt sich ermitteln, ob dem Gefühl einer mangelnden Anerkennung überhaupt eine Bedeutung für die Hinwendung zum religiösen

Brähler (Hrsg.), Autoritäre Dynamiken. Alte Ressentiments – neue Radikalität, Gießen 2020, S. 211–248, hier: S. 231.

88 Vgl. statt vieler Susanne Pickel/Gert Pickel, Politische Kultur in der Vergleichenden Politikwissenschaft, in: Hans-Joachim Lauth/Marianne Kneuer/Gert Pickel (Hrsg.), Handbuch Vergleichende Politikwissenschaft, Wiesbaden 2016, S. 541–556.

89 Siehe Theodor W. Adorno/Else Frenkel-Brunswik/Daniel J. Levinson/Nevitt Sanford, The Authoritarian Personality, New York 1950.

90 Vgl. Oliver Decker/Johannes Kiess/Ayline Heller/Elmar Brähler (Hrsg.), Autoritäre Dynamiken in unsicheren Zeiten. Neue Herausforderungen – alte Reaktionen?, Gießen 2022, S. 79.

Fundamentalismus zukommt. Umgekehrt ließe sich schließlich argumentieren, dass eine solche dogmatische Auslegung des Islam vornehmlich einer religiösen Sozialisation entspringt. Ferner kontrollieren wir eine Reihe von sozio-demographischen Variablen. Hierzu gehören das Geburtsland, die formale Bildung, das Geschlecht und das Alter der Befragten.

Die beiden forschungsleitenden Hypothesen testen wir mit einer seriellen Mediationsanalyse.[91] Dieses statistische Verfahren ermöglicht es zu überprüfen, ob das Gefühl einer mangelnden Anerkennung direkt mit einer individuellen Radikalisierungsintention verknüpft ist (H1) und ob dieser Zusammenhang indirekt durch die theoretisierten Mediatoren bzw. Risikofaktoren des islamistischen Radikalisierungspfades (siehe Abbildung 1) vermittelt werden (H2).

5. Empirische Resultate

In einem ersten Schritt ist es jedoch sinnvoll, sich dem Datenmaterial deskriptiv zu nähern. Sprich: Wie verbreitet ist eigentlich das Gefühl mangelnder Anerkennung unter den befragten Muslimen? Sind eine fundamentalistische Auslegung des Islam und tradierter Antisemitismus nur ein Randphänomen? Und wie steht es um die Verbreitung demokratiefeindlicher Einstellungsmuster und die Radikalisierungsintentionen?

Der Abbildung 2 ist als erstes zu entnehmen: Ablehnungs-, Marginalisierungs- und Diskriminierungserfahrungen begünstigen das Gefühl einer mangelnden Anerkennung: Mehr als die Hälfte der Befragten gelangen zum Eindruck, dass sie als Muslime in Deutschland unerwünscht sind. Ein Drittel der Befragten bekundet, man werde aufgrund der Ablehnungserfahrungen immer wütender. Ein Viertel der Befragten zieht sich in Reaktion darauf in die Eigengruppe zurück.

Die Vermutung, ein nicht zu unterschätzender Teil der Muslime komme dabei mit fundamentalistischen Auslegungen ihrer Religion in Berührung, erscheint mit Blick auf Abbildung 2 alles andere als alarmistisch. Über 50 Prozent reklamieren für ihre Religion einen exklusiven Zugang zur Wahrheit, und ein ähnlich großer Anteil der Befragten fühlt sich – wenn sie vor die Wahl gestellt werden – eher den Regeln des Korans als des Grundgesetzes verpflichtet. Mehr als ein Drittel der Befragten unterstützen darüber hinaus einen politischen und gesellschaftlichen Herrschaftsanspruch islamischer Normen und Rechtsgrundsätze. Sie sind sicher, nur der Islam könne die Probleme der Gegenwart lösen, und empfehlen der muslimischen Gemeinschaft eine Rückkehr zu einer Gesellschaftsordnung wie zu Zeiten ihres Propheten Mohammed.

Die Ergebnisse unterstreichen zudem, dass Gruppen, die selbst Diskriminierungserfahrungen machen, nicht vor der Ausbildung eigener Feindbildkonstruktionen ge-

91 Siehe Andrew F. Hayes, Introduction to Mediation, Moderation, and Conditional Process Analysis. A Regression-Based Approach, New York 2022.

Abbildung 2: Prävalenzen der Risikofaktoren einer islamistischen Radikalisierung sowie der Radikalisierungsintention

Quelle: RIRA-Muslime-Befragung. Anmerkung: In der Abbildung werden aggregierte Zustimmungswerte dargestellt. Manifeste Zustimmung: Befragte, die den Aussagen stark oder eher zustimmen. Latente Zustimmung: Befragte, die Antwortkategorie „stimme teils zu, teils nicht zu" gewählt haben. Eigene Darstellung.

feit sind.[92] Im Gegenteil: Die manifesten Zustimmungsraten zu Aussagen, die dem tradierten Antisemitismus zugeordnet werden können, variieren unter den befragten Muslimen zwischen 20 und 30 Prozent. Hinzu kommen bei allen drei Items ca. 20 Prozent der Befragten, die die Antwortkategorie „stimme teils zu, stimme teils nicht zu" gewählt haben und sich somit latent bzw. partiell zum judenfeindlichen Bedeutungsgehalt der Aussagen bekennen. Der Antisemitismus ist somit kein Randphänomen unter Muslimen. Im Vergleich zu den Einstellungen in der deutschen Mehrheitsgesellschaft sind die Zustimmungswerte fast doppelt so hoch.[93]

Vor dem Hintergrund der beträchtlichen Verbreitung einer fundamentalistischen Auslegung des Islam und antisemitischer Einstellungsmuster mag es – zumindest auf den ersten Blick – überraschen, dass die überwiegende Mehrheit (86,6 Prozent) der befragten Muslime davon überzeugt ist, die Demokratie passe am besten zur deutschen Gesellschaft. Zu einer realistischeren Einschätzung des Legitimitätsglaubens in die Demokratie gelangt man, wenn man sich den parallelen Rückhalt für nicht-demokratische Systemalternativen vergegenwärtigt.

Addiert man die manifesten und latenten Zustimmungswerte, dann können sich über 50 Prozent der befragten Muslime ein „Einparteienregime" und über 40 Prozent einen Staat in den Händen eines „starken Führers" vorstellen. Hinzu kommen über 25 Prozent Befragte, die eine Diktatur gegenüber einer Demokratie „unter bestimmten Umständen" präferieren.

Aus der theoretischen Perspektive der politischen Kulturforschung – die die Persistenz einer Demokratie an ihre Unterstützung in der Bevölkerung knüpft[94] – sind diese hohen Zustimmungswerte ein Alarmsignal. Dies gilt schon deshalb, weil die Items eine Reihe von Signalwörtern beinhalten, die auf faschistische Diktaturen des 20. Jahrhunderts und den Nationalsozialismus anspielen. Überführt man die Regimepräferenzen der befragten Muslime in eine Typologie, dann zeigt sich, dass die „fragilen Demokraten" (sie befürworten die Demokratie, aber können zumindest einer nicht-demokratischen Systemalternative etwas abgewinnen) gegenüber „soliden Demokraten" (sie befürworten die Demokratie und lehnen nicht-demokratische Systeme ab) in der Mehrheit sind. „Überzeugte Autokraten" (Befragte, die die Demokratie ablehnen und mindestens eine nicht-demokratische Systemalternative befürworten) sind in der untersuchten Stichprobe hingegen eine marginale Minderheit.[95]

Gleiches gilt für den Anteil der befragten Muslime, deren Antwortverhalten auf eine Radikalisierungsintention schließen lässt. Allerdings gibt es auch nichts zu beschönigen: Über 10 Prozent würden an einer Demonstration für die Interessen

92 Vgl. Cemal Öztürk/Gert Pickel, Antisemitismus unter Muslim:innen: Ein Problemfeld potentieller Radikalisierung oder nur ein Instrument rechter Akteure?, in: Pickel/Pickel/Decker/Fritsche/Kiefer/Lütze/Spielhaus/Uslucan (FN 45), S. 272.

93 Vgl. Günther Jikeli, Gemessener Antisemitismus. Umfragen zu antisemitischen Einstellungen unter Muslim:innen in Europa und den USA (2024), unter: https://kidoks.bsz-bw.de/frontdoor/deliver/index/docId/4607/file/CARS_WorkingPaper_018.pdf (5. Juli 2025).

94 Vgl. statt vieler Pickel/Pickel (FN 88).

95 Vgl. Öztürk/Pickel (FN 39), S. 221.

von Muslimen teilnehmen, auch wenn sie gegen Gesetze verstößt. Ein genauso großer Anteil der Befragten äußert ihr Verständnis für Gruppen, die im Einsatz für die muslimische Gemeinschaft vor Gewalt nicht zurückschrecken. Eine konkrete Materialisierung dieses Radikalisierungspotenzials käme einer kaum kontrollierbaren Gefährdung der inneren Sicherheit gleich. Auch lassen die Zustimmungswerte die Einschätzung zu, dass radikal-islamistische Akteure in einem Submilieu der deutschen Muslime durchaus Sympathien genießen.

Abbildung 3: Binnenzusammenhänge der theoretischen Konstrukte und ihre Wirkung auf individuelle Radikalisierungsintentionen

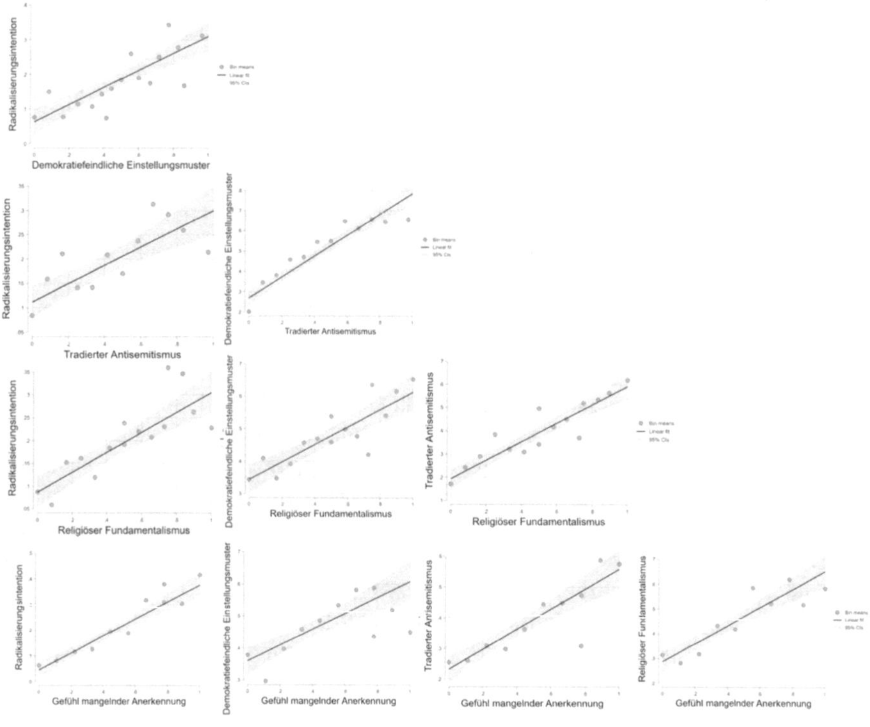

Quelle: RIRA-Muslime-Befragung. Anmerkung: In der Abbildung werden bivariate Zusammenhänge dargestellt. Die Abbildungen wurden mit dem STATA-Befehl scatterfit erstellt: Leo Ahrens, Leo, SCATTERFIT: Stata Module to Produce Scatter Plots with Fit Lines (2024), unter: https://ideas.repec.org/c/boc/bocode/s459198.html (5. Juli 2024). Eigene Darstellung.

Der Abbildung 3 kann ferner entnommen werden, dass zwischen dem Gefühl einer mangelnden Anerkennung und den theoretisierten Risikofaktoren einer islamistischen Radikalisierung signifikante Binnenkorrelationen bestehen. Hinzu kommt: Gefühle mangelnder Anerkennung (r = 0,37), eine Empfänglichkeit für den islamischen Fundamentalismus (r = 0,26), tradierter Antisemitismus (r = 0,22) sowie demokratiefeindliche Einstellungsmuster (r = 0,29) sind mit den individuellen Radikalisierungsintentionen verknüpft.

Eine systematische Überprüfung der forschungsleitenden Hypothesen liefern die bivariaten Korrelationen allerdings nicht. Der Abbildung 4 können die Ergebnisse der Regressionen entnommen werden, die der seriellen Mediationsanalyse zugrunde liegen.

Im ersten Regressionsmodell zeigt sich, dass das Gefühl einer mangelnden Anerkennung die Hinwendung zu einer fundamentalistischen Auslegung des Islam (Beta-Koeffizient = 0,15, p < 0,01) begünstigt. Dieser Zusammenhang erweist sich auch dann als robust, wenn die Identifikation mit den Muslimen und die Religiosität der Befragten kontrolliert wird. Dies ist Hinweis darauf, dass sich die Hinwendung zum islamischen Fundamentalismus nicht ausschließlich aus einer religiösen Sozialisation speist. Zwar korrelieren das Identifikationsgefühl mit der muslimischen Gemeinschaft wie auch eine höhere Religiosität mit der Empfänglichkeit für den islamischen Fundamentalismus, doch deutet sich zugleich eine nicht zu unterschätzende Binnenheterogenität unter gläubigen Muslimen in Fragen der Auslegung ihrer Religion an. Erwähnenswert ist auch, dass der islamische Fundamentalismus die psychosozialen Bedürfnisse von Menschen befriedigen kann, die autoritäre Persönlichkeitsmerkmale aufweisen.

Offenbar bieten fundamentalistische Gruppen den Raum für eine autoritäre Unterwerfung (z. B. Gott oder religiöse Autoritäten), ein rigides Gerüst von Normen und Konventionen sowie ein Netzwerk, in dem autoritäre Aggressionen ausgelebt werden können. Hierfür spricht, dass sich der religiöse Fundamentalismus, wie dem zweiten und vierten Regressionsmodell zu entnehmen ist, als eine wirkmächtige Quelle (Beta-Koeffizient = 0,24, p < 0,01) für tradierten Antisemitismus[96] und individuelle Radikalisierungsintentionen (Beta-Koeffizient = 0,17, p < 0,01) erweist.[97] Demgegenüber ist die basale Religiosität von Muslimen – sofern sie nicht der Befriedigung autoritärer Bedürfnisse dient und nicht mit einer fundamentalistischen Auslegung des Islam einhergeht – ein Hemmfaktor für den tradierten Antisemitismus. Mehr noch: Ein aufgeklärtes Islamverständnis, welches in muslimischen Communities neben dogmatischen Auslegungen existiert, kann sogar als eine Ressource gegen islamistische Radikalisierung (siehe auch Regressionsmodell 4) gelten.

96 Vgl. Jannik M. K. Fischer/Peter Wetzels, Die Verbreitung antisemitischer Einstellungen in Deutschland: Befunde aktueller repräsentativer Befragungen zu Trends seit 2021 und den Einflüssen von Migrationshintergrund, Religionszugehörigkeit und Religiosität, in: Zeitschrift für Religion, Gesellschaft und Politik (2024), https://doi.org/10.1007/s41682-024-00167-6; Ruud Koopmans, Religious Fundamentalism and Hostility against Out-Groups: A Comparison of Muslims and Christians in Western Europe, in: Journal of Ethnic and Migration Studies 41 (2015), S. 33–57; Cemal Öztürk/Gert Pickel, Antisemitismus unter Muslim*innen: Sozialisation, religiöse Tradierung oder herkunftsübergreifendes Feindbild des islamischen Fundamentalismus, in: Zeitschrift für Religion, Gesellschaft und Politik 8 (2024), https://doi.org/10.1007/s41682-024-00195-2.

97 Vgl. Öztürk/Pickel (FN 39), S. 223 f.

Abbildung 4: Ergebnisse der Regressionen, die der Mediationsanalyse zugrunde liegen

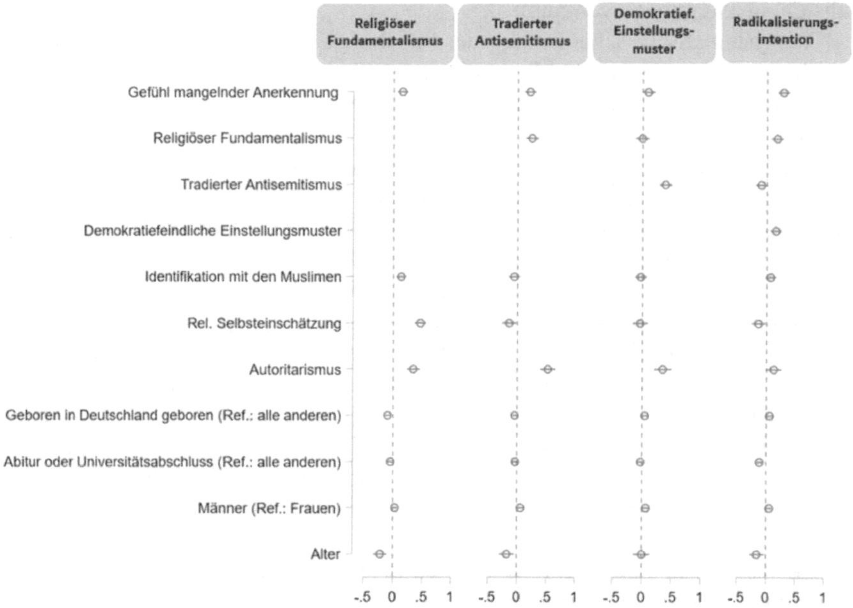

Quelle: RIRA-Muslime-Befragung. Anmerkung: In der Abbildung werden die Ergebnisse mehrerer Regressionen dargestellt, die der Mediationsanalyse zugrunde liegen. Die Abbildungen wurden mit dem STATA-Befehl coefplot erstellt: Ben Jann, Plotting Regression Coefficients and Other Estimates, in: The Stata Journal 14 (2014), S. 708–737. Eigene Darstellung.

Dessen unbenommen erweist sich der tradierte Antisemitismus (Beta-Koeffizient = 0,39, p < 0,01) – den theoretischen Erwartungen entsprechend – als eine Feindbildkonstruktion, die mit einer Abwendung von der Demokratie bzw. der Ausbildung demokratiefeindlicher Einstellungsmuster einhergeht (siehe Regressionsmodell 3). Letztere sind wiederum eine zentrale Triebfeder der individuellen Radikalisierungsintentionen (Beta-Koeffizient = 0,15, p < 0,01).

Im Einklang mit der ersten Hypothese (H1) zeigt sich zudem: Menschen mit Radikalisierungsintention sind in der Gruppe derjenigen Muslime, die sich nicht anerkannt fühlen, überrepräsentiert (Beta-Koeffizient = 0,28, p < 0,01). Neben dem direkten Effekt lässt sich auch die Annahme eines indirekten Effektes (H2) plausibilisieren: Das Gefühl einer mangelnden Anerkennung entfaltet auch deshalb eine regressive Dynamik, weil es mit Risikofaktoren wie dem religiösen Fundamentalismus, tradiertem Antisemitismus und demokratiefeindlichen Einstellungsmustern verknüpft ist, die in ihrem Ineinandergreifen, die Bereitschaft zur Gesetzesüberschreitungen und Akzeptanz von Gewalt zusätzlich begünstigen (Indirekter Effekt= 0,002, SE= 0,001, LLCI= 0,001, ULCI= 0,005).

6. Fazit

Diese Befunde sollten vor allem eines deutlich gemacht haben: Der Islamismus ist eine ungebrochene Bedrohung für die „offene Gesellschaft". Gleichwohl birgt eine solche Formulierung ein Problem: Sie verschleiert, dass sich islamistische Radikalisierung nicht in einem gesellschaftlichen Vakuum vollzieht – und das gilt in einem doppelten Sinne.

Zum einem hat die Attraktivität islamistischer Ideologie etwas mit den „schmutzigen Geheimnissen" der offenen Gesellschaft zu tun. Sie proklamiert ein Freiheits- und Gleichheitsversprechen, aber parallel dazu machen Muslime in ihrem Alltag immer wieder Diskriminierungserfahrungen. Eine Quelle dieser unfairen Behandlungen sind Vorurteile, die ihrer Prävalenz nach zu urteilen bis in die Mitte der Gesellschaft reichen – und so haben viele Muslime nicht gänzlich zu Unrecht den Eindruck, dass ihnen die Geschwisterlichkeit verwehrt bleibt. Der Aufstieg der AfD und ihr feindseliger Sound, der mehr und mehr Nachahmer findet, wie auch die Kontinuität rassistischer Gewalt verstärken diesen Eindruck. Würden die täglichen islamfeindlichen Straftaten einen gesellschaftlichen Aufschrei auslösen und eine glaubhafte Solidarisierung mit den Muslimen nach sich ziehen, könnten die Viktimisierungsdiskurse der Islamisten sicherlich nicht so leicht verfangen. Das Gefühl mangelnder Anerkennung ist unter Muslimen in Deutschland – wie die Ergebnisse eindeutig zeigen – stark verbreitet, und Islamisten bespielen und befeuern diese Wahrnehmung bei jeder sich bietenden Möglichkeit.

Zum anderen kann man aus den Ergebnissen das Resümee ziehen, dass gewaltbereite Islamisten in muslimischen Communities weniger isoliert sind, als man sich das wünschen würde. Das Gegenteil ist der Fall: Fundamentalistische Auslegungen des Islam sind unter Muslimen zwar nicht unbedingt mehrheitsfähig, aber eben auch kein Randphänomen. Gleiches gilt für den Antisemitismus, was sich dann auch in ein fragiles Verhältnis zur Demokratie übersetzt. Wenn über 10 Prozent der Befragten Verständnis für Gruppen äußern, die im Einsatz für „die Sache der Muslime" auf Gewalt zurückgreifen, wird man konstatieren müssen, dass es einen ideellen Unterstützerkreis gibt, der weit über die gewaltbereiten Islamisten hinausgeht.

Selbstredend ist bei der Interpretation der Ergebnisse eine gewisse Vorsicht geboten: Es wurde erstens ein nicht-randomisiertes Sample untersucht. Die reale Verbreitung von radikalisierungsaffinen Einstellungsmustern und Verhaltensintentionen könnten über- oder unterschätzt worden sein. Gerade bei Fragen zur Bereitschaft von Gewalt greifen dabei auch Probleme der sozialen Erwünschtheit.

Hinzu kommt zweitens, dass es für eine elaborierte Überprüfung der Hypothesen – die eine Sequenz der Risikofaktoren suggerieren – einer Panelstudie mit mehreren Wiederholungswellen bedürfte. Nur so ließe sich überprüfen, ob das Gefühl einer mangelnden Anerkennung wirklich eine Hinwendung zum fundamentalistischen Islam begünstigt. Denkbar wäre schließlich auch: Muslime, die den Narrativen entsprechender Gruppen ausgesetzt sind, wird häufiger vermittelt, dass sie und ihre Glaubensgeschwister die Objekte von Erniedrigung und unfairem Verhalten seien.

Dessen unbenommen lässt sich aber bereits in der Querschnittsbefragung folgende Momentaufnahme festhalten: Gefühle mangelnder Anerkennung, islamischer Fundamentalismus, Antisemitismus und demokratiefeindliche Einstellungsmuster müssen als Risikofaktoren eines islamistischen Radikalisierungspfades ernst genommen werden.[98] Hieraus erwächst für demokratische Kräfte, die den gesellschaftlichen Co-Radikalisierungsdynamiken entgegenwirken wollen, eine Doppelaufgabe: Sie müssen dem Islamismus entgegentreten, ohne in die Falle der Islam- und Muslimfeindlichkeit zu tappen.[99]

Ob ihnen das gelingt, kann jedoch bezweifelt werden – vor allem, wenn man sich den hilflosen Umgang mit dem Antisemitismus vor und nach dem 7. Oktober 2023 vergegenwärtigt. In vielen linken und linksliberalen Milieus – denen Ressentiments gegen Juden und Israel ja auch nicht immer fremd sind – war es lange Zeit gängige Praxis, sich der Diskussion über den Antisemitismus unter Muslimen zu entledigen, in dem man ihn einseitig im rechtsextremen Lager verortete oder in dem entsprechende Hinweise mit dem Vorwurf des „antimuslimischen Rassismus“ gekontert wurden.[100] Im konservativen Lager wiederum wird mit dem Begriff des „importierten Antisemitismus“ – den man von den Spindoktoren der AfD kopiert hat – gerne der Eindruck erweckt, Ressentiments gegen Juden in Deutschland seien mehr oder weniger ein Relikt der Vergangenheit und gingen in der Gegenwart ausschließlich von Muslimen aus.[101] Der Antisemitismus wird so kontrafaktisch als ein „Problem der Anderen“ externalisiert.[102] Dieses (etwas billig) anmutende „Blame Game“ mag in zunehmend fragmentierten Öffentlichkeiten möglicherweise Zuspruch, Applaus und Likes generieren – nur kann man dem Antisemitismus so nicht seriös entgegengewirken. Er muss nämlich in allen Fällen bekämpft werden – völlig unabhängig von der Frage, ob er alteingesessen oder neuzugewandert ist[103] und ob der Antisemitismus links, rechts oder islamistisch intoniert wird.[104]

98 Vgl. ebd., S. 224.

99 Vgl. Cemal Öztürk, Antisemitismus unter Muslim:innen: Warum eine kritisch-differenzierte Debatte notwendig ist (26. November 2024), unter: https://www.bpb.de/themen/infodienst/557000/antisemitismus-unter-musliminnenwarum-eine-kritisch-differenzierte-debatte-notwendig-ist/ (5. Juli 2025).

100 Vgl. Öztürk/Pickel (FN 92), S. 352.

101 Vgl. ebd., S. 24–28.

102 Vgl. statt vieler Cemal Öztürk/Gert Pickel, Der Antisemitismus der Anderen. Für eine differenzierte Betrachtung antisemitischer Einstellungen unter Muslim:innen in Deutschland, in: Zeitschrift für Religion, Gesellschaft und Politik 6 (2022), S. 189–231.

103 Vgl. statt vieler Sina Arnold, Antisemitismus unter Menschen mit Migrationshintergrund und Muslim*innen (April 2024), unter: https://mediendienst-integration.de/artikel/antisemitismus-unter-muslimen-und-menschen-mit-migrationshintergrund.html (5. Juli 2025).

104 Vgl. statt vieler Jeffrey Herf, Three Faces of Antisemitism: Right, Left and Islamist, London 2024.

Biographisches Porträt: Pierre Vogel

Von Evelyn Bokler

1. Lebenslauf

Pierre Vogel, am 20. Juli 1978 in Frechen bei Köln geboren, gehört zu den charismatischsten Imamen in Deutschland. Er wuchs im Rheinland auf und besuchte zunächst als evangelisch getaufter Christ das katholische Norbert-Gymnasium in Dormagen. Ein Schwerpunkt der Schule bildet seit den 1970er Jahren der Sport.[1] Die Ausrichtung kam Vogels Interesse wohl entgegen, denn bereits in Jugendjahren war er als Boxer aktiv. Ab 1993 ist seine Boxkarriere belegt, die durchaus erfolgreich verlief. Vogel wechselte daher auf ein Berliner Sportinternat in Hohenschönhausen, wo er 1999 das Abitur bestand. Der junge Halbschwergewichtsboxer galt als aufstrebendes Talent und trat für den Berliner TSC an. Was Vogels Sozialisation neben dem professionellen Boxer-Umfeld betrifft, so ist sicherlich von Bedeutung, dass sein Vater zu den *Hells Angels* gehört.[2] Vogel verkehrte daher wohl in diesem Milieu bzw. kam damit in Berührung.

Trotz seines beeindruckenden sportlichen Erfolgs entschied sich Vogel 2001 für ein Ende seiner Karriere. Grund dafür war ein tiefgreifender persönlicher Wandel: Er war Muslim geworden. Die Konversion zum sunnitischen Islam und die Ausübung dieser Sportart erschienen ihm nicht kompatibel. Nun auf der Suche nach dem wahren Islam reiste Vogel nach Saudi-Arabien, wo er von 2004 bis 2006 an der Umm-al-Qura-Universität in Mekka Arabisch studierte.[3] Dort kam er mit der puristisch-sunnitischen Lehre des Wahhabismus intensiv in Berührung. Sie sollte sein salafistisches Verständnis erheblich beeinflussen.[4] Es schlossen sich weitere Studienaufenthalte an, bei denen Vogel seine Arabischkenntnisse vertiefte und sich

1 Näheres unter: https://www.norbert-gymnasium.de/nrw-sportschule/nrw-sportschule/ (31. Juli 2025).

2 Vgl. o. A., Staatsanwaltschaft Koblenz ermittelt. Vater von Pierre Vogel gehört zu „Hells Angels", in: Rheinische Post vom 15. Dezember 2015, unter: https://www.rp-online.de/nrw/staedte/moenchengladbach/vater-von-pierre-vogel-gehoert-zu-den-hells-angels_aid-20067581 (31. Juli 2025).

3 Verfassungsschutz Baden-Württemberg, Serie „Salafistische Netzwerke im Wandel". Teil 1: Pierre Vogel, (1. Juli 2020), unter: https://www.verfassungsschutz-bw.de/,Lde/Serie+_Salafistische+Netzwerke+im+Wandel_+_+Teil+1_+Pierre+VOGEL. (10. August 2025); Nina Wiedl, Geschichte des Salafismus in Deutschland, in: Behnam T. Said/Hazim Fouad (Hrsg.), Salafismus. Auf der Suche nach dem wahren Islam, Bonn 2014, S. 411–441, hier: S. 418.

4 Vgl. Mohammad Gharaibeh, Zum Verhältnis von Wahhabiten und Salafisten, in: Thorsten Gerald Schneiders (Hrsg.), Salafismus in Deutschland. Ursprünge und Gefahren einer islamisch-fundamentalistischen Bewegung, Bielefeld 2014, S. 117–124; sowie ders., Zur Glaubenslehre des Salafismus, in: Said/Fouad (FN 3), S. 106–131.

theologische Grundlagen aneignete. Mit der Machtübernahme des Muslimbruders Mohammed Mursi folgte 2012 ein kurzer Umzug mit seiner Familie nach Ägypten, bis das Militär 2013 wieder an die Macht gelangte. Für Vogel war Ägypten nun kein Land mehr, in dem er leben wollte.[5] Es folgte die Rückkehr nach Deutschland.

Dank seiner Aufenthalte in arabischen Staaten vermochte Vogel zahlreiche Kontakte in die islamische Welt zu knüpfen. Bedeutsam war die Begegnung mit dem jamaikanisch-kanadischen Imam und Konvertiten Bilal Philips, der sein Lehrer wurde. Nach wie vor bekennt sich Vogel zu seinem Mentor: In seinen Glaubenskursen verwendet er bis heute Philips' Literatur.[6]

2005 begann Vogel, öffentlich in Erscheinung zu treten und intensiv Missionierung zu betreiben. Auf der Straße, in Hallen sowie im Cyberspace wandte er sich gezielt an Jugendliche, um sie für den Islam nach seinem salafistischen Verständnis zu begeistern. Konversionen wurden öffentlich zelebriert und Ansprachen an die junge Zielgruppe gerichtet: Vogel präsentierte den Islam als authentisch, stärkend und wahr. Die Affinität der Jugend zum Internet wusste Vogel von Beginn an erfolgreich zu nutzen. In den Sozialen Medien verbreitete er seine Inhalte in die weite Fläche seiner Zielgruppe. Vogels Vorgehen und das seines Umfelds erwies sich dabei als äußerst professionell. Rasch wuchs die Schar der Anhänger. Zu den Hochzeiten (2010–2015) besuchten mehr als 1000 Zuhörer seine Veranstaltungen.[7]

Die erfolgreiche Seite von Vogels „Street-Dawa“ darf nicht den Blick auf die Auseinandersetzungen und Kämpfe im salafistischen Milieu verstellen. 2005 lernte Vogel den salafistischen Prediger Ibrahim Abou Nagie in Mekka kennen, mit dem er das Internetportal *Die Wahre Religion* (DWR) aufbaute. In Videos wurden islamisch-theologische Inhalte im Geiste des Salafismus vermittelt und Nicht-Muslime zur Konversion aufgerufen. Ausgelöst durch innersalafistische Kontroversen distanzierten sich die beiden Weggefährten wieder voneinander, um 2011 erneut für eine begrenzte Zeit zueinander zu finden. 2014 erfolge der (bisher) endgültige Bruch.

Die erste Entzweiung mit DWR führte den Rheinländer zum Netzwerk *Einladung zum Paradies* (EZP) in Braunschweig, wo er nun gemeinsam mit Muhammed Seyfudin Ciftci seine Missionierung betrieb, bis auch hier eine Kontroverse die Zusammenarbeit beendete. Ein Kontakt, den Vogel hier fand, erwies sich als dauerhaft: Sven Lau, der zweite Shootingstar der deutschen Konvertitenszene.[8]

---

5 Nina Wiedl/Carmen Becker, Populäre Prediger im deutschen Salafismus. Hassan Dabbagh, Pierre Vogel, Sven Lau und Ibrahim Abou Nagie, in: Schneiders (FN 4), S. 187–215, hier: S. 194.

6 In einem Glaubenskurs-Video empfiehlt Vogel das Buch „Tauhid“ von Bilal Philips, den er seinen dortigen Schülern als „das ist ein Lehrer von mir“ respektvoll einführt. Pierre Vogel, Tauhid für Jugendliche Part 1 (14. Juli 2025), unter: https://www.youtube.com/watch?v=dVezEuhXWKE, Minute 1:50 (10. August 2025).

7 Kathrin Rosendorff, Friedenskongress: 700 Jünger lauschen dem Salafisten Pierre Vogel, in: Die Welt vom 8. September 2013, unter: https://www.welt.de/regionales/frankfurt/article119824439/Friedenskongress-700-Juenger-lauschen-dem-Salafisten-Pierre-Vogel.html (10. August 2025).

8 Wiedl/Becker (FN 5), S. 197–201.

Mit dem Aufkommen des *Islamischen Staates* (IS) 2013/2014 und der damit zusammenhängenden Radikalisierung sowie Differenzierung der islamistischen Szene ab Mitte der 2010er Jahre überschritt Vogels Wirkmacht ihren Zenit. In den hitzig geführten Diskussionen um die gesellschaftlichen Ziele des Salafismus sowie um dessen strategisches Vorgehen schien Vogel vielen in der Szene zu wenig radikal und zu moderat. Obgleich er sich beim Aufkommen des IS, wie er selbst berichtet, mit einer Verurteilung zunächst zurückhielt[9], distanzierte er sich im Verlauf deutlich.[10] Dies hatte weitreichende Konsequenzen: Der IS rief öffentlich zum Mord an Vogel auf.[11] Vogels Verurteilung des Terrorismus stieß bei den Dschihadisten auf abgrundtiefe Ablehnung.

Die permanenten Veränderungen der Szene[12] forderten ab Mitte der 2010er Jahre die Anpassungsfähigkeit Vogels heraus. Die Zeiten der großen Open-Air-Versammlungen schienen vorbei; neue islamistische Gruppierungen und Strömungen traten auf den Plan, forderten Vogels Positionen heraus und führten zu heftigen, innerislamistischen sowie innerislamischen Auseinandersetzungen. Vogel reagierte darauf und diversifizierte sein Angebot. Wie Abul Baraa und Marcel Krass, zu denen er ein gutes, brüderliches Verhältnis pflegt, bietet er seit 2016 Pilgerfahrten nach Mekka an, auf denen es zu freundschaftlichen Treffen kommt.[13] Vogel nutzt diese Fahrten, um weiterhin zu missionieren und seine umfangreichen Kontakte in die arabisch-islamische Welt zu pflegen und auszubauen.

Am 20. Juli 2025 erklärte Vogel zu seinem 47. Geburtstag, er wolle medial etwas kürzertreten und nicht mehr alles kommentieren, da er genügend Nützliches für die Nachwelt hinterlassen habe. An die Dawa wolle er nun anders herangehen.[14] Dem Zuschauer begegnet ein sich nachdenklich gebender, melancholischer Vogel, der fast resignativ wirkt. Was er genau darunter versteht, vermag er dennoch nicht eindeutig – zumindest für Außenstehende – zu erläutern. Sein Vorsatz war zudem am 4. August 2025 bereits obsolet geworden. Vogel mischte sich erneut in emotionale Debatten ein, die um den einst erfolgreichen und gefeierten Prediger Abdelhamid hochkochten, der nun wegen Betrugs vor Gericht steht.[15] In einem Podcast mit Arafat

---

9 Vgl. jüngst beim Podcaster Benjamin Berndt, Ungeskriptet by Ben, Wie gefährlich ist der Islam wirklich? (Pierre Vogel) (31. Mai 2025), unter: https://www.youtube.com/watch?v=92pebdPeutI (10. August 2025).

10 Vgl. statt vieler Statements Pierre Vogel, Deshalb sage ich idiotischer staat (sic!) (16. September 2016), unter: https://www.youtube.com/watch?v=j05Gq10AHDQ (10. August 2025).

11 Vgl. hierzu das IS-Propagandamagazin Dabiq 14 (2016), das der Autorin vorliegt.

12 Hans-Georg Maaßen, Salafisten-Szene hat sich grundlegend geändert, in: Frankfurter Allgemeine Zeitung vom 7. Januar 2017, unter: www.faz.net/aktuell/politik/inland/maassen-salafisten-szene-hat-sich-grundlegend-veraendert-14609405.html (10. August 2025).

13 Siehe hierzu Pierre Vogel trifft Abul Baraa in Medina (28. Dezember 2024), unter: https://www.youtube.com/shorts/vhzA115ZSmA (10. August 2025).

14 Pierre Vogel, Ansage (21. Juli 2025), unter: https://www.youtube.com/watch?v=xJ3vuoX-5c4 (10. August 2025).

15 Vgl. Martin Höke, Angeklagter Online-Prediger Abdelhamid gibt Spendenbetrug zu, in: WDR-Nachrichten vom 30. Juni 2025, unter: https://www1.wdr.de/nachrichten/rheinland/prozess-online-islamist-duesseldorf-100.html (10. August 2025). Abdelhamid soll Spendengelder von Muslimen im sechsstelligen Bereich veruntreut haben. Auf das Geständnis des Angeklag-

Abou-Chaker erhob der gefallene Internet-Imam Vorwürfe gegen Pierre Vogel[16], die dieser nicht unkommentiert lassen konnte oder wollte. Es ging schließlich um seinen Einfluss und den Leumund innerhalb einer großen Community.[17] Vogels Replik erhielt bereits nach zwei Tagen über 100.000 Aufrufe, was erheblich über den üblichen Klickzahlen seiner sonstigen Videos lag.[18] Die Kontroverse unterstreicht den Stellenwert, den Vogel nach wie vor genießt, obwohl die Aufrufe seiner sonstigen Videos mittlerweile meist im niedrigen vierstelligen Bereich liegen. Vogel bleibt somit auch nach 20 Jahren einer der einflussreichsten salafistischen Prediger Deutschlands.

2. Würdigung

Pierre Vogel ist Salafist und präsentiert sich nicht als origineller Denker oder Theologe, sondern als Vertreter der islamischen Strömung, deren Lehre er reproduziert. Für die Würdigung seiner Person ist es wichtig, den Salafismus zu erläutern, um die inhaltliche Dimension und die weitreichenden Konsequenzen für Vogel zu skizzieren, die hinter der Zuordnung zum Salafismus stehen. Der Salafismus ist eine heterogene Bewegung innerhalb des Islams, die nur schwer in allen ihren Facetten und Implikationen zu fassen ist. Eine wissenschaftlich differenzierte Darstellung vorzulegen, die der Pluralität der Bewegung gerecht wird, bedeutet ein kompliziertes, aber unbedingt notwendiges Unterfangen, nicht zuletzt, da der Salafismus insbesondere in der Öffentlichkeit und der Politik fast ausschließlich negativ konnotiert ist.[19] Bereits 2014 bezeichnete Klaus Hummel die Perzeption des Salafismus in Deutschland als „eine Geschichte der (einseitigen) Gefahrenperspektive".[20] Häufig werden Aspekte der Radikalisierung und des Verhältnisses zum Terrorismus/Dschihadismus im öffentlichen Diskurs in einer Weise zugespitzt, die der Komplexität

---

ten bei Gericht erfolgte kurze Zeit später in der Öffentlichkeit dessen Widerruf in medial perfekt inszenierter Weise. In einem Podcast von Arafat Abou-Chaker verkündet Abdelhamid zunächst auf anwaltlichen Rat hin, sich nicht äußern zu wollen. Einen Tag später wiederum traf er erneut mit Abou-Chaker zusammen, um nun doch im Podcast Rede und Antwort zu stehen und seine Sicht der Dinge ausführlich darzulegen.

16 Arafat Abou-Chaker, Akte: Abdelhamid – Arafat Abou-Chaker. Sprich Klartext #30 (4. August 2025), unter: https://www.youtube.com/watch?v=URZtF-94p5A (10. August 2025).

17 Bereits nach zwei Tagen hatte Abou-Chakers Podcast über 200.000 Aufrufe bei YouTube.

18 Pierre Vogel, Antwort auf die unverschämten Anschuldigungen von Abdelhamid (4. August 2025), unter: https://www.youtube.com/watch?v=P8vQNuTgl7Q (10. August 2025).

19 Durch terroristische Anschläge wie am 11. September 2001 in den USA, am 11. März 2005 in Madrid oder am 7. Juli 2005 betrachtete die Forschung den Islam zunächst vielfach vor allem aus einer sicherheitspolitischen Perspektive. Der Islamwissenschaftler Olivier Roy fasst dies zusammen: „Man erforscht also, was der Islam eigentlich will und ist, und bemerkt nicht einmal, dass es diese Welt des Islam nicht gibt, dass die Ummah bestenfalls ein frommes Gelübde und schlimmstenfalls eine Illusion ist." Olivier Roy, „Ihr liebt das Leben, wir lieben den Tod". Der Dschihad und die Wurzeln des Terrors, Bonn 2018, S. 141.

20 Klaus Hummel, Salafismus in Deutschland – Eine Gefahrenperspektive neu bewertet, in: Totalitarismus und Demokratie 11 (2014), S. 95–122, hier: S. 98.

des Salafismus in weiten Teilen nicht gerecht wird. Vereinfachende und emotionalisierende Darstellungen herrschen vor. Aber auch die Wissenschaft vermochte es zunächst nicht, sich davon frei zu machen. „The politicisation of Islam in European Countries and the focus on danger perspectives has strongly influenced academic research."[21] Dies erklärt auch die rasche Einschätzung Vogels als „Hassprediger" oder Terrorunterstützer – ob zu Recht oder nicht, bleibt sorgfältig zu diskutieren.

Versuche, Imamen wie Vogel und dem Salafismus an sich in seiner Vielgestaltigkeit zu begegnen, führten in der Wissenschaft bereits 2006 zu einer idealtypischen definitorischen Dreiteilung der Bewegung. Der US-amerikanische Politologe Quintan Wiktorowicz differenziert sie in quietistischen/unpolitischen, dschihadistischen sowie politischen bzw. Mainstream-Salafismus. Letztgenanntem wird Vogel zugeordnet.[22] Allen Richtungen gemein ist der Wunsch nach einem wahren, authentischen Islam, der rein ist und befreit wird von Erneuerungen, die sich in all den Jahrhunderten seit der Zeit des Frühislams wie eine Patina auf die Religion und ihre Interpretation gelegt hätten.[23] Die Orientierung an den Altvorderen – as-salaf as-salih (Salafismus) – bedeutet nicht das Alleinstellungsmerkmal Salafismus. Allen Muslimen sind die ersten Generationen beispielgebend. Entscheidender ist für den Salafismus der geforderte Purismus und die Absage an die Tradition, die sich im Laufe der islamischen Geschichte entwickelt hat – über die Jahrhunderte und die verschiedenen Kulturen hinweg. Den vier sunnitischen Rechtsschulen[24] und der Befolgung bzw. Nachahmung ihrer Lehren verweigern sich Salafisten, da sie in ihnen Entfernungen vom eigentlichen wahren Kern des Korans und dem vorbildgebenden Leben Muhammads identifizieren.[25]

Der Salafismus ist ferner als Fundamentalismus zu bezeichnen. Er legt die religiösen Texte wortwörtlich aus, ohne sie in ihrer Zeit und ihrem sozialen Kontext zu erörtern. Er nimmt für sich vor allem in Anspruch, puristisch die einzige wahre Lesart zu vertreten, da nur er sich ausschließlich an den besonders authentisch empfundenen Anfängen des Islams und an den Überlieferungen orientiere. In der innerislamischen Kontroverse geht es seinen jeweiligen Vertretern ebenso wie in der innersalafistischen Auseinandersetzung um die unbedingte Deutungshoheit über die islamische Orthopraxis und das, was Muslimsein bedeutet.

---

21 Sabine Damir-Geilsdorf/Mira Menzfeld, Methodological and Ethical Challenges in Empirical Approaches to Salafism, in: Journal of Muslims in Europe 9 (2020), S. 135–149, hier: S. 143.

22 Quintan Wiktorowicz, Anatomy of the Salafi Movement, in: Studies in Conflict & Terrorism 29 (2006), S. 207–239; Olaf Farschid, Salfismus als politische Ideologie, in: Said/Fouad (FN 3), S. 160 192; Kritisch bzw. different zur Einteilung vgl. statt vieler Rüdiger Lohlker, Die Salafisten. Der Aufstand der Frommen, Saudi-Arabien und der Islam, München 2017, S. 113 f.; Joas Wagemakers, Salafistische Strömungen und ihre Sicht auf al-wala‘ wa-l-bara‘ (Loyalität und Lossagung), in: Said/Fouad (FN 3), S. 55–79, hier: S. 56 f.

23 Wagemakers (FN 22).

24 Es handelt sich um die Hanbaliten, Malikiten, Hanafiten und Schafiiten.

25 Diese Bewegung ähnelt anderen in den Weltreligionen. So kennt das Christentum ebenfalls immer wieder aufkommende innerchristliche Strömungen mit dem Wunsch, die Religion von Elementen der Tradition zu reinigen, die das Christentum der eigentlichen Botschaft Jesu Christi entfremden würden. „Sola scriptura", allein die Schrift, verkündete u. a. Martin Luther.

Der Salafismus als Fundamentalismus verliert sich daher vielfach in apodiktischen Aussagen über Detailfragen, die stets ins Grundsätzliche erhoben werden: Wie genau soll der Kniefall beim Beten praktiziert werden: Berührt erst die Kniescheibe den Boden oder die Hand?[26] Dadurch ist er mit einem Rigorismus imprägniert, der etwas zutiefst Selbstzerstörerisches in sich trägt: Jeder, der nicht folge, komme vom wahren Weg ab und gehe in die Irre. Im Islam bedeutet dies die Hölle. Intensive Spaltungen und Bruderkämpfe zeigen immer wieder die Wucht auf, mit der die Diskussionen um das richtige Glaubensverständnis geführt werden. Durch die fundamentalistische Unbedingtheit verlieren schnell diejenigen, die andere Auffassungen vertreten und so womöglich die Lehre verunreinigen, ihr Existenzrecht. Aus der Autokratieforschung wissen wir: Je geschlossener bzw. fundamentalistischer eine Ideologie auftritt, desto stärker sind ihre autodestruktiven Kräfte, da sie um keinen Preis Toleranz dulden kann. Dies trifft auch auf den Salafismus zu. Selbst unter Salafisten, die einen literalistischen Zugang zur Koranhermeneutik pflegen, herrschen folglich erhebliche Differenzen.[27] Dies erklärt die Auseinandersetzungen, die Vogel innerhalb der salafistischen oder auch allgemein der islamistischen Szene führt und zugleich beklagt.

Die anspruchsvolle Einordnung des Salafismus berührt somit die Einschätzung von Vogels Predigten. Die Popularität, derer sich der Street- und Internet-Imam erfreut, ist beeindruckend. Zahlreiche Muslime wie auch Nicht-Muslime fühlen sich von seiner Art angesprochen, wenn nicht gar berührt.[28] Vogels joviale Art und sein in vielen Ohren sympathischer rheinländischer Singsang wirken freundlich, ehrlich und offen. Die Verbindung aus seinem kumpelhaften Habitus, seiner rheinländischen Herkunft und der souveränen Verwendung der arabischen Sprache sowie die Rezitation koranischer Verse erzeugen eine eigene Strahlkraft, besonders bei jungen Menschen in Deutschland, gleich ob mit oder ohne Migrationshintergrund.[29] Sie verfängt in der Öffentlichkeit ebenso wie im Netz, das ohnehin in den vergangenen Jahren nochmals eine erhebliche Bedeutungssteigerung erfahren hat. Der Cyberspace kam mittlerweile als „virtuelle alternative Moscheegemeinde“[30] bezeichnet werden,

---

26 Bacem Dziri, „Das Gebet des Propheten, als ob Du es sehen würdest“, in: Said/Fouad (FN 3), S. 132–159, hier: S. 156.

27 Vgl. Joas Wagemakers, Fundamentalist Qur‘anic Hermeneutics, in: Georges Tamer (Hrsg.), Handbook of Qurʾānic Hermeneutics. Vol. 5: Contemporary Qurʾānic Hermeneutics, Berlin/ Boston 2025, S. 381–394, hier: S. 394.

28 Vgl. z. B. die Beschreibung des Comedian Nikolai Binner von Vogel bei dem Podcaster Miró. Binner zeigt sich begeistert von der „Authentizität“ Vogels und dessen Ausstrahlung. Miró, Nikolai Binner über den nie gesendeten ‚Ben ungeskriptet‘ Podcast, Minenfeld Comedy, USA-Auftritte (29. Juni 2025), unter: https://www.youtube.com/watch?v=_MfCKee20mI, ab Minute 6:10 (10. August 2025).

29 Vgl. hierzu statt vieler die positive Einschätzung des Podcasters Benjamin Berndt, der Vogel fast vier Stunden interviewt hat und am Ende des Gesprächs meinte, es sei „geil gewesen“, dass er da war und es habe ihm „viel Spaß“ gemacht. Ungeskriptet by Ben (FN 9), ab Minute 3:15:10.

30 Mahmud El-Wereny, Radikalisierung im Cyberspace. Die virtuelle Welt des Salafismus im deutschsprachigen Raum – ein Weg zur islamistischen Radikalisierung?, Bonn 2021, S. 215.

in der Vogel erfolgreich agiert. Geduldig und nahbar erklärt der dreifache Familienvater immer wieder Jugendlichen die Grundlagen seines fundamentalistischen Glaubens.[31] Wenn er seine nicht-muslimische Großmutter Else im eigenen Zuhause schwärmen lässt, wie gut sie von der Burka tragenden Schwiegertochter, Vogels Frau, behandelt und versorgt wird[32], ist Vogels Beobachtung durch den Verfassungsschutz für viele, vor allem junge Menschen, mindestens erklärungsbedürftig: Was macht die Ansichten dieses lustigen, herzlichen Mannes nach Ansicht vieler Experten gefährlich?

Vogels Islamverständnis verspricht Orientierung und Halt in einer als halt- und gottlos verstandenen Welt. Sein salafistischer Zugang zu den islamischen Quellen ist literalistisch, und sein Fundamentalismus lässt ihn apodiktisch argumentieren. Für den Konvertiten liegen klare Hinweise vor, was Gott wolle und was nicht. Man müsse nur bereit sein, sie verstehen und sehen zu wollen. Vogel bemüht dabei, unter vorgeschobener Zeugenschaft der Altvorderen, das Argument, dass er rein nach den ursprünglichen Quellen gehe und alles, was nach der Zeit des Frühislams kam, verdorben sei, wenn es im Widerspruch zu diesen Quellen stehe. Wie diffizil sich die historischen Quellen in ihrer Auslegung darstellen, ignoriert er ebenso wie die erhebliche Ambiguität ihrer Aussagen: Sie unterliegen einer Interpretation und diese trägt stets einen subjektiven Charakter

Wenn Vogel den Islam verkündet, betont er immer wieder, Zwangsverheiratungen oder erzwungene Konversionen ebenso abzulehnen wie Terrorismus. Seine Aussagen sind glaubwürdig, da sie sich durchaus auch islamisch-konservativ herleiten lassen. Seine Begründung ist aufschlussreich: Gewalt und Terror schadeten dem Ansehen des Islams und somit der Dawa, die für ihn im Mittelpunkt seines Wirkens als Muslim stehe. Wenn die Menschen mit dem Islam Krieg, Barbarei und Terror in Verbindung brächten, würde sich niemand anschließen wollen. Zwang in der Religion lehnt Vogel mit Verweis auf den Koran ab.[33]

---

31 Vgl. statt vieler Pierre Vogel (FN 6).

32 Pierre Vogel, Oma Else beschreibt die Frauen, die vom Burka-Verbot bestraft werden (22. August 2016), unter: https://www.youtube.com/watch?v=ssHiYLqblYM (10. August 2025).

33 Aufschluss über die mögliche Aufrichtigkeit seiner diesbezüglichen Einlassungen mag Vogels Umgang mit seiner nicht-muslimischen Großmutter Else bieten. Immer wieder filmt er sich im Gespräch, mitunter auch im Bild mit ihr, wie er versucht, sie für den Islam zu begeistern, um sie so, seinem Verständnis nach, vor der Hölle zu bewahren. Man sieht hier ein herzlich-vertrauensvolles Verhältnis von einem Enkel zu seiner Oma, das von großer Geduld geprägt zu sein scheint. Vogel und seine Familie haben nie mit dieser Frau gebrochen, obwohl sie ihm auf seinem Weg nicht folgen mag. Am 6. August 2025 rief Vogel sogar zum Bittgebet (Dua) für die 95-Jährige auf, da sich ihr Leben wohl dem Ende neige: Pierre Vogel, Macht Dua für die Rechtleitung von Oma Else (6. August 2025), unter: https://www.youtube.com/shorts/gGiQIAIe_WA (10. August 2025). Die Kommentare der User zeigen ebenfalls das Bemühen, der Großmutter trotz ihrer Weigerung, den Islam anzunehmen, mit Geduld und mit Liebe zu begegnen, gleichwohl die Missionierungsversuche natürlich nicht enden. Vgl. weiter zur Großmutter statt vieler Pierre Vogel, Oma Else und Ermahnung zum Gebet (12. Juni 2020), unter: https://www.youtube.com/watch?v=xjTjPEpVags (10. August 2025); Pierre Vogel, Ist Oma Else wirklich Christin? (16. November 2022), unter: https://www.youtube.com/watch?v=nYJ_UpVkYGU (10. August 2025). Immer wieder steht in den Kommentaren, wie „lieb“ Oma Else

Nachvollziehbarer wird die Logik Vogels, wenn man seine jüngsten Einlassungen zu Terrorangriffen hört, in denen er einen weiteren relevanten Aspekt ausführlich darstellt. In dem erfolgreichen Podcast „Ungeskriptet by Ben“[34] von Benjamin Berndt erläutert er, warum der Einsatz von Terror im Islam verboten sei. Attentate wie am 11. September 2001 in den USA, am 14. Juli 2016 in Nizza oder am 13. November 2015 in Paris sind laut Vogel schärfstens zu verurteilen.[35] Dies hat er tatsächlich auch immer getan.[36] Vogels Verdammung der Taten bezieht sich vorrangig darauf, dass Muslime unter den Opfern waren und Muslime unter keinen Umständen Muslime töten dürften. Gotte lehre durch Muhammad, dass dies absolut und zu jeder Zeit haram, d. h. verboten, sei. Solange daher Muslime als Opfer nicht unbedingt ausgeschlossen werden könnten, seien diese Taten durch nichts vor Gott gerechtfertigt. Nicht-Muslime zu töten könne hingegen verboten, *aber* eben auch erlaubt sein – je nach Kontext.[37]

Dschihadistischen Salafisten ist dieses Verbot, Muslime zu bekämpfen, natürlich ebenfalls bekannt. Um es zu umgehen, erklären sie die potenziellen Opfer vorher als Muslime, die vom Glauben abgefallen seien (Takfir). Ihr Blut sei daher nicht mehr geschützt.[38] Vogel, der diesbezüglich die Positionen puristischer Gelehrter teilt[39], lehnt diese Takfir-Prozesse, die bisweilen in Exzesse münden, rigoros ab. Dies war auch der Auslöser, weshalb es zum erwähnten Bruch mit seinem einstigen Gefährten Abou Nagie kam, der immer wieder dieses Takfir betrieben hat.[40]

Aus der Argumentation wird deutlich erkennbar, wie Vogel auf Terrorismus blickt.[41] Für ihn stehen Menschenrechte nicht jedem Menschen vollumfänglich zu, da der salafistische Imam von unterschiedlichen Rechten für Muslime (mit Privilegien) und Nicht-Muslime ausgeht. Dies ergibt sich aus seiner fundamentalistischen Scharia-Interpretation. Laizismus lehnt Vogel ausdrücklich ab. Wer diesen

sei, dass Allah sie reichlich „segnen“ möge, sie doch den Weg zum Islam finden möge und was für ein „lieber Mensch“ die Nicht-Muslimin Else sei.

34 Der bereits erwähnte Podcast (FN 9) erreichte nach zwei Monaten schon mehr als 67.000 Aufrufe.

35 Vogel (FN 10). Vogel geht hier hart ins Gericht mit dem IS, seinen Anhängern und jeder Form des Terrors.

36 Kritisch hierzu der Aussteiger Dominic Musa Schmitz, Ich war ein Salafist. Meine Zeit in der islamischen Parallelwelt, Bonn 2016, S. 75.

37 Ungeskriptet by Ben (FN 9), ab Minute 3:15:30.

38 Eine hitzige Debatte, die zwischen den Anhängern des IS und al-Qaida diesbezüglich entbrannte, erreichte auch die salafistische Szene in Deutschland. Dem IS wurde vorgeworfen, in Takfir-Exzessen der muslimischen Umma zu schaden. Vgl. Evelyn Bokler-Völkel, Die Diktatur des Islamischen Staates und seine normative Grundlage, Baden-Baden 2023.

39 Wiedl/Becker (FN 5), S. 192.

40 Nina Wiedl, Geschichte des Salafismus in Deutschland, in: Said/Fouad (FN 3), S. 411–441, hier: S. 426 f.

41 Aufschlussreich war bereits ein Video Vogels aus dem Jahr 2012, in dem er sich zu den salafistischen Ausschreitungen gegen die Polizei in Bonn am 5. Dezember 2012 äußert. Eine Einordnung hierzu findet sich bei Behnam T. Said, Salafismus und politische Gewalt unter deutscher Perspektive, in: Ders./Fouad (FN 3), S. 193–226, hier: S. 214 f.

unterstütze, sei kein Muslim.[42] Alle Gesetze und Regeln, an die sich ein Muslim zu halten habe, fänden sich ausschließlich in der Scharia. Dass es dennoch zu Überschneidungen mit den Menschenrechten kommen kann (z. B. kein Religionszwang; generelles Tötungsverbot), verweist lediglich auf die Kompatibilität der Scharia in diese Richtung, selbst nach fundamentalistischer Lesart. Vogel verurteilt daher auch das politische System eines demokratischen Rechtsstaates. Dieser könne schließlich Gesetze erlassen, die nicht im Einklang mit der Scharia stünden.[43] Die freiheitliche demokratische Grundordnung lehnt er aus diesem Grund ab. Damit überschreitet er die Schwelle vom Radikalismus zum Extremismus.

Was die Rhetorik betrifft, so spricht Vogel ausdrücklich junge Menschen an, die meist auf der Suche sind: nach sich selbst, nach einem Sinn des Lebens und nach ihrem Platz in der Gesellschaft. Dabei fällt eines auf: Viele seiner Beiträge bemühen sich gezielt, die Resilienz der jungen Menschen zu festigen und zu fördern – als Muslime. Wenn Vogel in Videos wie „Vom Angsthasen zum Löwen“ zu Stärke und Mut aufruft, kann man seine Vergangenheit als Sportler noch erahnen. Immer wieder dringt in den Predigten der Boxer Vogel durch, da auch hier – im Boxring – der Glaube an sich selbst und der unbedingte Wille zum Sieg den Triumph mentaler Stärke bewirken.

Vogels Vorträge können daher als Lektionen des Self-Empowerments vor allem für junge Menschen gesehen werden, denen er versucht, Selbstbewusstsein zu vermitteln: Allah glaube an sie, *wenn* sie die Regeln des Islams befolgen – welche und wie genau, erläutert er dann. Gehorchen sie nicht, erwarte sie die Hölle – wie jeden Menschen, der sich nicht zum Islam bekenne.[44] Zudem fänden sie in der Umma eine starke Gemeinschaft, die sie schütze und in der sie wachsen könnten. Als positives Rollenvorbild bemüht Vogel immer wieder den Propheten Muhammad. „Beim Propheten gab es das auch nicht: Ach ich bin schwach, ich kann das nicht.“ Wer glaube, könne Berge versetzen. „Wir dürfen keine Opfer sein. Wir müssen Gewinner sein.“[45] Und Opfer sein, so Vogel weiter, beginne im Kopf. Resilienz und Stärke betreffen somit auch die Glaubenspraxis. Vogel ermutigt die jungen Menschen dazu, den Islam selbstbewusst in der Öffentlichkeit zu praktizieren, sich nicht wie früher zu verstecken, denn mit Blick auf Deutschland hält er fest: „Wir

42 Pierre Vogel, Darf man in einer DITIB-Moschee beten? Pierre Vogel antwortet (6. Januar 2025), unter: https://www.youtube.com/watch?v=ivCy5f7121c, v.a. ab Minute 1:37 (10. August 2025). Vogel bewegt sich hier im üblichen salafistischen Spektrum. Vgl. hierzu auch Shams Ul-Haq, „Eure Gesetze interessieren uns nicht!" Undercover in europäischen Moscheen – wie Muslime radikalisiert werden, Zürich 2018.

43 Pierre Vogel, Islam und Demokratie (13. Januar 2024), unter: https://www.youtube.com/watch?v=JuRIwiDA-7s (10. August 2025). Vgl. hierzu auch El-Wereny (FN 31), S. 123 f.

44 Pierre Vogel, Unsere Meinung über DITIB & Mili Görüs (6. April 2013), unter: https://www.youtube.com/watch?v=Tb6BqF5mQP0, ab Minute 1:17 (10. August 2025).

45 Pierre Vogel, Vom Angsthasen zum Löwen (26. Juni 2024), unter: https://www.youtube.com/watch?v=QLoWymqIdfk, ab Minute 8:47 (10. August 2025).

sind keine Fremdkörper."[46] Und schließlich seien Muslime dazu aufgerufen, wenn es sein müsse, gegen den Rest der Welt zu stehen.[47]

Tatsächlich behandelt Vogel entscheidende Fragen, die sich mit der zunehmenden Zahl muslimischer Bürger stellen. Diese wollen sich nicht mehr als Gäste mit einer fremden Religion in Deutschland fühlen, sondern als Teil der Gesellschaft. Pierre Vogel sucht diesen Wunsch aufzugreifen, wenn er darauf dringt, als Muslime selbstbewusst und stark aufzutreten. Galt vor allem in der ersten Generation muslimischer Einwanderer eher noch das Diktum „fallt nicht auf", predigt Vogel nun einen neuen Habitus: Seid stolz und versteckt euch nicht.[48] Vielmehr noch: Betreibt Missionierung (Dawa), wie es eure Pflicht als Muslime ist[49], und versucht, die Menschen für den Islam zu gewinnen. Das öffentliche Gebet sei wichtig, da es eine bedeutsame Art der Dawa darstelle.[50] Es verwundert daher nicht, dass Vogel die neue DITIB-Moschee in Köln-Ehrenfeld ausführlich lobt, obwohl er sonst zur DITIB ein belastetes Verhältnis pflegt.[51]

Vogels Themen sind sogar noch grundsätzlicherer Natur: Wie gelingt es Muslimen in der Diaspora, ihren Glauben über die Zeiten reinzuhalten und zu verhindern, dass er verfälscht oder verwässert wird, von innen wie von außen? Was genau bedeutet das „Authentische" ihres Islams? Diese Fragen tangieren die Identität des Einzelnen sowie der Glaubensgemeinschaft, der er sich zugehörig fühlen möchte. Sie sind daher von existentieller Bedeutung. Pierre Vogel eröffnet mit seinen Themen eine identitätspolitische Dimension, die unter anderem in Diasporasituationen von Gläubigen wirksam ist. Innertheologisch sind die Diskussionen des Salafismus um diese Prämissen keineswegs neu.[52] Allein die Adaption der islamtheologischen Fragen an den deutschen Kontext mit seiner Migrationsgesellschaft lässt neue Facetten hervorscheinen.

Besonders junge – oft, aber nicht immer – muslimische Menschen, die unsicher sind und sich einsam fühlen, können Vogels Antworten ansprechen und bestärken, wie das breite positive Echo auf Vogels Dawa zeigt. Es müssen daher unbedingt die jugendkulturellen Aspekte nicht nur bei Vogel, sondern beim Salafismus insgesamt gesehen werden.[53] Das revolutionäre Element des Salafismus mit seinem Versprechen eines Aufbruchs zurück zu den „wahren" Anfängen des Islams, richtet sich

46 Ebd., ab Minute 2:00.
47 Pierre Vogel, Die Erziehung zur starken Persönlichkeit (27. September 2012), unter: https://www.youtube.com/watch?v=Nu36W54FFMQ, ab Minute 1:00 (10. August 2025).
48 Pierre Vogel, Minderwertigkeitskomplex einiger Muslime (3. September 2011), unter: https://www.youtube.com/watch?v=n-PeXXAiAmU (10. August 2025).
49 Vgl. Wiedl (FN 40), S. 421 f.
50 Vogel (FN 48), ab Minute 1:00 sowie ab Minute 5:00.
51 Pierre Vogel, Lob für DITIB in Köln (14. April 2025), unter: https://www.youtube.com/shorts/eyYTi6J94WM (10. August 2025).
52 Ahmet Topkrak/Gerrit Weitzel, Warum Salafismus den jugendkulturellen Aspekt erfüllt, in: Dies. (Hrsg.), Salafismus in Deutschland, Wiesbaden 2019, S. 47–58, hier: S. 48.
53 Vgl. zu diesem Aspekt ebd.; ebenso hat Claudia Dantschke bereits 2014 darauf hingewiesen: Dies., „Da habe ich etwas gesehen, was mir einen Sinn gibt", in: Said/Fouad (FN 3), S. 474–502, hier: S. 480–482.

gegen das Alte und Überkommene. Auf junge Menschen übt dies einen besonderen Reiz aus. Zudem manifestiert sich darin ein ethnokulturelle Grenzen überschreitender antirassistischer missionarischer Impetus, der weg von nationalistischen Lesarten des Islams führt und vor allem eine transnationale Dimension berührt: Alle Menschen sind im Islam gleich, egal aus welchem Land sie kommen. Ethnizistisch-rassistische Ansprüche einer privilegierten Stellung innerhalb der Umma, wie sie zum Beispiel türkisch-nationalistische Muslime erheben, lehnt Vogel ausdrücklich als unislamisch ab.[54]

Aus der Jugendforschung ist ferner bekannt, dass die Adoleszenzphase eine besondere Tendenz zur Radikalisierung birgt. Ungerechtigkeit und gesellschaftliche Unvollkommenheiten nehmen junge Menschen besonders intensiv war. Vogel knüpft hier an und weist auf die Missstände und Ungerechtigkeiten hin, mit denen auch die deutsche Gesellschaft – wie jede andere – kämpft.[55] Die Lösung, die er anbietet, ist der Islam. Der Konfrontationskurs betrifft aber nicht nur die deutsche Mehrheitsgesellschaft. Etablierte islamische Institutionen greift Vogel ebenfalls an.[56] Moscheen oder muslimische Vereinigungen brandmarkt er als verkrustet, bürokratisch und anbiedernd angepasst.[57] Tatsächlich werden Salafisten häufig von den Islamverbänden verurteilt, wenn letztgenannte versuchen, gegen religiösen Extremismus und Fundamentalismus vorzugehen.[58]

Zur innerislamischen Auseinandersetzung im Umgang mit salafistischem Fundamentalismus tritt eine politische Dimension hinzu. Die DITIB z. B. repräsentiert den türkischen Staat und einen türkeibezogenen, oftmals nationalistischen Islam. Dies kollidiert mit dem vielfach geäußerten Wunsch von Muslimen nach einem Islam, der einen Bezug zur Lebenswirklichkeit junger Muslime in Deutschland aufweist, keine Hierarchien kennt, Nationalismen überwindet und dem ursprünglichen Islam – so, wie er imaginiert wird – nahekommt. Genau diese Desiderata greifen Vogel und die Salafisten auf.

Vogels tieferes Ziel ist es, die meist jungen Menschen von der Mehrheitsgesellschaft und den moderaten Islamverbänden abzusondern und durch ein bewusstes Framing in „wir wahre Muslime" und „die Ungläubigen" eine eigene starke Kollektividentität zu konstruieren. Eine Zielgruppe dürfte von besonderem Interesse sein: Wie neueste Studien belegen, sind Menschen mit einem Ressentiment besonders anfällig für Radikalisierung, mit oder ohne Gewalt, die bis ins extremistische Spek-

---

54 Pierre Vogel, Wie steht der Islam zum Rassismus? (30. Januar 2021), unter: https://www.youtube.com/shorts/AKcPAGCSIFI (10. August 2025).

55 Vgl. Götz Nordbruch, Salafism and radicalisation in Germany – a topic for schools and education (10. Juli 2016), unter: https://www.ufuq.de/en/aktuelles/salafism-in-germany-a-topic-for-schools/ (10. August 2025).

56 Arndt Emmerich/Mehmet T. Kalender, Islam at the Margins: Salafi and Progressive Muslims Contesting the Mainstream in German (29. Juni 2025), in: Religions 16 (2025), unter: https://www.mdpi.com/2077-1444/16/8/990 990 (10. August 2025).

57 Pierre Vogel (FN 42); Pierre Vogel, Hilft die DITIB den Islam zu zerstören? (5. April 2018), unter: https://www.youtube.com/watch?v=dxFZMw4xXPE (10. August 2025). Hierzu auch Said/Fouad, Einleitung, in: Dies. (FN 3), S. 23–51, hier: S. 35.

58 Emmerich/Kalender (FN 56).

trum reichen kann.[59] Der Salafismus greift das hohe Frustrationspotenzial des Ressentiments auf, um es für seinen Kampf zu nutzen. Er identifiziert eine feindliche Umwelt – Outgroup –, die nach falschen Werten lebt, und eine bedrohte Ingroup, die Muslime. Ist die Wahrnehmung erstmal so beeinflusst, dann fällt eine Radikalisierung im Sinne einer Verteidigung der In-Group leicht. Wie die wahrgenommenen Missstände und die dafür verantwortliche gesellschaftliche Ordnung beseitigt bzw. überwunden werden können, ist dann nur noch eine Frage der Strategie: gewaltsam oder gewaltfrei?

Wo stehen hier Vogel und seine Gefährten? Welche konkreten Konsequenzen ziehen seine Zuhörer aus den Predigten, wenn sie diese interpretieren? Bedeutet es folglich vor diesem Hintergrund tatsächlich einen logischen Fehlschluss anzunehmen, der politische Salafismus sei ein Durchlauferhitzer für spätere Radikalisierung, so wie es Vogel beklagt? Haben gewaltbereite Salafisten grundsätzlich andere Motivationsgründe als Vogel oder sind sie ohnehin gewaltaffin und ziehen einfach am politischen Salafismus Vogels vorbei, da er ihnen zu harmlos predigt? Vogel selbst sieht sich immerhin als Gegengewicht zu dschihadistischen Salafisten, die er explizit ablehnt.[60]

Die Antwort auf die Frage nach dem Zusammenhang von Dschihadismus und Vogels Dawa fällt nicht eindeutig aus. Das hat zwei Gründe. Zum einen weiß die Forschung, dass Radikalisierungsverläufe hochkomplex und einzelfallgebunden sind.[61] Generalisierende Aussagen lassen sich nicht treffen, so sehr dies vor allem die Sicherheitspolitik sowie die Gesellschaft begrüßen mögen. Zum anderen ist keine Erhebung darüber möglich, wie viele potenzielle Terroristen von politischen Salafisten wie Vogel vor dem Abgleiten in das dschihadistische Spektrum bewahrt wurden, da sie ihnen von Gewalt abrieten. Auch hier gilt das „Präventionsparadoxon".

Ein Ausstieg aus dem dschihadistischen Milieu ist wiederum mit Vogels Hilfe möglich. So sind durchaus Fälle bekannt, in denen Dschihadisten der Gewalt abschworen und sich dem politischen Salafismus anschlossen.[62] Dies mag dennoch nur einen Strategiewechsel bedeuten. Denn ein robustes Bekenntnis zur freiheitlich-demokratischen Grundordnung heißt das nicht. Allerdings wäre dies nicht zwingend erforderlich. Eine Akzeptanz der Ordnung ist ausreichend.[63] Dennoch: Die

59 Evelyn Bokler u. a., Ressentiment als affektive Grundlage von Radikalisierung, in: Shaimaa Abdellah/Sina Tultschinetski/Julian Junk/Manuela Freiheit (Hrsg.), Islamismus als gesellschaftliche Herausforderung. Ursachen, Wirkungen, Handlungsoptionen, Heidelberg 2025 (i. E.).

60 Vgl. Philipp Holtmann, salafismus.de – Internetaktivitäten deutscher Salafisten, in: Schneiders (FN 4), S. 251–276, hier: S. 274 f.

61 Vgl. statt vieler zur Radikalisierung im islamistischen Spektrum Peter R. Neumann, Was wir über Radikalisierung wissen – und was nicht, in: Jana Kärgel (Hrsg.), „Sie haben keinen Plan B". Radikalisierung, Ausreise, Rückkehr – zwischen Prävention und Intervention, Bonn 2017, S. 42–56; Farhad Khosrokhavar, Radikalisierung, Hamburg 2016.

62 Vgl. Said/Fouad (FN 3), S. 28.

63 Vgl. Hans Joas/Robert Spaemann, Beten bei Nebel. Hat der Glaube eine Zukunft?, Freiburg i. Br. 2018, S. 73.

Bedrohung der freiheitlich-demokratischen Grundordnung findet nicht nur auf eine gewaltaffine Weise statt; den gesellschaftlichen Zusammenhalt unterminieren auch gewaltfreie Formen des Salafismus, wenn sie eine neue normative Ordnung für alle Bürger, nicht nur für die Umma, verlangen. Die Frage nach der Gewalt ist daher eher eine der gewählten Strategie, weniger des zu erreichenden Zieles.

Für den Weg in die Radikalität gilt: Ist das Framing – wir Guten und die anderen Bösen – erst einmal gesetzt, ist der Weg von einer radikalen Ablehnung der Gesellschaft hin zu ihrer aktiven Bekämpfung womöglich weniger eine qualitative, denn eine quantitative Frage. Sie befasst sich vor allem mit der strategischen Herausforderung, wie das Ziel zu erreichen ist. So stellt Thorsten Hasche fest, das salafistische Milieu berge ein hohes Radikalisierungspotenzial.[64] Die Übergänge zwischen politischem und dschihadistischem Salafismus schätzt er als fließend ein.[65] Wie auch immer man zu Pierre Vogels Salafismus stehen mag, trifft das Urteil von Januzs Biene u. a. wohl zu: „Wie immer man es dreht und wendet, Salafismus ist ein gesellschaftspolitisches Problem.“[66]

Denn eine entscheidende Frage bleibt: Wie steht Vogel grundsätzlich zur Anwendung von Gewalt? Er orientiert sich an der mekkanischen Epoche (610–622 n. Chr.), in der der Prophet auf eine gewaltfreie Strategie setzte.[67] Im Gegensatz dazu steht die spätere medinensische Epoche (622–632 n. Chr.), die die Gewaltfrage deutlich bellizistischer verhandelt. Beide Phasen zeigen: Je nachdem, welche Lesart Salafisten wählen, bewegen sie sich in der einen oder in der anderen Referenzzeit von Muhammads Wirken. Dies beeinflusst ihre strategischen Überlegungen, was den Umgang einer muslimischen Gemeinschaft mit ihrer Diasporasituation betrifft. Friedliche Interpretationen können rasch in gewaltaffine Deutungen kippen, wenn die Muslime eine Bedrohungssituation durch die Mehrheitsgesellschaft perzipieren. Dann müsse gekämpft werden.

Viele Argumente Vogels, die seine friedliche Haltung unterstreichen sollen, ruhen daher auf tönernen Füßen: Gewalt sei im Islam nur in einer Notwehrsituation erlaubt. Dies ist nicht nur in konservativen muslimischen Kreisen konsensfähig[68], sondern ein Menschenrecht: Werden Gruppen angegriffen, dürfen sie sich verteidigen.[69]

64 Thorsten Hasche, Islamismus in der Bundesrepublik Deutschland, in: Eckhard Jesse/Tom Mannewitz (Hrsg.), Extremismusforschung. Handbuch für Wissenschaft und Praxis, 2. Aufl., Baden-Baden 2024, S. 369–404, hier: S. 389.

65 Ebd.

66 Janusz Biene/Christopher Daase/Julian Junk/Harald Müller, Einleitung, in: Dies. (Hrsg.), Salafismus und Dschihadismus in Deutschland, Bonn 2017, S. 7–41, hier: S. 11.

67 Vgl. Wiedl/Becker (FN 5), S. 195 f.

68 Vgl. Peter Wetzels/Katrin Brettfeld, Muslime in Deutschland. Integration, Integrationsbarrieren, Religion und Einstellungen zu Demokratie, Rechtsstaat und politisch-religiös motivierter Gewalt. Ergebnisse von Befragungen im Rahmen einer multizentrischen Studie in städtischen Lebensräumen (2007), unter: https://www.deutsche-islam-konferenz.de/SharedDocs/Anlagen/DE/Downloads/WissenschaftPublikationen/muslime-in-deutschland-lang-dik.html, S. 80 ff. (10. August 2025).

69 Vgl. zur Entstehung und Rechtfertigung im historischen Kontext Karen Armstrong, Im Namen Gottes. Religion und Gewalt, München 2016.

Was nun, wenn die Desintegration der Salafisten aus der deutschen Gesellschaft in der eigenen Wahrnehmung so weit fortgeschritten ist, dass sie sich bedroht und in ihrer Glaubensausübung angegriffen fühlen, weil sie z. B. keine Burka tragen dürfen, ihnen der Bau einer Moschee verwehrt wird oder sie durch die Teilnahme am Schwimmunterricht zu einem ihrer Ansicht nach unsittlichem Verhalten gezwungen werden? Was, wenn ihre Marginalisierungserfahrungen als Angriffe auf die Religion verstanden werden? Ist ihnen dann nicht gestattet, sich zu verteidigen, da sie aus Notwehr handeln? Vogel spielt genau mit diesen Fragen.[70]

Der herausfordernde Umgang mit Vogel gebietet, die Grenzen der Toleranz „dem Anderen" gegenüber nicht aufzugeben zugunsten einer zunehmend geschlossenen Gesellschaft, die gesinnungsdiktatorische Züge trägt und selbst polarisiert. Zugleich mahnt er, wie bedroht diese offene Gesellschaft durch eine systematische Unterwanderung ihrer Feinde ist. Denn Vogel ist klar in seinem fundamentalistischen Bekenntnis: Er fordert die freiwillige Missionierung der gesamten deutschen Gesellschaft. Am Ende des Marsches durch die Institutionen stünde ein deutscher muslimischer Gottesstaat, der nicht mehr religiös neutral wäre, sondern die Gebote der Scharia umsetzte und schützte – einer Scharia, die, so wie Vogel sie versteht, islamisches Recht über säkulares Recht stellt. Dies bedeutete das Ende des demokratischen Rechtsstaats.

Die Auseinandersetzung mit diesem Imam muss trotz der möglichen Bedrohung vor allem inhaltlich geführt werden und weniger mit Verboten. So konstatieren Toprak und Weitzel: „Bloße Antihaltungen dekonstruieren diese Weltsicht nicht, sie verstärken sie bloß."[71] Sie bergen die Gefahr einer Radikalisierung bisher moderater Bürger, die darin eine Überreaktion und eine Hilflosigkeit des deutschen Staates erkennen. Ein Vorwurf, der mitunter nicht unberechtigt ist, wie ein Blick auf viele Diskurse zum Islam sowie zum Islamismus in der Öffentlichkeit, in den Medien sowie im Bundestag zeigt. Insbesondere junge Menschen müssen mit Argumenten davon überzeugt werden, worin die Gefahr einer fundamentalistischen Zwei-Klassen-Gesellschaft (Gläubige vs. Ungläubige), wie Vogel sie wünscht, besteht.

3. Literatur

Literatur von Pierre Vogel liegt nicht vor. Sie wäre wohl auch nicht sehr originell, da er nicht als selbständiger Denker oder Theologe Neues entwickeln möchte. Vielmehr verhält es sich bei ihm so, wie es der Islamwissenschaftler Rüdiger Lohlker über deutsche Salafisten allgemein festhält: „Diese erzeugen ihr religiöses Kapital aus der Verarbeitung des Wissens transnationaler Schlüsselfiguren, und zwar meist saudischer, aber auch ägyptischer Prediger."[72] Vogels verarbeitetes Wissen in Form von

70 Ähnlich Said (FN 41), S. 208 f.
71 Toprak/Weitzel (FN 52), S. 57.
72 Lohlker (FN 22), S. 92.

YouTube- und TikTok-Videos ist nicht mehr überschaubar, da er in den vergangenen 20 Jahren mehrere Tausend Videos produziert hat. Das bedeutet für die Analyse jedoch kein substanzielleres Problem, da die Inhalte und Aussagen überwiegend redundant sind. Die meisten Standpunkte Vogels im Jahr 2025 wie die Ablehnung terroristischer Gewalt gleichen jenen von vor zehn Jahren. Vielleicht ist dies ein Grund dafür, dass neue Videos, die Glaubensunterweisungen thematisieren, keine erhöhten Klickzahlen mehr aufweisen: Die Szene ist mit Material gesättigt. Indes erzielt Vogel weiterhin eine gewisse Reichweite, wenn er auf aktuelle Entwicklungen oder Ereignisse eingeht.[73]

Was die Literatur über Pierre Vogel betrifft, so ist ein erhöhtes Forschungsinteresse insbesondere im Zeitraum von 2010 bis etwa 2018 erkennbar. Das junge Forschungsfeld zum Salafismus wurde ab 2010 und vor allem 2014/2015 von verschiedenen öffentlich geförderten Forschungsprojekten[74] bearbeitet, da auch die Politik ein Interesse daran hatte, Wissen zu dieser gesellschaftspolitischen Herausforderung zu generieren und Expertise zu gewinnen. Schließlich waren vor allem mit der Frage nach der Herkunft des Dschihadismus und den IS-Terroranschlägen in Europa sicherheitspolitische Fragestellungen berührt. Einen ersten nach wie vor lesenswerten Überblick zum Salafismus bietet der Sammelband von Behnam T. Said und Hazim Fouad aus dem Jahr 2014, in dem namhafte Experten verschiedene Facetten und Fragestellungen beleuchten.[75] Immer wieder wird in den Beiträgen Pierre Vogel genannt und betrachtet, ohne ihm einen eigenständigen Beitrag zu widmen. Einen fundierten, wenngleich sehr knappen Überblick u. a. über die islamtheologischen Einflüsse auf Vogel gelingt Nina Wiedl und Carmen Becker, ebenfalls aus dem Jahr 2014.[76]

Eine sorgfältige Zusammenschau der ersten Jahre der Salafismus-Forschung und ihre Einordnung von Vogels Wirken bieten Klaus Hummel u. a. im Jahr 2016.[77] Sie verdeutlichen die bereits ausgeführte Herausforderung, vor der die Wissenschaft bei der Bewertung des Phänomens Salafismus steht. Dies umfasst die Beurteilung von Predigern wie Pierre Vogel: Bedeuten sie einen Durchlauferhitzer in Richtung Radikalisierung, wie es u. a. Thorsten Hasche[78] vertritt? Oder sind Berührungspunk-

73 Vgl. mit fast 20.000 Aufrufen nach einem Monat Pierre Vogel, Was sagst Du zu Abdelhamid? (26. Juni 2025), unter: https://www.youtube.com/watch?v=aSfTsqrNpSA (10. August 2025).

74 Beispielhaft genannt seien zu dem Themenfeld: Propaganda 2.0 beim BKA (2010–2013); HATIF-Hotline als Aussteiger-Hotline (2010–2014); Salafismus in Deutschland – Forschungsstand und Wissenstransfer (2015–2016) bei der Hessischen Stiftung Friedens- und Konfliktforschung; PrADera: Praxisorientierte Analyse von Deradikalisierungsprozessen (2018–2020) als Verbundprojekt mit dem BaMF, dem Bayerischen LKA und der TU Berlin; oder MOTRA als Monitoringsystem und Transferplattform (seit 2020).

75 Said/Fouad (FN 3).

76 Wiedl/Becker (FN 5); vgl. zu Pierre Vogel ebenfalls Ulrich Kraetzer, Salafisten: Bedrohung für Deutschland? Gütersloh 2014, S. 133–162.

77 Klaus Hummel/Melanie Kamp/Riem Spielhaus/Lina-Maraike Stetten/Andreas Zick, Datenlage und Herausforderungen empirischer Forschung, in: Biene/Daase/Junk/Müller (FN 66), S. 43–77.

78 Hasche (FN 64).

te zwischen politischen und dschihadistischen Salafisten zwar vorhanden, aber trotz gefährlicher Nähe analytisch voneinander zu unterscheiden, wie es Klaus Hummel und Michail Logvinov fordern?[79] Obgleich die Frage aufgeworfen ist, inwieweit Vogels Wirken im Internet maßgeblichen Einfluss auf Radikalisierungsverläufe vor allem ins extremistische Spektrum ausübt, bleibt trotz andauernder Diskussion dieser schwierige Aspekt bisher unbeantwortet, wie El-Wereny kritisch bemerkt.[80]

Bei der Beurteilung des Bedrohungspotenzials durch Vogel war und ist die Wissenschaft mit einer weiteren grundsätzlichen sowie permanenten Herausforderung konfrontiert: Der Salafismus in Deutschland – und weltweit – erlebte seit seinen Anfängen einen erheblichen Wandel. Die Zusammensetzung der Szene verändert sich, die deutsche Gesellschaft ebenfalls und globale politische Entwicklungen wie der *Hamas*-Angriff auf Israel am 7. Oktober 2023 und dessen Folgen für Gaza, drücken auf die transnationale salafistische Bewegung: Sie ist gezwungen, sich zu positionieren. Ferner wird der Islam in Deutschland durch die stetig anwachsende Zahl muslimischer Bürger präsenter. Dies tangiert sowohl die strategische Ausrichtung der Dawa Pierre Vogels als auch seine Wahrnehmung seitens der Mehrheitsgesellschaft. Beides steht in einem reziproken Verhältnis.

Die Forschung zu Vogel selbst ist in den vergangenen Jahren rückläufig. Dies liegt vor allem an einem Grund. Er verkörperte mit dem Aufkommen des Salafismus wie kaum ein anderer diese Bewegung in Deutschland. Seine besondere Strahlkraft, sein Wirken in einer vor allem für uninformierte Beobachter diffusen Szene sowie die Diskussion um die Äquidistanz zu gewaltbereiten Formen des Dschihadismus lenkten die Aufmerksamkeit auf ihn. Nun, da sich die Szene wandelt und zahlreiche weitere und jüngere Prediger auf den Plan treten, rückt Vogel in den Hintergrund. Die jüngste Forschung zum politischen Salafismus reflektiert vor allem den Strategiewechsel innerhalb des Salafismus.[81] Offenbaren sich tatsächlich Integrationsbemühungen oder beobachten wir lediglich eine Professionalisierung der Szene, die nun legalistisch argumentiert?

Wie die Literatur zeigt, bleibt die Forschung eine ausführliche Auseinandersetzung mit Pierre Vogel und dessen Werdegang bisher schuldig. Die vorliegenden Veröffentlichungen beschränken sich auf einzelne Beiträge, Publikationen der Sicherheitsbehörden oder Fachartikel, die unter anderem auf Pierre Vogel eingehen. Dabei würde eine fundierte Biographie zu Pierre Vogel, die ihn und sein Wirken jenseits sicherheitspolitischer Erwägungen beleuchtet, eine Forschungslücke sinnvoll schließen. Sie könnte der Gesellschaft die Möglichkeit bieten, Fragen nach ihrem Umgang mit Religion im Allgemeinen, mit dem Islam sowie mit Fundamentalismus zu reflektieren. Schließlich drückt sich in den Positionierungen ein gesellschaftliches

---

79 Klaus Hummel/Michail Logvinov (Hrsg.), Gefährliche Nähe. Salafismus und Dschihadismus in Deutschland, Stuttgart 2014.

80 El-Wereny (FN 30), S. 222.

81 Arndt Emmerich, Arrival of legal Salafism and struggle for recognition in Germany – reflection and adaptation processes within the German da'wa movement between 2001 and 2022, in: Politics and Religion 16 (2023), S. 416–434.

Selbstverständnis aus, das im steten Wandel begriffen ist. Vogel offeriert immerhin Antworten auf Fragen, die vor allem junge Menschen und Menschen muslimischen Glaubens in Deutschland persönlich bewegen. Diese Themen müssen daher wissenschaftlich und politisch erörtert werden. Dass ein Fundamentalist wie Vogel die Desidarate aufnimmt, kann ihm nicht zum Vorwurf gemacht werden. Die Antworten, die er darauf gibt, können hingegen durchaus verurteilt werden – ebenso wie eine ängstliche, unsachliche und inhaltlich verweigerte Auseinandersetzungen mit ihm.

Länderporträt: Moldau

Von Tom Thieme

1. Darstellung

1.1. Einführung

Die seit dem Zerfall der Sowjetunion 1991 unabhängige Republik Moldau an der südöstlichen Grenze der Europäischen Union ist ein ungewöhnliches Land. Flächenmäßig und mit gerade einmal 2,6 Millionen Einwohnern kaum größer als Brandenburg steht es seit Jahren im Spannungsfeld zahlreicher innerer und äußerer Konflikte: zwischen proeuropäischen und prorussischen Kräften, zwischen Befürwortern einer moldawischen Unabhängigkeit und Verfechtern einer Union mit Rumänien, zwischen Einheitsstaatlichkeit und separatistischen Tendenzen in der autonomen Region Gagausien und vor allem dem nicht anerkannten, aber de facto unabhängigen Gebiet Transnistrien. Hinzu kommen neben Armut, Auswanderung und einer durch Korruption und Misswirtschaft verbreiteten Unzufriedenheit mit dem politischen System seit 2022 die geopolitischen Herausforderungen durch den Ukraine-Krieg. Die ohnehin prekäre sozioökonomische Lage verschärfte sich einerseits durch die Aufnahme von rund 120.000 Geflüchteten aus dem Nachbarland, mit dem Moldau eine 1.200 Kilometer lange Grenze teilt, andererseits wegen der gedrosselten Energielieferungen aus Russland. Letztgenannte sind Teil von Destabilisierungsversuchen, die mit aus Moskau gesteuerter finanzieller Einflussnahme, mit Desinformationskampagnen und regierungs- bzw. europafeindlicher Propaganda einhergehen.[1] Doch trotz dieser gewaltigen innen- und außenpolitischen Problemlagen blieb es in Moldau bislang erstaunlich ruhig. Weder eskalierten die sozialen Proteste infolge der gravierenden Inflation im Winter 2022/23 noch die aufgeheizten ethnonationalen Konflikte in Richtung eines Systemkollaps, weswegen die Osteuropaexpertin Anastasia Pociumban treffend von einer „Fragilen Stabilität“[2] Moldaus spricht.

Das muss nicht so bleiben. Schon zu Beginn des russischen Angriffskrieges auf die Ukraine hatten Beobachter damit gerechnet, Moldau könne bald das nächste Ziel einer militärischen Intervention sein.[3] Solche Befürchtungen resultieren maßgeblich

1 Vgl. Timo Lehmann, Kampf um Dreamland, in: Der Spiegel vom 17. Mai 2025, S. 79.

2 So Anastasia Pociumban, Fragile Stabilität, in: Aus Politik und Zeitgeschichte (2024), B 28–29, S. 14–20.

3 Vgl. Yelizaveta Landenberger, Teile und Herrsche. Separatismus und russische Einflussnahme in der Republik Moldau, in: Ebd., S. 30–36, hier: S. 31.

aus dem Brennpunkt Transnistrien.[4] Der 200 Kilometer lange und teilweise nur 20 Kilometer breite Streifen zwischen Moldau und der Ukraine mit seinen rund 300.000 Einwohnern wurde am 2. September 1990 als Pridnestrowische Moldauische Republik (PMR) gegründet. Dem gingen die Unabhängigkeitserklärung der sowjetischen Teilrepublik Moldawien und der Konflikt um die Abschaffung des Russischen als Amtssprache – neben dem Rumänischen – voraus. Die Führung der überwiegend russischsprachigen Bevölkerung auf der Ostseite des Flusses Dnister erklärte das Gebiet daraufhin für unabhängig. Der bewaffnete Konflikt zwischen Moldau und dem von der russischen Armee unterstützten abtrünnigen Gebiet Transnistrien dauerte bis 1992 an und endete mit einem Status quo, der bis heute gilt. Nach wie vor sind etwa 1.700 russische Soldaten als „Friedenstruppe" dort stationiert.[5] Bisher scheute Moskau die Annexion Transnistriens, was sich aber bei einem weiteren Vorrücken der russischen Truppen durch ukrainisches Territorium in Richtung Moldau ändern könnte.

Auf die potenzielle russische Bedrohung reagierten die seit 2019 amtierende Regierung und die Ende 2024 wiedergewählte Staatspräsidentin Maia Sandu mit einem dezidiert proeuropäischen Kurs. Am 23. Juni 2022 wurde Moldau gemeinsam mit der Ukraine der EU-Beitrittsstatus verliehen. Im Oktober 2024 fand ein Referendum statt, bei dem die Bürger darüber abstimmen sollten, ob die Beitrittsambitionen des Landes in der Verfassung verankert werden. Zwar sprach sich eine Mehrheit für eine solche europäische Perspektive aus, das Ergebnis war mit 50,4 Prozent Ja-Stimmen jedoch ähnlich wie die Wiederwahl Sandus denkbar knapp ausgefallen.[6] Es zeigt die tiefe Spaltung der moldauischen Gesellschaft in proeuropäische und prorussische Kräfte – und wo die Polarisierung hoch ist, sind extremistische Kräfte nicht weit. Nationalistischen Phänomenen, die insbesondere gegen die russischsprachige Bevölkerung agitieren und sich zum Teil stark an rumänisch-nationalistischen Narrativen orientieren, stehen linksextreme Akteure gegenüber, die sich auf die Sowjetzeit bzw. Russland beziehen und die demokratische Regierung in Chişinău als Vasallen einer aggressiven Expansionspolitik der EU diskreditieren. Hinzu kommen separatistische und irredentistische Bestrebungen[7]– die auf der einen Seite den Anschluss an Russland fordern, auf der anderen Seite ein Großrumänien propagieren. Diese Vielgestaltigkeit der Extremismen vor dem Hintergrund der „fragilen Demokratie"[8] Moldaus

4 Vgl. zur Geschichte und Besonderheit Transnistriens Klemens Büscher, Die „Staatlichkeit" Transnistriens – ein Unfall der Geschichte?, in: Egbert Jahn (Hrsg.), Nationalismus im spät- und postkommunistischen Europa, Bd. 3, Baden-Baden 2009, S. 227–252; Tom Thieme, Im Land, das keiner (aner)kennt, in: Freie Presse vom 28. Dezember 2016, S. 3.

5 Vgl. Landenberger (FN 3), S. 31.

6 Vgl. Anna Guminska, Sandu gewählt, Spaltung zementiert. Präsidentschaftswahlen in Moldova, in: Osteuropa 74 (2024), H. 11–12, S. 25–33, hier: S. 31 f.

7 Siehe zu den unterschiedlichen Formen des ethnischen und separatistischen Extremismus Astrid Bötticher/Miroslav Mareš, Extremismus. Theorien – Konzepte – Formen, München 2012, S. 337–350.

8 So Jan Matti Dollbaum, Moldau: Parlamentarisch-präsidentielles System und fragile Demokratie, in: Sonja Priebus/Timm Beichelt, Die politischen Systeme im östlichen Europa. Institutionen, Akteure und Prozesse, Wiesbaden 2025, S. 393–411.

wird im Folgenden dargestellt und mit Blick auf deren Relevanz und Spezifika eingeordnet.

1.2. Rechtsextremismus

1.2.1. Parteien

Beim politischen System Moldaus handelt es sich seit dem Jahr 2000 um eine parlamentarische Demokratie (zuvor semipräsidentiell), auch wenn 2016 die Direktwahl des Staatspräsidenten wiedereingeführt wurde. Es stellt damit eine Ausnahme unter den postsowjetischen Staaten dar mit einer formal relativ starken Stellung der Parteien. In der Verfassungspraxis ist das Parteiensystem hingegen von anhaltender Schwäche und Instabilität gekennzeichnet.[9] Gesellschaftlich unzureichend verankert und organisatorisch kaum konsolidiert prägen vielmehr einzelne Führungspersonen das politische Geschehen, die in der Vergangenheit häufig wechselnde und kurzlebige Allianzen bildeten, was auch extremistische Akteure einschloss. Zudem kam es bei Wahlen in der Vergangenheit immer wieder zu Unregelmäßigkeiten, unzulässiger Parteienfinanzierung vor allem prorussischer Kräfte, diskriminierender Rhetorik und Korruption. Dessen ungeachtet wurden die Wahlen von OSZE-Beobachtern in der Regel als weitgehend demokratisch bewertet. Parteien, die sich gegen Pluralismus, Rechtsstaatlichkeit und die Unabhängigkeit Moldaus richten, können nach Artikel 41 der Verfassung verboten werden.[10] Wegen solcher Destabilisierungsversuche verbot das Verfassungsgericht Moldaus im Juni 2023 die prorussische Partei *Șor*.[11]

Die Ursprünge der rechtsextremen Parteien in Moldau finden sich in der antikommunistischen Oppositionsbewegung am Ende der 1980er Jahre. Zunächst als heterogenes Bündnis verschiedener Gruppen unter der Bezeichnung *Volksfront* gegründet, bestand weitgehend Einigkeit über die grundlegenden politischen Ziele: die sowjetische Teilrepublik zu demokratisieren, die Dominanz der sowjetorientierten Nomenklatur zu brechen, die Russifizierung zurückzudrängen und stattdessen die national-moldauische Identität zu fördern. Auf dem Weg zur moldauischen Unabhängigkeit wurden jedoch die Differenzen immer deutlicher, die schließlich zur Spaltung der Opposition führten: in einerseits jene Kräfte, die die Souveränität und Eigenstaatlichkeit eines multiethnischen moldauischen Staates anstrebten (Moldovanisten) und andererseits die Befürworter einer Vereinigung Moldaus mit Rumänien

9 Vgl. ebd.; Klemens Büscher, Das politische System Moldovas, in: Wolfgang Ismayr (Hrsg.), Die politischen Systeme Osteuropas, 3. Aufl., Wiesbaden 2010, S. 583–626, hier: 603 f.; Nadja Douglas, Machtfragen und ihre Aushandlung. Zum politischen System der Republik Moldau, in: Aus Politik und Zeitgeschichte 74 (2024), B 28–29, S. 21–27, hier: S. 25 f.

10 Vgl. Die Verfassung der Republik Moldau, unter: https://www.constcourt.md/public/files/file/Actele%20Curtii/acte_en/MDA_Constitution_EN.pdf (1. Mai 2025).

11 Vgl. Cristina Cöllen, Gericht erklärt prorussische Partei für verfassungswidrig, in: Frankfurter Allgemeine Zeitung vom 19. Juni 2023, unter: https://www.faz.net/aktuell/politik/ausland/or-partei-in-moldau-fuer-verfassungswidrig-erklaert-18974874.html (31. Mai 2025).

(Unionisten). Dies führte zu der ungewöhnlichen Konstellation, dass zwei Ethnonationalismen miteinander konkurrierten, die aber beide auf die gleiche Sprachgruppe abzielten.[12]

Zunächst dominierten die Unionisten den Richtungsstreit, nachdem deren Kandidaten bei den letzten Wahlen zum Volkskongress der moldauischen Sowjetrepublik Anfang 1990 die Mehrheit erzielt hatten. Doch durch die neue ethnonationalistische Politik, die rumänisch zur einzigen Amtssprache erklärte, somit große Teile der ethnischen Minderheiten aus dem gesellschaftspolitischen Leben ausschloss und letztlich einen großrumänischen Staat anstrebte, eskalierten die Konflikte in Transnistrien und Gagausien. Konnte letztgenannter eingefroren und 1994 durch die Gewährung weitgehender Autonomierechte gelöst werden, kam es im erstgenannten Fall zu einer militärischen Auseinandersetzung mit etwa 1000 Todesopfern, der erst im Juli 1992 mit einem Waffenstillstand und der Abspaltung Transnistriens endete. Von diesen Ereignissen geschockt, verschoben sich bis zu den ersten freien Wahlen im unabhängigen Staat Moldau 1994 die Kräfteverhältnisse. Aus diesen ging das Lager der Unabhängigkeitsbefürworter unter der Losung „Eine Nation, zwei Staaten" als Sieger hervor – nicht nur, weil die große Mehrheit der 35 Prozent Nichtmoldauer die Union mit Rumänien ablehnte, sondern auch weil der Großteil der Titularnation sich stärker als Moldauer und nicht als Rumänen identifizierte. Infolgedessen spaltete sich der radikale Teil der *Volksfront* mit stark antirussischen, antiukrainischen und antigagausischen Ressentiments ab und hielt an der Konzeption eines großrumänischen Staates fest. Bis heute vertritt das Gros des rechtsextremistischen Spektrums in Moldau die Vorstellungen eines pan-rumänischen Nationalismus, wie umgekehrt ihre rumänischen Pendants die Vereinigung des historischen Bessarabiens anstreben.[13]

Aus der *Volksfront* ging im Vorfeld der Parlamentswahlen 1994 die Partei *Christlich Demokratische Volksfront* (*Frontului Popular Creştin Democrat*, FPCD) hervor. Die Wahlallianz mit zwei weiteren pan-rumänischen Parteien erzielte 7,5 Prozent (Tabelle 1), während die Parteien der Unabhängigkeitsbefürworter die absolute Mehrheit der Mandate errangen.[14] Nach zahlreichen Neugründungen, Zusammenschlüssen und Abspaltungen trat die FPCD 1998 als Teil einer gemeinsamen Liste verschiedener antikommunistischer Parteien an. Das Bündnis wurde mit 19,4 Prozent zweitstärkste Kraft (acht der 26 Mandate entfielen auf die FPCD) und konnte mit zwei weiteren Parteien eine Regierung gegen die stimmenstärkste *Kommunistische Partei der Republik Moldau* (*Partidul Comuniştilor din Republica Moldova*, PCRM) bilden, die sich 1994 wiederbegründet hatte. Da jedoch ideologische wie

12 Vgl. ausführlich Claus Neukirch, Die Republik Moldau zwischen Unionismus, Moldavanismus und Staatsbürgernationalismus, in: Jahn (FN 4), Bd. 2, S. 151–175.

13 Vgl. Tom Thieme, Länderporträt: Rumänien, in: Uwe Backes/Alexander Gallus/Eckhard Jesse/ders. (Hrsg.), Jahrbuch Extremismus & Demokratie, Bd. 33, Baden-Baden 2021, S. 233–250, hier: S. 238.

14 Vgl. Claus Neukirch, Moldova, in: Dieter Nohlen/Philip Stöver (Hrsg.), Elections in Europe. A Data Handbook, Baden-Baden 2010, S. 1311–1348, hier: S. 1317.

persönliche Differenzen gegenüber dem gemeinsamen Feindbild Kommunismus überwogen, verließ die FPCD bereits ein Jahr später die Koalition.[15] 1999 folgte die Umbenennung in *Christlich Demokratische Volkspartei*, die mit einer Demokratisierung bzw. Mäßigung der ethnonationalistischen Ausrichtung einherging, wiewohl sie bis zum Ende des Übergangsjahrzehnts die parlamentarische Vertretung der Anhänger einer Union mit Rumänien blieb. Der gescheitere Parlamentseinzug 2009 leitete den allmählichen Niedergang der Partei ein, die heute im politischen System Moldaus bedeutungslos ist.

Die Charakterisierung der FPCD als rechtsextreme Partei ist nicht eindeutig. Was gegen eine solche Einordnung spricht, sind das Fehlen einer offen rassistischen oder völkisch-ethnischen Ideologie sowie das erklärte Ziel einer autoritären politischen Ordnung. Auch Gewalt als Mittel zur Durchsetzung ihrer politischen Ziele wurde von der Partei nach den Exzessen in Transnistirien und Gagausien abgelehnt. Deutlicher zeigte sich der Rechtsextremismus in der strikt antikommunistischen Ausrichtung, verbunden mit einer militanten Rhetorik vor allem gegenüber der russischsprachigen Bevölkerung in Moldau. Ethnozentristische Positionen wie die Dominanz der rumänischen Sprache und Kultur im öffentlichen Leben bis hin zum Anschluss Moldaus an das Nachbarland gingen häufig mit Forderungen nach Privilegien für Angehörige der Titularnation einher. Der Kurswechsel 1999 und die Beteiligung an der von den Kommunisten geführten Regierung (2001–2005) führten zu einem programmatischen Wandel und der Neuaufstellung als demokratische nationalkonservative Partei.

Tabelle 1: Ergebnisse der rechtsextremen Parteien bei den Parlamentswahlen in Moldau (in Prozent)

	1994	1998	2001	2005	4/2009	7/2009	2010	2014	2019	2021
FPCD	7,5	19,4* (8)	---	---	---	---	---	---	---	---
PNL	---	---	2,8	---	---	---	0,6	0,4	0,2	---
PDA	---	0,0	---	---	---	---	---	0,2	0,3	---
AUR	---	---	---	---	---	---	---	---	---	0,5

* Als Teil des Wahlbündnisses *Demokratischer Kongress Moldaus* (in Klammer die Anzahl der Mandate für die FPCD).

Quelle: Zentrale Wahlkommission der Republik Moldau, unter: https://a.cec.md/en (eigene Zusammenstellung).

Seit der Jahrtausendwende blieben rechtsextreme Parteien in Moldau weitgehend bedeutungslos. Zwar gab es immer wieder Neugründungen, die das Ziel der Vereinigung mit Rumänien verfolgten, wie die *Nationalliberale Partei* (*Partidul Național Liberal*, PNL) oder die 2011 gegründete Partei *Demokratie zu Hause* (*Partidul*

15 Vgl. Neukirch (FN 12), S. 170.

Democrația Acasă, PDA). Doch anders als während des Transformationsprozesses Anfang der 1990er Jahre konnte die Idee des Unionismus keine Anziehungskraft mehr entfalten. Das hatte drei wesentliche Gründe: Zum einen verschob sich die zentrale Konfliktlinie weg vom Gegensatz Unabhängigkeit vs. Großrumänien hin zu einer starken Polarisierung prorussischer oder proeuropäischer Kräfte. Zum zweiten erstarkten mit zeitlich wachsender Distanz zur Unabhängigkeitserklärung das Nationalbewusstsein und eine spezifische nationale moldauische Identität. Zum Dritten wurden Gebietsansprüche aus Rumänien wie von der dortigen *Partei Großrumänien* (PMR), die im Jahr 2000 bei den nationalen Wahlen fast 20 Prozent erreichte, mit zunehmender Skepsis betrachtet – quasi zum Anhängsel des rumänischen Kernlandes zu werden.

Dem ungeachtet kam es im Jahr 2021 zur Gründung der *Allianz für die Vereinigung der Rumänen* (*Alianța pentru Unirea Românilor*, AUR). Dabei handelt es sich um den moldauischen Ableger der gleichnamigen rumänischen Partei. Diese war zwei Jahre zuvor entstanden und hatte bei den Parlamentswahlen 2020 aus dem Stand 9,2 Prozent der Stimmen erzielt. Mittlerweile ist die AUR zweitstärkste Kraft im rumänischen Parteiensystem, nachdem sie ihr Wahlergebnis 2024 nahezu verdoppeln konnte (18,3 Prozent). Ihr Parteivorsitzender und Aushängeschild George Simeon verfehlte in der zweiten Runde der Präsidentschaftswahlen im Mai 2025 mit 46,4 Prozent nur knapp den Wahlsieg.[16] In Moldau blieb ein solcher Erfolg bislang aus – gerade einmal 0,5 Prozent der Stimmen erzielte die moldauische AUR bei den Parlamentswahlen 2021. Doch nicht nur ihr Kernthema, die Einheit des rumänischen Nationalstaats unter Einschluss der 1944 abgetrennten Gebiete Bessarabien und Nordbukowina (in der Ukraine), wird von weiten Teilen der moldauischen Gesellschaft mittlerweile abgelehnt. Vor allem die prorussische und antiukrainische bzw. antieuropäische Haltung Simeons steht in starkem Widerspruch selbst unionistisch orientierter Moldauer. Für Simeon gilt seit 1. Oktober 2018 ein Einreiseverbot nach Moldau.[17] Hingegen sind die Bevorzugung der moldauisch-rumänischen Mehrheitsbevölkerung und die offene Diskriminierung von Minderheiten ebenso wie die gesellschaftspolitischen Vorstellungen (traditionelles Familienbild, Ablehnung von Abtreibung und Rechten für sexuelle Minderheiten) weitgehend deckungsgleich mit den Positionen im moldauischen Rechtsextremismus.[18]

---

16 Vgl. Christian Stör u. a., Sieger von Rumänien-Wahl steht fest – Pro-Europäer schlägt Rechtspopulisten, in: Frankfurter Rundschau vom 20. Mai 2025; Kathrin Lauer, Pro-Europäer Nicusor Dan gewinnt Präsidentenwahl, in: Freie Presse vom 20. Mai 2025, S. 5.

17 Vgl. Catalina Mihai, Moldau verbietet umstrittenem rumänischem Rechtsaußen-Politiker weiter die Einreise, in: Euractiv vom 5. Februar 2024, unter: https://www.euractiv.de/section/europa-kompakt/news/moldau-verbietet-umstrittenem-rumaenischem-rechtsaussen-politiker-weiter-die-einreise/ (31. Mai 2025).

18 Vgl. Sorina Soare, Abgesang oder Neuanfang. Über den Populismus in Rumänien, in: Osteuropa 69 (2019), H. 6–8, S. 179–190, hier: S. 188–190.

1.2.2. Nichtparteiförmiger Rechtsextremismus

Eine organisatorisch gefestigte rechtsextremistische Szene im klassischen Sinn existiert in Moldau nicht. Vielmehr sind rassistische Positionen in großen Teilen der Gesellschaft weit verbreitet und richten sich einerseits gegen ethnische Minderheiten, vor allem die Roma-Bevölkerung, andererseits gegen die nur schwach verankerte LGBTQ-Community im Land. Demonstrationen der Pride-Bewegung in Moldaus Hauptstadt Chişinău wurden in der Vergangenheit immer wieder von gewalttätigen Gegenprotesten begleitet, einesteils von homophob eingestellten Jugendlichen, anderenteils von orthodoxen Christen und Kirchenvertretern, die in Homosexualität eine Gefahr des traditionellen Familienbildes sehen. Zugleich beschreiben zivilgesellschaftliche Organisationen in den vergangenen Jahren eine zunehmende gesellschaftliche Offenheit und eine Abnahme von Homophobie, was mit den Auslandserfahrungen vieler junger Moldauer zusammenhänge, die anderswo sexuelle Vielfalt als Selbstverständlichkeit erlebten und mit positiven Einstellungen zurückkehrten.[19]

Die Feindseligkeit gegenüber den Roma in Moldau ist hingegen nach wie vor weit verbreitet. Eine Studie der EU-Menschenrechtskommission registrierte „Anti-Roma-Äußerungen wie Aufstachelung zu Hass, Diskriminierung, Stereotypen oder Verallgemeinerungen in Bezug auf Straftaten“[20]. Roma werden von vielen Einwohnern anders als andere Minderheiten im multiethnischen Moldau nicht als gesellschaftlich zugehörig wahrgenommen – hier unterscheiden sich trotz aller Nationalitätenkonflikte die Positionen von ethnischen Moldauern, Russen, Ukrainern, Bulgaren und Gagausen kaum. Vor allem seit Beginn des Ukraine-Krieges hat sich die Situation der Roma verschärft. Die ohnehin prekäre humanitäre Situation vieler Flüchtlinge beschreiben Beobachter im Fall von Roma als besonders gravierend. Teilweise weigerten sich Behörden, Roma einen vergleichbaren Schutzstatus zu gewähren wie anderen Flüchtlingen, teilweise seien diese segregiert untergebracht. Aus Angst vor Diskriminierung im Alltag verschleiern viele Roma ihre ethnische Identität, weshalb ihr offizieller Bevölkerungsanteil gerade einmal 0,3 Prozent ausmacht.[21] Die Dunkelziffer dürfte um ein Vielfaches höher liegen – so gilt die im Nordosten gelegene Stadt Soroca (35.000 Einwohner) als „Hauptstadt“ der Roma in Südosteuropa mit einem Anteil von einem Drittel der Bevölkerung.[22] Mit der Begründung eines wachsenden Antiziganismus seit Beginn des Ukraine-Krieges und der anhaltenden Alltagsdiskriminierung der Roma wurde auch die Einstufung

19 Vgl. Ramona Westhof, Ein Kampf, der nicht vergebens ist, in: Deutschlandfunk Kultur vom 25. November 2019, unter: https://www.deutschlandfunkkultur.de/lgbt-in-moldau-ein-kampf-der-nicht-vergebens-ist-100.html (31. Mai 2025).

20 EU-Menschenrechtskommission, Human rights of Roma and Travellers in Europe, Straßburg 2012, S. 41.

21 Vgl. Irina Radu, Altes und Neues für Roma in der Republik Moldau, in: Goethe-Institut vom Herbst 2022, unter: https://www.goethe.de/ins/ro/de/kul/sup/unp/24305065.html (31. Mai 2025).

22 Vgl. Frieder Monzer/Timo Ulrichs, Moldova, 2. Aufl., Berlin 2016, S. 164.

Moldaus als sicheres Herkunftsland für Asylbewerber durch die Bundesregierung 2023 von Menschenrechtsgruppen scharf kritisiert.[23]

Ähnlich wie auf der parteiförmigen Ebene spielt der Konflikt zwischen „Moldavisten“ und „Unionisten“ im nichtparteiförmigen Rechtsextremismus bis heute eine gewisse Rolle. Es existiert nach wie vor eine gut organisierte und präsente prorumänische Bewegung, an der auch antidemokratische Kräfte beteiligt sind.[24] Diese stehen einerseits ähnlich wie ihre rumänischen Pendants in der Tradition der faschistischen und antisemitischen *Eisernen Garde* und vertreten eine militant nationalistische Ideologie in Verbindung mit der christlichen Orthodoxie und dem Ziel, die staatliche Einheit aller Rumänen zu erlangen. Andererseits handelt es sich um rechtsextreme Studenten und intellektuelle Zirkel, die das Konzept einer moldauischen Identität ablehnen und den Anschluss an das rumänische Kernland fordern.[25]

1.3. Linksextremismus

1.3.1. Parteien

Anders als im Rechtsextremismus existiert am anderen Ende des politischen Spektrums mit der kommunistischen PCRM eine bis heute relevante politische Kraft. 1991 im Zuge der nationalen Unabhängigkeit als verfassungsfeindlich verboten, wurde die Partei 1993 wiedergegründet. Sie versteht sich als ideeller wie rechtlicher Nachfolger der einstigen KP der Sowjetrepublik Moldau. Von den Parlamentswahlen 1994 ausgeschlossen, gelang ihr 1998 mit 30,0 Prozent das Comeback (Tabelle 2). Obwohl stimmenstärkste Partei, blieb die PCRM von der Regierungsbildung ausgeschlossen.[26] Das änderte sich 2001. Sie profitierte bei den vorgezogenen Neuwahlen vom katastrophalen Abschneiden der zerfallenen Regierung und erzielte mit 50,1 Prozent die absolute Mehrheit.[27] Sie ist damit die einzige kommunistische Partei im postsowjetischen Raum, die eine Mehrheitsregierung anführte – ein Erfolg, den sie 2005 wiederholte (46,0 Prozent). Parallel wurde ihr bis heute amtierender Vorsitzender 2001 und 2005 Vladimir Voronin zum Staatspräsidenten gewählt. Auch

23 Vgl. Chiara Bachels u. a., Moldau als „sicheres Herkunftsland“ und das europäische Migrationsdilemma, in: Treffpunkt Europa vom 25. Juli 2024, unter: https://www.treffpunkteuropa.de/moldawien-als-sicheres-herkunftsland-und-das-europaische-migrationsdilemme?lang=fr (31. Mai 2025).

24 Vgl. Rebecca Haynes, Moldau – ein historischer Überblick, in: Geschichtsbewusst. Das Public-History-Portal der Konrad-Adenauer-Stiftung vom 6. September 2022, unter: https://www.kas.de/de/web/geschichtsbewusst/essay/-/content/moldau-ein-historischer-ueberblick (31. Mai 2025).

25 Vgl. Thieme (FN 13), S. 241.

26 Vgl. Gottfried Hanne, Ausweg aus der Krise? Parlamentswahlen und neue Mitte-Rechts-Koalition in der Republik Moldau, in: Osteuropa 48 (1998), H. 11/12, S. 1139–1148.

27 Vgl. Stefan D. Tiron, Die Republik Moldau vor dem Umschwung, in: OST-WEST. Europäische Perspektiven 10 (2009), S. 58–64, hier: S. 59.

2009 blieb die PCRM mit weitem Abstand stimmenstärkste Partei (49,5 Prozent). Da die Partei aber eine Drei-Fünftel-Mehrheit zur Wiederwahl Voronins verfehlte und es nach Vorwürfen des Wahlbetruges zu gewalttätigen Protesten gegen die Regierung kam, gab es bereits drei Monate später Neuwahlen.[28] Zwar immer noch Wahlsieger (44,7 Prozent) konnte nun eine Mehrparteienregierung gegen die PCRM gebildet werden, die den Abstieg der Kommunisten einläutete. 2010 nochmals stimmenstärkste Partei (39,3 Prozent) beschleunigte vor allem das Erstarken einer Konkurrenzpartei am äußeren linken Rand des Parteienspektrums den Niedergang der Kommunisten – nämlich der *Partei der Sozialisten der Republik Moldau* (*Partidul Socialiştilor din Republica Moldova*, PSRM).[29]

Tabelle 2: Ergebnisse der linksextremen Parteien bei den Parlamentswahlen in Moldau (in Prozent)

	1994	1998	2001	2005	4/2009	7/2009	2010	2014	2019	2021
PCRM	---	30,0	50,1	46,0	49,5	44,7	39,3	17,5	3,8	27,2*
PSRM	---	0,6	0,5	4,95**	---	---	---	20,5	31,2	
RP	---	---	---	---	---	---	---	0,3	---	---
CC	---	---	---	---	---	---	---	---	---	0,8

* Als Wahlallianz von PCRM und PSRM.

** Als Wahlbündnis unter der Bezeichnung *Heimat* mit der PSM.

Quelle: Zentrale Wahlkommission der Republik Moldau, unter: https://a.cec.md/en (eigene Zusammenstellung)

Der Wachablösung bei den Parlamentswahlen 2014, bei der die Sozialisten erstmals stärker als die Kommunisten abschnitten (17,5 und 20,5 Prozent), folgte die Erdrutschniederlage der PCRM 2019: Erstmals verfehlte sie mit 3,8 Prozent den Parlamentseinzug, während die PSRM ihren Wahlsieg wiederholte (31,2 Prozent), allerdings in der anschließend gebildeten Regierung nicht den Ministerpräsidenten stellte, sondern das Amt der späteren Staatspräsidentin Sandu überließ. Eine abermalige Regierungskrise führte 2021 zu Neuwahlen, bei der Sozialisten und Kommunisten als Wahlallianz antraten (*Blocul Electoral al Comuniştilor şi Socialiştilor*, BECS). Da die Verantwortung für die politische Misere den Sozialisten und Staatspräsident Igor Dodon, früherer und späterer Vorsitzender der PSRM, zugeschrieben wurde, während sich Sandu als proeuropäische Kraft des Aufbruchs präsentieren konnte, blieb das Bündnis mit 27,2 Prozent deutlich hinter den eigenen Erwartungen und der siegreichen liberalen *Partei der Aktion und Solidarität* (*Partidul Acţiune*

28 Vgl. Anneli Ute Gabnyi, Krisenwahlen in Moldova. Ergebnisse, Konflikte, Perspektiven, in: Osteuropa 59 (2009), H. 5, S. 3–16, hier: S. 10 f.

29 Vgl. Sven-Joachim Irmer, Parlamentswahlen in der Republik Moldau. Eine geopolitische Zäsur, in: Länderbericht der Konrad-Adenauer-Stiftung e. V., Nr. 10/2014; Douglas (FN 9), S. 24.

și Solidaritate, PAS) zurück (52,8 Prozent).[30] Weitere linksextreme, zumeist prorussische Parteien wie die fast namensgleiche *Sozialistische Partei Moldaus* (*Partidul Socialist din Moldova*, PSM), die 2012 von den Kommunisten abgespaltene *Erweckungspartei* (*Partidul „Renaștere"*, PR) oder die 2019 gegründete *Gemeinsame Aktionspartei – Bürgerkongress* (*Partidul Acțiune Comune – Congresul Civic*, CC) blieben weitgehend erfolglos. Sie traten nur sporadisch oder als Teil von Allianzen bei Wahlen an, erlangten aber vereinzelt Einfluss durch Überläufer der PCRM wie zuletzt 2023, als sich vier Abgeordnete der PR anschlossen.[31]

Die im postsozialistischen Raum verbreitete Integration nationalistischer Ideologieelemente[32] durch in Kontinuität zum Kommunismus stehende Parteien findet sich auch in Moldau. So klassifizieren Backes/Moreau die PCRM als marxistisch-leninistische Partei,[33] was sich mit deren Selbstbild deckt. Bis heute verwendet die Partei Hammer und Sichel als offizielle Symbole, die Parteizeitung nennt sich „Der Kommunist", und sie bezeichnet sich selbst als „Nachfolger und Erbe der Ideen und Traditionen der Kommunistischen Partei Moldawiens".[34] Weiter heißt es: „Die PCRM sieht ihre Mission in der aktiven Entwicklung und Assimilation des gesamten ideologischen Erbes und der politischen Erfahrung des europäischen Kommunismus und Sozialismus, der kreativen Anwendung der marxistisch-leninistischen Theorie, bereichert durch die Errungenschaften der modernen Sozialwissenschaften und die Erfahrungen der weltweiten linken Bewegung." Vor allen in ihrer Regierungszeit habe die Partei allerdings nie den Eindruck gemacht, ihre kommunistischen Ziele tatsächlich umsetzen zu wollen, sondern vielmehr kommunistische Ideologie und Sowjetnostalgie aus sozialpsychologischen Gründen kultiviert, urteilt der Moldau-Experte Klemens Büscher.[35] Zwar gelten Kommunisten wie Sozialisten als grundsätzlich prorussisch und stehen für die Vertiefung der politischen und ökonomischen Beziehungen zu Russland. Allerdings unterschieden sich vor allem während der Regierungszeit der PCRM in der Transnistrien-Frage die Interessen. Während diese es Moskau noch immer ermöglicht, seine Militärpräsenz „im Rücken" der Ukraine aufrecht zu erhalten und die Westorientierung Moldaus zu erschweren, sehen die Kommunisten Moldau als Brückenstaat zwischen Russland und der EU und befürworten die Lösung des Transnistrienkonflikts auf der Grundlage eines föderalen Staatsmodells.[36] Seit dem Beginn des Ukraine-Krieges sind auch unter den Links-

30 Vgl. Dominic Maugeais, Moldau, in: Werner Weidenfeld/Wolfgang Wessels (Hrsg.), Jahrbuch der Europäischen Integration 2021, Baden-Baden 2021, S. 395 f.

31 Vgl. Das Parlament der Republik Moldau, unter: https://www.parlament.md/member-of-the-parliament.nspx (31. Mai 2025).

32 Siehe ausführlich Tom Thieme, Hammer, Sichel, Hakenkreuz. Parteipolitischer Extremismus in Osteuropa. Entstehungsbedingungen und Erscheinungsformen, Baden-Baden 2007.

33 Vgl. Uwe Backes/Patrick Moreau, Conclusion, in: Dies. (Hrsg.), Communist and Post-Communist Parties in Europe, Göttingen 2008, S. 535–607, hier: S. 556.

34 Partei der Kommunisten der Republik Moldau, Charta, unter: https://www.pcrm.md/ru/ustav (31. Mai 2025).

35 So Büscher (FN 9), S. 605 f.

36 Vgl. Vlad Kulminski/Hans Martin Sieg, Die Europäisierung Moldovas. Eine Strategie zur Lösung des Transnistrienkonflikts, in: Osteuropa 59 (2009), H. 5, S. 17–28, hier: S. 19 u. 23.

außenparteien die Sorgen vor einer russischen Invasion verbreitet – ein Annexion der überwiegend von ethnischen Russen bewohnten Regionen wie in der Ukraine lehnen sie als vehemente Unterstützer der moldauischen Unabhängigkeit ab.

In ihrer Rolle als Bewahrer der moldauischen Souveränität – vor russischen Ambitionen von Osten wie einer „Rumänisierung" von Westen – bedienen sich Kommunisten wie Sozialisten selbst nationalistischer Narrative. Nach wie vor stehen die Parteien für radikal moldovanistische Positionen, die den rumänischen Charakter der Titularnation, kulturelle und sprachliche Gemeinsamkeiten negieren.[37] Die Ablehnung rumänischer Einflüsse geht einher mit antiwestlichen Ressentiments, sowohl was die Folgen der ökonomischen Vernetzung Moldaus betrifft als auch in Form der Ablehnung von Individualismus und liberalen Lebensentwürfen, die unvereinbar seien mit traditionell moldauischen Werten. Das führt zu dem paradoxen Umstand, dass gerade PCRM und PSRM die Nähe zur orthodoxen Kirche suchen.[38] In diesem Zusammenhang erklärte der moldauische Staatspräsident Dodon 2017, er sei nicht der Präsident von Schwulen, nachdem aufgrund von Bedrohungen eine LGBTQ-Parade in Chişinău abgebrochen werden musste. Viktor Orban und dem ungarischen Volk gratulierte er 2021 zu einem „famosen Anti-LGBTQ-Gesetz".[39]

1.3.2. Nichtparteiförmiger Linksextremismus

Eine linksextremistische Szene mit regelmäßigen (gewalttätigen) Aktionen, Protestereignissen und nennenswerten Online-Aktivitäten existiert in Moldau nicht. Bei den ihrem Selbstverständnis nach antifaschistischen Jugendgruppen handelt es sich überwiegend um kaum organisierte private Freundeskreise, zumeist mit akademischem Hintergrund, wobei der Begriff „Antifa" selten Verwendung findet. Zwar vertreten linke Intellektuelle, Menschenrechtsorganisationen und NGOs antifaschistische Prinzipien, aber meist als Teil demokratisch proeuropäischer und menschenrechtsorientierter Aktivitäten und nicht im Sinne eines linksextremen Antifa-Milieus. Die *Föderation der Anarchisten Moldaus* gilt als seit Jahren inaktiv.[40] Allerdings wurde im Zuge des Wahlkampfs 2014 eine trotzkistische Gruppe unter der Bezeichnung *Rezist Antifa* wegen des Vorwurfs festgenommen, Anschläge mit dem Ziel eines Staatsstreichs geplant zu haben.[41] Ermittler fanden bei den beschuldigten

37 Vgl. Neukirch (FN 12), S. 169.

38 Vgl. Karl Weinhuber, Die Rolle der orthodoxen Kirche in der Republik Moldau, in: Ders. (Hrsg.), Die Republik Moldau. Geschichte und Politik – Der lange Weg nach Europa, Hamburg 2025, S. 120–138, hier: S. 137.

39 Igor Dodon zit. nach Barbara Oertel, Der Missionar von Moldova, in: dietageszeitung vom 10. Juli 2021, unter: https://taz.de/Parlamentswahl-in-Ex-Sowjetrepublik/!5782404/ (31. Mai 2025).

40 Vgl. Alexander Amethystow, Kräftemessen in Moldawien, in: Graswurzelrevolution Nr. 425/2018.

41 Vgl. Karl-Peter Schwarz, Moldauische Wähler in Russland behindert, in: Frankfurter Allgemeine Zeitung vom 30. November 2014, unter: https://www.faz.net/aktuell/politik/ausland/eur

Personen nicht nur Waffen und militärisch-technische Ausrüstung, sondern auch große Mengen russischer Rubel. Da es sich bei den Mitgliedern der Gruppe um mehrfach vorbestrafte Verbrecher handelte, ist die Frage nach einer politischen Motivation jedoch zweifelhaft, ebenso ob die Gruppe eigenverantwortlich agierte oder als Provokateure im Auftrag (pro-)russischer Kräfte.

1.4. Separatismus

Neben dem de facto unabhängigen Transnistrien existiert mit der autonomen Region Gagausien ein weiteres Gebiet mit stark separatistischen Tendenzen. Anders als in Transnistrien kam es in dem südlichen Landesteil Anfang der 1990er Jahre nicht zu einer Gewalteskalation, sondern 1994 zu einer Wiedereingliederung in die Republik Moldau mit umfassenden Autonomierechten. Abspaltungstendenzen bzw. Forderungen des Anschlusses Gagausiens an Russland als Enklave (eine gemeinsame Landesgrenze existiert nicht) bestanden in den vergangenen 30 Jahren jedoch fort und haben sich seit Beginn des Ukraine-Krieges weiter intensiviert. War der Separatismus der ethnischen Gruppe der Gagausen zunächst vor allem eine Reaktion auf Bestrebungen zum Anschluss Moldaus an Rumänien, spielt gegenwärtig vor allem die Einflussnahme prorussischer Kräfte hierfür die maßgebliche Rolle. Von Russland finanzierte, gezielte Desinformationskampagnen verbreiten unter den überwiegend russischsprachigen Gagausen, die etwa fünf Prozent der Bevölkerung ausmachen, die Narrative von Benachteiligung, Russophobie und Unterdrückung politischer Gegner durch die proeuropäische Regierung Moldaus. Während die Europäische Union für die hohen Energiepreise, die Armut im Land und für den Ukraine-Krieg verantwortlich gemacht wird, bedeute der Anschluss an Russland Wohlstand und Schutz.[42]

Zentraler Akteur des separatistischen Extremismus in Moldau ist der Unternehmer und Politiker Ilan Şor. Der frühere Bürgermeister der Stadt Orhei (2015–2019) wurde 2023 zu einer Haftstrafe von 15 Jahren wegen Bankbetrug und Geldwäsche verurteilt, weil er in den 2010er Jahren mehrere 100 Millionen US-Dollar unterschlagen hatte.[43] 2019 floh er über Israel nach Russland, von wo aus er die Destabilisierung Moldaus befördert. Bei den Parlamentswahlen 2019 und 2021 erzielte die nach ihm benannte *Şor-Partei* 8,3 bzw. 5,7 Prozent, bei der sie mit sozialpolitischen Versprechen antrat. Auch von außerhalb Moldaus nahm Şor weiterhin massiven Einfluss. Ihm und seinem weitreichenden Netzwerk werden u. a. direkter Stimmenkauf, die finanzielle Unterstützung prorussischer Kandidaten, die Inszenierung von

---

opa/russland-behindert-moldauer-bei-parlamentswahlen-in-moldau-13295288.html (31. Mai 2025).

42 Vgl. Landenberger (FN 3), S. 32–34.

43 Dies., Bald lebt hier jeder wie in Monaco. Freigiebige Ganoven: Die EU investiert in Gagausien, einer der ärmsten Regionen von Moldau, in: Frankfurter Allgemeine Zeitung vom 26. Juni 2024, S. 14.

regierungsfreundlichen Protesten und illegale Wahlwerbung vorgeworfen.[44] Im Juni 2023 verbot daraufhin das moldauische Verfassungsgericht die *Şor-Partei*, was nach einer Klage der Partei im März 2024 jedoch teilweise wieder aufgehoben wurde, da das Recht des Einzelnen auf Teilnahme am demokratischen Prozess und die Wahrung der Rechtsstaatlichkeit zu schützen seien.[45] Wie erfolgreich die separatistische bzw. prorussische Einflussnahme in Gagausien funktioniert, zeigen die dortigen Ergebnisse der Präsidentschaftswahlen und eines Referendums über einen EU-Beitritt. Jeweils über 90 Prozent stimmten gegen den proeuropäischen Kurs Moldaus, während sich landesweit knappe Mehrheiten dafür entschieden hatten.

2. Würdigung

Verbreitete ökonomisch-soziale Perspektivlosigkeit und Zweifel an der Funktionsfähigkeit des Staates, ethnonationalistische Konflikte, ein entsprechend niedriges Maß an gesellschaftlichem Zusammenhalt sowie mit Russland einem externen Destabilisierungsfaktor – angesichts der Vielzahl und Massivität potenzieller Entstehungsursachen für Extremismus überrascht weniger dessen Erfolg. Vielmehr stellt sich die Frage, warum trotz der vielfältigen Anfeindungen durch linke, rechte und separatistische Extremisten die moldauische Demokratie ungeachtet mancher Defekte weitgehend stabil blieb, es durch im Großen und Ganzen freie und fairen Wahlen zu regelmäßigen Machtwechseln kam und in den vergangenen Jahren sogar gegen den globalen Trend die demokratische Qualität zunahm.[46] Eine Ursache dafür dürften die nationalistischen Aufwallungen zu Beginn der 1990er Jahre sein.[47] Der Beinahe-Bürgerkrieg in Gagausien und die militärische Auseinandersetzung sowie anschließende Abspaltung Transnistriens habe zu einer „heilsamen Schockwirkung"[48] geführt, die moderaten Kräfte gestärkt und die Ideen einer ethnokulturellen Dominanz des Rumänischen abgeschwächt. Dass die aggressiv-nationalistische Stimmung anders als auf dem Westbalkan nicht eskalierte, hat wesentlich mit den polyethnischen Traditionen Moldaus zu tun. Interethnische Beziehungen und Familienstrukturen sind bis heute verbreitet; Ressentiments gegenüber Minderheiten keine Mehrheitsposition. Nur wenige unterstützen noch immer die unionistischen Ziele ei-

44 Vgl. Guminska (FN 6), S. 30.

45 Vgl. Alexander Tanas, Moldovan court strikes down law barring pro-Russian party from polls, in: Reuters vom 26. März 2024, unter: https://www.reuters.com/world/europe/moldovan-court-strikes-down-law-barring-pro-russian-party-polls-2024-03-26/ (31. Mail 2025).

46 Vgl. u. a. Bertelsmann Transformation Index 2024, Republik Moldau, unter: https://bti-project.org/de/reports/country-dashboard/MDA (31. Mail 2025); Freedom House, Moldova, unter: https://freedomhouse.org/country/moldova/nations-transit/2024 (31. Mai 2025).

47 Vgl. Florian Kührer-Wielach/Svetlana Suveica, Zwischen den Mächten. Identitäten, Ideologien und Menschen in der moldauischen Geschichte, in: Aus Politik und Zeitgeschichte (2024), B28–29, S. 6–13, hier: S. 10.

48 So Neukirch (FN 12), S. 164.

nes großrumänischen Staates; entsprechend erfolglos blieben rechtsextreme Parteien seit der Jahrtausendwende.

Doch nicht nur die unheilvollen Erfahrungen mit dem Rechtsextremismus in den 1990er Jahren, sondern mehr noch die Regierungszeit der PCRM, als quasi dem (Links-)Extremismus an der Macht, schwächte das Mobilisierungspotenzial antidemokratischer Kräfte. Denn entgegen ihrer sowjetnostalgischen Ideologie habe die Partei nie den Eindruck gemacht, ihre kommunistischen Ziele tatsächlich umsetzen zu wollen, urteilt der Moldau-Experte Klemens Büscher.[49] Statt wie im Parteiprogramm von 2007 angekündigt, mehr soziale Gleichheit, demokratische Kontrolle und Transparenz durchzusetzen, führten vielerorts anhaltend prekäre Lebensverhältnisse, Vorwürfe des Wahlbetrugs und Korruption schließlich zur Abwahl der Kommunisten. Aus diesem „Realitätscheck" erwuchs in der Folge zwar kein verbreitetes demokratisches Bewusstsein in der moldauischen Bevölkerung. Zumindest aber die Selbstdarstellung der PCRM als scheinbar wirkungsvolle politische Alternative gegenüber den angeblich von Rumänien und Europa aus gesteuerten politischen Eliten hatte an Glaubwürdigkeit verloren. Extremisten sind in der Wahrnehmung vieler Moldauer eben nicht die vermeintlich besseren Demokraten.

Ein dritter Faktor für die (wiewohl fragile) demokratische Resilienz Moldaus dürfte mit der geopolitischen Richtungsentscheidung Europa versus Russland zusammenhängen. An der Nahtstelle von Ost und West sind die Systemunterschiede zwischen demokratischen EU-Staaten auf der einen Seite und dem autokratischen Russland auf der anderen für Moldaus Bevölkerung unmittelbar erlebbar, zudem in nächster Nähe zu den Verheerungen des russischen Angriffskrieges in der Ukraine. Zwar überwiegend nicht anti-russisch eingestellt, waren die Wiederwahl von Staatspräsidentin Sandu und das positive EU-Referendum 2024 auch eine Bestätigung der demokratischen Konsolidierung Moldaus. Dass sich der eingeschlagene Weg so fortsetzt, ist jedoch alles andere als sicher, werden doch die zentralen Probleme Moldaus mittelfristig nicht verschwinden. Armut, Abwanderung und eine verbreitete Enttäuschung über die Leistungsbilanz der politischen Akteure bilden einen effektiven Nährboden für die externe Einflussnahme Russlands. Die massive Verbreitung von Desinformation und Propaganda, verbunden mit in Aussicht gestellten materiellen Versprechungen bei einer stärkeren Integration in den russischen Machtbereich untergräbt das Vertrauen in die demokratischen Institutionen, befördert eine Opfermentalität, die wiederum Radikalisierung begünstigt. Gerade nichterfüllte Erwartungen mit Blick auf die EU-Beitrittsperspektive bergen ein hohes Risiko, die demokratischen Fortschritte der vergangenen Jahre zugunsten einer neuerlichen politischen Orientierung in Richtung Moskau umzukehren.

49 So Büscher (FN 9), S. 606.

3. Literatur

Wer wissenschaftliche Literatur zum politischen Extremismus in Moldau recherchiert, sucht vergebens. Weder existiert eine Überblicksdarstellung zum Thema, noch wurde es im Rahmen des politischen Systems Moldau explizit behandelt. Ein wesentlicher Grund für diesen Mangel war lange Zeit das generelle Desinteresse an dem kleinen Binnenstaat im südöstlichen Europa. Entweder konzentrierte sich die Forschung zu den postsowjetischen Staaten auf den großen Nachbarn Ukraine und vor allem auf Russland oder auf die postsozialistischen EU-Staaten. Erst in den vergangenen Jahren erschienen populärwissenschaftliche Landeskunden zu Moldau, was mit der gewachsenen geopolitischen Bedeutung seit der russischen Krim-Annexion 2014, vor allem mit dem Beginn des Ukraine-Krieges zusammenhängt.[50] Zum politischen System liegen hingegen nur Sammelbandbeiträge vor[51] – anders als für die Nachbarstaaten gibt es bislang keine eigenständige Monografie.[52] Auch in den zahlreichen international vergleichenden Bänden zum (Rechts-)Extremismus in Europa fehlen entsprechende Kapitel zu Moldau vollständig.[53]

Während der Rechtsextremismus in Moldau lediglich im Kontext der nationalistischen Aufwallungen zu Beginn der 1990er Jahre größere Aufmerksamkeit erfuhr, fanden die bis heute relevanten kommunistischen und sozialistischen Parteien mehr Interesse. Vor allem die Renaissance der PCRM in den 2000er Jahren als einzige kommunistische Regierungspartei im postsowjetischen Raum wurde umfassend gewürdigt.[54] Solche Untersuchungen zielten indes zuvörderst auf deren Rolle im Transformationsprozess, bei der Etablierung und Konsolidierung der Parteiensysteme sowie mit Blick auf das Funktionieren der politischen Institutionen. Eine dezidierte Analyse entlang zentraler Untersuchungskriterien der vergleichenden Extremismusforschung (der Rolle von Ideologie und Strategie, von Organisations- und Aktionsformen) steht hingegen nach wie vor aus. Aus der deutlich größeren

---

50 Siehe Klaus Bochmann u. a. (Hrsg.), Die Republik Moldau: Ein Handbuch, Leipzig 2012; Rebecca Haynes, Moldova. A History, London/New York 2020; Weinhuber (FN 38).

51 Siehe Jan Matti Dollbaum (FN 8); Büscher (FN 9); Anna Fruhstorfer, Moldova, in: Dies./Michael Hein (Hrsg.), Constitutional Politics in Central and Eastern Europe: From Post-Socialist Transition to the Reform of Political Systems, Wiesbaden 2016, S. 359–387.

52 Siehe zuletzt Astrid Lorenz/Daniela-Maria Mariş (Hrsg.), Das politische System Rumäniens. Entwicklung und Herausforderungen in Europa, Wiesbaden 2022; Michael Dobbins, Das politische System der Ukraine. Institutionen, Akteure, Politikfelder, Wiesbaden 2025.

53 Siehe u. a. Sabrina P. Ramet (Hrsg.), The Radical Right in Central and Eastern Europe since 1989, Pennsylvania 1999; Manuela Caiani/Ondrej Císar (Hrsg.), Radical Right Movement Parties in Europe, London 2018; Tanja Wolf, Rechtsextreme und rechtspopulistische Parteien in Europa. Typologisierung und Vergleich, Wiesbaden 2019; Uwe Backes/Patrick Moreau, Europas moderner Rechtsextremismus: Ideologien, Akteure, Erfolgsbedingungen und Gefährdungspotentiale, Göttingen 2021; Katherine Kondor/Mark Littler (Hrsg.), The Routledge Handbook of Far-Right Extremism in Europe, London 2023.

54 Siehe Paul D. Quinlan, Back to the future: An overview of Moldova under Voronin, in: Demokratizatsiya 12 (2004), S. 485–504; Luke March, Power and Opposition in the Former Soviet Union: The Communist Parties of Moldova and Russia, in: Party Politics 12 (2006), S. 341–365; Neukirch (FN 14).

Relevanz kommunistischer bzw. sozialistischer Kräfte im Verhältnis zu nationalistischen ergibt sich für Moldau ein im internationalen Vergleich seltener Befund: Auf der parteiförmigen Ebene überwiegt die Literatur zum Linksextremismus gegenüber dem Rechtsextremismus, wiewohl zumeist im Kontext von (Post-)Kommunismus- und Nationalismusforschung. Untersuchungen zu aktions- und diskursorientierten Extremismusformen liegen hingegen für keinen der Phänomenbereiche vor.

Stattdessen fand in den vergangenen Jahren immer wieder das Kuriosum der nicht anerkannten, aber de facto unabhängigen Region Transnistrien Beachtung – nicht zuletzt im Zusammenhang mit Fragen eines separatistischen bzw. irredentistischen Extremismus.[55] Ähnliches gilt für das abtrünnige Territorium Gagausien.[56] Daran wird sich in naher Zukunft nichts ändern, denn beide Gebiete gelten als potenzielle Gefahrenherde einer russischen Militärintervention. Seit mehr als drei Jahrzehnten ist die russische Armee in Transnistrien stationiert – Narrative vom Schutz der eigenen Volksgruppe vor angeblich nationalistischen Tendenzen der moldauischen Mehrheitsbevölkerung ähneln nach Auffassung von Beobachtern frappierend der Situation in der Ukraine. Anders als dort existiert zwischen Moldau und Russland allerdings keine gemeinsame Landesgrenze, was die prorussische Enklave zu einem Sonderfall macht. Die verstärkte wissenschaftliche Befassung mit den Spezifika Moldaus/Transnistriens dient somit nicht zuletzt der Schaffung eines öffentlichen Problembewusstseins für eine lange Zeit vernachlässigte europäische Region mit hoher geopolitischer Sprengkraft.[57] Das mag mit Blick auf die Verbesserung des generellen Kenntnisstands erfreulich sein; die Ursache für das wachsende Interesse muss hingegen sorgenvoll stimmen.

---

55 Siehe statt vieler Klemens Büscher, Separatismus in Transnistrien – Die „PMR" zwischen Rußland und Moldova, in: Osteuropa 46 (1996), S. 860–875; Stefan Trobest, Staatlichkeitskult im Pseudo-Staat. Nationales Identitätsmanagement durch Geschichtspolitik in Transnistrien, in: Osteuropa 53 (2003), S. 963–983; Kulminski/Sieg (FN 36); Helge Blakkisrud/Pål Kolstø, From secessionist conflict toward a functioning state: processes of state-and nation-building in Transnistria, in: Post-Soviet Affairs 27 (2011), S. 178–210, Landenberger (FN 3); o. A., Transnistria at a crossroads, in: Strategic Comments, 30 (2024), H. 4, S. XI–XIV, unter: https://doi.org/10.1080/13567888.2024.2373539 (31. Mai 2025).

56 Siehe Stefan Troebst, Von „Gagauz Halkı" zu „Gagauz Yeri": Die Autonomiebewegung der Gagausen in Moldova von 1988 bis 1998, in: Ethnos – Nation 7 (1999), H. 1, S. 41–54; Andrei Avram, Die gagausische Gesellschaft, in: Bochmann u. a. (FN 50), S. 566–571; Stefan Ihrig, Gagausen, in: Ebd., S. 201–207.

57 Siehe prominent das Themenheft „Republik Moldau" der Zeitschrift „Aus Politik und Zeitgeschichte" vom 6. Juli 2024 sowie eine verstärkte Fokussierung Moldaus in den deutschsprachigen Fachzeitschriften „Osteuropa" und „Südosteuropa Mitteilungen", unter: https://zeitschrift-osteuropa.de/laender/moldova/ und https://www.sogde.org/de/publikationen/suedosteuropa-mitteilungen/ (31. Mai 2025).

Medienporträt: Rote Fahne

Von Jan-Hinrick Pesch

1. Darstellung

Bei einem Streifzug durch die Einkaufsläden größerer Berliner Bahnhöfe können Reisende auf eine Reihe bekannterer Periodika mit unverkennbar linkem Einschlag stoßen. In den Zeitungsständern oder -regalen liegt – zumeist unmittelbar neben der aktuellen Nummer des *Neuen Deutschland*, einst Sprachrohr der *Sozialistischen Einheitspartei Deutschlands* und heute der Partei *Die Linke* nahestehend[1] – jeweils eine Ausgabe der linksextremistischen[2] *jungen Welt* sowie der im Jahre 1997 als Spaltprodukt aus ihr hervorgegangenen[3] *Jungle World*. Wer einen Blick auf die Zeitschriftenauslage wirft, stößt – für gewöhnlich im Bereich Wirtschaft – auf ein Exemplar der mit signalroten Lettern betitelten *konkret*[4] sowie auf das vierteljährlich erscheinende Magazin der ebenfalls extremistischen *Roten Hilfe*, welches unverdrossen einen repressiven Charakter der Bundesrepublik Deutschland zu erkennen glaubt.[5] Zwischen all diesen Angeboten warten bisweilen Kopien eines weitaus weniger bekannten Mediums auf einen Kauf, das ob seiner Symbolik – eine wehende rote Flagge ziert die linke obere Ecke der Frontseite eines jeden Exemplars – und aufgrund seiner Schlagzeilen – darunter „Sozialismus, aber echt?!“[6] und „Make Socialism great again!“[7] – den Eindruck eines Relikts aus dem vergangenen

1 Vgl. Philipp Bovermann, „Diese Zeit lässt sich nicht einfach ausradieren und umkrempeln“ (9. August 2020), unter: https://www.sueddeutsche.de/medien/neues-deutschland-nd-redaktions besuch-1.4988110 (10. Dezember 2024).

2 Vgl. Norman Bock, Zeitschriftenporträt: junge Welt, in: Uwe Backes/Eckhard Jesse (Hrsg.), Jahrbuch Extremismus & Demokratie, Bd. 20, Baden-Baden 2009, S. 235–250, hier: S. 248; Bundesministerium des Innern und für Heimat (Hrsg.), Verfassungsschutzbericht 2023, Berlin 2024, S. 199; Verwaltungsgericht Berlin, Erwähnung der „junge Welt“ in Verfassungsschutzberichten rechtens (18. Juli 2024), unter: https://www.berlin.de/gerichte/verwaltungsgericht/presse /pressemitteilungen/2024/pressemitteilung.1468724.php (10. Dezember 2024).

3 Vgl. Jürgen Lang, Biographisches Porträt: Jürgen Elsässer, in: Uwe Backes/Alexander Gallus/ Eckhard Jesse (Hrsg.), Jahrbuch Extremismus & Demokratie, Bd. 28, Baden-Baden 2016, S. 225–240, hier: S. 227.

4 Vgl. zu diesem Periodikum Rudolf van Hüllen, Linksextreme Medien (22. Dezember 2014), unter: https://www.bpb.de/themen/linksextremismus/dossier-linksextremismus/33630/linksextrem e-medien/ (10. Dezember 2024).

5 So hieß es auf der dritten Seite – in dem vom Redaktionskollektiv verfassten Editorial – der zweiten Ausgabe des Magazins Die Rote Hilfe von 2024: „Aktuell sind besonders antifaschistische Demonstrationen [...] und palästinasolidarische Versammlungen von Restriktionen und Repression betroffen.“

6 Dies war der Aufmacher der neunten Ausgabe der Roten Fahne von 2024.

7 So lautete die Schlagzeile der Nummer 25 der Roten Fahne aus dem Jahr 2024.

Jahrhundert vermittelt: die *Rote Fahne*. Woher kommt dieses Periodikum? Was ist sein Kern? Wie lässt es sich einordnen? Und: Ist es Gegenstand der Forschung?

Der Name des hier in Augenschein genommenen Magazins ist zwar geschichtsträchtig, nicht aber originell. Er dient als ehrfürchtig-ehrender Brückenschlag zu der in der Weimarer Republik aktiven *Kommunistischen Partei Deutschlands*[8], welche die Tageszeitung *Die Rote Fahne* veröffentlichte und diese im Wege der eigenen rigorosen Gegnerschaft zur ersten deutschen Demokratie als agitatorisches Instrument beanspruchte.[9] Innerhalb der – von mitunter bizarren Richtungsstreitigkeiten durchzogenen – Neuen Linken der Bundesrepublik Deutschland versahen mehrere Akteure aus dem Spektrum der linksextremistischen K-Gruppen ihr Organ mit der Bezeichnung „Rote Fahne".[10] Auch heute, mehr als drei Dezennien nach dem Ende des Kalten Krieges, steht das Magazin *Rote Fahne* nicht allein da: Das exklusive Nutzen des Titels streitig machen ihm Stephan Steins, ein ehemaliges Mitglied der *Deutschen Kommunistischen Partei*[11], sowie die 1990 im Zuge der Friedlichen Revolution aus der Taufe gehobene *Kommunistische Partei Deutschlands*[12], die sogenannte KPD/Ost. Beide veröffentlichen im Internet ein Periodikum, das die Wortkombination „Rote Fahne" im Kopf trägt.[13]

An ihrer Provenienz und den zu erwartenden Inhalten lässt die gedruckte *Rote Fahne* keinen Zweifel. Auf dem Cover prangt – in schwarzen, vergleichsweise kleinen Buchstaben unter dem Wort „Fahne" – der Hinweis „Magazin der MLPD". Schlägt der Leser ein Exemplar auf, stößt er auf einen einführenden Text, der neue Käufer begrüßt. Was sich hinter dem Kürzel MLPD verbirgt, offenbart der erste Satz: „Die Rote Fahne ist die Zeitung der Marxistisch-Leninistischen Partei Deutschlands."[14] Beiträge aus der Internetpräsenz der MLPD unterstreichen diese Zugehörigkeit. Dort heißt es, die *Rote Fahne* sei stolz auf ihre Rollen als Interes-

---

8 Vgl. Jörg Weidemann u. a., 45 Jahre gegen den antikommunistischen Mainstream (17. September 2015), unter: https://www.mlpd.de/2015/kw38/seit-45-jahren-revolutionaer-gegen-buergerl iche-meinungsmanipulation (10. Dezember 2024).

9 Vgl. Kurt Koszyk, Die Rote Fahne (1918–1933), in: Heinz-Dietrich Fischer (Hrsg.), Deutsche Zeitungen des 17. bis 20. Jahrhunderts, Pullach 1972, S. 391–403.

10 Vgl. Bundesministerium des Innern (Hrsg.), betrifft: Verfassungsschutz 1975, Bonn 1976, S. 84–88.

11 Vgl. Muslim-Markt, Interview mit Stephan Steins (6. Dezember 2010), unter: http://www.musl im-markt.de/interview/2010/steins.htm (10. Dezember 2024).

12 Vgl. Ministerium des Innern des Landes Brandenburg (Hrsg.), Verfassungsschutzbericht des Landes Brandenburg 1999 (Vorabdruck), Potsdam 2000, S. 75.

13 Steins' Rote Fahne ist abrufbar unter: https://rotefahne.eu/ (10. Dezember 2024), die der KPD/Ost unter: https://www.k-p-d.org/index.php/die-rote-fahne/ausgaben (10. Dezember 2024).

14 O. A., Für neue Leserinnen und Leser, in: Rote Fahne 26 (2023), S. 4 f., hier: S. 4. Der Willkommenstext findet sich nahezu inhaltsgleich in: Rote Fahne 1 (2025), S. 4 f. Der Autor nutzt die Angabe „o. A." nicht nur im Falle fehlender Angaben zur Urheberschaft von Texten in der Roten Fahne. Er greift auch dann auf diese zurück, wenn unter einem Beitrag des Magazins ein Namenskürzel der Verfasserin oder des Verfassers steht – solche Kürzel lassen sich nicht mit Sicherheit entziffern.

sensvertreter ausgebeuteter wie unterdrückter Menschen und als Presseerzeugnis der genannten Partei.[15] Bei ihr handle es sich um ein „parteiisches Magazin".[16]

Angesichts eines derart ostentativen Bekenntnisses zur MLPD überrascht es nicht, dass die Historie der *Roten Fahne* eng mit der Geschichte dieses politischen Akteurs verknüpft ist. An deren Beginn steht der *Kommunistische Arbeiterbund Deutschlands* (KABD), der sich im Jahre 1972 durch einen Zusammenschluss kleinerer Formationen – des *Kommunistischen Arbeiterbunds/Marxisten-Leninisten* (KAB/ML) und der *Kommunistischen Partei Deutschlands/Marxisten-Leninisten (Revolutionärer Weg)* – konstituierte.[17] Diese Gruppen stammten aus dem ab Ende der 1960er Jahre heranwachsenden maoistisch-stalinistischen Milieu der alten Bundesrepublik.[18] Rund zehn Jahre später, am 17. und 18. Juni 1982, ging die MLPD aus dem KABD hervor.[19] Die Führung der MLPD übernahm der Schlosser Stefan Engel; seit 2017 obliegt seiner – angeblichen – Stieftochter Gabriele („Gabi") Fechtner diese Aufgabe.[20] Die weltanschaulichen Grundlagen der Partei erfuhren in den Jahrzehnten nach der Gründung keine nennenswerten Änderungen: Zäsuren im kommunistischen Machtbereich – namentlich die durch den sowjetischen Staatschef Nikita Chruschtschow im Jahre 1956 eingeleitete Abkehr vom Stalinismus sowie den durch die chinesische Regierung unter Deng Xiaoping in den 1970er Jahren initiierten staatspolitischen Wandel – begriff und begreift sie als Häresie.[21] In ihren Publikationen ist die Rede von Revisionismus und Verrat.[22] Unverhohlen beruft sie sich auf die Prinzipien des Marxismus-Leninismus und auf die Gedanken Mao Tsetungs.[23] Eigenen Aussagen zufolge will sie mit ihrem „Kampf" in Deutschland vor allem die im industriellen Sektor eingesetzte Arbeiterschaft gewinnen, das „allein

15 Vgl. Weidemann u. a. (FN 8).

16 Ebd.

17 Vgl. Anton Stengl, Zur Geschichte der K-Gruppen. Marxisten-Leninisten in der BRD der Siebziger Jahre, Frankfurt a. M. 2011, S. 76; Jens Benicke, Die K-Gruppen. Entstehung – Entwicklung – Niedergang, Wiesbaden 2019, S. 25.

18 Vgl. Helmut Müller-Enbergs, Eine stalinistische Sekte wird 40 Jahre alt – seit 25 Jahren heißt sie MLPD, in: Backes/Jesse (FN 2), S. 167–184, hier: S. 169 f.

19 Vgl. Rudolf van Hüllen, Marxistisch-Leninistische Partei Deutschlands (MLPD), in: Frank Decker/Viola Neu (Hrsg.), Handbuch der deutschen Parteien, Wiesbaden 2018, S. 403–405, hier: S. 403.

20 Vgl. Isabelle-Christine Panreck, Linksextremistische Splitterparteien: DKP, MLPD und SGP, in: Uwe Backes/Alexander Gallus/Eckhard Jesse/Tom Thieme (Hrsg.), Jahrbuch Extremismus & Demokratie, Bd. 30, Baden-Baden 2018, S. 149–163, hier: S. 157.

21 Vgl. Helmut Müller-Enbergs, Die MLPD und die Wahl zum 17. Deutschen Bundestag. Ein politisches Portrait der Partei und eine empirische Auswertung der Wahlergebnisse in den einzelnen Bundesländern, in: Armin Pfahl-Traughber (Hrsg.), Jahrbuch für Extremismus- und Terrorismusforschung 2009/2010, Brühl 2010, S. 319–369, hier: S. 322; Elmar Vieregge, MLPD und „Die Rechte". Ein Vergleich kleinerer extremistischer Parteien und ihrer Handlungsmöglichkeiten, in: Hendrik Hansen/Armin Pfahl-Traughber (Hrsg.), Jahrbuch für Extremismus- und Terrorismusforschung 2019/2020, Bd. 2, Brühl 2021, S. 290–321, hier: S. 296.

22 Vgl. Zentralkomitee der Marxistisch-Leninistischen Partei Deutschlands (Hrsg.), Geschichte der MLPD. I. Teil: Entstehung, Entwicklung und Ende der „marxistisch-leninistischen Bewegung", Stuttgart 1985, S. 13, 370.

23 Vgl. ders., Programm der Marxistisch-Leninistischen Partei, Essen 2016, S. 99.

herrschende internationale Finanzkapital“[24] entmachten und eine „Diktatur des Proletariats“[25] etablieren – die langfristig im Kommunismus gipfeln werde.

Die heute in Bahnhofsläden verfügbare *Rote Fahne* erschien wohl erstmals im Juli 1970, und zwar als „Zentralorgan“ des KAB/ML mit der – auf die deutsche Innenpolitik gemünzten – Schlagzeile „Steuervorauszahlung: SPD verschärft Lohnraub“ für einen Stückpreis von 50 Pfennig. Bereits in dieser Aussage schmückte eine flatternde rote Flagge den Kopf, dies allerdings zwischen den Worten „Rote“ und „Fahne“ und versehen mit Hammer und Sichel in Schwarz.[26] Seinerzeit glich das Periodikum offenbar mehr einem vervielfältigen Handzettel als einem handelsüblichen Presseerzeugnis.[27] Wenige Monate danach, im November 1970, soll die *Rote Fahne* das Format einer Zeitung angenommen haben.[28] Mit der oben angerissenen Fusion im Jahre 1972 gelangte das Blatt in den Besitz des KABD und war fortan, so eine spätere, verbrämende Rückschau der MLPD, dessen „[z]entraler Agitator, Propagandist und Organisator“.[29] Der Preis sank auf 40 Pfennig pro Ausgabe; die kommunistischen Insignien – Hammer und Sichel – verschwanden aus dem Logo.[30] Die *Rote Fahne* ging zunächst im monatlichen Turnus in den Handel, von Mai 1974 an augenscheinlich alle 14 Tage.[31] In diesem Zeitraum musste die Redaktion offensichtlich jene – für Außenstehende schwer nachvollziehbaren – Rituale über sich ergehen lassen, wie sie unter den vor Dogmatismus und Absolutheitsansprüchen überschäumenden Maoisten Westdeutschlands gang und gäbe waren.[32] Die leitende Ebene des KABD habe die Redaktion einer „Untersuchung“ unterworfen; es sei zu veritablen Konflikten gekommen. Erst Mitte 1980 habe sich die Lage gebessert, lautet das lapidare Resümee in den Dokumenten der MLPD.[33] Im Nachgang wurde dem Personal der *Roten Fahne* schablonenhaft ein „kleinbürgerliche[r] Arbeitsstil“[34] sowie ein Abgleiten ins „Zirkelwesen“[35] bescheinigt.

Ab Mitte 1982 – als Konsequenz des Umwandelns des KABD in die MLPD – setzte die *Rote Fahne* auf den Untertitel „Zentralorgan der Marxistisch-Leninistischen Partei Deutschlands“. Ihre Verantwortlichen entschlossen sich für einen Ver-

---

24 Ebd., S. 81.
25 Ders. (Hrsg.), Organisationspolitische Grundsätze der Marxistisch-Leninistischen Partei, Essen 2021, S. 3.
26 Vgl. ders. (FN 22), S. 183 f.
27 Vgl. Weidemann u. a. (FN 8).
28 Vgl. Zentralkomitee der Marxistisch-Leninistischen Partei Deutschlands (FN 22), S. 185.
29 Ders. (Hrsg.), Geschichte der MLPD. II. Teil. 2. Halbband: Parteiaufbau vom KABD zur MLPD, Düsseldorf 1986, S. 588.
30 Vgl. den Abdruck der Frontseite der achten Ausgabe der Roten Fahne aus 1972 in: Ders. (Hrsg.), Geschichte der MLPD. II. Teil. 1. Halbband: Parteiaufbau vom KABD zur MLPD, Düsseldorf 1986, S. 52.
31 Vgl. ebd., S. 15, 77.
32 Vgl. Armin Pfahl-Traughber, Linksextremismus in Deutschland. Eine kritische Bestandsaufnahme, Wiesbaden 2020, S. 98, 101 f.
33 Vgl. Zentralkomitee der Marxistisch-Leninistischen Partei Deutschlands (FN 29), S. 418 f., 588.
34 Ebd., S. 419.
35 Ebd.

zicht auf die wehende rote Fahne als Erkennungszeichen jeder Nummer; überdies legten sie den Preis auf 50 Pfennig fest[36] und verkürzten den Publikationsrhythmus. Von Juli 1983 an konnte das Blatt wöchentlich bezogen werden[37] – eine Entscheidung, die in einem Zeitraum von mehr als 30 Jahren Bestand haben sollte. Im September 2015 nahm die *Rote Fahne* ihre jetzige Form eines alle zwei Wochen veröffentlichten Magazins an.[38] Laut einer kryptischen Verlautbarung aus den Reihen der MLPD war dies Folge „veränderte[r] Seh- und Lesegewohnheiten"[39]; außerdem musste den „heutigen Anforderungen an die selbständige Orientierung"[40] der Leserschaft Rechnung getragen werden. Im Laufe der Jahrzehnte steigerte sich allmählich der Betrag, den Käufer für eine Ausgabe zahlen mussten. Die Auflage des Periodikums soll hingegen geschwankt haben. Nach Angaben des Bundesamts für Verfassungsschutz (BfV) umfasste diese im Jahre 1982 etwa 8.000, im Jahre 1983 um die 10.000 Exemplare.[41] Ende der 1980er Jahre – als eine Ausgabe eine DM kostete[42] – ließ die Redaktion pro Woche rund 7.000 Kopien herstellen.[43] In den Jahren danach fiel die Auflage wohl langsam auf ungefähr 5.000 Zeitungen ab.[44] Letztmalig äußerte sich das BfV im Verfassungsschutzbericht 2013 zur Anzahl der hergestellten und in dieser Zeit mit einem Preis von 1,50 € versehenen[45] Exemplare: Von jeder Ausgabe seien rund 8.000 Abzüge produziert worden.[46] Während das sächsische Innenministerium diese – in der Extremismusforschung als zu hoch gewertete[47] – Zahl Anfang 2019 in einer Stellungnahme zu einem parlamentarischen Auskunftsbegehren wiederholte[48], sah die Bundesregierung Anfang Dezember 2024 davon ab, die Auflage der inzwischen für 2,50 € erhältlichen *Roten Fahne* anlässlich einer Kleinen Anfrage der CDU/CSU-Bundestagsfraktion zu beziffern.[49] Die MLPD sowie das

---

36 Vgl. ebd., S. 627.

37 Vgl. Bundesministerium des Innern (Hrsg.), Verfassungsschutzbericht 1983, Bonn 1984, S. 83.

38 Vgl. Redaktionsleitung der Roten Fahne, 45 Jahre „Rote Fahne" – mit Stolz in eine neue Ära … (20. August 2015), unter: https://www.mlpd.de/2015/kw34/45-jahre-rote-fahne-mit-stolz-in-eine-neue-aera (13. Dezember 2024); o. A. (FN 14), S. 4.

39 Weidemann u. a. (FN 8).

40 Ebd.

41 Vgl. Bundesministerium des Innern (FN 37), S. 83.

42 Vgl. ders. (Hrsg.), Verfassungsschutzbericht 1988, Bonn 1989, S. 60.

43 Vgl. Innenministerium des Landes Nordrhein-Westfalen (Hrsg.), Verfassungsschutzbericht des Landes Nordrhein-Westfalen über das Jahr 1989, Düsseldorf 1990, S. 26.

44 Vgl. Müller-Enbergs (FN 18), S. 183.

45 Vgl. die Frontseite der Nummer 51 der Roten Fahne aus dem Jahr 2013 unter: https://www.rf-news.de/rote-fahne/2013/nr51/ (14. Dezember 2024).

46 Vgl. Bundesministerium des Innern (Hrsg.), Verfassungsschutzbericht 2013, Berlin 2014, S. 176.

47 Vgl. van Hüllen (FN 4).

48 Vgl. Sächsisches Staatsministerium des Innern, Antwort auf die Kleine Anfrage des Abgeordneten Carsten Hütter (AfD) zu Strukturen der extremen Linken in Sachsen im zweiten Halbjahr 2018 und insgesamt im Jahr 2018. Drs.-Nr. 6/16313 (8. Februar 2019), unter: https://kleineanfragen.de/sachsen/6/16313-strukturen-der-extremen-linken-in-sachsen-im-zweiten-halbjahr-2018-und-insgesamt-im-jahr-2018 (13. Dezember 2024).

49 Vgl. Deutsche Bundesregierung, Antwort auf die Kleine Anfrage der Fraktion der CDU/CSU zu Extremismus in Kunst, Kultur und Medien. Drucksache 20/14089 (3. Dezember 2024), un-

Magazin selbst machten und machen hierzu gleichermaßen keine Angaben. Wie viele Exemplare des Periodikums die Redaktion gegenwärtig fertigen lässt, bleibt mithin unklar. Selbiges gilt für die finanzielle Seite des Magazins – in dem nach Maßgaben des Parteiengesetzes erstellten Finanzbericht für das Jahr 2022 weist die MLPD diese nicht eigens aus.[50] Ob etwas vom Verkaufsumsatz übrigbleibt und inwiefern Verluste (vor allem) durch Spenden an die Partei einen Ausgleich erfahren, kann auf der Grundlage der gegenwärtig verfügbaren Erkenntnisse zur *Roten Fahne* nicht beantwortet werden.

Die während der 2000er Jahre beständig fortschreitende Digitalisierung der deutschen Medienlandschaft[51] erfasste die *Rote Fahne* ebenfalls. Schrittweise erweiterte sie ihr Portfolio um Angebote im Internet. 2003 hob die Redaktion ein Nachrichtenportal aus der Taufe, das den Titel *Rote Fahne News* trägt.[52] In den Augen der MLPD reihte sich dieses ein in „die Medien der Arbeiterklasse, der fortschrittlichen und revolutionären Menschen“[53], welche einen Gegenpol zum „gigantische[n] Medienapparat zur Verteidigung des Kapitalismus“[54] bildeten. Die *Rote Fahne News* lädt nicht nur ausgewählte Artikel aus dem Magazin hoch, so den Beitrag mit der bezeichnenden Überschrift „Warum führende US-Monopole auf Trump setzen“ aus der Nummer 25 des Jahres 2024.[55] Sie stellt auch andere Inhalte ein, ist also nicht bloß ein Abbild des Magazins. Zu den digitalen Präsenzen der *Roten Fahne* zählt ferner ein Online-Archiv, in dem Interessierte einzelne Beiträge der in den Jahren 2001 bis 2015 publizierten Zeitungsausgaben unmittelbar abrufen können. Exemplare des Magazins lassen sich hier bestellen.[56] Außerdem verfügt die *Rote Fahne* über einen filmischen Zweig, der unter dem hochtrabenden Namen *Rote Fahne TV* firmiert. Dahinter verbirgt sich nicht – wie die Eigenbezeichnung suggeriert – ein auf Nachrichten konzentrierter Fernsehsender, sondern ein Teil der Website der *Rote Fahne News*, in den Videos der *Rote Fahne*-Redaktion aus dem YouTube-Kanal der

ter: https://dip.bundestag.de/drucksache/auf-die-kleine-anfrage-drucksache-20-13482-extremismus-in-kunst-kultur/277597 (13. Dezember 2024).

50 Vgl. Marxistisch-Leninistische Partei Deutschlands, Rechenschaftsbericht für das Jahr 2022 gemäß §§ 23 ff. Parteiengesetz (PartG), in: Präsidentin des Deutschen Bundestags (Hrsg.), Bekanntmachung von Rechenschaftsberichten politischer Parteien für das Kalenderjahr 2022 (3. Teil – Sonstige Parteien, Band I). Drucksache 20/11910 (20. Juni 2024), unter: https://www.bundestag.de/parlament/praesidium/parteienfinanzierung/rechenschaftsberichte/rechenschaftsberichte-202446 (15. Dezember 2024).

51 Vgl. Bettina Schwarzer, Die Zeitung in der Krise – oder doch nicht?, in: Dies./Sarah Spitzer (Hrsg.), Zeitungsverlage im digitalen Wandel. Aktuelle Entwicklungen auf dem deutschen Zeitungsmarkt, Baden-Baden 2013, S. 51–67, hier: S. 54 f.

52 Vgl. Müller-Enbergs (FN 21), S. 344.

53 O. A., Neue Rote Fahne News kontra Fake News und Meinungsmanipulation (8. Juni 2017), unter: https://www.mlpd.de/2017/kw23/neue-rote-fahne-news-kontra-fake-news-und-meinungsmanipulation (14. Dezember 2024).

54 Ebd.

55 Vgl. o. A., Warum führende US-Monopole auf Trump setzen (5. Dezember 2024), unter: https://www.rf-news.de/rote-fahne/2024/nr25/warum-fuehrende-us-monopole-auf-trump-setzen (14. Dezember 2024).

56 Zugänglich ist dieses Archiv über den folgenden Link: https://www.rf-news.de/rote-fahne/archiv (14. Dezember 2024).

MLPD eingebettet sind.[57] Die Abrufzahlen dieser Videos liegen für gewöhnlich im drei- bis niedrigen vierstelligen Bereich.[58]

Zur inneren Organisation der *Roten Fahne* ist wenig bekannt – dies trifft vor allem auf die Interaktion zwischen der Redaktion und der Parteispitze der MLPD zu. Dass sie eine hohe Intensität aufweisen muss, legt bereits die geringe räumliche Distanz nahe: Die Redaktion des Magazins hat ihren Sitz in der Schmalhorststraße 1 in Gelsenkirchen[59], das Zentralkomitee der MLPD nutzt Räumlichkeiten in der benachbarten Schmalhorststraße 1c.[60] Die *Rote Fahne* stützt sich zum einen auf die Arbeit eigener Mitarbeiterinnen und Mitarbeiter, unter ihnen Agathe Czylwick und Matthias Sauter. Zum anderen fußt ihre Tätigkeit auf dem persönlichen Einsatz sogenannter Korrespondenten.[61] Die zweigliedrige Arbeitsteilung stammt aus der Zeit des KABD: Von einem Einbinden „unorganisierte[r] Arbeiter“[62] als „Korrespondenten“ hatte sich dieser eine nahe am „Leben der werktätigen Massen“[63] stehende Berichterstattung versprochen. Eine vollkommene Unabhängigkeit der „Korrespondenten“ von den Strukturen der MLPD erscheint – eingedenk ihres in der Literatur betonten vereinnahmenden Charakters[64] – unrealistisch. Viele dürften „einfache“ Mitglieder dieses linksextremistischen Akteurs sein. Einen solchen Schluss rechtfertigen überdies Berichte einzelner „Korrespondenten“, die das organisierte „Studieren“ programmatischer Publikationen der MLPD[65] oder den erfolgten Aufbau örtlicher Projekte der Partei schildern.[66]

Der Vertrieb des Magazins obliegt dem in der Alten Bottroper Straße in Essen ansässigen *Verlag Neuer Weg*, der zur MLPD gehört.[67] Den Druck übernimmt die *Druckerei Neuer Weg* – Verlag und Druckerei sind Teile der *Mediengruppe Neuer Weg GmbH*.[68] Um die *Rote Fahne* zu verbreiten, greift die MLPD auf klassische Optionen zurück, etwa auf einen Abonnentenservice[69] oder auf den Verkauf digita-

57 Abrufbar ist Rote Fahne TV unter: https://www.rf-news.de/rote-fahne-tv (14. Dezember 2024).

58 Vgl. die Videoübersicht von Rote Fahne TV unter: https://www.youtube.com/playlist?list=PLdod8JZcEIsCGo062tZyUAPimaDxrjSM1 (14. Dezember 2024).

59 Vgl. das Impressum der Rote Fahne News unter: https://www.rf-news.de/impressum (14. Dezember 2024).

60 Vgl. den Reiter „Kontakt“ auf der Homepage der MLPD unter: https://www.mlpd.de/kontakt (14. Dezember 2024).

61 Vgl. Weidemann u. a. (FN 8).

62 KABD, zitiert nach: Zentralkomitee der Marxistisch-Leninistischen Partei Deutschlands (FN 30), S. 77.

63 Rote Fahne, zitiert nach: Ders. (FN 29), S. 378.

64 Vgl. Pfahl-Traughber (FN 32), S. 105.

65 Vgl. o. A., Gemeinsam am nötigen Durchblick arbeiten, in: Rote Fahne 18 (2022), S. 40; o. A., „Das Buch passt voll in die Zeit!“, in: Rote Fahne 4 (2024), S. 38.

66 Vgl. o. A., „Wir haben es getan“. Umweltaufbaugruppe in Dresden gegründet, in: Rote Fahne 26 (2023), S. 35; o. A., Wählerinitiative in Gera gestartet, in: Rote Fahne 17 (2024), S. 27.

67 Vgl. o. A., Internet und Publikationen (o. D.), unter: https://www.bige.bayern.de/infos_zu_extremismus/linksextremismus/medien/internet_und_publikationen/index.html (15. Dezember 2024).

68 Vgl. das Impressum in: Rote Fahne 1 (2024), S. 2.

69 Leser können die Rote Fahne in einem vierteljährlichen, halbjährlichen oder in einem jährlichen Abonnement beziehen, vgl. ebd.

ler Exemplare im Internet.[70] Zudem spannt sie ihre Aktivistinnen und Aktivisten ein: In der Vergangenheit boten diese Exemplare der *Roten Fahne* vor den Liegenschaften größerer Unternehmen[71] oder am Rande politischer Veranstaltungen feil. Exemplarisch nennen lassen sich hier der Gedenkumzug für Karl Liebknecht und Rosa Luxemburg Mitte Januar 2024 in Berlin[72] sowie die Demonstration gegen den Parteitag der *Alternative für Deutschland* (AfD) im Juni 2024 in Essen.[73] Zur Anzahl der bei solchen Gelegenheiten veräußerten Hefte erscheinen üblicherweise Erfolgsmeldungen in der *Roten Fahne*, die sich nicht überprüfen lassen. So hieß es zum erwähnten Protest gegen die AfD: „Bei der Demonstration […] wurden insgesamt über 700 Rote Fahnen für 1 Euro plus Spende verkauft“.[74]

Die Ausgaben der *Roten Fahne* sind schematisch aufgebaut und gestaltet: Format wie Druckqualität des durchgehend in Farbe gehaltenen Magazins gleichen den Exemplaren der *konkret*. Die einzelne Nummer besteht im Regelfall, einschließlich der Front- und der Rückseite, aus 48 Seiten. Auf nahezu jeder Seite lockern Bilder oder Grafiken den Text auf. Die *Rote Fahne* beginnt zumeist mit einer beinahe seitengroßen Anzeige der *Mediengruppe Neuer Weg GmbH*.[75] Es folgen das Editorial der Redaktion – im Jahre 2024 füllte entweder Agathe Czylwick[76] oder Matthias Sauter[77] dieses mit Inhalten – und der einleitend angerissene Willkommenstext für neue Käuferinnen und Käufer samt Inhaltsverzeichnis. Sodann gelangt die Leserschaft zu einem Rückblick auf ausgewählte Ereignisse der zurückliegenden 14 Tage und zu dem obligatorischen „Klartext“ – einer Kolumne, in der sich 2024 Funktionäre der MLPD wie Gabriele Fechtner[78], die baden-württembergische Landesvorsitzende Julia Scheller[79] oder das im Zentralkomitee arbeitende Mitglied Günter Slave zu Wort meldeten.[80] An diese hinführenden Abschnitte schließt sich der Mittelteil des Magazins an, welcher – neben dem regelmäßig in politischen Parolen

70 Dieser Verkauf erfolgt über den Online-Handel People to People, für den die Mediengruppe Neuer Weg GmbH verantwortlich zeichnet. Vgl. hierzu das Impressum von People to People unter: https://www.people-to-people.de/impressum (15. Dezember 2024).

71 Vgl. o. A., Zum Gedenken an Gabi Doemges, in: Rote Fahne 22 (2024), S. 42.

72 Vgl. Rote Fahne News u. a., Der Sozialismus ist lebendig, in: Rote Fahne 2 (2024), S. 8 f., hier: S. 8.

73 Vgl. o. A., Zehntausende auf der Straße gegen AfD-Parteitag, in: Rote Fahne 14 (2024), S. 8 f., hier: S. 9.

74 Tobias Thylmann im Interview mit Rote Fahne, „So viele Rote Fahnen habe ich noch nie auf einer Demo verkauft“, in: Rote Fahne 15 (2024), S. 38.

75 Vgl. exemplarisch jeweils die zweite Seite der folgenden Ausgaben: Rote Fahne 5 (2022), Rote Fahne 11 (2022), Rote Fahne 7 (2024) und Rote Fahne 16 (2024).

76 Vgl. beispielhaft Agathe Czylwick, Große Herausforderungen, in: Rote Fahne 3 (2024), S. 3.

77 Vgl. u. a. Matthias Sauter, Außerordentliche Lage – MLPD hat klaren Kompass, in: Rote Fahne 24 (2024), S. 3.

78 Vgl. Gabriele Fechtner, Was lehrt die Europawahl?, in: Rote Fahne 13 (2024), S. 7.

79 Vgl. Julia Scheller, Brandgefährlich – weitere rote Linien überschritten, in: Rote Fahne 12 (2024), S. 7.

80 Vgl. Günter Slave, Selenskyj und das skrupellose Spiel mit dem Atomkrieg, in: Rote Fahne 22 (2024), S. 7.

wie Imperativen kulminierenden Leitbeitrag[81] oder einem ausführlicheren Interview mit einem der tonangebenden „Kader" der Partei[82] – diverse Kurzartikel anbietet. Unter die wiederkehrenden Inhalte dieser Kurzartikel fallen Auszüge aus Reden oder Vorträgen von MLPD-Aktivisten[83] sowie Passagen aus Büchern der beiden für die MLPD derzeit maßgeblichen „Theoretiker": des im Jahre 1992 verstorbenen[84] Kommunisten Willi Dickhut und des ehemaligen Vorsitzenden Stefan Engel.[85] Ferner druckt die *Rote Fahne* immer wieder Beiträge ausländischer Linksextremisten ab, mit denen die MLPD über die Vereinigung *International Coordination of Revolutionary Parties and Organizations* (ICOR)[86] verbunden ist – etwa Arbeiten, für die Mitglieder der *Kommunistischen Partei Nepals (Mashal)*[87] oder der französischen *Union Prolétarienne Marxiste-Léniniste*[88] verantwortlich zeichnen. Platz im Mittelteil des Magazins finden daneben Darstellungen zu den – vermeintlichen – Motiven einzelner Personen, welche – angeblich – eine Mitgliedschaft in der MLPD anstreben[89], sowie werbende Zeilen für Veranstaltungen der Partei oder der ICOR[90] und für Spenden zugunsten der MLPD.[91] Den Schluss einer Ausgabe der *Roten Fahne* bilden Empfehlungen u. a. zu Film, Kultur und Musik. Ein „Leserforum" gibt Einblick in Zuschriften aus der Leserschaft sowie in die Antworten der Redaktion. Die letzte Seite des Magazins listet Kontaktadressen der MLPD auf.

81 Vgl. exemplarisch o. A., Ganz Deutschland schaut nach Thüringen, in: Rote Fahne 15 (2024), S. 12–15, hier: S. 15; o. A., Mittelstreckenraketen in Deutschland – die Lunte des Weltkriegs brennt, in: Rote Fahne 18 (2024), S. 12–15, hier: S. 15.

82 Vgl. etwa Gabriele Fechtner im Interview mit Rote Fahne, Entscheidungen für die Zukunft herausgefordert, in: Rote Fahne 3 (2024), S. 12–29; Stefan Engel im Interview mit Rote Fahne, Die neue Nummer aus der Reihe Revolutionärer Weg schließt die Analyse der Krise der bürgerlichen Ideologie ab, in: Rote Fahne 22 (2024), S. 12–20.

83 Vgl. u. a. Stefan Engel, „Ich begrüße diese sprunghafte Entwicklung der antifaschistischen Demonstrationen", in: Rote Fahne 4 (2024), S. 8; Klaus Arnecke, Lenin und der echte Sozialismus, in: Rote Fahne 24 (2024), S. 38 f.

84 Vgl. Benicke (FN 17), S. 25.

85 Vgl. beispielhaft den Auszug aus Stefan Engels Buch „Die Krise der bürgerlichen Ideologie und des Opportunismus" in: Rote Fahne 6 (2024), S. 26, sowie den Abschnitt aus Willi Dickhuts Werk „Der staatsmonopolistische Kapitalismus in der BRD" in: Rote Fahne 10 (2024), S. 21.

86 Vgl. International Coordination of Revolutionary Parties and Organizations, Über die ICOR (1. Oktober 2024), unter: https://www.icor.info/de/inhalte/ueber-die-icor (18. Dezember 2024).

87 Vgl. Mohan Bikram Singh, Wahlen in Indien: „Die Menschen waren mit der Politik Modis sehr unzufrieden", in: Rote Fahne 13 (2024), S. 38 f.

88 Vgl. Mitglieder der Union Prolétarienne Marxiste-Léniniste, August 1944: Ein Sieg der Résistance, in: Rote Fahne 19 (2024), S. 36–38.

89 Vgl. exemplarisch o. A., Die Vergangenheit kann ich nicht mehr ändern, aber…, in: Rote Fahne 5 (2022), S. 42; o. A., „Ich will nicht länger nur stiller Zuschauer sein…", in: Rote Fahne 23 (2024), S. 38.

90 Vgl. etwa o. A., 40 Jahre MLPD. Jubiläumswochenende. Programm, in: Rote Fahne 16 (2022), S. 32 f.; o. A., Vielfältiges Programm beim Lenin-Seminar im September, in: Rote Fahne 14 (2024), S. 34 f.

91 Vgl. beispielhaft Klaus Dumberger, Spendet für den Wahlkampf der MLPD, in: Rote Fahne 10 (2024), S. 37; ders., Ziel der Spendenkampagne der MLPD um 50.000 Euro erhöht, in: Rote Fahne 15 (2024), S. 39.

Selten gelangt die *Rote Fahne* mit Beilagen in den Handel. Bereits in den 1970er Jahren[92] druckten die Verantwortlichen anlassbezogen eine sogenannte Blaue Beilage. In den Jahren 1999, 2009, 2017 und 2022 ließ sich eine solche Anlage gleichermaßen dem Periodikum entnehmen.[93] „Blaue Beilagen", so erläuternde Angaben Stefan Engels in der *Roten Fahne*, „wenden die ideologisch-politische Linie [der MLPD] auf konkrete, begrenzte neue Fragen an."[94] Die 2022 verteilte „Blaue Beilage" widmete sich dem russischen Angriffskrieg gegen die Ukraine vom Februar 2022.[95] Abgesehen von dieser theoretischen Zugabe verbreitet die *Rote Fahne* in unregelmäßigen Abständen lose Druckerzeugnisse, die einer Werbung gleichkommen. 2024 enthielt eine Ausgabe einen Flyer zu „Kururlaubswochen" des *Ferienparks Plauer See* in der Gemeinde Alt Schwerin[96]; ein anderes Exemplar des Magazins barg im Inneren ein Programmheft zu einer Veranstaltung im *Arbeiterbildungszentrum e. V.* in der Koststraße in Gelsenkirchen.[97] Beide Objekte sind – dies dürfte nicht überraschen – eng mit der MLPD verflochten.[98] Deutlich wird dies etwa bei einem genaueren Blick auf den erstgenannten Handzettel, welcher ebenfalls Personal des *Ferienparks Plauer See* vorstellt. Zu den Aufgeführten zählt der Allgemeinmediziner Günther Bittel, der in der Vergangenheit nicht nur als Interviewpartner der *Roten Fahne*[99] und als anzuzeigender finanzieller Förderer der MLPD auffiel[100] – sondern auch als umweltpolitischer Sprecher der Partei.[101]

2. Würdigung

Ein aus der Warte der Extremismusforschung formuliertes Urteil zur *Roten Fahne* kann sich auf drei Aspekte konzentrieren: die Qualität der Berichterstattung, die

92 Vgl. Zentralkomitee der Marxistisch-Leninistischen Partei Deutschlands (FN 30), S. 95.

93 Vgl. Stefan Engel, Die theoretische Arbeit als Rückgrat des Parteiaufbaus, in: Rote Fahne 19 (2022), S. 36–42, hier: S. 42.

94 Ebd.

95 Vgl. den Überblick zu den Reaktionen auf die „Blaue Beilage" mit dem Titel „Der Ukrainekrieg und die offene Krise des imperialistischen Weltsystems" in: Rote Fahne 14 (2022), S. 28 f.

96 Dieser Flyer lag in der ersten Ausgabe der Roten Fahne aus dem Jahre 2024.

97 Das Programmheft war Teil der im Jahre 2024 veröffentlichten dritten Roten Fahne.

98 Vgl. Müller-Enbergs (FN 18), S. 182 f.; Ministerium für Inneres, Bau und Digitalisierung Mecklenburg-Vorpommern (Hrsg.), Verfassungsschutzbericht 2023, Schwerin 2024, S. 76.

99 Vgl. Günther Bittel im Interview mit Rote Fahne, „Eine fatale Entscheidung", in: Rote Fahne 14 (2022), S. 10.

100 Vgl. hierzu S. 17 der folgenden Internetquelle: Marxistisch-Leninistische Partei Deutschlands, Rechenschaftsbericht für das Jahr 2017 gemäß §§ 23 ff. Parteiengesetz (PartG), in: Präsidentin des Deutschen Bundestags (Hrsg.), Bekanntmachung von Rechenschaftsberichten politischer Parteien für das Kalenderjahr 2017 (3. Teil – Sonstige Parteien, Band I). Drucksache 20/10082 (1. September 2023), unter: https://www.bundestag.de/parlament/praesidium/parteienfinanzierung/rechenschaftsberichte/rechenschaftsberichte-202446 (20. Dezember 2024).

101 Vgl. o. A., Günther Bittel (7. August 2013), unter: https://www.mlpd.de/2013/bundestagswahl/nordrhein-westfalen/guenther-bittel-1 (20. Dezember 2024).

mit dieser erreichte Extremismusintensität und die Wirkung des Magazins. Hinsichtlich der Güte der Inhalte ist festzuhalten: Wer journalistische Tiefe erwartet, sucht vergeblich. Das Präsentieren von Fakten steht erkennbar nicht im Vordergrund. Vielmehr fungieren Informationen – ganz im Sinne des eingangs skizzierten Selbstbilds der *Roten Fahne* als „parteiisch[es]"[102] Medium – allenfalls als Sprungbrett für das gebetsmühlenartige Vermitteln programmatischer Positionen der MLPD. Dieser ideologische Anteil ist in einem demagogischen Tenor gehalten und bemüht die immer gleichen Floskeln. Von gehaltvoller theoretischer Analyse nach Maßgabe der klassischen Werke des Marxismus-Leninismus kann hier keine Rede sein – die *Rote Fahne* hat sich, wie der Extremismusforscher Rudolf van Hüllen zutreffend konstatierte, „schlichteste[r] Klassenkampfagitation"[103] verschrieben. Diese Charakteristika des Magazins veranschaulicht beispielhaft der titelgebende, wenige Seiten füllende Beitrag aus der fünften Ausgabe der *Roten Fahne* im Jahre 2024. Er reißt die Situation im russisch-ukrainischen Krieg sowie die deutsche Verteidigungspolitik an, um die mediale Ignoranz gegenüber einer – angeblich – systematischen Erweiterung des NATO-Einflussgebiets in Osteuropa zu beklagen[104] und die – vermeintlich – wahren Motive „westliche[r] Imperialisten"[105] aufzuzeigen: Diese strebten einen „möglichst freien Zugriff [...] auf den Rohstoff- und Arbeitskräftereichtum der Ukraine" an und ließen sich außerdem von der „Eignung [der ukrainischen Nation] als Aufmarschgebiet gegen Russland" leiten. Die Rüstungsausgaben der Bundesrepublik Deutschland kämen einer „gewaltige[n] Verschärfung der Klassenwidersprüche" gleich. Nach diesen Anwürfen fordert der Artikel einen aktiv gehaltenen „Widerstand" in Gestalt einer neuartigen Bewegung für Frieden und unterstreicht die „positive[n] Antworten der MLPD". Zu diesen „Antworten" der Partei wird die Leserschaft nicht im Unklaren gelassen, im Gegenteil. Am Ende des Textes wartet das zentrale Heilsversprechen der MLPD: „[N]ur der echte Sozialismus auf Grundlage der proletarischen Denkweise kann eine friedliche und gerechte Weltordnung errichten."[106]

Die *Rote Fahne* darf – auf Basis ihrer Berichterstattung – indes nicht nur als weltanschaulich gefärbtes Produkt verstanden werden. Sie ist auch eine der MLPD und deren „Kadern" vollkommen unkritisch gegenüberstehende „Jubelzeitung", die das Handeln dieser linksextremistischen Organisation in bisweilen grotesker Manier positiv einkleidet, sowie ein Spiegelbild einzelner, innerhalb der Partei gepflegter

---

102 O. A. (FN 53).

103 Rudolf van Hüllen, Publikationen mit Anbindung an Organisationen und Milieus (o. D.), unter: https://www.kas.de/de/web/extremismus/linksextremismus/publikationen-mit-anbindung-an-organisationen-oder-milieus (21. Dezember 2024).

104 Vgl. o. A., Deutschland auf dem Weg zur „Kriegstauglichkeit"?, in: Rote Fahne 5 (2024), S. 12–15, hier: S. 14.

105 Hier und im Folgenden ebd., S. 14 f.

106 Ebd. Zur Perspektive der MLPD auf den russischen Angriffskrieg gegen die Ukraine vgl. weiterführend Jan-Hinrick Pesch, Avantgarde gegen Apokalypse. Die Sicht der „Marxistisch-Leninistischen Partei Deutschlands" auf den russisch-ukrainischen Krieg (8. November 2023), unter: https://haitblog.hypotheses.org/5084 (23. Dezember 2024).

Rituale. In Nummern der vergangenen Jahre vermeldete die *Rote Fahne*, die MLPD habe vor allem infolge ihres unermüdlichen Wirkens in Unternehmen und Gewerkschaften „die politische Entwicklung in Deutschland maßgeblich mitgeprägt“[107] und sich „eine gesamtgesellschaftliche Rolle erkämpfen“[108] können. Sie gehöre zu den „schlagkräftigsten Parteien Deutschlands“[109], verfüge „in vielen Betrieben [über] großen Einfluss“[110] und stoße bei Demonstrationen auf reges Interesse.[111] Sich in der deutschen Gesellschaft und Politik entwickelnde Standpunkte wider den Rechtsextremismus oder den Kapitalismus erklärt das Magazin unumwunden mit der „jahrzehntelange[n] Kleinarbeit“[112] und dem „wachsenden Einfluss“[113] der Partei. Wahlergebnisse gelten in der *Roten Fahne* bisweilen als „Achtungserfolg“, etwa das Resultat der MLPD bei der nordrhein-westfälischen Landtagswahl des Jahres 2022[114] – und das, obwohl sie in diesem Urnengang nicht über einen Anteil von 0,0 Prozent der Zweitstimmen hatte hinauskommen können.[115] Besonders lobpreisend lesen sich Beiträge im Periodikum, welche kürzlich erschienene Werke führender Funktionäre der MLPD thematisieren. So druckte die *Rote Fahne* die Reaktion einer Person ab, die ein von der Partei angebotenes „Studium“ des von Stefan Engel und Monika Gärtner-Engel im Jahre 2024 veröffentlichten Buchs *Die Krise der bürgerlichen Gesellschaftswissenschaften, der Religion und der Kultur* absolvieren konnte. Sie beschrieb die Publikation als „kurz und prägnant und doch sehr tiefgehend und verständlich“[116] – die Monographie durchziehe ein „proletarischer Stil, von dem wir lernen müssen“.[117]

Mit Blick auf die in der *Roten Fahne* wahrnehmbaren Interna der MLPD sind zwei Punkte zu betonen: die Haltung zu Willi Dickhut und Stefan Engel sowie die Maxime der „Kritik und Selbstkritik“. Die Partei verehrt Dickhut und Engel; Wissenschaftler sprechen von einem Personenkult.[118] Es kann daher nicht wundernehmen, wenn die *Rote Fahne* an verschiedenen Stellen eine regelrechte Eloge

---

107 Reinhard Funk, Zur Hauptkampflinie, der marxistisch-leninistischen Arbeit in Betrieb und Gewerkschaft, in: Rote Fahne 19 (2022), S. 18 f., hier: S. 18.

108 Agathe Czylwick, Sonderausgabe zu 40 Jahre MLPD, in: ebd., S. 3.

109 Gabriele Fechtner, MLPD – eine Partei neuen Typs, in: Rote Fahne 1 (2024), S. 22 f., hier: S. 23.

110 O. A., Es ist an der Zeit, in die Offensive zu gehen, in: Rote Fahne 20 (2024), S. 12–15, hier: S. 15.

111 Vgl. MLPD-Landesleitung Berlin-Brandenburg, Antikriegsdemo in Berlin: Großes Interesse an Argumenten der MLPD, in: Rote Fahne 14 (2022), S. 41.

112 Matthias Sauter, Contra AfD: Millionen auf der Straße, in: Rote Fahne 4 (2024), S. 3.

113 O. A., Wachsende Sympathien für den Sozialismus bei Jusos und Mitgliedern der Grünen Jugend, in: Rote Fahne 1 (2024), S. 16 f., hier: S. 16.

114 Vgl. Landesleitung NRW der MLPD, Schwarz-gelbe Landesregierung abgewählt – Achtungserfolg für Internationalistische Liste/MLPD, in: Rote Fahne 11 (2022), S. 34 f.

115 Vgl. Wahlleitung des Landes Nordrhein-Westfalen, Landtagswahl 2022. Endgültiges Ergebnis für: Nordrhein-Westfalen (o. D.), unter: https://www.wahlergebnisse.nrw/landtagswahlen/2022/aktuell/a000lw2200.shtml (22. Dezember 2024).

116 O. A., „Das Buch hat mich begeistert…“, in: Rote Fahne 24 (2024), S. 40.

117 Ebd.

118 Vgl. Müller-Enbergs (FN 18), S. 172 f.; Panreck (FN 20), S. 157; Benicke (FN 17), S. 25.

auf diese Aktivisten einflechtet: Bei Dickhut handle es sich um einen als Vorbild taugenden „echte[n] Revolutionär“[119] mit außergewöhnlicher Genauig- wie Standhaftigkeit. Er sei ein „einfacher Arbeiter“[120] gewesen, dessen „Leben, Werk und Vermächtnis […] ein[en] große[n] Quell von Erkenntnissen und Hilfen“[121] für den „Kampf“ um ein Erstarken sozialistischer Ideale böten. Zu Engel heißt es im Magazin, er verkörpere eine erstrebenswerte linke Politik, sei selbstdiszipliniert und ein geübter Kenner der Dialektik des Marxismus-Leninismus.[122] Er habe die Position eines „international anerkannte[n] Arbeitertheoretiker[s]“[123] erlangt. Der im Statut der MLPD niedergelegte[124] Grundsatz der „Kritik und Selbstkritik“ – ein Euphemismus für das bereits in der Sowjetunion unter Josef Stalin übliche[125] interne Ahnden der von der kommunistischen Parteilinie abweichenden Auffassungen – offenbart sich wiederholt im „Leserforum“ der *Roten Fahne*. Ein Beispiel für die damit verbundene Praxis liefert das zweite Exemplar des Periodikums aus dem Jahre 2024. In ihm machte Monika Gärtner-Engel, „Internationalismusverantwortliche“ der MLPD[126], ihrem Unmut angesichts eines Artikels auf *Rote Fahne News* Luft. Von der Redaktion verlangte sie eine präzisere Sichtweise sowie den Verzicht auf einen unreflektiert von Radikalität getriebenen Habitus.[127] Die Verantwortlichen der *Roten Fahne* geißelten sich daraufhin selbst: „Unsere Berichterstattung passte sich einem kleinbürgerlich geprägten und faschistisch beeinflussten Unmut an.“[128] Der „proletarische Klassenstandpunkt“[129] sei verlassen worden.

Was die Extremismusintensität des Magazins anbelangt, so besteht wenig Anlass für facettenreiche Interpretationen. Die *Rote Fahne* bewegt sich weder in Ambivalenzen noch in Grauzonen; ihre Feindschaft gegenüber dem politischen System der Bundesrepublik Deutschland ist ebenso total wie unmissverständlich. Die Inhalte des Blatts erfüllen die Kriterien der Positiv-Definition zum Extremismus, wie sie der Politikwissenschaftler Armin Pfahl-Traughber nutzt. Vor allem zu vier Parametern bietet es Belege: zur „fundamentalen Verwerfung“ des gesellschaftlichen und poli-

---

119 O. A., „Er ist sich in allem treu geblieben…“. Ein Besuch im Willi-Dickhut-Museum in Gelsenkirchen-Horst, in: Rote Fahne 10 (2022), S. 36 f., hier: S. 36.

120 O. A., Wer war eigentlich Willi Dickhut?, in: Rote Fahne 11 (2022), S. 30.

121 O. A., Aus Leben und Werk von Willi Dickhut für den Kampf um den Sozialismus heute schöpfen, in: Rote Fahne 9 (2024), S. 30 f., hier: S. 30.

122 Vgl. Otwin Herzig, „Bei uns steht der Mensch im Mittelpunkt“, in: Rote Fahne 19 (2022), S. 28–30, hier: S. 29; o. A., Wir haben Top-Leute! 13 Kandidatinnen und Kandidaten der Landesliste der Internationalistischen Liste/MLPD stehen am 1. September bei der Landtagswahl in Thüringen zur Wahl, in: Rote Fahne 15 (2024), S. 18 f., hier: S. 18.

123 Diese Zuschreibung findet sich unter einem Bild Engels in: Rote Fahne 20 (2024), S. 35.

124 Vgl. Zentralkomitee der Marxistisch-Leninistischen Partei Deutschlands (FN 25), S. 11.

125 Vgl. Wolfgang Leonhard, Die Revolution entlässt ihre Kinder, Köln 2022, S. 270–282.

126 Vgl. den Inhalt des Reiters zu Monika Gärtner-Engel auf der Website der MLPD unter: https://www.mlpd.de/repraesentanten/monika-gaertner-engel/ (22. Dezember 2024).

127 Vgl. Monika Gärtner-Engel, Bei Bauernprotesten genau hinschauen, in: Rote Fahne 2 (2024), S. 44 f., hier: S. 45.

128 Redaktion der Roten Fahne, Antwort auf die Kritik u. a. von Monika Gärtner-Engel, in: ebd., S. 45.

129 Ebd.

tischen *Status quo*, zum Befürworten einer „identitären Gesellschaftskonzeption", zu einem rigorosen Schwarz-Weiß-Denken sowie zu einem „dogmatischen Absolutheitsanspruch".[130] Die *Rote Fahne* vermittelt – hier zeigt sich die „fundamentale Verwerfung" – den Topos einer in Deutschland und im Ausland herrschenden kapitalistischen „Klasse", welche ihren Reichtum zu vergrößern versuche.[131] Die von dieser aufrechterhaltene Ordnung fuße auf der „Ausbeutung der Arbeiter"[132] und dem Modell der „bürgerliche[n] Demokratie"[133], die „den Massen vorgaukelt, sie hätten das Sagen."[134] Diese Ordnung sei die Ursache für ökologische Zerstörung[135], eine „wachsende Verarmung der Massen"[136], für „Faschismus" und Kriege[137] – sie komme einer Bedrohung für die „Existenz der Menschheit"[138] gleich. Den – in Teilen apokalyptisch anmutenden – Schreckensbildern stellt die *Rote Fahne* die Utopie eines weltweit etablierten sozialistischen Systems gegenüber, in dem Menschen friedlich und in Harmonie mit der Umwelt zusammenleben könnten.[139] Dass diesem Gegenentwurf das Streben nach einer ökonomisch und politisch homogenen Bevölkerung – eine „identitäre Gesellschaftskonzeption" – innewohnt, deklamiert sie unverhohlen. „Echter Sozialismus" gehe zum einen einher mit einem Beseitigen finanzieller und wirtschaftlicher Unterschiede: Es käme zur Enteignung der Wohlhabenden; der Einzelne würde nur nach Maßgabe seiner Leistung verdienen.[140] Zum anderen forme er die Gesellschaft um. Mithilfe einer „Diktatur des Proletariats"[141] erfolge ein rigoroser „Kampf" nicht nur gegen „faschistische" Machenschaften[142], sondern auch gegen die Befürworter der überwundenen Zustände. „Unterdrückt werden die alten Ausbeuter und alle, die wieder kapitalistische Verhältnisse herstellen

130 Vgl. zu diesen Kriterien Armin Pfahl-Traughber, Extremismus und Terrorismus in Deutschland. Feinde der pluralistischen Gesellschaft, Stuttgart 2020, S. 12; ders. (FN 32), S. 18 f.

131 Vgl. o. A., VW: „Zielrendite" für eine sichere Zukunft?, in: Rote Fahne 21 (2024), S. 29.

132 O. A., Die Weihnachtsbotschaft der Autokonzerne, in: Rote Fahne 26 (2023), S. 30.

133 O. A., Wie das Märchen vom „Linksextremismus" wiederbelebt werden soll, in: Rote Fahne 7 (2024), S. 30 f., hier: S. 31.

134 Ebd.

135 Vgl. o. A., Soziale Demagogie – AfD will „Besteuerung von Luft" beenden, in: Rote Fahne 4 (2024), S. 23.

136 O. A., GDL-Streik. Kampfansage an Klassenzusammenarbeit im Tarifkampf, in: Rote Fahne 2 (2024), S. 16 f., hier: S. 16.

137 Vgl. Marxistisch-Leninistische Partei Deutschlands, Wer AfD wählt, wählt Faschismus!, in: Rote Fahne 14 (2024), S. 36 f., hier: S. 37; o. A., Mittelstreckenraketen in Deutschland – die Lunte des Weltkriegs brennt, in: Rote Fahne 18 (2024), S. 12–15, hier: S. 15.

138 O. A., Mercedes Stuttgart: Solidarität mit VW-Belegschaften, in: Rote Fahne 20 (2024), S. 19.

139 Vgl. o. A., Warum es im Kommunismus keine Kriege mehr gibt, in: Rote Fahne 9 (2024), S. 16; Gabriele Fechtner im Interview mit Rote Fahne, Ampel-Regierung scheitert an den kapitalistischen Gesetzmäßigkeiten. Stärkt die sozialistische Alternative!, in: Rote Fahne 24 (2024), S. 18–29, hier: S. 28.

140 Vgl. o. A., Armut und Reichtum – menschliches Schicksal?, in: Rote Fahne 9 (2024), S. 20; o. A., Die „patriotische Marktwirtschaft" des Herrn Höcke, in: Rote Fahne 16 (2024), S. 16.

141 Anna Schmit, Grüne Jugend: Sozialismus, ohne den Kapitalismus abzuschaffen?, in: Rote Fahne 13 (2024), S. 20.

142 Vgl. o. A., Dauerhaft antifaschistisch engagieren? Am besten in der MLPD!, in: Rote Fahne 5 (2024), S. 41.

wollen“[143], lautet das dazu in der *Roten Fahne* artikulierte Ziel. Zu dieser Repression hinzu komme ein ideeller „Klassenkampf“, der sich gegen die „jahrhundertealten bürgerlichen Traditionen und Lebensgewohnheiten“[144] richte und eine „proletarische Denkweise“[145] verbreite.

Rigoroses Schwarz-Weiß-Denken ist ein zentrales Merkmal der *Roten Fahne*: Wer den manichäischen Narrativen des Magazins Glauben schenkt, sieht sich von Feinden umzingelt – und erkennt in der Arbeiterklasse wie in der MLPD die Heilsbringer.[146] Gegner identifiziert das Periodikum – das sich bezeichnenderweise über „[g]robe Vereinfachungen und pauschale Feindbilder“[147] der AfD zu mokieren vermag – vor allem in Wirtschaft und Politik. Hinter allen Übeln des Kapitalismus stünde, unmittelbar oder mittelbar, das leitende Personal größerer Unternehmen wie Intel oder Volkswagen, welche die *Rote Fahne* wahlweise als „Monopole“, „Übermonopole“ oder „Weltmonopole“ beschreibt.[148] Willfährige Werkzeuge ökonomischer Interessen seien die Nationalstaaten und deren Bündnisse, beispielsweise die Europäische Union und die NATO[149] – anknüpfend an Lenins Arbeiten[150] spricht das Magazin hier beständig von „Imperialismus“. Die arrivierten Parteien der liberalen deutschen Demokratie gelten als „staatstragende bürgerliche Monopolpartei[en]“[151], Parteien am rechten Rand als „Wegbereiter einer neuen faschistischen Diktatur“.[152] Der „dogmatische Absolutheitsanspruch“ der *Roten Fahne* kommt einesteils in Passagen zum Vorschein, die der MLPD eine Einzigartig- und Richtigkeit ihrer Linie

143 O. A., Sozialismus, aber echt?! Wie kann ein neuer Anlauf gelingen?, in: Rote Fahne 9 (2024), S. 12–15, hier: S. 15.

144 O. A., Auch aus enttäuschten Hoffnungen schöpft die AfD, in: Rote Fahne 20 (2024), S. 38 f., hier: S. 38.

145 O. A., Was ist die Kulturrevolution? Oder wie man verhindert, dass der Sozialismus verraten wird…, in: Rote Fahne 1 (2024), S. 26 f., hier: S. 26.

146 Dieser Dualismus offenbart sich beispielsweise in den folgenden Artikeln: Monika Gärtner-Engel, Zum proletarischen Internationalismus und zur theoretischen Arbeit, in: Rote Fahne 19 (2022), S. 19–21, hier: S. 19; Peter Weispfenning, Zur Wohngebietsarbeit, zur Förderung überparteilicher Selbstorganisation der Massen und zum Kampf um demokratische Rechte und Freiheiten, in: ebd., S. 22 f., hier: S. 23; Stefan Engel, Die reaktionäre Wende des imperialistischen Weltsystems, in: Rote Fahne 26 (2024), S. 8 f.

147 Jörg Weidemann, Seit wann lösen Himmelsrichtungen Probleme?, in: Rote Fahne 16 (2024), S. 18.

148 Vgl. exemplarisch o. A., Sind Revolutionen „toxisch“?, in: Rote Fahne 17 (2024), S. 36 f., hier: S. 36; o. A., Was treibt VW zur provokativen Kündigung der Tarifverträge?, in: Rote Fahne 20 (2024), S. 20 f.

149 Vgl. etwa Gabriele Fechtner, Rede beim Festakt zu 40 Jahre MLPD am 27. August 2022, in: Rote Fahne 19 (2022), S. 31–35, hier: S. 34; Lisa Gärtner, Die Theorie des Björn Höcke. Von einem, der den Faschismus zur Alternative für Deutschland erklärt (Teil 2), in: Rote Fahne 17 (2024), S. 24 f., hier: S. 24.

150 Vgl. Wladimir Iljitsch Lenin, Der Imperialismus als höchstes Stadium des Kapitalismus. Gemeinverständlicher Abriss, in: Institut für Marxismus-Leninismus beim Zentralkomitee der Kommunistischen Partei der Sowjetunion (Hrsg.), W. I. Lenin. Ausgewählte Werke, Bd. 1, Berlin 1970, S. 763–873.

151 O. A., Die Grünen – maßgeblicher Ordnungsfaktor in der Umweltbewegung, in: Rote Fahne 11 (2024), S. 18 f., hier: S. 19.

152 Matthias Sauter, Vom Regen in die Traufe, in: Rote Fahne 16 (2024), S. 3.

attestieren.[153] Anderenteils zeigt er sich in einem rigiden Abwerten der mit dieser Partei konkurrierenden Akteure, darunter die *Deutsche Kommunistische Partei* und der *Kommunistische Aufbau*. Beide trifft der Bannstrahl des „Revisionismus“ und/oder des „Sektierertums“.[154]

Ausgehend vom offensiven politischen „Bias“ des Periodikums – der die Leserschaft in erster Linie an das Milieu eines Apologeten des Marxismus-Leninismus heranführen wie binden soll und folglich einer Breitenwirkung durch thematische Vielfalt entgegensteht – ist eine marginale Rolle der *Roten Fahne* auf dem Zeitschriften- und Zeitungsmarkt anzunehmen. Diese Schlussfolgerung drängt sich zudem bei einem Vergleich des Magazins mit weiteren Druckerzeugnissen und Internetformaten aus der politischen Peripherie sowie bei einem Blick auf die Wahlergebnisse und Mitgliederzahl der MLPD auf. Sollte sich die Auflage der *Roten Fahne* seit Anfang der 2010er Jahre nicht nennenswert verändert haben und weiterhin im oberen vierstelligen Bereich liegen, bleibt sie merklich hinter der *jungen Welt* (2024: 20.400 Exemplare)[155] und der *konkret* (drittes Quartal 2023: 37.476 Stück)[156] zurück. Dies gilt ebenso für ihr Web-Angebot: Mit Videos auf YouTube erreichten andere extremistische Medien eine deutlich größere Resonanz – so die *Compact Magazin GmbH*[157], deren Strukturen im Sommer 2024 Gegenstand von Verbotsmaßnahmen des Bundesinnenministeriums wurden.[158] Bei der MLPD selbst handelt es sich um eine Partei, die nach einhelligem Urteil der Extremismusforschung in der Irrelevanz verharrt.[159] Zurückliegende Bundestagswahlen hatten ihr 0,1 Prozent (2013, 2017) und 0,0 Prozent (2021 und 2025) der Zweitstimmen eingebracht.[160] 2023 gehörten ihr wohl nur rund 2.800 Personen an.[161]

---

153 Vgl. exemplarisch o. A., „Die MLPD hat die einzig funktionierende Perspektive…“, in: Rote Fahne 7 (2024), S. 40.

154 Vgl. o. A., „Warum schließt ihr euch nicht mit der DKP zusammen?“, in: Rote Fahne 1 (2024), S. 18; o. A., Zehn Jahre „Kommunistischer Aufbau“, in: Rote Fahne 20 (2024), S. 37.

155 Vgl. hierzu S. 7 der ersten Anlage der folgenden Internetquelle: Deutsche Bundesregierung (FN 49).

156 Vgl. die Mediadaten der konkret unter: https://www.konkret-magazin.de/images/pdf/Mediaunterlagen_konkret_2025 (26. Dezember 2024).

157 YouTube-Videos der Compact TV erzielten im Jahre 2023 fünfstellige Abrufzahlen im mittleren Bereich. Vgl. Jan-Hinrick Pesch, Das Scheitern der Querfront und seine Ursachen. Eine Studie zu Fällen aus dem Links- und Rechtsextremismus der Weimarer Republik und der Bundesrepublik Deutschland, Baden-Baden 2024, S. 107.

158 Vgl. Bundesministerium des Innern und für Heimat, Rechtsextremistische Vereinigungen „Compact-Magazin GmbH“ und „Conspect Film GmbH“ verboten (16. Juli 2024), unter: https://www.bmi.bund.de/SharedDocs/kurzmeldungen/DE/2024/07/verbot-compact.html (26. Dezember 2024).

159 Vgl. Müller-Enbergs (FN 18), S. 167; Panreck (FN 20), S. 163; Benicke (FN 17), S. 26; Pfahl-Traughber (FN 32), S. 107.

160 Vgl. die Übersichten zu den Ergebnissen der genannten Bundestagswahlen unter: https://www.bundeswahlleiterin.de/ (26. September 2025).

161 Vgl. Bundesministerium des Innern und für Heimat (FN 2), S. 201.

3. Literatur

Der Kenntnisstand zur *Roten Fahne* ist symptomatisch für die Position des Linksextremismus in der Literatur: Im Vergleich zum Islamismus und zum Rechtsextremismus erfährt dieses politische Phänomen wenig Aufmerksamkeit.[162] Die tendenziöse Historiographie der MLPD[163] ging sporadisch auf die Vorläufer des Magazin ein – eine allein der *Roten Fahne* gewidmete Darstellung fehlt. Die Extremismusforschung richtete ihr Augenmerk bislang ebenfalls nicht gesondert auf das Periodikum. In den wenigen, zur MLPD verfassten wissenschaftlichen Texten fand es allenfalls am Rande Erwähnung.[164] Die entsprechenden Zeilen beschränken sich auf das Nennen von Fakten; eine inhaltliche Analyse unterblieb.

Künftige qualitative Forschung zur *Roten Fahne* könnte die folgenden Fragen zu beantworten versuchen: Welches Verhältnis besteht zwischen der Redaktion und der Führung der MLPD? Diktiert die Partei in Gänze die Inhalte des Magazins – oder agiert das Personal des Blatts zwar weitgehend eigenständig, aber in uneingeschränkter Loyalität zur MLPD? In welcher Form und mit welcher Intensität rezipieren die Mitglieder der MLPD die *Rote Fahne*? Inwiefern trägt sie zum Zusammenhalt dieser Organisation bei? Stärkt das Magazin die Partei in finanzieller Hinsicht – oder verbirgt sich hinter ihm ein Verlustgeschäft, das die Verantwortlichen aus ideellen Gründen fortsetzen?

---

162 Vgl. José Pedro Zúquete, Introduction, in: ders. (Hrsg.), The Palgrave Handbook of Left-Wing Extremism, Bd. 1, Cham 2023, S. IX-XXII, hier: S. XII f.

163 Vgl. Zentralkomitee der Marxistisch-Leninistischen Partei Deutschlands (FN 22); ders. (FN 30); ders. (FN 29).

164 Vgl. Müller-Enbergs (FN 18), S. 183; Panreck (FN 20), S. 152; Pfahl-Traughber (FN 32), S. 103, 105; Vieregge (FN 21), S. 301.

Literatur

Literaturbericht:

Die Alternative für Deutschland und die Krise der Demokratie

Von Steven Schäller

Matthias Quent/Fabian Virchow (Hrsg.), Rechtsextrem, das neue Normal? Die AfD zwischen Verbot und Machtübernahme, München 2024 (*Piper*), 286 S.

Marcus Bensmann/Jean Peters, Der AfD-Komplex, Essen 2024 (*Correctiv*), 160 S.

Maximilian Steinbeis, Die verwundbare Demokratie. Strategien gegen die populistische Übernahme, München 2024 (*Hanser*), 304 S.

Martin Debes, Deutschland der Extreme. Wie Thüringen die Demokratie herausfordert, Berlin 2024 (*Ch. Links*), 278 S.

Philipp Ruch, Es ist 5 vor 1933. Was die AfD vorhat und wie wir sie stoppen, München 2024 (*Ludwig*), 223 S.

Michael Kraske/Dirk Laabs, Angriff auf Deutschland. Die schleichende Machtergreifung der AfD, München 2024 (*Beck*), 350 S.

Marcus Bensmann/Correctiv, Niemand kann sagen, er hätte es nicht gewusst. Die ungeheuerlichen Pläne der AfD, Berlin 2024 (*Galiani*), 254 S.

Arne Semsrott, Machtübernahme. Was passiert, wenn Rechtsextreme regieren. Eine Anleitung zum Widerstand, München 2024 (*Droemer*), 236 S.

Hendrik Cremer, Je länger wir schweigen, desto mehr Mut werden wir brauchen. Wie gefährlich die AfD wirklich ist, Berlin 2024 (*Berlin Verlag*), 238 S.

1. Einleitung

Die *Alternative für Deutschland* (AfD) hat sich im bundesdeutschen Parteiensystem etabliert. Auf Kommunal- und Länderebene, im Bund und in Europa ist sie inzwischen fester Bestandteil des Parteiensystems. Zugleich ist die AfD eine Partei der Krise: Sie profitierte und profitiert von den Krisen der Zeit: Eurorettung, steigende Flüchtlingszahlen, Maßnahmen zur Eindämmung der COVID-19-Pandemie, Russlands Krieg in der Ukraine. Dabei ist sie nicht nur eine Krisengewinnerin. Sie gilt auch als Indikator einer Krise der verfassten, parlamentarischen Demokratie. Damit steht die AfD für mehrere Großtrends der vergangenen Jahrzehnte, die westliche Gesellschaften verändern: Der seit den 1980er Jahren schrittweise zu beobachtende Siegeszug rechter, rechtsradikaler und rechtsextremer politischer Akteure hat inzwischen nahezu alle europäischen Demokratien erfasst. Damit einher geht ein Wandel der politischen Auseinandersetzung hin zu einem disruptiven, populistischen Politikstil sowie den Wählerwillen akkumulierenden Bewegungsparteien, die häufig auf eine charismatische Führungsfigur zulaufen. Davon profitieren nicht allein rechtspopulistische Parteien in Europa – man denke etwa auch an *En Marche!* von Emmanuel Macron oder das *Bündnis Sahra Wagenknecht* –, aber doch in besonderem Maße diese.

Es bleibt also zu konstatieren, dass mit der AfD in Deutschland und Europa kurz- und mittelfristig zu rechnen sein wird. Die Partei, gegründet 2013 als eine rechtskonservative und wirtschaftsliberale Partei, die gegen die Euro-Rettung zu Felde zog, war von Anfang an auch ein Sammelbecken für den verstreuten rechten Rand der zersplitterten rechten bis rechtsextremen Kleinstparteien in der Bundesrepublik. Seit ihrer Gründung hat die AfD innerparteiliche Findungsprozesse durchlebt, die sie unter anderem mehrere Parteivorsitzende gekostet hat, darunter den Gründer der Partei, den Hamburger Ökonomen Bernd Lucke. Nach personellen und inhaltlichen Häutungsprozessen ist die AfD heute eine rechte Partei, die sich durch das Thema der Fluchtmigration profiliert hat und gegen die sogenannten Altparteien wettert. In den ostdeutschen Bundesländern ist die AfD besonders erfolgreich. Dort wie auch im Bund hat sie sich zu einem echten Störfaktor der parlamentarischen Prozesse entwickelt. Ein ‚Störfaktor' ist sie deshalb, weil erstens ihre Arbeitsweise in Teilen über die parlamentarischen Konventionen hinausreicht und weil zweitens keine andere Partei in den Parlamenten eine Zusammenarbeit mit der AfD anstrebt, diese aber mit zunehmender Repräsentationsstärke auch Sand ins parlamentarische Getriebe streuen kann.

Die vorliegenden neun Bände sind allesamt im Jahr 2024 erschienen, und die Dichte dieser Publikationen ist kein Zufall. 2024 sollte ein ereignisreiches Jahr für die AfD wie auch für die gesamte Bundesrepublik werden und nur ein Teil dieser Ereignisse konnte von den Verlagen vorausgeahnt werden. Dazu zählen insbesondere die vier Wahltermine 2024, zum Europäischen Parlament sowie die Landtagswahlen in Sachsen, Thüringen und Brandenburg, von denen nicht nur die AfD große Zuwächse erwartete. Auch die Debatte um das Parteiverbotsverfahren schwelte 2024 weiter vor sich hin, und ein Teil der vorliegenden Bände beschäftigt sich explizit damit oder versteht sich als Beitrag dazu.

Ein bemerkenswertes Merkmal aller dieser neun Bände ist, dass sie der Gattung der sogenannten Bahnhofsbuchhandlungs-Literatur zuzurechnen sind. Vier dieser neun Titel sind zudem mit dem modernen Lametta der Publikumsverlage behängt, dem „Spiegel-Bestseller"-Aufkleber. Es ist also keineswegs verwegen zu behaupten, dass sich in diesen Büchern statt terminologisch abseitiger, schwer verständlicher wissenschaftlicher Fachdiskurse eingängige, gut lesbare Analysen finden werden, verfasst von Autoren, die journalistisch arbeiten, oder wie etwa Max Steinbeis und Hendrik Cremer, mit wissenschaftlicher Arbeit vertraut und zugleich in der Lage sind, sich verständlich auszudrücken. Vom Merkmal der Bahnhofsbuchhandlungs-Literatur ist gleichzeitig auf das Publikum zu schließen: Es wird eher keine wissenschaftliche Fachöffentlichkeit adressiert, sondern die breite bürgerliche Öffentlichkeit, der am Gemeinwesen anteilnehmende *citoyen*. Und das ist schon eine wichtige Einsicht in diese Literatur, da sie wohl eine deutlich stärkere diskursprägende Wirkung entfalten wird als der neueste Stand der Forschung zur AfD.

Insofern sind die vorliegenden Bände auch für wissenschaftliche Beobachter des Problemgegenstands ‚AfD' in der Bundesrepublik ein relevanter Teil der Diskurse. So bieten einige der Bände Einblicke, wie ein Teil der Debattenteilnehmer immer noch davon überzeugt zu sein scheint, dass nur genügend anrüchige Belege über die AfD vorzulegen seien, um endlich ein Verbotsverfahren in Gang zu setzen. Einige Bände dokumentieren aber auch, wie ein Teil der Verteidiger des Grundgesetzes zunehmend den Kopf verliert, seinerseits Teile der Ordnung für entbehrlich erklärt, sie lächerlich macht oder gar selbst der Versuchung erliegt, etwa Argumentationsmuster völkisch-rassistischer Ideologien in Anschlag zu bringen, natürlich nur ironisch und zu Anschauungszwecken – dazu später mehr.

2. Was beschäftigt die Republik?

Die Bände decken ein breites Themenspektrum ab, das Auskunft darüber gibt, was aus Sicht der Autoren und Publikumsverlage an der AfD gegenwärtig von besonderem Interesse sein könnte. Die bearbeiteten Fragen sind ausgesprochen weit gefächert und fokussieren nicht allein – wie sich voreilig annehmen ließe – auf die Frage eines möglichen Parteiverbotsverfahrens. Als erstes gerät die allfällige Frage nach den Ursachen der Wahlerfolge der AfD in den Blick, die in den Kommunen, Ländern, Bund und Europa Erfolg an Erfolg zu reihen scheint und das trotz Rechtsextremisten in der Partei, schmutzigen Machtkämpfen und Korruptionsaffären. Was also bewegt die Wähler der AfD? Damit verbunden ist auch ein Blick auf die Themen der Partei, die in einem gewissen Zusammenhang mit dem Wählerzuspruch zu stehen scheinen. Ergänzt werden die Versuche zur Erklärung der Erfolge der Partei auch mit den von ihr verfolgten Strategien, offline wie online.

Etwas weniger umfangreich findet die Beschäftigung mit der Frage nach der Entwicklung der AfD aus einer zeitgeschichtlichen Perspektive statt. Dabei ist die Partei bereits einen weiten Weg gegangen mit Umbrüchen und radikalisierenden Kursverschärfungen. Was jedoch als präzises Nachzeichnen der Entwicklungslinien der Partei in akademischen Diskussionen nach wie vor von Interesse ist, spiegelt sich in den vorliegenden Bänden nur in einem geringeren Maße wider. Der Fokus liegt dagegen auf der Frage, wie der AfD eine institutionelle Verankerung der Partei in Bund und Ländern gelungen ist und wie ihr in Teilen rechtsextremes Vorfeld davon profitiert.

Sehr viel umfangreicher ist die Befassung mit den Affären und Skandalen der AfD. Ein Teil der besprochenen Bände etwa widmet sich zu wesentlichen Teilen allein der Aufarbeitung der zahlreichen und verwickelten Spendenaffären, trägt Beispiel um Beispiel an skandalösen Vorgängen sowie obszönen Vorstellungswelten und Äußerungen der AfD-Mitglieder und Führungspersonen zusammen oder analysiert die scheinbar fetischisierte Verwendung von NS-Sprache als Teil einer bewussten Strategie kalkulierter Grenzverschiebungen.

Zuletzt findet sich in den Büchern die Frage, wie auf die Befundlage aufzubauen sei, wie also mit der AfD richtigerweise umzugehen ist und was das für Folgen für andere Akteure der Zivilgesellschaft und für die institutionalisierte Politik haben müsse. Auch hier erweisen sich die vertretenen Ansätze als äußerst vielfältig. Neben Vorschlägen für konfrontative(re) Strategien finden sich auch überraschende Ansätze, wie etwa eine Diskussion um ein Rückkehrrecht in die Gesellschaft der Demokraten für ehemalige, geläuterte AfD-Mitglieder, fiktionalisierte Erörterungen von Handlungsspielräumen unter einer an der Regierungsmacht beteiligten AfD sowie – natürlich – die Diskussion von Chancen eines AfD-Parteiverbotsverfahrens.

Darauf aufbauend, werden die vorliegenden Bände in den folgenden Abschnitten unter den Gesichtspunkten der Ursachen für die Wahlerfolge der AfD (3.1.), ihrer zeitgeschichtlichen Entwicklungslinien (3.2.), ihren zahlreichen Affären und Skandalen (3.3.) und dem Umgang aller anderen politischen Akteure mit der AfD (3.4.) dargestellt.

3. Die Literatur in der Diskussion

3.1. Die Ursachen für die Wahlerfolge der AfD

Die Ursachen für den Erfolg der AfD werden in verschiedenen Hinsichten verortet. Zunächst geraten die Wähler der Partei und ihre je spezifischen Merkmale in den Blick. Ihnen gilt in der empirischen Demokratie- und politischen Kulturforschung häufig die größte Aufmerksamkeit. Unter den vorliegenden Bänden widmet sich dieser Frage jedoch nur der Sammelband von Quent und Virchow. Dieser tritt mit dem Ziel an, wissenschaftliche Forschungsergebnisse in besonders verständlicher Weise aufzubereiten. Zahlreiche Experten zur AfD stellen ihre Kernthesen in pointierter Form dar. Das bietet einerseits einen guten Einstieg in den Stand der wissenschaftlichen Diskussion zur AfD, ist andererseits aber stellenweise verkürzend, insbesondere mit Blick auf die gesamte Diskussion zur Wählerforschung. Zu Wort kommen etwa Küpper und Zick, Arzheimer sowie Dörre. Die beiden erstgenannten greifen die Diskussion rund um die Frage auf, was das zentrale Motiv zur Wahl der AfD ist. Darüber ist in den vergangenen Jahren aus der politischen Einstellungsforschung viel zu lesen gewesen. Küpper und Zick, beide als Autoren der Bielefelder Mitte-Studien in der politischen Einstellungsforschung profiliert, schreiten noch einmal die gängigen Thesen zu den Wahlmotiven ab: von rechtsextremen Einstellungen, regionalen, insbesondere ostdeutschen Determinanten der Wahlentscheidung, Krisenwahrnehmungen und sozialstrukturellen Faktoren. Sie kommen nach der Gesamtschau der verschiedenen Wahlmotive zu dem Schluss, dass rechtsextreme Einstellungsmuster als entscheidender Faktor für die Wahl der AfD betrachtet werden müssen. Ausschließen wollen sie dagegen Protestmotive als Determinante der Wahl der AfD. Und in der Tat ist zu konzedieren, dass in der Annahme einer weitverbreiteten Unzufriedenheit unter der Wählerschaft, die in eine je individuelle Wahlentscheidung für die AfD münde, eine gewisse verharmlosende Dimension für rechtsextreme Wahlmotive liege. Rechtsextreme Wähler wählen rechtsextreme Parteien, lautet daher die nüchterne Sachverhaltsbeschreibung. Jedoch weist Arzheimer auf eine offene Flanke dieser ansonsten zutreffenden Sachverhaltsbeschreibung hin. So ist der Schluss von Küpper und Zick über die ideologische Übereinstimmung mit der AfD zutreffend: „Nicht alle, die Zuwanderung skeptisch sehen, wählen die AfD. Aber alle, die AfD wählen, lehnen Zuwanderung ab“ (S. 42). Jedoch sind Protestmotive im Zusammenspiel mit Zuwanderungsfeindlichkeit, einem Rechtsextremismusindikator aus der politischen Kulturforschung, ein deutlich zuverlässigerer Prädiktor für die AfD-Wahlentscheidung als Zuwanderungsfeindlichkeit oder Protestneigung allein. Diese Analyse stützt Arzheimer auf die Auswertung von Daten der Bundestagswahl 2021.

Dass die Debatte, ob die AfD nun eine Partei der Rechtsextremen oder eine der Protestwähler ist, sich nicht allein darin erschöpft, zeigt Klaus Dörre mit einem differenzierten Blick auf den gegenwärtigen Zustand der Industriearbeiterschaft. Diese sieht sich Transformationsprozessen ausgesetzt, die individuelle psychische Belastungslagen generieren und sich mitunter in der Wahl der AfD kanalisieren. Für genau diesen Zusammenhang interessiert sich Dörre. Zur Sprache kommen etwa Fragen der Klimatransformation der Wirtschaft, zurückgehende gewerkschaftliche Organisationsgrade und damit eine sinkende Macht der organisierten Arbeit und wahrgenommene Klassenspaltungen. Letztere machten sich etwa im Zuge der Maßnahmen zur Bekämpfung der COVID-19-Pandemie bemerkbar, bei der die Schutzmaßnahmen vorrangig den Angestellten zugutekamen und die öffentliche Debatte in den Augen der Industriearbeiterschaft mehr auf die psychische Gesundheit der Home-Office-Privilegierten blickte, während die Fließbänder einfach weiterliefen. Die Ergebnisse aus qualitativen Interviews u. a. in der Thüringer Automobilindustrie trägt Dörre mit viel Einfühlungsvermögen vor, das sich gerade aus dem qualitativen Zugang speisen mag. Womöglich geht dies darauf zurück, dass die Befragten der qualitativen Interviews in seiner Studie als Personen erscheinen. In der politischen Kulturforschung dagegen erscheinen die Befragten allein als Bevölkerungsgruppen mit gemeinsam geteilten Einstellungsmerkmalen. In jedem Fall aber ist Dörres Perspektive eine wichtige Ergänzung zu den beiden erstgenannten Studien.

Eine zweite Ursache für die Wahlerfolge der AfD wird häufig in den von ihr vertretenen Themen gesehen, die ihr in der Parteienlandschaft ein gewisses Alleinstellungsmerkmal verleihen. In einer zeitgeschichtlichen Perspektive ist schon an verschiedenen Stellen auf den Wandel der AfD von einer Partei mit wirtschaftsliberalen Wurzeln zu einer offen zuwanderungs- und islamfeindlichen Partei hingewiesen worden. Doch bei dieser Themenverschiebung allein ist es nicht geblieben. In der AfD sind die Vertreter völkischer Positionen, die von Beginn an dabei waren, zunehmend stärker geworden. Und damit stehen auch die von ihnen vertretenen Themen mehr im Vordergrund. Insbesondere dieser Umstand ist es dann auch, der die Anlage des Gutachtens des Bundesamts für Verfassungsschutz zur Einschätzung der Verfassungsfeindlichkeit der AfD prägt.[1]

Zwar findet sich in fast allen Bänden etwas über die Zuwanderungsfeindlichkeit der Partei, über Sozialdarwinismus, Inklusionsfeindlichkeit, ethnopluralistische Reinheitsvorstellungen und nicht zuletzt auch Gewaltsamkeit propagierende Parteimitglieder. Gleichwohl ist es bemerkenswert, dass in den Bänden eine systematische Beschäftigung mit den Themen der AfD, so wie diese etwa in ihren Partei- und Wahlprogrammen zu finden sind, nur einen geringen Stellenwert einnimmt. In systematischer Hinsicht sind so allein Cremer, dessen Analyse weiter unten im Abschnitt zum Verbotsverfahren dargestellt wird, sowie die beiden im Umfeld von Correctiv entstandenen Bände von Bensmann und Peters sowie Bensmann und Correctiv ergiebig. Jedoch liegt hier der Fokus der Analyse auf den außenpolitischen Konzeptionen der Partei, nicht jedoch auf der gesamten von der AfD abgedeckten Themenbreite.

Bensmann und Peters zeichnen anhand der Wahl- und Parteiprogramme der AfD den Schwenk von einer ehemals wirtschaftsliberalen Professorenpartei mit transatlantischer Verankerung hin zu einem russlandfreundlichen Sykophanten nach, der zentrale Ideologieversatzstücke eines imperial agierenden Russlands reproduziert (S. 60–85). Die drei näher beleuchteten Begriffe sind die multipolare Weltordnung, Eurasien und die USA als raumfremde Macht in Europa. Um die russische Ideologieproduktion als Urheber der AfD-Positionen nachzuweisen, führen die beiden Autoren erstens zahlreiche Belege für die Verbindungen von führenden AfD-Politikern mit Russland an. Ein Schwerpunkt der Berichterstattung liegt auf dem Zeitraum nach der Vollinvasion Russlands in die Ukraine. Zweitens führen die Autoren Belege dafür an, wie AfD-Politiker in den Medien Partei für Russland ergreifen, zum Teil russische Narrative zur Rechtfertigung der russischen imperialen Ambitionen aufgreifen und damit die Erzählungen von einem Friedens- und Wirtschaftsraum von Wladiwostok bis Lissabon, Alexander Dugins sogenanntes Eurasien, reproduzieren. Damit soll gleichzeitig ein Bild von den USA als schwächelnder Hegemon evoziert werden, der den Europäern zuwiderlaufende Interessen vertritt und dessen unipolarer Weltordnungsanspruch mit dem Aufkommen der multipolaren Weltordnung dem Ende entgegen gehe.

Mit der Aufgabe der transatlantischen Perspektive innerhalb der AfD lassen sich dann auch deren Einordnungen von internationalen Geschehnissen als die logische Folge einer neuen Ideologie nachvollziehen: Die Reaktionen der AfD etwa auf den Überfall der Hamas auf Israel am 7. Oktober erklären Bensmann und Peters als unmittelbare Deduktion aus der Ideologie der multipolaren Weltordnung. Die Nähe der AfD zu Russland sortiert alle anderen Loyalitätsbeziehungen als nachgeordnete. So erklärt sich für die Autoren auch die ‚Nähe' der AfD zum Iran. Umgekehrt leidet die

1 Das Gutachten des Bundesverfassungsschutzes zur AfD wurde zuerst von Cicero im Internet in zwei Teilen veröffentlicht. Der erste Teil ist weiterhin bei Cicero abrufbar. Der zweite Teil dagegen kann über Webarchive gefunden werden.

Solidarität mit Israel unter der Gegnerschaft der AfD zum unipolaren Ordnungsmodell, an dessen Spitze die Vereinigten Staaten stehen, die wiederum als entschiedene Unterstützer Israels auftreten (S. 87). Wer sich an die Gruppenbildungsprozesse linker Selbstfindungsdiskurse erinnert fühlt, bei dem jeder noch so entlegene Stellvertreterkonflikt in der Welt zu einem identitätsbildenden Positionierungszwang ausartet, geht vermutlich nicht ganz fehl.

Im von Bensmann/Correctiv verfassten Band werden die Analyseergebnisse zum Anti-Amerikanismus, zur Anti-EU-Haltung sowie zu den prorussischen Positionen in der AfD noch einmal in einen Zusammenhang gebracht mit der Machtübernahme der sogenannten Radikalen in der AfD (S. 49–55). Dabei wird insbesondere die tragende Rolle bei der Themenverschiebung von Akteuren wie Matthias Helferich und Björn Höcke in der Partei sowie Martin Sellner im neurechten Vorfeld herausgearbeitet.

Eine dritte Erklärung für die Erfolge der AfD wird häufig in ihren Strategien gesucht und in den vorliegenden Bänden auch zuhauf gefunden. Die Befunde sind von zweierlei Natur: Auf der einen Seite legt Steinbeis eine systematisch stark verdichtete Beobachtung vor, wie die AfD unter Zuhilfenahme der ihr von der Verfassung eingeräumten Rechte als legitimer Akteur in der Arena des Politischen jede Gelegenheit nutzt, um diese Arena scheitern zu lassen. Auf der anderen Seite werden Beobachtungen über die Verhaltensweisen der AfD zu einer Analyse verdichtet, die darauf hinausläuft, dass die Partei ihr Handwerkszeug der Provokation und Verharmlosung, der Ausweitung des Sagbaren perfektioniert habe und sich dies insbesondere im digitalen Raum beobachten lasse.

Die erste Beobachtung entstammt dem in jeder Hinsicht über die anderen Bände herausragenden Buch von Steinbeis. Der Autor, Gründer des Verfassungsblogs und Mitinitiator des sogenannten Thüringen-Projekts, hat seine Verfassungsschutz-Forschung explizit praktisch angelegt und die Frage bearbeitet, wie konstitutionelle Demokratien ihre grundlegenden Spielregeln besser vor dem Zugriff der neuen Rechtspopulisten schützen können. Sein Buch verdichtet die Erkenntnisse über die Arbeitsweise der AfD in der politischen Arena und überprüft zu schließende Einfallstore in den grundlegenden Dokumenten – vom Grundgesetz, über Landesverfassungen bis hin zu Geschäftsordnungen der Landtage. Steinbeis‘ Analyse zur Arbeitsweise der AfD ist bedenkenswert. Zunächst stellt er in europäisch vergleichender Sicht den Kontext für die aktuelle Bedrohung konstitutioneller Demokratien durch Rechtspopulisten her. Präzise wird dieser Wandel der Bedrohung beschrieben. Nicht mehr rechte Militärputsche und inszenierte Bürgerkriege seien die alleinige, zentrale Bedrohung. Vielmehr zeige sich eine neue Art von Herausforderungen durch das schrittweise Delegitimieren, Kapern und Zerstören der Institutionen des Verfassungsstaates. Steinbeis arbeitet in diesen Passagen ideengeschichtlich und systemvergleichend, was seinen Analysen erhebliches Gewicht verleiht. Von ihm fiktionalisierte Szenarien darüber, welchen Kniff die AfD künftig anwenden könnte, werden wenig später als bereits einmal angewendete Vorgehensweise in Ungarn und Polen aufgelöst – ein besonders wirksames Mittel gegen eine gewisse, auch in der Bundesrepublik verbreitete Selbstgefälligkeit, dass die AfD sich schon selbst mäßigen werde. Mit der Lektüre von Steinbeis dürfte diese Haltung eingedämmt werden.

Der analytische Kern der Arbeit von Steinbeis zur Arbeitsweise der AfD besteht in folgender Erkenntnis: Die Partei nutzt insbesondere das parlamentarische Recht der Obstruktion, um ihre Oppositionsarbeit zur Geltung zu bringen. Dabei geht sie aber weit über das Übliche hinaus, etwa den Filibuster in den Vereinigten Staaten, der dazu dient, fehlende Übereinstimmung der Minderheit mit der Mehrheitsmeinung zu inszenieren und Berücksichtigung der Minderheit durch die Mehrheit zu erzwingen: „Die Mehrheit muss die Minderheit miteinbeziehen" (S. 86). Diese Sitte lässt die Obstruktion als ein Minderheitenrecht erscheinen, das ein von der Mehrheit zu tolerierendes Ärgernis ist. Die Mehrheit wiederum hat, sofern sie sich staatstragend versteht, gegen die eigenen kurzfristigen Interessen die Obstruktion auszuhalten oder sich wahlweise mit der Opposition zu einigen, um das höhere Ziel einer wertegebundenen Ordnung zu sichern, zu der eben auch der Schutz der Minderheit vor dem eisernen Zugriff der demokratischen Mehrheit zählt. Die AfD aber, so Steinbeis, geht mit der Obstruktion missbräuchlich um. Denn sie weicht einerseits gezielt von ungeschriebenen Regeln, den parlamentarischen Konventionen, ab, die zu einem wesentlichen Teil zum Funktionieren der Parlamente beitragen. Diese Vorgehensweise ist zwar nicht illegal. Sie bleibt gleichwohl dem ‚anständigen' Demokraten als Handlungsoption entzogen, um einem höheren Ziel zu dienen. Und dieses höhere Ziel ist der geregelte und verlässliche Ablauf der Verfahren in einer parlamentarischen Demokratie, insbesondere das Funktionieren des Parlaments, aber auch der anderen zentralen Institutionen. Zum anderen verfolgt die AfD, so Steinbeis, ein inkrementelles Aushöhlen der Verfassungsnormen, bei dem die legalen Grenzen einfachen und höherrangigen Rechts gezielt ausgetestet werden. Die verfasste Demokratie wird so auf eine harte Probe gestellt.

Diese systematischen Überlegungen ruhen bei Steinbeis auf einem Arsenal an empirischen Beobachtungen über die Arbeitsweise der AfD auf. So scheut er sich auch nicht, tief in Geschäftsordnungen einzutauchen, um Fälle zu diskutieren, die völlig abwegig erscheinen mögen, aber durch die bisherigen Erfahrungen mit Rechtspopulisten an der Regierung plausibel werden. Steinbeis zeigt in Thüringen anhand des Landesverfassungsgerichts, des Richterwahlausschusses und des parlamentarischen Kontrollgremiums, was es bedeutet, wenn es der AfD gelingt, Obstruktion in diese Gremien und Landesverfassungsorgane hineinzutragen. Was hier als noch fiktionalisierte Überlegungen eines Was-Wäre-Wenn-Szenarios diskutiert wird, wurde in diesem Sommer am Beispiel der Wahl dreier neuer Richter für das Bundesverfassungsgericht anschaulich demonstriert: Das Bundesverfassungsgericht ist politisiert, seine wichtigste Ressource, das Vertrauen der Bevölkerung dadurch angetastet. Die Politik der Obstruktion wirkt – in diesem Fall durch ein Abweichen von der parlamentarischen Gepflogenheit der Richterwahl, also dem Heraushalten der Wahl aus dem politischen Prozess.[2] Und das an diesem Verfahren irritierende ist, dass die AfD noch nicht einmal unmittelbar beteiligt war oder beteiligt werden musste.

Zur zweiten Beobachtung sind die folgenden Befunde zusammenzutragen: Die AfD nutzt nicht zuletzt in provokativer Absicht Semantiken der Nationalsozialisten. Bensmann und Correctiv arbeiten die Verwendung des Konzepts der „raumfremden Mächte" (S. 50) in der AfD heraus. Begrich und Vierkant weisen die gezielte Platzierung dieses Konzepts am Beispiel von Birgit Bessin, Bundestagsabgeordnete der AfD, nach (S. 152). Weitere Belege allein nur bei Höcke sind etwa bei Debes (S. 177–180) dokumentiert. Bei Ruch ist zu finden, wie am Beispiel von Alexander Gauland und Maximilian Krah Provokationen und anschließende Verharmlosung derselben in der AfD dazu genutzt werden, um die Grenze des Sagbaren sukzessive zu verschieben (S. 42–46). Überdies meint Ruch, der AfD gehe es um die „Kultivierung der Bösartigkeit" (S. 168). Die Verbreitung abseitiger Verschwörungstheorien durch die AfD ordnet er als den Teil einer Kommunikationsstrategie ein, die von Höcke selbst als Verbreiterung und Verschiebung des Diskursraums beschrieben wird. Im Ergebnis stehen dann die einstmals randständigen Forderungen der AfD in dem nun erweiterten Raum des Sagbaren näher an der Mitte als noch zuvor (S. 172). Dabei greift, so Ruch, die AfD handwerklich solide auf das Instrumentarium der politischen Propaganda zurück. Das allein sei jedoch nicht das Problem. Erst in der Verknüpfung dieser politischen Propaganda mit dem Resonanzraum der sozialen Medien erlangen die Botschaften der AfD ihre außerordentliche Wirkung (S. 156). An diese Befunde knüpft auch Hillje in seinem Beitrag im Sammelband von Quent und Virchow an. Er kommt ebenfalls zu dem Schluss, dass die Partei in den Sozialen Medien digitale Propaganda betreibe. Darüber hinaus ist sie dort erfolgreicher als die anderen Parteien auf den entsprechenden Plattformen, sei es *TikTok*, *YouTube* oder *Facebook* (S. 179–182). Hier wie in anderen Feldern der Aktivität der AfD gilt jedoch: Die Stärke der AfD besteht unter anderem auch deswegen, weil die etablierten Parteien dort schwach sind, mithin die AfD gewähren lassen. Das Gegenstück zur Behäbigkeit der Etablierten ist die dynamische Experimentierfreude der AfD. Ein weiterer Effekt der Dominanz der AfD im digitalen Raum ist ihre eigene, von den traditionellen Medien inzwischen abgekoppelte Parallelwelt einer medialen Vollversorgung. So gerate der traditionelle Journalismus unter enormen Konkurrenzdruck, weil die AfD unmittelbar und an den etablierten Medien vorbei mit ihren Rezipienten kommuniziere. Dabei ist, wie Kraske und Laabs herausarbeiten, die Kommunikationsstrategie der AfD ihrerseits an die fragmentierte Öffentlichkeit angepasst: Offenkundig sich widersprechende Botschaften werden im Stil der Empörung an viele verschiedene fragmentierte Teilöffentlichkeiten ausgesendet. Die Widersprüchlichkeit geht in der Kakophonie der Sozialen Medien vielfach unter. Damit

---

2 Vgl. Mona Jaeger/Eckart Lohse, Am Ende sah die Union keine Chance mehr, in: Frankfurter Allgemeine Zeitung vom 12. Juli 2025, S. 2.

bleibt der Effekt, so Kraske und Laabs, dass die AfD die fragmentierten Milieus erfolgreich auf sich vereinen kann (S. 163–174).

3.2. Die Entwicklung der Partei

Ein zentraler Befund über die vorliegenden Bände ist das nur punktuell beobachtbare zeitgeschichtliche Interesse an der Genese der Partei, ihren Entwicklungslinien und Umbrüchen, die zur heutigen AfD geführt haben. Jenseits der Einsicht, dass die Partei als wirtschaftsliberale, wertkonservative Partei gestartet sei, später dann aber, von der sogenannten Flüchtlingskrise profitierend, sich zu einer zuwanderungs- und islamfeindlichen, russophilen, völkischen Partei gewandelt habe, findet sich wenig. Einige Bände erzählen die Geschichte der AfD als eine Abfolge der Radikalisierung, eine (zutreffende) Erzählung über eine Partei, in der die Extremisten bereits von Anfang an dabei waren und als jeweils tonangebende Netzwerker die Parteivorsitzenden von ihren Gnaden kommen und gehen sahen, diese zum Teil vor sich hertrieben und letztlich zum resignierten Austritt aus der Partei bewegten. Dies alles führt zu dem paradoxen Ergebnis, dass alle drei ausgetretenen ehemaligen Parteivorsitzenden, Bernd Lucke, Frauke Petry und Jörg Meuthen, inzwischen vor der AfD warnen (Kraske/Laabs, S. 60). Gleichwohl fokussiert sich ein Teil der Bände auf zwei Entwicklungslinien in der Partei, die nähere Aufmerksamkeit verdienen. Die erste Entwicklungslinie ist der oftmals ideologisch wahrgenommene innerparteiliche Konflikt zwischen den sogenannten Radikalen und Gemäßigten in der AfD. Die zweite Entwicklungslinie betrifft das Zusammenspiel von Partei und Vorfeld.

Wenn von der AfD als einem Konfliktfeld zwischen Radikalen und Gemäßigten die Rede ist, dann ist dies lediglich eine Chiffre für ein mehrdimensionales Problem, welches durch überlappende Zusammenschlüsse und Interessen innerhalb der Partei charakterisiert ist. ‚Radikale' und ‚Gemäßigte' bezeichnet überdies zu verschiedenen Zeitpunkten der Existenz der AfD Verschiedenes. Wer in der AfD 2015 Inhalte vertrat, die als radikal bezeichnet wurden, wird heute mit denselben Positionen womöglich deutlich mittiger innerhalb der Partei wahrgenommen. Dies ist neben anderen auch ein Indikator für den Erfolg der weiter oben besprochenen Strategie einer Ausweitung des Sagbaren im politischen Diskurs. Gleichwohl ist die Darstellung der Entwicklung der AfD als eine Auseinandersetzung von Radikalen und Gemäßigten ein beständiges, und in bestimmten Hinsichten auch nicht von der Hand zu weisendes Narrativ. Insbesondere Bensmann und Correctiv widmen dieser Erzählung etliche, rekonstruierende Abschnitte, in denen bereits die Anlage der frisch gegründeten AfD diesen Ur-Konflikt beinhaltete: Wirtschaftsliberale und wertkonservative Mitglieder auf der einen Seite, rechtsextreme Netzwerker auf der anderen Seite (S. 95–102). Dass sich am Ende die Rechtsextremen in der Partei Schritt für Schritt durchsetzen konnten, verdankt sich einerseits dem organisatorischen Geschick des inzwischen wieder aufgelösten „Flügels", einer Sammlung von Höcke-Getreuen (Debes, S. 168–171). Deren Abwehr scheiterte unter anderem an der Planlosigkeit des Gegenlagers, so dass Höcke im Verbund mit anderen die drei Parteivorsitzenden Lucke,

Petry und Meuthen sukzessive verschleißen konnte, bis diese letztlich resignierten (Bensmann/Correctiv, S. 151–159).

Dieses Narrativ von den Radikalen und Gemäßigten ist jedoch nur die halbe Wahrheit. Vielmehr stehen hinter diesen Auseinandersetzungen je individuelle Interessen, Kampf um Einfluss und Macht in der Partei sowie um Mandate und damit nicht zuletzt auch um eine auskömmliche Versorgung. Faktisch aber kanalisierten sich diese zugrundeliegenden Motive häufig entlang dieser einen Konfliktlinie in der AfD. Zahlreiche Belege für diese These lassen sich den anderen Bänden entnehmen, die akribisch die Auseinandersetzungen in der AfD nachzeichnen. Deutlich wird dort auch, dass die Entscheidung einzelner Parteimitglieder für eine der beiden Seiten weniger ideologisch getrieben war und mehr von den Aussichten darauf, ob ein Erfolg im innerparteilichen Machtkampf dadurch wahrscheinlicher wurde oder eben nicht. Das Musterbeispiel für diese ideologische Wendigkeit bleibt bis heute Alice Weidel, die zunächst das von Meuthen angestoßene Parteiausschlussverfahren gegen Höcke unterstützte, dann aber eine spektakuläre Wende hinlegte und in den folgenden Jahren auf Parteitagen mit der Unterstützung des Höcke-Lagers rechnen durfte.[3]

Die zweite Perspektive auf die Entwicklung der AfD ist die zunehmende Institutionalisierung der Partei und ihre Verankerung im politischen System der Bundesrepublik sowie die daraus resultierenden Vorteile insbesondere für das rechtsextreme Vorfeld der Partei. Dabei ist dieses Verhältnis zwischen Partei und Vorfeld zunächst ein wechselseitiges. Die AfD schöpft auf der einen Seite aus dem Vorfeld mobilisierungsfähiges Personal für die Präsenz im öffentlichen Raum, etwa bei Wahlkämpfen, für Mitarbeiter in Abgeordnetenbüros sowie auch für Kandidaturen für Mandate. Begrich und Vierkant im Sammelband von Quent und Virchow führen diesen Zusammenhang am Beispiel der ostdeutschen Landesverbände aus, die bei der Verankerung vor Ort in den Kommunen besonders weit fortgeschritten sind (S. 146–152). Hinzu kommt, dass das Vorfeld für die Partei ein Raum ist, in dem Ideen entwickelt, Thesen ausprobiert und Debatten wie im geschützten Umfeld eines Labors geführt werden können. Insbesondere dieses, die Partei belebende, intellektuelle Vorfeld ist von maßgeblicher Bedeutung für die AfD.

Auf der anderen Seite profitiert das Vorfeld von der Ressourcenstärke der AfD. Die Unterstützung durch die Mandatsträger reicht dabei von Spenden an das Vorfeld, Abonnements von Zeitschriften und Magazinen der Neuen Rechten bis hin zu Anstellungsverhältnissen von Aktivisten als wissenschaftliche Mitarbeiter in den Büros der Abgeordneten in Bund und Ländern. Kraske und Laabs weisen insbesondere auf diese weit verbreitete Praxis unter AfD-Mandatsträgern hin, die reihenweise rechtsextreme Personen einstellen (S. 117–143). Dabei unterstellen Kraske und Laabs der AfD ein systematisches Vorgehen bei der Einstellung problematischer

3 Vgl. Robert Briest, Sommerakademie des IfS: Alice Weidel als Stargast im Weida-Land, in: Mitteldeutsche Zeitung vom 20. September 2019, unter: https://www.mz.de/mitteldeutschland/saalekreis/sommerakademie-des-ifs-alice-weidel-als-stargast-im-weida-land-1602235 (1. Juli 2025).

Personalien. Insofern ist das Erstarken des rechtsextremen Vorfelds in jüngerer Zeit als das Ergebnis der finanziellen Unterstützung durch die AfD, etwa in Form der schon genannten Anstellungsverhältnisse von Rechtsextremisten zu verstehen. Und so kommt es, dass die parlamentarische Demokratie ihren Feinden finanziell unter die Arme greift, die dann wiederum die parlamentarische Demokratie abschaffen wollen.

3.3. Die Skandale der AfD

Alle Bände treten mit dem Anspruch der Aufklärung über die Gefährlichkeit der AfD für das Gemeinwesen, die politische Kultur und die Verfassungsordnung an. Diese Aufklärungsbemühungen gruppieren sich um drei Themenkomplexe: Erstens wird im Detail nachvollzogen, wie die AfD zu ihren Spendenskandalen kam. Zweitens wird anhand des sogenannten Remigrationstreffens die Verstrickung der AfD in eine ethnopluralistische, völkische Ideologie nachgewiesen. Drittens wird anhand einer Zusammenstellung besonders obszöner, menschenverachtender und rechtsextremer Äußerungen ein spezifisches Bild von der Partei gezeichnet.

Die Spendenskandale der AfD beginnen bereits mit der ehemaligen Parteivorsitzenden, Petry. Bensmann und Peters zeichnen die Genese dieses ersten Spendenskandals der AfD von vorsichtigen Kontakten mit einem zunächst sich bedeckt haltenden Spender über flächendeckende Plakatkampagnen im Wahlkampf bis hin zur Verhängung von Strafzahlungen durch die Bundestagsverwaltung akribisch nach. Den Autoren kommt es vor allem darauf an, die einflussreichen Personen hinter der AfD und deren spezifische Interessen wie auch Vorgehensweisen darzulegen. Vieles von dem, was über die Spendenskandale der AfD bislang bekannt ist, geht auf die Arbeit von Correctiv zurück. Bensmann und Peters (sowie mit etwas mehr Flughöhe bei Bensmann und Correctiv) bereiten die zuvor schon publizierten Rechercheergebnisse noch einmal für das Publikum auf. Man erfährt also nichts Neues aus den Darlegungen. Gleichwohl bleibt hervorzuheben, dass die verdichtete Darstellung der je eigenen Interessen der beiden Urheber des Skandals, Henning Conle als Spender und Petry als damalige Parteivorsitzende, sehr instruktiv sind. Außerdem geraten neben den beiden Hauptfiguren auch die Profiteure der Spenden in den Blickpunkt. Dazu zählen unter anderem Meuthen, Weidel und Guido Reil. Dargestellt wird auch das Netzwerk von Conle über die Goal AG in der Schweiz und den Verein zur Erhaltung der Rechtsstaatlichkeit und der bürgerlichen Freiheiten, mit dem die Spenden verschleiert wurden. Und zuletzt wird auch die Rolle von Ströer als Wirtschaftsunternehmen dargestellt, das die fremdfinanzierten Plakataktionen im Wahlkampf koordiniert habe. Das alles ist sehr instruktiv, insbesondere für eine Partei, die für sich selbst in Anspruch nimmt, eine Alternative darzustellen, und die den etablierten Parteien neben vielen anderen Vorwürfen auch den der Korrumpierbarkeit macht.

Mit Blick auf Spendenskandale in der AfD nehmen Kraske und Laabs noch eine andere Perspektive ein: Sie richten ihren Blick nicht auf Netzwerke und Interessen, sondern zeigen in einem journalistischen Recherchestück die Verstrickungen eines einzelnen Politikers in einen Spendenskandal internationalen Ausmaßes. Es geht um Petr Bystron, den ehemaligen Landesvorsitzenden der AfD Bayern, der inzwischen für die AfD Abgeordneter im Europäischen Parlament ist. Kraske und Laabs zeichnen die Geschehnisse rund um russische Einflussnahme, fremdfinanzierte Medienportale unter der Mitwirkung von Bystron sowie die konkreten Verdachtsmomente der Korrumpierbarkeit einer Person nach, die es auch sonst nicht so genau mit den Details der eigenen Biografie nimmt. Das Ganze liest sich wie eine Agentenkrimi und tatsächlich wurde Bystron ab einem bestimmten Punkt der russischen Einflussnahme mit nachrichtendienstlichen Mitteln überwacht. Dementsprechend nahm der Skandal um Bystron auch seinen Ausgangspunkt von einem Hinweis des tschechischen Geheimdienstes (S. 199–235).

Der zweite thematisierte Skandal der AfD betrifft das sogenannte Remigrationstreffen in Potsdam im November 2023. Die Vorgänge wurden von Correctiv im Januar 2024 auf der Internetseite des Rechercheverbunds unter dem Titel „Geheimplan gegen Deutschland" veröffentlich und sind dort bis heute in seinem gerichtlich überprüften Kern verfügbar.[4] Die im Internet verfügbare Recherche wird in den beiden Bänden von Correctiv auf unterschiedliche Weise aufbereitet. Im Ersten, verfasst von Bensmann und Peters, werden nicht nur die Inhalte des Treffens in Potsdam dargelegt, sondern auch die Recherche-Arbeit selbst transparent gemacht. Die Aufbereitung der Recherche unterscheidet sich in einigen wenigen Punkten von der Veröffentlichung auf der Internetseite von Correctiv, ansonsten sind sie inhaltsgleich. Es handelt sich also um eine Zweitverwertung. Im Zweiten von Bensmann und Correctiv wird das Treffen in Potsdam analytisch stark auf die für ein Verbotsverfahren der AfD entscheidenden Aspekte verdichtet: Erstens wird der Verantwortungs- und Zurechenbarkeitszusammenhang aus den dort getätigten Äußerungen und der durch Roland Hartwig stellvertretend anwesenden Partei in den Blick genommen. Zweitens werden die wesentlichen Elemente des Vortrags von Sellner dargestellt. Erst diese Darstellung liefert die Gründe dafür, was sich die AfD zurechnen lassen muss und warum dieses Treffen für ein Verbotsverfahren der AfD von Bedeutung werden kann. Nicht umsonst waren die aufgedeckten Inhalte des Treffens dazu geeignet, dass sich die Partei von dem Treffen distanzierte, die Zurechenbarkeit der Inhalte des Treffens mit der Kündigung des Anstellungsverhältnisses von Hartwig erschweren wollte und etliche Gerichtsverfahren, die durch einzelne Teilnehmer des Treffens geführt wurden, die Glaubwürdigkeit der Recherchen insgesamt in Frage stellen sollten. Auf der anderen Seite macht die Veröffentlichung klar, was die modern und unscheinbar klingende Formel von der Remigration bedeuten könnte. Die Reaktion darauf waren deutschlandweite Demonstrationen in Groß- und Kleinstädten – ein Signal der ‚Anständigen', das allerdings schnell wieder abebbte. Von Seiten des Vorfelds, wie auch von einzelnen Vertretern der AfD wird inzwischen bestritten, dass

4 Vgl. Correctiv, Neue Rechte. Geheimplan gegen Deutschland, unter: https://correctiv.org/aktuelles/neue-rechte/2024/01/10/geheimplan-remigration-vertreibung-afd-rechtsextreme-november-treffen/ (1. Juli 2025).

die Remigrationspläne sich auch gegen ‚störende' Elemente unter den deutschen Staatsbürgern richten sollten. Entsprechend lässt sich Sellner vernehmen[5], während andere auf der ethnischen Kontrollkompetenz über die deutsche Staatsbürgerschaft und auf die Unterscheidung in Deutsche und Passdeutsche nicht verzichten wollen und sich dabei dann auf einem äußerst schmalen Grat dessen, was sie gerade noch für Sagbar halten, bewegen.[6] In der Zwischenzeit hatte auch Weidel versucht, sich den Begriff mit einem gewissen Trotz positiv anzueignen.[7]

Der dritte Themenkomplex beschäftigt sich mit skandalösen, obszönen und menschenverachtenden Äußerungen von Mitgliedern der AfD. Dieser Punkt wird hier nicht weiter ausgeführt. Zum einen kam er schon weiter oben kurz zur Sprache. Zum anderen ist jedoch ein anderer Umstand in der Literatur bemerkenswert, der stattdessen zu diskutieren ist: Unter den vorliegenden Bänden verschreiben sich einige der Aufgabe, die Gefährlichkeit der AfD nachzuweisen. Ihre Argumentation mündet dann in den Aufruf, endlich das Verbotsverfahren anzugehen, so etwa Ruch sowie Kraske und Laabs. Zur Gefährlichkeit führen sie neben anderem insbesondere auch lange Ketten mit Belegen für skandalöse Äußerungen von AfD-Mitgliedern an. Jedoch krankt diese Darstellung an zwei Missverständnissen. Erstens scheinen die Autoren in einem gewissen Maß der Vorstellung aufzusitzen, dass obszöne, menschenverachtende und andere anstößige Äußerungen für das Verbotsverfahren von entscheidender Bedeutung sein werden. Demzufolge, so offenbar die Annahme, trage eine gründliche Darlegung dieser vielen Äußerungen dazu bei, auch die Leser der entsprechenden Bände von einem Verbotsverfahren zu überzeugen. Insofern sind die Bücher dann in einer demokratischen Debatte zur Willensbildung über die Frage eines AfD-Verbotsverfahrens als wichtige Beiträge zu verstehen. Allein, die Frage eines AfD-Verbotsverfahrens ist in erster Linie eine rechtliche und nur in eingeschränkter Weise des demokratischen Mehrheitswillens zugängliche, nämlich allenfalls dann, wenn der Bundestag als einer von drei möglichen Antragstellern über einen Antrag auf Verbot der AfD vor dem Bundesverfassungsgericht befindet. Viele der Obszönitäten, die AfD-Mitgliedern von sich geben, sind jedoch von der Meinungsfreiheit gedeckt und geben gerade kein Argument für ein Verbot der AfD her. Zweitens scheinen die Autoren zu glauben, dass nur genügend Belege der vielen anstößigen Äußerungen vorgelegt werden müssten, um ‚den Wähler' von der Verderblichkeit der Partei für die politische Kultur zu überzeugen. Diese aufklärerische Haltung war womöglich 2015 gerechtfertigt. 2024 aber, zum Zeitpunkt des Erscheinens, wirkt diese Haltung wie ein Kampf gegen Windmühlen. Die Reihen sind sortiert. Jene, die AfD wählen, machen dies trotz und vielleicht auch wegen der Anstößigkeit der AfD. Auf der anderen Seite ist die Bandbreite der entgrenzenden

---

5 Vgl. Martin Sellner, Remigration – juristisch und politisch, in: Sezession, unter: https://sezession.de/70291/remigration-juristisch-und-politisch (1. Juli 2025).

6 Vgl. Kanal Schnellroda, Passen Sie sich der Fließrichtung an, Herr Krah? – Fragen, Antworten, Streit, unter: https://www.youtube.com/watch?v=ITDonVUKlsQ (1. Juli 2025).

7 Vgl. Theresa Weiß, An allem schuld – und doch umworben, in: Frankfurter Allgemeine Zeitung vom 27. Januar 2025, S. 3.

Äußerungen der AfD bereits hinreichend bekannt. Insofern wirken die ausgebreiteten Äußerungen aus der AfD wie ein Wiederkäuen, während die entscheidenden Fragen längst woanders verhandelt werden.

3.4. Der Umgang mit der Partei und die Krise der politischen Kultur

In den Bänden nimmt die Frage nach dem richtigen Umgang mit der AfD und den von ihr ausgelösten Disruptionen in der politischen Kultur der Bundesrepublik erheblichen Raum ein. Die Vorschläge und Forderungen sind breit gefächert und in Teilen innovativ. Der erste Vorschlag fordert von allen Beteiligten eine deutlich konfrontativere Herangehensweise in der Auseinandersetzung mit der AfD. Zweitens wird ein Rückkehrrecht in die Gemeinschaft der Demokraten für geläuterte AfD-Mitglieder diskutiert. Drittens werden Vorgehensweisen thematisiert, die für den Fall einer Regierungsbeteiligung der AfD zur Anwendung kommen sollen. Und viertens wird ein Verbotsverfahren eingefordert.

Ein Blick in die Literatur lässt einen mit dem Eindruck zurück, dass zumindest ein Teil der Autoren die Geduld mit dem politischen Prozess verliert. Sie fordern etwa eine robustere Gangart mit der AfD. Dies wird insbesondere auch mit einer Kritik an dem bisherigen Stil der Auseinandersetzung verknüpft, der gutbürgerliche Tugenden repräsentiert, womöglich aber nur Ausdruck von Hilflosigkeit und Hasenfüßigkeit sei. Ruch wendet sich etwa gegen die aus seiner Sicht gefälligen Demonstrationen gegen den Hass der AfD, der staatliche Institutionen und den gesellschaftlichen Zusammenhalt Schritt für Schritt zersetze. Diese Events reichten längst nicht mehr aus. Die AfD und ihre Bedrohlichkeit ernst zu nehmen, bedeute gerade nicht „mit gefälligen Begriffshülsen herumzufuchteln" (S. 147). Nun kann ein robuster Umgang mit der AfD vieles bedeuten. Für Ruch wäre dies allein ein hart und konsequent durchgesetztes Verbot der Partei.

Jedoch gibt es andere, die die Auseinandersetzung noch auf anderen Ebenen suchen, ohne das Parteiverbotsverfahren ausschließen zu wollen. So setzt etwa Cremer an den von Ruch genannten „gefälligen Begriffshülsen" an, indem er am Beispiel der Inklusionsdebatten in Thüringen die mühevolle Arbeit an den Argumenten auf sich nimmt – eine Arbeit, die jedem Bürger als Verteidiger der freiheitlich-demokratischen Grundordnung im Prinzip obliegt, zumindest in einem republikanischen Verständnis der Bürgerpflichten. Cremer bezieht sich dabei auf eine Aussage von Höcke, wonach behinderte Kinder aus den Inklusionsklassen Thüringens genommen werden sollten, weil diese den Lernfortschritt der ‚gesunden' Kinder aufhalten würden. Tatsächlich geht diese Aussage Höckes ja auf einen wahren, aber rechtspopulistisch entstellten Kern zurück. Die schlechte, weil ressourcenarme Umsetzung der Inklusionspolitik ist für die teilweise zu beobachtenden Defizite in Thüringen verantwortlich, nicht aber das Wesen behinderter Individuen. Cremer zeichnet die Genese der Inklusionspolitik anhand des Zusammenhangs von Grundrechten, der Bindung der staatlichen Gewalt daran sowie internationalen Normen, wie der UN-Behindertenrechtskonvention, nach. Er begründet also nachvollziehbar für jedermann, warum

Inklusion eine sinnvolle administrative Praxis ist, die aus grundlegenden Werten fließt und als allgemeines Gesetz die Ansprüche aller Menschen auf Gleichbehandlung umsetzt (S. 19–22). Stellt man diese Argumentationsweise den „gefälligen Begriffshülsen“ gegenüber, wird schnell ersichtlich, was in den aktuellen Debatten um die AfD, die etwa wöchentlich in den abendlichen Talkshows der Öffentlich-Rechtlichen zu besichtigen sind, fehlt. Von der dort wie auch anderswo viel zu häufig zu besichtigenden Kombination aus viel zu hoher Flughöhe der gefälligen Argumente („Aber Art. 1 GG...“) und einer Angststarre angesichts der Mühen einer Argumentationslast profitiert die AfD, indem diese den über- wie unterkomplexen, fälscherweise auf einen gemeinsamen Grundkonsens abstellenden Aber-Argumenten elitäre Abgehobenheit und fehlenden *common sense* unterstellen kann. Dieser gemeinsame Grundkonsens darf nicht von den Aber-Argumentierenden vorausgesetzt werden. Er ist stattdessen immer wieder neu herzustellen. Darauf ist mit Cremer nachdrücklich hinzuweisen.

In eine ähnliche Richtung weisen Bensmann und Correctiv, wenn die Angst der politischen Kommunikatoren vor einer alle inhaltliche Debatte überlagernden Formkritik angeprangert wird, die insbesondere die öffentliche Kommunikation von Angela Merkel und Olaf Scholz bestimmt habe. Stattdessen sei klare Kante geboten: Die Autoren werben für das Benennen der Sachlage und raten insbesondere der CDU zu einer Orientierung an den 1950er Jahren mit Anti-Moskau-Motiven und Slogans wie „Wir wählen die Freiheit“, von denen zu erwarten sei, dass diese „vielleicht auch in den neuen Bundesländern“ (S. 215) funktionierten. Das muss nicht alles zutreffen, aber innovativ sind diese Vorschläge immerhin und angesichts des Scheiterns bisheriger Herangehensweisen zumindest als Anregung zu verstehen. Ein solcher Stil entspricht dem Bild von einem groben Keil auf einen groben Klotz und man kann mit einigem Recht diese Position vertreten. Dem ist jedoch die Frage entgegenzuhalten, ob damit nicht die ohnehin schon weit verbreitete Polarisierung in der Gesellschaft noch weiter verschärft wird[8] und damit ein für den Zusammenhalt der Gesellschaft notwendiger Grundkonsens zunehmend erodiere. Jedoch, wer wird denn durch eine solche Strategie polarisiert? Die AfD-Anhänger sind es ohnehin schon. Würde von einer Polarisierung der demokratischen Wähler nicht etwa auch deren Mobilisierung profitieren, an der Urne, vor allem aber auch jenseits des Wahlaktes, in den öffentlichen und halböffentlichen Räumen der Zivilgesellschaft? Kein ängstliches Wegducken mehr, wenn im Familien- oder Freundeskreis längst schon nicht mehr nur der schräge Vogel, sondern auch vermeintlich Vernünftige, angestachelt durch die rechtsextreme Gegenöffentlichkeit, das Wort für gegenaufklärerische, anti-wissenschaftliche und demokratiefeindliche Positionen ergreifen? Ist es nicht endlich Zeit für robuste Gegenrede jenseits larmoyanter, vor allem aber unterkomplexer und begründungsfauler Verweise auf Art. 1 GG?

8 Maik Herold/Janine Joachim/Cyrill Otteni/Hans Vorländer, Polarization in Europe. Quantitative Analysis by Country, MIDEM Study 2024–1, Dresden 2025.

Ein weiterer Vorschlag, der jedoch eher selten zu vernehmen ist, zielt auf ein sogenanntes Rückkehrrecht in die Gemeinschaft der Demokraten für jene AfD-Aussteiger, die angesichts der extremistischen Entwicklung der Partei von dieser Abstand nehmen wollen. Bensmann und Correctiv argumentieren, dass dies ein wesentlicher Beitrag zur Bearbeitung der AfD-Problematik sei. Denn, so die Behauptung, viele der womöglich längst resignativ in der Partei verhafteten Personen scheuten vor einem Austritt zurück, da ihnen außerhalb der AfD-Netzwerke der gesellschaftliche Tod drohe, sie beruflich keine Zukunft hätten und als Nazis stigmatisiert würden. Für jene Personen, so Bensmann und Correctiv sollte anerkannt werden, dass sie für sich je individuell die Entscheidung getroffen hätten, den Wandel zum Rechtsextremismus nicht mittragen zu wollen, und dass dies auch in wesentlichen Teilen den Umgang mit ihnen bestimmen müsse (S. 223–227). „Die Möglichkeit zur Rückkehr in die Demokratie ist auch die Stärke einer Demokratie; wenn sie diese Möglichkeit nicht bietet, schafft sie eine Wagenburgmentalität“ (S. 227).

Ein sogenanntes Rückkehrrecht, was ja nichts anders sein kann als eine ungeschriebene Norm und Praxis der bürgerlichen Tugend, erfordert angesichts der inzwischen herrschenden polarisierten Zustände und den tiefen politisch-kulturellen Gräben ein Maß an Differenzierungsvermögen, welches womöglich nicht immer und nicht jedem gegeben ist. Die vergangenen Jahre seit 2013 haben die politische Kultur der Bundesrepublik nachhaltig verändert. So zeigt sich bei der AfD und ihren Anhängern eine offene Ablehnung von allem ‚Etablierten‘. Es hat sich eine Verachtung der Institutionen der Bundesrepublik und ihren öffentlichen Repräsentanten ausgebreitet. Diese Haltung wird verstärkt und ungefiltert durch die sozialen Medien in die Welt getragen. Weitere Krisenlagen, wie etwa die COVID-19-Pandemie und der russische Eroberungskrieg in der Ukraine, purifizieren den Hass auf dieses Land und alle anderen, die sich jenseits der Alternative befinden und deren Recht, eine Alternative für Deutschland zu sein, vehement bestreiten. So kann es zwar im Grundsätzlichen nicht falsch sein, einer Person, die Fehler gemacht und eingestanden hat, zu verzeihen und sie im Kreis der Demokraten erneut willkommen zu heißen. Indes stimmt gerade die tiefe gesellschaftliche Spaltung wenig optimistisch, dass diese Gemeinschaft der Demokraten noch einmal zu einer gemeinsamen Auffassung in der Frage eines Rückkehrrechts kommen könne. Es müsste etwa bedeuten, dass man ohne Häme und rückblickende Seitenhiebe akzeptiert, wenn ehemalige AfD-Mitglieder in anderen Parteien in verantwortlichen Positionen auftauchen. Es müsste bedeuten, sich in einem solchen Fall nicht wechselseitig einer vermeintlichen Offenheit für die Verfassungsfeinde zu bezichtigen, nur um für die eigene Seite einen kurzfristigen Geländegewinn in der tagesaktuellen Nachrichtenlage zu erzielen.[9] Und allein diese Skizze zeigt bereits, wie schwer diese Tugendzumutung an alle Vertreter der politischen Parteien wiegt.

9 Vgl. für die Verlockungen dieses Arguments etwa die Unterstellungen von Heidi Reichinnek einer dräuenden Zusammenarbeit von CDU/CSU und AfD im Bundestag, zu finden bei: Eckart Lohse, Rechts, links und der erhebliche Unterschied, in: Frankfurter Allgemeine Zeitung vom 14. Juli 2025, S. 2.

Ein drittes Bündel an Vorschlägen beschäftigt sich mit der Frage, was denn zu tun sei, wenn die AfD einmal an der Regierungsmacht teilhabe. Dazu legt Semsrott einen ganzen Band vor. Eine Regierungsbeteiligung ist eine Konstellation, in der die AfD nicht durchregieren kann. Der komparative Bezugspunkt ist hier demzufolge auch nicht die Zeit des Nationalsozialismus, wie etwa bei Ruch, sondern Polen, Ungarn, Italien und die Türkei (S. 18). Semsrott vertritt damit eine Perspektive auf die AfD, wie sie auch von Steinbeis eingenommen wird. Die zentrale Prämisse des Autors lautet, dass die AfD keine Wunder vollbringt und selbst dann noch gestoppt werden kann, wenn sie bereits mitregiert: „Aber selbst wenn es zu spät ist, ist es nicht zu spät“ (S. 14). Die dann folgenden Vorschläge zum Umgang mit einer regierenden Partei sind insbesondere von Semsrotts eigenem Werdegang geprägt. Als Mitgründer der zivilgesellschaftlichen Transparenzinitiative FragDenStaat.de beschreibt er die prinzipielle Offenlegung der Behördenarbeit für die Zivilgesellschaft als zentrales Instrument, um Machtmissbrauch zu begegnen: „Den Staat transparenter zu machen, ist die beste Vorbereitung auf den Kampf gegen eine AfD-Regierung“ (S. 69). An dieser Stelle bereits mag das Buch noch für sich in Anspruch nehmen, eine originelle Sichtweise auf mögliche Formen der Auseinandersetzung mit der AfD zu liefern. Jedoch keimen hier auch schon erste Zweifel an der womöglich etwas begrenzten Perspektive des Autors. Ein erster vorsichtiger Anlass dafür ist bereits gegeben, wenn er völlig ironiefrei Transparenz staatlicher Aktivitäten als Allheilmittel preist, jedoch schon nicht dazu in der Lage ist, diese Strategie neben anderen einzuordnen. Womöglich ist hier jenes Bonmot besonders passend, wonach jenem, der in seinem Werkzeugkasten nur einen Hammer hat, jedes Problem wie ein Nagel erscheint.

Von den Vorschlägen Semsrotts sind drei exemplarisch zu diskutieren: Erstens schlägt Semsrott eine Revision der gängigen Handhabung des Streiks in der Bundesrepublik vor. Im Fall einer Regierungsbeteiligung der AfD erwartet er demzufolge von den Beamten der Republik Bummelstreiks, wirbt für Streikpartnerschaften zwischen Gewerkschaften und zivilgesellschaftlichen Akteuren und als letztes Mittel ruft er zu Generalstreiks auf. Die Forderungen an sich sind mehr oder weniger relevante Beiträge zu einer Debatte. Man kann darüber diskutieren, man kann es auch lassen. Das ernüchternde an Semsrotts Vorschlägen ist hier jedoch die Argumentation. Mit Blick auf die Legalität eines Generalstreiks wägt der Autor folgendes: „Gerichte würden dann möglicherweise sagen, dass das illegal wäre. Aber wer entscheidet eigentlich über das Recht?“ (S. 108) Die gestellte Nachfrage ist so polemisch, wie auch problematisch. Eine zutreffende Antwort darauf würde lauten: Über das Recht entscheiden die verfassungsgemäß zuständigen Institutionen, darunter zuerst das Parlament, dann die Administration und zuletzt und in Konfliktfällen die Justiz. Man muss an den Autor die Frage richten, was er mit diesen zwei Sätzen bewirken möchte. Er öffnet damit Türen, durch die nicht nur ein Hans Kelsen freiwillig nicht gegangen wäre. Mehr noch, man gewinnt den Eindruck, dass Semsrott anscheinend selbst nicht über die Systematik seines eigenen Werks im Bilde ist, da er im daran anschließenden Kapitel auf eine unabhängige Justiz als ein weiteres Instrument im Kampf gegen die AfD aufbaut.

Der zweite Vorschlag könnte im Kontext republikanischer Tugendtraditionen stehen und die Verantwortung jedes einzelnen Bürgers für das Wohlergehen des Gemeinwesens hervorheben. Er lautet, dass Bürger auf der Suche nach sinnstiftender Tätigkeit ihre Stelle kündigen sollten und stattdessen Demokratiearbeit leisten könnten (S. 137). Jedoch entspringt dieser wohlfeile Vorschlag keiner ausgefeilten Tugenddiskussion mit kenntnisreichen Verweisen auf den Renaissance-Republikanismus. Sie entwächst stattdessen der Beobachtung, dass das Kapital sich nicht immer demokratiepolitisch korrekt verhalte und es daher ohnehin bessere Alternativen der individuellen Selbstverwirklichung gebe. Eine solche weltanschauliche Perspektive auf die Problematik der AfD lässt einen zuweilen sprachlos zurück und kann eigentlich nur mit der materiellen Basis des Autors oder mit der seines erhofften Publikums erklärt werden. Jedenfalls in jenen Milieus, in denen Arbeit noch zum Selbsterhalt und zur Reproduktion des täglichen Lebens dient, wirkt dieser Vorschlag wie aus einem Wolkenkuckucksheim.

Semsrotts dritter Vorschlag ist als Kritik an Elementen der westlichen Wahlsysteme zu verstehen. So kritisiert er die Sperrklausel im deutschen Wahlsystem. Diese habe den Effekt, dass nun, wo SPD, *Grüne*, BSW und FDP mit einer gewissen Regelmäßigkeit in deren Nähe geraten, womöglich etwa 16 Prozent der Wählerschaft nicht repräsentiert werden und gleichzeitig die AfD, obwohl deutlich weniger Zweitstimmen erhaltend, in den Parlamenten eine Sperrminorität erreichen könnte (S. 190 f.). Auch hier ist der Argumentationsgang erneut höchst problematisch. Es sind keine grundsätzlichen Erwägungen gegen die Sperrklausel, die Semsrott motivieren, sondern allein der Umstand, dass die Falschen von den Effekten eines politisch neutralen Instruments des Wahlrechts profitieren könnten. Stattdessen verweist Semsrott zur Begründung auf die Abschaffung der Sperrklausel bei der Wahl zum Europäischen Parlament. Dort würden nun linke Kleinstparteien den „etablierten und schwerfälligen Parteien Feuer unter dem Hintern machen“ (S. 192). Semsrott entgeht hier zweierlei: Zum einen ist seine eigene Argumentation populistisch, zum anderen arbeiten die genannten Parteien teilweise ebenfalls mit populistischen Mechanismen der Aufmerksamkeitserzeugung. Man denke hier nur an die Performanz des Europaabgeordneten Martin Sonneborn. Es findet sich bei Semsrott kein substanzielles, allgemeines oder prinzipielles Argument, welches auf die Stabilisierung der Ordnung gerichtet wäre. Und darin besteht in gewisser Weise die Irritation, die der Autor hervorruft und die sich nicht zuletzt auch aus der Fallhöhe speist, die der Aufkleber „Spiegel Beststeller“ produziert.

Der vierte Vorschlag zum Umgang mit der AfD ist die Forderung zur Einleitung eines Verbotsverfahrens. Er kommt in fast allen Bänden zur Sprache und wird durchgehend als anstrebenswert dargestellt. Besonders prägnant ist der Band von Cremer. Während für einige der hier bereits diskutierten Autoren der Erfolg eines AfD-Verbotsverfahrens völlig außer Frage steht (etwa Ruch), weiß Cremer um die Untiefen und Tücken eines AfD-Parteiverbotsverfahrens vor dem Bundesverfassungsgericht. Dementsprechend ist sein Buch auch aufgebaut – und in gewisser Weise nimmt er damit auch die Strategie und Argumentationsweise des Gutachtens des Bundesamts für Verfassungsschutz vorweg. Denn dort, wie auch bei Cremer, zielt das Hauptargument zur Verfassungsfeindlichkeit der AfD nicht auf etwaige gewaltsame Umsturzfantasien, sondern darauf, dass die AfD die „Herstellung einer ‚homogenen Volksgemeinschaft'" beabsichtige (S. 41). Dazu analysiert Cremer zunächst die Grundsatz- und Wahlprogramme der AfD, womit sich auch die Frage der Zurechenbarkeit der verfassungsfeindlichen Aussagen beherrschbar machen lässt. Da die Partei und ihr Vorfeld längst die Semantiken der Rasse hinter sich gelassen haben, geht Cremer insbesondere dem Kulturbegriff nach (S. 64–69).[10] So schreitet er Stück für Stück die einzelnen Programmpunkte der Partei ab und klopft diese auf ihren ethnisch profilierten Kulturbegriff ab. Bei der Forderung nach der Abschaffung des Asylrechts etwa kann Cremer zeigen, dass für die AfD in der Begründung ihrer Forderung erneut die Chiffre von den kulturfremden Einwandernden leitend ist (S. 60–62). Insgesamt ist der Band sehr klar aufgebaut, die Vorgehensweise ist transparent: Erstens wird nachgewiesen, dass in den Programmen der AfD eine rassistische Ideologie der Ungleichwertigkeit steckt (verbrämt als Kulturbegriff). Zweitens zeigt Cremer, dass sich die Semantiken der Kultur auch in anderen Zusammenhängen als begründungsstiftend wiederfinden, sowohl in den Programmen wie auch in den Äußerungen des Spitzenpersonals der Partei. Und es wird drittens nachvollzogen, dass und wie diese Semantiken der Ungleichwertigkeit in einem bagatellisierenden und bekennenden Zusammenhang zu den Nationalsozialisten stehen (S. 65–71). Abschließend richtet Cremer die Aufmerksamkeit insbesondere noch einmal auf Höcke und rückt dessen Gewaltneigung, seinen Revisionismus und Antisemitismus sowie das verfolgte Führerprinzip und sein Freund-Feind-Denken in den Mittelpunkt der Argumentation (S. 77–99). Mit diesem Vortrag der Argumente ist der Erfolg eines Verbotsverfahrens noch längst nicht entschieden. Darüber kann allein das Bundesverfassungsgericht entscheiden. Aber jene, die Zweifel am Erfolg dieses Verfahrens haben, werden bei Cremer die überzeugendsten Argumente finden.

Gleichwohl gibt es gewisse Argumente gegen ein Verbotsverfahren und diese kommen in der Literatur auch zur Sprache. So greift etwa Ruch den Topos auf, dass ein AfD-Verbot das Problem gerade nicht löse, da die Wählerschaft mit ihren Einstellungen auch weiterhin vorhanden sei. Dagegen führt Ruch die womöglich nicht ganz unbegründete Vermutung an, dass mit dem Wegfallen der AfD und ihren Methoden der Propaganda auch die hohen Zustimmungswerte zumindest in Teilen der Bevölkerung zerfallen würden. Hinzu komme, dass Verfassungsfeinde nun einmal keinen Anspruch auf Repräsentation haben (S. 193). Gegen Ruch und andere Befürworter spricht jedoch dieser Aspekt: Das Verbot der AfD wirkt in den Begründungen seiner Befürworter stellenweise wie eine Abkürzung, mit der keines der demokratietheoretisch bedeutsamen Probleme einer Entfremdung von Teilen der Wählerschaft

10 Als Quelle aus dem unmittelbaren Vorfeld der AfD zu diesem Thema vgl. Martin Lichtmesz, Ethnopluralismus. Kritik und Verteidigung, Schnellroda 2020.

von der Politik und von der Verfassungsordnung gelöst werden wird. Stattdessen würde dieses Problem durch ein Parteiverbot lediglich in die Zukunft verschoben. Dies etwa lässt sich an den Ausführungen von Marco Wanderwitz nachvollziehen, der in zwei Bänden zu Wort kommt, einmal als Gesprächspartner bei Kraske und Laabs und einmal als Autor in dem Sammelband von Quent und Virchow. Wanderwitz möchte das erfolgreiche Parteiverbot als Atempause nutzen und in die einmal gewonnene Zeitlücke mit einer Strategie der Rückgewinnung zumindest von Teilen der Wählerschaft der AfD hineinstoßen, etwa mit einer besseren Politik und Programmen der Demokratiebildung (Kraske/Laabs, S. 261–266 sowie Wanderwitz, S. 261–263). Wer das nicht überzeugend findet, mag fragend einwenden, warum diese Maßnahmen nicht schon jetzt angewendet werden und warum sie nach einem AfD-Verbot umso effektivere Wirkung entfalten sollten. Hinter diesem Einwand steht natürlich auch die Befürchtung, dass die Politik außer einem Parteiverbotsverfahren einfach nicht mehr weiter weiß. Mehr noch, dass die demokratietheoretisch drängenden Probleme nach einem erfolgreichen Verbot der AfD einfach nicht weiterbearbeitet werden.

4. Fazit

Eine Gesamtschau der besprochenen Bände muss abschließend drei Aspekte zumindest kurz herausarbeiten: Zunächst ist bei aller Kritik darauf hinzuweisen, dass die Literatur im besprochenen Themenfeld explizit keine wissenschaftliche Literatur ist. Dies geht einher mit Vorteilen, wie etwa einer verständlichen Aufbereitung des Problemfelds, klarer Sprache und pointierten Darstellungen. Die Nachteile ergeben sich dann vorrangig aus einer wissenschaftlich interessierten Perspektive auf die vorliegenden Bände. So darf keine differenzierte und vergleichende Betrachtung des Instruments eines Parteiverbotsverfahrens erwartet werden. Es finden sich auch keine Vergleiche mit anderen Instrumenten zur Bearbeitung von Extremisten, wie etwa dem Vereinsverbot, dem Strafrecht oder der Parteienfinanzierung. Ebenso fehlen Vergleiche mit anderen Ländern mit und ohne Parteiverbot, aus denen sich in praktischer Hinsicht lernen ließe. Und schließlich fehlt eine ideengeschichtliche und demokratietheoretische Einordnung des Instruments des Parteiverbots. Demzufolge wird auch eine Abwägung darüber, was eine freiheitliche Demokratie in einem Parteiverbotsverfahren gewinnen und verlieren kann, vermisst.

Den Spagat aus zugänglicher Sprache und abwägendem und einordnendem Zugriff auf das Material gelingt gleichwohl Steinbeis, Cremer und Debes auf hervorragende Weise. Diese Bände sind mit herausragendem Gewinn zu lesen.

Zweitens ist ein überraschender Befund, dass die wenigsten Bände bei der Frage nach dem Zusammenhang aus AfD und Krise der Demokratie explizit auf den ‚Osten‘ als erklärenden Faktor setzen. Gemeint ist damit insbesondere eine in der öffentlichen Debatte immer wieder anzutreffende Neigung, den ‚braunen‘ Osten als Sündenbock zur Reinwaschung eines westdeutschen Selbstverständnisses zu nutzen, ohne die AfD als gesamtgesellschaftliches Phänomen begreifen zu wollen. Gleichwohl findet sich stellenweise dann doch eine verzerrende Perspektive einer westdeutschen Betrachtung des ‚Ostens', etwa wenn Bensmann und Correctiv sich über Merkel als Ostdeutsche auslassen, die entgegen den erwarteten ‚typisch ostdeutschen' Gruppenzuschreibungen handelt, oder den leistungsfähigen Westdeutschen, die die Wiedervereinigung bewältigten, und zuletzt im Brustton der Enttäuschung erneut über die ‚Ossis' klagen, welche scharenweise zu Pegida liefen, obwohl sie doch gar keine Erfahrungen mit den Ausländern hätten (S. 98, 111). Solcherlei vereinfachende und zum Teil lässig hingeworfene Beobachtungen sind nur möglich, wenn ein Autor seine explizit westdeutsche Perspektive als das Standardmaß für die gesamtdeutsche Bundesrepublik nimmt.

Ähnlich irritierend sind Passagen, in denen sich der neugierige Blick auf das dann immer noch Fremde und Unbekannte richtet: der Osten als undifferenzierter Ort des Demokratie-Grusels. Man gewinnt den Eindruck, dass sich etwa Kraske und Laabs an den zum Teil dramatischen Verhältnissen in den ostdeutschen Bundesländern ergötzen. Das demokratische Gegenmilieu dagegen spielt nur eine untergeordnete Rolle. Es stört die Wahrnehmung vom zurückgebliebenen Osten und wird daher mit deutlich geringerer Sorgfalt verarbeitet. Beispiele? Constance Bornkampf, eine Aktivistin in der Freiberger Zivilgesellschaft, wird falsch (Constanze) geschrieben (S. 184). Yvonne Mosler, Grüne Stadtratskandidatin in Dresden und Opfer eines rechtsextremen Angriffs im Wahlkampf, wird inkorrekt als Spitzenkandidatin für den Dresdner Stadtrat vorgestellt (S. 191 f.). Mehr noch, Aiman Mazyek (Mayzek) wird falsch geschrieben (S. 99). Alles nur Zufälle oder doch weniger Sorgfalt bei dem weniger Bekannten, welches nicht das Eigene ist und das vor allem als Projektionsfläche der eigenen Klischees dient, sonst aber wenig Interesse abbekommt?

Drittens und abschließend zeigt sich vereinzelt bei einigen Autoren eine gewisse Kopflosigkeit angesichts der Größe der Bedrohungen, die sich aus dem Wirken der AfD und den scheinbar wirkungslosen Umgangsweisen von Zivilgesellschaft und Politik ergeben. So muss die Frage gestellt werden, was eigentlich gewonnen werden soll, wenn der AfD-Politiker Markus Frohnmaier als „genetisch halbwertiger Politiker mit Metzgerqualitäten" (Ruch, S. 48) beschrieben wird? Welchen argumentativen Stellenwert hat der Hinweis auf Sellner als „Österreicher mit den dunkelbraunen Haaren" (Bensmann/Correctiv, S. 20)? Natürlich ist es ein möglicher Weg, auf die Widersprüche einzugehen, die sich Vertreter eines ethnischen Kulturbegriffs einhandeln. Aber wie vermeidet man, gleichzeitig auf dieses Niveau der Debatte herabzusinken und die rassistischen Denkmuster zu reproduzieren?

Jedoch komplett über das Ziel hinaus schießt Semsrott. Mehr als einmal äußert er sich herablassend gegenüber dem Justizsystem, etwa so: „Die objektive Justiz ist ohnehin ein Mythos. Zahlreiche umstrittene Urteile des Bundesverfassungsgerichts und anderer großer Gerichte zeigen, dass auch Gerichte von politischen Überlegungen beeinflusst werden. Zwei Jurist*innen, drei Meinungen." (S. 117) Diese populistische Richterschelte und Juristenverachtung kippt das Kind mit dem Bade aus. Verschiedene Rechtsauffassungen sind ein Privileg einer freien demokratischen Gesellschaft. Verschiedene Rechtsauffassungen vor einem Gericht vortragen zu dürfen, ist ein Vorzug und sollte keinesfalls Ziel von Herablassung sein, sondern stattdessen von liberal-demokratischem Selbstbewusstsein getragen werden. Die kritisierte Justiz schützt mit ihrem ausdifferenzierten Rechtswegesystem die Rechte aller, etwa auch von abgelehnten Asylbewerbern. Auch dieser Teil des Rechtssystems leidet unter den herablassenden Stammtischparolen, die willkürlicher Auslegung und Anwendung von Recht das Wort reden. Und dies wohlgemerkt in eigentlich guter Absicht. Tragisch.

Sammelrezension:

„Der Osten“ im Spiegel fachwissenschaftlicher und essayistischer Publikationen

Von Manuel Becker

Marcus Böick/Constantin Goschler/Ralph Jessen (Hrsg.), Jahrbuch Deutsche Einheit 2024, Berlin 2024 (*Ch. Links*), 294 S.

Ines Geipel, Fabelland. Der Osten, der Westen, der Zorn und das Glück, Frankfurt a. M. 2024 (*S. Fischer*), 310 S.

Jessy Wellmer, Die neue Entfremdung. Warum Ost- und Westdeutschland auseinanderdriften und was wir dagegen tun können, Köln 2024 (*Kiepenheuer & Witsch*), 256 S.

Katja Adler, Rolle rückwärts DDR. Wie unsere Freiheit in Gefahr gerät, München 2024 (*Finanzbuchverlag*), 288 S.

Steffen Mau, Ungleich vereint. Warum der Osten anders bleibt, Frankfurt a. M. 2024 (*edition suhrkamp*), 168 S.

1. Einleitung

Im vergangenen Jahrbuch wurden an dieser Stelle verschiedene fachwissenschaftliche Publikationen rund um die wissenschaftliche und erinnerungspolitische Aufarbeitung der DDR-Vergangenheit und der damit verbundenen Frage nach dem Zusammenwachsen zwischen Ost und West in der heutigen Bundesrepublik besprochen. An diese Überlegungen soll hier angeknüpft werden. Gerade im Kalenderjahr 2024 war „der Osten“ in der öffentlichen Debatte besonders präsent. Grund hierfür waren die von vielen im politischen Berlin mit Sorge erwarteten Landtagswahlen in drei ostdeutschen Bundesländern im Herbst 2024. Nicht nur in der wissenschaftlichen, sondern auch in der medialen und popkulturellen Debatte kam man an diesem Thema kaum vorbei.

Bei einem Spiel der Fußball-Bundesliga im März 2024 zwischen RB Leipzig und dem 1. FC Köln kam es zu Schmähgesängen und einem Flaschenwurf durch Kölner Fans auf Spieler von RB Leipzig. Der Spieltag insgesamt war von der DFL mit entsprechenden Aktionen und Kampagnen in allen Stadien eigens als Spieltag gegen jegliche Form der Diskriminierung ausgeflaggt worden. Bei den Schmährufen ging es erkenn- und hörbar nicht um die klassische Kritik an RB Leipzig – ein Verein, der in den Augen vieler Ultra-Szenen anderer deutscher Clubs als kapitalistisch getriebener, traditionsloser Fremdkörper eines österreichischen Getränkeproduzenten im deutschen Fußball gilt –, sondern die Hassgesänge richteten sich klar gegen Ostdeutschland als Ganzes. Der inzwischen entlassene damalige RB-Trainer Marco

Rose, ein gebürtiger Leipziger, wollte sich nach dem Spiel, das seine Mannschaft übrigens mit 5:1 gewann, nicht zum Fußballerischen äußern, sondern gab auf der Pressekonferenz zu Protokoll: „Ich bin hier, um zu verbinden und nicht um zu spalten. […] Die Leute, die das nicht so gut kennen da drüben bei uns, die sollen kommen. Am Ende ist eigentlich alles sehr, sehr ähnlich. Darum haben wir irgendwann auch die Mauer abgerissen, auch in den Köpfen." Danach wurde er noch deutlicher: „Es gibt da ganz viele coole Menschen. So wie hier. Es gibt ein paar Idioten. So wie hier."[1]

Ein anderer Fußballtrainer, der gebürtige Rostocker Steffen Baumgart, gab der FAS im November 2024 unter der Schlagzeile „Wir haben jetzt gerade einen Ossi gehabt, das reicht" ein bemerkenswertes Interview, in dem er sich unter anderem mit der Stärke der AfD in den östlichen Bundesländern auseinandersetzte. Baumgart plädierte für einen sachlichen und weniger emotionalen Umgang mit den deutschen Rechtspopulisten: „Eine funktionierende Demokratie zeichnet sich auch dadurch aus, dass man sich mit Leuten auseinandersetzen muss, die vielleicht keine gute Idee von der Demokratie haben." Er wies einerseits darauf hin, dass die AfD kein reines Ost-Phänomen sei und auch in weiten Teilen Westdeutschlands große Erfolge erziele. Andererseits erklärte er den Erfolg der Partei im Osten mit einem Versagen der Politik im Umgang mit den Menschen dort. Es sei aus seiner Sicht „doch klar, dass den Leuten der Frust kommt. Und wenn dich dann einer in deinem Frust abholt, dann ist das leider der Nährboden für den größten Scheiß. Das haben wir schon einmal erlebt. Dass man das vergisst, dass das viele in der Politik vielleicht unterschätzt haben, das ist für mich das Erschreckende." Diese für einen Fußballlehrer durchaus differenzierten Äußerungen wurden allerdings kaum zur Kenntnis genommen. In einer aufgeregten Social Media Debatte bleib nur ein Zitat aus dem Interview hängen: „Es sind nicht alles nur Idioten, die die AfD wählen."[2]

Im Fußball bündeln sich gesamtgesellschaftliche Entwicklungslinien stets wie in einem Brennglas. Diese beiden Fußballbeispiele zeigen, wie tief die Debatte um Ostdeutschland in gesellschaftliche Alltagskulturen eingesickert ist – ein Grund mehr, die breite mediale und wissenschaftliche Literatur des Wahljahres 2024 genauer in den Blick zu nehmen. Daher wurden dieses Mal bewusst nicht nur fachwissenschaftliche Publikationen berücksichtigt, sondern auch Veröffentlichungen aus der Feder einer prominenten Journalistin, einer bekannten Literatin und einer Politikerin mit einbezogen, um zumindest ausschnittsweise Einblicke in die Debatte in ihrer ganzen Breite zu geben.

1 Rose-Appell nach Vorfällen bei Köln-Spiel, in: ZDF-Online vom 16. März 2024, unter: https://www.zdf.de/nachrichten/sport/fussball-1-koeln-rb-leipzig-fans-gesaenge-rose-keller-100.html (20. Mai 2025).

2 Zitiert nach Michael Wittershagen, „Wir haben jetzt gerade einen Ossi gehabt, das reicht". Steffen Baumgart im Interview, in: Frankfurter Allgemeine Sonntagszeitung vom 23. November 2024.

2. Aufarbeitung und Erinnerungskultur – das Jahrbuch Deutsche Einheit 2024

Unter der bewährten Herausgeberschaft der Bochumer Historiker Marcus Böick und Constantin Goschler sowie des Kölner Historikers Ralph Jessen erschien 2024 der mittlerweile fünfte Band des *Jahrbuchs Deutsche Einheit*. Dieses nach wie vor junge Periodikum avanciert immer mehr zu einem neuen Standardwerk der innerdeutschen Transformationsforschung. Nachdem ein Jahr zuvor schwerpunktmäßig Identitäten und Zugehörigkeiten im Mittelpunkt der Beiträge standen, geht es dieses Mal um „Aufarbeitung und Erinnerungskultur nach der zweiten deutschen Vereinigung".

Die Herausgeber setzen damit ihre bereits in den vergangenen Jahrbüchern praktizierte Vorgehensweise fort, möglichst breite Leitthemen für die Jahrbücher zu finden. Alle Zeiten haben ihre Schlagwörter. Die Bezeichnungen Geschichtsaufarbeitung und vor allem ihre ältere Schwester, die Vergangenheitsbewältigung, sind primär im Kontext Nachkriegsdeutschlands zu verorten und an dessen spezifische politische Kultur gekoppelt. Vergangenheitsbewältigung galt lange Zeit ebenso wie Geschichtsaufarbeitung als ausschließlich „deutsches Idiom"[3]. Timothy Garton Ash hat bereits in den 1990er Jahren darauf aufmerksam gemacht, dass es sich gleichsam um ein deutsches Spezifikum handele; die englische Sprache kenne gar kein Wort für den Begriff der Vergangenheitsbewältigung.[4] Der früheste Beleg des Wortes findet sich in einer Tagungseinladung zum Thema des deutschen Widerstands in der Evangelischen Akademie Berlin vom 15. bis 18. Juli 1955.[5] Popularisiert wurde der Begriff dann durch die Historiker Hermann Heimpel und Hans Rothfels sowie nicht zuletzt durch den Bundespräsidenten Theodor Heuss.[6] Zum endgültigen Übergang vom Intellektuellendiskurs hin zu einer breiten gesellschaftlichen Rezeption verhalfen dem Begriff Alexander und Margarete Mitscherlich mit ihren psychoanalytischen Studien. Mitte der 1960er Jahre stellten sie die viel beachtete These auf, dass es für Nationen wie für Individuen psychologisch schädigend sei, traurige oder schlechte Erinnerungen an die Vergangenheit zu unterdrücken. Es sei wichtig, eine ausführliche und umfassende „Trauerarbeit" zu leisten.[7] Nach der deutschen Einheit wurde der Begriff noch intensiver diskutiert. War die Bezeichnung bis dahin unhinterfragt mit der nationalsozialistischen Vergangenheit verknüpft, hat sich die Begriffsverwendung spätestens seit dem Ende der sozialistischen Herrschaftssysteme

---

3 Vgl. Christoph Cornelißen, „Vergangenheitsbewältigung". Ein deutscher Sonderweg?, in: Katrin Hammerstein u. a. (Hrsg.), Aufarbeitung der Diktatur. Diktat der Aufarbeitung? Normierungsprozesse beim Umgang mit diktatorischer Vergangenheit, Göttingen 2009, S. 21–36.

4 Vgl. Timothy Garton Ash, Diktatur und Wahrheit. Die Suche nach Gerechtigkeit und Politik in der Erinnerung, in: Lettre International 10 (1998), S. 10–16, hier: S. 10.

5 Vgl. Tagungseinladung in den Tagungsakten der Evangelischen Akademie, Archiv der Evangelischen Akademie Berlin-Brandenburg, zit. nach Michael Kohlstruck, Zwischen Erinnerung und Geschichte. Der Nationalsozialismus und die jungen Deutschen, Berlin 1997, S. 13 f.

6 Vgl. Theodor Heuss, Wert und Unwert der Tradition, in: Bulletin des Presse- und Informationsamts der Bundesregierung vom 4. Juli 1959, S. 1197.

7 Alexander Mitscherlich/Margarete Mitscherlich, Die Unfähigkeit zu trauern. Grundlagen kollektiven Verhaltens, München 1967.

in Ost- und Mitteleuropa pluralisiert. In Deutschland kam nun die Bewältigung einer zweiten Diktatur hinzu, und international hat sich der Terminus vom spezifischen nationalsozialistischen Kontext gelöst. Er wird kontextunabhängig auf die allgemeine „Bewältigung" diktatorischer Hinterlassenschaften in Transformationsprozessen bezogen.

Auch für den im Jahrbuch titelgebenden Begriff Geschichtsaufarbeitung gibt es keine angemessene englische Übersetzung. Die Herausgeber beginnen ihr Editorial mit einem Verweis auf die amerikanische Philosophin Susan Neiman[8], der zufolge das ebenso unübersetzte wie unübersetzbare Wort auf dem besten Wege sei, neben „Blitzkrieg", „Gemütlichkeit", „Kindergarten", „Kitsch" und „Zeitgeist" (S. 7) als deutsches Lehnwort in die englische Sprache einzuwandern. Eine leichte Akzentverschiebung im Vergleich zur „Bewältigung" liegt darin, dass bei der „Aufarbeitung" nicht primär die Auseinandersetzung mit der Vergangenheit, sondern deren Fortwirkung in die Gegenwart im Zentrum steht.[9] Schon aus diesem Grund ist Geschichtsaufarbeitung die politikwissenschaftlich interessantere Kategorie als die Vergangenheitsbewältigung. Erstmals verwendet wurde der Begriff 1959 in einem Aufsatz von Theodor W. Adorno.[10] Er ist also im Vergleich zu dem bereits Anfang der 1950er Jahres aufgekommenen Begriff „Vergangenheitsbewältigung" die etwas jüngere Bezeichnung. Interessanterweise ist sie von führenden linksintellektuellen Sozialphilosophen der damaligen Zeit geprägt worden, während die „Vergangenheitsbewältigung" zunächst konservative Historiker in Umlauf brachten. Seit den frühen 1960er Jahren hat sich der Begriff „Geschichtsaufarbeitung" in der Geschichtsdidaktik und in der politischen Bildung weitgehend durchgesetzt.

Auf eine wesentliche konzeptionelle Spannung des Aufarbeitungsbegriffs macht der langjährige Direktor des Leibniz-Zentrums für Zeithistorische Forschung in Potsdam Martin Sabrow in seinem eröffnenden Grundlagenaufsatz aufmerksam: „Aufarbeitung ist zugleich rückwärts- und vorwärtsgewandt, sie versteht sich nicht zweckfrei, sondern verbindet Wahrheitsanspruch mit Parteinahme und das wissenschaftlichen Standards verpflichtete Erkenntnisstreben mit der politischen Absicht, das demokratische Bewusstsein der Gegenwart zu schärfen" (S. 23). Die mit dem Begriff „Aufarbeitung" in der Gesellschaft verbundene fast schon religiöse Erlösungserwartung muss nach Sabrow notwendig mit dem wissenschaftlichen Interesse kollidieren, autokratische Mechanismen des DDR-Herrschaftssystems offenzulegen. Dies ist für ihn auch der Grund dafür, warum die institutionalisierte Erforschung und Aufarbeitung der DDR-Geschichte auf viele Ostdeutsche wie ein Produkt westlicher Kolonialisierung wirke.

8 Susan Neiman, Learning from the Germans. Race and the Memory of Evil, New York 2019.

9 Vgl. Bert Pampel, Was bedeutet „Aufarbeitung der Vergangenheit"? Kann man aus der „Vergangenheitsbewältigung" nach 1945 für die „Aufarbeitung" nach 1989 Lehren ziehen?, in: Aus Politik und Zeitgeschichte, Band 1–2/1995, S. 27–38, hier: S. 30.

10 Vgl. Theodor Adorno, Was bedeutet: Aufarbeitung der Vergangenheit? (1959), in: Gerd Kadelbach (Hrsg.), Erziehung zur Mündigkeit. Vorträge und Gespräche mit Hellmut Becker 1959–1969, Frankfurt a. M. 1970, S. 10–29.

Ein weiteres prominentes Beispiel sind die seinerzeit vom Deutschen Bundestag eingesetzten Enquête-Kommissionen zur „Aufarbeitung von Geschichte und Folgen der SED-Diktatur in Deutschland“[11], die inzwischen selbst als „lieu de mémoire“ gesamtdeutscher Erinnerungskultur im Sinne Pierre Noras[12] gelten dürfen. Mit ihnen setzt sich die Jenaer Historikerin Annette Weinke auseinander. Im Mittelpunkt ihres auf einem Vortrag vom Leipziger Historikertag 2023 basierenden Textes steht der Beitrag ostdeutscher geschichtspolitischer und wissenschaftlicher Akteure im Rahmen der Kommissionen. Ausgehend von einer Einordnung der Kommission als deutsche „truth commission“ – einem vergangenheitspolitischen Instrument, das man in der Forschung zur Transititional Justice mittlerweile aus vielen Transformationsstaaten weltweit kennt – fokussiert sie die Rolle der sogenannten „engaged historians“[13]. Anhand einer luziden Analyse des Agierens von geschichtspolitischen Akteuren wie Gerd und Ulrike Poppe (*Bündnis 90/Die Grünen*), Joachim Gauck, Markus Meckel (SPD) und vor allem dem CDU-Politiker Rainer Eppelmann werden zentrale Konfliktlinien rund um die Kommissionen als „Exerzierfeld gesamtdeutscher Kommunikation“ (S. 48) nachgezeichnet. Gleiches gilt für die Kritik von aktivistisch auftretenden Historikern wie Armin Mitter und Stefan Wolle, die einen *Unabhängigen Historikerverband* (UHV) gründen und damit Position gegen etablierte altbundesrepublikanische Historiker wie Jürgen Kocka bezogen, dem damals die Leitung des neu gegründeten Potsdamer Forschungsschwerpunkts Zeitgeschichte übertragen wurde. Weinkes Fazit zu den Kommissionen bleibt gemischt: Die hohen Erwartungen, ein nationales Debattenforum darstellen zu können, wurden enttäuscht. Es entbehre nicht einer gewissen Ironie, so hält sie abschließend fest, „dass die starke finanzielle, konzeptionelle und institutionelle Staatsbeteiligung im öffentlichen Umgang mit der DDR-Geschichte heute zu den wohl sichtbarsten und bleibendsten Vermächtnissen ostdeutscher Geschichtspolitiker und *engaged historians* gehört“ (S. 55).

Neben vielen weiteren spannenden Beiträgen, von denen insbesondere Marko Demantowskys Essay „Die Deutsche Frage Anno MMXXIV“ (S. 79–102) sehr lesenswert ist, sei auf den am Ende des Jahrbuchs veröffentlichten Briefwechsel zwischen dem seinerzeitigen Direktor des Göttinger Max-Planck-Instituts für Geschichte Rudolf Vierhaus und dem Direktor des Ost-Berliner Institutes für Wirtschaftsgeschichte der Akademie der Wissenschaften der DDR Thomas Kuczynski hingewiesen. Die mit einer sorgfältigen Einführung von Krijn Thijs versehenen 27 Briefe, die im Zuge des Einheitsprozesses ausgetauscht wurden, sind ein hochinteressantes Zeitdokument deutscher Wissenschaftsgeschichte, aus denen sich vor allem die für den Ein-

11 Vgl. Eckhard Jesse, Die zweite deutsche Diktatur auf dem Prüfstand, in: Uwe Backes/ders. (Hrsg.), Jahrbuch Extremismus & Demokratie 8, Bd. 8, Baden-Baden 1996, S. 230–241.
12 Vgl. Pierre Nora (Hrsg.), Les Lieux de Mémoire, sept tomes, Paris 1985–1993.
13 Vgl. Stefan Berger, Introduction, in: Ders. (Hrsg.), The Engaged Historian. Perspectives on the Intersection of Politics, Activism and the Historical Profession, New York/Oxford 2019, S. 1–32.

heitsprozess insgesamt charakteristischen Elemente der persönlichen Eitelkeiten und wechselseitig enttäuschten Erwartungen herauslesen lassen.

Am Ende dieses sehr instruktiven Bandes setzt sich mehr und mehr die Einsicht durch, wie schwierig, widersprüchlich und letzten Endes auch anstrengend Aufarbeitungsprozesse sind und vielleicht sein müssen. Hochfliegenden Erwartungen folgen ernüchternde Enttäuschungen auf dem Fuße. Weiterhin bleibt der Eindruck, dass mit Blick auf eine exakte Definition und eine konkrete Bestimmung des Gegenstandsbereiches die Diskussion über Geschichtsaufarbeitung nach wie vor so „verworren"[14] bleibt, wie es Jürgen Habermas bereits 1992 feststellte. Mittlerweile wird von einer zweiten Ebene der analytischen Aufarbeitung gesprochen.[15] Nichtsdestoweniger bleibt der Begriff eine zentrale Determinante des gesellschaftlichen, politischen und wissenschaftlichen Diskurses in der Bundesrepublik – und er wird auch weiterhin Forschung und Essayistik anregen.

3. Autobiografische Spiegelungen – von Zorn, Glück und Entfremdungen

Die Aufarbeitung der DDR-Vergangenheit für weitgehend gescheitert hält eine der interessantesten intellektuellen Kulturvermittlerinnen zwischen Ost und West: die Schriftstellerin Ines Geipel. Sozialisiert und aufgewachsen in der DDR in einer Familie mit engen Verbindungen zur Staatssicherheit gehörte sie in den 1980er Jahren als Leichtathletin zur Sportelite des SED-Staates. Nach der Einheit wendete sie sich nach einem geisteswissenschaftlichen Studium der Poesie und Essayistik zu – als Autorin mehrerer Romane.[16] Unter ihren jüngsten Veröffentlichungen ragt insbesondere *Umkämpfte Zone*[17] hervor. Damals nahm Geipel die Erinnerung an die eigene Familie als Ausgangspunkt für historische und erinnerungskulturelle Reflexionen. Ihre Kernthese lautete: Der in den neuen Bundesländern offenkundig fruchtbare Boden für die Verführungskraft des Rechtsextremismus sowie für die Agenda der AfD sei auf eine jahrelange Verdrängung von Schuld zurückzuführen.

An diese Überlegungen knüpft Geipel nun in *Fabelland* an. Bereits der Untertitel bringt die ganze emotionale Widersprüchlichkeit deutscher Identitätsdiskurse auf den Punkt: *Der Osten, der Westen, der Zorn und das Glück*. Der Leser merkt sofort, dass er es mit einer belesenen und gebildeten Autorin zu tun hat, die aus einem profunden Wissen und breiter Lektüre schöpft. Wie in *Umkämpfte Zone* verknüpft Geipel die eigene Familiengeschichte mit historischer Forschung und gegenwartsbezogener Analyse. Zugleich changiert der Text zwischen assoziativer Essayistik und

---

14 Vgl. Jürgen Habermas, Was bedeutet „Aufarbeitung der Vergangenheit" heute? Bemerkungen einer verworrenen Diskussion, in: Die Zeit vom 3. April 1992.

15 Vgl. Saskia Handro/Thomas Schaarschmidt (Hrsg.), Aufarbeitung der Aufarbeitung. Die DDR im geschichtskulturellen Diskurs, Schwalbach im Taunus 2011.

16 Ines Geipel, Das Heft. Roman, Berlin 1999; dies., Heimspiel. Roman, Berlin 2005; dies., Tochter des Diktators. Roman, Stuttgart 2017.

17 Dies., Umkämpfte Zone. Mein Bruder, der Osten und der Hass, Stuttgart 2019.

analytisch strukturierten Betrachtungen. Geipel zufolge trägt die ostdeutsche Gesellschaft tiefe Wunden in sich, sie sei aber noch nicht im Stadium der Schmerzempfindung angekommen und stecke daher in einem Trauma. Das man nach 1989 ein Glücksnarrativ etablieren wollte, sei durchaus folgerichtig und notwendig gewesen: „Es war eine einzigartige Konstellation und Deutschland insofern ein psychohistorisches Großexperiment: bis 1945 die gemeinsamen Erfahrungen einer gesamten Bevölkerung, nach 1945 der Zustand der Teilung und schließlich mit 1989 die politische Einheit. Verschiedene Politsysteme, Zustände, Implosionen, historische Katastrophen, Zäsuren, Hoffnungstexte, verschiedene unerlöste Deutschland-Psychen, die mit der Revolution nun zu einem Gefüge werden sollten. Das waren die Deutschen ihrem historischen Glück schuldig, hieß es" (S. 151 f.). Aber unter diesen Erzählungen habe es in der ostdeutschen Gesellschaft immer weiter geköchelt, was nun zunehmend aufbreche.

Die Form des Textes mag für akademische Puristen durchaus gewöhnungsbedürftig sein, aber sie legt emotionale Tiefenschichten im komplexen Gestrüpp innerdeutscher Diskurse frei, an die eine strikt methodisch vorgehende Analyse vielleicht nicht heranreichen würde. Die Autorin ist eine brillante Stilistin. Bereits bei den ersten Worten des Buches ist man gefesselt und liest sich sehr schnell fest: „Sofort, unverzüglich. Am Anfang war das Glück. Ruhig, selbstverständlich, auf seltsame Art bei sich" (S. 9). Das Buch lädt dazu ein, es in einem Rutsch durchzulesen. Dies ist allerdings nicht unbedingt zu empfehlen, da viele Gedanken und Assoziationen zum eigenständigen Weiterdenken einladen, die nur um den Preis von Leseunterbrechungen und einer Reflexion des Gelesenen zu haben sind. Zentrales Thema des Buches ist die schon beinahe religiöse Kategorie der traumatischen Schuld. Der ebenfalls quasi-religiös grundierte Wunsch nach Erlösung wird an vielen Stellen implizit und explizit spürbar. Es geht der Autorin mit ihrem Schreiben nicht um eine distanzierte Analyse, sondern um eine Handreichung für die Probleme der Gegenwart. Ihr Ziel ist es, den Ostdeutschen mehr Selbstvertrauen zu geben. Es schmerzt sie, dass Parteien wie die AfD und das BSW den Osten für ihre Zwecke instrumentalisieren. Stephan Hilsberg hatte in seiner Rezension zu „Umkämpfte Zone" in diesem Jahrbuch bei allem Lob moniert, dass Geipel „allerdings der Versuchung nicht widersteht, sozial-psychologischen Erklärungsmustern mit ihrer Spekulativität allzu viel Bedeutung einzuräumen."[18] Diesen Vorwurf muss sich Geipel auch mit *Fabelland* gefallen lassen. Die Übertragung individueller Deutungsmuster auf kollektive ostdeutsche Erfahrungen ist diskussionswürdig – zugleich liegt gerade in dieser subjektiven Verdichtung die besondere Kraft des Textes.

Ebenfalls autobiografisch angelegt, aber bei weitem nicht mit dem gleichen intellektuellen Anspruch tritt *Die neue Entfremdung* aus der Feder der ARD-Journalistin Jessy Wellmer auf. Wellmer verbrachte ebenso wie Geipel ihre Kindheit

18 Vgl. Stephan Hilsberg, Ines Geipel: Umkämpfte Zone, in: Uwe Backes/Alexander Gallus/Eckhard Jesse/Tom Thieme (Hrsg.), Jahrbuch Extremismus & Demokratie, Bd. 32, Baden-Baden 2020, S. 332–335, hier: S. 332.

in der DDR, ist mit Jahrgang 1979 allerdings knapp 20 Jahre jünger als Geipel. Während sie lange vor allem als Sportmoderatorin von großen Ereignissen wie den Olympischen Spielen und der Fußballweltmeisterschaft 2022 in Erscheinung getreten war, wechselte sie im Oktober 2023 zu den „Tagesthemen". Im Februar 2024 veröffentlichte sie ihr hier anzuzeigendes erstes politisches Buch. Man wird Wellmer also nicht zu nahetreten, wenn man die Publikation auch in den Kontext ihrer Profilierung als seriöse Politikjournalistin einordnet. Im September 2023 produzierte sie federführend für den NDR die sehenswerte TV-Dokumentation „Hört uns zu! Wir Ostdeutsche und der Westen", in der ostdeutsche Diskriminierungserfahrungen vor allem im Lichte der hohen Zustimmungswerte für die AfD sowie aus der Perspektiven junger Menschen thematisiert wurden.[19] Mit ihrem ostdeutschen Hintergrund und ihrer westdeutschen Medienkarriere sah Wellmer sich beruflich wie privat immer wieder in der Rolle, dem einen den jeweils anderen Landesteil zu erklären. Ihrem Eindruck nach war es insbesondere der russische Angriffskrieg auf die Ukraine, der die Spaltung zwischen Ost und West wieder vertieft hat. Hierin sieht sie die titelgebende „neue Entfremdung". Die unverhohlene Sympathie vieler Ostdeutscher für Putins Russland bereitet ihr ebenso Sorgen wie die oft auf Seiten der Westdeutschen anzutreffende mit Desinteresse und Ignoranz gepaarte Überheblichkeit gegenüber den Ostdeutschen.

Das Buch ist in zwölf Kapitel unterteilt, die mit Wellmers Kindheits- und Jugenderfahrungen beginnen und sich zu einer tour d'horizon deutsch-deutscher Gegenwartsdiskurse von Identitätsfragen über Selbstwertgefühl bis hin zu Krieg, Pandemie und Flüchtlingskrise entwickeln. Das letzte Kapitel ist mit der zukunftsgerichteten Frage „Und nun?" überschrieben. Zwar will das Buch Wege zur Lösung des Problems benennen, aber dieses Versprechen wird auch in diesem Schlusskapitel nicht eingelöst. Die Stärke des Buches liegt eher in der Problembeschreibung, weniger im Aufzeigen von Wegen zu deren Lösung. Allgemeine Appelle, einander mehr zuzuhören, ohne Vorurteile und Schuldzuweisungen zu begegnen und Empathie aufzubringen, sind nicht falsch, wurden freilich in ähnlicher Form bereits vielfach zum Ausdruck gebracht – doch was bedeutet das konkret? Beim Lesen des Buches beschleicht einen häufig das Gefühl, viele Gedanken und Aspekte so oder in ähnlicher Form schon mehrfach gehört oder gelesen zu haben. Wer sich bereits seit Längerem mit dem Thema beschäftigt, wird wenig Neues aus Wellmers Buch erfahren. Da ihre Themen von ungebrochener Bedeutung und die aufgeworfenen Probleme nach wie vor ungelöst sind, ist es dennoch ein wichtiges Buch – zumal es mit seiner prominenten Autorin breite Schichten an Lesern erreichen dürfte.

Auch Katja Adlers *Rolle rückwärts DDR* lässt sich als autobiografische Spiegelung deuten. Adler wurde 1974 in Eisenhüttenstadt geboren und machte 1992 im wiedervereinigten Deutschland ihr Abitur. Nach Studium und ministerialer Beam-

19 NDR, Hört uns zu! Wir Ostdeutsche und der Westen, TV-Dokumentation, ausgestrahlt in der ARD am 25. September 2025, unter: https://www.ndr.de/kultur/film/tipps/Doku-Hoert-uns-zu-Wir-Ostdeutsche-und-der-Westen,hoertunszu100.html (20. Mai 2025).

tenkarriere zog sie 2002 nach Hessen und war seitdem für die rheinland-pfälzische Landesregierung tätig. 2010 trat sie in die FDP ein – sie war zum Zeitpunkt der Veröffentlichung des Buches Mitglied des Deutschen Bundestages, sie galt aber eher als Hinterbänklerin der FDP-Fraktion. Einem politisch interessierten Publikum wurde sie allenfalls dadurch bekannt, da sie als eine von ganz wenigen FDP-Abgeordneten im September 2022 gegen die Novellierung des Infektionsschutzgesetzes der Ampel-Koalition stimmte und im Februar 2024 sogar die einzige Liberale war, die dem Cannabisgesetz ihre Zustimmung verweigerte. Man kann aus diesem Abstimmungsverhalten bereits darauf schließen, dass Adler keine Mitläuferin ist, sondern gerne gegen den Strom schwimmt, wenn es ihrer Überzeugung entspricht. Gerade die Corona-Zeit hat sie intensiv beschäftigt, und nicht von ungefähr widmet sie ihren Gedanken dazu auch das gesamte erste Kapitel. Sie schildert ebenso eindringlich wie persönlich, wie schwer es ihr fiel, die Pandemiebeschränkungen mit ihrem Verständnis von Freiheit in Einklang zu bringen.

Das von vielen Ostdeutschen und auch von ihr empfundene Unbehagen angesichts der freiheitsbeschränkenden Maßnahmen weckte ungute Erinnerungen an die DDR. Adler nutzt diesen Einstieg, um in einem langen, sich daran anschließenden Kapitel ihre persönliche DDR-Erinnerung aufzuschreiben. Dabei macht sie aus der Ambivalenz ihrer Gefühlslage keinen Hehl: „Mein Glück ist, dass ich nur 15 Jahre meines Lebens in der DDR verbringen musste. Ebenso wie ich es gleichermaßen als Glück empfinde, jene ersten 15 Jahre meines Lebens in diesem Staat gelebt zu haben.“ Diese Erfahrung habe sie dafür sensibilisiert, „für noch so kleine und feine, fast unsichtbare Schwingungen der gesellschaftlichen Veränderungen, deren Ausschläge Richtung Unfreiheit immer stärker werden“ (S. 24). Damit ist der Ton des Buches bereits gesetzt. Nach dem Rückblick auf die DDR schildert sie ihre Sicht auf die Wiedervereinigung, um sich dann in Kapitel 4 der zentralen Frage zu widmen, ob die Bundesrepublik eine Rolle rückwärts Richtung DDR vollführe. Dabei gehen häufig ebenso berechtigte wie interessante Beobachtungen mit verkürzenden Generalverdikten und Pauschalisierungen Hand in Hand. Von der nachvollziehbaren Analyse einer sich immer weiter polarisierenden Gesellschaft holt sie zu einer sehr pauschalen Medienschelte aus. Sie versucht zu begründen, dass die Parteien der politischen Mitte alle nach links gerückt seien und damit den Raum für die AfD erst geöffnet haben. Zugleich konstatiert sie eine „linke Schlagseite unserer Gesellschaft“ (S. 237). Nun darf man von einer Vollzeitpolitikerin die umfassende Kenntnis sozialwissenschaftlicher Studien, die oftmals ein wesentlich differenziertes Bild zeichnen[20], nicht erwarten. Aber ein wenig mehr Ausgewogenheit hätte der Argumentation gutgetan. Die kulturelle Distanz, die das „bürgerliche“ Lager inzwischen gegenüber der politischen Mitte in Deutschland empfindet, ist bei Adler an vielen Stellen mit Händen zu greifen.

---

20 Andreas Zick/Beate Küpper/Nico Mokros, Die distanzierte Mitte. Rechtsextreme und demokratiegefährdende Einstellungen in Deutschland 2022/23, Bonn 2023.

Wie ein roter Faden ziehen sich Bezüge zu den Corona-Debatten durch das gesamte Buch. Man kann sich des Eindrucks nicht erwehren, dass die Pandemie auch sie zu einer jener gekränkten Liberalen gemacht hat, wie sie Caroline Amlinger und Oliver Nachtwey phänotypisch beschrieben haben.[21] Ebenso deutlich sei gesagt: Adler ist keine „Querdenkerin" und steht fest auf dem Boden der freiheitlich-demokratischen Grundordnung. Sie hat eine Streitschrift vorgelegt, die im Rahmen eines pluralistischen Meinungsspektrums als zulässiger Debattenbeitrag möglich sein muss. Man kann sich an ihren Thesen reiben, sich über manche Passagen aufregen. Wer an differenzierten und ausgewogenen Argumentationen interessiert ist, dem sei dieses Buch eher nicht nahegelegt. Zudem hätte es sprachlich an vielen Stellen eines gründlicheren Lektorats bedurft.

4. Intelligent, inspirierend und innovativ – „Ungleich vereint"

Der Berliner Soziologe Steffen Mau hat sich spätestens seit seinem gemeinsam mit Thomas Lux und Linus Westheuser verfassten Bestseller *Triggerpunkte* von 2023[22] in die erste Liga deutschsprachiger Sachbuchautoren geschrieben. Er gehört zu denjenigen soziologischen Gesellschaftserklärern, die nicht nur von der Fachcommunity und interessierten Bürgern rezipiert, sondern auch von den politisch Mächtigen des Landes gelesen werden.[23] Das kleine, gerade einmal 160 Seiten umfassende Büchlein *Ungleich vereint* versteht Mau als eine Art *offshoot* seiner großen Gesellschaftsstudie. Ursprünglich habe man geplant, im Kontext der darin entwickelten vier Arenen gesellschaftlicher Ungleichheitskonflikte auch die Ost-West-Thematik als „gruppenbezogene Ungleichheit in der Wir-Sie-Arena mitzuverhandeln" (S. 14). Es habe sich aber herausgestellt, dass die Ost-West-Cleavage eine eigenständige Lagerung aufweise und mehr historische Vertiefung benötige, da strukturelle Ungleichheitsfragen und kulturelle Anerkennungsfragen hier miteinander vermischt würden.

Um es gleich vorwegzunehmen: Mau ist mit diesem Buch erneut ein großer Wurf gelungen. Trotz seiner Kürze ist sofort spürbar, dass es auf umfassendem empirischem Datenmaterial basiert. Da es zugleich flüssig und elegant geschrieben ist, dürfte es ebenso für den mit dem Thema nicht vertrauten Leser eine gut zugängliche Lektüre bieten. Aber auch der mit der Thematik vertraute Leser wird die eine oder andere neue inspirierende Interpretation finden. Mau macht aus der eigenen ostdeutschen Herkunft, die er bereits in der ebenfalls bemerkenswerten Publikation *Lütten*

21 Carolin Amlinger/Oliver Nachtwey, Gekränkte Freiheit. Aspekte des libertären Autoritarismus, Frankfurt a. M. 2022.

22 Steffen Mau/Thomas Lux/Linus Westheuser, Triggerpunkte. Konsens und Konflikt in der Gegenwartsgesellschaft, Frankfurt a. M. 2023.

23 Vgl. Ralph Bollmann, Der Soziologe, auf den der Kanzler hört, in: Frankfurter Allgemeine Zeitung vom 1. März 2024.

Klein von 2019[24] thematisierte, keinen Hehl, wahrt aber stets die soziologisch gebotene Distanz zu seinem Untersuchungsgegenstand. Nüchtern und unaufgeregt erteilt er allen anders lautenden Hoffnungen der „Egalisierungshoffnung" bzw. „Unterschiedsbeseitigungserwartung" zwischen Ost und West eine Absage. Er hält es für wesentlich klüger, noch auf lange Zeit von einer „Verstetigung ostdeutscher Eigenheiten" (S. 19) auszugehen. Die Gründe für diese grundsätzliche Annahme, die ja auch der Titel zum Ausdruck bringt, erläutert Mau plausibel im ersten Kapitel entlang der drei Parameter Sozialstruktur, Demografie und Kultur.

In den sich daran anschließenden Kapiteln wird diese Kernthese der sich verstetigenden Unterschiede zwischen Ost- und Westdeutschland mit Blick auf die Geschichte, die Geschichtspolitik und Identitätsfragen weiter gestützt und vertieft. Den Übergang von der friedlichen Revolution zur deutschen Einheit deutet er nicht wie so oft als historisches Glücksnarrativ im Sinne einer nationalen Meistererzählung, sondern viel schlichter und passender als „ausgebremste Demokratisierung" (S. 40). Auf das Revolutionserlebnis der kollektiv empfundenen politischen Selbstwirksamkeit folgte ein dramatisches Schrumpfen der Handlungsspielräume vieler Akteure und eine starke Entpolitisierung, die in eine „Verriegelungssituation" führte. Zu oft werde übersehen, dass sich die DDR-Gesellschaft bereits vom Herbst 1989 an im Inneren demokratisiert hatte, bevor das Politikmodell der Bundesrepublik übernommen wurde. Weiterhin ging nicht wie in der alten „Bonner Republik" nach dem Zweiten Weltkrieg die politische Liberalisierung mit einem wirtschaftlichen Aufschwung einher – im Gegenteil: Die Ankunft der Demokratie wurde von vielen Ostdeutschen in einem engen Zusammenhang mit Arbeitslosigkeit und ökonomischen Zwängen erlebt. Zudem habe es im Osten – so die Kernthese von Kapitel 3 – „kein 1968" gegeben: „Ein ostdeutscher Rudi Dutschke als Ikone der Post-1989-Mobilisierung ist nicht bekannt" (S. 53). Anders als in der alten Bundesrepublik war die Geschichtsaufarbeitung, die Beschäftigung mit Verantwortung und Schuld kein Thema, das in einem bottom-up-Prozess aus der Gesellschaft heraus auf die politische Agenda gesetzt wurde, sondern es wurde top-down von politischen Eliten der Gesellschaft mehr oder weniger aufgezwungen. Mit fatalen Folgen: „Eine differenzierte Diskussion über die vielen Graustufen des Lebens im DDR-Sozialismus kam zumindest in den 1990ern und bis in die 2000er Jahre hinein nicht in Gang" (S. 55). In gewisser Weise sei man bis heute „noch auf der Suche nach angemessenen Verstehensweisen, die die DDR nicht verharmlosten, die aber auch in den Alltagsdeutungen bestehen können" (S. 66).

Vor diesem Hintergrund habe sich eine spezifische ostdeutsche Identität herausgebildet, für die Mau folgende Minimaldefinition gibt: „Ostdeutsche Identität bezieht sich auf den Osten als spezifischen Erfahrungs-, Sozial- und Kulturraum, der als subjektiv erlebter und gedeuteter kollektiver Zusammenhang zum Thema wird" (S. 72). Zwar handele es sich ausdrücklich nicht um einen exklusiven Bezug oder

24 Vgl. Steffen Mau, Lütten Klein. Leben in der ostdeutschen Transformationsgesellschaft, Frankfurt a. M. 2019.

eine Abgrenzungsidentität, aber interessanterweise könne die Ostidentität nicht ohne den Westen existieren. An vielen Stellen grenzt er sich deutlich gegenüber der plumpen Deutung dieses Zusammenhangs bei Dirk Oschmann ab. Für Dirk Oschmanns und Katja Hoyers hier im vergangenen Jahr besprochene Bücher findet Mau die treffende Bezeichnung „Mentalitätspflegetexte" (S. 58), die sich gerade deswegen so gut verkauften, weil sie ihr Lesepublikum in dessen Alltagsgefühlen bestätigten und nicht herausfordern möchten.

Umfassend werden die Erfolge der AfD gerade in den östlichen Bundesländern thematisiert: Zu Beginn des Buches wird aufgezeigt, wie schwach gesellschaftsverbindende Institutionen wie Parteien hier generell ausgeprägt sind. Ursachen hierfür sieht Mau einerseits in dem aus den Erfahrungen mit der SED wurzelnden Misstrauen gegenüber verbandsförmigen Interessensorganisationen und andererseits in dem damit zusammenhängenden Ausbleiben einer durch Volksparteien getragenen Demokratisierung. In Kapitel 5 mit dem Titel „Politische Konfliktlagen" führt er den Erfolg der AfD neben kulturellen, sozioökonomischen und politischen Faktoren auf zwei weitere für die politische Kultur Ostdeutschlands spezifische Faktoren zurück: das verbreitete „Gefühl der nicht Einbezogenheit in die Politik" und eine „allgemeine Veränderungsmüdigkeit" (S. 102–106). Unter Rekurs auf den von dem belgischen Politikwissenschaftler Anton Jäger geprägten Begriff der „Hyperpolitik"[25] arbeitet Mau heraus, auf welch fruchtbaren Boden das Geschäft der „Polarisierungsunternehmer" (S. 106) in den ostdeutschen Bundesländern fällt. So sind bereits seit langem „Allmählichkeitsschäden der Demokratie" (S. 111) entstanden, die sich heute in den AfD-Wahlergebnissen niederschlagen.

Nach dieser über die Einleitung und sechs Kapitel hintragenden, plausibel vorgetragenen und gut belegten Problemanalyse bleibt Kapitel 7, das Lösungsansätze diskutieren soll, hinter den Erwartungen zurück. Den Osten nun als Labor für Experimente neuer demokratischer Partizipationsformen wie etwa Bürgerräte zu nutzen, scheint angesichts der zuvor so präzise analysierten Problemlast doch etwas ambitioniert zu sein. Nach Kapitel 6 hätte dem Buch entweder eine die verschiedenen Argumentationsstränge zusammenführende Konklusion gutgetan oder man hätte sich noch etwas grundsätzlicher und ausführlicher mit Ansätzen aus der neueren Partizipationsforschung auseinandersetzen können. Hier hätte Mau neben den Bürgerräten weitere Ansätze und Vorschläge in ihren Vor- und Nachteilen sowie mit Blick auf die Chance der Realisierbarkeit diskutieren können. Wollte man an dem sehr lesenswerten Buch etwas Kritisches finden, so wäre es dieses letzte Kapitel. Bei allem Verständnis für das Bemühen, mit etwas Konstruktivem enden zu wollen, fällt dieser Teil im Vergleich zu den 123 Seiten davor deutlich ab.

25 Anton Jäger, Hyperpolitik. Extreme Politisierung ohne politische Folgen, Frankfurt a. M. 2023.

5. Fazit

Auch nach den Landtagswahlen in Brandenburg, Sachsen und Thüringen sowie der unerwartet frühen Bundestagswahl wird der Themenkreis „DDR-Aufarbeitung und Stand der inneren Einheit“, kurz gesagt „der Osten“ weiter auf der innenpolitischen Agenda bleiben. Auch wenn man sich des Eindrucks nicht erwehren kann, dass sich die Debatten im Kreis drehen, bleiben die hiermit verbundenen Herausforderungen von ungebrochener Relevanz und Virulenz, sodass es auch weiterhin sozialwissenschaftlicher und essayistischer Begleitung bedarf. Beklagenswert bleibt, dass das Interesse oftmals ausschließlich durch die immer höher ausfallenden Wahlerfolge der AfD motiviert ist, und sich zu selten aus dem Wunsch speist, die Lebensverhältnisse für alle Menschen in Deutschland gleichermaßen besser zu gestalten. Wahrscheinlich hängt beides sehr eng miteinander zusammen. Ein nachhaltigerer Umgang mit „dem Osten“ wird erst dann gelingen, wenn ostdeutsche Perspektiven nicht nur als Symptom politischer Krisen, sondern auch als eigenständiger Beitrag zur gesamtdeutschen Gesellschaft Anerkennung finden.

Wie immer konnte naturgemäß nur ein kleiner Ausschnitt des Büchermarktes beleuchtet werden. Aber bereits diese tour d’horizon hat aufgezeigt, dass für alle Geschmäcker und Lesegewohnheiten etwas dabei ist: Wer wissenschaftlichen Tiefgang wünscht, wird mit dem *Jahrbuch Deutsche Einheit 2024* umfassend auf seine Kosten kommen. Wer sich der Thematik eher literarisch oder journalistisch-essayistisch zuwenden möchte, greife zu Ines Geipel bzw. zu Jessy Wellmer. Wer es eher streitbar und thesenstark mag, findet in Katja Adler eine gute liberale Gewährsfrau. Wer ein flüssig geschriebenes, gut verständliches und zugleich sozialwissenschaftlich fundiertes Buch sucht, der ist bei Steffen Maus *Ungleich vereint* goldrichtig.

»Kontrovers besprochen«:

Verfassungsschutz und Politik

Mathias Brodkorb, Gesinnungspolizei im Rechtsstaat? Der Verfassungsschutz als Erfüllungsgehilfe der Politik. Sechs Fallstudien, Springe 2024 (*zu Klampen*), 248 S.

Von Bene Ausborn (1)

Der Verfassungsschutz schwinge sich, schreibt Mathias Brodkorb, „immer mehr zu einer Sprach- und Gedankenpolizei auf" (S. 19). Es ist ein provokanter Satz, mit dem Brodkorb dessen öffentlichkeitswirksame Unterrichtungen über extremistische Bestrebungen bezeichnet. Zu Recht hinterfragt er, ob eine staatliche Institution öffentlich „Verfassungsfeinde" benennen sollte. *Gesinnungspolizei im Rechtsstaat* vom ehemaligen mecklenburg-vorpommerischen SPD-Finanzminister und heutigen *Cicero*-Kommentator Mathias Brodkorb ist eine zeitgemäße, aufrüttelnde Intervention zur wehrhaften Demokratie. Mit starkem liberalem Ethos tritt der studierte Philosoph für ein weites Verständnis von Meinungsfreiheit und demokratischem Spielraum ein.

Der Autor argumentiert dafür, den Verfassungsschutz abzuschaffen. Dieser würde, instrumentalisiert durch Parteien aller Couleur, an Recht und Gesetz vorbei, die Meinungs- und Informationsfreiheit systematisch beschneiden. Seine derart starke These versucht Brodkorb aus „parteipolitisch neutraler Perspektive" (S. 10) zu untersuchen; die Fälle betreffen vom Verfassungsschutz gegenwärtig beobachtete Personen von rechts (Götz Kubitschek, Maximilian Krah, Alice Weidel) wie ehemals beobachtete von links (Rolf Gössner, Bodo Ramelow). Die gängige Unterscheidung zwischen Links- und Rechtsextremismus anhand egalitärer respektive antiegalitärer Einstellungen[1] betrachtet der Autor nicht. Weil die Fälle von links weniger kontrovers sind und im Sinne der Beobachteten höchstrichterlich entschieden wurden, entsteht ein Ungleichgewicht zwischen Anspruch und Wirkung der Schrift. Brodkorb will seine Analyse nicht als Argument für oder gegen eine Bewertung der jeweiligen Fälle als extremistisch verstanden wissen. Indes betont er die Ähnlichkeit der Fälle von rechts und links und impliziert, dass die AfD und das inzwischen selbst-aufgelöste *Institut für Staatspolitik* (IfS) nicht extremistisch seien. Diese Unausgewogenheit ist wohl das größte Manko des in der Liberalität seines Arguments durchaus herausfordernden Werks.

1 Vgl. Eckhard Jesse, Grundlagen, in: Ders./Tom Mannewitz (Hrsg.), Extremismusforschung. Handbuch für Wissenschaft und Praxis, 2. Aufl., Baden-Baden 2024, S. 25–58, hier: S. 34 f.

Die Aufgaben des Verfassungsschutzes ergeben sich aus dem Bundesverfassungsschutzgesetz. Diese sind u. a. die freiheitlich-demokratische Grundordnung zu schützen, Informationen zur Gefahrenabwehr zu sammeln und die Öffentlichkeit „mindestens einmal jährlich in einem zusammenfassenden Bericht“ zu informieren, so heißt es in § 16 Abs. 2 BVerfSchG. Es ist die Informationspflicht, die Brodkorb als Kern des Problems begreift. Er vergleicht sie mit der Methode der „Zersetzung“ der Staatssicherheit, deren Ziel „die politische Unschädlichmachung durch gesellschaftliche Isolation“ (S. 214) gewesen sei. Brodkorb grenzt dies zwar mit Blick auf die genutzten Methoden ein, nicht jedoch hinsichtlich von Ziel und Effekt. Im oberflächlichen Rekurs auf Hannah Arendt impliziert er ein totalitäres Moment durch diese Öffentlichkeitsarbeit. Das Verhältnis von Privatem, Gesellschaftlichem und Öffentlich-Politischem bei Arendt ist jedoch deutlich komplizierter, als es Brodkorbs Schlagworte meinen.[2]

Die totalitäre Tendenz des Verfassungsschutzes werde durch seine, notwendigerweise schlechte, Arbeit verschärft. Es sei die Ironie der Verfassungsschutzarbeit, den unberechtigten Verschwörungstheorien der Verfassungsfeinde „*berechtigte* Verschwörungstheorien“ (S. 18, Herv. i. O.) entgegenzusetzen. Der Verfassungsschutz schütze die Verfassung, indem er mutmaße, welche Bürger sie abschaffen wollten. Da diese Feinde der Verfassung jedoch ihre Absichten verstecken und verschleiern würden, müsse der Verfassungsschutz immer paranoider werden und noch einen Schritt weiterdenken – eine „déformation professionnelle“ (S. 19) stelle sich ein, der Verfassungsschutz werde zu dem, was er zu bekämpfen suchte.

Hier geht Brodkorb auf dic grundlegenden Begriffe Extremismus und Radikalismus in der Verfassungsschutzarbeit ein: Extremismus kombiniere eine verfassungsfeindliche Ideologie, aufgrund derer verfassungsfeindliches Handeln unternommen wird. Radikalismus sei, bei guter begrifflicher Arbeit, nicht Gegenstand der Betrachtungen des Verfassungsschutzes. Radikale würden lediglich eine Frage bis zu ihrer Wurzel verfolgen. Während Brodkorb dem Verfassungsschutz „schlampig ausgearbeitet[e]“ (S. 184) Begriffe vorwirft, unterläuft auch ihm eine gewisse Begriffsverwirrung, wenn er schreibt: „[D]ie freiheitliche demokratische Ordnung gewährt jedermann das Recht auf radikale, sogar extremistische Kritik am Bestehenden“ (S. 184). Diese Verwirrung entsteht, da Brodkorb für eine starke Weitung des politischen Diskurses plädiert. Die Forderungen und Bestrebungen, z. B. den Kapitalismus abzuschaffen oder die staatlichen Institutionen fundamental zu transformieren, müssten im öffentlichen Diskurs ohne Verfolgung möglich sein.

Die Überzeugung, zum politischen Diskurs gehöre die „extremistische Kritik am Bestehenden“ (S. 184), führt zu Brodkorbs teils langatmiger Beschreibung der sechs Fälle seiner Analyse. Sein Argumentationsmuster ist dabei konstant: Er versucht zu zeigen, dass die Äußerungen und Verhaltensweisen der Betroffenen nicht verfas-

2 Einschlägig ist Arendts kritisch rezipierter Aufsatz „Little Rock“ von 1959, veröffentlicht in Marie Luise Knott (Hrsg.), Zur Zeit: Politische Essays, Berlin 1989, S. 95–117. Arendt verhandelt in Little Rock u. a., wann und zu welchem Zweck politische Eingriffe in gesellschaftliche und private Sphären legitim seien.

sungsfeindlich und damit die Beobachtung des Verfassungsschutzes ungerechtfertigt und rechtswidrig seien. Im Fall „Schnellroda" ist dies zum Beispiel die Ansicht, es sei legitim, zwischen „Volksseelen-", „Abstammungs-" und „Passdeutschen" zu unterscheiden. Die Ablehnung des Innenministeriums gegenüber dieser Ansicht basiere auf einer Abwehrüberreaktion: „Es fragt nicht danach, was mit den verwendeten Wörtern eigentlich gemeint ist. Es sucht in Texten nach Buchstabenketten" (S. 105). Die Darstellung und Deutung durch Brodkorb wird jedoch unterkomplex und in Teilen unkritisch. Kann es demokratisch sein, von „der Sache der Deutschen" zu sprechen, die diejenigen, die keine deutsche Abstammung haben, „ohne Wenn und Aber" (S. 105) verinnerlichen müssen?

Die Fragen, die Mathias Brodkorb aufwirft, sind aktueller denn je. 75 Jahre nach der Verabschiedung des Grundgesetzes mit einer veränderten Öffentlichkeitsstruktur, anderen Problemen und neuen Parteien ist zu Recht zu fragen, wie zeitgemäß der Verfassungsschutz (noch) ist. Der Verdienst Brodkorbs ist es, diese Diskussion auf eine grundsätzliche Ebene zu verlagern: Kann ein demokratischer Staat die systematische Überwachung und öffentliche Markierung von Extremisten durch den Staat akzeptieren oder gar wünschen? Auf der Strecke bleibt dabei eine differenzierte Auseinandersetzung auf inhaltlicher Ebene – gänzlich fehlt eine Diskussion islamistischer extremistischer Bestrebungen. Würde Brodkorb auch hier eine Vereinbarkeit mit der freiheitlich-demokratischen Grundordnung sehen, und wäre es ebenso falsch, die Öffentlichkeit durch den Verfassungsschutz zu informieren?

Es ist Brodkorbs teils polemisches Anliegen, demokratische Kräfte in Äquidistanz zu Links- und Rechtsextremismus zu mobilisieren. Dass diese Äquidistanz in seinen Fallbeispielen zu einem Ungleichgewicht wird, ist eingangs bereits erwähnt worden. Als intellektuelle Herausforderung des Autors kann sie jedoch der Sache dienen. Er tritt, einem liberalen Ethos verpflichtet, für die radikale Erweiterung des öffentlichen Diskurses und gegen dessen Verrechtlichung in Gestalt des Verfassungsschutzes ein. Nur dann sind nicht nur die Gedanken, sondern auch ihre Äußerungen frei. Mathias Brodkorbs polemisch formulierte Analyse regt mit ihrer radikalen Argumentation zum Nachdenken an, wird aber diejenigen Leser enttäuschen, die klare Handlungsempfehlungen und Antworten zu Extremisten erhoffen.

Von Wolfgang Durner (2)

Die provokante, aufrüttelnde und in bestechender politischer Neutralität geschriebene Studie von Mathias Brodkorb verarbeitet umfangreiches juristisches Material. Die folgende Rezension nimmt dies zum Anlass für einige vorwiegend juristische Anmerkungen, nämlich einen rechtsvergleichenden Einspruch (1.), eine rechtsprechungsbezogene Ergänzung (2.) und einen rechtspolitischen Alternativvorschlag (3.).

1. Brodkorb – und ebenso Volker Boehme-Neßler im Vorwort – beschreiben den Verfassungsschutz durchgängig als „weltweit einmalige Einrichtung" (S. 7), die in „keiner anderen westlichen Demokratie existiert", als einen „paternalistischen Son-

derweg in der westlichen Welt“ (S. 13, ähnlich S. 196, 205, 213 und öfter). Belege für diese steile These liefert das an Nachweisen reiche Werk nicht. Immerhin beruft sich Brodkorb vielfach auf Claus Leggewie und Horst Meier, die diese Sonderwegtheorie vor allem in den 1990er Jahren für das gesamte deutsche Instrumentarium der streitbaren Demokratie verfochten.[3] Freilich hat sich die These vom deutschen Sonderweg in keinem Bereich als belastbar erwiesen, setzt sie doch einen „Normalweg“ der liberalen westlichen Demokratie voraus, während bei genauem Hinsehen jede westliche Staatsordnung innerhalb eines breiten Korridors einem spezifischen Eigenweg folgt. Das gilt auch für die streitbare Demokratie: Zahlreiche system- und rechtsvergleichende Untersuchungen belegen, dass die meisten westlichen Staaten Instrumente zur wehrhaften Verteidigung ihrer Demokratie geschaffen haben, die zwar zahllose Unterschiede, in der Regel jedoch für vergleichbare Problemlagen funktionale Äquivalente aufweisen.[4] Auch der Verfassungsschutz ist in diesem Kontext nicht singulär. Karl Loewenstein schilderte bereits 1937 im zweiten Teil seines wegweisenden rechtsvergleichenden Essays „Militant Democracy and Fundamental Rights“, mehrere westliche Demokratien verfügten mittlerweile über eine „specially selected and trained political police for the discovery, repression, supervision, and control of anti-democratic and anti-constitutional activities and movements“.[5]

Heute unterhalten wohl alle westlichen Staaten Inlandsgeheimdienste, die sich übrigens vielfach dem Vorwurf politischer Einflussnahme zugunsten der amtierenden Regierung ausgesetzt sehen[6], wie zuletzt vor der Präsidentenwahl – wohl nicht ohne jede Berechtigung – das amerikanische FBI und die CIA.[7] Seitdem spitzt sich dieses Problem massiv zu. Auch instrumentell finden sich Parallelen; einschlägige Ausschussberichte des US-Repräsentantenhauses etwa zeigen Züge eines Verfassungsschutzberichts.[8] Die Einordnung des deutschen Verfassungsschutzes in das Spektrum solcher sehr unterschiedlicher Akteure bedürfte einer vertieften Analyse, müsste aber gewiss differenzierter ausfallen als die pauschale Sonderwegtheorie.

---

3 So Claus Leggewie/Horst Meier, Republikschutz. Maßstäbe für die Verteidigung der Demokratie, Reinbek 1995, S. 65 und 223.

4 Vgl. bereits Gregor Paul Boventer, Grenzen politischer Freiheit im demokratischen Staat, Berlin 1985, S. 83 ff. und 182 ff. – 13 entsprechende Länderberichte finden sich in dem Sammelband von Markus Thiel (Hrsg.), The „Militant Democracy“ Principle in Modern Democracies, London 2009. Speziell die Mitgliedsstaaten der EU im Jahr 2012 untersucht Martin Klamt, Die Europäische Union als Streitbare Demokratie, 2. Aufl., München 2024, S. 47 ff.; vgl. weiter Svetlana Tyulkina, Militant Democracy: Undemocratic Political Parties and Beyond, London 2015 mit Analysen u. a. zu Australien, der Türkei, Spanien, Israel, Indien und den USA sowie die Beiträge bei Joanna Rak (Hrsg.), Why Neo-Militant Democracies Endure, London 2024.

5 Karl Loewenstein, Militant Democracy and Fundamental Rights, Teil 2, in: American Political Science Review 31 (1937), S. 638–658, hier: S. 655.

6 Vgl. dazu im Überblick Wolfgang Krieger, Geschichte der Geheimdienste, München 2014, S. 323–340.

7 Vgl. Sofia Dreisbach, Der Feldzug gegen das FBI, in: Frankfurter Allgemeine Zeitung vom 2. Januar 2025, S. 4.

8 US House Committee on Oversight and Accountability, 2024 Anti-Democracy Playbook vom 24. Oktober 2024, unter: https://americanoversight.org/resource/the-2024-anti-democracy-playbook/ (10. Februar 2025).

2. Brodkorbs oft berechtigte Kritik bezieht sich überwiegend auf Handlungen des Verfassungsschutzes, die zuvor auch deutsche Gerichte als rechtswidrig eingestuft haben (S. 21, 52, 63 ff., 78 ff., 84 ff., 163 und öfter). Die ungewöhnliche Häufung dieser jüngeren Judikate ist Ausdruck einer verspäteten Verrechtlichung der Informationstätigkeit der Nachrichtendienste überhaupt: Während die Grundrechtsrelevanz des straf- und polizeirechtlichen Instrumentariums der wehrhaften Demokratie nie in Zweifel stand, hat die Rechtsprechung erst in den letzten Dekaden auch faktische Belastungen wie die Erhebung von Daten, die Beobachtung einer Person oder die öffentliche Bewertung einer Organisation als Eingriffe in die Grundrechte eingeordnet, die einer Rechtfertigung und spezifischer gesetzlicher Grundlagen bedürfen. Diese Einsicht führte zu wichtigen Ergänzungen der Verfassungsschutzgesetze von Bund und Ländern, die überhaupt erst festlegen, was die Behörden dürfen und können. Die Bedeutung dieser freilich nicht leicht überschaubaren einfachgesetzlichen Befugnisse unterschätzt Brodkorb grundlegend, wenn er als die „Arbeitsgrundlage" der Dienste „einzig und allein die Verfassung" (S. 197) ansieht. Wo er einfache Gesetze in den Blick nimmt, bleiben seine Ausführungen unterkomplex.

Die Wahrnehmung dieser gesetzlichen Befugnisse wiederum unterliegt einem verfassungsrechtlichen Neutralitätsgebot, das es den Nachrichtendiensten – wie allen Staatsorganen – grundsätzlich verwehrt, auf die Meinungsbildung des Volks einzuwirken.[9] Vor allem die Verfassungsschutzberichte sind strikt sachlich und neutral auszugestalten.[10] Diesem Neutralitätsanspruch wurden die Verlautbarungen der Verfassungsschutzbehörden in den zurückliegenden Jahren wohl in der Tat nicht durchweg gerecht. Die beiden letzten Verfassungsschutzpräsidenten Hans-Georg Maaßen und Thomas Haldenwang dehnten – mit unterschiedlichen politischen Stoßrichtungen – ihre Öffentlichkeitsarbeit ungekannt aus und suchten eine zweifelhafte Medienwirksamkeit. Ihr Wechsel in die Politik erschien beide Male ein wenig wie die Fortsetzung einer bereits politisierten Amtsführung.

Dennoch belegen die ausgewerteten Gerichtsentscheidungen exemplarisch, dass der Rechtsstaat die Problemlage mittlerweile erkennt und verarbeitet. Umso mehr erstaunt es, dass Brodkorb mehrfach berichtet, Betroffene wollten auf rechtliche Schritte gegen den Verfassungsschutz verzichten. Seine Vermutung, diese Personen könnten sich die für eine wirksame Rechtsverfolgung erforderlichen teuren Anwälte nicht leisten, überzeichnet wohl zumindest für Deutschland die Bedeutung des Geldes für effektiven Verwaltungsrechtsschutz; manche potenziellen Kläger wollen womöglich schlichtweg absehbare juristische Niederlagen vermeiden.

3. Da Brodkorb das Potenzial einer weiteren Verrechtlichung der Tätigkeit des Verfassungsschutzes offenbar als gering erachtet, bleiben auch seine Reformideen holzschnitthaft. Er präsentiert als scheinbar unausweichliche Alternativen ein Wei-

9 So in ständiger Rechtsprechung das Bundesverfassungsgericht, etwa im Urteil vom 16. Dezember 2014, Az. 2 BvE 2/14, BVerfGE 138, 102 ff.; ferner Marcel Kühn, Bürgerbeeinflussung durch Berichterstattung staatlicher Stellen, Berlin 2018, S. 254 ff. m. w. N.

10 Näher Martin Morlok, Verfassungsschutz und demokratische Willensbildung, in: Jan-Hendrik Dietrich u. a. (Hrsg.), Radikalisierung und Extremismus, Tübingen 2023, S. 67 ff.

ter-So unter Inkaufnahme einer „Beschädigung demokratischer Prozesse“ (S. 195 f.) oder eine Reduktion der wehrhaften Demokratie auf die bloße Unterbindung politischer Straftaten. Manche dieser Überlegungen erinnern an das alte „demokratische Dilemma“ der Weimarer Debatten (S. 196, 203 und 208 ff.). Angreifbar bleiben auch seine subjektiven Ausgangsprämissen, die Tätigkeit des Verfassungsschutzes sei „in der heutigen, gefestigten bundesrepublikanischen Demokratie“ (S. 206 und ähnlich S. 19) entbehrlich, das verbleibende Problem „legal handelnder Extremisten“ lasse sich durch politische Bildung, die Aberkennung von Grundrechten und Parteiverbote „relativ einfach aus der Welt schaffen“ (S. 211). Sein eigener vermittelnder Vorschlag, den Inlandsgeheimdienst aus den Zusammenhängen von Parlament und Regierung auszugliedern und nach dem Modell des Bundesrechnungshofs (also durch Verfassungsänderung) in eine unabhängige Behörde umzuwandeln, ist politisch unrealistisch und müsste so am Ende tatsächlich einen organisationsrechtlichen Sonderweg gegenüber allen westlichen Staaten einleiten.

Eine Abschaffung des im Grundgesetz vorgesehenen Verfassungsschutzes würde jedoch das Kind mit dem Bade ausschütten. Die Institution ist angesichts der gegenwärtigen Bedrohungslagen unverzichtbar, bedarf jedoch einer weiteren rechtlichen Einhegung. Dazu sind vor allem die einfachgesetzlichen Rechtsgrundlagen in den Blick zu nehmen: Sollte nicht vor allem die Öffentlichkeitsarbeit der Verfassungsschutzbehörden stärker reglementiert und überhaupt reduziert werden? Wäre in diesem sensiblen und zugleich nur begrenzt geheimhaltungsbedürftigen Bereich nicht auch die parlamentarische Kontrolle auszuweiten? Könnte in geeigneten Fällen in der Tat ein Anhörungsverfahren ein sinnvolles Element der Verrechtlichung darstellen? Und wären schließlich eine Zentralisierung der Verfassungsschutzaufgaben beim Bund und die Aufhebung des fruchtlosen Nebeneinanders der Verfassungsschutzämter von Ländern und Bund ein Weg, um auch die ausufernde Personalentwicklung einzudämmen und entsprechende Grundrechtseingriffe zu minimieren? Auch wenn solche Reformschritte gerade nicht den Empfehlungen Brodkorbs entsprechen, kann seine wichtige Studie für eine solche Debatte wertvolle Impulse liefern.

Von Hans-Gerd Jaschke (3)

Die Stärken dieser Studie bestehen in den informativen und minutiösen Ausführungen über Fehlleistungen von Verfassungsschutzbehörden, exemplarisch dargelegt in sechs Fallstudien. Darunter einige ältere, sattsam diskutierte wie die Fälle Rolf Gössner und Bodo Ramelow, die illegal über Jahre beobachtet wurden, aber auch neuere wie die Beispiele Schnellroda mit dem inzwischen aufgelösten neurechten IfS, den Hochschullehrer Wagener und die AfD. Kritikwürdig an dieser Studie sind das nicht mehr zeitgemäße Grundverständnis von Verfassungsschutz, die Annahme einer Demokratie, die aufgrund ihrer angeblichen Stabilität eine solche Behörde nicht mehr brauche, die auch nicht mehr aktuelle angebliche „Prangerwirkung“ der Öffentlichkeitsarbeit und das schlecht begründete Plädoyer für die Abschaffung des

Verfassungsschutzes und im Zusammenhang damit die Forderung nach Überlassung eines Teils seiner Aufgaben an die Polizei.

Das Grundverständnis von Verfassungsschutz ist bei Brodkorb stark geprägt von kritischen, aber auch polemischen Narrativen der 1970er Jahre: Begriffe wie „Gesinnungspolizei" schon im Buchtitel oder „Sprach- und Gedankenpolizei" (S. 19) und im einleitenden Teil die irreführende Wahrnehmung von Verfassungsschutz in der Bundesrepublik als „Behörde zur Prüfung der politischen Gesinnung ihrer Bürger" (S. 13), der es „hauptsächlich" „um die Überwachung der eigenen Bevölkerung" (S. 23) gehe, und als „grundsätzliche Fehlkonstruktion" (S. 14), als „verschwörungstheoretische" (S. 17) oder auch als „unzeitgemäße Behörde" (S. 19) lassen nichts Gutes erahnen. Es fehlt nur noch der Begriff „Überwachungsstaat". All dies übersieht, dass Verfassungsschutz heute eingebunden ist in eine komplexe Sicherheitsarchitektur, die sich nach dem 11. September 2001 in Deutschland mehr und mehr differenziert hat. Hier seien einige beispielhafte Entwicklungen angedeutet.

In der Innenministerkonferenz ist der Verfassungsschutz mit einem eigenen Arbeitskreis vertreten (AK IV), der die Innenminister berät und deren Entscheidungen vorbereitet. Das 2014 gegründete Gemeinsame Extremismus- und Terrorismusabwehrzentrum (GETZ) ist eine Kooperationsplattform, an der 40 deutsche Sicherheitsbehörden beteiligt sind, darunter auch der Verfassungsschutz. Sie ist eine um den Komplex Extremismus erweiterte Fassung des 2004 gegründeten Gemeinsamen Terrorismus-Abwehrzentrums (GTAZ). In diesen Gremien geht es unter anderem um Informationsaustausch, Priorisierung von Problemen der Inneren Sicherheit, Bund-Länder-Strategien zur Bekämpfung von Extremismus und Terrorismus. Vor diesem Hintergrund ist das Verständnis von Verfassungsschutz als, wie es schon im Buch-Untertitel heißt, „Erfüllungsgehilfe der Politik" naiv: Nicht nur ist es selbstverständlich, dass nachgeordnete Behörden dem Weisungsrecht der Minister unterstehen, sonst wäre exekutive Politik nicht möglich. Es kommt hinzu, dass in einer komplexen Sicherheitsarchitektur, in der die Trennung von innerer und äußerer Sicherheit obsolet geworden ist, Entscheidungsprozesse in Fachgremien vorbereitet werden, die das Etikett „Erfüllungsgehilfen" nicht verdienen.

Folgt man Brodkorb, dann ist die Demokratie „trotz aller aktuellen Krisen nicht so labil und gefährdet, wie sie es nach dem Ende des Zweiten Weltkrieges zunächst war" (S. 19). Deutschland gehöre „zu den erfolgreichsten demokratischen Systemen der Welt" (ebd.). Mit dieser These der Stabilität der Demokratie, die noch bis vor wenigen Jahren breite Unterstützung gefunden hat, bereitet er den theoretischen Boden für seine Forderung nach der Abschaffung des Verfassungsschutzes, denn die Feinde der Demokratie seien nicht in der Lage, der Demokratie gefährlich zu werden. Doch diese Annahme trifft nicht zu, ganz im Gegenteil: Eine Reihe von Demokratien in Europa, auch die deutsche, ist bedroht durch das Anwachsen systemfeindlicher rechtspopulistischer bzw. rechtsextremistischer Bewegungen, ganz zu schweigen vom Trumpismus in den USA. Hinzu kommen neuere Bedrohungen wie hybride Kriegsführung, aus dem Ausland gesteuerte Fake News und die stabil hohe Zahl von gewaltbereiten islamistischen Gefährdern. Mit dem Argument einer ausgeprägt stabilen Demokratie kann die Abschaffung des Verfassungsschutzes jedenfalls nicht begründet werden.

Eine weitere These soll das Plädoyer für die Abschaffung des Verfassungsschutzes bekräftigen, doch sie ist bei genauer Betrachtung nicht haltbar. Dem Autor zufolge hat dessen Öffentlichkeitsarbeit stigmatisierende Effekte: „Durch die Restrukturierung digitalisierter öffentlicher Räume hat die Prangerwirkung des Verfassungsschutzes Ausmaße angenommen, die mit einer liberalen Demokratie nur noch schwer in Einklang zu bringen sind" (S. 201). Es gehe, ähnlich wie bei der Stasi der DDR darum, durch „innerstaatliche Feinderklärung in Verrufsabsicht [...] die Betroffenen öffentlich in Verruf zu bringen, sie auszugrenzen und zu isolieren, um ihren politischen und gesellschaftlichen Wirkungsgrad [...] zu minimieren" (S. 31 f.). Hierfür gibt es bis Anfang der 2000er Jahre gute Beispiele, etwa bei der Stigmatisierung der Partei *Die Republikaner* Anfang der 1990er Jahre, die neben den innerparteilichen Querelen zum Verschwinden dieser rechtsextremen Partei beigetragen hat. Allerdings: Die unterstellte „Prangerwirkung" scheint heute nicht mehr zu funktionieren. Das Beispiel der AfD ist hier vielsagend: Die öffentlichkeitswirksame Erklärung als „rechtsextremistisch", als „Prüffall" oder „Verdachtsfall" durch den Verfassungsschutz hat den Zulauf und die Wahlerfolge der AfD in keiner Weise minimiert. Selbst der kritische Journalismus und die richterliche Feststellung, man dürfe Björn Höcke einen Faschisten nennen, haben dessen Wahlerfolg bei der Landtagswahl in Thüringen 2024 (32,8 Prozent) nicht verhindert. Statt von einer „Prangerwirkung" des Verfassungsschutzes auszugehen, wäre es heute sinnvoller darüber zu forschen, warum sie heute nicht mehr wirkt, zumindest nicht im Falle AfD, die ihr Ergebnis bei der Bundestagswahl 2025 (20,8 Prozent) trotz zahlreicher Versuche ihrer politischen Gegner, sie buchstäblich an den Pranger zu stellen, verdoppeln konnte.

Im Anschluss an Leggewies und Meiers Abgesang auf den Verfassungsschutz[11] argumentiert Brodkorb in die gleiche Richtung. Ein „repressiver Republikschutz" dürfe nicht politische Meinungen und Gesinnungen verfolgen, er könne und müsse sich darauf konzentrieren, politisch motivierte Straftaten und entsprechende Vorbereitungshandlungen polizeilich zu bearbeiten. Dies geschehe bereits bei den Staatsschutzabteilungen bei den Bundes- und Landeskriminalämtern. So weit so gut. Aber: Lassen sich Meinungen und Gesinnungen scharf von Vorbereitungen für Straftaten trennen? Sind Aufrufe zur Gewalt Meinungen oder Straftaten? Sollten Aufrufe zur Abschaffung der Demokratie und ihrer Institutionen von staatlicher Seite unbeachtet bleiben? Ist das nicht eine Kapitulation der wehrhaften Demokratie? Fraglich nicht zuletzt: Wäre der polizeiliche Staatsschutz überhaupt in der Lage, ohne Informationen aus den Verfassungsschutzämtern politisch motivierte Straftaten zu verfolgen?

Hier sind große Zweifel angebracht. Die Thematik politischer Extremismus steht nicht im Mittelpunkt der polizeilichen Ausbildung für den mittleren und gehobenen Dienst. Ebenso wenig gilt dies für die sozialwissenschaftlichen Grundlagen und

11 Vgl. Claus Leggewie/Horst Meier, Nach dem Verfassungsschutz, Berlin 2012.

Hintergründe. Im Vordergrund stehen vielmehr mit hohen Stundenzahlen Straf- und Polizeirecht, Kriminalistik und Eingriffslehre. Ohne oder mit nur geringen Kenntnissen über Rechtsextremismus oder Islamismus können politisch motivierte Straftaten aus diesen Bereichen jedoch nicht angemessen eingeschätzt werden. Auch die ohnehin aus vielen Gründen wie Personalmangel und Überstunden vernachlässigte polizeiliche Fortbildung beschäftigt sich wenig mit politischem Extremismus und politisch motivierten Straftaten. All diese Rahmenbedingungen lassen nur den einen Schluss zu, dass Verfassungsschutz-Erkenntnisse unerlässlich sind für die polizeiliche Strafverfolgung. Würde man hingegen, wie von Brodkorb vorgeschlagen, geeignetes Personal aus dem Verfassungsschutz in die Staatsschutzämter der Polizei versetzen, dann bewegte man sich gefährlich nah an einem Konzept der politischen Polizei, die nach der Erfahrung mit der Gestapo in der jungen Bundesrepublik gerade verhindert werden sollte. Alles in allem: Der Vorschlag einer Auflösung des Verfassungsschutzes zugunsten der Polizei ist unausgegoren und naiv, und er verkennt die tatsächlichen Möglichkeiten und Begrenzungen polizeilicher Arbeit.

Demokratien sterben, wie Levitsky und Ziblatt richtig vermerkt haben[12], nicht nur durch Angriffe von außen oder durch Militärputsche, sondern auch durch extremistische Kräfte von innen. Der Verfassungsschutz bedarf gewiss vielfältiger Reformen – etwa die Neufassung des historisch überholten „Trennungsgebots" zwischen Polizei und Verfassungsschutz –, aber seine Abschaffung würde eine Schwächung der Instrumentarien bedeuten, die im Inneren zur Verteidigung der Demokratie eingesetzt werden können. Eine letzte Anmerkung: Zu den Aufgaben der Verfassungsschutzbehörden in Bund und Ländern gehört nicht zuletzt der Komplex Spionageabwehr. In Zeiten der Bedrohung durch Russland und vielfältige Aktionen einer hybriden Kriegführung wächst seine Bedeutung. Bei Brodkorb finden sich keine Hinweise zur Zukunft der Spionageabwehr bei einer Abschaffung des Verfassungsschutzes.

Von Roland Löffler (4)

Braucht Deutschland wirklich einen Inlandsgeheimdienst? Eine für viele Ohren fast absurd klingende Frage in Zeiten, in denen die Verfassungsschutzämter der Länder und des Bundes durch eine Reihe von Rechtsextremismus-Gutachten zur AfD so oft in der Öffentlichkeit stehen wie noch nie. Für Matthias Brodkorb, den früheren SPD-Finanz- und Bildungsminister in Mecklenburg-Vorpommern, studierten Philosophen und Klassischen Philologen und heutigen *Cicero*-Kolumnisten, ist klar: Nein, ihn braucht es nicht. Sein in Theorieteile und sechs Fallbeispiele gegliederter politischer Essay weist Ähnlichkeit zu anderen verfassungsschutz-kritischen Publikationen auf, wie etwa des *Süddeutsche Zeitung*-Redakteurs Ronen Steinke[13] oder von Claus Leggewie und Horst Meier.[14] Ein Inlandsgeheimdienst, der sich um (ex-

12 Steven Levitsky/Daniel Ziblatt, Wie Demokratien sterben, München 2019.

13 Vgl. Ronen Steinke, Verfassungsschutz. Wie der Geheimdienst Politik macht, Berlin 2023.

14 Vgl. Claus Leggewie/Horst Meier, Nach dem Verfassungsschutz. Plädoyer für eine neue Sicherheitsarchitektur der Berliner Republik, Berlin 2012

tremistische) politische Einstellungen der eigenen Bevölkerung kümmert, sei ein deutscher Sonderweg, der nur aus der historischen Erfahrung des Nationalsozialismus erklärt werden könne. Heute sei er ein unwürdiger Anachronismus, so Brodkorb. Er mache sich Sorgen um staatliche Eingriffe in die individuelle und gesellschaftliche Freiheit, weshalb er eine „Analyse der Arbeit des Inlandsgeheimdienstes aus einseitiger, zugleich aber parteipolitisch neutraler Perspektive" (S. 10) geschrieben habe. Mehr Transparenz geht nicht – und egal, wie man das scharfsinnig Schwachpunkte der Verfassungsschutzarbeit auseinandernehmende Buch bewerten mag: Diesen Anspruch verfolgt Brodkorb konsequent: Erfolge des Verfassungsschutzes, Herausforderungen und Strukturthemen der deutschen Sicherheitsarchitektur sucht man in diesem Buch vergeblich.

Die Stärke des Buches liegt in dessen klarer Fokussierung. Einerseits zeigen die Fallstudien sehr deutlich, wie der Verfassungsschutz (das Bundesamt, ein Landesamt oder beide) bisweilen sehr tief und hart in das Leben der als verfassungsgefährdend eingeschätzten Zielpersonen eingreift, Erwerbsbiographien oder die öffentliche Reputation stark beschädigt, selbst wenn aus externer oder gar juristischer Sicht die politischen Vorwürfe gegen diese Personen nicht valide erscheinen. Brodkorb schildert hier überparteilich Beispiele aus dem rechten und linken Lager, aber auch über einen Wissenschaftler, der selbst im Kontext des Verfassungsschutzes tätig war, aber nicht-Behörden-konforme Gutachten geschrieben hat und dafür kaltgestellt wird. Die Fälle sind zum Teil bekannt (etwa bei Thüringens Ex-Ministerpräsident Bodo Ramelow), zum Teil auch unbekannt, zumeist bedrückend. Man fragt sich schon, ob es Aufgabe eines Inlandsgeheimdienstes sein kann, derart tief in die Freiheit des Bürgers einzugreifen.

Interessanter für die Extremismusforschung sind die theoretischen, vor allem die begriffsgeschichtlichen Annahmen, die Brodkorb seiner kritischen Analyse zugrunde legt. Er arbeitet sehr intensiv zu Rechtsextremismus-Klassifizierungen und zentralen Begrifflichkeiten wie „Verschwörungstheorie", „ethnischer Volksbegriff" sowie „Islam- und Fremdenfeindlichkeit", beleuchtet zudem das Verhältnis von Meinungsfreiheit und Rechtsstaatlichkeit sowie den Auftrag des Verfassungsschutzes.

Für Brodkorb beginnt das Problem mit dem Verfassungsschutz als „Verschwörungstheoretiker im Auftrag des Staates" (S. 13 ff.). Gemeint ist mit dieser durchaus plakativen These, dass der Verfassungsschutz realen, potenziellen oder auch nie Realität werdenden Verschwörungen nachgehen muss, sie aber als „agent provocateur" (siehe NPD-Verbotsverfahren) mitunter selbst befördert. Brodkorb sieht die Gefahr, dass sich der Dienst dank einer „Hermeneutik des Verdachts" und einer öffentlichen Brandmarkungsstrategie, die mit Kategorien der „Kontaktschuld" mit realen oder vermeintlichen Extremisten einhergeht, oft verheddert. Dadurch produziert er eher self-fulfilling prophecies als greifbare, präventive Resultate. Brodkorb hält diesen präventiven Demokratieschutz im freiheitlichen Rechtsstaat dann für illegitim, wenn und solange Rechtsextreme nur auf kommunikative Weise, nicht aber auf der Handlungsebene aktiv würden. Soll der Staat wirklich Entwicklungen verfolgen, die im Vorfeld von strafrechtlich relevanten oder staatsgefährdenden Aktionen liegen? Brodkorb lehnt dies im Prinzip ab, ist sich aber des staatlichen Dilemmas bewusst. Handele der Staat zu spät, könnte der Schaden für Rechtsstaat und Demokratie im Zweifel irreparabel sein. Freiheit und Sicherheit stehen für ihn in einem Spannungsverhältnis, das den Staat umso mehr zu wissenschaftlicher Genauigkeit zwänge, wenn er in den Bereich der geschützten Meinungsfreiheit eingreife.

Mit Blick auf die aktuelle Diskussion um die Rechtsextremismus-Einstufung der AfD geht Brodkorb näher auf die Konstruktion des Begriffs des Völkischen ein. In der angekündigten vierten Auflage, die dem Rezensenten bei der Niederschrift dieses Textes noch nicht vorlag, will er das vom Bundesamt für Verfassungsschutz bisher nicht veröffentlichte Gutachten zur Einstufung der AfD analysieren. Seine Redaktion hat es bereits auf die *Cicero*-Website gesetzt, um Transparenz zu schaffen – ein recht ungewöhnliches Vorgehen im Umfeld eines Ex-Ministers. Da es Aufgabe des Verfassungsschutzes sei, die Verfassung vor Feinden zu schützen, die in der Regel aber nicht die Abschaffung der Demokratie oder der Menschenrechte forderten, bräuchte es hinreichend begründete Verdachtsmomente, um geheimdienstliches Agieren zu rechtfertigen. Häufig lieferten die potenziellen Verfassungsfeinde jedoch nur eine Fülle von für sich genommen unverfänglichen politischen Anhaltspunkten, so Brodkorb. Diese Materialien füge der Verfassungsschutz zu einem Ganzen zusammen. Für den Autor ist deshalb klar: „Es bedarf einer klaren Begrifflichkeit. Ohne sie gerät das gesamte Interpretationsgefüge zu intellektuellem Brei“ (S. 22) und breche zusammen, drohe der Verfassungsschutz selbst zu einer verfassungsfeindlichen Behörde zu werden, die die Freiheitsgarantie von Bürgern und damit rechtsstaatliche Prinzipien untergrabe. Brodkorb versucht in seinem Buch darzulegen, dass der Verfassungsschutz auf nur ungenügende Weise mit dem eigenen Instrumentarium umzugehen versteht. Da er sich auf einige, aktuell aber sehr umstrittene Beispiele konzentriert, bleibt allerdings offen, ob diese These in der Breite der Tätigkeit der Verfassungsschutzämter empirisch verifizierbar wäre.

Kritisch beleuchtet Brodkorb die politikwissenschaftlich und verfassungsschutzrechtlich je unterschiedlichen Extremismus- und Radikalismusbegriffe. Dass diese Termini in der Öffentlichkeit und sogar in der Fachöffentlichkeit mitunter wild durcheinandergehen und politisch verzweckt werden, weiß die Wissenschaft schon länger. Verfassungsschutzrechtlich gelten als Extremisten nur diejenigen, deren Ideologie verfassungsfeindlich ist und deren Handeln sich gegen den Kernbestand der Verfassung richtet. Der politikwissenschaftliche Ansatz greift dagegen weiter, was dem Autor nicht unproblematisch zu sein scheint. Brodkorb stört sich allerdings daran, dass der Verfassungsschutz – vor allem in der Ära Haldenwang – zunehmend, auch in Informationsbroschüren, seine Aufgabe darin sieht, bereits im Vorfeld von der eigentlichen extremistischen Straftat aktiv zu werden, also letztlich Organisationen mit radikalen Ansichten aus dem demokratischen Diskurs herauszuhalten. Damit würden die Kölner Geheimdienstler immer stärker zum „Erfüllungsgehilfen der Politik“, da sie in den politischen Wettbewerb eingriffen.

Auch mit Blick auf das von Götz Kubitschek geleitete IfS in Schnellroda sowie die Einstufung der AfD ist Brodkorb nicht überzeugt, dass der Verfassungsschutz eine begrifflich saubere Argumentation für deren (in Teilen gerichtlich bestätigte) rechtsextreme Einstufung liefert. Nun lässt sich dieses Urteil an dieser Stelle ohne eine eigene, eingehende Diskussion der gerichtlichen Quellen nicht abschließend beurteilen. Hätten Verfassungsschutz und Gerichte so oberflächlich gearbeitet, wie Brodkorb dies darstellt, wäre dies zweifellos fatal. Dass er Ausführungen der neurechten Autorin Caroline Sommerfeld, die der Verfassungsschutz als Beweis für völkisches Denken in Schnellroda sieht, als nicht-nationalsozialistisch und damit nicht-völkisch herunterspielt, überzeugt allerdings nicht. Schaut man sich Sommerfelds Unterscheidung von „Abstammungsdeutschen", „Passdeutschen" und „Volksseelendeutschen" sowie deren „Bekenntnis zum deutschen Volk" an, so kann man diese Texte auch anders lesen, nämlich nationalistisch-völkisch.

Tiefer steigt Brodkorb bei einem verfassungsschutzrechtlichen Zentralbegriff ein: Dem „ethnischen Volksbegriff", mit dem die Ausgrenzung von ethnisch nicht-deutschen Mitbürgern einhergehe – und damit von Menschenrechts- und Menschenwürdeverletzungen. Für Brodkorb dreht sich die aktuelle Rechtsextremismus-Debatte (dies ist durchaus auch in der Forschung zu beobachten) „um die Frage, ob es jenseits des Staatsvolkes auch noch einen anderen legitimen Volksbegriff gibt und wie das Verhältnis beider zueinander zu denken und vor allem zu exekutieren ist" (S. 111). Die gängige Lesart der Verfassungsschutzämter, dass der ethnisch-kulturelle Volksbegriff gegen die Verfassung verstoße, hält er für falsch. Man könne nicht „das deutsche Volk" und das „Staatsvolk" in eins setzen (S. 112). Brodkorb verweist hierzu auf die ältere Unterscheidung von „ethnos" und „demos". Eine Unterscheidung zwischen kulturell ähnlich geprägten Einheimischen und kulturell anders geprägten Neubürgern, die beide gleiche Rechte als Staatsbürger haben, entspreche empirischen Tatsachen. Selbst die Definition vom Deutschsein in Art. 116 GG kenne die Abstammung von deutschen Eltern und damit auch einen ethnischen Volksbegriff. Auch die NPD-Entscheidung des BVerfG von 2017 spreche nur davon, dass es im Grundgesetz kein „ausschließlich" (S. 121) ethnisches Verständnis des Volkes gäbe, es also in Teilen doch auch aus ethnischen Deutschen bestünde. Aufbauend auf dieser Argumentation wischt Brodkorb nun die meisten Quellenbelege aus AfD-Munde vom Tisch. Dass er dabei weidlich das von der AfD gegen den Verfassungsschutz beauftragte, unveröffentlichte Gutachten von Dietrich Murswiek zitiert, widerlegt seine Thesen nicht, hat aber ein gewisses „Geschmäckle". Allerdings hält selbst Murswiek, der die Mehrheit der inkriminierenden AfD-Aussagen verwirft, immerhin 41 Zitate für problematisch, ohne sich anschließend zu äußern, ob die AfD letztlich jenseits der Verfassung stünde.

Wie auch immer, Brodkorb hat hier einen Punkt getroffen, der bisher öffentlich in der Breite selten diskutiert wird. Richtig ist zweifellos, dass die Verfassungsschützer sauber argumentieren müssen, greift doch der Staat mit deren Gutachten in individuelle, gesellschaftliche und politische Freiheiten ein. Brodkorbs Analyse ist hier sehr scharfsinnig. Es wäre jedoch wünschenswert, wenn er dies in gleicher Form auch gegenüber den vermeintlichen oder tatsächlichen Rechtsextremen gewesen wäre. Dass diese Autoren oder Politiker eine feinjustierte Unterscheidung von „demos" und „ethnos“ pflegen (wollen), darf aus guten Gründen bezweifelt werden, da deren Argumentation ja politische Ziele verfolgt. Hier hätte man sich von Brodkorb den gleichen argumentativen Aufwand gewünscht wie bei der Dekonstruktion der Texte des Verfassungsschutzes.

Brodkorb hat ein provokatives, materialreiches, aber an vielen Stellen auch polemisch-zugespitztes Buch geschrieben, das eine breite Debatte anstoßen will und auch sollte. Die Dilemmata einer polarisierten Gesellschaft darf und kann der Verfassungsschutz nicht lösen. Dass sich die Wählerschaft trotz der Gutachten des Inlandsgeheimdienstes nach rechts wendet, zeigt zudem, dass das über Jahrzehnte scharfe Schwert der Öffentlichkeit für den Verfassungsschutz stumpf geworden ist. Brodkorb mahnt uns dazu, in jeglicher Hinsicht, sowohl mit Blick auf die Verfassungsschutzämter als auch hinsichtlich der rechtsextremen Parteien und Bewegungen, genauer hinzusehen und vermeintliche Klarheiten zu hinterfragen. Das bedeutet nicht das Ende der Auseinandersetzung und der Bekämpfung des Rechtsextremismus, sondern fordert sogar mehr Anstrengung.

Von Paul Schliefsteiner (5)

Monografien, die sich kritisch mit dem deutschen Verfassungsschutz auseinandersetzen und mehr oder minder (wohl-)begründet dessen Abschaffung fordern, haben eine gewisse Tradition. Häufig wurden diese Werke von Personen verfasst, die politischen Strömungen angehörten oder nahestanden, welche selbst Ziel der Beobachtung des Verfassungsschutzes sind. Das vorliegende Werk reiht sich in die allgemeine Tradition kritischen Schrifttums ein, weist jedoch einen entscheidenden Unterschied auf. Sein Verfasser, Mathias Brodkorb, Jahrgang 1977, bringt einen interessanten biografischen Hintergrund mit: Der studierte Philosoph ist nicht nur als Journalist tätig, sondern war Politiker der SPD. Für diese war er zunächst Minister für Bildung, Wissenschaft und Kultur des Landes Mecklenburg-Vorpommern, später für Finanzen sowie im Herbst 2016 kurzzeitig Vorsitzender der SPD-Fraktion im Landtag, dem er von 2002 bis 2019 angehörte. Begonnen hatte Brodkorb sein politisches Leben näher am Rand des politischen Spektrums: Von 1994 bis 1997, also im Alter von 17 bis 20 Jahren, war er Mitglied der PDS. Dort engagierte er sich in der *Kommunistischen Plattform*. Brodkorb befasste sich ab Anfang der 2000er Jahre ebenso mit der Erforschung rechtsextremistischer Ideologien, und initiierte das Projekt „Endstation Rechts“, was ihm eine gewisse Bekanntheit und Anerkennung einbrachte. Brodkorb ist also ein Autor, der sowohl den „politischen Betrieb“ von innen als auch die politischen Extreme links und rechts aus eigener Erfahrung bzw. Befassung mit der Materie sehr gut kennt. Ein Umstand, der seine Kritik, die er schon im etwas sperrigen Titel des Buchs klar zum Ausdruck bringt, per se höchst interessant macht und ihr potenziell mehr Gewicht verleiht als jenen der bereits angesprochen Autoren, die sich klar erkennbar deshalb am Verfassungsschutz abarbeiten, weil sie selbst oder politische Strömungen, mit denen sie sympathisieren, unter dessen Beobachtung stehen. Leider, soviel sei vorweggesagt, verwirklicht das Werk dieses Potenzial in den Augen dieses Rezensenten nicht.

Inhaltlich ist *Gesinnungspolizei* klar gegliedert und gut strukturiert: Einem Geleitwort von Volker Boehme-Neßler folgt ein einleitendes Vorwort des Autors, ein Kapitel mit dem provokant-zugespitzten Titel „Verschwörungstheoretiker im Auftrag des Staates" und ein weiteres über den „Verfassungsschutz als ‚Kampfinstrument' des demokratischen Verfassungsstaats". Einen Großteil des Werkes machen die im Untertitel angekündigten sechs Fallstudien aus. Abgeschlossen wird das Buch durch eine Zusammenfassung mit dem Titel „Vom Hautgout der ‚wehrhaften Demokratie'", gefolgt von einem Anmerkungsapparat mit Quellen und Erläuterungen. Der Verfasser hat den Anspruch, dass alle Kapitel des Werkes auch „für sich verständlich" sind. Ein tieferes Verständnis der Materie erschließe sich aber nur, wenn alles zusammengelesen würde.

Brodkorb stellt in seinem Vorwort gleich in den ersten Sätzen fest: „Vorliegendes Buch beansprucht, eine Analyse der Arbeit des deutschen Inlandsgeheimdienstes aus einseitiger, zugleich aber parteipolitisch neutraler Perspektive zu sein. Einseitig ist sie insofern, als es […] allein um die Kritik von Fehlentwicklungen [geht]. Es wird dabei eine strikt rechtstaatlich orientierte und keine weltanschaulich eingefärbte Perspektive eingenommen" (S. 10). Ausdrücklich soll das Werk kein Material für jene liefern, die ihre politischen Gegner besser bekämpfen wollen. Der Anspruch der weltanschaulichen Neutralität spiegelt sich durchaus in der Auswahl der betrachteten Fälle wider, bei welcher der Autor nachweislich bestrebt war, ausgewogen vorzugehen. Er scheut keine „heißen Eisen", die ihm bei der derzeit polarisierten Stimmung Probleme einbringen könnten – für diesen Mut gebührt dem Autor, bei aller noch folgender Kritik, Anerkennung.

Konkret befasst sich Brodkorb mit folgenden Fällen, denen er teils – zumeist als Seitenhieb auf die Behörde zu verstehende – griffige Zusatzbeschreibungen gegeben hat. Bodo Ramelow: „Frühstücksdirektor der Komsomolzen", Rolf Gössner: „Justizielle Reinwaschung eines Linksextremen", Schnellroda: „Superspreader von Hass und Gewalt", Martin Wagener: Staatlicher Angriff auf die Wissenschaftsfreiheit, AfD: Und ewig grüßt der Volksbegriff, Volkserziehung: „Eine rechtsstaatliche Sauerei". Letzterer befasst sich mit der Schaffung eines „neuen bundesweiten Sammelbeobachtungsobjektes […], Demokratiefeindliche und/oder sicherheitsgefährdende Delegitimierung des Staates" (S. 170) in Folge der Corona-Proteste.

Gesinnungspolizei bietet diverse Ansatzpunkte, mit denen man sich im Zuge einer Rezension – positiv wie negativ – auseinandersetzten könnte. Der Rezensent möchte den Fokus auf jene Aspekte legen, die aus seiner Sicht dazu führen, dass das „Fundament" des vorliegenden Buches die vom Autor vorgebrachte Argumentation nicht trägt. Zuvorderst hat sich Brodkorb zu wenig mit der Natur und Funktionsweise von Inlandsnachrichtendiensten auseinandergesetzt. Ob ihm bekannt ist, dass es mit den *intelligence studies* eine akademische Disziplin gibt, die sich mit derartigen Organisationen seit mehreren Jahrzehnten wissenschaftlich befasst, bleibt unklar. So vertritt Brodkorb an mehreren Stellen die These, dass Deutschland einen Sonderweg beschritten habe und der deutsche Verfassungsschutz „einzigartig“ sei. „In keiner anderen westlichen Demokratie existiert so wie in der deutschen eine Behörde zur Prüfung der politischen Gesinnung ihrer Bürger, um diese – weit von der rechtswidrigen Handlung öffentlich an den Pranger stellen zu können“ (S. 13). Diese Idee von einem deutschen „Sonderweg“ ist zwar grundlegend für Brodkorbs Argumentation – er versäumt es aber, sie in irgendeiner Form zu belegen oder konkret zu begründen. Unbestritten hat Deutschland (wie jeder Staat) Eigenheiten und Besonderheiten in seiner Gesetzgebung und Behördenkultur. Allerdings ist es nicht so, dass diese vollkommen von der Norm „westlicher Demokratien“ abweichen. Im Gegenteil, jeder westliche Staat hat eine oder mehrere Behörden, die jene Aufgaben wahrnehmen, die dem deutschen Verfassungsschutz zukommen. Ginge es Brodkorb allein um das öffentliche Benennen und Einstufen von Organisationen und Personen als „Beobachtungsfall“, „Verdachtsfall“ oder als „gesichert extremistisch“, hätte er vielleicht einen Punkt für sich. Aber auch hier hätte es des Vergleichs mit anderen Staaten (z. B. Frankreich, Großbritannien, Italien, Japan) gebraucht, um seine These zu belegen.

Dass der Autor hier leider nicht, wie für ein derartiges Unterfangen eigentlich notwendig, in die Tiefe ging, lässt sich ebenso daraus ablesen, dass er durchgehend von einem Geheimdienst spricht. Wie den meisten Menschen, die schon einmal mit einem Vertreter einer deutschsprachigen Behörde mit derartigen Aufgaben zu tun hatten, wissen dürften, lehnen diese den Begriff (länderübergreifend) als Bezeichnung für sich strikt ab. Brodkorb weiß dies, geht aber nur in einer Fußnote auf der allerletzten Seite darauf ein. Er argumentiert: „Im Unterschied etwa zur Arbeit der Deutschen Presseagentur findet die Arbeit beider Behörden [BfV und BND] jedoch nicht nur überwiegend im Geheimen statt, sondern auch unter Anwendung üblicher geheimdienstlicher Mittel. Die Zurückweisung der Bezeichnung Geheimdienst kann sich nicht auf sinnvolle Argumente stützen“ (S. 248). Hier verkennt Brodkorb – bei aller Kritik, die man an der begrifflichen Unterscheidung zwischen Geheim- und Nachrichtendienst üben kann –, dass es eine vertretbare Unterscheidung gibt.[15] Auch die Vertreter der deutschsprachigen Dienste würden nicht verneinen, dass sie ebenso mit verdeckten bzw. geheimen Operationen und Vorgehensweisen arbeiten. Die Unterscheidung wird meist dahingehend gemacht, dass Nachrichtendienste tatsächlich „nur“ Nachrichten (d. h. Informationen) beschaffen und kaum bzw. nur sehr eingeschränkt in die Hoheitsrechte anderer Staaten eingreifen, während Geheimdienste (z. B. die amerikanische CIA oder der russische SWR) ebenfalls verdeckte Operationen durchführen, bei denen sogar Personen entführt oder getötet werden.

Dieser Mangel an Auseinandersetzung mit dem Verfassungsschutz, der als Behörde Staatsfunktionen wahrnimmt, geht so weit, dass Brodkorb, der die Abschaffung der Behörde fordert und Vorschläge macht, wie man künftig mit den von ihm behandelten (politischen) Protagonisten und Problemfeldern besser umgehen kann,

15 Ein Problem, dass eines der deutschen Sprache ist. Im Englischen spricht man ganz generell von „intelligence“.

kein Wort über die weiteren Aufgaben verliert, die der Verfassungsschutz ebenfalls wahrnimmt. Selbst wenn man alle Erscheinungsformen des innerdeutschen Extremismus, die der Verfassungsschutz beobachtet und bekämpft, ausklammert, bleiben zahlreiche Aufgaben über, die nicht der innerdeutschen politischen Willensbildung und dem demokratischen Diskurs zugerechnet werden können: Neben der Bekämpfung des „auslandsbezogenen Extremismus" sind dies Spionage- und Proliferationsabwehr, Geheim- und Sabotageschutz, Wirtschafts- und Wissenschaftsschutz sowie Cyberabwehr. Dass Brodkorb radikale Veränderungen vorschlägt, aber auf derartige Aspekte nicht eingeht, ist enttäuschend. Seine Ausführungen dringen somit nicht tief genug in die Materie ein, um die Grundlage für eine ernsthafte Debatte über die Abschaffung des Verfassungsschutzes zu liefern.

Rezensionsessay:

Angela Merkels Bericht über ihr Leben und ihre Kanzlerschaft

Von Herfried Münkler

Angela Merkel (mit Beate Baumann), Freiheit. Erinnerungen 1954–2021, Köln 2024 (*Kiepenheuer und Witsch*), 736 S.

Nach wie vor sind Otto von Bismarcks *Gedanken und Erinnerungen* der Maßstab aller politischen Autobiografien, nicht nur weil Bismarck darin scharfe, mitunter vernichtende Urteile über viele seiner Zeitgenossen, zumal über seine Kontrahenten, gefällt hat, sondern auch weil es sich bei ihm um einen großen Stilisten und Meister der deutschen Sprache handelte. Das hat ihm selbst ein seiner Politik gegenüber so kritisch eingestellter Kopf wie Friedrich Nietzsche zugestanden: Mitunter frage man ihn im Ausland, ob es gute deutsche Bücher gebe. Dann erröte er, nehme schließlich allen Mut zusammen und antwortete: ja, Bismarck.

Solches wird man von Angela Merkels Memoiren nicht sagen können. Auch ihre Regierungszeit ist durch eine Reihe von Krisen gekennzeichnet, von der globalen Wirtschafts- über die europäische Finanzkrise bis zu der großen Migration nach Europa, zumal nach Deutschland in den Jahren 2014 bis 2016, und bald darauf auch noch der Covid-19-Pandemie. Aber die Umbrüche und Veränderungen der Ära Bismarck waren doch von anderem Kaliber. Merkel behandelt diese Krisen ausführlich. Das läuft bei ihr mehr auf eine nüchterne Darstellung von Entwicklungen und Entscheidungen aus dem „Maschinenraum" der Politik hinaus als auf eine Erzählung vom souveränen Umgang mit den großen Herausforderungen ihrer Kanzlerschaft. Dass es Letzteres nicht geworden ist und auch nicht hat sein können, liegt nicht zuletzt daran, dass Merkel die Kanzlerin einer parlamentarischen Demokratie war, die obendrein ein Mitglied der Europäischen Union ist, was zur Folge hat, dass sie alle Entscheidungen hat abstimmen und dabei nach Kompromissen hat suchen müssen. Es ist insofern das Narrativ der mühseligen Kleinarbeit, der endlosen Verhandlungen, in das sie ihre Sicht der Dinge und die deutschen Interessen so weit wie möglich einzubringen versucht hat, und nicht der Gestus einer souveränen Beherrschung der Lage, der ihre Darstellung prägt. Das entspricht den Bedingungen, unter denen eine parlamentarische Demokratie regiert wird – und ebenso entspricht es dem politischen Stil, den Merkel in den 16 Jahren, in denen sie an der Spitze Deutschlands stand, gepflegt hat.

In fast allen Rezensionen ihres Buches ist Merkel vorgeworfen worden, es sei langweilig, enthalte im Grundsatz nichts Neues und werfe auch keinen Blick hinter die Kulissen des Geschehens. Vor allem ist ihr vorgehalten worden, sie sei nicht bereit gewesen, Fehler zuzugeben, was unter anderem auf ihr Verhältnis zu Russland und insbesondere zum russischen Präsidenten Putin zielte. An erster Stelle ging es dabei um ihre Entscheidung, im Herbst 2015 die deutsche Grenze zu Österreich nicht zu schließen, sondern sie offenzulassen, wie es das Schengen-Abkommen vorsah, und infolgedessen einige Hunderttausend Migranten, die über die ägäischen Inseln nach Griechenland gekommen und auf der Balkanroute bis nach Ungarn gelangt waren, in Deutschland aufzunehmen. Offensichtlich ist von den betreffenden Rezensenten erwartet worden, dass Merkel ihre Memoiren dazu nutzen würde, eine Generalabrechnung mit der eigenen Politik vorzulegen.

Wer solches erwartet hatte, ist von der Lektüre des Buches tief enttäuscht worden. Er muss sich freilich fragen lassen, was ihn denn dazu gebracht hat, solches von den Memoiren der ehemaligen Kanzlerin zu erwarten. Zumindest in dieser Frage ist der demonstrativ eingenommene Gestus der Enttäuschung als Grundlage der Kritik unangemessen, denn er geht von vornherein mit einer Messlatte an das Buch heran, die, wenn man sie durchweg an die Erinnerungsbücher von Politikern anlegen würde, zu einem in fast allen Fällen abwertenden Urteil führen müsste – vermutlich mit Ausnahme von Bismarcks *Gedanken und Erinnerungen*, der zwar auch keine Fehler eingesteht, aber davon überzeugt ist, keine Fehler gemacht zu haben. Das ist bei Merkel nicht der Fall, denn sie gesteht mehrfach Fehler ein – freilich eher solche ihrer Performanz und nicht solche in der Anlage ihrer Politik. Politische Erinnerungsliteratur stellt aus der Sicht der Handelnden die Konstellationen dar, unter denen Entscheidungen (oder auch Nichtentscheidungen) getroffen worden sind, und erläutert die Abwägungsprozesse, die dabei eine Rolle gespielt haben. Sie ist keine Beurteilung politischen Handelns, wie sie von Historikern oder Politikwissenschaftlern bei größerem zeitlichem Abstand getroffen wird, wobei selbst diese „politischen Einordnungen" fast immer keine einhellige Zustimmung finden, sondern im Widerstreit der Parteien verbleiben.

Merkel hat also geschrieben, was man von Politikermemoiren erwarten kann und erwarten darf: Sie hat ihre Entscheidungen erklärt, die ihnen zugrunde liegenden Überzeugungen herausgestellt, mitunter auch politiktaktische Kalküle beschrieben und vor allem die Umstände dargestellt, unter denen die fraglichen Entscheidungen getroffen wurden. Memoiren sind vor allem Erläuterungen und Rechtfertigungen des eigenen Handelns. Sie sind kein abschließendes Urteil über dessen Richtigkeit, weder in normativer noch in politikstrategischer Hinsicht. Solches nehmen sie nur in autoritären oder totalitären Regimen für sich in Anspruch, jedenfalls bis zum Zusammenbruch dieser Regime. In Demokratien sind sie ein Rechenschaftsbericht, in dem ein wichtiger Akteur seine Politik darlegt und gegebenenfalls auch verteidigt. Obendrein sind sie aus einer Nahperspektive heraus geschrieben – sie haben nicht die zeitliche Distanz, die einem Historiker zur Verfügung steht.

Berücksichtigt man das, so ist Merkels Darstellung ihrer Amtszeit erstaunlich unkämpferisch ausgefallen. Fast könnte man sagen, sie sei eine literarische Wiederholung ihres Regierungsstils, abwägend und vermittelnd, unspektakulär und uneitel, das Dafür und Dagegen von Entscheidungen noch einmal ausführlich rekapitulierend, dabei die Gesprächspartner und Mitarbeiter immer bedenkend, ihnen ausführlich für Rat und Tat dankend (was den Lesefluss zumeist stört) und die politischen Gegner mit äußerster Zurückhaltung und großem Respekt behandelnd. Am kritischsten geht Merkel mit Horst Seehofer um, der ihr in der Migrationskrise und deren Bewältigung die größten Probleme gemacht und sie bei ihrem Besuch auf dem CSU-Parteitag vom 20. November 2015 demonstrativ gedemütigt hat. Über ihn bemerkt sie bloß, man habe sich politisch wie menschlich immer weiter voneinander entfernt. Merkel zieht nicht vom Leder und macht ihre Konkurrenten und Gegner auch nicht nieder, sondern beschreibt sie als das, als was sie diese während der Zeit in der operativen Politik gesehen hat: als Gegenspieler und Konkurrenten, nicht mehr, nicht weniger. Lässt sie sich einmal zu politischen Bosheiten hinreißen, so bestehen diese in der notorischen Nichterwähnung von Leuten, die eigentlich eine ausführlichere Behandlung und Beurteilung verdient hätten. Friedrich Merz zum Beispiel, der zwar einige Male erwähnt wird, dabei aber nur eine Nebenrolle spielt. Eine ausgesprochen diskrete Form der Distanzbekundung.

Mit Putin beschäftigt sie sich dagegen ausführlich, durchaus respektvoll, aber distanziert. Von Anfang an habe er darunter gelitten, dass Russland nicht mehr die Aufmerksamkeit und Achtung entgegengebracht wurde, die vormals die Sowjetunion erfahren habe. Damit erklärt sie sich die notorische Neigung des russischen Präsidenten, Staatsgäste oder Konferenzteilnehmer warten zu lassen, indem er ohne Not oder ohne gute Gründe zu spät kam und Verabredungen platzen ließ. So habe er versucht, Russland doch noch eine besondere Position am Tisch der großen Mächte zu verschaffen. In Merkels Beschreibung mischen sich Verärgerung, weil er auch sie auf diese Weise mehrfach düpiert hat, und ein gewisses Verständnis für das Bestreben, mit bestimmten Gesten und Verhaltensweisen Russland ins Zentrum der Aufmerksamkeit zu rücken. Eine Verbindung zum imperialen Revisionismus Putins im Schwarzmeerraum stellt sie dabei nicht her. In der Summe der Erwähnungen Putins überwiegt der Eindruck eines kommunikativ guten Verhältnisses zwischen der deutschen Kanzlerin und dem russischen Präsidenten – bis hin zu der Vorstellung, sie hätte womöglich in intensiven Gesprächen im Vorfeld des offenen russischen Angriffs auf die Ukraine Ende Februar 2022 Putin vom Angriffsbefehl abhalten können. Doch infolge der Corona-Pandemie habe der sich völlig isoliert und der Kommunikation mit der Außenwelt entzogen. In dieser Zeit habe er sich tief in der russischen Geschichte vergraben, und das habe ihn in der Vorstellung verstärkt, er müsse die mit dem Zerfall der UdSSR verlorenen Gebiete Russlands zurückgewinnen. So stellt Angela Merkel es dar. Man muss freilich bezweifeln, dass sie jemals so viel Einfluss auf Putin hatte, ihn von der Verfolgung seiner strategischen Ziele abzubringen. Das zeigt sich unter anderem an Putins Umgang mit den beiden Minsker Abkommen, die er ja wesentlich mit Merkel ausgehandelt hatte.

Wenn Merkel auf den amerikanischen Präsidenten Barack Obama zu sprechen kommt, spürt man immer wieder, dass er für sie der sympathischste unter den US-Präsidenten war, wenn nicht überhaupt unter allen Politikern auswärtiger Mächte. Auch wenn beide nicht immer einer Meinung waren und nicht immer am selben

Strang zogen, haben sie doch stets einen engen und vertrauensvollen Umgang miteinander gepflegt, der auf große wechselseitige Sympathie gegründet war. Das spürt man aus jedem Passus heraus, in dem es um die USA in der Ära Obama geht. Wenn Obama einmal einen anderen Weg geht, als Merkel ihn für richtig hält, dann erklärt sie das ausführlich mit den anderen Herausforderungen, denen sich die USA stellen müssten, sowie den Mehrheitsverhältnissen im Kongress, die der US-Präsident im Auge zu behalten habe. Donald Trump dagegen beschreibt sie mit großer Distanz, die allenfalls durch ihre immer wieder betonte Bewunderung für die USA ein wenig gemildert ist. Auch wenn sie es so nicht schreibt: Man spürt den politischen wie menschlichen Schock, der für sie der Wechsel von Obama zu Trump als Präsident des wichtigsten Verbündeten gewesen ist. Doch selbst hier bleibt sie vorsichtig und zurückhaltend.

Otto von Bismarck, selbst ein autoritärer und kein liberaler Politiker, hätte solche Beobachtungen und Beurteilungen mit ausführlichen Betrachtungen zum Sozialcharakter der betreffenden Politiker verbunden und daraus weitreichende Urteile im Hinblick auf die von ihm zu erwartende Politik verbunden, wie er das etwa in seiner Darstellung Kaiser Wilhelms II. getan hat, wobei er im Übrigen fast durchgängig richtig lag. Überhaupt wäre es spannend, jenseits politischer Memoiren den Regierungsstil Wilhelms und Trumps miteinander zu vergleichen und dabei die Egomanie wie Sprunghaftigkeit beider besonders ins Auge zu fassen. Auf derlei hat sich Angela Merkel nicht eingelassen – und auch Bismarck findet in ihrem Buch nicht ein einziges Mal Erwähnung. Merkel hat historische Interessen und ist diesbezüglichen Vergleichen (wobei Vergleiche nicht mit Gleichsetzungen zu verwechseln sind) nicht abgeneigt. In ihren Memoiren bleibt sie jedoch strikt bei der Zeit, die sie selbst erlebt und mitgestaltet hat. Sie erlaubt sich keine historischen „Abschweifungen", wie sie das selber wohl nennen würde.

Doch wenn Bismarcks charakterologische Überlegungen zur Eignung einer Person für die Politik bei Merkel keine Erwähnung und schon gar keine Weiterführung finden, so hat doch auch sie in ihren politischen Erinnerungen etwas ausgesprochen Preußisches, von der Leitvorstellung des Dienens für das Land bis hin zur Darstellung dessen im Erinnerungsbuch. Dazu gehört der konsequente Verzicht auf alles Ab- wie Ausschweifende. Das trägt zum Eindruck des Langweiligen und Ermüdenden des Buches bei. Was sie berichtet, ist das, was ein aufmerksamer Zeitungsleser weiß – und was ihm von dem, was er bei Merkel erfährt, nicht bekannt ist oder erst wieder in Erinnerung gerufen wird, dürfte ihn nur am Rande interessieren, und er wird es, wenn er das Buch bis zum Ende gelesen hat, auch schon wieder vergessen haben. Es sind das Kleinteilige des Politikbetriebs, die Kurzatmigkeit des politischen Prozesses, die eng getakteten Termine, die zur Folge haben, dass ganz unterschiedliche Auftritte die Kanzlerin, die zugleich CDU-Vorsitzende war, an einem Tag durch ganz Deutschland oder auch Europa herumgetrieben haben.

Etwas von der Atemlosigkeit im politischen Leben Angela Merkels kommt in der immer wieder berichteten Abfolge ihrer Verpflichtungen während eines Tages zum Ausdruck. Man muss indes zwischen den Zeilen lesen, um auf das, was darin letztlich mitgeteilt wird, zu stoßen: Über das, was sie bei diesen sich jagenden Terminen gemacht, gesagt und selbst erfahren hat, teilt sie wenig oder nichts mit. Es sind Auftritte, die routinemäßig den Erwartungen diverser gesellschaftlicher Gruppen Folge leisten und bei denen es der „politischen Landschaftspflege" geschuldet ist, dass die Kanzlerin an ihnen teilnimmt. Für den politischen Prozess spielt ihre Anwesenheit keine Rolle. Merkel überspielt das zumeist, indem sie herausstellt, auf diese Weise ihre Kenntnis von Deutschland und ihr Gespür für die Menschen einer bestimmten Region erweitert zu haben. Aber darüber, ob und inwieweit das in ihrer Politik Eingang gefunden oder sonst für sie relevant geworden ist, sagt sie nichts. Vermutlich war es nicht der Fall.

Was jedoch in diesen Reiseprotokollen sichtbar wird, ist das hemmungslose Ausgepresstwerden oder Sichauspressenlassen von Spitzenpolitikern, das dafür sorgt, dass sie kaum zum Nachdenken und dementsprechend nicht zum Vor- und Vorausdenken kommen. Sie sind an die Gegenwart gefesselt, wie im Mythos Prometheus an den Kaukasus, und das kommt ihrer Urteilsfähigkeit und politischen Weitsicht nicht zugute. Das ist keineswegs ein spezielles Merkel-Problem, sie hat sich für Wissenschaft und wissenschaftliche Beiträge zu politischen Fragen mehr interessiert als die meisten Politiker in einem ähnlich zeitraubenden Amt. Es ist vielmehr ein Problem der politischen Klasse insgesamt, wenn ihre Zeit in einer Weise konsumiert wird, wie das aus dem protokollierten Tagesablauf der Kanzlerin ersichtlich wird. Es könnte ein Akt der Warnung davor und des Widerstands dagegen gewesen sein, dass sie diese Protokolle immer wieder in die Darstellung ihrer sechzehnjährigen Kanzlerschaft eingeschoben hat. Sie zu lesen ist, da haben die Kritiker von Merkels Memoiren durchaus recht, langweilig, sehr langweilig. Es könnte indes sein, dass Merkel an diesen Stellen den Leser an ihrer eigenen atemlosen Langeweile hat teilnehmen lassen wollen, um ihn, womöglich unbewusst, auf ein grundlegendes Problem im Leben heutiger Politiker hinzuweisen. Wie gesagt: Man muss zwischen den Zeilen lesen, um aus Merkels Buch Honig zu saugen. Wer es nur unter dem Aspekt der Information liest, wird es schnell unzufrieden zur Seite legen.

Warum, so ist abschließend noch zu fragen, hat Merkel ihrem Buch den Titel *Freiheit* verpasst? Es ist ja kaum eine angemessene Überschrift für die Zeit ihrer Kanzlerschaft von 2005 bis 2021. Tatsächlich geht es in dem Buch nicht ausschließlich um Merkels Zeit als Kanzlerin, sondern auch um die vorangegangenen Jahre: um ihr Leben in der DDR, die Anpassung, die erforderlich war, wenn ein Pfarrerskind Abitur machen und studieren sollte. Diese mehr als hundert Seiten gehören zu Merkels Leben, sind aber nicht sonderlich relevant für politische Fragen. Das ist erst der Fall nach dem 9. November 1989 und der Hinwendung der inzwischen promovierten Physikerin zur Politik: den Einstieg in die Politik als Pressesprecherin der Partei *Demokratischer Aufbruch*, den Wechsel vom politischem Personal dieser schon bald an den Rand gedrängten Partei zur CDU, den Aufstieg Merkels unter Helmut Kohl, das Ministeriabel-Werden unter dessen wohlwollender Protektion, die Selbstbeobachtung von Unsicherheit und Ungeschicklichkeit, den Selbstzweifel und die allmähliche Findung einer politischen Rolle. Das sind die Teile des Buches, die weniger im Hinblick auf die Geschichte der Bundesrepublik interessant sind als im Hinblick auf die Selbstfindung der Angela Merkel, auf ihr wachsendes Selbstbewusstsein, als sich „Kohls Mädchen“, wie sie in der Presse häufig genannt wurde, Schritt für Schritt zu einer selbstsicheren Politikerin wandelte. Das alles ist für sie die Folge der Freiheit, die mit dem Ende der DDR ohne ihr Zutun über sie gekommen ist und die sie genutzt hat, um aus ihrem Leben etwas zu machen.

Am Ende dieser Selbstfindung steht der berühmt-berüchtigte FAZ-Artikel, in dem sich Angela Merkel von dem politischen Übervater Helmut Kohl lossagte, nachdem dessen tiefe Verstrickung in die Parteispendenaffäre bekanntgeworden war und Kohl sich hartnäckig weigerte, die Namen der Spender preiszugeben. Die hatten der CDU Millionensummen zukommen lassen, und die Partei hatte diese Spenden der Bundestagsverwaltung nicht angezeigt. Nicht die Spenden waren das Problem, sondern ihre Nichtanzeige, bei der die Namen der Großspender hätten genannt werden müssen. Gegen diese Verpflichtung hatte nicht nur die Bundes-CDU verstoßen, sondern zugleich auch die hessische CDU, die sich mit überaus dubiosen Erklärungen aus der Affäre zu ziehen versuchte.

Damals stand die CDU politisch am Abgrund, und es hätte sie dasselbe Schicksal ereilen können wie die *Democrazia Cristiana* in Italien, die sich nach Bekanntwerden ihrer Verstrickung in eine Reihe von Korruptionsfällen im Jahre 1993 aufgelöst hatte und von der politischen Bildfläche verschwunden ist. Merkels Lossagung von Kohl, die ein in der Partei vorab nicht abgestimmter Vorgang war, ein politischer Alleingang der gerade erst ins Amt gekommenen Generalsekretärin, hat die CDU vor einem vergleichbaren Schicksal bewahrt. Er legte auf der großen politischen Bühne erstmals jenen Instinkt Merkels für das in verfahrenen politischen Situationen Notwendige an den Tag, durch den sie prädestiniert war, nach dem bald darauf erfolgten Rücktritt Wolfgang Schäubles vom Amt des Parteivorsitzenden als dessen Nachnachfolgerin gewählt zu werden. Aus „Kohls Mädchen“ war Kohls Nachfolgerin geworden, ein beispielloser Aufstieg, zudem einer „Frau aus dem Osten“, die sich in einer von Männern aus dem Westen dominierten Partei durch- und für lange Zeit festgesetzt hatte.

Letzteres war eigentlich noch erstaunlicher als ersteres: Keiner der jungen aufstrebenden Männer des „Anden-Pakts“ in der CDU, die Angela Merkel vermutlich nur für eine Zwischenlösung an der Spitze der CDU gehalten haben, vermochte sich gegen sie durchzusetzen. Sie alle haben lange schon vor dem von Merkel selbst gewählten Abschied aus dem Kanzleramt resigniert und sich aus der Politik zurückgezogen. All das beschreibt sie eher beiläufig und in unterkühltem Tonfall, so als sei all das eine Selbstverständlichkeit und das Natürlichste von der Welt gewesen. Das hätte sich, mit Verlaub, auch als ein politischer Triumphzug mit einer langen Reihe von Erfolgsstationen erzählen lassen. Das Bemerkenswerte an diesem Teil der Memoiren ist, dass Merkel genau das nicht getan hat. Sie hat ihren politischen Aufstieg als bescheiden Zurückschauende ziemlich trocken dargestellt. Allenfalls das Narrativ vom Aufstieg einer Frau, mit dem anderen Frauen Mut gemacht werden könne, schimmert gelegentlich durch.

Ihrer phänomenalen Karriere in der CDU und mit der CDU zum Trotz hat Merkel mit ihrer Partei gefremdelt. Die Distanz gegenüber Teilen der CDU und von Teilen der *Union* ihr gegenüber ist von den politischen Beobachtern immer wieder konstatiert worden. Insbesondere in der Migrationskrise war es offensichtlich. Das war freilich eine Beobachtung von außen, bei der man sich fragen konnte, ob dabei Merkels notorischer Gestus der Distanz womöglich überinterpretiert wurde, wobei er doch bloß zu ihrem Stil, Politik zu machen, gehörte. Die Memoiren nun zeigen, dass dieses Fremdeln auch ein Teil von Merkels eigenem Blick auf ihre Partei war. Mehrfach nämlich nimmt sie die Frage auf, wie sie, die Physikerin aus Ost-Berlin, in diese Partei gelangt sei, um dann teils umständlich, teils energisch herauszustellen, dass ihre Überzeugungen mit den Grundwerten der CDU sehr wohl übereinstimmten. Das sind Fragen, die für Helmut Kohl etwa gänzlich abwegig gewesen wären – auch deshalb, weil er sich selbst, seitdem er Parteivorsitzender war, als Personifikation der Partei wahrgenommen hat. Die *Union* und er waren eins.

Das ist, liest man einige Abschnitte in Merkels Memoiren genau und aufmerksam, bei ihr wohl nie der Fall gewesen. Man kann das damit erklären, dass sie nicht bereits als Jugendliche in die CDU hineinsozialisiert worden ist, sondern während der tumultuarischen Entwicklung eines Parteienwesens nach dem Mauerfall, teils durch eigenen Entschluss, teils durch puren Zufall, in die CDU hineingekommen ist. So beschreibt sie das selbst. Aber dass sie sich diese Frage auch nach ihrem Aufstieg in der CDU noch gestellt hat, wie sich das in ihren Erinnerungen finden lässt, zeigt doch, dass sie in der CDU nie völlig heimisch geworden ist. Es war wohl eher eine Vernunftbeziehung als eine Herzensangelegenheit, die Merkel mit der CDU und die CDU mit Merkel verbunden hat.

Das ist politikhygienisch nicht schlecht gewesen und entspricht durchaus der Idee des Parteienstaates, in dem die Parteien Instrumente der politischen Willensbildung sind und nicht Liebschaften, die ein Leben lang dauern. Auch das ist eine Lehre, die Merkel, die „Frau aus dem Osten", der Bundesrepublik nahelegt. Und wie bei so vielem anderen, von dem hier bereits die Rede war, findet sich diese Lehre nicht im Text, sondern muss „zwischen den Zeilen" entdeckt werden. Merkels Memoiren sind ein Buch, das dem Leser hermeneutische Sensibilität abverlangt und ihm ein gewisses kriminalistisches Gespür für das Ungesagte, jedoch Gemeinte, abfordert. Und das obendrein die Tücke hat, dass Merkel darauf nicht hinweist. Deswegen ist es vielen langweilig, die nur auf die unmittelbare Information starren. Den aufmerksamen Lesern eröffnet es sehr wohl manches Geheimnis aus Merkels langer Amtszeit.

»Wieder gelesen«:

Eine Doppelbiographie

Von Hans-Ulrich Thamer

Alan Bullock, Hitler und Stalin. Parallele Leben, Berlin 1991 (*Siedler*), 1.334 S.

Hitler und Stalin verkörpern die dunkelsten Kapitel der Geschichte des 20. Jahrhunderts. Unter ihrer diktatorischen Herrschaft wurden Millionen von Menschen getötet, ihr ideologisches Freund-Feind-Denken und ihr Verfolgungswahn mündeten in Folterstätten und in menschenverachtende Systeme von Terrorlagern, ihre politisch-ideologische Feindschaft war die Wurzel des blutigsten Krieges des vergangenen Jahrhunderts. Ihre vorübergehende machtpolitische Komplizenschaft, begründet mit dem Hitler-Stalin-Pakt vom August 1939, hat nicht wenige zeitgenössische Beobachter zu der Überlegung veranlasst, man müsse die beiden Diktatoren und ihre blutigen Regime miteinander vergleichen oder gar gleichsetzen. Die veränderte weltpolitische Konstellation des Kalten Krieges hat dann den Stoß für einen neuerlichen Diktatorenvergleich zwischen „Rot“ und „Braun“ und für die Blütezeit der Totalitarismus-Theorie geliefert, die dem demokratischen Westen eine politische Orientierung und Rechtfertigung in einer bipolaren Weltordnung bot.

In einer solchen von scharfen Gegensätzen bestimmten politischen Weltordnung entstanden aus der Feder von Historikern und Politikwissenschaftlern politische Biographien, die den persönlichen Aufstieg von Diktatoren und die politisch-historischen Wurzeln ihrer Macht beschrieben und sich dabei an der Konzeption des Totalitarismus orientierten. Für die Geschichte der deutschen Diktatur Hitlers lange Zeit maßgebend war die voluminöse, differenziert beschreibende, 1952 publizierte Biographie *Hitler. A Study in Tyranny* des damals noch jungen englischen Historikers Alan Bullock, die sich übergeordneter Konzepte enthielt und die 1953 rasch auch in deutscher Sprache erschien. Sie sollte sich mit einer Auflage von mehr als drei Millionen Exemplaren bald zum Standardwerk der Hitler-Forschung entwickeln. An ihre Stelle traten in Deutschland mit Beginn der 1970er Jahre allmählich die beiden Hitler-Diktatur-Studie von Karl-Dietrich Bracher (1969) und die monumentale Biographie aus der Feder Joachim C. Fests (1973), die auf einer sehr viel breiteren Quellen- und Forschungsgrundlage wie auf einem veränderten methodischen Ansatz beruhten. Vierzig Jahre nach seinem berühmten Erstlingswerk hat der inzwischen hochgeehrte Oxford-Historiker Lord Bullock nach der neuerlichen weltpolitischen Zäsur von 1989/91 mit seiner Doppelbiographie *Hitler und Stalin. Parallele Leben* die Tradition seiner Biographie-Forschung fortgesetzt und mit seinem Spätwerk sich auf ein sehr viel weiteres Feld gewagt, nicht nur weil er den Gegenstand seiner biographischen Studie um die politische Biographie Stalins und sein Herrschaftssystem erweitert, sondern sich auch mit der neueren Forschungsgeschichte zu den beiden Diktaturen auseinanderzusetzen versucht hat. Entstanden ist wiederum ein voluminöses, sehr lebendiges und personenbezogenes Werk, das sich zu einem Kolossalgemälde der deutschen und sowjetischen Geschichte in der ersten Hälfte des 20. Jahrhundert und darüber hinaus, wenn es die internationalen Bezüge erfordern, fast zu einer Weltgeschichte erweitert.

Bullock bleibt mit seiner Doppelbiographie, auch wenn sie vom Aufbruchs-Geist der Jahrhundertwende inspiriert ist, von der Bedeutung historischer Persönlichkeiten überzeugt. Er orientiert sich mit seinem Ansatz einer Parallelbiographie am antiken Vorbild von Plutarch, was ihn angesichts der unterschiedlichen persönlichen Aufstiegsbedingungen der beiden Tyrannen allerdings zu einer komplizierten und verschachtelten Darstellung zwingt. Nachdem er in einem Einleitungskapitel den persönlichen Werdegang der beiden zukünftigen Diktatoren und psychologische Deutungen ihrer persönlichen Macht, wie sie in der zweiten Hälfte des 20. Jahrhunderts vielfach (und auch widersprüchlich) vorgelegt wurden, nur kursorisch behandelt, widmet er sich ausführlicher der ideologischen und politischen Karriere und den Bedingungen von Hitlers und Stalins Aufstieg zum Alleinherrscher. Dabei folgt er, soweit es möglich ist, einem chronologischen und synchronen Darstellungsprinzip. Seine Erzählung geht alternierend vor und behandelt den umfangreichen Stoff innerhalb eines einzigen oder in getrennten Kapiteln, was durch gelegentliche Wiederholungen und ein Hin und Her der Erzählung einer leserfreundlichen Übersichtlichkeit mitunter abträglich ist. Die Geschehnisse des Jahres 1934 beschreibt der Verfasser dann abweichend in einem vergleichenden, analytischen Kapitel, was diesem eine gewisse Schlüsselfunktion in der Machtdurchsetzung der beiden Diktatoren verleiht und das schwierige wie umstrittene Feld des Diktaturvergleichs nur vorsichtig berührt. Da Stalin nach Kriegsende Hitler um acht Jahre überlebte, widmet sich das letzte Kapitel der unmittelbaren Nachkriegsära und dem Beginn des Kalten Krieges – eine Phase, in der sich Stalins Herrschaftsformen um nichts ändern. Doch bleibt dieses Kapitel merkwürdig blass und nutzt die vorhandene Literatur überwiegend in der problematischen Form von Memoiren, etwa der Stalin-Tochter Swetlana. Den Abschluss bildet ein „Epilog und Ausblick", dem allerdings die Anschaulichkeit und Kraft einer Synthese fehlt.

Die Eroberung und Behauptung der Macht der beiden Diktatoren bleibt Bullocks großes Thema. Beide Figuren waren Kinder von Krieg und Krise. Sie brachten im Vergleich zu den großen Gestalten des 19. Jahrhunderts für ihren politischen Aufstieg denkbar ungünstige Voraussetzungen mit. Dass beide, obwohl ihr Weg aus bescheidenen sozialen und persönlichen Umständen erfolgte und sie aus dem sozialen und politischen Nichts kamen, nach 1918 in unterschiedlicher Geschwindigkeit zu autokratischen Führungsfiguren aufsteigen konnten, führt Bullock in Übereinstimmung mit der früheren Forschung auf die extremen politischen und sozialen Verhältnisse der Umbruchphase nach dem Ersten Weltkrieg und nach den (Nachkriegs-)Revolutionen zurück, in denen außergewöhnliche Formen der politischen

Kultur außergewöhnlichen Personen den Weg zur Macht öffneten. Beide setzten sich in revolutionären Ausnahmesituationen dank unterschiedlicher Talente – im Falle Hitlers seiner rhetorisch-demagogischen und monomanen, propagandistischen Qualitäten, im Falle Stalins dank seiner organisatorischen und kalkulierenden machtpolitischen Fähigkeiten – mit einem Sensorium für die Schwächen der Konkurrenten und Gegner wie mit der Entschlossenheit von machtgierigen Machtmenschen und auch dem Bewusstsein eigener Stärke und Auserwähltheit durch.

Die besonderen Umstände der Krisensituationen der Zwischenkriegszeit führt Bullock dann auch als eine nicht wirklich überzeugende Begründung seiner personenbezogenen Darstellungsweise an, die sich fundamental von stabilen demokratischen Verhältnissen unterschieden. Darum verzichtet er auch auf Anleihen bei dem Charisma-Konzept Max Webers, das in diesen Fällen zur Erklärung und auch zum historischen Vergleich durchaus hilfreich wäre und seit den 1980er Jahren auch immer wieder und mit Gewinn von der historischen Diktatur-Forschung benutzt wurde. Er erwähnt nur ganz am Rande stichwortartig die persönlichen charismatischen Fähigkeiten Hitlers und die aus der Parteiherrschaft abgeleiteten ähnlichen, aber sehr viel später entwickelten Selbstinszenierungen Stalins, der immer mit dem konkurrierenden Nimbus Lenins umgehen musste. Aber nirgends werden aus dem Charisma-Begriff übergreifende Konzeptionen der Herrschaftsform abgeleitet und auch nicht aus der Totalitarismus- oder Faschismustheorie, wie sie in der deutschen und amerikanischen Forschung vorherrschten. Das hält ihn auch davon ab, das machtpolitische, monokratisch erscheinende Verhältnis zu seinem engsten Führungskreis wirklich auszuloten und zu analysieren, obwohl dies ein Musterbeispiel für das ambivalente Verhältnis von monokratischen und polykratischen Herrschaftsformen darstellt. Die Theorie-Abstinenz teilt Bullock mit seinem jüngeren englischen Kollegen Richard Overy, der 2004 unter dem Titel *Die Diktatoren. Hitlers Deutschland, Stalins Russland* eine ähnlich umfangreiche und narrativ angelegte Studie vorgelegt hat, die aber sehr viel stärker als Bullocks Erzählung systematisch aufgebaut ist und auf dem aktuellen, strukturgeschichtlichen Forschungsstand basiert. Überdies fällt auf, dass Bullock auch mehr als vierzig Jahre nach dem Ende der nationalsozialistischen Diktatur Hitlers und nach intensiver historischer Forschung nur sporadisch oder gar nicht aktuelle Quelleneditionen berücksichtigt, wie etwa die Aufzeichnungen, Reden und Publikationen von Hitler, die seither erschienen sind, und auch nicht die Goebbels-Tagebücher. Bullock bietet dafür, wie schon in seinem Erstlingswerk von 1952, eine souveräne und sehr gut lesbare Darstellung, die aber für das Fachpublikum kaum Neues offeriert. Auch hat er geschichtswissenschaftliche Kontroversen, wie etwa den deutschen „Historikerstreit" der 1980er Jahre, nur am Rande erwähnt und sie für seine Interpretation als heuristisches Konzept nicht genutzt; ganz im Unterschied zu Overys Erzählung, die trotz seiner Theorie-Abstinenz persönlich-biographisches mit einem strukturgeschichtlichen Konzept verbindet und damit seine Doppelbiographie nicht nur überzeugender in den zeitgenössischen Bedingungs- und Handlungsrahmen einordnet, sondern auch die politisch-gesellschaftlichen Bedingungen für die persönliche Macht von Diktatoren thematisiert.

Bullock hat mit seiner (Hitler-)Biographie von 1952 das zeitgeschichtliche Wissen und Bewusstsein einer Generation geprägt. Mit der Doppelbiographie von Hitler und Stalin bewies er mit einer souveränen Erzählung und einem klaren und differenzierten Urteil, dass man die zwei Diktatoren miteinander vergleichen kann, ohne sich dem Vorwurf der Relativierung der Singularität des Nationalsozialismus auszusetzen, so wie das zuvor im „Historikerstreit“ geschehen war. Dass das machbar war, hat sicherlich auch andere Historiker zu einem Diktaturvergleich ermutigt, die dabei konzeptionelle Schwächen von Bullocks Spätwerk ausglichen.

Literatur aus der „Szene“: Remigrationsideologie eines Identitären

Von Florian Hartleb

Martin Sellner, Remigration. Ein Vorschlag, Schnellroda 2024 (*Antaios*), 184 S.

1. Einleitung: Relevanz

Anfang 2024 schlug ein 184-seitiges Büchlein, das zum Teil mit Missachtung gestraft wurde, hohe Wellen. In Götz Kubitscheks neurechtem *Antaios*-Verlag erschienen, stand es bereits vor der Veröffentlichung auf Platz eins der Amazon-Bestellerliste, nicht nur in der Politikwissenschaft, sondern in der Kategorie „Bücher“. Bei dem Buch handelt es sich um *Remigration. Ein Vorschlag.*[1] Hier geht es nicht nur um ein Buch: Bei der Zusammenkunft in einem Potsdamer Hotel sollen die Teilnehmer über einen Masterplan zur „Remigration“ von Millionen Menschen aus Deutschland gesprochen haben, wie das linke Recherchenetzwerk *Correctiv* berichtete.[2] Das Treffen, bei dem Martin Sellner vorab die Thesen seines neuen Buches präsentierte, soll bereits im November 2023 stattgefunden haben. Nach Bekanntwerden des Treffens kam es in vielen deutschen Städten zu „Anti-Rechts-Demonstrationen“.[3] Martin Sellner bekam durch die Stadt Potsdam ein Einreiseverbot nach Deutschland per gerichtlichem Beschluss, welches zwischenzeitlich wieder aufgehoben wurde. Sellner wurde bereits 2018 in Großbritannien, was damals noch zur EU gehörte, bei einem Einreiseversuch festgenommen und in eine Abschiebeeinrichtung gebracht. Im Jahr darauf verhängten die USA ein Einreiseverbot gegen ihn, der selbst mit einer US-Amerikanerin verheiratet ist.[4] Nach Eigenaussage gilt Sellner, der mit Götz Kubitschek eng verbunden ist, als „Kopf der österreichischen Identitä-

1 Vgl. Bei Rechtsextremist Sellner klingelt die Kasse, in: T-Online vom 1. Februar 2024, unter: https://www.t-online.de/nachrichten/deutschland/id_100334458/martin-sellner-buch-schon-jetzt-amazon-bestseller-vor-veroeffentlichung.html (14. Mai 2024).

2 Vgl. Geheimplan gegen Deutschland, in: Correctiv vom 10. Januar 2024, unter: https://correctiv.org/aktuelles/neue-rechte/2024/01/10/geheimplan-remigration-vertreibung-afd-rechtsextreme-november-treffen/ (15. August 2024).

3 Vgl. FN 1.

4 Zu den Hintergründen Steven Schäller, Biographisches Porträt: Martin Sellner, in: Uwe Backes/Alexander Gallus/Eckhard Jesse/Tom Thieme (Hrsg.), Jahrbuch Extremismus & Demokratie, Bd. 22, Baden-Baden 2020, S. 193–210. Sellners Frau, die US-Amerikanerin Brittany Sellner (geb. Pettibone), ist ebenfalls Aktivistin und gut vernetzt. Beide gelten als metapolitische Influencer.

ren Bewegung“.[5] Was Sellner geschickt nutzt, sind die sozialen Medien. Auf dem Messengerdienst *Telegram* hat er knapp 70.000 Follower, er nutzt zusätzlich auch Nischen-Netzwerke wie *Odysee*. Gerade junge Menschen fühlen sich hier angesprochen.[6] In Videos verbreitet er seine Ideologie, inszeniert sich zuletzt etwa als „Opfer“ und „Ausgegrenzter“ des „Systems“. Sellners politischer Aktivismus geht jedoch weiter zurück. Er war zunächst als Neonationalsozialist mit dem Holocaustleugner Gottfried Küssel als Mentor aktiv gewesen und hatte dann die österreichische *Identitäre Bewegung* (IB) mitbegründet.[7] Sellner schrieb ein Nachwort für das Buch, das die Grundlage für seine Streitschrift bildet: *Revolte gegen den Großen Austausch* seines Ideengebers Renaud Camus.[8] Kritische Stimmen attestieren den *Identitären* ein ungeklärtes Verhältnis zur Gewalt und gar ein Näheverhältnis zu einem rechten Terrorismus.[9] Für besondere Diskussionen sorgte, dass der australische Terrorist von Christchurch in Neuseeland, der am 15. März 2019 in zwei Moscheen eindrang und 51 Menschen ermordete, an Sellner Geld spendete. Gleichwohl wurde das diesbezügliche Strafverfahren gegen Sellner eingestellt. Sellner und der Attentäter haben eine gewisse ideologische Nähe jenseits der Unterstellung, Sellner würde Terrorismus gutheißen: Konkret geht es um die Idee des *Great replacement* (Großer Austausch).[10] Angeblich werde Europa gezielt durch muslimische Einwanderer „überflutet“, die einheimische Bevölkerung auf diese Weise „zersetzt“. Der Attentäter von Christchurch, der zuvor quer durch Europa reiste, nutzte auf dem Titelbild seines 55-seitigen Manifests das Symbol der *Identitären*.[11]

Der Stein des Anstoßes: Remigration, was wörtlich „Zurückkehren“ bedeutet – im Zusammenhang mit Migrationsströmen, die es seit Jahrtausenden gibt. Rückwanderung kann nicht von Migrationsprozessen isoliert betrachtet werden, insbesondere bei temporär angelegten und zirkulären Wanderungsbewegungen. Hier gibt es konzeptionelle Ansätze.[12] Angesichts eines Arbeitskräftemangels in der Ukraine infolge des Krieges stellte die deutsche Bundesregierung im Mai 2024 etwa Überle-

5 Martin Sellner, Der Aufstand der Verschwörungsgegner, in: Sezession vom 20. Mai 2020, unter: https://sezession.de/62860/der-aufstand-der-verschwoerungsgegner (15. August 2025).

6 Vgl. Florian Hartleb, Teenager-Terroristen. Wie sich unsere Kinder radikalisieren – und wie wir sie schützen können, Hamburg 2025.

7 Vgl. Michael Bonvalot, Österreich als Warnung. Gründung, Aufstieg und internationale Bedeutung der Identitären Bewegung Österreich, in: Andreas Speit (Hrsg.), Das Netzwerk der Identitären, Berlin 2018, S. 202–225.

8 Vgl. Renaud Camus, Revolte gegen den Großen Austausch. Mit einem Nachwort von Martin Sellner, Schnellroda 2023, hier: S. 192–224.

9 Vgl. Judith Goetz/Alexander Winkler, „Terror mit Ansage“ – Das Naheverhältnis der Identitären zum Rechtsterrorismus, in: Marc Coester u. a. (Hrsg.), Rechter Terrorismus: international – digital – analog, Wiesbaden 2023, S. 203–230.

10 Vgl. Andreas Önnerfors, „The Great Replacement“ – Decoding the Christchurch Terrorist Manifesto, in: Eviane Leidig (Hrsg.), Mainstreaming the Global Right, Stuttgart 2020, S. 209–218.

11 Vgl. Florian Hartleb, Lone Wolves. The New Terrorism of Right-Wing Actors, Cham/Schweiz u. a. 2020.

12 Vgl. Jean-Pierre Cassarino, Theorising Return Migration: The Conceptual Approach to Return Migrants Revisited, in: International Journal on Multicultural Societies 6 (2004), S. 253–279.

gungen an, wie aus der Ukraine geflüchtete Menschen bei einer Rückkehr in ihre Heimat unterstützt werden können. Ähnliches galt einst im Zuge des Bosnien- und Kosovo-Krieges in den 1990er Jahren. Auf der anderen Seite gibt es historische Beigeschmäcker. So hatten die Nationalsozialisten im Jahre 1940 sogenannte „Remigrationspläne“, nämlich alle Juden in ein Großghetto auf die ostafrikanische Insel Madagaskar zu deportieren.[13]

Die *Alternative für Deutschland* (AfD) beschreibt Remigration wie folgt: „Remigration umfasst alle Maßnahmen und Anreize zu einer rechtsstaatlichen und gesetzeskonformen Rückführung ausreisepflichtiger Ausländer in ihre Heimat.“[14] Immer wieder wird mit einem Verweis auf eine Rechtsstaatlichkeit argumentiert. Ziel der Neuen Rechten ist es, auf der politischen Bühne theorie- und diskursfähig zu werden. Als Vordenker der Neuen Rechten wie der *Identitären* kann hier der Franzose Alain de Benoist gelten, der sich dem Kulturrelativismus verschrieben hat.[15] Martin Wagener, mittlerweile abberufener Professor an der Hochschule des Bundes für öffentliche Verwaltung im Bereich „Nachrichtendienste“ stellt die Existenzfrage, ob „das deutsche Volk“ noch existiere. Die Bevölkerungspolitik der Bundesregierung sei darauf ausgerichtet, eine multikulturelle Gesellschaft zu errichten. Aus einer historisch gewachsenen Kulturnation soll eine neue Willensnation werden, lauten die Kernthesen seines opulenten Buchs zum vermeintlichen *Kulturkampf um das Volk*[16], das Sellner mehrfach wohlwollend zitiert. Der Verfassungsschutz sieht gerade die Passagen, in denen Wagener über Ethnopluralismus schreibt, als extremistisch an.

Die zentrale Frage stellt sich dann, ob ein „Masterplan“ konstruiert wird, hier gemeint als „Gegennarrativ“. Eröffnet Sellner diesen für Massenabschiebungen, die den von Verschwörungstheoretikern unterstellten „großen Bevölkerungsaustausch“ durch die Eliten (mehr dazu hier) rückgängig machen sollen? Der Autor nimmt immerhin für sich in Anspruch, bei Remigration für das gesamte rechte politische Lager zu sprechen (S. 8): „Nur sie kann die Umgestaltung Deutschlands zu einem postdemokratischen Vielvölkerstaat aufhalten und umkehren. Remigration ist daher das Primat jeder rechten Politik, und jeder seriöse rechte Politiker muss ein Remigrationskonzept vorlegen.“ Es wird klar, dass das Buch von einem bestimmten Politikansatz durchtränkt ist, der einen „roten Faden“ in der Migrationsfrage hat.

Sellner und die von ihm populär gemachte IB finden sich in ideologischer Gesellschaft der Neuen Rechten. Die IB sah und sieht im Fremden eine tödliche Gefahr und das Ende des Eigenen. Nicht nur ideologisch hat sich die Neue Rechte im Vergleich zur traditionellen Rechten verändert. Vor diesem Hintergrund spricht Sellner verächtlich von „ethnischer Wahl“. Ethnokulturalität „bilde[t] das nötige stabile

---

13 Vgl. Peter Longerich, Politik der Vernichtung, München 1998.

14 Alternative für Deutschland, Was den Begriff der Remigration definiert. Positionspapier vom 29. Januar 2024, unter: https://www.afd.de/remigration/ (14. August 2025).

15 Vgl. Armin Pfahl-Traughber, Intellektuelle Rechtsextremisten. Das Gefahrenpotential der Neuen Rechten, Berlin 2022.

16 Vgl. Martin Wagener, Kulturkampf um das Volk. Der Verfassungsschutz und die nationale Identität der Deutschen, Hamburg 2021.

Fundament für abstrakte, ideologische, ökonomische und religiöse Vielfalt. […] Sie ist damit das diametrale Gegenteil zum Multikulturalismus und den modernen ‚Identity politics‘, welche die Gesellschaft ethnisch fragmentieren und ideologisch spalten“ (S. 29 f.). Trotz der kulturellen Argumentation bezieht sich Sellner angeblich auf „aktuelle naturwissenschaftliche Diskurse“, was in sich einen Widerspruch darstellt (S. 27).

Politisch rechte Personen und Gruppierungen mobilisieren mittels Angst. So bemüht Sellner zum Beispiel für einzelne Zuwanderergruppen Schreckensszenarien: „Damit nötigt die Einführung der Quoten in die Debatte die politischen Mittbewerber dazu, Farbe zu bekennen. Sind sie der Ansicht, dass Deutschland beispielsweise unendlich viele Afghanen und Nigerianer integrieren und assimilieren kann? Wenn nein, wo liegt dann ihre Obergrenze und Migrationsquote? Der erwartbare Anstieg der Kriminalitätsraten und Kosten durch weiteren Import von Einwanderern aus bestimmten Herkunftsländern ließe sich auch gut aus dem Assimilationsmonitor ableiten. Importiert man massenhaft Menschen aus einer Region, ohne dass sie assimiliert werden können, so importiert man auch deren Religion, Kultur und Sozialstruktur bis hin zu Vergewaltigungs- und Mordraten. Masseneinwanderung aus Afghanistan macht nicht Afghanistan lebenswerter, sondern Deutschland afghanischer“ (S. 49).

Hier zeigt sich die kollektive Abwertung anderer Kulturen und ein monoethnisches Denken. Über Menschen wird pauschal geurteilt und auf Sündenböcke abgestellt. Horrorszenarien stehen in engem Zusammenhang mit einer identitären Bewertung von Migration. Positive Folgen werden unterschlagen, während negative von der Migration unmittelbar abgeleitet werden. Sellner lässt Raum für Interpretation der Befürchtungen von Teilen der Bevölkerung und reiht mögliche kontraproduktive Auswirkungen aneinander (S. 17): „Der Bevölkerungsaustausch ist eindeutig eine zentrale Ursache für steigende Kriminalität, den Verlust der Sicherheit im öffentlichen Raum, die Überlastung des Sozial-, Schul- und Gesundheitssystems, den Anstieg der Mieten, die fortschreitende Versiegelung des Bodens und das Auftreten des islamischen Terrorismus. Diese Flurschäden sind jedoch bei weitem nicht die schlimmsten Folgen. Noch schwerer wiegt die Auswirkung auf die Politik in Form der ‚ethnischen Wahl‘. Die Tatsache, dass nichtassimilierte Migranten nicht nur hier leben, sondern auch hier wählen, wird von oberflächlichen Migrationskritikern meist ausgeblendet.“ Die Aufzählung ohne Benennung konkreter Akteure dient der Dehumanisierung und Kollektivierung von Minderheiten. Wie eingangs geschildert leben Bedrohungsszenarien von dichotomen Darstellungen. Wesentlich sind dafür „reale und übertriebene Krisen“.[17]

17 Ruth Wodak, Politik mit der Angst: zur Wirkung rechtspopulistischer Diskurse, Wien/Hamburg 2016, S. 22.

2. Politische Begründung

Sellner konstruiert ein monoethnisches Volk der Deutschen. Dieses Volk habe gemeinsame Bedürfnisse und Interessen. Allein ihm stehe das deutsche Staatsgebiet zu. Mithilfe einer Remigrationspolitik sei ein identitäres bzw. assimiliertes Staatsvolk zu schaffen, das Probleme aus sich selbst heraus angehen könne und keine ethnische Belastung für andere Völker darstelle. Andere Völker könnten auf ihrem Staatsgebiet unterstützt werden, was einen Widerspruch zu den angeblichen Eigeninteressen darstellt. Per se bezieht sich Sellner auf einen globalen Ethnopluralismus und geht von einer komplexen Leitkultur aus. Für Sellner lassen sich daraus Regeln für das Zusammenleben in Deutschland ableiten. Sellner ist in seinen Worten und Schriften stark von Rolf Peter Sieferle inspiriert, der posthum *Finis Germania* veröffentlichte.[18]

Nun ist es Sellner, der die aktuelle deutsche Zuwanderungspolitik mit einer „Identitätspolitik“ gleichsetzt. Neben dem Holocaust sieht er im Kolonialismus den Grund für einen erweiterten „Schuldkult“. Der deutschen Politik gehe es um Wiedergutmachung für historische Verbrechen (S. 23). Sellner geht noch weiter (ebd.): „Die Elite dieses ‚Schuldkultblocks‘ macht keinen Hehl daraus, dass ihr die Demütigung und Schädigung des eigenen Volkes Freude bereitet (zumindest, solange sie die Folgen nicht am eigenen Leib zu spüren bekommt).“ Sellner folgert, dass die aktuelle Zuwanderungspolitik auf einer negativen Identität beruhe.

3. Politischer Plan

An dieser Stelle tut eine kurze Erklärung der politischen Agenda Sellners not. Sellners Motiv ist die Schaffung einer ethnisch homogenen Gesellschaft. Da kulturelle Vielfalt auf Dauer die Demokratie gefährde, müsse eine einheitliche kulturelle Identität in Deutschland und Europa wiederhergestellt werden. Remigration müsse daher, nicht hinreichend kulturell angepassten Menschen, vor allem Migranten, eine Existenz außerhalb Europas ermöglichen. Ethnien könnten gut nebeneinander, aber schlecht miteinander bestehen. Andere Erdteile und einzelne Staaten machten es Deutschland und Europa vor, wie eine reibungslose Remigration durchzuführen sei. Entsprechend gebe es auch historische Beispiele für Remigration.

Jeder politische Plan braucht Legitimität. Die Remigration als Herzstück des Buches gliedert Sellner anhand von drei Gruppen: Gruppe A: „Asylanten“, Gruppe B: „Ausländer“, Gruppe C: „nichtassimilierte Staatsbürger“.

1) Gruppe A genießt laut Sellner einen auf wackeligen Prämissen fußenden Schutz als abgelehnte Asylbewerber und Ausreisepflichtige sowie gemäß der

18 Vgl. Rolf Peter Sieferle, Finis Germania, Berlin 2020.

Genfer Konvention. Diese Gruppe soll als Erstes in ihre Heimatländer bzw. in Drittstaaten ausreisen bzw. abgeschoben werden (S. 58–61).

2) Gruppe B habe sich zum Teil integriert. Gleichwohl würden viele nichteuropäische Nichtstaatsbürger nicht selbst für ihr Auskommen sorgen. Sellner geht jedoch davon aus, dass diese Integration mangels Assimilation, d. h. Aufgehen ins Staatsvolk, nicht von Dauer sein sollte. Grund für Abschiebung könne unbotmäßiges Verhalten wie Straftaten sein (S. 61–65).
3) Gruppe C verfüge über die deutsche Staatsbürgerschaft und sei größtenteils integriert. Wegen divergierender Ansichten zur Assimilation sei jedoch auch bei diesen Staatsbürgern teilweise eine Ausreise ohne Rückkehr denkbar. Sellner will Loyalität Deutschland gegenüber einfordern und die Doppelstaatsbürgerschaft abschaffen (S. 65–68). Das impliziert ein Vertreibungsprogramm, das nicht eine Rückkehr, sondern das Umgekehrte ist: eine Ausweisung.

Sellners Gedanke beinhaltet die Schaffung von Ankerzentren und als Vorbild dienende Musterstädte in Drittstaaten. Ziel dabei ist eine Kostensenkung bei gleichzeitiger Schaffung lebenswerter Initiativen bzw. Alternativen zur Auswanderung nach Europa bzw. Deutschland. Mithilfe der Ankerzentren ist das Asylverfahren durch Verweigerung der Aufnahme in europäischen Staaten wie Deutschland so unattraktiv wie möglich zu gestalten. Damit bleibt die Frage verbunden, ob es dann bei Abschottung für europäische Staaten noch interessant ist, vor Ort in humanitäre Projekte zu investieren. Schließlich kann dies staatlichen Eigeninteressen entgegenstehen (S. 107–115). Ferner sieht Sellner durch Remigration verbesserte Perspektiven für Deutschland. In seiner Rechtfertigung hofft er, durch die Remigration einem Bürgerkrieg zuvorzukommen und eine friedliche Lösung für soziale Verwerfungen zu bieten (S. 67). Sellners eigentlicher Duktus wird klar, wenn er von „einer massiven(n) Entrechtung der Einheimischen“ (S. 148) spricht. Seine beiden „Remigrationsfallstudien“ nennen als Subjekte „Afghanen“ und „Türken“ (S. 149–156).

Sellners Stoßrichtung ist klar: Sie zielt gegen Menschen mit Migrationshintergrund. Wie er selbst am Ende ausführt, soll „Deutschland jeden Tag wieder etwas deutscher [werden]“ (S. 167). Hier bleibt viel Spielraum für eine Bewertung, bis hin zu einer „Blut-und-Boden-Ideologie“, Abschiebungen und Exklusion.[19] Zudem beruft sich Sellner auf Konzepte wie Leitkultur und Ethnopluralismus, die er politisch für unverfänglich hält. Interessanterweise bestimmt er beide Begriffe ethnokulturalistisch bzw. identitär (S. 29), wobei Bassam Tibi als Begründer des Konzepts der europäischen Leitkultur etwas anderes als Ethnopluralismus im Sinn hatte. Vielmehr ging es Tibi um ein Bekenntnis zur liberalen Demokratie, wenngleich er „den Islam“ teilweise durchaus kritisch sieht.[20]

---

19 Vgl. Lukas Rogner, Martin Sellner und Walter Spatz: Gelassen in den Widerstand, in: David Meiering (Hrsg.), Schlüsseltexte der ‚Neuen Rechten‘. Kritische Analysen antidemokratischen Denkens, Wiesbaden 2022, S. 149–163.

20 Vgl. Bassam Tibi, Europa ohne Identität? Europäisierung oder Islamisierung, Stuttgart 2016.

4. Fazit

Sellner verfolgt einen Sendungsanspruch, wie gegen Ende des Buchs deutlich wird: „eine metapolitische Pionierarbeit, die die Remigration vorbereitet. Argument für Argument muss das Dickicht der Migrationspropaganda gerodet werden, damit eine Schneise für die Migrationswende sichtbar wird. Die Bedrohung durch den Bevölkerungsaustausch muss im nationalen Bewusstsein ebenso präsent gemacht werden, wie das den Mainstreammedien mit der inszenierten Drohkulisse der ‚Coronapandemie' und des ‚menschengemachten Klimawandels' glückte" (S. 166 f.). Sellner bringt auf der einen Seite das Migrationsthema in direktem Zusammenhang mit den zwei zentralen Themen rechtsradikaler Agitation: der „Kampf" gegen die Corona-Diktatur sowie die Leugnung des Klimawandels. Auf der anderen Seite versucht er eine Legalitätsstrategie, indem er etwa immer Texte aus der Bundeszentrale für politische Bildungsarbeit zitiert. Hier geht es wohl auch um den Hintergrund, dass er seit Jahren mit Einreiseverboten und Strafverfahren konfrontiert ist.

Bei Sellner zeigt sich deutlich, dass er weite Teile des deutschen Volks bzw. Demos ablehnt und er den Islam in weiten Teilen als fremd wahrnimmt. Fremde Völker hätten nichts in Deutschland verloren und würden die dortige Kultur abschaffen bzw. verfälschen. Anders als Teile der AfD bemüht sich Sellner um einen ethnokulturellen Volksbegriff. Dieser grenzt laut Verfassungsschutz und Justiz Bevölkerungsteile aus. Die AfD bemüht mit „Umvolkung" und teilweise ethnokulturalistischen Aussagen rechtsextremistisches Gedankengut. Gleichwohl befindet sie sich nicht gänzlich im Dunstkreis Sellners. Sellner hatte bei der Konferenz im November 2023 Kontakt zu AfD-Mitgliedern. Aus gutem Grund geht die AfD allerdings auf Distanz zu Sellners ideologischen Prämissen. Sie bekennt sich dazu, politisch „rechts" zu sein. Teile von Sellners Werken sieht die AfD mehrheitlich dennoch als problematisch an, mit Ausnahmen wie etwa Maximilian Krah.[21]

Während etliche Begrifflichkeiten in der identitären Remigrationspolitik eine politische Umdeutung erfahren, setzt Sellner auf Ethnopluralismus als Bindeglied der Neuen Rechten. Im Endeffekt handelt es sich bei *Remigration. Ein Vorschlag* um einen neuen Aufguss weit rechter Ideen. Dessen Verfasser befindet sich in der Tradition anderer Autoren der Neuen Rechten. Was Sellner von anderen rechtsextremen Schriftstellern der Neuen Rechten unterscheidet, ist seine umfassende, radikale und offensive politische Agenda, mithilfe derer er die deutsche Gesellschaft zu transformieren gedenkt. Seine Metapolitik erklärt Sellner zur universellen Ideologie der politischen Rechten, womit er sich gegen den demokratischen Pluralismus in Stellung bringt. Politischer Dissens ist in Sellners Utopien bzw. Visionen nicht vorgesehen. Den unter anderem von ihm selbst geschürten Ängsten stellt er ein identitäres Konzept entgegen. Ziel bleibt eine deutsche kulturelle Hegemonie und

21 Vgl. Fatina Keilani, Das Ringen um den Volksbegriff – und wie ausgerechnet drei Migranten die AfD vom Vorwurf des Rassismus reinwaschen sollen, in: Neue Zürcher Zeitung vom 17. Mai 2024, unter: https://www.nzz.ch/international/ringen-um-den-volksbegriff-ist-auch-in-muenster-die-zentrale-herausforderung-ld.1822150 (14. Mai 2025).

die Besinnung auf eigene nationale Interessen. Sein Büchlein, wiewohl kein intellektueller Entwurf, ist ein weiterer Schritt auf diesem Weg hin zu einem anderen politischen Diskurs in Deutschland und Europa.

Einzelbesprechungen:

Die illiberale Bedrohung

Von Martin Sabrow

Anne Applebaum, Die Achse der Autokraten. Korruption, Kontrolle, Propaganda: Wie Diktatoren sich gegenseitig an der Macht halten. Aus dem Englischen von Jürgen Neubauer, München 2024 (*Siedler*), 206 S.

Das jüngste Buch der Pulitzer-Preisträgerin (2004) und Friedenspreisträgerin des Deutschen Buchhandels (2024) Anne Applebaum ist ein Manifest, und es gilt dem breiten Spektrum autoritärer und undemokratischer Herrschaft in der Gegenwart. Der Furor, der die amerikanisch-polnische Journalistin und Historikern antreibt, speist sich aus der Erkenntnis, dass die nach 1990 zur Überraschungssiegerin der Systemkonkurrenz des 20. Jahrhunderts ausgerufene Demokratie sich 30 Jahre später weltweit als unerwartet brüchig und ohnmächtig erweist.

In fünf Kapiteln durchmustert Anne Applebaum das Netzwerk autoritärer Regime unserer Zeit, deren einigendes Band sie im „Krebsgeschwür der Kleptokratie" (S. 49) sieht. Eingangs versucht die Autorin das eigentlich Neue dieser neuen Herrschaftsform zu skizzieren. Sie sieht sie durch suprastaatliche Verflechtung sowie eine charakteristische Verschränkung von Staat und korrupter Privatwirtschaft gekennzeichnet, die aber nicht von einer gemeinsamen Ideologie getragen wird, sondern lediglich durch die skrupellose Bereitschaft zu Machterhalt und Selbstbereicherung. Zu dieser rund 50 Staaten umfassenden Welt zählt Applebaum kommunistische, sozialistische und nationalistische Regime (genannt werden China, Venezuela und Russland), aber ebenso arabische Monarchien und „nichtfreiheitliche Demokratien" wie die Türkei, Ungarn, Singapur oder Indien. Im Wissen, dass diese Regime freie Wahlen nicht überstehen könnten, verbindet sie alle eine offensive und gewalthafte Absage an als westlich denunzierte Werte wie Rechtsstaatlichkeit und bürgerliche Freiheit, die sich aus dem „Bewusstsein speist, dass ihnen die Welt nichts anhaben kann" (S. 13). Das Hauptziel der modernen Autokratien ist der Machterhalt, und sie haben einen gemeinsamen Feind: „Dieser Feind sind wir" (S. 17), ist die demokratische Welt.

Unverkennbar ist *Die Achse der Autokraten* unter dem Eindruck des russischen Überfalls auf die Ukraine geschrieben – Putins Invasion 2022 bildet für Applebaum die erste militärische Schlacht im weltweiten Kampf einer illiberalen Internationale, die der demokratischen Welt den Krieg erklärt hat und überzeugt ist, in diesem Krieg die Oberhand zu behalten. Ihr besonderes Merkmal ist die Formulierung eines selbstbewussten Geltungsanspruchs, der sich offen zur Verachtung der Menschenrechte und des Völkerrechts bekennt. Zu klären, worauf dieses Selbstverständnis autoritärer Regime sich stützt und wie man ihm begegnen kann, ist das Anliegen der Studie.

Applebaums Analyse setzt mit dem Richtungswandel der bundesdeutschen Ostpolitik in der zweiten Hälfte der 1960er Jahre ein, die sich dem Handel mit der Sowjetunion öffnete und im Slogan des „Wandels durch Handel" eine Phase der Entspannung einleitete, aber sich um die politischen Konsequenzen des Handels mit einer Diktatur ungeachtet US-amerikanischer Bremsversuche wenig scherte. Doch der auch von Bill Clinton geteilte Optimismus, dass wirtschaftliche Innovation und politische Befreiung Hand in Hand gingen, habe sich spätestens mit Putins Machtantritt als gefährliche Illusion erwiesen, in deren Schatten sich Russland zu einem Mafiastaat entwickelte. Im zweiten Kapitel analysiert Applebaum die Verwandlung autoritär geführter Staaten in Kleptokratien am Beispiel der „Bolivarischen Revolution" Venezuelas – sie arbeitet insbesondere die internationale Vernetzung mit Russland, China, Kuba, der Türkei und Iran heraus, die den lateinamerikanischen „Schurkenstaat" nach dem Tod von Hugo Chávez am Leben hielt. Wie die Autorin mit zahlreichen Details plausibel belegt, lässt sich die weltumspannende Verflechtung staatlicher Kleptokratien unter Umgehung aller Sanktionen nicht weniger deutlich am Beispiel des Goldschmuggels in Simbabwe unter Präsident Mnangagwa erkennen, während im Fall Kirgisistans der „Zufluss von kleptokratischem Geld" (S. 64) über den stark angestiegenen Güterexport nach Russland erfolgte und dort in der Folge zur Stärkung autokratischer Herrschaftsstrukturen beitrug.

Im Folgekapitel wechselt Applebaum die Betrachtungsebene und widmet sich nach den wirtschaftlichen Verflechtungen den repressiven politischen Verhältnissen, die die „Achse der Autokraten" kennzeichnen. Hier gewinnt die Argumentation den Charakter einer Streitschrift, in der die Naivität der politischen Klasse und ihrer journalistischen Beobachter gegeißelt wird, die Applebaums publizistische Warnung vor dem Internet als einem politischen Kontrollinstrument in Abrede gestellt und die digitale Technik blauäugig als willkommenen Schutz vor Tyrannei missverstanden hätten. In der Tat behielt Applebaum recht, und sie kann zeigen, wie erfolgreich etwa China in den letzten 25 Jahren mit seinem „Goldener Schild" genannten Internetmanagement ein Orwell'sches System der Informationsunterdrückung zu installieren und effektiv mit anderen Repressionsinstrumenten wie von der KI-gesteuerten Gesichtserkennung bis zur klassischen polizeilichen Verfolgung zu verbinden vermochte.

Dabei bleibt es nicht. In der autokratischen Welt der Moderne tritt die Beeinflussung neben die Unterdrückung und die Desinformation an die Seite der Zensur. In instruktiver Weise arbeitet Applebaum die Macht der Medien heraus, die im autokratischen Dienst die Weltöffentlichkeit mit Fake News und Social-Media-Kampagnen überziehen. Anders als die klassischen Diktaturen des 20. Jahrhunderts arbeiten heutige Spielarten autoritärer Herrschaft nicht mehr mit der Suggestionskraft der Zukunftsutopie, sondern im Gegenteil mit deren Hohlheit und der zynischen

Propagierung eines achselzuckenden Zynismus, der keine Wahrheit mehr kennt und empfänglich für die abstrusesten Verschwörungserzählungen ist.

Im nächsten Schritt ihrer Untersuchung geht Applebaum auf die Debatte um universale Werte ein. Ausgehend von der Erklärung der Allgemeinen Menschenrechte von 1948 ruft sie das Konzept einer regelbasierten internationalen Ordnung in Erinnerung, das nie unumstritten war, aber in jüngster Zeit immer stärker als Ausdruck eines westlichen Imperialismus in Frage gestellt wird. Nicht nur China und Russland kontern die Idee der universalen Menschenrechte mit dem Konzept einer multipolaren Welt, die dem Recht auf Entwicklung und dem Leitbild der nationalen Souveränität den Vorrang vor dem Schutz des einzelnen einräumt.

Ein letzter thematischer Fokus in Applebaums Argumentation gilt dem Bemühen diktatorischer Regime, die Demokratiebewegung in ihren Ländern zu marginalisieren und zu unterdrücken. Wieder beeindruckt die Weite des Blicks, mit dem die vielfältigen Formen des politischen und sozialen Widerstands in autokratisch beherrschten Ländern von Myanmar bis Hongkong durchmustert werden. Doch so ideenreich sie agieren, unterliegen sie, wie Applebaum mit Recht feststellt, regelmäßig einer überlegenen Staatsmacht, die neben nackter Gewalt ein breitgefächertes Instrumentarium der Verunglimpfung aufbietet und ihre Gegner erfolgreich als Verräter und westliche Agenten denunziert.

Warum aber verfangen sich solche Schmutzkampagnen in der eigenen Bevölkerung überhaupt so regelmäßig wie nachhaltig? Hier wird die Argumentation von Anne Applebaum vage. Sie merkt die wirkmächtige Verschwisterung von Gewalt und Suggestion an; sie verweist auf die persuasive Kraft der Wiederholung falscher oder übertriebener Anschuldigungen und benennt die Ablenkungskraft von Korruptionsvorwürfen ebenso wie die Durchschlagskraft von Online-Hetzkampagnen, die mit Hilfe von Social Media auch in atomisierten Gesellschaften zum Massenmobbing führen können. Aber nichts davon unterscheidet diese Massenbeeinflussung im Kern von der traditionellen Machtsicherung diktatorischer Regime der Moderne, und noch weniger erreicht es die Tiefenschichten gesellschaftlicher Loyalitätsbildung und politischer Herrschaftslegitimation, wie sie für die beiden großen Diktatursysteme des 20. Jahrhunderts herausgearbeitet worden sind.

Der wesentliche Grund für diese analytische Schwäche liegt in der für Applebaums Buch zentralen Kategorie der Autokratie. Sie gibt der Untersuchung nicht nur eine personalisierende Zielrichtung vor, die immer wieder auf Einzelfiguren wie Wladimir Putin, Hugo Chávez, Xi Jinping oder auch Donald Trump abhebt, sondern zeichnet sich auch durch eine beträchtliche Unschärfe aus. Ob und wann ein Land im Sinne Applebaums als Autokratie bzw. „fortschrittliche Autokratie“ (S. 145) zu bewerten ist, bleibt im Ungefähren. Stellt die Türkei unter Erdogan eine Autokratie dar, war es Polen unter der PiS-Herrschaft? Wie verhalten sich Diktatur und Autokratie zueinander, und meint der Begriff der „nicht-freiheitlichen Demokratie“ ein Synonym oder eine Variante der Autokratie? Anne Applebaum hat ihr Buch vor der abermaligen Wahl Trumps zum Präsidenten der USA abgeschlossen, aber ihre fast prophetischen Worte von 2024 stellen zugleich die Trennschärfe ihres Autokratiebegriffs in Frage: „Sollte es Trump jemals gelingen, nicht nur mit massiven Trollkampagnen, sondern auch mit Gerichten und Ermittlungsbehörden gegen seine Feinde vorzugehen, dann wäre die Vermischung aus autokratischer und demokratischer Welt perfekt“ (S. 154).

Anne Applebaums Großessay fordert einen zweiten Einwand heraus, und er bezieht sich auf die fast durchgängige Top-Down-Perspektive, in der er gehalten ist. In ihrer Streitschrift stehen Machthaber im Vordergrund, aber die sie tragenden Strukturen und Strömungen blitzen nur beiläufig auf. Das Weltbild der russischen Gesellschaft erscheint in Applebaums Argumentation durch staatliche Kampagnen erzeugt, die grassierende Zukunftsskepsis der Gegenwart durch die gezielte Verbreitung von Hoffnungslosigkeit hervorgerufen, und die Empörung der Afrikaner über Europa wird nicht aus der Jahrhunderte umfassenden kolonialen Ausbeutung erklärt, sondern aus den „systematischen Bemühungen Chinas, die Medien und das Elitepublikum in aller Welt zu kaufen oder zu beeinflussen“ (S. 85).

Kritisch anzumerken ist schließlich die teleologische Perspektive, die Anne Applebaums Urteilsbildung leitet. In ihrer Argumentation bleibt der historische Wandel nahezu ausgespart, der die Handlungsbedingungen und Denkhorizonte des verhärteten Kalten Krieges von denen der Gegenwart scheidet. Ist es historisch angemessen, das Streben nach verlässlichen Ost-West-Beziehungen in der Zeit des Kalten Krieges, aus dem 1967 der Bau der ersten Erdgaspipeline von der Sowjetunion nach Westeuropa resultierte, tatsächlich primär unter dem Gesichtspunkt der in unserer heutigen so dominanten Abhängigkeitsgefahr zu beurteilen? Lässt sich ernsthaft vermuten, dass Putins Projekt, Russland in einen kleptokratischen Mafiastaat zu verwandeln, schon im Dresdner Hauptquartier des KGB angebahnt wurde, in dem der spätere Präsident in den 1980er Jahren Dienst tat? Und unterschätzt Applebaum nicht die zeitweilige Offenheit der Entwicklung Russlands nach dem Auseinanderfall der Sowjetunion, wenn sie annimmt, dass Putin von Anfang darauf aus war, in Russland unter dem Banner der Demokratie eine Diktatur zu errichten?

Doch ungeachtet dieser methodischen und inhaltlichen Bedenken – die Historikerin und Journalistin Anne Applebaum hat mit der *Achse der Autokraten* eine lesenswerte Analyse der gegenwärtigen Auseinandersetzung um die liberale oder illiberale Zukunft unserer Welt vorgelegt. Sie trägt ihre vielen aufschlussreichen Befunde mit sprachlicher Brillanz vor und verdichtet sie zu einem aufrüttelnden Appell an die Demokraten, nicht mehr länger die Augen vor dem weltweiten Vormarsch autoritärer Regime zu verschließen. Dass in der Zwischenzeit die Herzkammer der westlichen Demokratie selbst im autokratischen Takt zu schlagen begonnen hat, macht ihr Manifest nicht obsolet, sondern nur noch aktueller.

Die Internationale der Antifaschisten

Von Helmut Müller-Enbergs

Maximilian Becker, Antifaschismus und Kalter Krieg. Die Internationale Föderation der Widerstandskämpfer in Nachkriegseuropa, Göttingen 2024 (*Wallstein*), 475 S.

Beinahe unmittelbar nach dem Zweiten Weltkrieg schlossen sich ehemals von den Nationalsozialisten Verfolgte wie auch antifaschistische Widerstandskämpfer in Organisationen zusammen. Eine davon, die „Fédération internationale des anciens prisonniers politiques du fascisme" (FIAPP), entstand im Februar 1946 in Warschau. Sie war die Vorläuferin der im Mai 1951 in Wien gegründeten und zuletzt „Fédération Internationale des Résistants" (FIR) genannten Organisation. Sie ist die gewichtigste unter den noch heute bestehenden Organisationen. Es gab in jenen Jahren auch den *Zentralverband Demokratischer Widerstandskämpfer- und Verfolgtenorganisationen (ZDWV),* den *Bund der Verfolgten des Naziregimes (BVN)* oder die *Arbeitsgemeinschaft ehemals verfolgter Sozialdemokraten (AvS)*. Sie bilden eine veritable Forschungslücke, die der wissenschaftliche Mitarbeiter des Instituts für Zeitgeschichte, Maximilian Becker, mit einer fulminanten Analyse über die FIAPP/FIR geschlossen hat.

Die FIAPP unterschied sich von all diesen Organisationen durch ein Alleinstellungsmerkmal: Sie galt als die „rote Hand" (S. 7) bzw. als kommunistische Organisation. Der Untersuchungsgegenstand befasst sich mit dieser Organisation in den Jahren von 1946 bis 1991 mit ihren gut 500 führenden Funktionären und noch in den 1980er Jahren mit den bestenfalls zwei Millionen Mitgliedern, die in 78 Verbänden im Rahmen der FIAPP organisiert waren. Das Spektrum ihrer Ziele reichte von dem Engagement gegen Rechtsextremismus, Rassismus, für Frieden bis hin zu Forschungen zum Widerstand, Vermittlung des antifaschistischen Geistes und Informationen zu nationalsozialistischen Verbrechen. Als Forschungsdefizite ermittelte Becker Untersuchungen zu Überlebenden in Nord-, Ost- und Südeuropa sowie Exilanten aus Osteuropa. Mehr noch fehlen Untersuchungen zu den meisten der in der FIAPP organisierten Verbänden oder Lagerkomitees. Dabei liegt ein ungewöhnlich reichhaltiger und dichter Quellenkorpus vor, was mithin ein detailreiches Gesamtbild erlaubt, das jedoch würde sich bei den antikommunistischen Organisationen deutlich anders darstellen.

Die zunächst in der FIAPP verbundene Erfahrungsgemeinschaft war insbesondere in den ersten Jahren einer enormen politischen Belastung ausgesetzt, als von sowjetischer Seite aus die stalinistische Dominanz exekutiert wurde, mit der Folge, dass ein erheblicher Teil politisch anders geprägter Antifaschisten den gemeinsamen Organisationsrahmen überwiegend 1948 verließ. Dadurch versandete ein parteiübergreifendes Design faktisch zur Makulatur, was wesentlich dazu beitrug, 1951 eine Neuaufstellung in der FIR zu suggerieren. Mithin waren FIAPP und dann auch FIR stets den Wechselfällen des Kalten Krieges angepasst, weshalb der von Becker gewählte Buchtitel *Antifaschismus und Kalter Krieg* exakt das Spannungsfeld umreißt, in dem sich die ehemals nationalsozialistisch Verfolgten bewegten. Der Kampf gegen die Remilitarisierung in Deutschland sei der Fokus der FIAPP gewesen, was nichts Geringeres als im geostrategischen sowjetischen Interesse und der ihr getreuen kommunistischen Parteien war: FIAPP als bündnisinteressierte Vorfeldorganisation.

Das überparteiliche Mantra der dann neu gebildeten FIR mochte die kommunistische Dominanz nicht überzeugend verdecken. Von den 483 durch Becker ermittelten Funktionären waren lediglich zwölf jüdischer Herkunft, darunter der Sekretär der FIR, Kurt Goldstein, der vom 14. Lebensjahr an dem kommunistischen Kontext angehörte, im Kibbuz gelebt hatte, dann Spanienkämpfer, im KZ und jahrzehntelang Mitglied der SED in der DDR war. Gleichwohl mühte sich die FIR mit den 1952/53 geschaffenen internationalen Lagerkomitees in Auschwitz, Buchenwald und Mauthausen auch außerhalb des Verbandes anschlussfähig zu werden. Dennoch dominierte die Kampagne gegen die Wiederbewaffnung in der Bundesrepublik. Nach Becker war dies das „wichtigste Thema" (S. 178).

Nach Stalins Tod am 5. März 1953 setzte im Kontext einer Entstalinisierung eine Neujustierung innerhalb der FIR ein. Die Programmatik wurde vom Stalinismus punktuell entschlackt. Die *Internationale Vereinigung der Widerstandskämpfer, der Opfer und Gefangenen des Faschismus*, wie die FIR bis 1954 hieß, firmierte nun als Internationale Föderation der Widerstandskämpfer unter Generalsekretär Aleksander Szurek. Das neue Profil genügte jedoch nicht. Ende der 1960er Jahre gab es zwar ungebrochen eine prosowjetische „Fraktion", aber auch eine prowestlich ausgelegte, vor allem französische „Fraktion", was mithin dazu beitrug, die Tonlage der FIR oftmals zu zivilisieren, etwa beim Sechstagekrieg oder dem Nahostkonflikt. Es handelte sich um Spannungen, doch an einer Spaltung des Verbandes gab es in jener Zeit kaum Interesse.

Die in den 1970er Jahren verstärkt wirkungsmächtige Entspannungspolitik bot der FIR „neue Perspektiven", wie Becker ermittelte, insbesondere, weil der „militante Antikommunismus" an Boden verloren habe. Die FIR erhielt faktisch gesellschaftliche Anerkennung. Zugleich setzte kulturell, wissenschaftlich und gesellschaftlich ein Prozess der intensiveren Auseinandersetzung mit dem Nationalsozialismus ein. Becker findet, das Geschichtsbild in der Bundesrepublik sei „selbstkritischer" geworden, der bisherige Opfermythos, wonach die deutsche Gesellschaft am Nationalsozialismus „unschuldig" gewesen sei, sich als Leidtragende der Bombardierungen und als Vertriebene reflektiert habe, habe an Boden verloren, wobei er die Debatten in Italien als „Sonderfall" einordnete, da der Widerstand gegen Mussolini in den Tagen der *Roten Brigaden* erheblich diskreditiert worden sei.

Die auf Reformen ausgelegte Politik der sowjetischen Führung unter Michail Gorbatschow bildete sich alsbald, spätestens ab 1987 innerhalb der FIR ab, die nun verstärkt Menschenrechte sowie die KSZE-Schlussakte von Helsinki thematisierte und überraschend Akzente setzte, indem von Individuum, Persönlichkeit, menschlicher Würde, Demokratie, Gesetzlichkeit die Rede war, was den üblichen Antagonismus von Kapitalismus und Sozialismus in den Hintergrund drückte. Der Kollaps des Sozialismus bildete sich dann am Budget der FIR ab, das bislang nahezu zu drei Viertel von der Sowjetunion getragen wurde. Einsparungen waren daher zwingend, selbst die Verbandszeitschrift musste im März 1990 eingestellt werden. Der Kongress der FIR im Juni 1991 in Moskau wäre nach Becker der Wendepunkt gewesen, den Kalten Krieg hinter sich zu lassen.

Die Bedeutung der FIR liegt nach Becker darin, dass sie „während des Kalten Krieges, so zeigt sich, [...] mehr war als eine ‚kommunistische Frontorganisation', die Überlebende im Westen beeinflussen und Propaganda für die Politik der UdSSR machen sollte. Denn die Aktivitäten der FIR für Frieden und Abrüstung, gegen rechte Bewegungen, zur Aufklärung der Jugend und zur Bewahrung der Erinnerung entsprachen den persönlichen Interessen vieler Überlebender" (S. 373).

Maximilian Becker hat auf Basis einer beeindruckenden Quellenarbeit – allein das Literaturverzeichnis umfasst knapp 60 Seiten sowie Archivstudien in Berlin, Koblenz, Marburg, München, Warschau, Weimar und Wien – ein beeindruckendes Porträt der Internationale der Antifaschisten vorgelegt. Sicherlich wird noch die Rolle bzw. der Krieg der Nachrichtendienste innerhalb der FIR gesondert ermittelt werden müssen. Diesbezüglich ließ Becker das Stasi-Unterlagen-Archiv ungenutzt, auch wenn er andeutete, dass sich der Verfassungsschutz mit der FIR befasst hat.

Make America white again

Von Bernd Greiner

Manfred Berg, Das gespaltene Haus. Eine Geschichte der Vereinigten Staaten von 1950 bis heute, Stuttgart 2024 (*Klett-Cotta*), 542 S.

In den USA muss man mittlerweile mit allem rechnen. Das Land befindet sich im Würgegriff eines Mannes, an dem jedes zivilisatorische Bemühen um Charakterbildung spurlos vorübergegangen ist und der seit seiner Wiederwahl ins Amt des Präsidenten keine Gelegenheit zur Bestätigung unterschiedlicher Attribute auslässt: Faschist, Mafioso, Kleptokrat. Ihm hat sich eine Partei zu Füßen geworfen, die für politische Macht offenbar jeden Preis zu zahlen bereit ist, ihm huldigt eine zwar disparate, im Hass auf das „System" freilich geeinte Anhängerschaft, ihm folgt eine Gruppe von Tech-Milliardären in der Erwartung, endlich einen Türöffner für ihre disruptiven Gesellschaftsvisionen gefunden zu haben.

Wie konnte es so weit kommen? Wieso schießen Fantasien über einen neuen Bürgerkrieg ins Kraut? Woher kommt das Gift im politischen Betrieb? Das Lügen, Denunzieren und Dämonisieren, der Hass, das Misstrauen und die Unerbittlichkeit? Die ewige Trennung der Welt in Gut und Böse, schwarz und weiß, Freund und Feind? Die Umformatierung von Wahrheit zur Lüge und umgekehrt? Die Behauptung, dass es immerzu „um alles" geht? Das Verständnis von Politik als Fortsetzung des Krieges mit anderen Mitteln? Und vor allem: Soll das ewig so weitergehen, gibt es denn gar kein Licht am Ende des Tunnels?

Manfred Berg, Historiker an der Ruprecht-Karls-Universität Heidelberg, hat ein Buch über Amerikas Vergangenheit geschrieben, das zugleich als fundierte Zukunftsprognose gelesen werden kann. Diese doppelte Perspektive ergibt sich aus dem Geschick des Autors, das historische Material so zu sortieren, dass neben der Vielfalt der Akteure und deren situationsgebundenem Handeln auch auf lange Sicht prägende Strukturen erkennbar werden, also die in die Geschichte eingeschriebenen Kräfte einer „longue durée".

Auf dem Seziertisch liegt eine Gesellschaft, die mit epochalen Umbrüchen konfrontiert ist und folglich erlebt, dass ehedem dominante Klassen, Schichten und Gruppen einen unwiederbringlichen Verlust von Macht, Einfluss und Prestige verarbeiten müssen. Sich trittsicher auf diesem Terrain zu bewegen, ist eine Herausforderung, der Manfred Berg gerecht wird. Er beackert ein breites Themenfeld zwischen Ökonomie, Politik und Kultur, diskutiert die Rolle von Medien, Religion und Universitäten und rückt nicht zuletzt das schleichende, aber schier unaufhaltsame Abgleiten der USA in eine Plutokratie in den Blick – in einen, wie er treffend formuliert, „politischen Selbstbedienungsladen der Reichen, die Sozialausgaben kürzen, um ihre eigenen Steuern senken zu können". So entsteht ein buntes Panorama der Vereinigten Staaten, genauer gesagt einer selbst in amerikanischen Augen ungewohnt schnellen Transformation samt der damit verbundenen, bis in den Alltag spürbaren Polarisierung.

Die Stärke des Buches liegt einerseits in einer abwägenden Betrachtung unterschiedlicher Faktoren und Dynamiken. Andererseits zeigt der Autor keine Scheu vor eindeutigen Thesen. So kommt er immer wieder auf ein Thema zurück, das – von Gunnar Myrdal einst als „amerikanisches Dilemma" beschrieben – die USA vermutlich in alle Zukunft beschäftigen, wenn nicht heimsuchen wird: der Konflikt zwischen weißer Mehrheit und nicht-weißen Minderheiten.

So bahnbrechend das im Mai 1954 ergangene Urteil des Obersten Gerichtshofs zur Aufhebung der Rassentrennung in Schulen zweifellos war, es verdeutlichte auch, zu welcher Rabiatheit Weiße fähig sind, sobald sie ihre Privilegien gefährdet sehen. Mit der Verabschiedung von Manifesten, politischer Blockade und Richterschelte war es längst nicht getan. Mobs und Meuten brachen bürgerkriegsähnliche Ausschreitungen vom Zaun und schreckten selbst vor politischem Mord nicht zurück, stets in der Gewissheit, dass Polizei und Justiz ihnen den Rücken freihalten würden. Das zähklebrige Vorurteil, dass Fortschritte und Gewinne auf Seiten der Schwarzen automatisch zu Lasten von Weißen gehen, wurde Mitte der 1960er Jahre ein weiteres Mal bestätigt, als der Kongress mit dem „Civil Rights Act" das Ende der legalen Rassentrennung einläutete, mit dem „Voting Rights Act" die Blockaden der politischen Teilhabe löste und mit dem „Krieg gegen die Armut" Wohlfahrts- und Bildungsprogramme für sozial Schwache auf den Weg brachte. Sage niemand, der Widerstand sei hauptsächlich vom Süden ausgegangen. Alle anderen Landesteile waren ebenfalls in der Wolle rassistisch gefärbt. Und nicht von ungefähr schießt das traditionelle Misstrauen gegen Staat und liberale Reformer seither geradezu ins Kraut – beide werden bis heute als Urheber für alles und jedes verteufelt, was in der amerikanischen Gesellschaft schiefläuft oder womit Weiße nicht zurechtkommen.

Vor diesem Hintergrund ist die politische Klugheit der Bürgerrechtsbewegung gar nicht hoch genug einzuschätzen. Ein „moralisches und taktisches Judo" (James Farmer), die fein austarierte Balance zwischen kreativer Konfrontation außerhalb und dem Willen zum Kompromiss innerhalb der Parlamente, ließen sie länger durchhalten als andere Oppositionelle vor und nach ihr. Und weil sie – im Unterschied zur chronisch kränkelnden Linken – wenig Probleme mit Hierarchien und charismatischen Anführern hatte, war sie lange Zeit gegen Zersplitterung gefeit. So gesehen, kann man dem erstaunlichsten und oft irritierenden Umstand in Amerikas Geschichte viel Positives abgewinnen. Gemeint sind die Langmut und die Geduld der afroamerikanischen Bevölkerung.

Zugleich aber gilt, was Manfred Berg sehr anschaulich herausarbeitet: Wer von den Erfolgen der Bürgerrechtsbewegung spricht, darf über die Radikalisierung des amerikanischen Konservatismus nicht schweigen. Die Verwandlung der *Republikanischen Partei* in einen Verband von Weltanschauungskriegern folgte dem „Civil Rights Act" auf dem Fuß. Und sie ging durchweg mit einer mittlerweile voll zur

Entfaltung gekommenen Rezeptur einher: Zu wissen, wer wen hasst und diesen Hass zu befeuern, verspricht in der Politik den größten Erfolg. Barry Goldwater ging damit hausieren, Richard Nixon machte die Idee mehrheitsfähig, Ronald Reagan wurde von seiner weißen Klientel dafür geliebt. Insofern war es nur konsequent, dass Barack Obama, vom Votum ethnischer Minderheiten ins Amt gewählt, es nicht mit einer Opposition der Republikaner zu tun bekam, sondern mit deren kompromissloser Obstruktion. Und dass sich mit der „Tea Party" ein außerparlamentarisches Reservoir für Donald Trump und seine „Make America Great Again"-Aktivisten formierte.

Spätestens an dieser Stelle schlüpft der Historiker Manfred Berg in die Rolle eines Diagnostikers unserer Zeit. Wohin Amerika treibt, so stellt er überzeugend dar, entscheidet sich an der Frage, ob der Rückfall in einen rassistisch aufgeladenen weißen Nationalismus korrigiert werden kann oder nicht. In gut 20 Jahren werden Weiße auf weniger als 50 Prozent der Gesamtbevölkerung kommen, in Kalifornien, Texas und Florida werden sie nur noch ein Viertel der Einwohner stellen. Ob teils gewählte, teils selbst ernannte Wortführer auf Dauer ihren Frieden mit Pluralismus und Multiethnizität machen, darf ausweislich ihres früheren und gegenwärtigen Verhaltens bezweifelt werden. Nicht umsonst machen Sozialwissenschaftler auf die „demographische Panik" unter Weißen aufmerksam. Auf eine Haltung also, die nicht allein für das Geschwurbel einer links-liberalen Verschwörung zum „Austausch der Bevölkerung" anfällig ist, sondern obendrein die „Rückeroberung" einer vermeintlich entwerteten Welt mit dem Mittel der Gewalt einschließt.

Dass die ehedem zum verrückten Rand gezählte „White Power"-Bewegung mit zahllosen Untergruppen inzwischen eine veritable Graswurzelbewegung mit hunderttausenden Anhängern und ebenso vielen Sympathisanten darstellt, sollte eine zusätzliche Warnung sein. Ganz davon abgesehen, dass diese Extremisten im Unterschied zu linken Dogmatikern und „woken" Weltverbesserern bis an die Zähne bewaffnet sind. Von Manfred Berg auch noch Auskünfte über das Innenleben dieses gewaltbereiten Milieus zu erwarten, wäre zu viel verlangt. Doch auf Dauer werden Historiker um dieses Thema nicht herumkommen.

Deals mit Diktaturen

Von Jost Dülffer

Frank Bösch, Deals mit Diktaturen. Eine andere Geschichte der Bundesrepublik, München 2024 (*C. H. Beck*), 622 S.

Mit „Mogadischu" können die meisten Menschen bei uns wohl etwas verbinden: die Geiselnahme und Befreiung aus der gekaperten Lufthansa-Maschine „Landshut" im September 1977. Wenige dürften aber den Rahmen des Ereignisses erinnern: Die Befreiung war nur durch somalische Duldung des Einsatzes der westdeutschen Spezialeinheit GSG 9 möglich. Als symbolischen Dank nahm der somalische Botschafter – ein einmaliger Fall – an einer Sitzung des Bundeskabinetts teil, Somalia erhielt ferner über Ägypten beträchtliche Wirtschaftshilfe und Kanzler Schmidt traf um die Jahreswende nicht nur den Staatspräsidenten Ägyptens, sondern auch den somalischen Diktator Siad Barre.[1] Das war sicher ein besonderer Umgang mit einer Diktatur: Dankbarkeit. Aber diese Begebenheit wird in dem umfassenden Band von Frank Bösch nicht dargestellt. Dagegen zeigt der Umschlag einen breit grinsenden, die Arme ausbreitenden Helmut Schmidt mit Zaires Präsidenten Mobutu, traditionell afrikanisch gekleidet mit Leopardenfellmütze, ein Diktator par excellence. Auch der Buchtitel *Deals mit Diktaturen* deutet etwas moralisch Fragwürdiges an; nicht erst seit Donald Trump klingt hierbei zumeist das Attribut „schmutzig" an. Bösch selbst gibt an, dass er als ursprünglichen Titel „Verhandlungen mit Diktaturen" dem Verlag vorgeschlagen, sich dann aber doch anders entschieden habe.

Diese Rahmung ist zumindest missverständlich, denn es geht Bösch um die Begründung eines neuen Forschungsansatzes, um einen ungewöhnlichen Blick auf die Außenbeziehungen der alten Bundesrepublik. Der Band ist außerordentlich dicht und differenziert; er wird stark aus Archivquellen entfaltet und bezeugt eine große und nuancierte Vielfalt dieses Umgangs. Damit ist keine Vollständigkeit angestrebt, vielmehr geht es um prägende Fallbeispiele. Denn die junge Bundesrepublik musste sich erst einmal als Staat selbst finden. Hier nahmen von den frühen 1950er Jahren an Staatsbesuche von Diktatoren, denen die NS-Vergangenheit Deutschlands relativ gleichgültig war, eine bedeutende Rolle ein, während sich deutsche Diplomaten mit entsprechender NS-Vergangenheit gerade in Diktaturen relativ wohlfühlten. Beglückt berichteten einige von ihnen etwa aus dem Nahen Osten, Afrika oder Ostasien, Deutschland sei trotz der NS-Zeit sehr geachtet, nicht zuletzt, weil die eigene Kolonialzeit schon so lange zurücklag. Ein wirtschaftlich besonders wich-

1 Vgl. Tim Geiger, Die „Landshut" in Mogadischu. Das außenpolitische Krisenmanagement der Bundesregierung angesichts der terroristischen Herausforderung 1977, in: Vierteljahrshefte für Zeitgeschichte 57 (2009), S. 413–459, hier: S. 446 f.

tiges Verhältnis entwickelte sich zum Iran, aber die öffentliche Berichterstattung über diktatorische Verhältnisse wie die Familie des Schahs führte dazu, dass die Bundesregierung auch auf dessen Druck hin die Kritik einzudämmen suchte. So gab es 1958 Ansätze, die Beleidigung ausländischer Staatspersonen zu bestrafen, eine letztlich gescheiterte „Lex Soraya".

Die Inszenierung von Staatsbesuchen in die Öffentlichkeit hinein förderte jedoch auch die Sichtbarkeit der neuen Bundesrepublik für die eigene Bevölkerung, war Teil der gesellschaftlichen und politischen Repräsentation.[2] Hinzu kam die wirtschaftliche Bedeutung, ebenso die Konkurrenz mit dem zweiten deutschen Staat DDR. Zumal in der sich bildenden „Dritten Welt" führte sie zu einer Politik, die über diktatorische Zustände hinwegsehen ließ. „Eingeschränkte Nähe" lautet das Kapitel über Spanien und Portugal, in dem sich unterschiedlichste Blickwinkel aus der bundesrepublikanischen Gesellschaft widersprüchlich bündelten. Einhergehend mit der Lockerung der spanischen Diktatur wurde wirtschaftliche Kooperation um 1960 wichtiger, aber gerade aufgrund der zunehmenden Bedeutung von „Gastarbeitern" und Exilanten nahm nicht nur auf der Linken die Kritik am Franco-Regime zu. Im Falle von Portugal gab es früh militärische Kooperation durch Rüstungslieferungen, danach auch Kritik am afrikanischen Kolonialregime des Landes.

Durchweg den größten Raum in der Darstellung nehmen bei Bösch weltweit die „rechten" Diktaturen ein, doch legt der Verfasser Wert darauf, auch die „linken", sozialistischen Diktaturen einzubeziehen, über die es ja bereits eine breite Literatur gibt. Ablehnung der DDR und Delegitimierung des Staates, dennoch zugleich das Bestreben für den zweiten deutschen Staat wirtschaftlich attraktiv zu sein, dennoch den Handel zu fördern, waren hierfür charakteristisch. Die Sowjetunion als Hauptsiegermacht spielte wie bekannt eine besondere Rolle. Dass es nicht nur Adenauers Moskaureise war, sondern auch ein Fußballspiel Bundesrepublik Deutschland-UdSSR 1955 in Moskau große publizistische und damit gesellschaftliche Resonanz fand, zeigt Bösch gleichermaßen.

Die innergesellschaftlich wie diplomatisch große Vielfalt des Umgangs mit Diktaturen zu entfalten, stellt das zentrale Verdienst der Studie im Hinblick auf die Jahrzehnte seit der verstärkten staatlichen Konsolidierung der Bundesrepublik Deutschland in den 1960er Jahren dar. Das gilt für die griechische Diktatur der Obristen, für Südkorea, das sich zur Entführung von studierenden Landsleuten hinreißen ließ, dann vor allem für Chile unter Augusto Pinochet. Die Sensibilität gegenüber den innenpolitischen Verhältnissen all dieser Diktaturen nahm zu. Wichtig wurde hier vor allem Amnesty International, wobei gerade dessen bundesdeutsche Sektion eine neue Protestkultur beförderte. Das wird in einem eigenen Kapitel, aus dem Archiv der Organisation gearbeitet, überzeugend dargelegt. Umgang mit Diktaturen hieß zunehmend, sich der menschenrechtlichen Unterdrückung in den entsprechenden Ländern anzunehmen. Diese wiederum wurde in der offiziellen Politik, der staatlichen

2 Ausführlich und vertieft hierzu Simone Derix, Bebilderte Politik. Staatsbesuch in der Bundesrepublik 1949–1990, Göttingen 2009.

Diplomatie, mit wirtschaftlichen, militärischen und geopolitischen Gründen jeweils austariert. Das breiter werdende (zivil-)gesellschaftliche Engagement für Verfolgte und Flüchtlinge in weiten Teilen der Welt schlug sich seither stärker auch als Teil der Regierungspolitik nieder. Der Einsatz für Menschenrechte blieb in den 1970er Jahren weiterhin selektiv: Antikommunistische Diktaturen wurden eher nachsichtig behandelt, wie die diplomatische Berichterstattung etwa über Argentinien und Brasilien zeigte. Das ging hin bis zur „Verklärung" des Regimes durch den deutschen Botschafter in Argentinien.

Es war nicht allein die interne diplomatische Berichterstattung, auch öffentlich blieb gleichsam „diplomatische" Rücksicht erhalten. So beschönigte sogar der liberale Außenminister Genscher auf einer Reise nach Brasilien die dortige Militärdiktatur als rechtsautoritär, und bemerkte zugleich, „dass [die] Staats- und Regierungsform der Länder nicht für die Ausgestaltung der Beziehung entscheidend sei" (S. 314). Diese defensiv formulierte Bemerkung scheint mir insgesamt ein Kennzeichen für Verhalten in internationalen Beziehungen und so auch besonders der bundesdeutschen Außenpolitik seit diesen Zeiten geworden zu sein. Auf den Punkt gebracht hatte die gesellschaftspolitische, menschenrechtliche Diskussion hierzulande ein solches Ausmaß angenommen, dass die Regierungspolitik diese zunehmend als Faktor ihrer Aktionen einbezog und sich so legitimieren musste, auch wenn sie damit andere Interessen weiter zu verrechnen und zu vereinbaren suchte. Die Außenbeziehungen wurden stärker durch innergesellschaftliche Kräfte, Bürger- und soziale Bewegungen bestimmt, die ihrerseits eigenständig etwa durch die politischen Stiftungen im Ausland handelten und dabei Interessen und Werte zu verbinden trachteten. Von einem Siegeszug der Menschenrechtspolitik Bonns wird man daher nur bedingt sprechen können. „Eine Kopplung der Entwicklungshilfe an die Einhaltung von Menschenrechten war schwierig, da die meisten Empfänger in Lateinamerika, Afrika und Asien keine Demokratien waren" (S. 279), so dass etwa Entwicklungshilfeminister Egon Bahr die Formel ausrief, nur Staaten die neuerdings Menschenrechte missachteten, keine Unterstützung mehr zukommen zu lassen.[3]

Besonders heikel und ein weiterer Sonderfall waren die Beziehungen zu Libyen – zumal zum Diktator Gaddafi, der zunächst eine Spielart von Sozialismus zu vertreten behauptete. Das führte zu diskreten Besuchen selbst von deutschen Grünen, aber nur bedingt erfüllten Wünschen nach Waffenlieferungen (wohl mit Rücksicht auf Israel). Umfangreiche Wirtschaftsinteressen prägten dennoch eine nachsichtige Linie, „einer Diskrepanz zwischen der deutschen Kritik an Libyens Führung und der [...] wirtschaftliche[n] Kooperation" (S. 380), ebenso zu relativ geringem Engagement von Bürgerbewegungen gegen die innere Verfasstheit des nordafrikanischen Landes. In der westdeutschen Ostpolitik vornehmlich gegenüber der DDR und der Sowjetunion setzt die Studie nur wenig neue pointierte Erkenntnisse. Im Kapitel zur Volks-

3 Zu diesem Themenkomplex mit globalem Blick, auch für die Bundesrepublik Deutschland differenziert und umfassend: Jan Eckel, Die Ambivalenz des Guten. Menschenrechte in der internationalen Politik seit den 1940er Jahren, Göttingen 2014.

republik China steht am Anfang am Tag des Mauerfalls eine interne Enthüllung der Geheimdienste, dass sie dort mit deutscher Technik eine Abhöranlage Richtung Sowjetunion einrichten konnten – und dies wenige Monate nach dem Tiananmen-Massaker, das die Volksrepublik zunächst weltpolitisch isolierte. Von den 1970er Jahren an hatten sich aufgrund der Reformen Deng Xiaopings die Wirtschaftsbeziehungen intensiviert – sie wurden gerade von CSU-Kreisen um Franz Josef Strauß (wie auch in manchen anderen Fällen) als eine Art bayrische Nebenaußenpolitik vorangetrieben.

Im Ausblick führt Bösch über die 1990er Jahre hinweg tendenziell bis in die Gegenwart weiter – er betont einige Punkte des weltpolitischen Wandels. Zugleich bilanziert er, die Zusammenarbeit mir Diktatoren sei von politischen und ökonomischen Interessen abhängig gewesen, ebenso von der öffentlichen Bewertung, die zumal angesichts des Kalten Krieges und der NS-Vergangenheit variiert habe. Darüber hinaus hätten sich unterschiedliche öffentliche Räume zur Kritik (auch zur Aktion) gegenüber Diktaturen entwickelt. In vielen Fällen stabilisierte zumal der wirtschaftliche Umgang mit Diktatoren deren Stellung – dies widersprach dem propagierten „Wandel durch Handel“ (S. 500). Dem wird man uneingeschränkt zustimmen können, wiewohl dies keine tiefschürfend neue Erkenntnis darstellt. Der Verfasser sucht ein neues Forschungsfeld zu etablieren, indem er einleitend Diktaturen (und Diktatoren) von autoritären Regimen abgrenzt, die er jedoch nicht untersuchen will. Dennoch benutzt er beide Begriffe gelegentlich synonym. Die Arbeit ist im Kern auf die je bilateralen Beziehungen der Bundesrepublik zu einzelnen Diktaturen gerichtet. Man hätte sich gelegentlich eine stärkere Berücksichtigung der Einbettung dieser Politik in europäische und transatlantische Beziehungen oder im Rahmen der UN wünschen können, die zumindest seit den 1970er Jahren in einem solchen Rahmen nicht nur erarbeitet, sondern auch nach außen vertreten wurde. Schließlich wird in vielen Fällen deutlich, dass es nicht primär um einen skrupellosen Umgang mit Diktaturen zum eigenen wirtschaftlichen oder prestigeträchtigen Vorteil ging, sondern dass damit – wohl nicht nur rhetorisch – die Erwartung oder doch Hoffnung auf einen Wandel übler Diktaturen in demokratischere Strukturen verbunden war, Transformationspolitik also.

Ob damit wirklich ein neues Forschungsfeld angeregt wurde, steht dahin. Nach Meinung des Rezensenten steht im Vordergrund die Herausarbeitung des schwierigen Umgangs von Interessen und Werten, von wirtschaftlichen, geopolitischen einerseits, von Menschenrechten andererseits. Das wird in einer großen Dichte, mit innovativem Quellenmaterial, eingebettet in den je umfangreichen Forschungsstand, unaufgeregt, nuanciert und sprachlich brillant erhellend dargestellt.

Populistische Protestpartei

Von Jürgen W. Falter

Moritz Fischer, Die Republikaner. Die Geschichte einer rechtsextremen Partei 1983–1994, Göttingen 2024 (*Wallstein*), 615 S.

Moritz Fischer beschäftigt sich in seinem Buch, das auf einer Münchner Dissertation bei Andreas Wirsching beruht, mit der Parteigeschichte der *Republikaner* zwischen 1983 und 1994. Diese will er in die Geschichte der Bundesrepublik und die Geschichte Europas seit 1969 einbinden, um „langfristig und kurzfristig wirkende […] Ursachen" für Aufstieg und Niedergang der *Republikaner* zu ermitteln. Dazu zeichnet er die Geschichte der deutschen Rechten seit der Niederlage der NPD bei der Bundestagswahl 1969 und die Entwicklung des Konservativismus in den 1970er Jahren nach. Beitragen möchte er ferner zu einer Historisierung der politik- und sozialwissenschaftlichen Forschung über die *Republikaner*, indem er einen „neuen Blick auf die Wähler und Mitglieder der Republikaner" werfen und aus demokratietheoretischer Sicht eine Untersuchung der Stellung der *Republikaner* in der deutschen Demokratie sowie des Umgangs mit den *Republikanern* vorlegen will. Ein außerordentlich ehrgeiziges Unterfangen, zumal für eine Dissertation, aber Fischer erreicht diese Ziele in seiner umfassenden, manchmal allzu detaillierten, aber immer gut geschriebenen Studie in bewundernswerter Weise. Insgesamt hätte die vorgelegte Arbeit trotz kleinerer Detailfehler durchaus auch als Habilitationsleistung durchgehen können.

Die in bester historischer Manier quellengesättigte, auf breiter Literaturbasis beruhende Arbeit stützt sich insbesondere auf den umfangreichen Nachlass von Franz Schönhuber und die Handakten des ehemaligen CSU-Vorsitzenden Theo Waigel, ferner auf Ministeriumsakten, Parteiarchive und eine Vielzahl von bereits veröffentlichten Quellen, vornehmlich aus Zeitungen und Zeitschriften sowie auf einschlägige Politbarometer der Forschungsgruppe Wahlen. Der Aufbau der Untersuchung erfolgt chronologisch, wobei die Chronologie immer wieder durch systematische Exkurse unterbrochen wird. Die ersten beiden Kapitel sind nach einer Einleitung zum Forschungsstand und zur Begriffsbildung der „langen Vorgeschichte der Republikaner, der Parteigründung und der bis 1985 erfolgten Radikalisierung" gewidmet. Kapitel 3 und 4 beschäftigen sich mit der (für die *Republikaner* erfolglosen) bayerischen Landtagswahl 1986 und den Wahlerfolgen der *Republikaner* in Westberlin und bei den Europawahlen im Jahre 1989. Die letzten beiden Kapitel sind der Geschichte der Partei nach 1990 gewidmet. Ein gelungener Epilog schlägt die Brücke in die Gegenwart.

Von zentraler Bedeutung ist die von Fischer gewählte Definition von Rechtsextremismus; denn diese entscheidet darüber, ob und ab wann die *Republikaner* und einzelne ihrer führenden Politiker als rechtsextrem einzustufen sind. Fischer bezieht seine Definition nicht wie Backes und Jesse auf die seiner Auffassung nach „zu nah an der […] Tradition der Totalitarismustheorien“ (S. 29) bestehende Gegnerschaft zur Freiheitlich-Demokratischen Grundordnung, sondern ähnlich wie beispielsweise Hans-Gerd Jaschke auf das Konzept des völkischen Nationalismus. Durch ihre grundgesetzzentrierte Definition von politischem Extremismus und ihr Bemühen, „Rechts- und Linksextremismus als im Wesenskern gleich anzusehen“, hätten die Untersuchungen von Backes und Jesse zu einer Verharmlosung der *Republikaner* beigetragen und „als Legitimationswissenschaft für die Politik“ (S. 459) gedient. Das ist, zumal für eine Dissertation, ein starkes Urteil, insbesondere, weil Definitionen nicht falsch, sondern nur mehr oder minder brauchbar sein können. Dass sich die von Backes und Jesse in ihrer theoretischen Definition behaupteten Gemeinsamkeiten und Unterschiede von linkem und rechtem Extremismus empirisch schlüssig nachweisen lassen, hat Sebastian Jungkunz kürzlich allerdings in überzeugender Weise belegt.

Der Hauptteil seiner Untersuchung ist unter anderem einem sehr ausführlichen Porträt des CSU-Politikers und späteren *Republikaner*-Gründers Franz Handlos mit nicht immer für den Argumentationsgang notwendigen Details gewidmet, die zwar interessant zu lesen sind, aber nicht unbedingt zur Ursachenforschung im Zusammenhang mit der Gründung der Partei beitragen. Dies gilt auch für die detaillierte Darstellung unionsinterner Konflikte vor allem zwischen Helmut Kohl und Franz Josef Strauß, die ebenfalls in keiner zwingenden Verbindung zur Gründung der *Republikaner* stehen. Handlos trat als Konsequenz seiner Ablehnung des von Franz Josef Strauß (mit) eingefädelten Milliardenkredits an die DDR im Juli 1983 aus der Unionsfraktion und nach 27-jähriger Mitgliedschaft auch aus der CSU aus. Verlassen hat er nach eigenem Bekunden die Partei wegen Franz Josef Strauß. Der Milliardenkredit sei nur der konkrete Auslöser gewesen. Trotz aller Weitschweifigkeit handelt es sich um ein informatives, geglücktes Porträt des einen der beiden Parteigründer.

Der andere war Franz Schönhuber. Ist die Darstellung der politischen Biografie von Handlos noch einigermaßen neutral, bewertet Fischer die Entwicklung und einzelne Äußerungen von Schönhuber kritisch, setzt sich mit ihnen argumentativ auseinander und versucht auf diese Weise, Schönhubers Weg vom Linksnationalisten über den Liberalkonservativen zum Rechtskonservativen und schließlich Rechtsextremen differenziert, aber wertend einzuordnen. Als „Anhänger eines Antiamerikanismus und latenten Antisemitismus“ und seines mit der Zeit „stärker werdenden Antiliberalismus und Nationalismus“ sei sein „Weg vom Konservativen zum Rechtsextremisten“ (S. 107) vorgezeichnet gewesen. Fischer arbeitet in diesem Kapitel überzeugend die populistischen Züge, die Elitenkritik des „wir unten gegen die oben“ bei den beiden Parteigründern heraus. Bei allen Unterschieden waren sich Handlos und Schönhuber nach Fischers Auffassung in ihrem Nationalismus und Antiliberalismus sowie ihrer Kritik des Wertewandels einig. Ein wichtiger Unterschied: „Während Handlos stets auf eine konservative Evolution setzte, wollte Schönhuber mit den Republikanern eine ‚konservative Revolution' initiieren" (S. 190).

Stellenweise allzu detailversessen gibt Fischer der Nachzeichnung der Programmentwicklung und vor allem der vielfältigen innerparteilichen Streitigkeiten in den späten 1980er Jahren viel Platz. In ihrer Frühphase, die etwa von 1983–1985 dauerte, sahen sich die *Republikaner* als „unabhängige, konservativ-liberale Volkspartei". Programmatisch verband sie ein Bekenntnis zur NATO und zur sozialen Marktwirtschaft sowie zur europäischen Gemeinschaft und zu einem starken, tatkräftigen Staat mit der Forderung einer stärkeren Begrenzung der Einwanderung vor allem aus der Türkei. Der Ökologie sollte bei Zielkonflikten der Vorrang eingeräumt werden. Die Ausländerpolitik stand zu diesem Zeitpunkt noch nicht im Mittelpunkt, deswegen sei die Partei nicht gegründet worden. Lustigerweise findet sich in dieser Zeit auch ein frühes Bekenntnis zu einer Frauenquote.

Recht bald jedoch herrschte in der Parteispitze Uneinigkeit über den künftigen Kurs. Handlos wollte eine konservative, Schönhuber dagegen eine neu-rechte Partei. Die Republikaner als reine „CSU-Absplitterung" zu verstehen, wie Backes und Jesse das 1990 taten, sei irreführend und übersehe das in der Partei ebenfalls vertretene rechtsextreme Element (S. 207). Schon damals habe sich die Partei „auf einer schiefen Ebene der Radikalisierung [befunden], auf der es kein Halten mehr gab" (S. 214).

Ausführlich schildert Fischer, wie Franz Schönhuber immer mehr als charismatischer Führer der sich radikalisierenden *Republikaner* zum Mittelpunkt der Partei wurde, „worauf sich ein regelrechter Personenkult um den Vorsitzenden entwickelte" (S. 238). In Anlehnung an Max Weber arbeitet Fischer die charismatischen Elemente Schönhubers heraus, dem es gelungen sei, die Partei im Sinne einer Gefolgschaft zu formen. Zunehmend entwickelte sie sich von einer populistischen Bewegung zu einer charismatischen „Führerpartei" (S. 240). Damit sei die Grenze zum Rechtsextremismus überschritten worden. Bei Schönhuber selbst sei bereits Ende der 1980er Jahre eine Häufung von „antisemitischen und antiamerikanischen Ausfällen" zu beobachten gewesen (S. 273).

Parallelen zur Entwicklung der AfD sind unübersehbar. Schon als die Partei nach Auffassung von Fischer noch nicht extremistisch war, sah sie sich erheblichem Druck in der Öffentlichkeit und einer Stigmatisierung als rechtsextrem ausgesetzt. Wie die AfD betrachtete sie sich als Opfer der Berichterstattung in den Medien, insbesondere auch des öffentlich-rechtlichen Rundfunks und Fernsehens. An der Tagesordnung waren Versuche, Veranstaltungen der *Republikaner* zu verhindern, was allerdings wie auch bei der AfD zum Gegenteil des Beabsichtigten führte: „Der gemeinsame Feind vor den Toren des Parteitags erzeugte ein Gemeinschaftsgefühl unter den Republikaner-Anhängern. Die Selbstinszenierung als Ausgestoßene wirkte identitätsstiftend" (S. 269).

Die ersten größeren Wahlerfolge hatten die *Republikaner* bei der Berliner Abgeordnetenhauswahl von 1989 und der Europawahl im gleichen Jahr. Spätestens seit dem Berliner Wahlkampf, in dem „offen rassistische Argumentationsmuster Oberhand gewannen" und „antisemitische Töne [...] immer salonfähiger [wurden,] [...] waren die Republikaner nicht nur in Programmatik und Personal, sondern auch in der Praxis als rechtsextrem einzustufen" (S. 317). Im Gegensatz zu den NPD-Wählern der späten 1960er Jahre seien die Berliner *Republikaner*-Wähler allerdings in erster Linie Protestwähler gewesen, so Fischer. Bei der Frage, ob es sich bei der Wahl tatsächlich eher um eine mehr oder minder rationale Protestwahl oder um eine ideologische Bekenntniswahl handelte, zitiert Fischer zwar relativ ausführlich das einschlägige Schrifttum, ist aber dennoch nicht auf dem Stand der damaligen Forschung, was an der Komplexität mancher statistischen Beweisführung liegen mag. Die Unterscheidung in „zufriedene Rechtsextreme", die zwar von ihren Einstellungen her rechtsextreme Züge aufwiesen, aber weitgehend den etablierten Parteien verbunden blieben, und „unzufriedenen Rechtsextremen", die sich sozial benachteiligt und ungenügend von den etablierten Parteien vertreten fühlten und mit einem weit erhöhten Prozentsatz für die Republikaner stimmten, trifft er nicht. Die statistische Kombination beider Merkmale von sozialer und politischer Unzufriedenheit auf der einen und rechtsextremen Einstellungen auf der anderen Seite ermöglicht überhaupt erst die Entscheidung, ob es sich bei der Wahl der *Republikaner* überwiegend um eine reine Protestwahl oder um eine ideologische Bekenntniswahl handelte. Beides, Unzufriedenheit und rechtsextreme Überzeugung, musste zusammenkommen, um die Affinität bestimmter Wählergruppen zu den Republikanern zu erklären.[1]

Im Zuge der Wiedervereinigung erfolgt eine programmatische Neuformulierung, um der Gefahr eines Parteienverbots bzw. der Etikettierung durch die Verfassungsschutzämter als extremistisch entgegenzuwirken. Im Programm wurde immer wieder das Grundgesetz beschworen, bezeichnete sich die Partei als „konservative, demokratische Partei". Trotz dieser programmatischen Anpassungen „blieben die Republikaner ihrem seit 1985 verfolgten nationalistischen, antiliberalen, antiamerikanischen, antipluralistischen und geschichtsrevisionistischen Programm treu" (S. 402).

Plausibel erscheint die von Fischer vertretene These, die *Republikaner* hätten durch die Wiedervereinigung einen Teil ihrer Daseinsberechtigung verloren. Für ihren neu-rechten, neutralistischen Nationalismus habe es nun keine Grundlage mehr gegeben, „womit ein Großteil des politischen Programms der Partei obsolet wurde" (S. 430). „Die Protestpartei hatte sich nun zur Anti-Asyl-Partei entwickelt, stieg also zu einer klassischen Single-Issue-Partei ab" (S. 450). In der baden-württembergischen Landtagswahl von 1992, in der die *Republikaner* mit 10,9 Prozent ihren größten regionalen Wahlerfolg erzielen konnten, spielte das Ausländerthema noch stärker

1 Siehe Jürgen W. Falter, Wer wählt rechts? Die Wähler und Anhänger rechtsextremistischer Parteien im vereinigten Deutschland, München 1994 sowie Markus Klein/Jürgen W. Falter, Die dritte Welle rechtsextremer Wahlerfolge in der Bundesrepublik Deutschland, in: Jürgen W. Falter/Hans-Gerd Jaschke/Jürgen R. Winkler (Hrsg.), Rechtsextremismus. Ergebnisse und Perspektiven der Forschung (Sonderheft 27/1996 der Politischen Vierteljahresschrift), Opladen 1996, S. 288–312.

als das Asylthema eine entscheidende Rolle. Dies aber habe „ihren endgültigen Abstieg in die Bedeutungslosigkeit“ (S. 430) lediglich verzögern, aber nicht verhindern können.

Durch den Asylkompromiss mit der im Art. 16a ins Grundgesetz eingeführten Drittstaatenregelung und dem darauffolgenden Bedeutungsverlust der Asylfrage im Themenhaushalt der Wähler verloren die *Republikaner* nach 1993 in den Umfragen rapide an Zuspruch. Zwar versuchte die Partei noch in ihrem im Juni 1993 verabschieden Parteiprogramm unter der Federführung des kommenden Vorsitzenden, Rolf Schlierer, „die Programmpunkte von der Aura des Rechtsextremismus zu befreien, das gelang nicht“ (S. 496). Sehr lapidar und ohne weitere Ausführungen dazu konstatiert Fischer, eine formale Deradikalisierung sei mit inhaltlicher Radikalisierung Hand in Hand gegangen. Der weitere Rückgang in Umfragen sowie das Scheitern der *Republikaner* bei einer Reihe von Landtagswahlen führte zu einem Aufstand gegen Schönhuber und dessen Kurs.

Seine Darstellung abschließend skizziert Fischer die *Republikaner* als Katalysator der extremen Rechten und als Vor- und Wegbereiter rechtsextremer Strömungen und Organisationen bis hin zur AfD. In einem starken Epilog arbeitet er Parallelen und Unterschiede zum Aufstieg der AfD heraus und wirft einen Blick auf den „globalisierten Rechtsextremismus“, den er am Erstarken rechter Flügelparteien auf der europäischen Ebene und im europäischen Parlament festmacht.

So beeindruckend die Arbeit ist, enthält sie doch eine Reihe von Ungenauigkeiten und Zeugnissen einer gewissen Voreingenommenheit des Autors. So spricht er auf Seite 65 ungenau von einer CSU-Bundestagsfraktion, die es nie gegeben hat, datiert er auf Seite 124 den Zusammenbruch der Sowjetunion auf das Jahr 1998 statt auf Ende 1991, schreibt er auf Seite 59, die *Union* habe bei der Bundestagswahl 1976 mit 48,6 Prozent ihr zweitbestes Wahlergebnis erzielt. Tatsächlich war das 1983. Auf Seite 401 spricht Fischer die Kollektivschuldthese an, gegen die Schönhuber sich wiederholt gewandt habe, die jedoch nie erhoben worden sei. Hier irrt er: Der Kollektivschuldgedanke spielte durchaus in der Nachkriegszeit und noch lange bis in die Geschichte der Bundesrepublik hinein eine durchaus prominente Rolle in der öffentlichen Diskussion. Auf ihr basierte beispielsweise die Reeducation-Politik der Amerikaner. Eine gravierende analytische Schwäche seiner Untersuchung ist die Verwendung eines definitorisch verwaschenen, an die Alltagssprache angelehnten und daher geradezu inflationären Rassismusbegriffs, demzufolge alle möglichen Formen von ethnischen, gruppenbezogenen und nationalen Vorurteilen als rassistisch eingestuft werden. Das verharmlost – sicher vom Autor ungewollt – den biologisch begründeten Rassismus, wie er etwa im eliminatorischen Antisemitismus der Nationalsozialisten zum Ausdruck kam.

So ausgewogen Fischer insgesamt argumentiert, so sehr zeigt sich doch in Einzelheiten seine politische Grundhaltung, etwa in den Abschnitten über die Änderung des Asylparagrafen des Grundgesetzes, wo er danach fragt, ob der dafür gezahlte Preis gerechtfertigt gewesen sei, oder wenn er vom „häufig plumpen Antiextremismus“ von großen Teilen der christlichen Parteien spricht, den sie „über das gemeinsame Ziel der Bekämpfung des Rechtsextremismus“ (S. 478) stellten. Dass sich die *Union* nicht für Aktionen „gegen rechts“ einspannen lassen wollte, ist für Parteien rechts der Mitte, die durch diese Begrifflichkeit selbst betroffen wären, eine Selbstverständlichkeit. Ähnlich spricht Fischer auf Seite 484 von „rechter Gewalt“, was günstigstenfalls undifferenziert ist, da er damit von Rechtsextremen ausgeübte Gewalt meint. Durch die undifferenzierte Begriffsverwendung diffamiert er, gewollt oder ungewollt, zwangsläufig alle demokratischen, nicht extremen Parteien und einzelnen Bürger rechts der Mitte, die mit rechtsextremen Gruppierungen und Personen in einen Topf geworfen werden. Diese Mängel beeinträchtigen die ansonsten sehr gute, grundlegende, rundum empfehlenswerte Untersuchung allerdings nur in geringem Maße.

Habermas reloaded

Von Brigitte Seebacher

Svenja Flaßpöhler, Streiten, Berlin 2024 (*Hanser Berlin*), 127 S.

Die Sprüche sind alt und haben doch von ihrer Sinnhaftigkeit nichts verloren. Wenn junge Leute Philosophie oder Psychologie studieren wollten, hieß es: Die haben's nötig. Nötig hatte es jedenfalls Svenja Flaßpöhler. Nach einer tumultuösen Kindheit stellt sie sich mit 18 Jahren auf eigene Füße, „um Philosophie zu studieren" (S. 21) und einen Beruf daraus zu machen. Bekannt wird sie durch publizistische Tätigkeit und geschickte Selbstvermarktung. Sie bewundert Jürgen Habermas und hält den Linksliberalismus für das Maß der Dinge, löckt aber auch gern gegen den Stachel. Sie weiß, wie man auffällt und sich wichtig macht – durch fein dosierte Opposition zum linksliberalen Mainstream. Die Schilderung ihrer kurzen Zeit beim Rundfunk nimmt breiten Raum ein, auch durch ein Sofa, das sie zwecks Diskussion in ihr Büro stellt, aber nicht angenommen wird. Als Ausweis eigener Besonderheit müssen MeToo herhalten und Corona. Sie wettert, obwohl oder gerade weil selbst geimpft, gegen eine allgemeine Impfpflicht, mindestens gegen erhöhten Druck auf Nichtgeimpfte. In epischer Breite wird „das gesamte Setting der Sendung" nacherzählt. Der Moderator habe sich darauf konzentriert, ihre, der „Abweichlerin" oder „Provokateurin", Argumentation „zu zerschießen" (S. 58, 94 f.). Sie ist gegen Waffenlieferungen an die Ukraine, man könne ja nicht wissen, ob sie dem Land „tatsächlich zum Sieg verhelfen" (S. 26). Von einer Verantwortung der Regierenden und deren Entscheidungszwängen weiß sie nichts und will sie auch nichts wissen. Im Fall von Corona ging es um die Ansteckung, die zu verhindern die Pflicht der Amtsträger sein musste. Mehrheit und Minderheit? Politik und Geschichte? Fehlanzeige. Da lässt sich über das „Streiten" leicht räsonieren.

Das „Streiten" wird in keiner Streitschrift verhandelt, sondern in einer immer neuen Selbstbespiegelung beleuchtet. Leitfaden des schmalen Bandes ist das Ich – schon im ersten Satz: „In den Augen vieler Menschen bin ich eine Frau, die sich gerne streitet" (S. 9). Aber wie? Und wo? Bei welcher Gelegenheit? Das Wort wird richtig hergeleitet. Bis zum Ende des 18. Jahrhunderts hat „Strit" Kampf bedeutet: „Wer stritt, stach zu, schlachtete ab, löschte Leben aus." Der alte Sinn hat sich im neuen Sprachgebrauch – „Schlagabtausch" oder „Wortgefecht" – bewahrt (S. 12). Und nicht nur das. Aus der eigenen Kindheitserfahrung schließt die Autorin, dass „Intimbeziehungen" ein Gewaltpotenzial immer schon in sich tragen. Auseinandersetzungen unter Paaren werden „nachgerade blitzartig persönlich und verletzend, arten aus in einen Kampf um Leben und Tod" (S. 28).

Die Autorin greift tief in die Tasten, zitiert was Rang und Namen hat oder auch nicht, bemüht Eros und Thanatos, Kant, der ihr die Vernunft zu hoch hält, und Sigmund Freud, dem sie huldigt, und – Elon Musk. Dessen „Spielwiese freier Rede etwa lebt eindeutig vom Vernichtungswunsch, der Klicks generiert, und gibt der Tötungslust ganz gezielt Raum“ (S. 25). Sie weiß, wie ihr Abgott Freud digitale Phänomene analysiert hätte: „Psychoanalytisch gesehen sind Shitstorms nichts anderes als das Resultat einer gelungenen Interaktion zwischen Lustmördern und deren Followern“ (S. 24). Was dagegen zu tun wäre, wird nicht verraten. Angedeutet wird nur, dass es in einem persönlichen Streit, in Intimbeziehungen welcher Art auch immer, allein darauf ankommt, einen Ausweg offen zu lassen. Ihre Mutter hat die 14jährige Tochter, die heutige Schriftstellerin, verlassen, ohne sich umzudrehen. Weil in den vorausgegangenen Streitereien ein Ausweg offengeblieben war, habe – wenn auch spät – die Verbindung wieder aufgenommen werden können. Welch eine Erkenntnis! Braucht es dafür die Philosophie? Täten es nicht auch ein gesunder Menschenverstand oder ein gesegnetes Naturell?

Auf der Suche nach dem richtigen Streiten wandert Svenja Flaßpöhler zwischen den neuen digitalen Welten und den eigenen Befindlichkeiten hin und her. Es fällt ihr umso leichter, als sie alles und von allem auch das Gegenteil aufeinander bezieht – dialektisch, wie eine Lieblingsvokabel lautet. Um Stringenz ist es ihr ohnehin nicht zu tun. Das erste Kapitel trägt den Titel „Streit ist kein Diskurs“, denn der Diskurs zielt auf „Verständigung“ und nötigt laut Habermas „zur wechselseitigen Perspektivübernahme“ (S. 11, 13). Nun ist der Autorin nicht entgangen, dass der „Diskursethiker Habermas“ (S. 113) auch selbst mit Affekten umzugehen verstand und nicht zimperlich war, wenn es galt, ein eigenes Meinungs- und Machtmonopol zu untermauern. Sie führt den „Historikerstreit“ an. Schwerer aber wiegen die von keiner Sachkenntnis getragene Analyse des Spätkapitalismus und vor allem das entschiedene Nein zur deutschen Einheit. Die Autorin gibt zu, dass der Philosoph den eigenen Ansprüchen nicht immer gerecht worden sei. Wie aber der „Kerneinsicht“ Rechnung tragen? Die besteht darin, dass Menschen „aggressiv werden, wenn sie nicht fähig sind, sich im Rahmen eines legitimen Wettstreits geschlagen zu geben“ (S. 89).

Die Antwort ist vorgegeben. Es gilt, den Diskurs zu retten und mit ihm dessen Deuter. Es gilt, dem Wortspiel um das Streiten einen Sinn zu unterlegen und eine Berufungsinstanz zu verordnen: „Von Habermas lernen heißt: Das soziale Band darf nicht zerreißen.“ Er, der Ethiker, steht für „die Hoffnung“ auf die eine Welt, in der „das Subjektiv-Affektive“ – die Triebfeder des Streits – „eine allgemeine, anschlussfähige Form findet“. Habermas hält „an der Existenz universaler Werte und Normen fest“ und streitet „mit Verve“ (S. 113 f.) für sie. Die Autorin bemüht nicht etwa die Realitäten der Gegenwart, sondern beruft sich auf Carl Schmitt, um dem Zerfall der Welt zu wehren und den Heilsbringer in Stellung zu bringen. Im letzten Kapitel der Schrift schickt sie die Leserschaft auf die erlösende Reise: „Mit Habermas ins Pluriversum“ (S. 109).

Frühe Bestandsaufnahme der zweiten deutschen Diktatur

Von Jochen Staadt

Carl Joachim Friedrich/Henry Kissinger u. a., The Soviet Zone of Germany, Harvard 1956, hrsg. von Uwe Backes, Thomas Lindenberger und Helmut Müller-Enbergs, Göttingen 2024 (*Vandenhoeck & Ruprecht*), 555 S.

Die von einem Expertenteam um den Forschungsdirektor der Harvard University Carl Joachim Friedrich und seinem Assistenten Henry Kissinger verfasste Studie *The Soviet Zone of Germany* enthält eine sachliche Analyse der Entstehung und Entwicklung des SED-Regimes bis in das Jahr 1955. Diese frühe Bestandsaufnahme über die ersten Jahre der zweiten deutschen Diktatur entstand im Rahmen der „Human Relation Area Files“ als Handreichung für amerikanische Dienststellen und diplomatische Vertretungen, die mit der Formierung des sowjetischen Imperiums in Ost- und Mitteleuropa konfrontiert waren. Eine Rezeption des 646 Seiten umfassenden Konvoluts in der Ost- und DDR-Forschung erfolgte kaum, obwohl es etliche fundierte Beiträge westdeutscher DDR-Kenner enthält; so von Carola Stern (Familienleben), Otto Stammer (Sozialstruktur), Ernst Richert (Propaganda), Karl Christian Thalheim (Planwirtschaft), Hans-Peter Herz (Erziehungswesen), Gerhard Abeken (Banken, Währung, Innen- und Außenhandel), Siegfried Unseld (Malerei und Literatur), oder Herbert W. Kundler (Informationspolitik).

In drei Unterkapiteln befasst sich die Studie mit dem „Sociological Background“, dem „Political Background“ und dem „Economical Background“ der damals sechsjährigen DDR. Carl Joachim Friedrich bezeichnet in seinem ersten Artikel über den „General Character of the Society“ die DDR als „a totalitarian society of the Soviet type“, die sich in einem früheren Entwicklungsstadium als die Sowjetunion befinde, um sodann auf die sechs bekannten Charakteristiken kommunistisch-totalitärer Systeme zu verweisen. Allerdings müssten die Herrschenden in der DDR das Waffenmonopol im Lande mit der sowjetischen Besatzungsmacht teilen, was die Sowjetzone zu einer abhängigen totalitären Gesellschaft mache. Wie in den anderen Satellitenstaaten des Ostblocks sei in der DDR der Weg zur totalitären Diktatur nicht durch eine Revolution, sondern durch die sowjetische Vormacht geebnet worden. Die aufgezwungene Gesellschaftsordnung präge auch die Haltung der Bevölkerung gegenüber dem SED-Regime, das im Falle freier Wahlen vermutlich eine Zustimmung von 5 bis 15 Prozent erreichen würde. Die Zahl von monatlich bis zu 15.000 Flüchtlingen sei allerdings ein einigermaßen zuverlässiger Indikator für die Stimmung in der Bevölkerung. Die Niederschlagung des Aufstands vom 17. Juni 1953 habe jeglichem substanziellen demokratischen Untergrund den Boden entzogen und zu einer tiefgreifenden Desillusionierung der Bevölkerung geführt. Auch die antiwestliche und nationalistisch eingefärbte Wiedervereinigungspropaganda des Regimes zeitige paradoxerweise gegenteilige Effekte, indem sie in der DDR-Bevölkerung die Meinung verstärke, dass es die Sowjetunion und das SED-Regime seien, die einer Wiedervereinigung Deutschlands im Wege stehen. Die Bevölkerung sei nach den Erfahrungen mit der Nazi-Propaganda desillusioniert und begegne der ausufernden SED-Propaganda mit Skeptizismus.

Schließlich verweist Friedrich auf die besondere Lage West-Berlins mit seiner durch freie Wahlen legitimierten Regierung, in der die sozialdemokratischen Erzfeinde der SED eine entscheidende Rolle spielten. Es sei diese freie Insel in der totalitären See, über die Flüchtlinge ohne große Schwierigkeiten die DDR verlassen könnten, und auch jene, die gar keine Flucht vorhätten, könnten nach West-Berlin kommen und sehen, was das SED-Regime ihnen vorenthält, vor allem Informationen über das Weltgeschehen und Westdeutschland. Zusammenfassend bezeichnet Friedrich die DDR als eine instabile totalitäre Gesellschaft mit einer relativ kleinen totalitären Funktionärsschicht, die den Überresten der älteren deutschen Gesellschaft übergestülpt worden sei. Man könne nicht vorhersagen, mit welchen Schwierigkeiten im Fall einer Wiedervereinigung die Anpassung der DDR-Gesellschaft an die westdeutsche Gesellschaft verbunden sein würde. Obwohl kühne Beobachter ein baldiges Ende des SED-Regimes für möglich hielten, wenn sich jenseits der Elbe die Demokratie weiter gut entwickle, wäre es ein großer Irrtum, auf einen inneren Zusammenbruch des SED-Regimes zu setzen. Alle Anzeichen würden vielmehr auf eine langsame Konsolidierung des Regimes hindeuten, das perspektivisch ein zuverlässiger Satellit des sowjetischen Ostblocks werden könnte. Es sei denn, die Großmächte würden sich eines Tages auf einen Modus der Wiedervereinigung einigen und der Bevölkerung eine Entscheidung über die künftige Gesellschaftsordnung in freien Wahlen ermöglichen.

Während Friedrich in seinem ersten Beitrag die DDR als „totalitarian society“ charakterisiert, wird sie in seinem gemeinsamen Beitrag mit Ernst Richert zur Funktion der Propaganda in den DDR-Medien als „totalitarian regime“ und „totalitarian dictatorship“ bezeichnet, was der Konstellation von 1955 eher entspricht als die Etikettierung einer totalitären Gesellschaft. Dem widersprechen auch die Daten des von Friedrichs Bruder Wolfgang gemeinsam mit Carl Meyer verfassten Beitrags über die Maßnahmen des Regimes gegen die nach wie vor religiöse Orientierung eines Großteils der DDR-Bewohner. Trotz antireligiöser Kampagnen liege der Anteil der Kirchenmitglieder in der DDR noch bei über 90 Prozent der Bevölkerung, wobei die protestantische Kirche eine dominierende Position einnehme. Noch immer gehöre auch ein erheblicher Anteil der SED-Mitglieder einer Kirche an. Während die Nationalsozialisten mit der Organisation der „Deutschen Christen“ eine starke Gefolgschaft unter Protestanten organisieren konnten, gebe es in der DDR nur eine Handvoll „progressive“ Priester auf der SED-Seite. Im Jahr 1950 seien das 150 von 6.000 protestantischen Priestern gewesen und kein einziger Geistlicher der katholischen Kirche. Neben den beiden großen Glaubensgemeinschaften werden als „freie Kirchen“ Baptisten, Methodisten und Mennoniten mit einem Anteil von weniger als 0,5 Prozent der Bevölkerung erwähnt. Nicht genannt werden erstaunlicherweise die verbliebenen jüdischen Gemeinden, die nach den antisemitischen Kampagnen im gesamten Ostblock einen Großteil ihrer Mitglieder durch Westflucht verloren hatten.

Die von Friedrich angesprochenen regionalen Traditionen, insbesondere die preußischen, vertieft sein gemeinsam mit Henry Kissinger verfasster Beitrag über das „Historical Setting". Die Gebiete, die nach dem Willen der Siegermächte von der ostdeutschen Regierung kontrolliert würden, hätten keine gemeinsame staatliche Vergangenheit, obwohl sie seit dem Mittelalter deutsches Territorium waren. Durch die föderale Struktur des deutschen Reiches seien jedoch viele Besonderheiten auf die Entwicklungsgeschichte der Länder zurückzuführen. Melvin Croan konstatiert in seinem Artikel zur „Foreign Policy of the German Democratic Republic (DDR)", dass die Sowjetunion der DDR keine eigene unabhängige Außenpolitik zugestanden habe. Die DDR sei eine Kreation der Sowjetunion und bliebe deren außenpolitisches Instrument. Eine diplomatische Anerkennung der DDR außerhalb des kommunistischen Lagers wäre einstweilen eine unerfüllte Wunschvorstellung. Eine Revision der sowjetischen deutschlandpolitischen Position würde allerdings unmittelbare und revolutionäre Folgen für die DDR-Außenpolitik nach sich ziehen. Diese, wie auch Friedrichs Prognose, das Regime sei durch unerwartete und drastische Politikwechsel am meisten verwundbar, sollte sich viele Jahre später bestätigen.

Die drei Herausgeber haben den englischsprachigen Reprint sachkundig mit Literaturhinweisen aus der damaligen Zeit und deutschsprachigen Anmerkungen zu den ins Englische übertragenen Zitaten aus dem DDR-Schriftgut ergänzt. In der dreiteiligen Einleitung der Herausgeber (84 Seiten) befasst sich Helmut Müller-Enbergs mit dem Entstehungskontext der Studie und den Biografien der beteiligten Autoren. Uwe Backes rekapituliert Friedrichs Totalitarismuskonzept und im Verhältnis dazu die Positionen der DDR-Forscher aus dem Berliner „Institut für Politische Wissenschaft". Thomas Lindenberger beschäftigt sich mit der Aktualität der frühen wissenschaftlichen Erkenntnisse über die DDR. Während Backes mit der gebotenen Sachlichkeit die relevante Literatur vorstellt, gilt das für seine Mitherausgeber nicht. Müller-Enbergs unterfüttert seine Autorenbiografien mit allerlei fragwürdigen Spekulationen aus dem MfS-Schriftgut. So etwa verweist er auf ein MfS-Dokument über Karl C. Thalheim, wonach dieser 1947 nach seiner Flucht aus Leipzig nach West-Berlin „von den Amerikanern sofort eine möblierte Villa und andere materielle Unterstützung" erhalten habe. Das MfS und der sowjetische Nachrichtendienst hätten Thalheim als „Resident für den amerikanischen Geheimdienst" klassifiziert, der „etwa 30 Agenten in Westberlin und im Gebiet der ehemaligen sowjetischen Besatzungszone" steuere. Unter Bezugnahme auf ein MfS-Vernehmungsprotokoll aus dem Jahr 1954 teilt Müller-Enbergs über Thalheim mit, „das MfS ging von einer späteren Mitgliedschaft bei der FDP aus". Im Archiv des Liberalismus der Friedrich-Naumann-Stiftung ist Thalheims FDP-Mitgliedschaft auf einer Karteikarte seit Frühjahr 1952 vermerkt. Dieser Fundort und nicht die DDR-Geheimpolizei ist doch wohl die verlässlichere zeitgeschichtliche Quelle. Müller-Enbergs hätte als Mitarbeiter des Berliner Verfassungsschutzes ebenso dessen Unterlagen über DDR-

Flüchtlinge wie Carola Asmus (Stern), Otto Stammer, Karl C. Thalheim, Wolfgang G. Friedrich oder Ernst Richert heranziehen können.

Lindenbergers Einleitung enthält autobiografische Abschweifungen und die Bekräftigung seiner Ansicht, das SED-Regime sei keine totalitäre Diktatur gewesen. Er bezeichnet die DDR als „ein dynamisches Gebilde“ und billigt der Studie von Friedrich, Kissinger u. a. allenfalls eine Bedeutung als „wissenshistorisches Monument seiner Zeit“ zu. Die sozialliberale DDR-Forschung, die in der DDR einen modernen Industriestaat eigener Ordnung sah, bespricht Lindenberger relativierend; die gegen diese Weichspülung der SED-Diktatur 1978 gegründete „Gesellschaft für Deutschlandforschung“ bleibt indes unerwähnt.

Die Studie von Carl Joachim Friedrich, Henry Kissinger u. a. ist entgegen der Herausgebereinordnung kein Dokument des Kalten Krieges. Sie enthält vielmehr weitgehend sachlich gehaltene und faktengesättigte Beiträge zur Frühgeschichte des SED-Staates, deren Lektüre sich noch immer lohnt.

Vom Rechtspopulismus und Rechtsextremismus zur Neuen Rechten?

Von Gert Pickel

Stefan Garsztecki/Thomas Laux/Marian Nebelin (Hrsg.), Brennpunkte der „Neuen Rechten". Globale Entwicklungen und die Lage in Sachsen, Bielefeld 2024 (*transcript*), 339 S.

Debatten über eine rechte Landnahme, die Ausbreitung des Rechtsextremismus und die Wahlerfolge der AfD als Repräsentanten rechtspopulistischer Parteien gehören mittlerweile für Wissenschaft und Politik zum Tagesgeschäft. Ebenfalls dort immer wieder zu hören ist eine Lokalisierung dieser Probleme in Sachsen.[1] Insgesamt scheint Sachsen ein Gebiet zu sein, welches prototypenhaft Entwicklungen des Bundesgebiets widerspiegelt. Zwar sind die Wahlergebnisse der AfD zur Bundestagswahl in Thüringen etwas höher als in Sachsen ausgefallen, und in anderen ostdeutschen Bundesländern ist man nicht weit entfernt vom sächsischen Ergebnis, gleichwohl scheint Sachsen ein guter Ort zu sein, die antidemokratischen Entwicklungen der „Neuen Rechten" aufzuspüren. Stefan Garsztecki, Thomas Laux und Marian Nebelin sehen dies ähnlich: „So gilt Sachsen in der sozialwissenschaftlichen Forschung vermutlich berechtigterweise als ein Zentrum des Rechtsextremismus in Deutschland" (S. 25).

Vor diesem Hintergrund nehmen sich die Autoren eine Betrachtung der Entwicklung der „Neuen Rechten" vor, man könnte es auch eine fallbezogene Kartographierung nennen. Verschiedene Fallanalysen mit unterschiedlichem methodischen Vorgehen werden in dem Band, der auf einer Ringvorlesung an der Technischen Universität Chemnitz beruht, zusammengezogen. Dies ist dann auch eine Stärke wie eine Schwäche des Bandes. So findet der Leser eine Vielzahl ausgesprochen interessanter Einzelstudien, gleichzeitig geht einem, bei allen lobenswerten Versuchen der Herausgeber, doch gelegentlich der rote Faden verloren. Dies manifestiert sich in einem weit verbreiteten Manko von Sammelbänden, es gibt keinen Versuch einer Zusammenfassung der Ergebnisse. So schwierig dies bei der Heterogenität der Beiträge auch wäre, man hätte sich zumindest einen Versuch gewünscht. Vor allem, da die Begrifflichkeit der „Neuen Rechten" im Buch oft etwas unscharf bleibt oder anders gesagt: Sehr viele Bezeichnungen und Gruppen spielen hier eine Rolle. Gehört nun die AfD zur „Neuen Rechten", oder ist sie „nur" rechtspopulistisch;

1 Vgl. Uwe Backes/Steffen Kailitz (Hrsg.), Sachsen – eine Hochburg es Rechtsextremismus? Göttingen 2020; Gert Pickel, Eine sächsische politische Kultur des Extremismus? Politische Einstellungen in Sachsen im Bundesländervergleich und ihre politikwissenschaftliche Einordnung, in: Gert Pickel/Oliver Decker (Hrsg.), Extremismus in Sachsen. Eine kritische Bestandsaufnahme, Leipzig 2016, S. 16–26.

ist die Einschätzung „Neue Rechte" deckungsgleich mit Rechtsextremismus? Es bleiben einige Fragen offen. Und die Herausgeber sagen ja selbst, dass die „Neue Rechte" von der „Alten Rechten" kaum zu unterscheiden sei. Da fragt man sich, warum man sich auf die „Neue Rechte" ausgerichtet hat. Doch nun Schluss mit dem Gemecker.

Denn den Herausgebern und Autoren des Bandes ist es, abseits dieser Kritik, gelungen, einen klaren und ungeschminkten Einblick in die gegenwärtigen Entwicklungen in der extremen Rechten in Sachsen zu geben. Dies ist vor dem Hintergrund aktiver werdender rechter Akteure eine Leistung an sich. Hervorzuheben ist auch, dass die historische Perspektive mit ihrem Blick auf Kontinuitäten die Verbindung zwischen der Gedankenwelt der „Neuen" und der „Alten Rechten" herstellt. Gleichzeitig werden aber auch Differenzen offenbart. So ersetzt heute ein, nur auf den ersten Blick offener daherkommender, Ethnopluralismus den früheren Ethnozentrismus. Auch hat sich die Digitalisierung als wichtiges Feld für die „Neue Rechte" und extreme Rechte etabliert. Ziel ist es dabei immer, die Grenzen des Sagbaren zu verschieben und sich als Vertreter des „Volkes" zu etablieren, aber auch alternative Fakten zu scheinbar klaren Fakten öffentlicher Medien, Wissenschaftler und Politiker anzubieten. Immer wieder ist es das „Wir" und „die Anderen", wie auch weitere Dichotomisierungen, welche die Komplexität politischer Entscheidungen für Anhänger der extremen Rechten mundgerecht daherkommen lässt. Ein zentraler Aspekt für die „Neue Rechte" ist der Anschluss an eine schon früher praktizierte Identitätspolitik.

Welche Facetten dies besitzen kann, zeigen die verschiedenen Beiträge des Bandes. So wird die Relevanz der Identitätspolitik in den sozialen Milieus der AfD-Wähler und -Unterstützer in Sachsen plastisch erkennbar. Es wird eine eigene ethnische Identität betont, die klare Abgrenzungen zu anderen Gruppen zulässt. Eine kollektive Gruppensolidarität steht „dem Anderen" (S. 69) ablehnend gegenüber. Und die Zahl der „Anderen" ist nicht klein und ergibt sich aus der Abweichung vom Wertemuster der extremen Rechten. Die Konsistenz dieser Prozesse beschreibt in der Sozialpsychologie die „Social Identity Theory". In ihr führt die Gruppenzugehörigkeit in Verbindung mit der Abwertung der anderen Gruppe zu einem erhöhten Selbstwertgefühl des Individuums, bzw. dem Gefühl, wieder Kontrolle über sein Leben zu haben. Es gibt also wenig Gründe, sich aus solchen Gruppen zu lösen. Dazu bedarf es einer identitär konstruierten Fremdgruppe.[2] Zu diesem Befund von Julian Polenz passt die radikalisierte kollektive Identitätsbildung bei der rechtsextremen Partei *Freie Sachsen*, welche Susanne Rippl anhand von Telegramm-Daten untersucht. Radikaler noch als andere rechtsextreme Gruppen bauen die *Freien Sachsen* (und nicht nur sie) auf ein Trio an Desinformation, Diskursverschiebung und Mobilisierung. Dabei werden Online- und Offlinekampagnen vernetzt und über Brücken-

2 Vgl. Gert Pickel/Alexander Yendell, Islam- und Muslimfeindlichkeit in Sachsen. Ein Problem für die Integration von muslimischen Zuwanderern und den gesellschaftlichen Zusammenhalt?, in: Steffen Kailitz/Gert Pickel/Tobias Genswein (Hrsg.), Sachsen zwischen Integration und Desintegration. Politisch-kulturelle Heimaten, Wiesbaden 2021, S. 165-184, hier: S. 169.

ideologien ein Eindringen in die Mitte der Bevölkerung versucht. Themen wie „Gender-Wahn", „Überfremdung" oder antimuslimische Propaganda sind die Brücken, die vor allem bei konservativer denkenden Bürgern der Mitte Anklang finden. Übernehmen dann konservative Parteien, teilweise aus Furcht vor den Verlusten von Wählern an rechtsextreme Parteien, Teile dieser Parolen, dann ist die von rechtsextremer Seite gewünschte Diskursverschiebung auf dem Wege.

Besonders Muslime, Feministinnen und Geflüchtete eignen sich aus Sicht der extremen Rechten als abzulehnende Gruppen. Migration stellt ein zentrales Feindbild dar und offenbart die rassistische Prägung der extremen Rechten, wie Heidrun Friese zeigen kann. Nicht zu vergessen ist die Kontinuität der Relevanz des Antisemitismus für die extreme Rechte (Christoph Wolf). Je bedrohlicher diese Gruppen gezeichnet werden können, desto erfolgreicher ist diese Strategie für Gruppen der extremen Rechten. Auch autoritäre Überzeugungen spielen eine Rolle.[3] Frank Asbrock und Deliah Bolesta können über Umfragedaten autoritäre Überzeugungen als eine Triebkraft für rechte Einstellungen feststellen. Damit schließen sie an frühe Studien an, welche autoritären Persönlichkeitsaspekten eine wichtige Rolle für das Verhalten im Nationalsozialismus zugewiesen haben.[4] Wichtig ist der Glauben an eine gefährliche Welt, für die Schuldige gesucht werden. Die Bedeutung von Feindbildern kann, so Marcus Nolden, über digitale Wege zügig verteilt werden und an unterschiedlichen Stellen zum Erfolg der vermittelten Narrative beitragen. Sara Tell kommt zu vergleichbaren Ergebnissen der digitalen Wirkungen. Allerdings sind die digitalen Effekte nicht losgelöst von der Offline-Welt. Proteste im Kontext der Anti-Covid-19-Maßnahmen dienten zum Beispiel als Gelegenheitsstruktur zur Mobilisierung von neuen Anhängern oder Unterstützern.

Dass nicht nur der digitale Raum okkupiert werden soll, zeigen Johannes Grunert und Johannes Kiess in ihrer Fallanalyse zu Chemnitz. So gelingt es den vielfältigen Akteuren der extremen Rechten über Rechtsrockfestivals, Hooligangruppen und völkische Siedlungsinitiativen den öffentlichen Raum Stück für Stück für sich zu vereinnahmen bzw. Pfeiler für ihre Aktivitäten in der Stadt zu etablieren. Eine solche Siedlungsstruktur ist die *Anastasia-Bewegung*, welche nach Manuela Beyer über eine scheinbar tolerante Selbstdarstellung Anschluss an alternative Personen schaffen möchte. Man kann nach Lektüre dieser Beiträge mit Fug und Recht sagen, dass Gruppen der extremen Rechten digital und auf der Straße mobilisieren.

Das Buch erweitert den Blick über die Grenzen. So zeigt Stefan Garsztecki Ähnlichkeiten der sächsischen zur polnischen Entwicklung, Lukáš Novotny berichtet über die Wiedergeburt der Rechten in Form der „Neuen Rechten" in der Tschechischen Republik und Frank Görne, Katharina Nebelin sowie Marian Nebelin blicken auf die USA und Frankreich – mit einem Fokus auf die Antikerezeption. Dies

3 Siehe auch Oliver Decker/Johannes Kiess/Ayline Heller/Elmar Brähler (Hrsg.), Vereint im Ressentiment. Autoritäre Dynamiken und rechtsextreme Einstellungen. Leipziger Autoritarismus Studie 2024, Gießen 2024.

4 Theodor Adorno/Else Frenkel-Brunswick/Daniel Levinson/Nevitt Sanford, The authoritarian personality, New York 1950.

zeigt eindrücklich, dass man es bei dem Aufkommen der „Neuen Rechten" nicht mit spezifisch sächsischen, nicht mal spezifisch deutschen Phänomenen zu tun hat. Sie können anhand der Entwicklungen in Sachsen tiefer analysiert werden. Dies zeigen die spannenden Fallstudien. Somit geht der Plan der Herausgeber auf, Sachsen als „Brennglas überregionaler Trends" (S. 28) zu nehmen. Was ebenfalls bedeutet, dass das vorliegende Buch keineswegs nur für Sachsen oder Experten für Sachsen interessant ist. Die Analysen reichen deutlich über Sachsen hinaus. Entsprechend kann ich das Buch allen an der Thematik der extremen Rechten interessierten Lesern wärmstens empfehlen.

Universitäten im Dritten Reich

Von Arnd Bauerkämper

Michael Grüttner, Talar und Hakenkreuz. Die Universitäten im Dritten Reich, München 2024 (*C.H. Beck*), 704 S.

Michael Grüttner hat sich seit den 1990er Jahren intensiv mit der nationalsozialistischen Wissenschaftspolitik und den Hochschulen im „Dritten Reich" befasst. Auf dieser Grundlage bietet sein neues Buch eine umfassende und zugleich problemorientierte Gesamtdarstellung der Entwicklung der Universitäten, der nationalsozialistischen Politik und des Verhaltens der beteiligten Akteure (NS-Funktionäre, Staatsbeamte, Professoren, Angehörige des „Mittelbaus" und Studierende). Dabei vertritt er eine vermittelnde Interpretation, die einerseits die Hochschule nicht ausschließlich als Objekte der nationalsozialistischen Diktatur fasst, sondern auch die „Gleichschaltung" von innen anerkennt und untersucht. Andererseits betont Grüttner die erheblichen Eingriffe der nationalsozialistischen Führung, den Verlust der (weitgehenden) Autonomie der Universitäten und die Anpassungszwänge im „Dritten Reich". Von einer „Selbstmobilisierung" (S. 9) der Hochschullehrer und anderen Wissenschaftler im „Dritten Reich" könne nicht pauschal gesprochen werden.

Das Buch ist klar gegliedert. Im Anschluss an einen Überblick zur Lage der Universitäten am Ende der Weimarer Republik wird im zweiten Kapitel die NS-Machtübernahme „von oben" und „von unten" nachgezeichnet. Der darauffolgende Abschnitt rekonstruiert detailliert die Wissenschaftspolitik der Machthaber und die daran beteiligten Institutionen. Im vierten Kapitel legt der Verfasser im Einzelnen den strukturellen Wandel des Hochschulwesens im nationalsozialistischen Deutschland dar. Auf Ausführungen zur Rolle und zum Verhalten der Lehrenden folgen im sechsten Abschnitt umfassende Erläuterungen zur inhaltlichen Neuausrichtung der Wissenschaft und einzelner Disziplinen (Theologie, Rechtswissenschaft, Geisteswissenschaften, Medizin, Naturwissenschaften und Mathematik). Die Monografie schließt mit einer Zusammenfassung der wichtigsten Befunde und einem Epilog. Die Entnazifizierung an den Universitäten nach 1945 sei zwar weitgehend, aber keineswegs durchweg gescheitert.

Michael Grüttner argumentiert überzeugend, dass die Krise der Universitäten ab 1930 die Ablehnung der Weimarer Republik und den Antisemitismus verstärkt hatte. Da sich die Vertreter der parlamentarischen Demokratie hilflos gegenüber der unzureichenden finanziellen Ausstattung der Hochschulen und Perspektivlosigkeit ihrer Absolventen in der Wirtschaftskrise zeigten, gewann der Nationalsozialistische Deutsche Studentenbund (NSDStB) in den frühen 1930er Jahren unter Studierenden eine wachsende Basis. Außerdem gelang es der NS-Führung, große Gruppen des wissenschaftlichen Nachwuchses und darüber hinaus auch andere Nicht-Ordinarien (wie außerplanmäßige Professoren) gegen die – im Allgemeinen älteren – Ordinarien zu mobilisieren und für ihre Politik zu gewinnen. Dies erleichterte 1933/34 die Machtaneignung durch Eingriffe von außen und eine Mobilisierung im Innern erheblich. Dabei wirkten Begeisterung für den „Aufbruch", den die Nationalsozialisten versprachen, und Karrierehoffnungen zusammen. Der Nexus von Überzeugung und Opportunismus prägte im Zuge der „Gleichschaltung" auch die Durchsetzung des „Führerprinzips" und die personelle „Säuberung" des Lehrkörpers, bei der 80 Prozent der Entlassungen antisemitisch motiviert waren. In diesem Prozess bildete das Streben nach „Ordnung" eine zentrale Triebkraft und der NSDStB (mit seinen „Studentenschaften") war darin „der wichtigste Motor" (S. 485). Die Mehrheit der vertriebenen Professoren und Dozenten ging in die USA – oft über Zwischenstationen wie Großbritannien oder Frankreich –, während die verbliebenen Hochschullehrer weitgehend passiv blieben.

Ebenso einleuchtend und gut belegt ist die Interpretation des Verfassers, dass die nationalsozialistische Hochschulpolitik nicht einheitlich, sondern in der „Polykratie"[1] durch Überschneidungen von Kompetenzen und die Rivalität unterschiedlicher Institutionen gekennzeichnet war. Im Besonderen stritten das Reichserziehungsministerium (REM), der NS-Lehrerbund, der Nationalsozialistische Deutsche Dozentenbund (NSDDB), der Stab Heß, die Hochschulkommission der NSDAP, die Dienstelle Rosenberg und die SS um Einfluss auf die Wissenschaftspolitik und die Universitäten. In diesen Konflikten konnte das REM letztlich seine Federführung behaupten, auch gegenüber dem NSDBB und dem Stab Heß, die nur gelegentlich Einfluss auf die Gesetzgebung und Berufungen gewannen. Insgesamt entwickelten die Nationalsozialisten keine kohärente Wissenschaftspolitik, obwohl sie Grundprinzipien wie eine „ganzheitliche", an „Rasse" und „Volkstum" orientierte Forschung und ein instrumentelles Verständnis wissenschaftlicher Arbeit durchzusetzen suchten.

Während die Universitäten bis 1938 schrumpften (besonders wegen der Vertreibung politisch nicht konformer und jüdischer Wissenschaftler), vollzog sich ab 1938 im Zuge der forcierten Aufrüstung eine Expansion, die auch auf die Übernahme der Hochschulen in Wien, Graz, Innsbruck und Prag sowie auf die Neugründung der „Reichsuniversitäten" Posen und Straßburg (1941) zurückzuführen war. Jedoch behinderte der zunehmende Personalmangel durch Einberufungen im Zweiten Weltkrieg – vor allem ab 1941 – die Erweiterung des Hochschulwesens. Zudem verschärfte sich der schon 1933/34 deutliche Zielkonflikt zwischen wissenschaftlicher Qualifikation und politischer Loyalität bei der Auswahl von Lehrenden, deren Zustimmung zum NS-Regime überdies mit der Kriegswende 1941/42 zurückging.

Insgesamt erlitten Hochschullehrer im „Dritten Reich" einen erheblichen Statusverlust, vor allem wegen der Geringschätzung der Machthaber für intellektuelle Ar-

1 Peter Hüttenberger, Nationalsozialistische Polykratie, in: Geschichte und Gesellschaft 2 (1976), S. 417–442.

beit. Vertreter einer „deutschen Physik“ oder „deutschen Chemie“ scheiterten aber letztlich, und „Vordenker“ (S. 358), die – wie Carl Schmitt, Martin Heidegger, Hans Freyer und Ernst Krieck – dem Nationalsozialismus ein intellektuelles Fundament zu verleihen suchten, wurden schrittweise entmachtet. Demgegenüber avancierten jüngere Nichtordinarien, wenn sie sich anpassten. Außerdem wurden die Natur- und Agrarwissenschaften sowie die Medizin ab 1936 aufgewertet, da ihre Erkenntnisse für die Kriegsführung benötigt wurden. Während neue Disziplinen wie die Rassenkunde tendenziell an Einfluss gewannen, verloren die Theologie, die Rechtswissenschaft und die Geisteswissenschaften an Bedeutung. Zugleich vollzogen sich in allen Disziplinen inhaltliche Verlagerungen, die der NS-Ideologie und den politischen Prioritäten der Machthaber folgten, vor allem in der Medizin. Ab 1942 verschlechterten sich die Bedingungen für Forschung und Lehre an den Universitäten jedoch rapide, so dass sich viele der verbliebenden Lehrenden zu Opfern der NS-Politik stilisierten. Dieses apologetische Selbstbild behinderte die Entnazifizierung, die sich nach dem Zusammenbruch des „Dritten Reiches“ in den vier Besatzungszonen unterschiedlich vollzog. Wie Grüttner ebenfalls herausarbeitet, widersprach im Westen eine rigorose Entnazifizierung der gleichfalls angestrebten Demokratisierung.[2] Unter diesen Rahmenbedingungen vollzog sich in ganz Westdeutschland ab den späten 1940er Jahren eine Reintegration belasteter Wissenschaftler. Dieser Prozess blieb aber regional unterschiedlich und bezog Hochschullehrer, die sich (wie der Historiker Günther Franz) besonders schwer diskreditiert hatten, erst spät oder gar nicht ein. Wegen ihrer Vorbehalte gegenüber dem Land der Täter, der Verwurzelung in den Aufnahmeländern, den Ressentiments der Daheimgebliebenen und den Zerstörungen in Deutschland kehrten letztlich nur 14,7 Prozent der vertriebenen Hochschullehrer in ihre Heimat zurück.[3]

Alles in allem handelt es sich bei Michael Grüttners Buch um eine umfassende und differenzierende Studie, die Maßstäbe setzt. Sie konturiert das Verhältnis zwischen Umbruch und Kontinuität (so der tradierten Fakultätsstrukturen), demonstriert die Aporien der NS-Wissenschaftspolitik und die weitgehende Konformität der nicht emigrierten Lehrenden, von denen nur wenige die weiterhin bestehenden begrenzten Handlungsspielräume nutzten. Allerdings fehlen einordnende Bemerkungen, welche die Spezifik der Entwicklung in Deutschland – so in der Krise der frühen 1930er Jahre, bei der Mobilisierung von Wissenschaftlern und der Verwendung ihrer Befun-

2 Dazu auch: Thorsten Holzhauser, Demokratie, Nation, Belastung. Kollaboration und NS-Belastung als Nachkriegsdiskurs in Frankreich, Österreich und Westdeutschland, Berlin 2022, S. 77–86.

3 Vgl. exemplarisch Anna Corsten, Unbequeme Erinnerer. Emigrierte Historiker in der deutschen und US-amerikanischen Holocaust-Forschung, Stuttgart 2023, bes. S. 39–93; Arnd Bauerkämper, Americanisation as Globalisation? Remigrés to West Germany after 1945 and Conceptions of Democracy: The Cases of Hans Rothfels, Ernst Fraenkel and Hans Rosenberg, in: Leo Baeck Institute Year Book 49 (2004), S. 153–170; ders., Demokratie als Verheißung oder Gefahr? Deutsche Politikwissenschaftler und anglo-amerikanische Modelle 1945 bis zur Mitte der 1960er Jahre, in: Ders./Konrad H. Jarausch/Marcus M. Payk (Hrsg.), Demokratiewunder. Transatlantische Mittler und die kulturelle Öffnung Westdeutschlands 1945–1970, Göttingen 2005, S. 253–280.

de im Krieg – im Ländervergleich konturieren. Hinweise dazu beschränken sich auf allgemeine Bemerkungen, so zum langfristigen „Aufstieg der amerikanischen Wissenschaft“ (S. 392) seit 1900, den die Vertreibung oft hochqualifizierter Hochschullehrer 1933/34 beschleunigte. Zudem bleibt die große Gruppe der Studierenden – und sogar die Rolle des NSDStB – gegenüber den Lehrenden unterbelichtet. Darüber hinaus werden Technische, Landwirtschaftliche, Handels-, Musik- und Kunsthochschulen ebenso wenig einbezogen wie Berg- und Pädagogische Akademien sowie die Universitäten in den Staaten, die im Zweiten Weltkrieg vom „Dritten Reich“ besetzt wurden. Diese Grenzen verweisen aber auf Ergänzungen, nicht auf konzeptionelle und gravierende inhaltliche Defizite. Der Verfasser hat mit seiner Studie, die enzyklopädischen Charakter hat (ohne jedoch ein Sachregister zu enthalten), ein Standardwerk vorgelegt.

Politischer Realismus in der europäischen Ideengeschichte

Von Hendrik Hansen

Felix Herkert/David Manolo Sailer/Jan Kerkmann (Hrsg.), Politischer Realismus I. Beiträge zu einem ideengeschichtlichen Schlüsselparadigma, Baden-Baden 2024 (*Nomos*), 337 S.

Die westlichen Demokratien geraten von zwei Seiten unter Druck: Von außen werden sie von Staaten wie Russland, China, Iran und Nordkorea auf unterschiedliche Weise herausgefordert; von innen erstarken die Gegner einer liberalen, rechtsstaatlichen und pluralistischen Demokratie. Ungarn ist seit 2010 fest in der Hand einer Partei, die eine identitäre Demokratiekonzeption vertritt; seit Januar 2025 läuft in den Vereinigten Staaten ein Politikwechsel, der, zumindest dem Anspruch nach, einen weitgehenden Umbau des politischen Systems anstrebt; in zahlreichen westlichen Staaten gibt es starke populistische oder extremistische Parteien. Der Begriff der Zeitenwende ist als Bezeichnung für das, was die westlichen Demokratien derzeit erleben, durchaus angemessen.

Eine Zeitenwende erfordert ein Umdenken, das nicht nur die praktische Politik, sondern auch die Reflexion der geistigen Grundlagen der eigenen Wertordnung erfasst. Dazu möchten die drei Herausgeber, Nachwuchswissenschaftler im Fach Philosophie aus Freiburg und Wien, einen Beitrag leisten, indem sie sich gemeinsam mit einer Reihe namhafter Autorinnen und Autoren überwiegend aus der politischen Philosophie mit dem Konzept des Politischen Realismus befassen. Dieses Konzept wurde nicht nur in der deutschsprachigen Politikwissenschaft in der Vergangenheit stark vernachlässigt, sondern auch in der politischen Philosophie. In beiden Fachrichtungen gab es nicht erst mit dem Ende der Ost-West-Konfrontation 1989/90 eine Präferenz für die Auseinandersetzung mit politischen Ordnungen, die aus Idealen und Normen abgeleitet werden.

Der Fokus des Bandes liegt demgegenüber auf Theorien, die die Möglichkeit einer solchen Ordnung bestreiten, und zeichnet ihre Entwicklung von der Antike bis zur Gegenwart nach, wobei letztgenannte im zweiten, im Mai 2025 erschienenen Band noch ausführlicher behandelt werden soll. Das Verdienst der Beiträge liegt darin, die Vielfalt unterschiedlicher Theorien des politischen Realismus nachzuzeichnen, philosophiegeschichtliche Entwicklungsstränge zu verdeutlichen und differenzierte Analysen zu bieten, die einige eingefahrene Deutungen von Autoren wie Machiavelli und Hobbes in Frage stellen.

Der Aufbau des Bandes ist chronologisch. Nach einer Einleitung, die das Anliegen vor dem Hintergrund des Forschungsbedarfs erläutert, folgen drei Beiträge, die sich mit Positionen der griechischen Antike auseinandersetzen und sie geistesgeschichtlich einordnen (Teil I). Vier Beiträge befassen sich in Teil II mit dem Politischen Realismus der Neuzeit, vier weitere in Teil III mit Positionen der Moderne.

Den Auftakt in Teil I macht Barbara Zehnpfennig mit einem Vergleich der Plädoyers der Sophisten Thrasymachos und Kallikles für das Recht des Stärkeren. Beide lehnen die Vorstellung einer Gerechtigkeit jenseits des Rechts ab und führen letztgenanntes auf politische Machtverhältnisse zurück. Doch während Thrasymachos die Notwendigkeit und die Legitimität rücksichtsloser Selbstdurchsetzung aus der Beobachtung des menschlichen Verhaltens ableitet, sieht Kallikles im Recht des Stärkeren ein Naturgesetz und bejaht den Kampf um Selbstdurchsetzung. Der Vergleich zeigt verschiedene Konzeptionen des Politischen Realismus: Bei Kallikles wird „das (vermeintlich) Faktische [...] zum Normativen", während eine andere Variante nicht-normativ ist und die Welt nur zu beschreiben beansprucht. Thrasymachos, so Zehnpfennig, stehe dazwischen und plädiere dafür, im Kampf um Selbstdurchsetzung mitzumachen, „weil man sonst untergeht" (S. 45 f.). Beiden Sophisten wird in den platonischen Dialogen Sokrates gegenübergestellt, der die Widersprüche ihrer Weltdeutungen aufzeigt, ihren Anspruch, die Wirklichkeit zu beschreiben, widerlegt und der dem Konzept des Kampfes um Macht dasjenige des Kampfes um Wahrheit entgegenstellt.

Christina Kast vertieft die Analyse der anthropologischen Voraussetzungen des Politischen Realismus, indem sie den anthropologischen Pessimismus, der Thrasymachos zugrunde liegt, mit demjenigen von Machiavelli und Hobbes vergleicht. Sie betont jedoch, dass dieser Pessimismus nicht notwendig zur Bejahung einer autoritären politischen Ordnung führen müsse – so leite z. B. Schopenhauer daraus ein liberales Politikverständnis ab.

Im dritten Beitrag über antike Theorien des Politischen Realismus befasst sich Jan Kerkmann mit der Rede der Athener Gesandten an die Vertreter Spartas vor dem Ausbruch des Peloponnesischen Krieges, die Thukydides überliefert hat. Ausgehend von den seitens der Athener postulierten anthropologischen Konstanten der Furcht sowie des Strebens nach Ehre und Nutzen leiten sie in ihrer Rede die Legitimität ihrer Machtpolitik ab. Dabei führen sie eine Reihe von Argumenten an, die in späteren Theorien des Politischen Realismus wiederkehren. U. a. betonen sie, das Recht des Stärkeren sei ein ewiges Gesetz, das „von ihnen nicht suspendiert werden" (S. 98) könne. Der Aufstieg Athens zu einer Hegemonialmacht sei somit nichts anderes als ein legitimer Akt der Selbstbehauptung.

Im zweiten Teil des Bandes befasst sich zunächst Manuel Knoll mit dem Politischen Realismus von Machiavelli, den er vor allem unter Rückgriff auf die *Discorsi* deutet. Machiavelli sei nicht der Vertreter eines Immoralismus, sondern habe vielmehr „eine konsequentialistische politische Ethik entwickelt, der zufolge in manchen Situationen der Einsatz unmoralischer Mittel notwendig [...] ist, um gute Zwecke zu erreichen" (S. 108) – gemeint sind damit „Stabilität, Sicherheit und Ordnung" (S. 117). Insofern habe Machiavelli eine „Verantwortungsethik *avant la lettre*" (S. 118) entwickelt. Nicht berücksichtigt wird jedoch, dass diese Ziele ihrerseits nur Mittel sind, um höhere Werte zu verwirklichen, und insofern nur bedingt Maßstab politischen Handelns sein können. Doch Knoll zeigt in seiner differenzierten Analyse, dass Machiavelli nicht auf die Rolle eines Apologeten skrupelloser Machtpolitik reduziert werden darf.

Auch der Beitrag von Dirk Brantl über Hobbes zeichnet sich durch eine differenzierte Analyse seines Verständnisses von Macht und Politik aus. Brantl widerspricht überzeugend dem geläufigen Urteil, dass Hobbes keine Moral kenne und es ihm nur um die Selbstbehauptung im Machtkampf gehe. Er vertrete durchaus eine Moral, deren Grundlage die natürlichen Gesetze seien, die im *Leviathan* in Kapitel 14 behandelt werden. Hobbes betone politische Stabilität unabhängig von der Erziehung der Untertanen, die wiederum darin bestehe, die „Evidenz der Wahrheit der natürlichen Gesetze zu lehren“ (S. 148). Auch hier bleibt jedoch der höchste Maßstab der Moral die Sicherung des Überlebens.

Christian Th. Müller fasst in seinem Beitrag die wesentlichen Thesen seiner Monografie über Clausewitz zusammen und analysiert zum einen, wie dessen berühmtes Diktum zu verstehen sei, dass der Krieg die Fortführung der Politik mit anderen Mittel ist. Zum anderen erläutert er auf der Grundlage der außenpolitischen Schriften von Clausewitz dessen Verständnis eines Machtgleichgewichts, deren Grundlage die Anerkennung der Interessen der beteiligten Staaten sei.

Den zweiten Teil des Bandes beschließt Pedro Manuel Bortoluzzi mit einer Analyse von Karl Marx' Konzept der ursprünglichen Akkumulation. Sie sei auf einen Akt physischer Gewalt zurückzuführen, der zur Aneignung von Produktionsmitteln geführt habe, und ist damit letztlich Folge des Rechts des Stärkeren. Nach und nach sei die Gewalt institutionalisiert worden, so dass die rohe Gewalt mit der Zeit immer weniger notwendig geworden sei. Ausgehend von der ursprünglichen Akkumulation habe sich der Kapitalismus entwickelt, der durch den Kolonialismus zu einer „globale[n] Explosion der Gewalt“ geführt habe“ (S. 199). Es ist das Verdienst des Beitrags zu zeigen, dass Marx die Welt – wie Thrasymachos und Kallikles – vom Recht des Stärkeren her deutet, das erst am Ende der Geschichte überwunden sein wird.

Im dritten und abschließenden Teil, der sich mit modernen Konzeptionen des Politischen Realismus befasst, widmet sich Ieva Höhne der Kritik von Leo Strauss am Politischen Realismus von Carl Schmitt. Jerónimo Molina Cano analysiert den Politischen Realismus von Francisco Javier Conde (1908–1975) und zeigt, dass der spanische Jurist und politische Philosoph zu Unrecht kaum rezipiert wird. Felix Herkert fragt nach den Besonderheiten des Politischen Realismus von Panajotis Kondylis, der anders als die zuvor behandelten Vertreter des Paradigmas in diesem Band kein interessierter Akteur, sondern ein wertfreier Realist sei. Abschließend widmet sich David Manolo Sailer dem Politischen Realismus in der Analyse der internationalen Politik.

Die Beiträge des Bandes haben für die Auseinandersetzung mit dem politischen Extremismus mindestens einen dreifachen Wert. Erstens werden die Varianten der Theorie vom Recht des Stärkeren analysiert, die dem politischen Extremismus zugrunde liegen. Im italienischen Faschismus und im Nationalsozialismus wird das Recht des Stärkeren offen vertreten. Doch auch Marxisten-Leninisten und Anarchisten gehen – wie Bortoluzzi am Beispiel von Marx zeigt – davon aus, dass das Recht des Stärkeren gilt, bis alle Herrschaftsverhältnisse beseitigt sind. Zweitens beruht die Politik mancher Staaten, die Extremisten in Deutschland unterstützen, auf der Logik des Rechts des Stärkeren (u. a. Russland und Iran). Und drittens ist die Auseinandersetzung mit Machtpolitik und der Logik des Rechts des Stärkeren entscheidend, um das eigene Vorgehen im Kampf gegen das Machtstreben befeindeter Staaten und politischer Extremisten zu reflektieren. Die Frage zu stellen, welche Normen seitens der deutschen Politik respektiert werden sollen, wenn ein Gegner in der Gewaltbereitschaft keine moralischen Grenzen kennt, ist nicht nur legitim, sondern überlebensnotwendig. Doch der Band zeigt auch in verschiedenen Beiträgen, dass das Überleben für sich genommen nicht das letzte Maß der Ethik sein kann. Ethik dient nicht der Vermeidung von Unsicherheit und Tod, sondern der Begründung eines Maßes, für das zu kämpfen – und notfalls zu sterben – es sich lohnt.

Unkontrollierbare Emotionen

Von Jens Hacke

Eva Illouz, Explosive Moderne, Berlin 2024 (*Suhrkamp*), 447 S.

Historisch-materialistische, ideengeschichtliche oder (post-)strukturalistische Ansätze, die danach streben, Krisen zu verstehen, eint eine merkwürdige Sprachlosigkeit in der Frage, welche Rolle Emotionen und Affekte spielen. Zwar haben viele große politische Denker von Platon bis Machiavelli, von Thukydides bis Hobbes immer wieder anthropologische Grundannahmen ins Zentrum gestellt, um auf von allen geteilte Anlagen, Bedürfnisse und Anfälligkeiten aufmerksam zu machen – auch im Hinblick auf problematische emotionale Dispositionen wie Habgier, Furcht, Ruhmsucht. Aber unterbestimmt blieb doch zumeist das Phänomen ihrer gesellschaftlichen Prägung und historischen Veränderlichkeit.

Das demokratische Zeitalter weckte Interesse an Massenpsychologie und den Zwängen sozialer Konformität. Wie sich jedoch bestimmte Emotionen qualitativ wandeln und welche Konsequenzen dies für die politische Orientierung Einzelner oder die Parameter politischer Entscheidungsfindung hat, bleibt methodisch schwer zu bestimmen. Tocqueville mutmaßte bereits im 19. Jahrhundert, dass die Leidenschaft für die Gleichheit – stärker und konkreter als der Wille zur Freiheit – kollektiven Emotionen eine neue Bedeutung verschaffe. Den Eigendynamiken und vermeintlichen Gesetzmäßigkeiten im Verhältnis von *Masse und Macht* (Elias Canetti) ging insbesondere die Totalitarismusforschung nach, nicht selten mit der Vermutung, dass es von der Demokratie zu einer Tyrannei der Mehrheit nur ein kleiner Schritt sei und dass überhöhte Gemeinschaftsideale in Unfreiheit umzuschlagen drohen. Auch hier dominierte die Vorstellung von affektiver Irrationalität.

Gefühligkeit bleibt allerdings (romantisch geprägt) mit Individualität verbunden. Je öfter jedoch emotionale Betroffenheit ausgestellt wird, desto dringlicher der Verdacht, sich in neuen Schablonen zu bewegen. Die rituell gestellte Frage danach, wie sich etwas „anfühle" und die exzessiv adjektivisch gebrauchte Phrase „gefühlt" unterstreichen diesen Befund: Der Referenzrahmen des Fühlens wirkt zugänglicher als das rationale Argument. Vor diesem Hintergrund gewinnt die Ausgangshypothese der Soziologin Eva Illouz, die gegenwärtige Krise westlicher Demokratien in den Verwirrungen des sozialen Gefühlslebens zu erkennen, eine schlagende Evidenz. Die Explosivität der Moderne führt Illouz darauf zurück, dass individuelle und kollektive Emotionen aus dem Ruder laufen und unkontrollierbar werden. Anders als der bescheidenere Anspruch einer Emotionsgeschichte, die ihr Anliegen eher in einer Erweiterung kulturgeschichtlicher Fragestellungen sah, möchte die Soziologin durch ihren Fokus auf die Transformation emotionaler Intensitäten einen Beitrag zur politischen Krisenbeschreibung der Gegenwart liefern. Dafür identifiziert, rubriziert und analysiert sie eine Reihe starker Gefühle (Hoffnung, Enttäuschung, Neid, Zorn, Furcht, Nostalgie, Scham/Stolz, Eifersucht, Liebe), deren gesteigerte Amplituden den Gefühlshaushalt der Demokratie durcheinanderbringen.

Illouz durchmustert dabei mit literaturwissenschaftlichen Mitteln den Kanon der Klassiker bis in die Hochmoderne, um die Veränderungen emotionaler Dispositionen dingfest zu machen. Ihr Verfahren besitzt den Reiz des Unkonventionellen, auch weil sie sich von Flaubert bis Kafka, von Proust bis Annie Ernaux größtmögliche interpretatorische Freiheiten nimmt, gewandelte Konventionen im Umgang mit Gefühlen dingfest zu machen. Einige Linien, die sie verfolgt, sind geneigten Lesern bereits aus ihren Arbeiten zur Emotionalität im Kapitalismus vertraut: Auf der einen Seite wird die Erwerbswelt immer aufdringlicher von Gefühlen bestimmt, auf der anderen Seite geraten Intimbeziehungen ins Fahrwasser ökonomistischer Erwägungen, wie die Bedeutung von Partnerschaftsbörsen und moderne Beziehungsmärkte generell belegen. Illouz‘ Art und Weise, die Literatur als Verhandlungsort für Gefühlssemantiken heranzuziehen, ist ebenso erfrischend unterhaltsam wie angenehm anachronistisch. Ob es um die Bedeutung des Zorns für das Gerechtigkeitsdenken eines Michael Kohlhaas geht oder die enttäuschten Erwartungen einer Emma Bovary: Illouz möchte zeigen, wie es im demokratischen Zeitalter permanent zu individuellen Frustrationen kommt, weil die Wirklichkeit hinter den geweckten Hoffnungen zurückbleibt. Mit feinem hermeneutischem Besteck demonstriert die Soziologin nebenbei, dass wir weiterhin Zeitgenossen des bürgerlichen Zeitalters sind, dessen Erfüllungssehnsüchte, Langeweile und konsumorientierte Ersatzbefriedigungen Phänomene der Gegenwart bleiben. Spätestens im Neoliberalismus wird die Sozialfigur des homo oeconomicus auf seine Eigenverantwortlichkeit reduziert. Jedes Scheitern, jeder verpasste Karriereschritt, jede Überforderung verweist auf das Versagen des Einzelnen, dessen Selbstoptimierungsanstrengungen eben nicht ausreichen und der fortan keine Entlastung mehr findet, da die Begrenzungen des Erwartungshorizonts durch soziale Herkunft oder religiöser Schicksalsakzeptanz aufgehoben sind. Wenn soziale Mobilität zum Ideal wird, Wohlfahrts- und Luxusansprüche steigen und es stets auf Performanz ankommt, wächst mit dem gesellschaftlichen Druck auch die Anfälligkeit, die Kontrolle über emotionale Reaktionsregister zu verlieren. Selbstüberhebende, autodestruktive oder revoltierende Emotionen gewinnen an Häufigkeit und werden zur Sackgasse.

Auf subtile Weise weist Illouz dabei den empörungsgetriebenen Aktivismus der politischen Ränder in die Schranken, denn so erklärbar Zorn und andere negative Affekte als Reaktion auf soziale Ungerechtigkeit oder gesellschaftliche Unübersichtlichkeiten bleiben, so krisenverschärfend ist die übersteigerte Instrumentalisierung, etwa als entschlossene politische Feinderklärung.

Allgemein möchte man ihrer Analyse gern folgen, dass Gefühle sich unter demokratischen Bedingungen intensivieren. Eine Normativierung der Gleichheit evoziert Neidgefühle und steigert das Anspruchsdenken. Überhaupt fördert die Angewiesenheit auf Kritik die Bereitschaft zur generellen Anklage – mit der Folge, dass der

Opferstatus gewissermaßen prämiert wird. Wo man mit der Autorin auch hinschaut, zeigen sich die Pathologien einer Moderne, die unfähig scheint, die Geister, die sie weckte, zu bannen. Illouz, deren aufklärerischer Impetus über jeden Zweifel erhaben ist, erkennt Gefühle als grundlegend sozial konstituiert, warnt aber davor, das individuelle Bewusstsein durch Übersozialität zu ersticken.

Jede zeitdiagnostische Stellungnahme wirft die Frage auf, warum es gerade um die Gegenwart so schlimm steht wie nie zuvor. Gewiss, Illouz demonstriert virtuos, wie gesteigerte Emotionen zu paranoider Politik führen – ob in der McCarthy-Ära oder in der Trump-Administration. Ihre elegante Hermeneutik lässt uns einen soziologischen Blick auf Literatur werfen, um überzeitliche Phänomene in den Blick zu bekommen. Die zweifellos unterhaltsame Ausbreitung modernen Gefühlslebens stößt jedoch an Grenzen, wenn es um die emotionalen Dynamiken und Mechaniken demokratischer Politik geht. Wie Politik mit Gefühlen gemacht wird und welche epochalen Veränderungen in einem wahlweise postfaktischen oder postliberalen Zeitalter zu verzeichnen sind, darüber erfährt der Leser kaum etwas. Wenn die Literatur auch die Spannweite des modernen Gefühlslebens tiefenscharf und variantenreich zu entfalten vermag: Sie hatte stets nur mittelbaren und registrierenden Zugriff auf massenkompatible Gefühle. Das Spiel mit Emotionen findet anderswo statt. Die affektgetriebene Beeinflussung der „einsamen Masse“ (David Riesman) erreicht in neuen sozialen Medien eine neue, sehr direkte Qualität, die sich von politischen Manipulationsversuchen vergangener Jahrzehnte grundlegend unterscheidet. Das Trommelfeuer der Gefühle, dem die Einzelnen in einer wahrlich „explosiven Moderne“ ausgesetzt sind, lässt sich mit Shakespeare, Maupassant und Kleist nur unzureichend entschlüsseln.

Manche Emotionen bleiben ohnehin überraschend blass. Die Nostalgie lediglich auf die verlorene Heimat zu beziehen, nimmt der Sehnsucht nach Vergangenem ihre natürliche zeitliche Dimension. Schließlich können nostalgische Gefühle sich allgemein auf frühere idyllisch eingefärbte Lebensabschnitte richten. Andreas Reckwitz hat in seiner Thematisierung von Verlusterfahrungen systematischer und überzeugender das Gefühl der Moderne analysiert. Überhaupt verzichtet Illouz‘ literaturwissenschaftlicher Impressionismus völlig auf eine Einbettung der eigenen Fragestellung in Forschungskontexte einer Soziologie der Emotionen. Auch eine Anknüpfung an die modernen emotiven Desiderate, wie sie etwa Hartmut Rosas Theorie der Resonanz liefert, wäre durchaus denkbar gewesen.

Dass der Demos den Schwankungen von Gefühlen und Leidenschaften ausgesetzt bleibt, haben bereits die alten Griechen gewusst. Aber wie ein balancierter Umgang mit Emotionen politisch möglich ist, um unkontrollierte Ausschläge zu verhindern und gleichwohl natürliche Gefühlsäußerungen zu ermöglichen, diese Antworten bleibt Illouz schuldig. Sie lässt sich bisweilen selbst von Emotionen forttragen, wenn zwischen Wut, Zorn, Angst und Furcht alle Differenzierungen fallen, und sieht lediglich zu, wie „populistische Politik [...] die Zivilgesellschaft in einen Kriegsschauplatz [verwandelt]“ (S. 216). Andere grobkörnige Aussagen finden sich zum Liberalismus, der als handelndes Subjekt in der Moderne nichts wollte „fürchten müssen als die Furcht selbst“ und dann zur Verwunderung des Lesers die „Bedrohungen für die Gesundheit erheblich verstärkt“ habe (S. 229).

Nach dem allgemeinen Befund emotionaler Überforderung moderner Gesellschaften drängen sich Überlegungen zu einer gelingenden Gefühlsökonomie in der liberalen Demokratie auf. Immerhin galt das westliche Modell gerade in Deutschland lange Zeit als eher rationales, emotional zurückhaltendes Arrangement. Adäquate Bewirtschaftung emotionaler Bedürfnisse, das Stillen identifikatorischer Sehnsüchte, aber auch die Vermittlung zwischen Gemeinschaftsgefühlen und individuellen Bedürfnissen – dies lässt sich ungeachtet aller Schwierigkeiten in Demokratien erfolgsversprechender verhandeln als in manipulativen autoritären Varianten, die sich als gefühlsechte Alternativen anbieten. Die Übergänge zwischen demokratischer und autoritärer Gefühlspolitik zu erkennen, ist ein Problem unserer Gegenwart. Dass Eva Illouz in ihrer Studie darüber zum Nachdenken anregt, ist kein geringes Verdienst.

Hirschmans Exit, Voice und Loyalty

Von Thomas Petersen

Alexander Karschnia (Hrsg.), Exit, Voice & Loyalty. Zwei wiederentdeckte Texte von Albert O. Hirschman, Berlin 2024 (*Ch. Links*), 320 S.

Es ist bemerkenswert, wie viel die Sozialwissenschaften Emigranten verdanken, besonders jener Generation, die in den ersten zwei Jahrzehnten des 20. Jahrhunderts in Deutschland oder Österreich-Ungarn geboren wurde. Viele von ihnen waren Juden, viele, wenn auch nicht alle, in ihren jungen Jahren Kommunisten oder Sozialisten. Sie mussten nach der Machtergreifung der Nationalsozialisten ihre Heimat verlassen. Nach oft abenteuerlichen Fluchten landeten sie in der freien Welt, überwiegend in den Vereinigten Staaten, wo sie in der zweiten Hälfte des Jahrhunderts wesentlich zum Aufbau und der Blüte der modernen Sozialwissenschaften beitrugen, von der diese bis heute zehren. Als Kommunikationswissenschaftler denkt man in diesem Zusammenhang als erstes an Paul Lazarsfeld, Hans Zeisel und Marie Jahoda, als Wirtschaftswissenschaftler wahrscheinlich unter anderem an Wilhelm Röpke, Friedrich August von Hayek und Albert O. Hirschman.

Hirschmans langes Leben – er wurde 1915 geboren und starb 2012 – hätte für mehr als zwei Menschen ausgereicht. Hier nur einige Stichworte: Er wurde als Otto Albert Hirschmann in Berlin geboren, begann dort ein Wirtschaftsstudium, emigrierte 1933 nach Paris, kämpfte im Spanischen Bürgerkrieg, wurde in Triest Mitglied einer Widerstandsgruppe gegen Mussolini. Über seine Rolle als Helfer von Varian Fry hat kürzlich Uwe Wittstock in seinem lesenswerten Buch *Marseille 1940* ausführlich berichtet. Fry ermöglichte 1940 vielen nach Frankreich emigrierten deutschen Intellektuellen, die nach der Besetzung des Landes in größter Gefahr schwebten, die Flucht über Spanien in die USA, unter ihnen Heinrich Mann, Lion Feuchtwanger und Hannah Arendt. 1941 musste Hirschmann selbst nach Amerika fliehen. Nach dem Krieg arbeitete er unter anderem im Büro des Marshallplans. Er verbrachte als Mitarbeiter der Weltbank vier Jahre in Bogotá, lehrte in Yale, Harvard, an der Columbia University, in Princeton, und schließlich sogar in seiner alten Heimatstadt Berlin, wo er von 1990 bis 1995 Fellow am Wissenschaftskolleg war.

Oft schreiben Menschen mit einer so abenteuerlichen Lebensgeschichte andere, meist bessere Bücher als „normale“ Akademiker. Klarer, mit mehr Überblick und dem Blick auf das Wesentliche, aus der reichen eigenen, nicht nur angelesenen Erfahrung schöpfend. Das gilt auch für Albert O. Hirschman und sein berühmtestes Buch *Exit, Voice & Loyalty* aus dem Jahr 1970. Die deutsche Übersetzung folgte 1974. In dem vorliegenden Band wird der Text erneut publiziert, zusammen mit dem 1992 neu erschienen Aufsatz „Abwanderung, Widerspruch und das Schicksal der Deutschen Demokratischen Republik“, der die zwei Jahrzehnte zuvor formulierten Thesen mit Blick auf das Ende der DDR noch einmal aufgreift. Im Untertitel zum aktuellen Buch steht, es handele sich um „wiederentdeckte Texte“. Das ist übertrieben oder zumindest missverständlich formuliert, denn sie waren ja nicht verschollen. Aber es lohnt sich in der Tat, sie heute noch einmal zu lesen, denn sie sind erstaunlich zeitlos, auch nach Jahrzehnten noch klug und in diesem Sinne durchaus eine Wiederentdeckung.

Exit, Voice & Loyalty ist das Werk eines Wirtschaftswissenschaftlers, aber je weiter man in der Lektüre voranschreitet, umso mehr wird es auch zu einem politikwissenschaftlichen Buch, denn die Mechanismen des Wirtschaftens, die Hirschman beschreibt, wendet er schließlich nicht nur auf Unternehmen, sondern auch auf andere Organisationen, unter anderem politische Parteien, an. Er schreibt selbst, dass er es als erfreuliches Nebenprodukt seiner Arbeit betrachten würde, wenn es ihm gelänge, Politologen die Nützlichkeit ökonomischer Begriffe und Ökonomen die Nützlichkeit politischer Begriffe zu demonstrieren.

Am Anfang von Hirschmans Argumentation steht die Beobachtung, dass die Ökonomie bei ihren Versuchen, das Funktionieren von Volkswirtschaften zu beschreiben, dazu neige, einseitig die Bedeutung des Wettbewerbsprinzips zu betonen: Mehrere konkurrierende Anbieter in einem Markt sorgen dafür, dass die Kunden stets die Möglichkeit haben, zur Konkurrenz abzuwandern, wenn sie mit dem Produkt ihres bisherigen Lieferanten unzufrieden sind. Da dieser seine Kunden halten möchte, wird er sich stets anstrengen, gute Qualität und/oder beste Preise anzubieten. Gelingt ihm das nicht, gehen die Kunden weg. Die Gefahr der Abwanderung hält die Unternehmen auf Trab.

Hirschman bestreitet nicht, dass dies eine wesentliche Triebfeder ist, die eine Wirtschaft in Gang hält, doch dieses Modell sei unvollständig. In der Realität gibt es nicht nur hoch wettbewerbsfähige Unternehmen, sondern auch solche, deren Leistung nachlässt, die zu teuer sind oder schlechte Qualität anbieten. Nach der Theorie müssten deren Kunden abwandern. Sie tun es aber nicht, jedenfalls nicht alle und nicht sofort. Wäre dies der Fall, wäre es mit dem Wettbewerb bald vorbei, denn dann würden diese Unternehmen vom Markt verschwinden, ohne die Chance zu bekommen, ihr Angebot zu verbessern. Am Ende stünde ein Monopol. Der Wettbewerb wird dadurch erhalten, dass ein Teil der unzufriedenen Kunden gerade *nicht* abwandert, sondern stattdessen seine Stimme erhebt, sich beklagt, reklamiert, Verbesserungen einfordert. Erst dadurch erfährt das Unternehmen, dass etwas mit seinem Angebot nicht in Ordnung ist – es bekommt die Zeit und die Ressourcen, etwas daran zu ändern.

Nachdem er das Wechselspiel von Abwanderung und Widerspruch beschrieben hat, führt Hirschman als dritte Variable die Loyalität ein. Nicht immer, so argumentiert er, steht einem Kunden, dem Mitglied einer Organisation oder dem Wähler einer Partei die Option des Wechsels in vollem Umfang zur Verfügung, weil er emotional oder faktisch an die betreffende Organisation gebunden ist. Wenn er mit ihr unzufrieden ist, leidet er, er bekommt, wie Hirschman auf Deutsch im sonst englisch verfassten Buch schreibt, „Bauchschmerzen“ (S. 160), aber er bleibt. Umso stärker wird seine Neigung zum Widerspruch sein, verbunden mit dem Anspruch, die Organisation von innen heraus zu verändern.

In dem Buch dekliniert Hirschmann die Facetten der Wechselwirkungen von Exit, Voice und Loyalty durch, zum Teil mit Beispielen, bei denen sich die Parallelen zur Gegenwart geradezu aufdrängen. So beschreibt er den Fall der nigerianischen Eisenbahn in den 1960er Jahren, die trotz schlechter Leistung und immer stärkerer Konkurrenz durch den Straßenverkehr keinerlei Reformeifer an den Tag legte, weil sie durch üppige staatliche Subventionen finanziell abgesichert war. Das Beispiel zeige, dass es Fälle gebe, „wo die Konkurrenz Monopole nicht, wie erwartet, im Zaume hält, sondern sie im Gegenteil begünstigt und unterstützt, indem sie ihnen die lästigen Kunden abnimmt“ (S. 123). Es fällt leicht, bei der Beschreibung an staatliche oder ehemals staatliche Konzerne auch außerhalb Nigerias zu denken.

An anderer Stelle geht Hirschman auf die verbreitete Theorie ein, wonach die Parteien in Zweiparteiensystemen tendenziell in die politische Mitte streben, weil die am Rand stehenden Anhänger ohnehin nicht auf die Gegenseite wechseln könnten. Er verweist darauf, dass diese Wähler, die keine andere politische Heimat haben, dennoch nicht machtlos, sondern im Gegenteil einflussreich sind. Die Gewinnung der unentschiedenen Wähler hänge in beträchtlichem Maße von der Begeisterung und dem Arbeitseifer ab, die die Parteien unter ihren Aktivisten und freiwilligen Helfern hervorzurufen imstande seien. „Da die Aktivisten keineswegs zu den gemäßigten Verfechtern eines mittleren Kurses gehören, kann ihre Begeisterung zurückgehen, wenn die Partei zu einer allzu gemäßigten Position übergeht“ (S. 141). Nicht nur die Entwicklung des amerikanischen Parteiensystems, sondern auch die Geschichte der CDU/CSU in den vergangenen beiden Jahrzehnten zeigt deutlich, wie berechtigt Hirschmans Hinweis war.

Die Vielzahl der interessanten Gedanken in *Exit, Voice & Loyalty* kann hier nur angedeutet werden. Da finden sich beispielsweise aufschlussreiche Ausführungen über den speziellen Charakter öffentlicher Güter, die immer auch öffentliche Übel sein können, weil man ihnen nicht entgehen kann (S. 176 f.), ab Seite 183 eine Weitung des Themas auf die spezifische Situation der aus Einwanderern bestehenden amerikanischen Bevölkerung und auf Seite 168 fast nebenher eine plausible Modifikation der Theorie der kognitiven Dissonanz.

Der zweite im Buch enthaltene Text, der Essay „Abwanderung, Widerspruch und das Schicksal der Deutschen Demokratischen Republik“ aus dem Jahr 1992, ist für deutsche Leser vielleicht nicht ganz so durchgängig interessant, weil er weite Passagen darauf verwenden muss, seiner überwiegend amerikanischen Leserschaft die Vorgänge bei der Revolution 1989 in der DDR zu beschreiben. Aber er bietet doch eine aufschlussreiche Anwendung der Kategorien aus *Exit, Voice & Loyalty*, in einer Hinsicht auch eine Modifikation, denn 1970 hatte Hirschman Exit und Voice als Kräfte beschrieben, die in entgegengesetzte Richtungen wirken, bei der Revolution 1989 hätten sie dagegen in die gleiche Richtung gewirkt, gleichermaßen zum Sturz des SED-Regimes beigetragen. Dieses hatte über Jahrzehnte hinweg alles darangesetzt, die Abwanderung aus dem Land zu verhindern, nur um dann erfahren zu müssen, dass der Protestruf „Wir bleiben hier“ seine Existenz ebenso gefährdete wie der Exodus der Bevölkerung.

So ist die Neuausgabe von *Exit, Voice & Loyalty* ein höchst erfreuliches Buch: erfrischend in seiner Klarheit, wirklich klug und erstaunlich aktuell. Als Klappentext dient ein Zitat von Claus Leggewie: „Hirschman gehört zu den Hundertjährigen, die aus Klassikerregalen steigen und eine frische Botschaft anbieten.“ Besser kann man es nicht ausdrücken.

Der Konflikt um Palästina

Von Anja Blankenbühler

Rashid Khalidi, Der Hundertjährige Krieg um Palästina. Eine Geschichte von Siedlerkolonialismus und Widerstand, Zürich 2024 (*Unionsverlag*), 379 S.

1948 gilt im Kontext des Nahostkonflikts als Schicksalsjahr in doppelter Hinsicht: Es markiert einerseits die erfolgreiche Gründung des Staates Israel, andererseits die palästinensische Katastrophe der Nakba – die mit Flucht, Vertreibung und dem Verlust der Heimat für Hunderttausende Palästinenser verbunden war. Rashid Khalidi, der im symbolträchtigen Jahr 1948 in den USA als Sohn palästinensischer Eltern zur Welt kam, widmet sich in seinem Werk dem Krieg um Palästina, dessen Wurzeln tief in die Jahrzehnte zuvor zurückreichen. Khalidi wirkte bis 2024 als führender Historiker für Nahoststudien am renommierten Middle East-Lehrstuhl der Columbia Universität mit dem Fachgebiet Modern Arab Studies. Er beteiligte sich unter anderem bei Friedensverhandlungen zwischen Palästinensern und Israelis in den 1990er Jahren und engagierte sich für die palästinensische Sache.

Darstellungen des Nahostkonflikts erfolgen häufig aus einer bestimmten historisch und national geprägten Sichtweise – entweder aus einer zionistisch geprägten westlichen oder einer palästinensisch-arabischen. So auch bei Khalidi. Und ja, Khalidi ist US-amerikanischer Palästinenser und schreibt aus palästinensischer Sicht. Es ist kaum verwunderlich, dass er – wie der Titel bereits vermuten lässt – keine Lobeshymnen auf den Staat Israel und dessen Politik gegenüber den Palästinensern anstimmt. Trotz vehementer Kritik an der vergangenen wie der gegenwärtigen israelischen Politik, dies bezieht sich ebenso auf die Rolle der USA und der Nachbarstaaten Israels, verweist er zugleich auf Fehler von palästinensischer Seite. Sein Buch ist weder eine Hommage per se an palästinensische Widerstandskämpfer noch eine Litanei an unbegründeten Schuldzuweisungen gegenüber Israel. Es erklärt vielmehr auf anschauliche Weise die zahlreichen und kaum bekannten Versuche der Palästinenser, als politische Akteure im Konflikt um Palästina gehört und wahrgenommen zu werden. Die wiederholte Missachtung und gezielte Behinderung palästinensischer Initiativen durch die israelische Politik ist für Khalidi ein zentraler Aspekt des Konflikts. Er bezeichnet dies als einen „hundertjährigen Krieg um Palästina und gegen die Palästinenser“ und nennt zahlreiche Beispiele, die aus seiner Sicht erklären, warum bis heute keine Lösung erreicht wurde.

Die sechs chronologisch aufgebauten Hauptkapitel des Buches, die jeweils als „Kriegserklärungen“ tituliert sind, beginnen 1917 mit der Balfour-Erklärung als wegbereitendem Dokument für die zionistische Bewegung in Palästina und enden 2014 mit dem dritten der mittlerweile fünf Gaza-Kriege. Die deutsche Ausgabe seines Werkes wurde um ein Nachwort zum Krieg zwischen Israel und der Hamas ergänzt. Für Khalidi bestätigt sich mit dem jetzigen Krieg seine These aus den sechs Kapiteln. Khalidis Hauptkritik gilt dem Zionismus als der Staatsdoktrin Israels.

Thematisiert wird auch die reiche kulturelle Vielfalt Palästinas sowie das lange Zeit friedliche Miteinander von Muslimen, Christen und Juden vor dem Erstarken des Zionismus. Der nicht-religiöse Charakter der anfänglichen politischen Initiativen und der späteren palästinensischen Widerstandsbewegungen steht sinnbildlich dafür. Als Beispiele dienen sieben palästinensisch-arabische Kongresse zwischen 1919 und 1928, organisiert und durchgeführt von „einem landesweiten Netzwerk muslimisch-christlicher Vereinigungen" (S. 43) sowie die spätere Gründung der marxistisch-leninistisch ausgerichteten *Volksfront für die Befreiung Palästinas* (PFLP) durch den griechisch-orthodoxen Georges Habasch und seine Weggefährten.

Khalidi verwendet den Begriff des Kolonialismus und macht den Zionismus für die koloniale Siedlerbewegung verantwortlich. Aus seiner Kolonialthese wird ein Kolonialkrieg des Zionismus gegen die Palästinenser. Die Rede ist von „Ungeheuerlichkeiten" des „kolonialen Projekts" (S. 19). Was Khalidi damit konkret meint, verrät er dem Leser nicht – trotz späterer Nennung des Vorwurfs der geplanten „ethnischen Säuberung" (S. 91 f.) nach der Staatsgründung. Womit Khalidi im Vorwort und in späteren Kapiteln die These vom Kolonialkrieg genau rechtfertigt, bleibt offen.

Die in den Anfangskapiteln geübte allgemeine Kritik am Kolonialismus wird erst im sechsten Kapitel auf den Zionismus bezogen. Was Khalidi mit Kolonialismus mit Blick auf den Zionismus meint, beschreibt er mittels eines Zitats von Edward Said: „Dieser Kolonialismus, dem wir unterworfen sind, ist einzigartig, weil sie [die Israelis] keine Verwendung für uns haben. Der beste Palästinenser für sie ist entweder tot oder verschwunden. Es geht nicht darum, dass sie uns ausbeuten wollen oder dass sie uns, wie in Algerien oder Südafrika, als Unterklasse behalten müssen" (S. 249). Den Zionismus als koloniale Siedlerbewegung darzustellen ist kein Novum aus dem Blickwinkel von Israelkritikern. Schon 1973 formulierte der russisch-jüdische Historiker Maxim Rodinson diese These in seinem Werk *Israel. A Colonial-Settler State?* Neu ist jedoch die breite Verfügbarkeit von Archivquellen und seriösem Datenmaterial, die zentrale Aspekte der israelischen Politik einer kritischeren und fundierteren Analyse zugänglich machen: etwa die Liquidierung palästinensischer Anführer durch den Mossad oder die Unterstützung Israels für die *Hamas*, um die PLO zu schwächen. Durch Berichte von Zeitzeugen und Familienmitgliedern aus verschiedenen Phasen Palästinas vor und nach der Staatsgründung Israels sowie eigene Erlebnisse hebt sich das Buch von einer trockenen Historienwiedergabe ab.

Trotz des insgesamt sorgsam gewählten und gut aufbereiteten Quellenmaterials weist Khalidis Buch inhaltliche Mankos auf. So zeigen sich etwa blinde Flecken in der historischen Darstellung des Zionismus. In mehreren Kapiteln fehlen Argumentationsstränge im Hinblick auf seine Kolonialismus- wie Kriegsthesen. Der Leser muss explizite Kriegserklärungen des Staates Israels an die Palästinenser, mit zwei

Ausnahmen im vierten und sechsten Kapitel, im gesamten Werk zwischen den Zeilen suchen. Zudem verwirren inhaltliche wie zeitliche Sprünge.

Gelegentlich wären mehr (Zahlen-)Belege wünschenswert gewesen, besonders im sechsten Kapitel für den Zeitraum von 2000 bis 2014, etwa zu den israelischen Siedlungen. Ebenfalls unerwähnt bleibt der Bau der Sperranlage, die offiziell der Sicherheit Israels dienen sollte, jedoch international auch als Mittel zur schleichenden Annexion kritisiert wurde. Da sie in Teilen auf palästinensischem Land verläuft, gilt sie als Ausdruck territorialer Ausweitung und führt zu erheblichen Einschränkungen der Bewegungsfreiheit der Palästinenser im Westjordanland. Ein Bildnachweis im selben Kapitel zielt ins Leere: Auf Seite 262 wird das zerstörte Haus von Khalidis Bruder abgebildet. Der zum Bild gehörige Text lässt den Leser im Unklaren, was es mit der Hauszerstörung auf sich hat. Das enge Verhältnis zwischen Israel und den USA kommt in den letzten drei Kapiteln des Buches mehrfach zur Sprache. Khalidi übt wiederholt Kritik an der PLO und anderen palästinensischen Akteuren, wobei der Aspekt des palästinensischen Terrorismus nur randläufig Erwähnung findet.

Gelingt Khalidi die Minenfelddurchquerung innerhalb des aufgearbeiteten Israel-Palästina-Dilemmas? Die Antwort ist ein „jein". Ja, sie gelingt ihm insofern, als seine Kritik insgesamt nicht überzogen oder irrational ist. Nein, Khalidis Minenfelddurchquerung ist so nicht geglückt. Der Spagat zwischen persönlichen Erlebnissen, Historienwiedergabe im Hinblick auf die offiziellen wie inoffiziellen Kriege im Nahostkonflikt und dem Schwerpunkt des (politischen) palästinensischen Widerstands überzeugt nicht immer. Und doch spricht Khalidi Punkte an, die für ein tieferes Verständnis des Nahostkonflikts als vorrangig territorialer Auseinandersetzung unverzichtbar sind.

Wer den Nahostkonflikt in seiner Gänze verstehen will, muss die Narrative und die Geschichte von Israelis wie Palästinensern gleichermaßen kennen. Dazu gehört eben auch die palästinensische Seite. Was in diesem Kontext hervorgehoben wird, sind die zahlreichen gewaltfreien und oftmals doch vergeblichen politischen Bemühungen der Palästinenser im Konflikt mit Israel, die in den Werken zum Nahostkonflikt meist keine Erwähnung finden. Khalidi gibt den Palästinensern mit seiner Darstellung ihrer Geschichte Würde und ein menschliches Gesicht zurück, das mit dem 7. Oktober 2023 durch die *Hamas* zerstört wurde. Zugleich zeigt er ein weniger friedvolles Gesicht des Zionismus wie der israelischen Politik. Khalidi erzählt von einem mehr als hundertjährigen Krieg um Palästina, der bis heute von keiner Seite gewonnen wurde. Er weiß um die verbliebenen Alternativen in diesem Krieg: entweder in Form einer Katastrophe oder einer Utopie. Die Lösung für dieses Dilemma liegt für Khalidi in einer gemeinsamen politischen wie gesellschaftlichen Zukunft, basierend auf einer Geschichtsschreibung, die beide Seiten gleichermaßen berücksichtigt. Seine Utopie heißt binationaler Staat. Khalidis Vision eines binationalen Staates knüpft an historische zionistische Ansätze an, die ein gleichberechtigtes Zusammenleben vorsahen. Es bleibt zu hoffen, dass nicht nur Khalidis Enkel, denen er sein Buch gewidmet hat, sondern auch alle Kinder und Enkelkinder von Palästinensern und Israelis das Ende des Nahostkonflikts erleben mögen.

Was man für die Wahlentscheidung wissen sollte

Von Roland Sturm

Karl-Rudolf Korte, Wählermärkte. Wahlverhalten und Regierungspolitik in der Berliner Republik, Frankfurt a. M./New York 2024 (*Campus*), 231 S.

Vielleicht hilft es, zuerst festzustellen, was das Buch nicht ist. Es ist nur am Rande eine Analyse der auf dem Titelbild abgebildeten Ampelregierung. Es ist, anders als es der Autor vorschlägt, auch kein Essay. Der wissenschaftliche Apparat weist auf eine Studie hin, es fehlt allerdings der analytische Zugriff, die anleitende Fragestellung. Zugegriffen wird auf das Material der Wahl- und Parteienforschung mithilfe einer Marktanalogie. Auch hier ist vor einem Missverständnis zu warnen. Im Vordergrund steht nicht die rationale Kosten-Nutzen-Kalkulation von Marktprozessen, sondern die Buntheit und Vielfalt von Marktständen. Deren unterschiedliche Ausprägung strukturiert das Buch.

Korte diskutiert zunächst den Wählermarkt. Der Autor stellt hier unterschiedliche Ansätze der Wahlforschung zur Erklärung des Wahlverhaltens vor und erörtert die Politisierung des Wahlrechts. Einer Aufzählung von Motiven einer Wahlentscheidung folgt eine Fallstudie zur Bundestagswahl 2021, die, so Korte, der „Sog der Mitte" (S. 25) prägte. Die Wahl entschieden habe das Coronavirus bzw. die Haltung der Parteien in der Pandemie. Regieren wurde zum „kuratierten Regieren", zur krisenbedingten appellativen Anordnung. Das Ende der Ära Merkel bedeutete eine Wahl ohne Kanzlerbonus, aber trotz der „kulturellen Zäsur" gab es keine Wechselstimmung. Der Wahlkampf war, laut Korte, „flatterhaft" – ein „Wohlfühlwahlkampf, der nur wenig polarisierte" (S. 35). Auf die Interpretation der Wahl 2021 folgt eine Typologie des Wählers, die zwischen Durchschnittswähler, Nicht-Wähler, Stammwähler, Früh- und Spätwähler, Paradoxe Wähler, Koalitionswähler, Fans des Erfolgs-Wähler, Status quo-Wähler, selbstüberschätzende Wähler, Layout Wähler sowie Protestwähler unterscheidet. Die dazu gehörige Graphik auf Seite 39 ist leider schwer lesbar. Das Vorgehen des Autors ist additiv, nicht analytisch. Er kommt zu dem Schluss, der Wählermarkt sei dynamisch, stärke aber dennoch „die politische Mitte mit einem elastischen Sicherheitskonservatismus" (S. 51).

Für den Entscheidungsmarkt stellen sich Fragen wie, wie wird entschieden und wie wird politische Komplexität verarbeitet. „Politische Spitzenakteure", so Korte, „erkennt man insofern daran, wie sie intuitiv, clever nicht entscheiden" (S. 54). Entscheiden soll politisch rational sein. Der Autor definiert politische Rationalität als „Interdependenzbewältigung", basierend auf den vier Komponenten: der Stoff des Politischen, die Lageeinschätzung des Akteurs, die Komplexität des Geschehens und die Arenen des Politikmanagements. Dem Politiker wird geraten, „kommunikativ eine souveräne Unschärfe“ (S. 60) zu pflegen. „Ein Politiker muss in der Lage sein, elegant und gebildet herumzufloskeln“ (S. 61). Des Weiteren habe der Zeitgewinn durch dilatorisches Entscheiden Vorteile. Das Publikum sollte an kontroverse Entscheidungen gewöhnt werden, um die „Erregungsschwellen abzubauen“ (S. 61). Widersacher im eigenen Lager sollen in Entscheidungen eingebunden werden. Korte rät auch, auf politische Tauschgeschäfte zu setzen, situativ Regeln umzuinterpretieren und informell Entscheidungen vorzubereiten. Um die Lageeinschätzung zu beherrschen, bedarf es des Informationsmanagements. Dieses muss man sich als dreistufigen Strategieprozess vorstellen mit den Elementen: Sachrationalität, Vermittlungsrationalität und Durchsetzungsrationalität. Ziel ist der kluge Umgang mit politischer Komplexität. Hierzu, so Korte, stehen Strategien des Inkrementalismus, des Copings und der Kontextualisierung zur Verfügung. Der Autor sieht die Bundesrepublik als „Mischform“ von parlamentarischen Strukturen und Verhandlungssystemen je nach Entscheidungsarena. Diese kann parlamentarisch, administrativ oder öffentlich sein. Die Frage stellt sich: „Was passiert mit dem Vertrauen in die Politik, wenn Politik nur noch punktuell Probleme lösen kann?“ (S. 76)

Der nächste Marktstand, der dem Bürger angeboten wird, ist der Parteien- und Koalitionsmarkt. Hier kommt der Autor zu dem Schluss, dass sich die Wählerschaft in Deutschland in der politischen Mitte sammelt („deutliche Fliehkräfte auf dem Wählermarkt zu den Extremen existieren nicht“, S. 83). „Die Große Koalition als Serie war die Antwort auf den Stabilitäts-Fanatismus der Deutschen“ (S. 119). Das Kapitel beginnt mit einem kurzen Überblick über die Entwicklung des bundesrepublikanischen Parteiensystems. Es folgen Ausführungen zur unausweichlichen Bürgerlichkeit des deutschen Wählers: „Die extreme Wertschätzung der Mitte unterscheidet unser politisches System von anderen Nachbarstaaten“ (S. 88). Es folgt eine Wahlanalyse zur Bundestagswahl 2013, die als „halber Machtwechsel“ bezeichnet wird. Unterstellt wird „der immerwährende Wunsch nach einer Großen Koalition als dem Abbild eines heiligen Grals in der Mitte der Gesellschaft“ (S. 97). Anschließend wird die Bundestagswahl 2017 betrachtet, die Korte als Plebiszit über die Flüchtlingspolitik einordnet. Die Widersprüchlichkeiten der Wählererwartung mit der von Ernst Bloch in einem völlig anderen Kontext geprägten Formel des „Gleichzeitigen des Ungleichzeitigen“ zu benennen, ist zumindest ungeschickt. Das Kapitel schließt mit einem Überblick über die Regierungswechsel in der Bundesrepublik, vom Autor als „Machtwechsel“ bezeichnet.

Der Marktbesucher geht weiter zum Medien- und Führungsmarkt: Hier geht es um politische Kommunikation. Prominenten Raum nimmt die Kommentierung der „Zeitenwende-Rede“ von Bundeskanzler Olaf Scholz ein. Angesichts der Konjunktur der sozialen Medien verändern sich die Rahmenbedingungen für das Wählen und das Regieren. Die Unterscheidung zwischen Darstellungspolitik (Politikvermittlung) und Entscheidungspolitik bleibt, die Gewichte verschieben sich aber in Richtung Darstellungspolitik: „Unter den Voraussetzungen moderner Kommunikation scheint das Zeitalter der Fakten problembeladen“ (S. 137). Korte berichtet über Befunde der Medienwirkungsforschung. In der (Corona-)Krise sei die Staatsgläubigkeit gewachsen, auch die Bedeutung von Wissen. Der Autor identifiziert zwei Arten von Kommunikations- und Führungstypen in der Ampelregierung: den „Einsamkeitsgiganten“ Olaf Scholz einerseits und den „Veränderungspatrioten“ Robert Habeck andererseits.

Ein letztes Angebot bietet der Erwartungsmarkt. Hier baut Korte auf den „Sicherheitsdeutschen“, der nur langsame Veränderung im „Langsam-Lade-Land“ (eine etwas missglückte Anspielung auf einen Filmtitel) will. „Auch Gewohnheitsstörungen sollten möglichst kaufmännisch [was meint das?] dosiert erfolgen“ (S. 177). Der Autor thematisiert das Politikmanagement der unvermeidlichen Transformation: „Vieles deutet drauf hin, dass sich das politische System von der Kanzlerdemokratie [...] in eine Perspektive des multizentristischen, kollaborativen Regierens weiterentwickelt“ (S. 173).

Flankiert werden die Kapitel zu unterschiedlichen Marktständen auf dem Wochenmarkt durch eine Einleitung, die dem Leser die Metapher des Wochenmarktes in der hier gewählten Form nahebringt und ein Kapitel zu den „Markteinkäufen“ der „pragmatischen Sicherheitsdeutschen“. Hier setzt sich der Autor auch intensiver mit der AfD auseinander: „Die AfD als zukunftsängstliche Empörungsbewegung ist eine nostalgische Zeitreisepartei: Sie verspricht das gute Alte, im Nationalen, im Familiären, im übersichtlich geordneten Homogenen. Und dieses Gesamtpaket nur für Deutsche“ (S. 189).

Dem Publikum bietet der Band eine konzise Hinführung zu Ergebnissen der Forschung, was sicherlich verdienstvoll ist. Eingefügt in das politikwissenschaftliche Grundwissen sind die Analysen der jüngsten Wahlen. Stilistisches Leitmotiv ist die Übernahme origineller Wortprägungen und zentraler Stichworte der Forschung, ohne deren kritischen Gehalt bzw. deren analytische Dimensionen zu würdigen. Ein Forschungsergebnis gibt es deshalb nicht. Der Text bleibt beschreibend.

Ein besonders häufig vom Autor eingesetzter Topos ist derjenige der „politischen Rationalität“. Sie wird nicht als Strukturmerkmal des Entscheidens in Demokratien dargestellt, sondern als persönliche Eigenschaft (Klugheit) eines Politikers („die politische Rationalität des individuellen Akteurs“, S. 75). Dies verhindert auch, dass die Probleme „politischer Rationalität“ erörtert werden. Vor allem diejenigen, die daraus entstehen, wenn in Demokratien politisch rationales Handeln, das sich am Wiederwahlimperativ orientiert, in Konflikt gerät mit der Rationalität policy-bezogener Problemlösungen. „Mit der Separierung politischer Rationalität und deren Beheimatung ausschließlich in den Interaktionsbeziehungen politischer Akteure stellen sich demokratische Defizite ein.“[1] Weitere Begriffe, die nicht bezogen auf den Stand der Forschung weiterentwickelt werden, wie „Pfadabhängigkeit“, „Neoinstitutionalismus“, „Kommunitarismus“, „Korporatismus“ oder „governance“ wären zu nennen. Wer die Beiträge des Autors aus seinen Fernsehauftritten (mit denen das Buch wirbt) kennt, wird von dieser Schriftfassung nicht überrascht.

1 Roland Sturm, Wie funktioniert Politik? Die Beweggründe des Politischen in den Nationalstaaten und in der EU, Baden-Baden 2018, S. 36.

Es muss demokratisch aussehen …

Von Werner Müller

Ilko-Sascha Kowalczuk, Walter Ulbricht. Der kommunistische Diktator (1945–1973), München 2024 (*C. H. Beck*), 956 S.

Der Verfasser verweist zu Recht den von Wolfgang Leonhard überlieferten und häufig zitierten Satz Walter Ulbrichts aus dem Jahr 1945 („Es muss demokratisch aussehen, aber wir müssen alles in der Hand haben.") in das Reich der Legende. Aber: Bis zu seinem Tode blieb Ulbricht der felsenfesten Ansicht, das politische System der DDR, ihre Version der „Diktatur des Proletariats" sowie ihre Wirtschaftsordnung, gegründet auf der Enteignung des Großkapitals und des Großgrundbesitzes, sei der einzig demokratische Entwicklungsweg für ganz Deutschland gewesen.

Kowalzcuks monumentale und beeindruckende Biografie des für rund 25 Jahre ersten Mannes in der zweiten deutschen Diktatur steht naturgemäß vor einem methodischen Dilemma: Sie ist Biografie und Herrschaftsgeschichte „von oben" zugleich. So sind mehrfach Anmerkungen zur Person in umfangreicheren Sachkapiteln versteckt. Passagen zu seiner Biografie enthalten – vor allem in den letzten Abschnitten – längere Ausführungen zur Familiengeschichte, etwa zu seiner Tochter und deren Schicksal sowie weiterer Anverwandter, die hier durchaus entbehrlich scheinen.

Wie ein roter Faden durch das gesamte Werk ziehen sich Urteile, Ulbricht nicht zu unterschätzen. „Kaum jemand war machttechnisch so lernfähig wie er" (S. 94), konstatierte der Autor nicht zu Unrecht. An anderer Stelle bescheinigte er ihm hohe Intelligenz, ein außergewöhnliches Gedächtnis und Wissen, sowie Machtinstinkt und Herrschaftswillen (S. 205). Geradezu mit einem Augenzwinkern zitiert er Bemerkungen von Herbert Wehner über Ulbricht: Er sei ein „erfinderischer und höchst energischer Durchführer, […] der kaum wie ein anderer Mitarbeiter heranziehen und vorantreiben kann, selbst bienenfleißig" (S. 710). Kowalczuk merkt hier an, dass Wehner und Ulbricht einander ähnlicher waren, „als beiden lieb war."

Die Darstellung setzt ein mit der Rückkehr Ulbrichts nach Berlin Ende April 1945, während der nominelle Parteivorsitzende Wilhelm Pieck noch in Moskau verblieb. Tatsächlich war Ulbricht bereits zu dieser Zeit der „starke Mann" in der KPD-Führung, nicht zuletzt dank des Vertrauen Stalins. Neben ihm blieben die Anführer der beiden anderen „Initiativgruppen" des ZK der KPD, Anton Ackermann in Dresden und Gustav Sobottka in Mecklenburg, blass und einflusslos. Auch mit den Spitzen der Sowjetischen Militäradministration kooperierte er fast auf Augenhöhe. Er konnte dort auch heikle Themen zur Sprache bringen, wie Demontage, Reparationen oder das schlimme Problem der Vergewaltigungen – lösen konnte er sie damit allerdings nicht.

Ansonsten folgte seine Agenda selbstverständlich den gängigen Vorstellungen des „Antifaschismus“, wie in Moskau festgelegt, auf der Basis der „Dimitroff-Formel“ aus dem Jahre 1935. Der Aufbau der Partei nach den neuen Maximen der in Moskau Geschulten rückte in den Vordergrund, die in Deutschland in der Illegalität Verbliebenen machten sich häufig „sektiererischer“ Auffassungen schuldig. Neue Kader brauchte die Partei also dringend. Eine Einheitspartei der Linken lehnte Ulbricht bekanntlich ab, hingegen wollte er eine Sozialdemokratie, die sich eng an die KPD anlehnte und ihre „Bündnispolitik“ mittrug.

Einige Felder bleiben in der Darstellung etwas vage. Neben der Justiz- und Schulreform besaß die Bodenreform für Ulbricht eine besondere Bedeutung. Wann und von wem sie ausging, bleibt offen. Ihre Folgen waren jedoch eindeutig: Die Ernährungssituation verschlechterte sich im folgenden Winter drastisch. Die Wendung Wilhelm Piecks zur Bildung einer Einheitspartei im September 1945 ist ebenfalls nicht genau datiert. Im November kam dann allerdings die „Vereinigungskampagne“ voll in Gang. Wie bei der Gründung des FDGB schrieb die KPD-Führung das Drehbuch.

Dabei blieb es nicht: Der Verfasser weist nach, wie weit die KPD ihr „Parteimodell“ schon im Vorfeld der Vereinigung durchsetzen konnte. Zentralismus und Leninismus wurden Eckpunkte, die nicht verhandelbar waren. Die SPD-Führung um Grotewohl, Fechner und Gniffke habe das sehenden Auges hingenommen. Damit waren schon vor der SED-Gründung die Karten ungleich verteilt. Einzig Gustav Dahrendorf legte seine Funktionen in der SPD nieder und wechselte nach Hamburg. Auf ihn geht die Popularisierung des Begriffs „Zwangsvereinigung“ zurück.

Das Modell für Deutschland aus Ulbrichts Sicht nahm schnell weitere Konturen an. Der Volksentscheid in Sachsen, die neue „Kaderschmiede“ für die Verwaltung in Forst Zinna, Debatten um Wirtschaft und Sozialismus konnten die Kommunisten gestalten. Mit den Landtagswahlen im Oktober 1946 gab es jedoch einen herben Rückschlag, den die SED jedoch als Sieg zu feiern versuchte. Aber Kowalczuk weist darauf hin, dass schon zur gleichen Zeit, früher als allgemein sichtbar, auf dem zweiten Parteitag der SED im September 1947 der Leninismus seine Schatten voraus warf. Das Jahr 1948 ebnete schließlich den Weg zur Stalinisierung der SED, zum Überwachungsstaat und zur Gründung der DDR.

Zwischen Staatsgründung und Stalins Tod beschleunigte sich der Transformationsprozess von Partei und Gesellschaft noch. Dauermobilisierung, Stalin-Kult und ein beginnender Personenkult um Ulbricht waren die Begleiterscheinungen, ebenso wie der verschärfte Klassenkampf „von oben“ nach der zweiten Parteikonferenz im Sommer 1952. „Säuberungen“ bestimmten das Bild in der Partei. Sie trafen nun auch führende Funktionäre, Paul Merker und Franz Dahlem. Wie in den anderen „Volksdemokratien“ plante die SED einen Schauprozess. Merker in die Nähe zu Noel H. Field gebracht, der denunziert als amerikanischer Agent, wurde zu mehreren Jahren Gefängnis verurteilt, aber 1955 freigelassen. Ulbricht, einer der Treibenden in diesem Verfahren, wies dann allerdings an, Merker eine hohe Entschädigung zu zahlen.

Bei Dahlem lagen die Probleme etwas anders. Als „Kaderchef“ der SED war er naturgemäß ein Rivale Ulbrichts, zudem besaß er in der VVN eine eigene Machtbasis. Die Vorwürfe galten seinem Verhalten in der Emigration. Als Westemigrant, ebenso wie Merker, hatte er, wie Kowalczuk betont, keine Chance, zum Parteichef aufzusteigen. Beide wurden 1956 halbherzig rehabilitiert, erlangten naturgemäß jedoch den früheren Einfluss nicht zurück. Für Ulbricht waren beide „nach kommunistischer Logik und Praxis“ nur „prominente ‚Bauernopfer‘ aus der Spitze der Partei“ (S. 309). In dieser Phase änderten sich auch Ulbrichts private Verhältnisse. Er ließ sich scheiden und heiratete seine langjährige Mitarbeiterin Lotte Kühn, die ihm neben seinem und ihrem (über-)großen Arbeitspensum stets den Rücken freigehalten hatte.

Das dritte Hauptkapitel von Stalins Tod bis zum Mauerbau (1953–1961) zeigen Ulbricht und die SED in mehrfachen Krisen, die Ulbricht mit Geschick und Glück überstand. Im Machtkampf nach Stalins Tod hatte die sowjetische Führung die SED angewiesen, einen „Neuen Kurs“ einzuschlagen. Sichtlich war man in Moskau mit der SED-Führung unzufrieden. Als dann die Rücknahme der Normenerhöhung ausblieb, kam es zum Arbeiteraufstand, der sich schnell zum Volksaufstand weiterentwickelte. Schon zuvor hatte sich der Unmut über die wirtschaftliche Lage gezeigt. Ulbricht geriet in der SED-Führung in die Isolation.

Der Aufstand rettete Ulbrichts Position. Er, Grotewohl und Staatssicherheitsminister Zaisser begaben sich nach Karlshorst. Die SED war handlungsunfähig, Marschall Sokolowski reiste aus Moskau an und leitete die Niederschlagung des Aufstandes. Zur politischen Bewältigung des Aufstandes sollte die Führungsstruktur der SED reformiert, das Amt des Generalsekretärs abgeschafft und damit dessen Leitung des Parteiapparates begrenzt werden. Zaisser und Rudolf Herrnstadt, Politbüro-Kandidat und Chefredakteur des *Neuen Deutschland*, waren die Exponenten dieses Kurses. Als bekannt wurde, dass Geheimdienstchef Berija in Moskau verhaftet worden war, konnte sich Ulbricht letztlich durchsetzen, da beide als Vertraute Berijas galten. Mit der Ablösung Zaissers, der Degradierung des MfS zu einem Staatssekretariat und der Berufung Ernst Wollwebers konnte sich die SED, und damit Ulbricht, die vollständige Kontrolle über die Stasi sichern. Kowalczuk urteilte, es sei der „vielleicht wichtigste Sieg in seiner Karriere“ (S. 361) gewesen und der Weg zur „eigentlichen inneren Staatsgründung“ (S. 363).

Die Kette der Probleme riss nicht ab. Die wirtschaftlichen Dilemmata blieben, auch wenn die Sowjetunion die Reparations-Entnahmen einstellte und Ulbricht die Auseinandersetzung um den XX. Parteitag und die Entstalinisierung unbeschadet überstanden hatte. Mit der intellektuellen Opposition um Wolfgang Harich auf der einen und den Aufständen in Ungarn und Polen auf der anderen Seite zeigten sich neue Konfliktfelder. Das alles waren für Ulbricht Wege zur „Konterrevolution“.

Im Januar 1957 bahnte sich die nächste Auseinandersetzung an. Kowalczuk gibt an, bei einer Moskau-Reise hätte Ulbricht „grünes Licht“ erhalten, die inneren Probleme der SED autonom zu klären. Ins Schussfeld war zunächst Fred Oelssner geraten, der Verantwortungsbereich „Leitende Organe der Partei“ wurde Karl Schirdewan entzogen – beide gerieten schon bald ins Visier von Ulbricht. Schirdewan, eigentlich Ulbricht-Vertrauter, zeigte eine gewisse Nähe zum gesundheitlich und politisch angeschlagenen Stasi-Chef Ernst Wollweber. Schirdewan hatte zudem eine Reihe von Stimmungsberichten aus der Partei (ähnlich wie das SfS) vorgelegt, die die Unbeliebtheit Ulbrichts dokumentierten. Ulbricht konterte, nicht die Information sei wichtig, „sondern den Feind zu liquidieren" (S. 423).

Noch in diesem Jahr kritisierte Schirdewan Ulbrichts autoritären Führungsstil und suchte Mitstreiter. Er wollte zudem die Ursachen der „Republikflucht" offen diskutieren. Im Februar 1958 schlug Ulbricht zu: Schirdewan und Wollweber wurde wegen „Fraktionsbildung" abgesetzt, Ulbricht erhielt mit Mielke seinen Wunschkandidaten als Stasi-Chef, Honecker, der ihn immer unterstützt hatte, rückte zum ZK-Sekretär auf. Der ZK-Sekretär für Wirtschaft, Gerhart Ziller, hatte kurz zuvor Suizid begangen, Für ihn rückte der junge Ingenieur Erich Apel nach, der damit eine „Blitzkarriere" begann. In der Parteiführung hatte Ulbricht nun „keine ersthaften Widersache mehr" (S. 429), konstatierte Kowalczuk. Gleichwohl blieben Wirtschaft und Planerfüllung Sorgenkinder.

Das umfangreichste Kapitel widmet sich den „langen sechziger Jahren" – und damit wohl Ulbrichts bester Zeit. Sie schließt auch längere Passagen zu seinem Privatleben ein. Sie beginnen mit – wie sollte es auch anders sein – der Abgrenzung zur Bundesrepublik, obwohl der gesamtdeutsche Anspruch noch nicht aufgegeben war. Dem Mauerbau voran gingen Krisenbewältigungsstrategien, mündend in dem schönen Unwort „Störfreimachung", mit dem Ulbricht die Abhängigkeit von Westimporten verringern wollte. Naturgemäß wollte er eine feste Grenze zum Westen erreichen – ein Ziel, das er schon von 1952 an verfolgte, was aber hier nicht weiter erörtert wird. Lange hatte er in Moskau und bei den „Bruderparteien" antichambriert, um die Grenzen zum Westen und in Berlin schließen zu können. Wie Kowalczuk herausarbeitet, war der Beschluss zur Grenzschließung (mit Zustimmung der Parteichefs des Ostblocks) Ende Juli 1961 gefallen. Damit war ein wichtiges Ziel Ulbrichts erfüllt: Die Fluchtbewegung war eingedämmt. Anschließend – darauf weist Kowalczuk zu Recht hin – wandelte sich sein Politikstil zu einem paternalistischen: einer Art „Fürsorgepolitik" (S. 541).

Ulbricht interessierte sich in dieser Phase verstärkt für Fragen der Geschichtswissenshaft – die Novemberrevolution 1918 fand seine besondere Aufmerksamkeit. Mehr noch wandte er sich den Fragen der Kybernetik zu – er erhob die Wissenschaft zur „unmittelbaren Produktivkraft". „Für ihn war das Ziel entscheidend, die Betriebe zu modernisieren, Wissenschaft und Technik auf strukturbestimmende Schwerpunkte zu konzentrieren, [...]. Die Führungskader nach modernsten Erkenntnissen auszubilden" (S. 575). Das blieb eines seiner dringendsten Anliegen. Wie weit die Debatte um die neue Verfassung von 1968 hingegen dem entsprach, bleibt offen. Kowalczuk widmet sich für diese Phase auch Ulbrichts Privatleben. Er „regierte" mehr und mehr von seinem Landsitz in der Uckermark – wohl auch seinem Alter geschuldet. Die Probleme, die sich daraus ergaben, werden hier leider nicht erörtert.

Das Ende dieser Dekade, die mit Ulbrichts ideologischen Eigenständigkeiten abschlossen, so etwa um die Debatten zum 100-jährigen Jubiläum des „Kapitals" von Karl Marx 1967, werden nicht beleuchtet. Wie weit sie zu seiner Ablösung beitrugen, wäre eine interessante Frage gewesen. Ob indes der „Prager Frühling" ein „Stalingrad für Ulbricht" (S. 667) gewesen ist, mag bezweifelt werden.

Die Ablösung Ulbrichts – das letzte Kapitel – ist naturgemäß recht kurz. Kowalczuk referiert detailliert die Debatten mit der sowjetischen Führung, die sich offenkundig nur zögerlich für einen Machtwechsel in der SED gewinnen ließ, mit dem Verweis auf die Unruhen in Polen. Die „Nachgeschichte" der „Ära Ulbricht" fällt demgegenüber breit aus. Ob Ulbrichts Würdigungen auf Briefmarken oder seine Familiengeschichten in die Biografie gehören, mag der Leser entscheiden. Auf jeden Fall liegt hier eine detailreiche und quellengesättigte Untersuchung vor, die für die nächsten Jahre Bestand haben wird. Auch der Spagat zwischen Biografie- und Herrschaftsgeschichte ist gelungen.

Frankreichs extreme Rechte und Russland

Von Teresa Nentwig

Nicolas Lebourg/Olivier Schmitt, Paris-Moscou. Un siècle d'extrême droite, Paris 2024 (*Seuil*), 272 S.

Folgt man dem Klappentext, hat das Buch den Anspruch, die Verbindungen der extremen Rechten in Frankreich nach Russland und ihr(e) Russland-Bild(er) näher zu betrachten. Die beiden Politikwissenschaftler Nicolas Lebourg und Olivier Schmitt beginnen ihre Analyse im Jahr 1917: Sie legen dar, wie nach dem Sturz des Zarenreichs und der bolschewistischen Machtübernahme die Eckpfeiler für den Aufbau und die Entwicklung von Beziehungen geschaffen wurden. So hätten die sogenannten weißen Russen („russes blancs"), die nach der Oktoberrevolution in drei aufeinanderfolgenden Wellen nach Frankreich geflüchtet und durch ihren Hass auf den Kommunismus geeint gewesen seien, für die ersten Verbindungen gesorgt, etwa im Rahmen der in Paris gegründeten *Union générale des combattants russes* (ROVS, *Allgemeine Union der russischen Kämpfer*).

Im weiteren Verlauf ihres Buches gehen die Autoren ausführlich auf die Russland-Bilder der Protagonisten der „Konservativen Revolution" in Deutschland ein, darunter Arthur Moeller van den Bruck (1876–1925) und Eduard Stadtler (1886–1945). Außerdem setzen sie sich eingehend mit dem Konzept des „Eurasismus" („eurasisme") auseinander, das in den 1920er Jahren von russischen Emigranten entwickelt wurde. Kurz gesagt, betrachtet es Russland als Vielvölkerstaat, der als Teil „Eurasiens" zwischen Europa im Westen und Asien im Osten liegt und in dem die Macht vom russischen Volk ausgeht. Die Ausdehnung dieses dritten Kontinents „Eurasien" setzten die Vertreter des „Eurasismus" ungefähr mit dem Gebiet des russischen Zarenreiches gleich. Lebourg und Schmitt stellen verschiedene Theoretiker und Bewegungen des „Eurasismus" vor, darunter den deutschen Geografen und Offizier Karl Haushofer (1869–1946) sowie „Eurasia", eine Vereinigung, die 1921 in Prag gegründet worden sei und von der seit 1925 eine französische Sektion in der Region Paris bestanden habe.

Die „Eurasien"-Theorien führen Lebourg und Schmitt abermals über Frankreich und Russland hinaus, denn sie gehen auch auf rassistisch geprägte Raumkonzepte ein, die während des Nationalsozialismus im Deutschen Reich propagiert wurden. So thematisieren sie beispielsweise die von Friedrich Ratzel (1844–1904) im ausgehenden 19. Jahrhundert ausgearbeitete „Lebensraum"-Theorie, die dann auch von Adolf Hitler vertreten worden sei. 2010 habe der Rechtsextremist Éric Zemmour (*1958), der bei den Präsidentschaftswahlen in Frankreich 2022 antrat, den „eroberungslustigen Rationalismus" (S. 105) von Ratzel gelobt. Überhaupt seien es in

Deutschland wie in Frankreich Anhänger der „Neuen Rechten" gewesen, die in der zweiten Hälfte des 20. Jahrhunderts „Eurasien"-Ideen aufgegriffen hätten. Lebourg und Schmitt stellen in diesem Kontext ausführlich den Russen Alexander Dugin (*1962) vor, den sie als „Haupttheoretiker des Neo-Eurasismus" (S. 110) bezeichnen. Seine Vorstellungen hätten extrem rechte Akteure in Frankreich stark geprägt.

Nach der Vorkriegszeit und dem Zweiten Weltkrieg, so Lebourg und Schmitt weiter, habe der „Kalte Krieg" die Beziehungen der extremen Rechten in Frankreich zu Russland in hohem Maße beeinflusst. Die Verfasser des Buches stellen auch Akteure vor, die in Deutschland weniger bekannt sind, darunter den französisch-rumänischen Schriftsteller Jean Parvulesco (1928–2010), der ein „großeuropäisches eurasiatisches Reich" gefordert habe, das „Westeuropa und Osteuropa, Russland und Großsibirien, Indien und Japan" (S. 150) vereinigen sollte. Parvulesco, so die Autoren, sei 1950 nach Frankreich gekommen und bald Generalsekretär des 1950 gegründeten *Centre syndical des journalistes et publicistes roumains démocrates réfugiés* (etwa: ‚Gewerkschaftliches Zentrum der aus Rumänien geflüchteten demokratischen Journalisten und Publizisten') geworden, das aus rund 30 Personen bestanden habe. Danach habe er sich der französischen Terrororganisation *Organisation de l'armée secrète* (OAS, *Organisation der geheimen Armee*) und dann der *Groupement de recherche et d'études pour la civilisation européenne* (GRECE, *Forschungs- und Studiengruppe für die europäische Zivilisation*) zugewandt, die die beiden Politologen als „Flaggschiff der ‚Neuen Rechten'" (S. 148) charakterisieren. Alexander Dugin soll Jean Parvulesco als eine seiner Inspirationsquellen bezeichnet haben.

Ein weiteres, in Deutschland heute weniger bekanntes Beispiel für russophile Ansichten, das Lebourg und Schmitt vorstellen, ist Jean Cau (1925–1993). Der Schriftsteller, der Sekretär von Jean-Paul Sartre war und 1961 mit dem Prix Goncourt den höchsten französischen Literaturpreis erhielt, habe sich in den 1970er Jahren von der Linken ab- und der „Neuen Rechten" in Form der GRECE zugewandt. 1978 habe Cau einen Text veröffentlicht, der heute noch von der „Neuen Rechten" reeditiert werde und in dem er Amerika für den „globalen Verzicht auf unsere weiße Weltrasse" (S. 185) verantwortlich mache. Dagegen, so Cau, werde in der Sowjetunion ein russischer Nationalismus hochgehalten, der „ein Ferment der europäischen Wiedergeburt und eine Widerstandskraft gegenüber dem amerikanischen Virus" (S. 185) sei. Diese Gegenüberstellung von Amerika und Russland, so folgern Lebourg und Schmitt, finde sich bis heute häufig bei extrem rechten Akteuren in Frankreich. Man lehne Amerika und die dort vertretene Moderne so sehr ab, dass Russland als Regenerationsquelle für die europäischen Länder angesehen werde.

Der Öffentlichkeit weit mehr bekannt als z. B. Parvulesco und Cau sind Jean-Marie Le Pen (1928–2025) und seine Tochter Marine (*1968). Der glühende Ronald-Reagan-Verehrer Le Pen sei als Bewunderer Amerikas aufgetreten, was zunächst mit einem Plädoyer für eine marktliberale Wirtschaftspolitik einhergegangen sei. Lebourg und Schmitt charakterisieren den langjährigen Vorsitzenden des *Front National* (FN, heute: *Rassemblement National*, RN) als „entschieden antisowjetisch" (S. 14). Diese Haltung habe er jedoch niemals mit einer „antirussischen Fremdenfeindlichkeit“ (ebd.) verknüpft. Überhaupt habe Jean-Marie Le Pen durchaus Verbindungen nach Russland besessen. Marine Le Pen dagegen, seine Nachfolgerin im Parteivorsitz von 2011 bis 2022, sei uneingeschränkt pro-russisch aufgetreten. Bereits drei Monate nach ihrer Übernahme habe sie sich dazu bekannt, Wladimir Putin treffen zu wollen. Zwei Jahre später sei es dann tatsächlich zu einem privaten Empfang gekommen, 2017 zur ersten offiziellen Zusammenkunft in Russland.

Einen wichtigen Teil des Buches machen schließlich auch die Jahre nach der Annexion der Krim durch Russland 2014 und nach dem Beginn des Angriffskriegs Russlands gegen die Ukraine 2022 aus. Lebourg und Schmitt legen zum einen dar, dass sich die Spionage- und Sabotageaktivitäten Russlands z. T. auf extrem rechte Netzwerke stützen. Zum anderen belegen sie, wie französische Politiker trotz des völkerrechtswidrigen Kriegs Russlands gegen die Ukraine weiterhin mit Putin sympathisieren. Insbesondere habe sich der FN zum „Hauptort des russischen Lobbyings“ (S. 215) entwickelt.

Gleichzeitig heben die beiden Autoren hervor, dass die extreme Rechte in Frankreich inzwischen nicht mehr so einheitlich Putin zugeneigt sei wie noch 2014. So gebe es mittlerweile Rechtsextremisten, die auf Seiten der Ukraine stünden und für diese sogar in den Krieg gezogen seien. Lebourg und Schmitt nennen auch zahlreiche pro-ukrainische rechtsextremistische Gruppierungen, ohne diese jedoch näher zu erläutern, darunter die Jugendgruppierung *Luminis Paris*, die ideologisch der *Nationalrevolutionären Jugend*, die Jugendorganisation der deutschen Partei *Der III. Weg*, nahesteht.

Alles in allem stellen Lebourg und Schmitt anschaulich dar, wie sich die Beziehungen der extremen Rechten in Frankreich zu Russland und die Russland-Bilder über die Jahrzehnte hinweg entwickelt haben. Dabei machen sie es dem Leser allerdings nicht immer einfach. So verzichten die Autoren darauf, Entwicklungsphasen herauszuarbeiten und zu benennen. Sicher wäre dies teilweise schwierig gewesen, so komplex, so facettenreich war das „französisch-russische Interaktionsspiel“ (S. 14). Ein unmögliches Unterfangen dürfte es aber nicht gewesen sein, denn Phasenbenennungen sind in der Regel immer mit Vereinfachungen verbunden. Mehrfach gerät zudem das eigentliche Thema – das Verhältnis der extremen Rechten in Frankreich zu Russland – in den Hintergrund, so ausführlich werden die Beziehungen anderer europäischer Länder, vor allem Deutschlands, zu Russland in den Blick genommen. Und schließlich springen Lebourg und Schmitt wiederholt in der Chronologie vor und zurück, was beispielsweise dazu führt, dass sie Alexander Dugin noch ein eigenes Kapitel widmen, nachdem sie zuvor schon mehrfach auf ihn eingegangen waren.

Dagegen ist das Personenregister angesichts der Vielzahl der teils wiederkehrend genannten Namen positiv hervorzuheben. Wünschenswert wäre in der gleichen Weise ein Sachregister gewesen, das die große Zahl der erwähnten Gruppierungen und Organisationen aufgelistet hätte. Denn viele tauchen wiederholt auf, nicht nur der FN und das RN, sondern z. B. auch das GRECE, die *Identitäre Bewegung* oder die ROVS.

Diese Monita fallen jedoch insgesamt nicht erheblich ins Gewicht. Es bleibt zum einen der Eindruck eines Buches, das mit der Russophilie tiefschürfende Einblicke in ein konstitutives Merkmal der extremen Rechten in Frankreich gibt. Zum anderen ist dem Band der Verdienst zuzuschreiben, diverse Akteure der extremen Rechten in Frankreich kurz und bündig vorgestellt zu haben. Dies gilt beispielsweise für den französisch-schweizerischen Schriftsteller Alain Soral (*1958), der sich zeitweise für den FN engagiert hat. Lebourg und Schmitt erwähnen darüber hinaus, dass der Putin-Anhänger Soral das Vorwort zur 2009 veröffentlichten französischen Fassung von Dugins Werk *Die Vierte Politische Theorie* geschrieben habe, während Dugin dafür verantwortlich sei, dass Sorals Werke ins Russische übersetzt worden seien.

Populismus, und was wir darüber wissen sollten

Von Rolf Frankenberger

Marcel Lewandowsky, Was Populisten wollen. Wie sie die Gesellschaft herausfordern – und wie man ihnen begegnen sollte, Köln 2024 (*Kiepenheuer & Witsch*), 336 S.

„Populistische Parteien sprechen diejenigen an, die sich für die wahren Demokraten halten (aber oft keine sind), die glauben, nicht in einer Demokratie zu leben (obwohl sie es tun), und die ‚echte' Demokratie wollen (die in Wahrheit keine wäre)." (S. 17) Mit diesem Satz aus dem Vorwort des Buches *Was Populisten wollen* von Marcel Lewandowsky ist die Herausforderung liberaler Demokratien durch Populisten trefflich zusammengefasst. Gleichzeitig akzentuiert er das paradoxe Problem, dass diejenigen, die sich als ‚Verteidiger' der Demokratie geben, sie in Gefahr bringen. Eine differenzierte Betrachtung des Populismus und seiner Erforschung auf dem aktuellen Stand vorgelegt zu haben, die zugleich eingängig zu lesen ist, ist ein zentrales Verdienst Lewandowskys. Ihm gelingt es, den Bogen vom Kampfbegriff bis hin zur differenzierten politikwissenschaftlichen Betrachtung zu spannen und die Leser mit vielen Beispielen abzuholen.

Lewandowsky bezieht sich sowohl auf links- als auch rechtspopulistische Bewegungen und Parteien, denn „der Populismus hat viele Gesichter und kann sich mit vielen Ideologien gemein machen" (S. 23). Hierin liegt denn auch eine politische Stärke des Populismus, denn als „dünne" Ideologie, welche die Gesellschaft in zwei Gruppen einteilt – das ‚wahre' und ‚reine' Volk auf der einen und die ‚korrupte' oder ‚degenerierte' Elite auf der anderen Seite[1] – ist der Populismus anschlussfähig sowohl an Ideologien der Ungleichheit als auch an Ideologien der Gleichheit. Freilich, so konstatiert Lewandowsky, gehe „die größte Gefahr für die Demokratie [...] eindeutig von den Rechtspopulisten aus" (S. 231), da sie einerseits die dominante Form des Populismus in europäischen Gesellschaften darstellen und andererseits zahlreiche Beispiele von Ungarn über Brasilien bis in die USA belegen, wie aggressiv Rechtspopulisten gegen die liberale Demokratie vorgehen, sobald sie über politische Macht verfügen. Insofern legt Lewandowsky den Schwerpunkt seines Bandes auch auf den Rechtspopulismus, wenngleich er immer wieder auch auf Beispiele und Herausforderungen durch den Linkspopulismus hinweist.

In sechs Kapiteln werden die zentralen Dimensionen des Phänomens Populismus erörtert und illustriert. Kapitel 1 (S. 29–86) erläutert die Demokratieverständnisse

---

1 Vgl. Cas Mudde, Radikale Parteien in Europa, in: Aus Politik und Zeitgeschichte 58 (2008), B 47, S. 12–19, hier: S. 13; Cas Mudde/Cristobal Rovira Kaltwasser, Vox populi or vox masculini? Populism and gender in Northern Europe and South America, in: Patterns of Prejudice 49 (2015), S. 16–36.

von Populisten. Populisten sehen sich als die ‚wahren' Verteidiger der Demokratie, die sich an der absoluten Verwirklichung des Volkswillens orientieren und daher auch die liberale Demokratie mit ihren Begrenzungen und Einhegungen des Volks- oder besser: Mehrheitswillens ablehnen. Statt individueller Schutz- und Freiheitsrechte, Minderheitenschutz und Repräsentationsprinzip fordern sie eine Neuordnung an einem schwammig definierten ‚common sense' von Politikern und Volk. Dem populistischen Volksverständnis ist das zweite Kapitel (S. 87–138) gewidmet. Der Kerngedanke des Populismus sei ein ‚wahres' Volk. Je nach politischer Ausrichtung des Populismus finden sich unterschiedliche Vorstellungen dieses Volkes. Im Rechtspopulismus wird das Volk, und hier verschwimmen die Grenzen zur extremen Rechten[2] und zum Rechtsextremismus, als kulturell, sprachlich und ethnisch homogen definiert und essentialisiert. Und es muss, so die populistische Lesart, gegen die Eliten verteidigt und vor der Auflösung geschützt werden. Man könnte an dieser Stelle kritisch anmerken, dass eine systematischere Auseinandersetzung mit den schon erwähnten ‚angrenzenden Konzepten' Extreme Rechte und Rechtsextremismus notwendig wäre, um die Überschneidungen und die wenigen Unterschiede klarer zu benennen. Dies könnte dazu beitragen, dass Rechtspopulisten im öffentlichen Diskurs nicht länger ‚auf die leichte Schulter genommen' würden. Denn dass die Übergänge fließend sind und die Populisten eine substanzielle Gefahr für die liberale Demokratie darstellen, zeigt Lewandowsky insbesondere in Kapitel 4 „Wie Populisten das System verändern: wir Alleinherrscher" (S. 169–202) eindrücklich. Populisten streben nach der absoluten Macht im Namen des Volkes durch Aushöhlung oder Beseitigung des Rechtsstaats, die Einschränkung der Medien und der Opposition, oder kurz: durch die Abschaffung der liberalen Demokratie. Von wem sie unterstützt werden und wer populistische Parteien wählt, stellt Lewandowsky in Kapitel 5 (S. 203–228) dar und betont: „Wenn man nach Bildung, Einkommen oder sozialem Status geht, dann gibt es ‚den' populistischen Wähler im internationalen Vergleich nicht" (S. 211). Es handelt sich eher um eine Gefühlsgemeinschaft[3] als um eine auf geteilten Interessen beruhende Gemeinschaft. Dies scheint auch ein Teil des Problems zu sein, wenn es um den Umgang mit Populisten und ihren Wählern geht.

Und was die demokratische Gesellschaft wohl am meisten umtreibt, ist die Frage, wie man Populisten wirksam begegnen kann, um ihre antidemokratischen Bestrebungen einzuhegen. Darauf gibt Lewandowsky in seinem Kapitel zur „Stunde der Pluralisten" (S. 229–272) mehrere Antworten, bremst aber von vornherein überzogene Hoffnungen: „Viele Unterstützer der Populisten wird man nicht ad hoc zurückge-

2 Der Begriff ‚Extreme Rechte' ist eine Sammelbezeichnung für das politische Spektrum rechts des demokratischen Konservatismus, das sich durch völkisch-nationalistische sowie rassistische und antisemitische Ausprägungen sowie autoritäre Politikvorstellungen auszeichnet, das gesellschaftliche Gleichheitsprinzip ablehnt und soziale Problemlagen ethnisiert, kulturalisiert und nationalisiert. Vgl. Alexander Häusler, Themen der Rechten, in: Fabian Virchow/Martin Langebach/Alexander Häusler (Hrsg.), Handbuch Rechtsextremismus, Wiesbaden 2016, S. 135–180, hier: S. 135 ff.

3 Vgl. Florian Spissinger, Die Gefühlsgemeinschaft der AfD. Narrative, Praktiken und Räume zum Wohlfühlen, Opladen 2024.

winnen können“ (S. 233), zumal sie sich insbesondere durch die Ablehnung anderer Parteien und der ‚politischen Klasse‘ auszeichnen. Lewandowsky schlägt vor, zwischen kurz-, mittel- und langfristigen Strategien zu unterscheiden. Kurzfristig sollte vor allem vermieden werden, populistische Inhalte und Strategien zu übernehmen und etwa Rechtspopulisten rechts überholen zu wollen, denn „wer wie die Populisten spricht, bereitet ihnen den Diskurs“ (S. 240). Mittelfristig müsse es, so Lewandowsky, darum gehen, wieder zu einer ‚demokratischen Polarisierung‘ zu kommen: „herausarbeiten, worin die jeweiligen Unterschiede liegen, ohne die demokratischen politischen Gegner als Gefahr für die Demokratie zu brandmarken“ (S. 244). Dementsprechend bringt er auch Minderheitsregierungen als eine Möglichkeit des demokratischen Regierens ins Spiel, die sich sehr viel stärker an sachpolitischer Verständigung orientieren müssten. Einen Zwang zur Zusammenarbeit mit der AfD gebe es nicht (S. 252). Im öffentlichen Diskurs sei es wichtig, „die Bühne zur Arena zu machen“ (S. 261) und die AfD inhaltlich zu stellen, auch wenn das nur bedingt erfolgversprechend bei deren Wählerinnen und Wählern sei. Einem Parteienverbot steht Lewandowski skeptisch gegenüber; eine im Jahr 2024 formulierte Position, die angesichts der aktuellen Erkenntnisse des Bundesamtes für Verfassungsschutz über die AfD vermutlich überdacht werden sollte. Die Forderung, das Vertrauen in die Demokratie zu stärken, ist inhaltlich richtig und wichtig, wenngleich dies angesichts der verhärteten Positionen vieler Populisten und ihrer Anhänger wohl eher eine Strategie zur Stärkung der Demokratinnen und Demokraten sein dürfte als eine Strategie der ‚Rückgewinnung‘ für die liberale Demokratie.

Um es am Ende kurz zu machen: Marcel Lewandowsky legt ein wissenschaftlich fundiertes, sauber recherchiertes und ebenso lesbares wie lesenswertes Buch über Populismus, Populisten und den Umgang mit ihnen vor. Es gelingt ihm, ein durchaus komplexes wie auch in der öffentlichen Meinung umstrittenes Thema klar strukturiert und verständlich zu erörtern. Der Band ist aufgrund der eindrücklichen und prägnanten, aber niemals komplizierten Sprache und der vielen einschlägigen Beispiele aus der ganzen Welt dazu geeignet, das Thema Populismus auch denjenigen Leserinnen und Lesern nahezubringen, die nicht wissenschaftlich geschult sind. Und es wäre geeignet, auch denjenigen die Augen zu öffnen, die es dringend bräuchten – den Anhängerinnen und Anhängern von populistischen Ideologien, Bewegungen und Parteien.

Der deutsche Liberalismus zwischen Apologie und Selbstkritik

Von Frank Schale

Karl Loewenstein, Apologie des liberalen Staatsdenkens, hrsg. von Michael Kubitscheck, Frankfurt a. M. 2024 (*Vittorio Klostermann*), 113 S.

Der erstmals veröffentlichte Beitrag Karl Loewensteins aus dem Jahre 1932 reagierte auf den im selben Jahr in der *Zeitschrift für Politik* erschienenen Text „Zur Krise des Liberalistischen Staatsdenkens“ des damals schon überzeugten Nationalsozialisten Otto Koellreutter. Dieser hatte im Nachgang zur Hallenser Tagung der Vereinigung der Deutschen Staatsrechtslehrer von 1931 dem Liberalismus das Totenglöckchen geläutet: Die liberale Freiheitsfixierung verhindere, dass der Einzelne zum „verantwortungsbewußten Glied einer nationalen Lebensgemeinschaft“[1] werde. Ein Staat, der auf Freiheit ohne Opferbereitschaft setze, kann keine Sicherheit mehr gewährleisten – die Nation ist in Gefahr. Solche Thesen erhalten heute auch jenseits von sich selbst als „rechtsintellektuell“ missverstehender Kreise wieder ein Podium. Das rechtfertigt die Veröffentlichung von Loewensteins Artikel über ein historisches Interesse hinaus allemal.

Aufschlussreich ist zunächst, wie Loewenstein auf Koellreutters Forderung nach einem „nationalen Rechtsstaat“ reagiert. Da in einem Rechtsstaat jede Entscheidung stets nur eine rechtliche sein kann, ist Koellreutters Attribuierung rechtswissenschaftlich bloße „Phrasiologie“ (S. 38). Für „blutleere“ und etwas arglose Juristen, als welche die Rechtspositivisten bis heute gern und bewusst falsch interpretiert werden, wäre hier jede Diskussion beendet. Doch Loewenstein ist kein Einfaltspinsel. Er ist sich der Tatsache bewusst, dass es sich in Koellreutters Text um einen augenscheinlichen und unverblümten Versuch handelt, den „Zellkern der kommenden verfassungsrechtlichen Unordnung“ (S. 81) zu begründen, der abgesehen von der Verklärung eines dezidiert antiliberalen Herrscherwillens keine substanziellen Inhalte zu bieten vermag. So erscheint Loewenstein der Faschismus: eine brutale Machttechnik ohne jede Idee, weshalb sie „nichts anderes als eine vorübergehende Form autoritärer Herrschaft“ (S. 55) sein werde. Diese rückblickend unterschätzende, aber bei nicht wenigen zeitgenössischen Kritikern anzutreffende Charakterisierung des Faschismus als Nihilismus erklärt, warum Loewenstein im Folgenden die geistesgeschichtliche Situation des Liberalismus betrachtet. Dessen Feinde agieren nur im Negativen, sie erscheinen Loewenstein wahrscheinlich schlicht als intellektuell nicht satisfaktionsfähig.

1 Otto Koellreutter, Zur Krise des liberalistischen Staatsdenkens: Zugleich ein Epilog zur Weimarer Tagung „verfassungstreuer“ Hochschullehrer und zur 8. Tagung der Vereinigung deutscher Staatsrechtslehrer in Halle, in: Zeitschrift für Politik 21 (1932), S. 472–478, hier: S. 473.

Die Ursachen für die Schwäche des Liberalismus in Deutschland sind für Loewenstein vielgestaltig: „Es ist die Tragik des deutschen Liberalismus, dass er bisher nie eine wirkliche Oppositionspartei war" (S. 56). Das Bürgertum hat sich im 19. Jahrhundert im Machtstaat akkommodiert, die Sozialdemokratie war als marxistische Partei entschieden antiliberal. Wer sollte also eine liberale Verfassung, als die Loewenstein die Weimarer Reichsverfassung deutete, verteidigen? Nicht nur die Eliten der Weimarer Republik, Loewensteins staatsrechtliche Kollegen sind hier nur ein Beispiel unter vielen, waren entschieden antiliberal. Auch die „Massen" huldigten der Idee des autoritär geführten Kollektivs, sei es nun das des Bolschewismus, sei es des Faschismus. Hellsichtig konstatiert Loewenstein, dass sich der von der ökonomischen Krise bedrohte Bürger demjenigen zuwendet, der „ihm die meisten Hoffnungen auf Wiedergewinnung seiner besitzbürgerlichen Qualitäten macht" (S. 60). Und weil „die Wirtschaftsstruktur [...] durch den Verfassungswechsel nicht geändert werden" (S. 64) kann, wird die sich anbahnende Diktatur in Deutschland eine nationalistische sein.

Das eigene Zeitalter ist für Loewenstein durch eine allgemeine politische Verantwortungslosigkeit charakterisiert. Dass eine freie Selbstbestimmung als Staatsbürger stets ein politisches Pflichtbewusstsein zur Bedingung hat, ist für Loewenstein ausgemacht. Nichts anderes meinte er in seiner Habilitation, als er in der Weimarer Republik eine „Unlebendigkeit des Verfassungsbewußtseins"[2] konstatierte. Die allgegenwärtige freiwillige und zugleich romantische Unterwerfung unter die Herrschaft der Technik, des Führers und des Kollektivs sollte daher soziologisch untersucht werden – auch wenn das sowohl in der kleinen Streitschrift als auch in anderen zeitgenössischen Texten Loewensteins unterbleibt. Und dennoch sind die Anklänge an Max Weber bei solchen Stellen schwer zu überlesen: Der dem Rationalismus überdrüssig gewordene „letzte Mensch" betritt endgültig die politische Arena.

Welchen Status hat dann noch der Liberalismus? Loewenstein schwankt, denn so wie er die Ideale des Liberalismus – Schutz der Individualrechte, Eigentum und Vertragsfreiheit – verteidigt, heißt es auch, dass diese ihren Platz im 18. und 19. Jahrhundert gehabt hätten. Ein Zurück zu dieser Ära, als der Staat der Garant der Freiheit war, ist undenkbar. Aber was ist seit diesem goldenen Zeitalter des Liberalismus in Deutschland passiert – ein Zeitalter, das bei Loewenstein eben noch das der Selbstpreisgabe des liberalen Bürgertums war? Der Jurist bleibt hier manche Antwort schuldig. Und was ist zu tun, wenn Freiheitsrechte gegen die öffentliche Deliberation missbraucht werden? Muss der Staat, um die Freiheit zu verteidigen, die unantastbaren Freiheitsrechte derjenigen beschränken, die ihre konstitutionell verbürgten Freiheitsrechte dafür verwenden, die Freiheit der anderen zu beseitigen? Loewenstein, der „Vater" der „Militant Democracy", bekennt sich bewusst zum Staatsnotstandsrecht. Aber welche Barrieren müsste ein solches aufweisen, um nicht das Kind mit dem Bade auszuschütten? Er nennt neben dem Föderalismus und dem

2 Karl Loewenstein, Erscheinungsformen der Verfassungsänderung. Verfassungsdogmatische Untersuchungen zu Artikel 76 der Reichsverfassung (1931), Neudruck, Aalen 1968, S. 58 f.

Parlamentarismus vor allem die Gewaltenteilung, also die Unabhängigkeit der Justiz. Auf diese Grenze wird noch heute insistiert, um zu unterstreichen, dass die Verfolgung von Extremisten stets innerhalb der Legalität erfolgen muss. Jedoch zweifelt Loewenstein – anders als in seinem berühmten Aufsatz „Militant Democracy and Fundamental Rights".[3] Skeptisch fragt er: Ist das liberale Ideal – ein freiheitlicher Staat, der in Form und Inhalt die individuelle Selbstentfaltung garantiert – im politischen Betrieb nicht längst obsolet geworden? Verschmelzen heute nicht zunehmend alle Gewalten? Verlangt nicht gerade der wirtschaftlich planende Staat nach einer Organisationsform, die die Axt an den Rechtsstaat legt und folglich selbst dem geneigten Zuschauer die „Verluste an moralischer Geltung des positiven Rechts" (S. 74) vorexerziert? Wird der Parlamentarismus nicht gerade von jenen Feinden des Parlamentarismus verteidigt, wenn diese auf ihre parlamentarischen Rechte insistieren? Und nehmen nicht heute jene das Wort der Freiheit in den Mund, die am despektierlichsten über den Liberalismus sprechen, wie es der Nationalsozialist Koellreutter tat, als er sich höhnisch über die mangelnde Liberalität des bereits marginalisierten Kreises verfassungstreuer Hochschullehrer mokierte?

Immer wieder setzt sich Loewenstein solchen Paradoxien aus. Vielleicht war dies auch der Grund, weshalb er das im Vergleich zu Koellreutters siebenseitigem Artikel deutlich umfangreichere Manuskript mehrfach überarbeitete, um es dann doch zurückzuziehen. Die argumentativen Selbstzweifel – einen Liberalismus zu verteidigen, über dessen historische Verfallszeit er sich nicht immer sicher ist – relativieren auch seine nicht immer explizit ausgeführten rechtspolitischen Vorschläge im Moment der Krise des Verfassungsstaates: Übergang zum Mehrheitswahlrecht, Reform des Parlamentarismus, verfassungsmäßige Ausgestaltung des Notstandsrechts, Schaffung eines Parteiengesetzes bis hin zur sozialen Stärkung des Einzelnen gegenüber wirtschaftlicher Not. Bezeichnenderweise begründet er seine rechtspolitischen Forderungen am Ende dann doch pathetisch mit den „ewigen Werten des Liberalismus" (S. 29), von denen er selbst nicht nur weiß, dass diese in das vergangene oder gar vorvergangene Jahrhundert gehören, sondern auch, dass Kollegen wie Koellreutter und Schmitt hier nur müde lächeln.

Michael Kubitscheck, der die Schrift glänzend ediert und vorbildlich kommentiert hat, schlägt in seiner außerordentlich instruktiven Einleitung vor, Loewensteins Text nicht nur als Beitrag zur Geschichte der Staatsrechtslehre, als Baustein einer intellektuellen Biografie oder als Versuch über den Liberalismus im 20. Jahrhundert zu deuten. Er plädiert dafür, ihn auch mit Blick auf die heutige politische Situation zu lesen. Historiker werden darüber wahrscheinlich begründete Vorbehalte hegen. Eine nationalsozialistische Partei ist heute nicht in Sicht. Und doch muss man Kubitscheck nach der Lektüre dieser am Vorabend der Diktatur verfassten Arbeit zustimmen. Denn Loewenstein widmet sich keineswegs in erster Linie dem Nationalsozialismus, der bis heute den Blick auf die Weimarer Republik trübt. Er fasst

3 Vgl. ders., Militant Democracy and Fundamental Rights I+II, in: The American Political Science Review 31 (1937), S. 417–432 und S. 638–658.

eine Gesellschaft ins Auge, die nicht nur nach nationaler Lebensgesinnung lechzt, sondern sich allenthalben nach weiter- und tiefergehenden Mitteln autoritärer Herrschaft, nach wirtschaftlichem Protektionismus, nach Beräumung des angeblich verweichlichten Rechts und nach heroischem Kampf sehnt. Deshalb steht bei Loewensteins Apologie des Liberalismus am Ende weniger der überzeugte Nationalsozialist Koellreutter im Zentrum der Kritik als der zynische Dezisionist Schmitt. Aus dem gleichen Grund verteidigt der Liberale in letzter Instanz den Rechtsstaat und nicht die Demokratie. Nicht ohne Grund, möchte man ergänzen, sehen die Feinde der Demokratie heute ihr Heil in der „antiliberalen Demokratie".

Gegen diese Schlussfolgerung mag es gute theoretische Einwände geben – jedenfalls wird heute von überall nach mehr demokratischer Partizipation gerufen, wenn es darum geht, den Feinden der Demokratie das Wasser abzugraben. Der Skeptiker Loewenstein verweist dagegen auf das Sklaverei-Kapitel im „Contrat Social": Wer seine Freiheit aufgibt, und sei es in einem demokratischen Verfahren, gibt sein Menschsein auf – und muss verrückt sein. Was sich Rousseau und Loewenstein nicht vorstellen konnten, – „La folie ne pas fait droit" – ist heute mehr als ein anekdotisches Gedankenspiel.

Angela Merkel verstehen

Von Helge F. Jani

Eckart Lohse, Die Täuschung. Angela Merkel und ihre Deutschen, München 2024 (*dtv*), 335 S.

Staatsakt zur Deutschen Einheit am 3. Oktober 2021 in Halle/Saale. Bei ihrer letzten Festrede als Bundeskanzlerin gewährt Angela Merkel ungewöhnliche persönliche und bis dahin nicht gekannte Einblicke in ihre Befindlichkeiten. Sie zitiert aus einem Buch, das die CDU-nahe Konrad Adenauer Stiftung ein Jahr zuvor herausgegeben hat. Demnach sei Angela Merkel „mit dem Ballast ihrer DDR-Biografie" (S. 92) ins wiedervereinigte Deutschland gekommen. Zudem sei sie „keine geborene, sondern eine angelernte Bundesdeutsche und Europäerin" (S. 96). Merkel ist darüber zutiefst empört und alle im Saal spüren es. Eckart Lohse, langjähriger Hauptstadtkorrespondent der *Frankfurter Allgemeinen Zeitung*, zunächst in Bonn und später in Berlin, hat Angela Merkel über drei Jahrzehnte aus der Nähe beobachtet. In der Rede in Halle sieht Lohse einen Schlüsselmoment in Angela Merkels politischer Biografie. „Man kann Angela Merkel nicht verstehen ohne diese Rede" (S. 88).

Bereits während ihrer Kanzlerschaft sind unzählige Biografien über Angela Merkel mit unterschiedlichen Schwerpunkten erschienen.[1] Doch eine präzise historische Einordnung dieser Kanzlerschaft in der bundesrepublikanischen Nachkriegsgeschichte beginnt erst jetzt, unter dem Eindruck einer frühzeitig zerbrochenen Nachfolgeregierung, der zweiten Amtszeit Donald Trumps sowie unter den Vorzeichen tektonischer Verschiebungen des globalen Mächtegleichgewichts.

Gegliedert in insgesamt acht Kapitel durchmisst das Werk das gesamte politische Leben Angela Merkels: von ihrer Zeit als Ministerin im Kabinett Helmut Kohls, über ihren Aufstieg in der CDU bis zu ihrer Amtszeit als Bundeskanzlerin. Rasch wird jedoch erkennbar, dass hier keine Merkel-Biografie im engeren Sinne vorliegt, die ihr gesamtes Leben chronologisch nachzeichnet. Stattdessen versucht der Autor spezifischen biografischen Prägungen nachzuspüren, die Angela Merkels Zugang zu politischem Handeln, ihr Amtsverständnis sowie ihren Regierungsstil erklären. Abgerundet wird dieses Bild durch insgesamt 13 Interviews, die Lohse mit politischen Weggefährten Angela Merkels geführt hat, darunter u. a. Wolfgang Schäuble, Horst Seehofer und Joachim Gauck. Angela Merkel selbst und ihre Büroleiterin Beate Baumann standen für ein Gespräch indes nicht zur Verfügung.

---

1 Siehe u. a. Jacqueline Boysen, Angela Merkel. Eine Karriere, 2. Aufl., Berlin 2005; Gerd Langguth, Angela Merkel. Aufstieg zur Macht. Biografie, München 2007; Dirk Kurbjuweit, Angela Merkel. Die Kanzlerin für alle?, München 2009; Joyce Marie Mushaben, Becoming Madam Chancellor. Angela Merkel and the Berlin Republic, Cambridge 2017 sowie Ursula Weidenfeld, Die Kanzlerin. Portrait einer Epoche, Berlin 2021.

Lohse wählt Angela Merkels Festrede am Tag der Deutschen Einheit 2021 in Halle als analytischen Rahmen, um sich dieser Kanzlerschaft zu nähern und die zentralen Entscheidungen Angela Merkels zu deuten. Zugleich verweist Lohses Bilanz auf die vielen Versäumnisse, Fehlwahrnehmungen und strategischen Fehler der Kanzlerin. Mit dem Titel *Die Täuschung* segelt das Buch gewiss unter falscher Flagge; führt er doch zumindest zu deutlicher Schlagseite.

Angela Merkel traf auf ein Wahlvolk, mit dem sie eine beinahe kongeniale Verbindung eingehen konnte: Während Merkel inmitten einer nicht abreißenden Kaskade internationaler Krisen ein Gefühl von Sicherheit und Stabilität vermitteln konnte, zeigten die Deutschen wenig Bereitschaft für Veränderungen. „In der Hinsicht freilich hat Merkel die Menschen getäuscht und sie haben sich gerne täuschen lassen" (S. 9). Mit dem Bild der Täuschung verwässert Lohse seine eingangs gewählte Perspektive auf diese Kanzlerschaft; im Mittelpunkt steht die ostdeutsche Bundeskanzlerin, die vorsichtig vorangeht, die programmatisch unsichtbar wird und bisweilen gänzlich hinter ihrem Amt zu verschwinden scheint. Aus dieser Perspektive hätte das Buch den Titel „Die Ostdeutsche" oder „Die Vorsichtige", gar „Die Unsichtbare" tragen können.

Indem Merkel „eine ungeheure Beweglichkeit" (S. 312) in ihren programmatischen Kurskorrekturen zeigt und „begründungsfreier als alle ihre Vorgänger"[2] regiert, trifft sie in zentralen Momenten strategisch falsche Entscheidungen: ein überstürztes Vorziehen des Atomausstiegs, der Ausstieg aus fossilen Energien, die Politik der offenen Grenzen im September 2015 sowie eine wachsende Abhängigkeit von russischem Gas. Mehr noch: Angela Merkel hinterlässt „ein Land voller unerledigter Aufgaben" (S. 314). Eine Migrationspolitik, die den Staat an den Rand seiner Handlungsfähigkeit geführt hat, eine kaputtgesparte Bundeswehr, eine Russland-Politik, die blind für die aufsteigende Aggression gegenüber dem Westen war, sowie „eine konsequente Sozialdemokratisierung und Vergrünung"[3] der CDU, die wie Hefe im kontinuierlichen Aufstieg der *Alternative für Deutschland* wirkte.

Lohse unternimmt eine rasante Tour d'Horizon durch die Politik der Merkel-Jahre: Schuldenbremse, Aussetzung der Wehrpflicht, marodes Schienennetz, Atomausstieg, Energiewende, Verhältnis zu Russland. Hier erfährt man kaum Neues. Ein wenig entsteht der Eindruck, der Autor habe seine bisherigen Zeitungsreportagen und Analysen aktualisiert und zu Buchformat verdichtet. Andere wichtige Politikfelder, die für Merkels Kanzlerschaft bedeutsam gewesen sind, bleiben hingegen stark unterbelichtet oder kommen gar nicht vor, u. a. Klimaschutz, Corona-Krise, Finanzmarktkrise, Außenpolitik und das transatlantische Verhältnis.

Beinahe zufällig wurde Angela Merkel während des demokratischen Umbruchs in der DDR und der folgenden deutschen Einheit in die Politik gespült. Genau beobachtet sie damals den Kosmos der Bonner Parteien, wobei ihr machttaktische Ran-

2 Matthias Geis, Beschlossen und beschwiegen, in: Die Zeit vom 14. Juli 2011.

3 Norbert Bolz, Merkels Erfolgsgeheimnis – Über den autoritären machtpolitischen Stil der Kanzlerin, in: Philip Plickert (Hrsg.), Merkel. Eine kritische Bilanz, 2. Aufl., München 2017, S. 18–26, hier: S. 23.

küne, Eitelkeiten und männliches Machtgebaren fremd bleiben. Dabei lernt sie die Mechanik von Machtverhältnissen in der CDU und die Wege des Machterwerbs kennen. Darin lag auch ein gutes Stück ihrer Selbst-Verwestlichung. Auf diese Weise reüssiert Merkel schnell in der westdeutschen, rheinisch-konservativen, von Männern dominierten CDU. Ihr Aufstieg gelingt ihr ohne politische Klettergemeinschaften; sie bringt keine Netzwerke oder Seilschaften mit. Da Merkel die CDU vor allem als Machtbasis ansieht, bleibt das Verhältnis zu ihrer Partei bis zum Abschied vom Parteivorsitz im Dezember 2018 distanziert. „Ganz eine von uns ‚alten' Christdemokraten war sie sicher nicht" (S. 155), bilanziert Roland Koch im Rückblick.

Als Spitzenpolitikerin im wiedervereinigten Deutschland hat sich Angela Merkel immer grundsätzliche Gedanken über die Bedeutung ihrer DDR-Biografie gemacht. Doch lag es ihr fern, ihre Amtsführung ausschließlich aus ihren Lebenserfahrungen in der DDR abzuleiten. Angela Merkel wollte „eine lupenreine, eine mustergültige Bundesrepublikanerin sein" (S. 125). Lange Zeit gehörte ihre Vergangenheit in der DDR zu dem Teil ihres Lebens, den sie „unterdrückt" (S. 110) hat, sie hat ihre ostdeutsche Vergangenheit „jahrelang, wie bei einem Handy, auf lautlos gestellt".[4] Erst gegen Ende ihrer Kanzlerschaft beginnt sie, über diesen Teil zu sprechen und damit wird, so die Einschätzung aus ihrem engsten Umfeld, Merkels Rede am 3. Oktober 2021 „die Rede ihres Lebens" (S. 89).

Welche Bedeutung gibt Angela Merkel ihrer Rede in Halle selbst? Sie kommt auf diesen Moment in ihren Memoiren zu sprechen. Doch dies geschieht nicht etwa im Zusammenhang mit ihrem ersten Lebensabschnitt, den sie in der DDR verbracht hat, sondern als sie über die Wochen der Flüchtlingspolitik im September 2015 schreibt. Bei grundlegenden Streitfragen, so bilanziert Merkel im Rückblick, wurde ihr die DDR-Biografie immer vorgehalten und dies „von Beginn an"[5], u. a. in den frühen 1990er Jahren in den Diskussionen über Eigentumsfragen oder über die Neuregelung des Paragrafen 218.

Angela Merkel trat im Jahr 2005 zu Beginn ihrer Kanzlerschaft mit einer radikalen Reformagenda an. Unter dem Eindruck dicht aufeinander folgender Mehrfach-Krisen sowie globalpolitischer Erschütterungen triumphierte das Bewahren am Ende über Erneuerungen und notwendige Reformen. Wie Angela Merkels Biograf Ralph Bollmann resümiert, ist in der Politik „kaum etwas gefährlicher als ein Handeln, das der Zukunft vorausgreifen will; solange nicht eine akute Krise zum Handeln zwingt, lassen sich Veränderungen schwer durchsetzen."[6] Erst in der Abwägung von akutem Handlungsdruck und strategischem Weitblick materialisiert sich die Kunst des Möglichen in der Politik. Denn Krisen lassen sich nicht mit Vorratsbeschlüssen lösen.

Während Helmut Kohl durch die Schrecken des Zweiten Weltkrieges geprägt war, Gerhard Schröder geradezu beispielhaft den gesellschaftlichen Aufstieg durch

4 Jana Simon, Die Gesamtdeutsche, in: Die Zeit vom 10. September 2009.
5 Angela Merkel, Freiheit. Erinnerungen 1954–2021, Köln 2024, S. 521.
6 Ralph Bollmann, Angela Merkel. Die Kanzlerin und ihre Zeit, München 2021, S. 717.

Bildung der 1970er Jahre repräsentiert, spiegelt sich in Angela Merkels Kanzlerschaft ihre ostdeutsche Herkunft. Herausgebildet hat sie ihren eigenen Regierungsstil: Wie kaum ein anderer Regierungschef sah sie im *muddling through* die höchste Form der Staatskunst, nahm Maß am Prinzip der Politik der kleinen Schritte; das Fahren auf Sicht geriet zum persönlichen Imperativ. Diese Geländegängigkeit nutzte ihrem Machterhalt, doch das Land konnte sie damit nicht auf eine Zukunft mit neuen Bedrohungen und ökonomischen Verwerfungen vorbereiten. Große Reden an die Nation oder heroische Gesten? Fehlanzeige. Stattdessen nutzte Merkel die Langsamkeit als strategische Machtressource und choreografierte sorgfältig das Ende ihrer Amtszeit. Durch den selbstgewählten Ausstieg aus der Politik hatte Angela Merkel „die einmalige Chance, würdevoll bedeutungslos zu werden".[7] Man darf annehmen, dass es noch lange dauern wird, bis wir Angela Merkel als Person und Politikerin gänzlich verstanden haben werden. Eckart Lohses Buch leistet dazu einen erhellenden Beitrag.

7 Karl-Rudolf Korte, Machtwechsel in der Kanzlerdemokratie, in: Ders./Martin Florack (Hrsg.), Handbuch Regierungsforschung, 2. Aufl., Wiesbaden 2022, S. 751–764, hier: S. 762.

Das Gespenst der liberalen Demokratie

Von Frank Decker

Philip Manow, Unter Beobachtung. Zur Bestimmung der liberalen Demokratie und ihrer Freunde, Berlin 2024 (*Suhrkamp*), 252 S.

Der inzwischen an der Universität Siegen lehrende Politikwissenschaftler Philip Manow gehört in Deutschland zu den streitbarsten Vertretern seiner Zunft. Sich dem Mainstream einzugliedern und anzupassen, ist seine Sache nicht, im Gegenteil: Manows Arbeiten zeichnen sich dadurch aus, dass sie gegen den Strom der vorherrschenden Meinungen aufklärerisch, lustvoll und bisweilen spöttisch anrudern. So hat er zum Beispiel 2018 ein Buch vorgelegt, das den sich in Europa flächendeckend ausdehnenden Populismus nicht primär als identitätspolitisches Phänomen interpretiert, sondern ihn aus ökonomischen Entwicklungen zu erklären versucht.[1] In einem zwei Jahre später publizierten Essay widersprach er der verbreiteten Deutung des Populismus als Krisenzeichen der Demokratie. Sein Aufstieg und Erfolg sei vielmehr auf die Trans- und Supranationalisierung politischer Entscheidungsprozesse zurückzuführen, mit der sich die Demokratie selbst ihrer Substanz beraubt habe.[2] *Unter Beobachtung* knüpft an diese These an und erweitert sie zu einer umfassenden Krisendiagnose der liberalen Demokratie und einer ihr kritiklos verpflichteten Wissenschaft.

Unter „liberaler Demokratie" versteht Manow durchaus im Einklang mit dem Mainstream ein politisches System, in welchem der demokratische Kern der Selbstregierung und Volkssouveränität verfassungsrechtlich stark eingehegt werde. Auf der nationalen Ebene sei das vor allem am Bedeutungsgewinn der Verfassungsgerichte festzumachen. Mit Normenkontrollbefugnis ausgestattet, hätten diese das letzte Wort über die Gesetze und könnten so den demokratisch legitimierten (majoritären) Institutionen – Parlament und Regierung – in den Arm fallen, denen die Gesetzgebungsfunktion eigentlich obliegt. In einer historischen Rekonstruktion zeigt Manow, wie der von ihm als „Konstitutionalisierung" bezeichnete Prozess der Ausdehnung und Aufwertung der Verfassungsgerichtsbarkeit – angetrieben durch die Grundrechtsjudikatur – in den westlichen Demokratien in den 1980er Jahren einsetzte und damit zur „Blaupause" für die 1989/90 beginnende demokratische Verfassungsgebung in den vom Kommunismus befreiten Ländern des vormaligen „Ostblocks" wurde. Dass dort überall mächtige Verfassungsgerichte entstanden, entsprang nicht zuletzt der Absicht der damaligen, aus der Opposition hervorgegangenen Regierungen, den demokratischen Prozess für den Fall einer etwaigen Rückkehr

1 Vgl. Philip Manow, Die Politische Ökonomie des Populismus, Berlin 2018.
2 Vgl. ders., Die (Ent-)Demokratisierung der Demokratie. Ein Essay, Berlin 2020.

der Postkommunisten an die Macht abzusichern und somit irreversibel zu machen. Ähnliche Überlegungen gab es nach der Erfahrung mit den dortigen Folterregimen in den lateinamerikanischen Ländern (Argentinien oder Chile). Und zuvor hatten sie bereits bei der demokratischen Transition in Portugal und Spanien ebenfalls Pate gestanden.

Ein Spezifikum der (mittelost-)europäischen Entwicklung war, dass die Konstitutionalisierung zugleich in den europäischen Integrationsprozess eingebettet wurde. Indem die neuen Demokratien alle in die EU strebten, mussten sie sich dem Vorrang des europäischem vor dem nationalen Recht unterwerfen – und mit ihm dem Europäischen Gerichtshof, der diesen Vorrang sicherstellte. Dies stand aber, wie Manow zu Recht meint, dem Bedürfnis nach Wiederherstellung der eigenen nationalen Identität nach Jahrzehnten der Fremdbestimmung im Wege, das die mittelosteuropäischen Länder im Unterschied zu den „karolingischen“ Gründungsmitgliedern der seinerzeitigen Sechsergemeinschaft hegten. Zusammen mit den ihre Befugnisse überreizenden nationalen Verfassungsgerichten sieht Manow hier die Hauptursache für die in den 2000er Jahren einsetzende populistische Gegenbewegung und deren Versuch, die Gerichte in ihrer Macht zu beschränken oder sie an die Kandare zu nehmen, dem er damit gleichzeitig eine gewisse Legitimität zuspricht.

Tragen die Verfassungsgerichte also eine Mitschuld am Aufstieg des autoritären Populismus? Manow möchte diese steile These vertreten, bleibt bei ihrer Generalisierung aber dennoch eher im Konjunktiv. Tatsächlich stützt er seine empirische Evidenz vor allem auf vier Fälle: Ungarn, Polen, Israel und die Türkei. Dass und aus welchen Gründen die Verfassungsrechtsprechung dort den Widerstand der Regierenden provoziert haben, wird nachvollziehbar geschildert. Auf die anderen mittelosteuropäischen Länder (etwa im Baltikum), in denen nationalpopulistische Parteien ebenfalls entstanden und erfolgreich waren, lässt sich das kaum übertragen – sie kommen in dem Buch deshalb auch nicht zur Sprache – geschweige denn auf die westeuropäischen Länder, in denen starke Verfassungsgerichte mit Normenkontrollbefugnis entweder gar nicht existieren (wie in den Niederlanden, Großbritannien, Skandinavien), erst mit Verspätung entstanden sind (Frankreich, Italien) oder sich, wie in den meisten übrigen Ländern, in ihrer Rolle gegenüber Parlament und Regierung aus wohlverstandenem Eigeninteresse zurückgenommen haben. Auch hier ist der Populismus überall präsent.

Sucht man nach Gründen dafür, kommt der Konstitutionalisierung auf europäischer Ebene eine viel größere Rolle zu als den vermeintlich übergriffigen nationalen Verfassungsgerichten. Denn anders als auf der nationalen Ebene gibt es in der EU keine diesen Namen verdienende elektorale Demokratie, zu der der Europäische Gerichtshof in Konkurrenz treten könnte oder müsste. Wenn es eine Ursache und gemeinsamen Nenner für den sich nach nationalstaatlicher Kontrolle zurücksehnenden Populismus gibt, so liegt er hier.

Dass Manow mit seiner These über das Ziel hinausschießt, liegt auch an der von ihm vorgenommenen, zu schroffen Entgegensetzung von liberaler und elektoraler Demokratie. Nicht nur dass er deren „Gleichursprünglichkeit“ (S. 43) bestreitet. Er übersieht auch, dass die freiheitssichernden Elemente des Verfassungsstaates (wie Grund- und Menschenrechte, Gewaltenteilung und Minderheitenschutz) und das demokratische Prinzip der auf politischer Gleichheit fußenden Selbstregierung einander ergänzen und bedingen. Die Demokratie hört auf, eine solche zu sein, wenn die regierende Mehrheit die Opposition in der Möglichkeit beschränkt, ihrerseits Mehrheit zu werden oder wenn sie sich – wie Trump in den USA oder Bolsonaro in Brasilien – weigert, den Machtverlust nach einer Wahlniederlage als demokratische Normalität zu akzeptieren. Verfassungsgerichte üben hier als Wächter der demokratischen Spielregeln eine potenzielle Schiedsrichterrolle aus, auch wenn sie die Herrschaft des Rechts alleine und für sich genommen noch nicht garantieren können.

Philip Manow hat Recht, wenn er die vom Mainstream der heutigen Demokratieforschung – etwa im Varieties-of-Democracy-Projekt – verwendeten Messkonzepte und -indikatoren als unhistorisch und einseitig am liberalen, auf Verrechtlichung setzenden Modell orientiert kritisiert. Die Frage, ob das Pendel, wenn es sehr stark in Richtung Verrechtlichung und verfassungsgerichtliche Kontrolle ausgeschlagen ist, nicht vielleicht auch wieder zurückgedreht werden darf, muss deshalb erlaubt sein – egal wer sie stellt. Wie Manow süffisant anmerkt, ist der Konflikt um das Verfassungsgericht in Polen nicht von der nationalpopulistischen PiS eröffnet worden, sondern von der liberalen Bürgerplattform, als diese 2015 versuchte, kurz vor ihrer erwarteten Abwahl noch fünf Richterposten zu besetzen. Und der berühmte, am Ende gescheiterte „court packing"-Plan von 1937, mit dem in den USA die Zahl der Richter am Obersten Gerichtshof erhöht werden sollte, ging bekanntlich auf Franklin D. Roosevelt zurück, einen sich fortschrittlich wähnenden Präsidenten aus den Reihen der *Demokratischen Partei*.

So berechtigt diese Hinweise sind, läuft Manow mit ihnen dennoch Gefahr, die autoritären Tendenzen des Populismus zu verharmlosen. Dass er die Szenarien der Autokratisierung, die von besorgten Kritikern beschrieben worden und in der Realität vielerorts bereits eingetreten sind, als „Verschwörungstheorien zweiter Ordnung" (S. 142) denunziert, geht bei aller Freude an der Polemik zu weit. Wäre es bei dem Verdikt geblieben, wenn die ersten 100 Tage der zweiten Amtszeit Donald Trumps in die Darstellung noch hätten einfließen können, der Viktor Orbán zu seinen ausdrücklichen Vorbildern zählt? Wohl kaum. Die ansonsten vielschichtige und in ihrem Bemühen um Historisierung wohltuend differenzierte Analyse wird durch diese Einseitigkeit, die die Frage nach möglichen Gegenmaßnahmen nicht einmal zulässt, ohne Not entwertet.

Bedauerlich ist auch, dass Manow den tieferliegenden Ursachen der „Schließung ihrer elektoralen Offenheit", die ihn an der heutigen Demokratie stört, nicht näher auf den Grund geht. Dies zu fragen heiße „die Frage nach ihrer Politischen Ökonomie zu stellen" (S. 177), schreibt er – ohne dies weiter auszuführen – am Schluss, nachdem er sich zu Beginn der Darstellung noch davon abgesetzt hatte, „alle Krisen unserer Zeit pauschal einem wirtschaftlichen Neoliberalismus zuzurechnen" (S. 22). Gerade im Kontext der europäischen Integration zeigt sich aber, wie eng der politische (konstitutionelle) und wirtschaftliche Liberalismus miteinander verwoben sind.

Es wäre vielleicht lohnender gewesen, diese Spur weiterzuverfolgen, statt die Diagnose auf die vermeintliche Einschränkung des Volks- und Mehrheitswillens durch die Verfassungsgerichte zu verengen.

Volkssouveränität als Bezugspunkt des Populismus

Von Florian Grotz

Kolja Möller, Volk und Elite. Eine Gesellschaftstheorie des Populismus, Berlin 2024 (*Suhrkamp*), 371 S.

Wenn es in der neueren politikwissenschaftlichen Literatur ein Thema gibt, zu dem alles gesagt zu sein scheint, dann ist es der Populismus. War die Zahl einschlägiger Veröffentlichungen bis in die Nullerjahre noch recht übersichtlich,[1] so hat sich dies mit dem grenzüberschreitenden Aufstieg populistischer Parteien und Führungspersönlichkeiten nachhaltig geändert. Inzwischen gibt es nicht nur diverse Einführungs- und Überblickswerke[2] sowie unzählige normativ-theoretische und empirisch-analytische Studien[3], sondern auch verschiedene populärwissenschaftliche Publikationen zum Populismus, die Diagnosen liefern,[4] Gegenstrategien empfehlen[5] oder gar Lernpotenziale versprechen.[6] Außerdem hat sich eine Standarddefinition etabliert, nach der Populismus als „dünne Ideologie" zu begreifen ist, die dem „wahren Willen" eines als homogen gedachten „Volkes" gegenüber einer abgehobenen oder korrupten „Elite" zur Durchsetzung verhelfen will. Dieses Grundkonstrukt wird von populistischen Akteuren dann mit einer „Wirtsideologie" verbunden, „gewöhnlicherweise mit einer Form des Nationalismus auf der rechten Seite und einer Form des Sozialismus auf der linken"[7].

Trotz alledem scheint das Phänomen des Populismus noch nicht hinreichend verstanden zu sein, zumal sein politischer Siegeszug unvermindert anhält. Hier setzt die Studie von Kolja Möller an, die auf seiner Habilitationsschrift an der Universität Flensburg basiert. Die Ausgangsidee des Buches ist so einfach wie überzeugend: Da die moderne Demokratie dem Volk die „verfassungsgebende Gewalt" zuspricht, war der Populismus als „Mobilisierung des Volkes gegen die jeweiligen Eliten [...]

1 Zu den Ausnahmen vgl. Frank Decker, Parteien unter Druck. Der neue Rechtspopulismus in den westlichen Demokratien, Opladen 2000.

2 Jan-Werner Müller, Was ist Populismus? Ein Essay, Frankfurt a. M. 2016; Marcel Lewandowsky, Populismus. Eine Einführung, Wiesbaden 2022; Cristóbal Rovira Kaltwasser/Paul Taggart/Paulina Espejo/Pierre Ostiguy (Hrsg.), The Oxford Handbook of Populism, Oxford 2017.

3 Vgl. u. a. Chantal Mouffe, Für einen linken Populismus, Frankfurt a. M. 2018; Philip Manow, Die Politische Ökonomie des Populismus, Frankfurt a. M. 2018.

4 Ralf Schuler, Der Siegeszug der Populisten. Warum die etablierten Parteien die Bürger verloren haben. Analyse eines Demokratieversagens, Basel 2024.

5 Marcel Lewandowsky, Was Populisten wollen. Wie sie die Gesellschaft herausfordern – und wie man ihnen begegnen sollte, Köln 2024.

6 Ralf Grabuschnig, Populismus leicht gemacht. Erfolgreich lernen von den großen Diktatoren der Geschichte, Books on Demand 2020.

7 Cas Mudde, Populismus in Europa: Von den Rändern zum Mainstream, in: Totalitarismus und Demokratie 17 (2020), S. 13–34, hier: S. 15.

schon immer eine Option der Politik“ und beförderte die „Auseinandersetzung darum, auf welche Weise sich der Volkswille zur Geltung bringt“ (S. 18). Daher ist es wenig zielführend, Populisten als Antidemokraten zu etikettieren, da sie sich stets auf die Volkssouveränität berufen und so als „wahre Demokraten“ ausgeben können. Ähnliches wurde bereits von vielen anderen Populismusanalysen konstatiert. Möller versucht jedoch, das Problem grundsätzlicher anzugehen, indem er auf die verfassungs- wie gesellschaftstheoretischen Bedingungen und Implikationen populistischer Politik abstellt.

Konkret geht es um die Frage, „welche systematische Rolle und Funktion der Populismus in der Politik spielt und in welchem Verhältnis er zur Grundstruktur des politischen Systems sowie insbesondere zur Volkssouveränität steht“ (S. 24). Dazu ist nicht nur das normative Verhältnis von Volk und politischer Elite zu klären, sondern auch zu untersuchen, „in welchen Situationen populistische Politikformen reüssieren, wie ihre Konjunkturen zu verstehen sind und in welchem Sinne sie Politik und Gesellschaft verändern“ (S. 25). Populismus wird in diesem Zusammenhang als eine mögliche Reaktion auf gesellschaftliche Krisen verstanden. Dabei nimmt er die Volkssouveränität als normativen Bezugspunkt in Anspruch, um Machtverhältnisse umzukehren. Die kollektive Selbstwirksamkeitserfahrung, die in „populistischen Momenten“ durch gesellschaftliche Mobilisierung entsteht, ist in ihren politischen Konsequenzen grundsätzlich offen. Solange der Populismus das Volk als „plural strukturiert“ begreift und sich „nicht dauerhaft gegenüber anderen machtunterworfenen sozialen Gruppen“ (S. 93) verschließt, kann er als demokratisch gelten. Wenn populistische Bewegungen dagegen die Volksidentität strikt abgrenzen, richten sie sich häufig „nicht nur gegen die Eliten, sondern erklären auch all diejenigen zu Gegnern oder Feinden, von denen eine Gefährdung der Volksidentität ausgeht“ (S. 96). Dieser identitäre Populismus ist noch nicht notwendigerweise faschistisch. Im Extremfall kann es jedoch zu einer „Dauerdynamisierung des gesellschaftlichen Lebens“ kommen, die „sich bis zum reinen Terror steigert“ (S. 102). Nicht zuletzt kann Populismus auch „transformativ“ wirken, indem er sich „in den Dienst einer gesellschaftlichen Veränderung“ stellt, die als fortschrittlich gelten kann. Als Beispiele nennt Möller die „Austromarxist:innen und Linkssozialist:innen der Zwischenkriegszeit“, aber auch „Salvador Allendes Unidad Popular“ (S. 109).

Auf die realgeschichtlichen Entstehungs- und Erfolgsbedingungen dieser unterschiedlichen Populismen geht der Autor leider nicht systematisch ein. Stattdessen rekonstruiert er im Hauptteil des Buches die „Volksbezüge“ in ausgewählten Souveränitätsvorstellungen vom Hochmittelalter bis zur Gegenwart, wobei dem Spannungsverhältnis zwischen politischem Willen (*voluntas*) und der Bindung an eine höherrangige Vernunft (*ratio*) besondere Bedeutung zukommt. Wie für Qualifikationsschriften nicht unüblich, werden prominente Positionen und Konstellationen aus der politischen Ideengeschichte im Hinblick auf die vorliegende Problemstellung dargestellt und diskutiert. Dabei eröffnen einzelne Passagen immer wieder interessante Einsichten und Zusammenhänge. So beleuchtet Möller etwa das bereits in römischen Rechtsquellen angelegte „Souveränitätsparadox“, auf das sich der für die

Volkssouveränität konstitutive Gegensatz von *voluntas* und *ratio* stützen konnte: „Die Instanz der Souveränität steht als höchster Gesetzgeber über dem Gesetz (sonst wäre sie nicht souverän), genauso wie sie sich dem Gesetz unterwirft (sonst wäre sie nicht souverän, sondern nur der Wille einer Räuberbande)“ (S. 169). Andere Abschnitte, wie jene zur geistigen Verarbeitung der Französischen Revolution und des Bonapartismus durch Marx und Engels, sind so facetten- und detailreich dargestellt, dass der Bezug zum übergeordneten Fokus verloren zu gehen droht. Zwar unterstützen die Kapitelüberschriften zu den jeweils dominierenden Volksbezügen (Volk als „Volkssouveränität“, „Arbeit“, „Masse“, „Zwischen Regression und Fortschritt“, „Leute“) die einheitliche Untersuchungsperspektive. Für griffige Schlussfolgerungen aus der ideengeschichtlichen Analyse, die zu einem substanziell neuen Verständnis des zeitgenössischen Populismus beitragen könnten, bleibt der theoretische Bezugsrahmen allerdings zu vage.

Im „Epilog“ gelingt Möller eine prägnante Gegenwartsdiagnose. Demnach habe das „allmähliche Scheitern des neoliberalen Projekts“ nicht nur zu einer Erosion der globalen Wirtschaftsverfassung und der inter- und transnationalen Institutionen geführt, sondern auch eine Rückkehr der „Volkssouveränität als Bezugspunkt in das gesellschaftliche Leben“ (S. 338) bewirkt. Der identitäre Populismus könne jedoch die „Krisen der Weltgesellschaft“ auch nicht lösen, sondern allenfalls versuchen, mit „Gewalt und dem Bau neuer Mauern [...] einzelne Zonen abzuschotten“, was wiederum in die „nächste Krise der Volkssouveränität“ (S. 339 f.) führen werde. Stattdessen sei eine „Übersetzung sozialer Krisendiagnosen in politisches Handeln erforderlich“, die „unmittelbar auf die Verteilung von Amtsmacht, Entscheidungsbefugnisse und Gesetzgebungsspielräume“ durchschlägt (S. 340). Wie genau die etablierte Politik oder ein demokratischer Populismus eine so verstandene Volkssouveränität effektiver zur Geltung bringen könnte, bleibt am Ende des lesenswerten Buches offen.

Wider die Identitätspolitik

Von Tom Mannewitz

Yascha Mounk, Im Zeitalter der Identität. Der Aufstieg einer gefährlichen Idee, Stuttgart 2024 (*Klett-Cotta*), 505 S.

„Wokeness", „Cancel Culture", „Sprechverbote", „Genderpflicht" – die Auswüchse der Identitätspolitik erregen nicht erst seit den Tumulten auf deutschen Campus nach dem 7. Oktober 2023 die Gemüter in Hochschullandschaft, Feuilleton und Politik. Das philosophische und sozialwissenschaftliche Fundament – Poststrukturalismus, Postkolonialismus und Critical Race Theory – wurde zwar schon vor Jahrzehnten gelegt, nur interessierten diese Lehren in der breiten Öffentlichkeit kaum jemanden. Das änderte sich erst vor wenigen Jahren, als infolge der Tötung des Afroamerikaners George Floyd in den USA junge Aktivistinnen und Aktivisten in den sozialen Medien wie realweltlich vehement für einen politischen Wandel warben („Black Lives Matter") und dabei auf Begriffe, Argumente und Prämissen zurückgriffen, die der Mehrheitsgesellschaft merkwürdig, fremd, zum Teil aggressiv und belehrend vorkamen. Aufklärung über dieses Phänomen tat Not – und so schossen Artikel und Bücher über „Identitätspolitik" in den letzten Jahren wie Pilze aus dem Boden, häufig faktengesättigt, noch öfter meinungsstark.

In dieses Genre reiht sich Yascha Mounks jüngstes Buch ein. Mounk, der neben der deutschen auch die US-amerikanische Staatsbürgerschaft besitzt und an der Johns Hopkins University lehrt, beteiligt sich seit einigen Jahren regelmäßig mit größeren Einwürfen an den zentralen akademischen Debatten der Politikwissenschaft, sei es zum verbreiteten Trend der Demokratieerosion[1], sei es zur Frage der Migration.[2] Nun also ein Buch zur Identitätspolitik.

Was den Band von vielen anderen unterscheidet, wäre nicht etwa der Verzicht seines Autors auf eine eigene Position – Mounk wirbt nicht für Werturteilsfreiheit. Was ihn unterscheidet, sind die Systematik in der Darstellung und die klare Begründung der eigenen Position. Der Autor liefert nicht weniger als eine philosophische und politische Genealogie der Identitätspolitik. Ihr sind der erste und der zweite Teil des Bandes gewidmet. Teil III nimmt die zentralen Annahmen und Positionen identitätspolitischer Narrative ideologiekritisch auseinander. Und im vierten Teil wirbt Mounk für einen universalistischen Liberalismus als Gegenprogramm.

---

1 Siehe Yascha Mounk, Der Zerfall der Demokratie. Wie der Populismus den Rechtsstaat bedroht, München 2018.

2 Siehe ders., Das große Experiment. Wie Diversität die Demokratie bedroht und bereichert, München 2022.

Dem Verfasser ist keine andere Auseinandersetzung mit den ideellen Grundlagen der Identitätspolitik bekannt, die so tief gräbt wie Mounk. Ihm gelingt es geradezu spielerisch, den Spuren von Michel Foucaults Poststrukturalismus, Edward Saids Postkolonialismus und Kimberlé Crenshaws Critical Race Theory zu folgen und deren Einfluss auf die heutigen Debatten nachzuweisen. Das ist alles andere als selbstverständlich, zumal für jemanden, der – wie Mounk – gar nicht diesen intellektuellen Strömungen entstammt. Er widersteht dabei der Versuchung, die vielen intellektuellen Väter und Mütter der „Identitätssynthese", wie das politische Programm der Identitätspolitik bei ihm heißt, für nachfolgende politische Instrumentalisierungen, Überformungen und Entstellungen verantwortlich zu machen. Werk und Wirkung werden getrennt. So kommen die Vordenker denn auch als Zauberlehrlinge daher, die mit so mancher Rezeption und Zweckentfremdung ihrer Ideen hadern.

Keinen echten Poststrukturalisten oder Postkolonialisten wird die Darstellung überzeugen, weil der Autor um der Verständlichkeit willen hier und da das treffende Zitat der tiefschürfenden Textexegese vorzieht. Dem breiteren politisch interessierten Publikum liefert er dafür Orientierung. Wer folglich dessen Gedankengang von Foucaults diskursanalytischer Infragestellung jedweder Macht über Gayatri Chakravorty Spivaks „strategischen Essentialismus" bis hin zum Konzept der Intersektionalität gefolgt ist, dem springen leicht die zentralen Elemente der „Identitätssynthese" ins Auge – nicht zuletzt dank der jedes Kapitel abschließenden, übersichtlichen „Kernpunkte". Eines eigenen Kapitels zur „Identitätssynthese" hätte es darum vermutlich gar nicht bedurft.

Dagegen fällt die Nachzeichnung des gesellschaftlichen „Siegeszugs der Identitätssynthese" etwas ab. Der Autor macht das Aufkommen sozialer Medien, den Marsch junger, von den postmodernen Lehren inspirierter Absolventen durch die Institutionen sowie – aufseiten großer Konzerne – den harten ökonomischen Wettbewerb und die Angst vor Klagen verantwortlich. Das ist intuitiv plausibel und mag stimmen, aber Mounks Argumentation gerät hier vermehrt ins anekdotische Fahrwasser. Wohl auch mangels Daten arbeitet er sich etwa am Limonadenhersteller Coca Cola und an der *American Civil Liberties Union* ab, einer seit über 100 Jahren für Bürgerrechte streitenden NGO, die ihren rigorosen Liberalismus zugunsten einer „woken" Linie abgelegt habe.

Es gehört zu den wiederkehrenden und billigen Mustern insbesondere liberaler und konservativer Kritiker, den Verfechtern von Identitätspolitik ideologische Borniertheit und Jakobinismus vorzuwerfen. So leicht macht es sich Mounk nicht. Vielmehr zieht er ein ganzes Arsenal an ökonomischen, philosophischen, politischen, psychologischen und soziologischen Argumenten heran, um aus dem identitätspolitischen Bauwerk die einzelnen Theorie-Steinchen herauszumeißeln. Ein Beispiel: Gegen die grassierende Standpunkttheorie, der zufolge „Mitglieder dominanter Gruppen [...] die Erfahrungen der Mitglieder marginalisierter Gruppen nicht verstehen [könnten]" (S. 195), bringt der Autor folgende Gegenargumente in Stellung: Einerseits folge aus der Behauptung, individuelles Erfahrungswissen sei nicht teilbar, keineswegs, das daraus gewonnene deklarative Wissen sei ebenfalls nicht teil- und verstehbar: „Wer wir sind, prägt durchaus, was wir über die Welt lernen, aber es beeinträchtigt nicht unbedingt unsere Fähigkeit, diese Einsichten anderen mitzuteilen“ (S. 189). Andererseits sei in einer pluralistischen Gesellschaft „unklar, wer legitimerweise im Namen relevanter Identitätsgruppen sprechen darf“ (S. 196). Ein zweites Beispiel: Gegen das Canceln, das keine Einschränkung der Meinungsfreiheit darstellt, aber den offenen Diskurs schädigt, argumentiert Mounk liberal und strukturfunktionalistisch. Ihm zufolge „kreisen die überzeugendsten Argumente für die Redefreiheit weniger um die positiven Folgen ihrer Erhaltung als vielmehr um die negativen Folgen ihrer Abschaffung“ (S. 226). Ihm geht es um den Schutz vor einer „Tyrannei der herrschenden Meinung“ (John Stuart Mill); um eine Warnung vor dem Machtzuwachs der Mächtigen, die über Sagbares und Unsagbares entscheiden; um den erhöhten Spieleinsatz bei Wahlen; und um den Verlust der Korrektivfunktion missliebiger Meinungen. Deutschland solle „den ersten Zusatzartikel der amerikanischen Verfassung imitieren“ (S. 234). Private Akteure – Arbeitgeber, Finanzdienstleister, soziale Medien – sollten sich freiwilligen Selbstbeschränkungen unterwerfen, wo es ihnen nicht verboten werden kann, unpopuläre Äußerungen zu sanktionieren. Vom identitätspolitischen Gebäude bleibt am Ende wenig übrig.

Mit *Im Zeitalter der Identität*, Zeugnis profunder philosophischer Kenntnis und eines festen liberalen Wertegerüsts, ist Yascha Mounk ein bemerkenswerter Beitrag zur Debatte um Identitätspolitik gelungen. Die Ungezwungenheit und Zugewandtheit, aber auch die Akribie und intellektuelle Integrität, die Mounk seinem Sujet gegenüber aufbringt, stehen für einen Wissenschaftsstil, den Johan Galtung vor allem der sachsonischen Wissenschaftslandschaft attestierte.[3] Er wird unter den großen populärwissenschaftlichen Autoren wohl nur noch übertroffen von Steven Pinker, der als Testimonial des Klappentextes den Band wie folgt bewertet: „Wie man gegen Identitätspolitik argumentiert, ohne sich in einen reaktionären Spinner zu verwandeln.“ Dem ist wenig hinzuzufügen. Umso mehr stechen leider – neben der nachlässigen Übersetzung – zwei Leerstellen heraus: Einerseits kommt die politische Rechte praktisch nur als gefährlicher, renitenter Gegenspieler vor, der sich der Argumente der Linken bemächtigen könnte, nicht aber als Produzent einer eigenen Form der Identitätspolitik.[4] Andererseits übersieht der Autor die Anschlussfähigkeit identitätspolitischer Argumente an linksextremistische Diskurse, wenn er im Anhang argumentiert, warum „die Identitätssynthese nicht marxistisch ist“ (S. 377). Das mag auf dogmatische Marxisten zutreffen, aber die Adaptation zentraler identitätspolitischer Positionen durch postmarxistische Akteure wie die *Interventionistische Linke* oder *marx21* lässt Mounks Argumentation bestenfalls einseitig erscheinen – jedenfalls an dieser Stelle.

---

3 Siehe Johan Galtung, Struktur, Kultur und intellektueller Stil: Ein vergleichender Essay über sachsonische, teutonische, gallische und nipponische Wissenschaft, in: Leviathan 11 (1983), S. 303–338.

4 Siehe nur: Hendrik Hansen, Linke und rechte Identitätspolitik. Ein Vergleich der poststrukturalistischen Wende im Linksextremismus mit dem Ethnopluralismus und Nominalismus der Neuen Rechten, in: Hendrik Hansen/Armin Pfahl-Traughber (Hrsg.), Jahrbuch für Extremismus- und Terrorismusforschung 2019/20 (II), Brühl 2021, S. 242–289; Armin Pfahl-Traughber, Antiindividualismus und Antiuniversalismus als Konsequenz. Die Gemeinsamkeiten von Identitätslinker und Identitätsrechter, in: perspektiven ds 37 (2020), H. 2, S. 137–152.

Begründung entfällt

Von Barbara Zehnpfennig

Samuel Moyn, Der Liberalismus gegen sich selbst. Intellektuelle im Kalten Krieg und die Entstehung der Gegenwart, Berlin 2024 (*Suhrkamp*), 304 S.

„Ein kühnes und aufregendes Buch", urteilte die *Washington Post*, und die *Financial Times* befand, der hier zu besprechende Text sei eine „faszinierende und kämpferische Geistesgeschichte dessen, was Moyn als ‚Kalte-Krieg-Liberalismus' bezeichnet." Nimmt man noch Michael Sandels Statement hinzu, der Autor liefere „Ideengeschichte vom Feinsten!", sollte man meinen, mit Moyns Buch ein wahres Juwel in den Händen zu halten. Leider will sich dieser Eindruck bei der Lektüre aber ganz und gar nicht einstellen. Und die Rezensentin fragt sich, was die zuvor erwähnten begeisterten Rezipienten wohl in diesem Buch gefunden haben mögen, das ihr trotz bemühter Suche entgangen ist. Von einem Lesegenuss ist jedenfalls nicht zu berichten, und die Gründe dafür sollen im Folgenden genannt werden.

Samuel Moyn, Professor für Recht und Geschichte an der Yale University und sowohl wissenschaftlich als auch in der Publizistik ausgewiesen, will mit seinem Buch nachvollziehbar machen, wieso der „Kalte-Krieg-Liberalismus" eine „Katastrophe" (S. 9) war – nicht zuletzt für den Liberalismus selbst. Dies nachzuweisen, unternimmt er einen Gang durch die Ideengeschichte anhand der von ihm ausgewählten „Hauptdenker:innen" (S. 11) der entsprechenden geschichtlichen Epoche. Die zugrundeliegende These ist, der Liberalismus des Kalten Krieges habe de facto mit der liberalen Tradition gebrochen, indem er „die Aufklärung preisgegeben und die historische Vernunft zu Grabe getragen" habe, als er „die Vergangenheit des Liberalismus um Perfektionismus und Progressismus bereinigte" (S. 129). An sechs Denkern der Epoche will Moyn sein Verdikt festmachen, und alle sind sie jüdisch. So widmet der Autor Judith Shklar, Isaiah Berlin, Karl Popper, Gertrude Himmelfarb, Hannah Arendt und Lionel Trilling je ein Kapitel, um sein Buch dann mit einem Epilog abzuschließen.

Woher rührt das geschilderte Missvergnügen bei der Lektüre des Buches? Zunächst einmal fällt negativ auf, dass der Autor sehr dezidiert urteilt bzw. verurteilt, ohne das Objekt seines Zorns, den „Kalte-Krieg-Liberalismus", genauer zu bestimmen. Er hält es auch nicht für erforderlich, die Auswahl der Theoretiker, die er für repräsentativ hält, zu erklären oder die eigenen Maßstäbe irgendwie zu begründen. Hinzu kommt mangelnde Schreibdisziplin. In manchen Kapiteln mäandert Moyn um den Autor herum, spricht im Shklar-Kapitel ausführlich über Berlin, im Berlin-Kapitel über Talmon, im Himmelfarb-Kapitel über Butterfield. Natürlich kann man einwenden, dass in einer ideengeschichtlichen Abhandlung auch die geistigen Verflechtungen, innerhalb derer sich die besprochenen Theoretiker bewegten, thematisiert werden müssen. Aber das muss nicht in der Weise der Digression geschehen wie in dem vorliegenden Buch. Zudem stört die große Uneinheitlichkeit der Kapitel. Bei manchen Autoren bemüht sich Moyn zumindest um einen partiellen Nachvollzug ihrer Gedanken auf der Grundlage ausgesuchter Texte. Bei anderen urteilt er eher freischwebend und kommt assoziierend auf immer Neues zu sprechen, bis er irgendwann zum Autor zurückfindet. Weder Gegenstand noch Struktur sind also klar, und die Maßstäbe werden vorausgesetzt, nicht aber hergeleitet. Der Leser ist auf seine Kombinationsgabe angewiesen, um zu ergründen, worauf der Autor genau zielt und wie er zu seinem Urteil gelangt.

In den Augen Moyns haben alle präsentierten Theoretiker versagt, weil sie einen Liberalismus vertraten, der weder emanzipatorisch war noch an eine sich historisch verwirklichende Perfektibilität glaubte. So bereiteten sie de facto dem Neoliberalismus und Neokonservatismus den Boden. Vor dem Hintergrund dieses Generalverdikts kann es nun nur noch darum gehen, zu kennzeichnen, wie ihr individueller Anteil an dieser Katastrophe aussah. Dabei konzentriert sich Moyn nach eigener Aussage bei den ersten drei Theoretikern auf den von ihnen vertretenen „Anti-Kanon" des Kalte-Krieg-Liberalismus, der „von der Aufklärung und Jean-Jaques Rousseau bis zu G. W. F. Hegel und Karl Marx" reicht, während er sich bei den anderen drei mit den „Ersetzungen" befasst, welche die besprochenen Autoren anboten, um jenen Liberalen „Orientierung" (S. 34) zu geben, die alle Hoffnung auf Emanzipation fahren gelassen hatten. Die von Moyn immer wieder gebrauchten Begriffe „Emanzipation" und „Perfektionismus", deren Preisgabe er so wortreich beklagt, bleiben übrigens inhaltlich unausgefüllt. Den Leser beschleicht der Verdacht, dass man es hier mit der immer wieder beobachtbaren Leerstelle ideologischer Fundamentalkritik zu tun hat: Wogegen man ist, weiß man ganz genau. Was das Große, Andere, Bessere ist, das dermaleinst an die Stelle des Abgelehnten treten soll, bleibt dagegen nebulös.

Von den sechs besprochenen Theoretikern wird Judith Shklar noch am gnädigsten behandelt, weil sie in ihrem ersten Buch *After Utopia* „die beste Aufschlüsselung des Kalte-Krieg-Liberalismus" geliefert habe, „die je geschrieben wurde" (S. 25). Sie habe erkannt, dass die Preisgabe der Aufklärung, die sie den Vertretern des Kalte-Krieg-Liberalismus anlastete, auch dem Liberalismus ein Ende setzen würde. Für sie bezeichnete der Glaube an die Genealogie: Aufklärung – französische Revolution – Jakobinismus – Totalitarismus den Weg in den Fatalismus. Der machte die Hoffnung auf eine bessere Zukunft, in Moyns Worten: auf die Ermöglichung von „kreative(r) Handlungsmacht" (S. 33), zunichte. Dass Moyn Shklar trotz ihrer Kritik am Kalte-Krieg-Liberalismus zu dessen Apologeten zählt, liegt daran, dass sie die Aufklärung ihrerseits nicht wirklich rehabilitiert habe. In ihrem „Liberalismus der Furcht" (S. 26), der geprägt war von der Erfahrung des Totalitarismus, sei es nur noch um Schadensbegrenzung als Aufgabe der Politik gegangen, nicht mehr um das große emanzipatorische Projekt.

Kein gutes Haar lässt Moyn an Isaiah Berlin und Karl Popper. Berlin habe mit seiner Unterscheidung von „positiver" und „negativer" Freiheit und seiner Beschränkung auf Letztere einem libertären Staatsverständnis das Wort geredet und den Rückweg zum „romantischen Liberalismus" (S. 89 f.) versperrt, obwohl er der Romantik ihren Anteil an der Entwicklung des Liberalismus nicht absprach. Und Poppers Kampf gegen den „Historizismus", also der Ansicht, „dass Geschichte ein Forum der Möglichkeiten zur Erlangung und Institutionalisierung von Freiheit ist" (S. 96), verbannte Hegel und Marx aus dem Kanon zulässiger Denker, so wie Talmon und Berlin schon Rousseau daraus vertrieben hatten. Ob die genannten – gebannten – Theoretiker allerdings überhaupt in die Ahnenreihe des Liberalismus gehören, ist eine Frage, die sich Moyn gar nicht stellt. Er konstatiert nur, dass die Verdammung der kontinentalen Denker als Vorläufer des Totalitarismus zu einer Beschränkung auf den „englischsprachigen Traditionsverlauf" (S. 125) geführt habe, den er wohl wegen seines Anti-Etatismus und Pragmatismus nicht besonders schätzt.

Was haben nun Himmelfarb, Arendt und Trilling zu den Übeln des Kalte-Krieg-Liberalismus beigetragen? Himmelfarb rehabilitierte das Denken des katholischen Liberalen Lord Acton und damit den Vorrang der Freiheit vor der Gleichheit sowie – unter Berufung auf ein immer geltendes moralisches Gesetz – die Absage an Fortschrittsideologien, die gegenwärtig zu erbringende Opfer durch künftiges Heil rechtfertigen. Arendt, von Moyn durchgängig als Rassistin gekennzeichnet, legt er zur Last, nicht nur den Anti-Kanon des Kalte-Krieg-Liberalismus mitgeschaffen, sondern mit ihrem „Atlantizismus" (S. 166) bzw. „Eurozentrismus" (S. 197) auch alle dekolonialen Befreiungsprojekte desavouiert zu haben, und das auf der Grundlage rassistischer Vorbehalte. Trilling wiederum nahm Freud in den positiven Kanon auf und damit einen Denker, der auf die Abgründe im Menschen verwies und auf Selbstkontrolle setzte, statt an eine „Vervollkommnung des Menschen" (S. 224) durch Änderung der gesellschaftlichen Verhältnisse zu glauben.

Moyns Darstellung der geistesgeschichtlichen Traditionslinien und wechselseitigen Beeinflussung von Denkern ist durchaus kenntnisreich – aber eben auch sehr einseitig. Beklemmung ruft jedoch sein Umgang mit dem Judentum hervor. Da nur jüdische Denker als Protagonisten des Kalte-Krieg-Liberalismus präsentiert werden und dieser als Grundlage für das spätere Unheil in Gestalt von Neokonservatismus und Neoliberalismus ausgemacht wird, muss man viel guten Willen aufbringen, um darin keine antisemitische Konstruktion zu sehen. Himmelfarb ist eher eine Neokonservative als eine Liberale, Arendt hat sich nie als Liberale verstanden. Doch durch Aufnahme dieser Denkerinnen in die Ahnenreihe hat man eine rein jüdische Besetzung, der man nun umgekehrt unterstellen kann, ihre Haltung zum Liberalismus hätte etwas mit ihrer jüdischen Herkunft zu tun. Und eigentlich verschlimmert ihr Judentum das, was Moyn dem Kalte Krieg-Liberalismus u. a. vorwirft – nämlich die Ignoranz gegenüber dem Unrecht des rassistisch unterlegten Kolonialismus. Denn immerhin waren sie selbst Opfer rassistischer Unterdrückung. Das sieht schon sehr nach Täter-Opfer-Umkehr aus.

Moyns Kritik am Zionismus stellt dann auch so etwas wie den Kulminationspunkt all seiner Vorwürfe dar: Man habe aus der liberalen Tradition alle emanzipatorischen Bestandteile getilgt, dies jedoch nicht für den Zionismus gelten lassen. Man sei gegen Etatismus gewesen, aber nicht beim Staat Israel. Nationalismus und Gewalt hätte man im Fall des Zionismus gerechtfertigt, bei der Dekolonialisierung aber verurteilt. Moyn unterstellt dabei keine Affinität der jüdischen Religion zum Kalte-Krieg-Liberalismus, wohl aber die Neigung der selbst rassisch Verfolgten, „die politische Legitimation ihrer Aufnahmeländer aufzupolieren“ (S. 160). Das ist ein herber Vorwurf. Wie würde er selbst mit dem Vorwurf umgehen, in seinem gesamten Buch nicht einmal Verständnis dafür zu zeigen, dass man nach der totalitären Erfahrung, noch dazu nach der z. T. am eigenen Leib gemachten totalitären Erfahrung, skeptisch gegenüber allen Menschheits- und Welterlösungsprogrammen werden kann? Doch mangelnde Empathie, z. B. gegenüber Opfern des Rassismus, wirft man lieber den anderen vor. Das passt zu der überaus selbstgewissen, wenn nicht selbstgerechten Haltung, von der das ganze Buch durchdrungen ist.

Gegen die These von den „Einzeltätern“

Von Wolfgang Kraushaar

Darius Muschiol, Einzeltäter? Rechtsterroristische Akteure in der alten Bundesrepublik, Göttingen 2024 (*Wallstein*), 486 S.

Wenn vom Terrorismus die Rede ist, dann kann das Faktum nicht ausgespart werden, dass dessen Verbrechen nicht nur von Organisationen, Gruppen und sonstigen Kollektiven begangen werden können, sondern auch von Einzelnen. Dies ist insbesondere, zumindest dem ersten Anschein nach, bei Attentaten der Fall gewesen. Im vergangenen Jahrhundert hat es einige Täter-Namen gegeben, die vor allem deshalb in Erinnerung geblieben sind, weil ihre Anschläge nicht zweifelsfrei aufgeklärt werden konnten – weder juristisch noch historisch. Dies war etwa 1933 beim Reichstagsbrandstifter Marinus van der Lubbe der Fall, ebenso wie 1963 beim Kennedy-Attentäter Lee Harvey Oswald, 1968 beim Dutschke-Attentäter Josef Bachmann und 1980 beim Oktoberfest-Attentäter Gundolf Köhler. Keiner dieser Fälle ist trotz allen, häufig erst Jahrzehnte danach unternommenen Anstrengungen in einer zufriedenstellenden Weise geklärt worden.

Wenn sich nun der Potsdamer Zeithistoriker Darius Muschiol des Einzeltäter-Themas in einer groß angelegten Studie annimmt, dann liegt das nicht etwa an jenem Faszinosum, das von der Unaufgeklärtheit solch spektakulärer Fälle ausgeht und Neugierige zuweilen wie Motten das Licht anzieht, sondern an der rechtsstaatlichen und in der Folge aber auch gesellschaftspolitischen Tragweite, die mit nicht wenigen sogenannter Einzeltäter-Delikte einhergegangen ist. Es ist naheliegend, dass er sich bei einem solchen Unterfangen auf bestimmte zeitliche wie räumliche Grenzziehungen beschränken muss. Ihm geht es darum, wie es bereits im Untertitel seiner Publikation angezeigt wird, rechtsterroristische Akteure der alten Bundesrepublik analysieren zu wollen, also eingeschränkt auf jene, die in der sogenannten Bonner Republik seit ihrer Gründung 1949 und bis zur deutschen Wiedervereinigung 1989/90 in Erscheinung getreten sind. Und als Unterstreichung seines leitenden Erkenntnisinteresses wird auf dem Cover des Bandes die besonders martialisch aufgetretene *Wehrsportgruppe Hoffmann* abgebildet, als könne es sich bei ihr um eine Antwort auf einen der nach wie vor offenen Fälle, den des bereits erwähnten Oktoberfest-Attentäters, handeln.

In seiner Einleitung spricht Muschiol von regelrechten „Zerrbildern“, die von Einzeltätern existierten und unter Politikern, Behörden-Vertretern und in der Öffentlichkeit insgesamt zirkulierten. Derartige Erklärungsmuster versperrten, so der Autor, den Blick auf die maßgeblichen Hintergründe und Zusammenhänge. Dabei habe es die Aufklärung des Rechtsterrorismus, der die alte Bundesrepublik angeblich

„wie ein ‚brauner Faden'" durchzog, deshalb so schwer gehabt, weil sie durchweg im Schatten des Linksterrorismus gestanden sei. Erst mit der verspäteten Aufdeckung der vom sogenannten „Nationalsozialistischen Untergrund" (NSU) verübten Mordserie im Jahr 2011 scheint es zusammenzuhängen, dass auch der Staat selbst und nicht nur vereinzelte Stimmen in der Öffentlichkeit mit einem kritischeren, weniger vorurteilsgetrübten Interesse auf derartige Delikte reagiert hat.

Den bisherigen Forschungsstand bringt Muschiol auf die pointierte, von manchen vielleicht sogar als provokativ wahrgenommene Formel, mit der ein von Walter Laqueur stammendes, kritisch auf die Erforschung des Linksterrorismus bezogenes Bonmot genau herumgekehrt wird: „Selten ist so wenig über so viel geschrieben worden" (S. 13). Insgesamt habe man es bei dem von ihm gewählten Thema mit einem Desiderat der zeithistorischen Forschung zu tun. Dabei kommt ihm allerdings auf eine erhebliche Weise entgegen, dass sich die Quellenlage allein schon aufgrund des Ablaufs der drei Jahrzehnte bemessenden Sperrfrist, die in der Regel für die in staatlichen Archiven lagernden Dokumente gilt, stark verbessert hat. Und wenn man sich dazu das im Anhang befindliche Quellenverzeichnis näher anschaut, dann wird deutlich, wie zahl- und umfangreich die vom Autor aufgesuchten Archive sind und welch außerordentliche Anstrengungen er unternommen haben muss, um eine solch gewaltige Fülle an Informationen zu bewältigen.

In einem eigenen Kapitel werden die bislang vorherrschenden Zuschreibungs- und Bewertungsmuster in der Darstellung rechtsterroristischer Gewaltakteure zwischen 1961 und 1982 ausgebreitet. Er bezieht sich insbesondere auf die Jahresberichte des Bundesamtes für Verfassungsschutz (BfV). Unterschieden wird zwischen drei verschiedenen Thesen. In seiner ersten, der *Vereinzelungsthese* zeigt Muschiol auf, in welcher Weise führende Politiker ebenso wie angesehene Publikationsorgane die Akteure rechtsterroristischer Vorfälle fast ausschließlich als „Einzeltäter"-Figuren meinten einordnen zu können. Eng verbunden scheint damit eine zweite, als *Pathologisierungsthese* bezeichnete Erklärungsfigur zu sein. Ein anderer, ebenfalls wirkmächtiger Ansatz bestand in der Tendenz, die entsprechenden Delikte – Stichwort *Agententhese* – entweder auf die illegale KPD oder gleich auf östliche Geheimdienste wie das MfS und den KGB zurückzuführen.

Ein eigenes Kapitel widmet Muschiol Fragen, wie man die Hintergründe rechtsterroristischer Akteure durch Kontextualisierungen weiter aufhellen könne. Dabei geht es ihm um eine zeithistorische Phaseneinteilung, die Untersuchung biographisch maßgeblicher Prägungen, die ausschlaggebenden Faktoren für spezifische Radikalisierungsprozesse und die Bestimmung von Kriterien für den jeweils erreichten Professionalisierungsgrad der Akteure.

Die darauffolgende zeithistorische Darstellung unterteilt sich in drei weitere große Komplexe – in den der Feindbilder, der internationalen Vernetzungen sowie der Binnenkommunikation zwischen Akteuren und Milieus. Daran schließen sich unter der Überschrift „Der blinde Fleck" detaillierte Kritiken an, die die aus Sicht des Autors mangelnden Verantwortlichkeiten in den Bereichen Politik, Behörden, Justiz und Wissenschaften betreffen.

Im abschließenden „Gesamtfazit“ werden wegen der mutmaßlich ideologisch bedingten Fixierung auf die Einzeltäterthese und ihren daraus für Demokratie und Rechtsstaat resultierenden Defiziten massive Vorwürfe gegenüber Politik, Verfassungsschutz (VS) und Justiz, aber auch der wissenschaftlichen Aufarbeitung adressiert. Insbesondere sind es die Unionsparteien, die so ins Zentrum der Vorhaltungen rücken. Es heißt, dass ihre Vertreter durch die Pathologisierungs-, Vereinzelungs- und Agententhesen den Rechtsterrorismus bagatellisiert hätten. Und dem VS wiederum wird vorgeworfen, dass er im Gegensatz zum Linksterrorismus seinem Pendant auf der rechten Seite ein viel zu geringes Aufklärungsinteresse entgegengebracht habe. Er könne deshalb, so Muschiol „mitnichten“ als das „Immunsystem unserer freiheitlichen Gesellschaft“ belobigt werden, wie das der einstige Bundesinnenminister Horst Seehofer (CSU) getan habe. Auch die Bilanz der Justiz fällt überwiegend problematisch aus.

Wenn man eine zusammenfassende Bewertung der vorgelegten Studie vornehmen will, dann muss man zwischen der Auswahl der Thematik und ihrer Relevanz auf der einen Seite und der zur Analyse ins Feld geführten Methodik und den am Ende vorgelegten Resultaten auf der anderen unterscheiden. Zunächst einmal gilt es festzustellen, dass das Thema der angeblichen „Einzeltäter“ auf dem Gebiet des Rechtsterrorismus ein wunder Punkt in der bundesdeutschen Geschichte gewesen ist – keineswegs nur in der alten Bundesrepublik, sondern auch noch in der neuen, der sogenannten Berliner Republik. Selbst das Erschrecken über eine rechtsterroristische Mörderbande wie den NSU hat daran nur zum Teil etwas zu ändern vermocht. Insofern ist die Bedeutung von Muschiols Thema, auch wenn die seit der deutschen Einigung folgende Zeitspanne außerhalb seines Untersuchungsbereichs liegt, kaum von der Hand zu weisen. Das „Einzeltäter“-Syndrom liegt, was kein Zufall gewesen sein dürfte, wie ein Schatten auf dem bundesdeutschen Rechtsstaat und manchen seiner Institutionen. Insofern stellt Muschiols Untersuchung nicht zuletzt wegen der differenzierten Aufarbeitung seines Gegenstands einen erheblichen Gewinn dar – und zwar nicht nur für die Wissenschaften, sondern auch für Politik und Gesellschaft insgesamt.

Allerdings kann eine solche Würdigung nicht ohne eine Problematisierung einzelner Aspekte seiner Methodik erfolgen. In analytischer Hinsicht liegt das Hauptproblem in der von Muschiol verfochtenen Definition von Rechtsextremismus. Während er zunächst noch konzediert, dass es in der Forschung eine „gut begründete Ablehnung“ des Terminus gegeben habe, rekurriert er dann doch in einer höchst widersprüchlichen Weise auf ihn. Einerseits räumt er ein, dass das von den Sicherheitsbehörden verfolgte „Konzept der sogenannten Extremismustheorie“ von ihm nicht aufgegriffen werden könne, weil diesem mit dem Hufeisenmodell die Figur einer Äquidistanz gegenüber Rechts- und Linksextremismus zugrunde liege und zudem daraus auch ein blinder Fleck in Bezug auf den „Extremismus der Mitte“ entstehe. Andererseits aber glaubt er, auf die Verwendung des Begriffs Rechtsextremismus „als Arbeitsbegriff“ (S. 23) gleichwohl nicht verzichten zu können. Doch diese Argumentation, die den Leser vor unauflösbare Folgeprobleme stellt, mutet wie ein Eiertanz an.

Insbesondere verbaut er sich damit auf einer Meta-Ebene einen Zugang zur Problematik einer gesellschaftlichen Mitte, um die es ihm in der Kritik an der „Einzeltäter"-Ideologie angeblich immer wieder gegangen ist. Da diese jedoch untrennbar mit der Vorstellung von äquivalenten Extremismus-Flügeln verbunden ist, stößt seine später angebrachte Klage über eine „schiefe" Extremismus-Auffassung aus den von ihm selbst in Erwägung gezogenen Gründen ins Leere.

Dschihadismus kritisch beleuchtet

Von Alexander Straßner

Peter R. Neumann, Die Rückkehr des Terrors. Wie uns der Dschihadismus herausfordert, Berlin 2024 (*Rowohlt*), 176 S.

Die Angst vor Terrorismus, vor zehn Jahren das dominante Thema in allen relevanten Umfragen zum Thema Sicherheit, ist durch eine andere Präferenzordnung in der Bevölkerung bereits mehrfach ersetzt worden. Eine Vielzahl an Krisen hat dazu geführt, dass die Problemfelder Migration, Klima, Corona, Rechtsextremismus und Krieg den einstigen Spitzenreiter auf der Ordinalskala kollektiver Befürchtungen verdrängt haben. Dazu mag beigetragen haben, dass seit 2001, spätestens aber nach den Attentaten ab 2015 in Europa die Literatur zum Thema unüberschaubar geworden ist. War die Zahl an „Terrorismusexperten" vor dem Jahr 2001 national wie international recht überschaubar, hat heute jeder Fernsehsender einen eigenen Spezialisten, der zwar noch nie mit Publikationen zum Thema aufgefallen, jedoch in der Regel ein bestens mit Geheimdiensten und Politikern vernetzter Journalist ist. Als Konsequenz dieser Entwicklung gerät das Problem Terrorismus in der Öffentlichkeit wie der Wissenschaft wieder in den Hintergrund. Der international renommierte und aus zahlreichen Reportagen und Interviews bekannte Terrorismusforscher Neumann vom King`s College in London widmet sich in einer beeindruckenden Zahl an Publikationen seit Jahren der Thematik und versucht, mit eingängigen und aussagekräftigen Publikationen dieser Tendenz entgegenzuwirken.

Seine aktuelle Abhandlung zum Thema geht in Anlehnung an die wirkmächtige Hypothese David Rapoports davon aus, dass es „dschihadistische Wellen" sind, die bisher beobachtbar waren. Er greift dazu historisch weit aus, nimmt Bezug auf die Gründung der Muslimbruderschaft in Ägypten und das für den fundamentalistischen Islam so wichtige Jahr 1979, beides Erweckungserlebnisse für eine radikalisierte Lesart der monotheistischen Religion. Vor allem aber fokussiert er sich auf die *Al-Qaida*, deren Unterscheidung in einen fernen und nahen Feind für fundamentalistische Gruppen eine Handlungsanleitung darstellte. Der damit verbundene Strategiewechsel sollte für individuelle Attentäter in westlichen Staaten die Möglichkeit offerieren, spontan und ohne konkrete Anweisungen Aktionen durchzuführen und somit einen Beitrag zum „globalen Dschihad" zu leisten. Neumann thematisiert dabei auch das Problem des Zusammenhangs zwischen Migration und Terrorismus, mit der Flüchtlingsbewegung ab 2015 nutzten islamistische Organisationen wie der *Islamische Staat* die Gelegenheit, um potenzielle Attentäter einzuschleusen. Eine zusätzliche, erhebliche Dynamisierung aber setzte ein durch den Überfall der *Hamas* auf Israel am 7. Oktober des Jahres 2023. Plötzlich wurde es unter Dschihadisten salonfähig, stellvertretend für eine mangelhafte Unterstützung der Palästinenser oder sogar eine unzureichende Distanzierung vom israelischen Vorgehen im Gaza-Streifen ganze Gesellschaften haftbar zu machen und willkürlich Anschläge zu verüben. Leidtragend an dieser Entwicklung ist besonders das jüdische Leben in Deutschland, das als „weiches Ziel" bei gleichzeitig starkem medialem Echo für Dschihadisten besonders attraktiv ist. Dazu kommen die wissenschaftlichen Schwierigkeiten und Einordnungsprobleme, die weithin als Diffusion des Problems bekannt geworden sind: Die Radikalisierung der immer jünger werdenden Attentäter erfolgt mehr und mehr spontan, oft innerhalb kürzester Zeiträume, und mittlerweile in der Regel über das Internet. Neumann spricht nicht unzutreffend in diesem Zusammenhang von „TikTok-Dschihadisten" (S. 81). Für die Behörden entwickelt sich dieses Szenario zum Alptraum, da Radikalisierung als Prozess nicht mehr beobachtbar, geschweige denn kontrollierbar wird. Das Internet als Kommunikationsraum ist zu groß, um zielsicher Vorkehrungen treffen zu können. Dazu gesellt sich das relativ neuartige Phänomen, dass die wissenschaftlichen Kategorien nicht mehr greifen. Einzelne Attentäter sprengen die ohnehin durchlässigen Grenzen zwischen Amoklauf, psychischer Störung und Terrorismus, so dass eindeutige Zuordnungen sich verbieten bei einem gleichzeitig gesteigerten Sicherheitsbedürfnis der Bevölkerung und einem hohen Erwartungsdruck an die Politik. Als wäre das nicht genug, provozieren und verfestigen dschihadistische Anschläge rechtsextreme Weltbilder in westlichen Staaten, die zur Durchführung individueller Anschläge durch Rechtsextremisten auf alles Islamische („Krieg gegen den Islam", S. 128) und wiederum jüdisches Leben führen. Ein Teufelskreis und vielleicht auch eine Analogie zur Gewaltspirale zwischen Links- und Rechtsextremisten in der Geschichte der Bundesrepublik.

Neumann hebt sich vom Gros der Literatur ab, da er einen grundsätzlich optimistischen Standpunkt vertritt. Auch wenn die Herausforderung Terrorismus ein Stresstest für die Resilienz pluralistischer Gesellschaften darstellt: Zwischen den dschihadistischen Wellen seien stets zwei bis drei Jahre vergangen, so dass Zeit für behördliche Gegenmaßnahmen verbleibe. Auf der Basis dieser Grundannahme entwirft Neumann eine Vorschlagsliste für Maßnahmen. Unter ihnen steht die Priorisierung terroristischer Bedrohung unabhängig vom eigenen ideologischen Standpunkt an erster Stelle. Terroristische Bedrohungen kommen aus unterschiedlichen Richtungen, der Staat als weltanschaulich neutraler Akteur muss alle größeren Szenarien im Blick haben. Er muss, zweitens, die Möglichkeit der Repression gezielt nutzen, etwa durch Abschiebungen und auch harte Strafen, ohne dadurch den Eindruck zu erwecken, es gehe um die Bekämpfung ganzer Menschengruppen oder Ethnien. Will heißen: Unter Bezugnahme auf die anarchistische Annahme der Aktions-Repressions-Spirale darf Repression nicht zur Verstetigung von Radikalisierung beitragen, ein diffiziles Unterfangen. Im dritten Punkt rekurriert Neumann auf die langfristige Perspektive von Deradikalisierung und Prävention. Vor allem gesellschaftliche Akteure sollten über die dauerhaft zugesicherten Mittel verfügen, um ihre Programme passgenau anwenden zu können. Besonders bemerkenswert ist seine Hypothese, dass es die Vermeidung und Befriedung von Konflikten ist, die Terrorismus langfristig verhindert. Es ist eine Erkenntnis unabhängig von der ideologischen Motivation der Täter, die viel zu selten in der Literatur auffindbar ist: In der Bewältigung sozioökonomischer Verteilungskonflikte liegt der Schlüssel der Terrorismusbekämpfung, was das im einzelnen Fall auch immer heißen mag. Wenn es westlichen Gesellschaften gelänge, Terrorismus rigoros zu bekämpfen und gleichzeitig ihre gesellschaftlichen Errungenschaften zu bewahren, wäre viel gewonnen.

Mit dem Buch ist eine präzise Beschreibung eines partiell gewandelten Phänomens gelungen. Es handelt sich freilich nicht um eine wissenschaftliche Publikation, der in der Einleitung erhobene Anspruch, das „Phänomen so umfänglich wie möglich abzubilden" (S. 9), ist etwas unglücklich ob der relativen Schmalbrüstigkeit der Publikation. Auch verfestigt sich bei der Lektüre der Eindruck, dass zu viel intendiert ist, zahlreiche historische Bezüge sind recht knapp gehalten. In einer Veröffentlichung dschihadistische Wellen, rechtsextreme Reaktionen und Vorschläge für behördliche und gesellschaftliche Reaktionen zu liefern, ist als Intention einfach zu groß und zum Scheitern verurteilt. Aber es wäre unredlich, hier mehr zu verlangen. Das Buch ist für ein breites Publikum geschrieben, ohne akademischen Anspruch auf Vollständigkeit, es ist gut lesbar, weil flüssig geschrieben und dennoch tiefenscharf an den entscheidenden Stellen. Die großen Zusammenhänge werden, vielleicht auch für vertieft mit dem Thema Befasste interessant, klar und stringent, sogar didaktisch anschaulich dargestellt. Der Grad an Differenzierung und gesteigerter Komplexität des Phänomens verlangt gerade auch nach einer wissenschaftlichen Reduktion, die Neumann überzeugend liefert. Denn besonders in der Terrorismusforschung sollte die konkrete Anwendbarkeit wissenschaftlicher Erkenntnisse eine dominantere Rolle spielen, um dem Sicherheitsbedürfnis der Bevölkerung Rechnung zu tragen. Dafür liefert Neumann gute Argumente und einen wichtigen Beitrag.

Verwischung von Opfern und Tätern

Von Tobias Wunschik

Julian Obenauer, Diktatur und Gewissen. Motivlagen von Tätern und Opfern politischer Repression im SED-Regime, Baden-Baden 2024 (*Nomos*), 371 S.

Der Passauer Politologe Julian Obenauer moniert in seiner Dissertationsschrift die Neigung der Öffentlichkeit, die Opfer einer Diktatur zu Lichtgestalten zu verklären und die Potentaten für ausschließlich böse zu halten. Der Autor grenzt sich hier von Lothar Fritze[1] ab, der aus Obenauers Sicht das Gewissen auch von Diktatoren implizit an Maßstäben wie Freiheit, Gleichheit und Brüderlichkeit misst. Obenauer begibt sich deswegen mehr auf die Suche nach dem subjektiven Sinn, den die Akteure ihren Handlungen in Diktaturen zuschreiben, nicht aber auf die Suche nach einer historischen Wahrheit, die ohnehin stets strittig bliebe. Als Gewissen versteht Obenauer dabei die normativen Maßstäbe des Individuums, aus denen ihre Handlungen resultieren. Aus einer ausführlichen Diskussion der unterschiedlichen Begriffsinhalte von Gewissen und Moral bei Marx und Lenin entwickelt er ein mehrstufiges „Schema für Gewissenskonzepte", um die Motivation von Akteuren in einer kommunistischen Diktatur idealtypisch klassifizieren zu können.

Um empirische Absicherung bemüht, untersucht er speziell die Herrschaftspraxis des SED-Regimes, indem er aus 300 transkribierten Interviews der Gedenkstätte Hohenschönhausen sechs anonyme Zeitzeugeninterviews für eine intensivere Analyse auswählt. Hier kommt dann seine „Gewissenstypologie" zur Anwendung, um die Motivation zweier hauptamtlicher Mitarbeiter der Staatssicherheit (als Täter), zweier fluchtwilliger Systemgegner (als Opfer) sowie von zwei weiteren Personen (mit wechselnden Rollen von Tätern und Opfern) besser einordnen zu können.

Der erste Täter, ein hauptamtlicher Mitarbeiter der Staatssicherheit, habe sich nicht aus politischer Überzeugung für eine Karriere als Geheimpolizist entschieden, sondern weil Abenteuerlust ihn antrieb und er auf der Suche nach einem (falsch verstandenen) Heldentum war. Der zweite Täter, ebenfalls ein hauptamtlicher MfS-Mitarbeiter und für die Untersuchung politisch bedeutsamer Verkehrsunfälle zuständig, beschreibt sich selbst zwar als „Überzeugungstäter". Doch Anfang 1990 stellte er sich opportunistisch auf die Seite der neuen Machthaber und entwickelte sich rasch zum erfolgreichen Fuhrunternehmer, wie er auch vor 1989 aus seinen Privilegien als Hauptamtlicher materielle Vorteile gezogen hatte.

Nicht weniger aufschlussreich ist, wie Obenauer den Handlungsrahmen der Opfer der SED-Diktatur beschreibt. Seine einleitende tour d'horizon durch die Ideenge-

1 Vgl. Lothar Fritze, Täter mit gutem Gewissen. Über menschliches Versagen im diktatorischen Sozialismus, Köln 1998.

schichte bringt ihn zu der Grundannahme, der Mensch besitze hinreichend Handlungsfreiheit, um für die Folgen seines Handelns Verantwortung zu tragen, auch wenn er diese Grundannahme nicht für im engeren Sinne beweisbar hält. „Verfolger und Verfolgte hatten auch in der Diktatur die Freiheit, zwischen verschiedenen Handlungsoptionen zu wählen." Damit legt Obenauer die Messlatte für eine selbstlose, verwegene Hartnäckigkeit von Regimegegnern schon recht hoch.

Folgsamkeit oder gar Beteiligung werden in Diktaturen honoriert, Widerstand hingegen ruft höhere „Kosten" hervor – wie sie etwa das erste der beiden Opfer zu tragen hatte, das Obenauer detaillierter untersucht. Mit seiner Homosexualität und seinen Westkontakten stieß der junge Kellner in der DDR rasch an die Grenzen des Erlaubten – er wagte schließlich einen Fluchtversuch. In der Haft widersetzte er sich einem Abwerbungsversuch des MfS – aus jugendlichem Trotz wie aus zwischenmenschlicher Solidarität gegenüber Leidensgefährten heraus. Auch das zweite Opfer bevorzugte in seiner Jugend westliche Musik und reagierte mit zunehmendem Trotz auf die Widerstände, die seinem Freiheitsdrang entgegenstanden. Mit nur 18 Jahren kündigte er eine Flucht an, wenn sein Übersiedelungsantrag nicht binnen einer Jahresfrist bewilligt werde. Dass er dann tatsächlich die Grenze zu überwinden versuchte, brachte ihn ins Gefängnis. Er durfte allerdings ausreisen, als die Staatssicherheit einer Flut von Übersiedlungsanträgen stattgab, um Druck im Inneren der DDR abzubauen.

Am spannendsten sind aber die beiden Fälle, in denen der Akteur von einem Täter zu einem Opfer wurde. Der erste der beiden beaufsichtigte als hauptamtlicher Mitarbeiter des MfS in der ersten Hälfte der 1950er Jahre Gefangene beim Arbeitseinsatz in Hohenschönhausen. Aus persönlichen und politischen Gründen, insbesondere wegen des Unrechts der politischen Verfolgung, regte sich mehr und mehr sein Gewissen, bis er sich schließlich mit zwei politischen Häftlingen solidarisierte und gemeinsam mit diesen nach West-Berlin flüchtete. Die zweite Person, ein christlich orientierter Medizinstudent, beschaffte sich in der zweiten Hälfte der 1950er Jahre Fachliteratur auf Kosten des Gesamtdeutschen Ministeriums in Westberlin. Wegen „Nachrichtenübermittlung" und „Verbindungsaufnahme" wurde er deshalb zu zweieinhalb Jahren Zuchthaus verurteilt und als Häftlingsarzt eingesetzt. So konnte er Mitgefangene unterstützen, bespitzelte sie aber auch – wie von der Staatssicherheit verlangt –, weil er früher zu seiner schwangeren Frau und seiner ersten Tochter entlassen werden wollte. Da er in dieser Hinsicht erpressbar war, mag Obenauer ihn nicht pauschal als Täter bezeichnen. Als der Mediziner nach der Haftentlassung weitere Spitzeldienste leisten sollte, flüchtete er in den Westen.

Im Lichte dieser Einzelfälle kann Obenauer die geläufige dichotome Unterscheidung von Opfern mit ehrenwerten Motiven und Tätern mit verachtenswerten Intentionen nicht nachvollziehen: „Gute Absichten konnten zur Mittäterschaft führen, während egoistische zum Widerstand gegen die Ungerechtigkeiten des kommunistischen Regimes bewegten." In der Praxis prägen ganze Motivbündel das menschliche Verhalten, gerade in Ausnahmesituationen (wie in Diktaturen) – und diese Motive lassen sich analytisch oftmals kaum voreinander trennen, wie er konzediert. Zudem konnte Obenauer in seinem Ausgangsmaterial keine Täter finden, die in voller Überzeugung vom Marxismus-Leninismus handelten – „vermutlich, [weil] überzeugte Kommunisten weniger bereit sind, sich für ein Interview in der Gedenkstätte Hohenschönhausen zur Verfügung zu stellen“, wie er wohl zurecht vermutet.

Obenauer vermag – theoretisch wie empirisch – zu begründen, warum die Weltanschauungsdiktatur DDR nicht nur Gehorsam produzierte. Durch Engstirnigkeit und Unflexibilität wurden viele, oft jugendliche Nonkonformisten ausgegrenzt und in Gewissenkonflikte hineingetrieben, die sie teils in Gegnerschaft zum System brachten. Diese Wechselwirkungen wurden stärker, als nicht mehr (wie in den frühen Jahren) alle Handlungsspielräume durch starke Repressionen schon im Keim erstickt wurden. „Eine Herrschaftsordnung, die sich die Deutungshoheit über alle Lebensbereiche anmaßt, schafft sich auch ihre Gegner, die sich mit dem politischen System hätten arrangieren können.“

Ideologiegeleitete Diktaturen „erhoben einen Herrschaftsanspruch über das Gewissen des Einzelnen“ (und tun es noch). Gerade der Kommunismus formulierte „ein Norm- und Wertesystem […], nach dem sich alle Beteiligten zu richten hatten“. Speziell im Staatssozialismus übernahm die SED, in Anknüpfung an Lenin, die „inhaltliche Ausgestaltung der Moral“. Abweichende Meinungen konnten schon deswegen nicht geduldet werden, weil sonst der Übergang der sozialistischen Gesellschaft in das Stadium des Kommunismus gefährdet worden wäre. Auch um den „neuen Menschen“ prägen zu können, schien ein repressives und indoktrinierendes politisches System gerechtfertigt zu sein. Belohnung von Systemtreue hingegen war im ideologischen Konzept des Marxismus-Leninismus eigentlich gar nicht angelegt, in der Praxis hingegen unverzichtbar.

Obenauer zeigt weder Berührungsängste gegenüber dem Totalitarismus noch schert er sich um die Tendenz, statt von Opfern von Betroffenen zu sprechen. Häufig zieht der Autor ein kohärentes Zwischenfazit, was es dem Leser erleichtert, den Stand in seiner theoriegeleiteten Argumentationskette nachzuvollziehen. Er stützt sich dabei auf Gewissenskonzepte der Philosophie, Soziologie und Theologie, wohingegen (tiefen-)psychologische Konzepte von Gewissen seiner Grundannahme weitgehender Willensfreiheit des Individuums wohl widersprochen hätten. Zeithistoriker werden wiederum kritisieren, dass Obenauer bestimmte Zäsuren zu wenig wahrnimmt – und beispielsweise stalinistische Leitungsprinzipien und den „demokratischen Zentralismus“ relativ unterschiedslos nebeneinanderstellt. Angesichts der (unüberschaubaren) Flut von Publikationen zu jedem Segment der DDR-Geschichte ist es dem Autor nicht vorzuwerfen, dass er gelegentlich die neueste Forschungsliteratur übersieht (wie zu den Rentnern) – zumal dies sein theoretischer Zugang auch gar nicht erfordert. Wenn man Obenauers Grundannahme einer weitgehenden Willensfreiheit des Menschen selbst in einer ideologiegeleiteten Diktatur teilt, sind seine Schlussfolgerungen folgerichtig und erhellend.

Studien zu Sicherheit und streitbarer Demokratie

Von Eckhard Jesse

Robert Chr. van Ooyen, Öffentliche Sicherheit und Freiheit. Studien zu Staat und Polizei, offener Gesellschaft und wehrhafter Demokratie, 4. neu konzipierte und erweiterte Auflage, Baden-Baden 2024 (*Nomos*), 502 S.

Die erste Auflage kam 2007 heraus, die zweite veränderte 2013, die dritte 2020 und die vierte 2024. Jede folgende Auflage erfuhr eine Aktualisierung. Die 4. Auflage umfasst 40 bereits anderswo veröffentlichte Texte aus den vergangenen 25 Jahren, vielfach in der von Rudolf Wassermann ins Leben gerufenen Zeitschrift *Recht und Politik*, deren Redaktion van Ooyen seit einigen Jahren angehört. Die beiden Begriffe im Namen des Periodikums umschreiben die Schwerpunkte des Autors. Sieben Texte sind neu, darunter solche zur wehrhaften Demokratie und zur Problematik des Rechtsextremismus bei der Polizei, manche nicht mehr aufgenommen worden, darunter eine Sammelrezension dieses Jahrbuchs. Oft als Reaktion auf Urteile oder Buchneuerscheinungen entstanden, geben sie einen guten Überblick vor allem zur Sicherheitsthematik. Die Stärke: Der jeweilige Aufsatz nimmt den Ausgangspunkt von einem aktuellen Ereignis und nimmt dann eine prinzipielle Einordnung vor.

Der Verfasser, Mitherausgeber des Jahrbuchs Öffentliche Sicherheit, lehrt seit 2001 an der Hochschule des Bundes für öffentliche Verwaltung Lübeck, wo die Bundespolizei ihren Nachwuchs für den gehobenen und höheren Dienst ausbildet. Deswegen verwundert ein gewisser Schwerpunkt beim Thema „Polizei“ nicht. „Polizei und Fremde“ „gilt als ein „verstörendes Thema“ (S. 203), so die Überschrift. Ein „Kulturwandel“ sei eine „politische Mammutaufgabe“ (S. 210). Der Autor spricht sich gegen ein Kopftuch-Verbot bei der Polizei aus, anders als das Bundesverfassungsgericht, das für bestimmte Tätigkeitsfelder im öffentlichen Dienst eine weltanschaulich neutrale Dienstkleidung vorschreibt.

Der Sammelband umfasst neun Großkapitel, wobei in vielen die Thematik der Sicherheit im Zentrum steht: Sicherheit und Freiheit im Ausnahmezustand; Sicherheit und offene Gesellschaft; Neue Sicherheit und „Freund-Feind-Recht“; Sicherheit, Zuwanderung und Demokratie; Rechtsextremismus und Terrorismus; Wehrhafte Demokratie und Parteiverbote; Europäisierung der Sicherheit; Bundeswehreinsatz „out-of-area“ – und in polizeilichen Lagen; Internationalisierung der Strafgerichtsbarkeit. Van Ooyens rechtspolitischer Ansatz ist im Kern liberal ausgerichtet – weit entfernt vom etatistischen Denken wie von gesellschaftsverändernden Positionen. Das ist gut erkennbar bei der Analyse verschiedener Urteile des Bundesverfassungsgerichtes.[1] Dieses offenbare eine „Staatsnähe“ (S. 76), so in der Rechtsprechung zu den Verfassungsbeschwerden gegen das Infektionsschutzgesetzes von 2021.

Besonderes Interesse verdient der zentrale Aufsatz über Otto Kirchheimers Konzept der „Politischen Justiz“, die prinzipiell „dunkle Seite des Rechtsstaats“ (S. 163). Der Autor zeichnet dabei drei Weimarer Spuren nach: den Ansatz der „Klassenjustiz“ nach Ernst Fraenkel; den „Freund-Feind-Ansatz nach Carl Schmitt[2]; den „zivilisierten“ positivistischen Ansatz nach Hans Kelsen und Max Weber. Was oft verkannt ist: Wie van Ooyen zu Recht mit Blick auf die letztgenannten Autoren herausstellt, wohnt der politischen Justiz nicht nur ein repressives Element inne[3], „weil sie staatliches Handeln reglementiert.“[4]

Dem Genre des Jahrbuchs gemäß soll das Augenmerk auf ein einziges Hauptkapitel gerichtet werden: Während die Texte über „Rechtsextremismus und Terrorismus“ wenig erhellend Neues bieten, sind die über „wehrhafte Demokratie und Parteiverbote“ anregend. Das gilt zumal für den Aufsatz zu Karl Loewenstein, über den van Ooyen mehrfach publiziert[5] und dessen bisher ungedruckte Memoiren er jüngst mit anderen herausgegeben hat.[6] Der Verfasser zeichnet Loewensteins Leben und Werk anschaulich und einfühlsam nach. Dieser verteidigte in der Weimarer Republik Parlamentarismus und Pluralismus, entwickelte in der Emigration das Konzept der streitbaren Demokratie, von dem er später teilweise abrückte, und übte Kritik an der als halbherzig empfundenen Entnazifizierung.

Wird das Verbot gegen die SRP trotz vereinzelter Einwände im Kern als rechtens angesehen, so gilt das nicht für das KPD-Verbot – unter Rückgriff auf die problematische Studie Josef Foschepoths.[7] Van Ooyen meldet zudem Zweifel an der Entscheidung des Bundesverfassungsgerichts an, die *Freiheitliche Deutsche Arbeiterpartei* nicht als Partei anzuerkennen. Das Verbot dieser „Scheinpartei“ (S. 35) erfolgte spä-

---

1 Vgl. ausführlich Robert Chr. van Ooyen/Martin H. Möllers (Hrsg.), Handbuch Bundesverfassungsgericht im politischen System, 3. Aufl., Baden-Baden 2025 (mit zahlreichen Beiträgen van Ooyens).

2 Kirchheimer war Schüler und später entschiedener Gegner Schmitts. Vgl. jetzt Hubertus Buchstein, Enduring Enmity, The Story of Otto Kirchheimer and Carl Schmitt, Bielefeld 2024.

3 Vgl. ausführlicher Robert Chr. van Ooyen/Frank Schale (Hrsg.), Kritische Verfassungspolitologie. Das Staatsverständnis von Otto Kirchheimer, Baden-Baden 2011.

4 So Frank Schale, Zwischen Engagement und Skepsis. Eine Studie zu den Schriften von Otto Kirchheimer, Baden-Baden 2006, S. 339.

5 Vgl. Robert Chr. van Ooyen, Ein moderner Klassiker der Verfassungstheorie: Karl Loewenstein, in: Zeitschrift für Politik 51 (2004), S. 68–86; ders., Politics, Staatsrecht und die demokratische Kontrolle der Macht im Spiegel totalitärer Erfahrung, in: Ders. (Hrsg.), Verfassungsrealismus. Das Staatsverständnis von Karl Loewenstein, Baden-Baden 2007, S. 44–67; ders., Verfassungspolitologie des demokratischen „Verfassungsrealismus“: Von Lassalle über Kelsen zu Karl Loewenstein, in: Detlef Lehnert (Hrsg.), Verfassungsdenker. Deutschland und Österreich 1870–1970, Berlin 2017, S. 291–321.

6 Vgl. Karl Loewenstein, Des Lebens Überfluss. Erinnerungen eines ausgewanderten Juristen, hrsg. von Oliver Lepsius, Robert Chr. van Ooyen und Frank Schale, Tübingen 2023.

7 Vgl. Josef Foschepoth, Verfassungswidrig! Das KPD-Verbot im Kalten Bürgerkrieg, Göttingen 2017.

ter durch das Innenministerium. Der Verfasser sieht die Gefahr, auf diese Weise werde der Verbotsartikel des Grundgesetzes umgangen. Ist aber die Gefahr nicht größer, dass winzige politische Vereinigungen, eben Scheinparteien, durch ein Verfahren vor dem Bundesverfassungsgericht eine unangemessene Aufmerksamkeit finden und den Parteistatus nur deshalb beanspruchen, um dem Verbot durch die Exekutive zu entgehen? Abgesehen davon: Nach der neuen Rechtsprechung des Bundesverfassungsgerichts werden sie wegen mangelnder Potenzialität nicht verboten. Im erstmals 2013 publizierten Text plädiert von Ooyen in Anlehnung an andere Autoren – mit Blick auf die NPD – für das Streichen der staatlichen Parteienfinanzierung. Dazu kam es dann auch durch das Bundesverfassungsgericht 2024. Ist es vom Gericht konsequent, eine undemokratische Partei wegen mangelnder Potenzialität nicht zu verbieten, ihr hingegen die Parteienfinanzierung zu streichen? Die neue Definition der freiheitlichen demokratischen Grundordnung, wie sie das Bundesverfassungsgericht im NPD-Urteil von 2017 mit dem Dreiklang der Menschenwürde, dem Demokratie- und dem Rechtsstaatsprinzip vorgenommen hat, findet des Verfassers Zustimmung – ganz zu Recht. „Der ganze, im Laufe der Zeit weiter ausdifferenzierte ‚Katalog' von speziellen Merkmalen der FdGO, der zu einer regelrechten ‚Checkliste' geführt hat, wird daher künftig keine Rolle mehr spielen dürfen" (S. 350).

Für eine mögliche fünfte Auflage wäre dem produktiven Verfasser anzuraten, die Sammlung nicht nur um neue Texte anzureichern, sondern auch um zahlreiche kürzere zu entschlacken, darunter viele für den Tag geschriebene Rezensionen (ca. 15). Weniger Quantität käme der Qualität zugute. Ein – bisher fehlendes – Personen-, Sach- und Urteilsregister würde die Handhabbarkeit mit dem Sammelwerk erleichtern. Und vor allem: In einem einleitenden Kapitel wäre eine Begründung für die Auswahl der Texte sowie eine Einordnung sinnvoll, ferner eine Darlegung der eigenen Grundposition.

Querfronten: nichts als Seifenblasen

Von Jürgen P. Lang

Jan-Hinrick Pesch, Das Scheitern der Querfront und seine Ursachen. Eine Studie zu Fällen aus dem Links- und Rechtsextremismus der Weimarer Republik und der Bundesrepublik Deutschland, Baden-Baden 2024 (*Tectum*), 143 S.

Querfronten sind wie Seifenblasen. Sie schillern verführerisch und platzen schnell. Das an der Hochschule des Bundes für öffentliche Verwaltung entstandene Buch schlägt einen weiteren Nagel in den Sarg. Die Geschichte ist spätestens jetzt auserzählt. Der Politikwissenschaftler Jan-Hinrick Pesch untersucht Versuche einer extremistischen Organisation bzw. eines Periodikums, mit dem ideologischen Gegenüber gemeinsame Sache zu machen. Das Ergebnis ist eindeutig: „Kein einziger Fall ging über das Stadium einer angestrebten Querfront hinaus: alle scheiterten vor der Schwelle eines tatsächlichen Schulterschlusses“ (S. 111). Pesch analysiert sechs solcher Anläufe, zwei aus der Weimarer Republik (die KPD in ihrer „Schlageter-Phase“ und Otto Straßers *Schwarze Front*), zwei aus der Bundesrepublik vor der Wiedervereinigung (die *Nationalrevolutionären* mit Henning Eichberg und die *Hepp-Kexel-Gruppe*) und zwei aus der Zeit danach (der *Kampfbund Deutscher Sozialisten* und Jürgen Elsässers Magazin *Compact*).

In fast allen Fällen gingen die Avancen von Gruppen aus, die selbst – in unterschiedlichem Ausmaß – ideologische Elemente der Gegenseite bereits inkorporiert hatten[1], sei es aus Überzeugung, sei es als Lockstoff. Die KPD etwa versuchte in den 1920er Jahren, die Rechtsextremisten mit einem nationalen Programm zu ködern, Eichbergs *Nationalrevolutionäre* nahmen Mitte der 1980er Jahre unter anderem die hauptsächlich linksgepolte Umweltbewegung mit entsprechenden Offerten ins Visier. Dass die Querfronten bereits im Anfangsstadium scheiterten, erstaunt deshalb zunächst. Die – in fünf der sechs Fälle – linken Adressaten fackelten meist nicht lange, falls sie überhaupt auf die Avancen eingingen, und waren mit der Faschismus-Keule schnell bei der Hand. Zur rigiden Antifa-Ideologie geronnener „Hass auf pauschal als Faschisten etikettierte Rechtsextremisten“ (S. 91) scheint der generelle Grund zu sein hinter den vielen Gründen, die Pesch aufzählt – wenn es an

1 Zu Versuchen ideologischer Synthesen auf den politischen Extremen der Weimarer Republik vgl. vor allem: Daniel Meis (Hrsg.), Nationaler Sozialismus in der Weimarer Republik. Parteien, Ideen, Protagonisten, Bielefeld 2025; Markus März, Nationale Sozialisten in der NSDAP. Strukturen, Ideologie, Publizistik und Biographien des national-sozialistischen Straßer-Kreises von der AG Nordwest bis zum Kampf-Verlag 1925–1930, Graz 2020; Christoph H. Werth, Sozialismus und Nation – die deutsche Ideologiediskussion zwischen 1918 und 1945, Opladen 1996; Louis Dupeux, „Nationalbolschewismus in Deutschland“ 1919–1933. Kommunistische Strategie und konservative Dynamik, München 1985; Otto Ernst Schüddekopf, Linke Leute von rechts. Nationalbolschewismus in Deutschland von 1918 bis 1933, Stuttgart 1960.

direkten Reaktionen mangelt, rekonstruiert aus den ideologischen Leitlinien der verhinderten Partner. Ins Bild passt, dass nur eines der untersuchten Querfront-Angebote von links ausging, nämlich das der KPD im Jahr 1923. Die Frage müsste – auch mit Blick auf die heutige Neue Rechte – noch beantwortet werden, ob nicht Rechtsextremismus alles in allem offener ist für Ideologie- und Strategie-Importe aus dem gegnerischen Lager, während auf der linken Seite Abschottung dominiert. Die *Hepp-Kexel-Gruppe* nahm explizit die von ihr antichambrierten linksterroristischen Gruppen zum Vorbild.

Angesichts der fundamentalen Abwehrhaltung auf linker Seite hätte Pesch in den einzelnen Beispielen Trennendes nicht so stark (über-)betonen und Gemeinsames unter Wert verkaufen müssen. Zum Beispiel ist der Gegensatz Nation (rechts) versus Internationalismus (links) nicht so kardinal wie Pesch an manchen Stellen suggeriert. Zwar streicht er die nationale Neigung bei Rudi Dutschke (als Adressat Eichbergs) heraus: „Mitte der 1970er-Jahre gewannen nationale Gesichtspunkte innerhalb der radikalen und extremistischen Linken an Gewicht" (S. 62). Im zeitlich späteren Zusammenhang mit der DKP (als Adressat des *Kampfbundes*) wird allerdings behauptet, dass „linksextremistische Gegenentwürfe" nicht Volk und Nation „als erhaltenswert" (S. 92) darstellten. Das hätte gerade im Falle der DKP, bei der die Nation im Anschluss an Lenins Imperialismustheorie immer einen wesentlichen Faktor innerhalb der revolutionären Strategie bildete, differenziert werden müssen. Am stichhaltigsten, weil im Gegensatz zur Variablen der Nation leichter pauschalisierbar, ist ein anderer Antagonismus, den Pesch gelegentlich ins Feld führt: Gesellschaftsbilder „ethnischer Homogenität" (S. 68) auf Basis einer angenommenen Ungleichwertigkeit der Menschen bilden die *conditio sine qua non* des Rechtsextremismus und manifestieren zugleich das exakte Gegenteil jeglicher linker Gleichheitsvorstellungen. Antikapitalismus wiederum (wenngleich bei der extremen Linken ideologiebildend, bei der extremen Rechten eher abgeleitet) spielte offenbar, überblickt man die Ausführungen, in den Querfrontbestrebungen keine Rolle als mögliches verbindendes Element. An mehreren Stellen analysiert Pesch treffend, dass damit verknüpfte gemeinsame Feindbilder wie der Liberalismus oder die USA bei näherer Betrachtung Trugbilder projizieren. Zum Beispiel richtete sich „der gewaltbereite Linksextremismus in Westdeutschland [...] zwar ebenfalls gegen die USA, [er] zog dabei aber eine gänzlich andere rechtfertigende Argumentation heran" (S. 78) als das rechtsextremistische Pendant.

Das jüngste Beispiel liefern die politischen Avancen Jürgen Elsässers gegenüber Sahra Wagenknecht – die umgehend abwinkte. Das von der Antifa aufgeklebte Etikett „Nazi" und „Rassist" (S. 99) war zwar übertrieben, zeigte aber: Der *Compact*-Chefredakteur löste als Teil des ideologischen Feindes im gesamten linken Spektrum nicht einmal ansatzweise Überlegungen zu einer Querfront mit der AfD aus. Pesch stellt einen anderen Unterschied in den Mittelpunkt: „Wagenknecht definiert sich in ihren Büchern und bei Auftritten [...] über soziale Fragen, nicht über die Kategorien Nation und Volk" (S. 101). Demgegenüber wiesen „die Texte des von Elsässer gelenkten Blatts ‚globale Eliten' als Feindbild aus" (S. 102). Letztgenanntes ist richtig, trifft aber auf Wagenknecht genauso zu, nachzulesen in ihrem innerhalb der Linken scharf angegriffenen Buch *Die Selbstgerechten*[2], auf das Pesch sich bezieht. Sie entwirft darin einen integrativen Populismus, der den Agonismus zwischen dem „Wir" und den „Anderen" mit dem alten sozialen *cleavage* Kapital versus Arbeit kombiniert. Die spätere BSW-Gründerin definiert sich eben nicht ausschließlich über soziale Fragen, sondern zugleich über die Nation als einem auch kulturell (wenngleich nicht ethnisch) bestimmten Identifikationsraum. Das könnte eine durchaus tragfähige Querfront-Brücke sein – wäre da nicht der wirkmächtigere linke Antifa-Reflex. Die Schlussfolgerung, dass diesem Querfrontfall „disparate Selbstverständnisse" (S. 102) und „gegensätzliche Feindbilder" (S. 104) zugrunde liegen, kann ohne starke Relativierung so nicht stehen bleiben.

Pesch hat sich bereits mit seiner voluminösen Chemnitzer Dissertation zum Linksterrorismus[3] als Meister der Systematik erwiesen. In dem vergleichsweise schmalen Band zur Querfront ist die Strukturverliebtheit etwas zu viel des Guten. Was bringt es, verschiedene Intensitätsstufen für Querfronten zu entwickeln, wenn in der Realität der untersuchten Fälle nicht mal die erste Stufe gezündet hat? Pesch arbeitet daneben mit einer Kosten-Nutzen-Rechnung, die – weil ja keine Querfront zustande kam – in den Bereich des Spekulativen übergreift. Das Ergebnis ist gleichwohl nachvollziehbar und gut begründet: „Die untersuchten Querfront-Projekte gingen nicht mit einer Win-Win-Situation einher, bei der beide Seiten nennenswerten Profit [...] einstreichen können" (S. 115). Methodisch geht Pesch von vornherein sehr vorsichtig zu Werke. Dennoch prognostiziert er im Blick auf Wagenknecht und die AfD zweifelsfrei: „Dass es zu einem Schulterschluss dieser Akteure kommt und sich erstmals in der deutschen Geschichte eine Querfront aus Linken und Rechten materialisiert, ist ausgeschlossen" (S. 118). Im Abschnitt „Offene Fragen" regt Pesch unter anderem einen internationalen Vergleich an – ein vielversprechendes Unterfangen. Vielleicht lohnte sich ebenfalls eine Untersuchung, die sich weniger auf politische Akteure kapriziert und mehr auf gesellschaftlich mobilisierende Faktoren setzt. Zuletzt brachte die „Friedens"-Thematik – von rechts und links gleichermaßen propagandistisch eingespannt – Anhänger beider Seiten auf die Straße, gelegentlich auch zusammen.

---

2 Vgl. Sahra Wagenknecht, Die Selbstgerechten. Mein Gegenprogramm – für Gemeinsinn und Zusammenhalt, Frankfurt a. M./New York 2021.

3 Jan-Hinrick Pesch, Linksterrorismus zwischen Konkurrenz und Basissolidarität. Entwicklungen und Bedingungsfaktoren der Beziehungen zwischen „Roter Armee Fraktion", „Tupamaros Westberlin" / „Bewegung 2. Juni" und „Revolutionären Zellen", Baden-Baden 2022.

Politisch verzockt

Von Wilfried von Bredow

Andreas Rödder, Der verlorene Frieden. Vom Fall der Mauer bis zum neuen Ost-West-Konflikt, München 2024 (*C. H. Beck*), 250 S.

„Im Anfang war die Hoffnung". So lautet der erste Satz dieser konzisen und konzentrierten Studie. Eigentlich müsste es wohl heißen: Im Anfang war falsche Gewissheit. Rödder beschreibt den mit viel Talent für selbstzerstörerische Aktionen in Szene gesetzten Abschied des neuerdings so genannten „globalen Westens" von der Rolle als entscheidender Gestalter der Weltordnung. Am hier gemeinten Anfang stehen das Ende des Ost-West-Konflikts, der Zusammenbruch der sowjetischen Herrschaft über ihre europäischen Satelliten und schließlich 1991 der Zerfall der Sowjetunion selbst. Der Sieg des Westens[1] schien den Weg für eine überall begrüßte oder zumindest hingenommene Ausdehnung westlicher Werte und von ihm aufgestellten Regeln über den gesamten Globus freizumachen. Demokratie, Meinungsfreiheit, nationale Selbstbestimmung, Menschenrechte, das wollten die Menschen anscheinend überall auf der Welt. So würden auch alle anderen Akteure in der Weltpolitik davon profitieren. Diese „Ordnung von 1990" wurde von den USA dominiert, die ihre Machtfülle mit einer schiefen Metapher als „unipolaren Moment" feierten, den es möglichst lange auszudehnen galt. Niemand, auch Russland und China nicht, hatte dem machtpolitisch etwas entgegenzusetzen. Gewaltkonflikte und Krieg, Elend und Unterdrückung sollten im Rahmen dieser Weltordnung von 1990 keine Rolle mehr spielen. Mitgeprägt war sie zudem von einem Globalisierungsschub.

Der Mainzer Zeithistoriker Andreas Rödder hat die Abstiegskurve dieser (anfangs) vom Westen, in der Hauptsache von der transatlantischen Allianz, bestimmten Weltordnung nachgezeichnet. Er spart nicht mit harscher Kritik. Entstanden ist eine anregende, historisch unterfütterte Analyse der Politik der Großmächte und ihrer Machtkonflikte seit 1990. Die Ausgangsfragen lauten: Warum ist diese Ordnung gescheitert? Gab es (versäumte) Alternativen zum Prozess des Scheiterns? Und was lässt sich – eventuell – daraus lernen? Dazu hat er zwei Thesen formuliert: Der westliche Sieg von 1989 weckte übertriebene Erwartungen und verleitete den Westen zur Hybris. Und eine liberale, universell gelten sollende, also normativ begründete Ordnung, die auf der Souveränität und Integrität ihrer Anhänger beruht, passt nicht zu einer Struktur internationaler Beziehungen, in der es mehrere Machtzentren mit jeweils eigenen hegemonialen Vorstellungen gibt. Eine Hauptkonfliktlinie ver-

1 Wenn es denn einer war. Zweifel daran etwa bei Richard Ned Lebow/Janice Gross Stein, We All Lost the Cold War, Princeton 1994.

läuft „zwischen einem herausgeforderten globalen Westen und einem neu formierten, revisionistischen globalen Osten“ (S. 12).

Nach einem kurzen Prolog mit Exposition und Thesen folgt ein Kapitel mit allgemeinen Überlegungen über die Abfolge internationaler Ordnungen in der Neuzeit. Die Ordnung nach dem Ende des Dreißigjährigen Krieges Mitte des 17. Jahrhunderts, das sogenannte Westfälische System der internationalen Beziehungen, legte Umgangsformen, Regeln und Institutionen des Verkehrs souveräner Staaten untereinander fest und funktionierte zumindest bis zur Französischen Revolution in Europa und teilweise auch in den Kolonien ganz passabel. Die Wiener Ordnung von 1815 nach den napoleonischen Kriegen hielt nicht so lange, und die Pariser Ordnung von 1919/20 nach dem Ersten Weltkrieg richtete eher Schaden an. Im Vergleich zu diesen Nachkriegsordnungen entstand 1945 „eine Ordnung aus Verlegenheit“ (S. 25). Es gab auch keinen Friedensvertrag. Als kleines analytisches Problem dieses ansonsten erhellenden Kapitels erweist sich die Unklarheit des Ordnungs-Begriffs: Mal steht er für eine bestimmte inhaltliche Ordnung mit dem Geltungsanspruch eigener Werte-Prioritäten, mal für die Struktur des internationalen Systems in einer bestimmten Epoche. Das eine kann, muss aber nicht mit dem anderen zusammenfallen. Im Übrigen ist diese Unklarheit auch im Fachdiskurs weit verbreitet.

Die folgenden Kapitel halten sich an die Chronologie. So beschreibt Rödder zunächst die Folgen vom Ende des Ost-West-Konflikts: Zerfall der Sowjetunion; Amerikas Selbstbewusstsein als alleinige Supermacht; politische und ökonomische Hilfsangebote an Staaten, die sich westlichen Vorstellungen öffnen wollten; Integrationsschub der Europäischen Union. Die Erfolgsaussichten dieser Ordnungskonstellation erschienen im „unipolaren Jahrzehnt“ 1990 bis 2000 zunächst gar nicht schlecht. Ermutigende Signale dafür waren etwa die Überwindung des Apartheid-Systems in Südafrika und die Oslo-Abkommen zwischen Israel und der PLO. Weniger positive Signale kamen von den Kriegsschauplätzen im zerfallenden Jugoslawien und in Somalia. Hier zeigte sich ein – wenn überhaupt – schwer auflösbares Spannungsverhältnis zwischen nationalen Interessen und der Souveränität von Staaten auf der einen Seite und der humanitären Verpflichtung zum Schutz der Menschenrechte auf der anderen. Die westliche Politik verstrickte sich hier in der selbst gestellten Falle von Doppelstandards. Was das Verhältnis zu Osteuropa und Russland betrifft, so schien anfangs beides möglich, die Transformation der ehemaligen kommunistischen Staaten (einschließlich des Baltikums) zu demokratischen und sozialen Marktwirtschaften voranzutreiben und zugleich solide sicherheitspolitische Beziehungen zwischen der NATO und Russland zu etablieren. Jedoch verschlechterten sich letzte zusehends, auch weil in Russland von einem wachsenden Wohlstand keine Rede sein konnte. Die russische politische Elite war zudem enttäuscht über die fehlende Respektierung des Landes als Großmacht. Jedenfalls war spätestens 1999 auch wegen des Eingreifens der NATO in den Kosovo-Krieg „jegliche Euphorie der frühen 1990er Jahre verflogen“ (S. 67).

Das vierte Kapitel behandelt die „Scharnierzeit“ (S. 83) zwischen den unvermuteten Terroranschlägen vom 11. September 2001 in New York und Washington und der internationalen Bankenkrise 2008. Rödder ist auf der Seite derer, die den US-Krieg gegen den Irak 2003 als den größten strategischen Irrtum der Epoche ansehen. Das westliche Konzept der externen Demokratieförderung scheiterte aber nicht nur im Nahen Osten. Westliche Schutzversprechen für die von Russland ins Visier genommenen Staaten Georgien und Ukraine blieben hohl. Russland ging 2008 zu einem militärisch gestützten Revisionismus über. Zugleich setzte das steuerfinanzierte *bail-out* der aus eigenem Verschulden ins Trudeln gekommenen Großbanken ein Grundprinzip der Marktwirtschaft außer Kraft, nämlich das Haftungsprinzip. „Im Innern und von außen erlebte die liberale Ordnung einen Glaubwürdigkeitsverlust“ (S. 94). Die Doppelkrise von 2008 markierte auch einen Wendepunkt im Verhältnis Chinas zur liberalen Weltordnung.

Die 2010er Jahre nennt Rödder in der Überschrift des fünften Kapitels lapidar „Krisenzeit“. Dabei legt er den Schwerpunkt seiner Darstellung zunächst auf den Nahen Osten, wo die Demokratiebereitschaft vieler Menschen im „Arabischen Frühling“ grausam zerfetzt wird. Bürgerkriege, Staatszerfall, hohe Flüchtlingszahlen und der Aufstieg der Terrorgruppe des *Islamischen Staats* sind Resultate dieses Prozesses. Europas Stabilität wird in der Euro-Schuldenkrise getestet – mit sehr gemischten Ergebnissen. Im transatlantischen Bündnis werden die Risse größer. Aus russischer Sicht ist der Westen im Niedergang, weshalb Präsident Putin sich 2014 traut, die Krim zu überfallen. Sein Kalkül, mit wenig mehr als rhetorischer Gegenwehr rechnen zu müssen, geht auf. Mit Beginn der 2020er Jahre setzt das „Ende der Ordnung von 1990“ ein. Die Covid-19-Pandemie bewirkt eine weitere Erosion der Internationalen Beziehungen. Vor allem jedoch der schmähliche Abzug der westlichen Truppen aus Afghanistan zeigt die Hilflosigkeit des Westens. Der Überfall Russlands auf die gesamte Ukraine vom Februar 2022 und jener der *Hamas* auf Israel vom Oktober 2023 leiten dann eine in sich höchst ambivalente Zeitenwende ein.

Die beiden letzten Kapitel bieten ein Fazit und einen melancholischen Ausblick. „Die Geschichte der Ordnung von 1990 hat die Annahme zerstört, alle Welt wünsche sich die westliche Demokratie“ (S. 195). Sie hat vor allem auch gezeigt, wie grobmotorisch bis unverfroren entscheidende Macht-Akteure des Westens Weltpolitik betrieben und damit die Attraktivität der liberalen Ordnung aufs Spiel gesetzt haben. Rödders Analysen dazu sind nüchtern und abwägend. Das macht sein Buch zu einer lohnenden Lektüre. Eine Neuauflage wird nicht umhinkommen, die sich mittlerweile beschleunigende Erosion der transatlantischen Beziehungen in den Blick zu nehmen. Die Frage ist auch, ob das Verblassen des „unipolaren Moments“ auf eine neue Bipolarität zwischen den USA und der Achse China/Russland hinauslaufen wird, oder ob Staaten auf anderen Kontinenten den Aufstieg in eine eher asymmetrisch-multipolar strukturierte Weltordnung schaffen. Die Dekomposition des „globalen“ Westens scheint jedenfalls eilig voranzuschreiten.

Wolfgang Schäubles lesenswerte Erinnerungen

Von Manfred Görtemaker

Wolfgang Schäuble, Erinnerungen. Mein Leben in der Politik, Stuttgart 2024 (*Klett-Cotta*), 650 S.

Wolfgang Schäuble zählte zu den profiliertesten deutschen Politikern der Nachkriegszeit. Als er 2023 im Alter von 81 Jahren starb, hatte er mehr als ein halbes Jahrhundert lang dem Deutschen Bundestag angehört und zahlreiche Partei- und Staatsämter bekleidet. Er galt lange als Kronprinz und möglicher Nachfolger von Helmut Kohl im Amt des Bundeskanzlers und verdiente sich als „graue Eminenz" seiner Partei und als Bundestagspräsident in seinen letzten Lebensjahren noch einmal besonderen Respekt. Doch persönlich war Schäuble keineswegs unumstritten. Mit seinem scharfen Intellekt und der zurückweisenden, wenig einfühlsamen Art, mit der er andere Menschen behandelte, schuf er sich manche Feinde – nicht nur beim politischen Gegner, sondern auch in der eigenen Partei. Nach dem Attentat, das während des Wahlkampfes 1990 auf ihn verübt wurde und ihn für den Rest seines Lebens an den Rollstuhl fesselte, nahm diese menschliche Schwäche selbst in der Wahrnehmung neutraler Beobachter noch zu. Zwar ließ sich die Neigung, Menschen zu verprellen, insbesondere wenn sie seinen Ansprüchen nicht genügten, auch als Verbitterung über sein Schicksal deuten. Angesichts der eisernen Disziplin, die er sich selbst auferlegte und von anderen forderte, erschien er seiner Umgebung oft als unnachsichtig und herablassend, „hart zu sich selbst – und zu seinen Mitarbeitern", wie *Der Spiegel* im November 2010 unter der Überschrift „Minister Gnadenlos" urteilte.

Anlass des Artikels war der Rücktritt des Pressesprechers im Bundesfinanzministerium, Michael Offer, den Schäuble während einer Pressekonferenz öffentlich gerügt und sogar verspottet hatte, weil er eine schriftliche Zusammenfassung der Erklärungen seines Chefs nicht rechtzeitig an die Journalisten hatte verteilen lassen. In Schäubles Memoirenband, der 2024 posthum erschien, ist davon – aus nachvollziehbaren Gründen – nicht die Rede. Ausgehend von seiner Herkunft und frühen Prägungen behandelt Schäuble in seinen Erinnerungen zunächst seinen Einstieg in die Politik während seines Studiums der Rechts- und Staatswissenschaften in Freiburg und Hamburg, das er 1970 mit der zweiten juristischen Staatsprüfung und 1971 mit der Promotion zum Dr. jur. abschloss. 1961 trat der Neunzehnjährige in die Junge Union ein, 1965 wurde er Mitglied der CDU. Seine „Entfremdung von der Adenauer-CDU" ging dabei mit einem Aufbegehren gegen das Establishment der Union einher, das nach seiner Meinung dringend einer „Auffrischung" bedurfte, wie sie der rheinland-pfälzische Ministerpräsident Helmut Kohl versprach, der damals in der Partei als „großer Reformer" galt. Beim Bezirkstag der Jungen Union Südbaden im Sommer 1971 trafen beide erstmals aufeinander. Als Kohl 1976 als Oppositionsführer nach Bonn wechselte, zählte Schäuble zu seinen loyalen Unterstützern, und Kohl wurde zum Wegbereiter der weiteren Karriere Schäubles.

Dieser hatte sich 1972, nachdem er in den Bundestag gewählt worden war, von seiner Tätigkeit als Regierungsrat in der Finanzverwaltung des Landes Baden-Württemberg beurlauben lassen, um sich ganz der Politik zu widmen. Seine Mitwirkung im Parlamentarischen Untersuchungsausschuss zur Klärung der Frage, ob beim gescheiterten Misstrauensvotum 1972 Bestechungsgelder geflossen waren, um Willy Brandt an der Macht zu halten und die Wahl Rainer Barzels zum Bundeskanzler zu verhindern, nutzte er bereits geschickt zur eigenen Profilierung. 1981 übernahm er auf Vorschlag Kohls die Position eines Parlamentarischen Geschäftsführers der Unionsfraktion. Ein Jahr später, nach dem Regierungswechsel 1982, stieg er im „System Kohl" weiter auf – er wurde zum Ersten Parlamentarischen Geschäftsführer der Unionsfraktion ernannt. Gemeinsam mit Rudolf Seiters sorgte er nun für die Abstimmung zwischen Fraktion und Kanzleramt – und war fortan, für alle sichtbar, „der Mann Kohls", dessen Bedeutung niemand mehr zu unterschätzen wagte. Allerdings erlitt er im Oktober gleichen Jahres eine herbe persönliche Niederlage, als er mit seiner Kandidatur für den stellvertretenden Fraktionsvorsitz an den Abgeordneten seiner Partei scheiterte, die ihm ihre Stimme verweigerten.

Dafür holte Kohl ihn 1984 als Nachfolger von Staatsminister Philipp Jenninger zu sich ins Kanzleramt, als dieser auf den Stuhl des Bundestagspräsidenten wechselte. Schäuble avancierte zum Bundesminister für besondere Aufgaben und Chef des Bundeskanzleramtes. Er befand sich nun in der Schaltzentrale der Macht und war nicht nur Verwaltungschef einer obersten Bundesbehörde, sondern auch „Kohls letzte Patrone", wie der bayerische Ministerpräsident Franz Josef Strauß, der dem CDU-Vorsitzenden nicht gerade wohlgesinnt war, ironisch anmerkte: Wenn diese verschossen sei, gehe es auch mit der Kanzlerschaft Kohls zu Ende. Aber Schäuble reorganisierte das Kanzleramt und trug damit zur Stabilisierung der Regierungsarbeit bei, die bis dahin pannenbehaftet gewesen war. Die „Experimentierphase" Kohls, konstatierte daher später der Zeithistoriker Hans-Peter Schwarz in seiner Biografie des Kanzlers, sei erst mit dem Amtsantritt Schäubles zu Ende gegangen.

Wie wichtig stabiles Regierungshandeln in Bonn war, zeigte sich am Ende des Jahrzehnts, als der Zusammenbruch der DDR auch die Bundesregierung vor schwierige Herausforderungen stellte. Doch Schäuble war darauf, anders als das Bundesministerium für innerdeutsche Beziehungen, gut vorbereitet. Bereits 1984 hatte er im Kanzleramt einen „Arbeitsstab Deutschlandpolitik" eingerichtet, der die Bonner Politik gegenüber der DDR koordinierte. Von 1985 an besaß er überdies – „mit dem Segen von Honecker und Kohl" – einen eigenen Gesprächskanal zu Alexander Schalck-Golodkowski in Ost-Berlin: das „wichtigste Medium" in seiner deutschlandpolitischen Arbeit. So organisierte Schäuble nicht nur den offiziellen Besuch von SED-Generalsekretär Erich Honecker in der Bundesrepublik 1987, den er persönlich am Flughafen in Empfang nahm, sondern spielte 1990, inzwischen

Bundesinnenminister, auch die Hauptrolle bei der Formulierung des Einigungsvertrages zwischen den beiden deutschen Staaten, nachdem die DDR unaufhaltsam dem Untergang entgegentaumelte.

Schon im Februar 1990 begannen Schäuble und seine Mitarbeiter „in aller Heimlichkeit“, wie er schreibt, mit der rechtlichen Vorbereitung der Wiedervereinigung, um „Klarheit über die Modalitäten“ zu erhalten. Mit Günther Krause, Parlamentarischer Staatssekretär beim Vorsitzenden des Ministerrats der DDR, erörterte er in vier Verhandlungsrunden die komplexe rechtliche Materie. Am 2. Juli 1990 lag der Einigungsvertrag vor, am 31. August wurde er im Kronprinzenpalais Unter den Linden feierlich unterzeichnet. Einzelheiten dazu hat Schäuble in einem Buch mit dem Titel *Der Vertrag* beschrieben. Die Wiedervereinigung der beiden deutschen Staaten durch den Beitritt der fünf ostdeutschen Länder zum Geltungsbereich des Grundgesetzes nach Artikel 23 GG war damit rechtlich fixiert. Dem Vertrag kommt also eine ähnliche Bedeutung zu wie dem Zwei-plus-Vier-Vertrag vom 12. September 1990 zur Regelung der außenpolitischen Rahmenbedingungen, auf dessen Grundlage sich die Wiedervereinigung am 3. Oktober 1990 vollzog.

Nur wenig später, am 12. Oktober, wurde Schäuble in Oppenau bei Freiburg nach einem Wahlkampfauftritt für die bevorstehende Bundestagswahl von einem psychisch kranken Attentäter mit mehreren Schüssen schwer verletzt. Eine Kugel traf sein Rückenmark und führte zu einer Querschnittslähmung, die nicht mehr rückgängig zu machen war. Dennoch kehrte Schäuble überraschend schnell in die Politik zurück. Bereits 41 Tage nach dem Attentat, im Gesicht noch immer von einer Schusswunde gezeichnet, gab er im blauen Trainingsanzug eine erste Pressekonferenz im Krankenhaus. Zu der Härte gegen sich selbst, die darin zum Ausdruck kam, bemerkt Schäuble in seinen Erinnerungen, er habe seinen Weg „nie als heroisch empfunden“, sondern in der damit verbundenen Anstrengung „immer auch Erfüllung gefunden“. Zwar habe er einen immerwährenden Druck gespürt, Schwächen, die über die sichtbare Behinderung hinausgingen, „in der Politik nicht zeigen zu können“. Den von Hans Jochen Vogel erhobenen Vorwurf, er sei „durch den Rollstuhl bitter und böse geworden“, weist er jedoch empört zurück. Die Äußerung habe ihn verletzt, so Schäuble, und er habe Vogel dies auch wissen lassen.

Von 1991 bis 2000 war er nun Fraktionsvorsitzender der CDU/CSU und von 1998 bis 2000 zugleich Vorsitzender seiner Partei. Nachhaltige Bedeutung erlangte er dabei durch seine Rede im Bundestag am 20. Juni 1991, als es um die Entscheidung ging, ob Bonn oder Berlin die Hauptstadt des wiedervereinten Deutschlands sein sollte. Nach allgemeiner Auffassung führte die Rede zu einem Meinungsumschwung unter den Abgeordneten, die zuvor in einer Probeabstimmung mehrheitlich für Bonn votiert hatten. Die Entscheidung für Berlin ist daher wesentlich Schäuble zuzuschreiben. Die Ankündigung Kohls 1997, Schäuble sei sein Wunschkandidat für seine Nachfolge im Amt des Bundeskanzlers nach der Bundestagswahl 2002, blieb indessen folgenlos, weil die Union die Bundestagswahl 1998 verlor und Kohl das Kanzleramt an Gerhard Schröder abtreten musste.

Überschattet war die Jahrtausendwende für Schäuble zudem durch eine 1999 aufgedeckte illegale Spendenpraxis der CDU in den 1980er und 1990er Jahren, in die er verwickelt war. Da er 1994 von dem Waffenhändler Karlheinz Schreiber in einem Briefumschlag eine Bar-Spende in Höhe von 100.000 D-Mark für die CDU entgegengenommen hatte, die von der Schatzmeisterei der CDU nicht „ordnungsgemäß behandelt" worden war, wie er dazu erklärte, sah er sich am 16. Februar 2000 zum Rücktritt vom Partei- und Fraktionsvorsitz gezwungen. Seine politische Karriere war damit – entgegen eigenen Befürchtungen – allerdings keineswegs beendet. Zwar ging seine Hoffnung, Regierender Bürgermeister von Berlin zu werden, nicht in Erfüllung, weil die Berliner CDU es vorzog, Frank Steffel als Spitzenkandidaten für die Wahlen zum Berliner Abgeordnetenhaus im Frühsommer 2001 ins Rennen zu schicken, der gegen Klaus Wowereit unterlag. Unter Bundeskanzlerin Angela Merkel wurde Schäuble dafür 2005 erneut Bundesinnenminister und von 2009 bis 2017 Finanzminister. Anschließend war er von 2017 bis 2021 noch Präsident des 19. Deutschen Bundestages.

Eine der Entscheidungen, die Schäuble in seiner Zeit als Bundesfinanzminister zu treffen hatte, war 2010 die Verabschiedung eines Hilfsprogramms der Euro-Zone und des Internationalen Währungsfonds (IWF) für Griechenland in Höhe von 110 Milliarden Euro, wobei der deutsche Anteil über 22 Milliarden betrug. Wäre das Programm nicht zustande gekommen, hätte Griechenland der Staatsbankrott gedroht. Dass dem finanziell klammen Land geholfen wurde, war wiederum hauptsächlich Schäuble zu verdanken. Ihm ging es dabei nicht nur um Griechenland, sondern ebenso um den Zusammenhalt der Europäischen Union und ihre gemeinsame Währung. Wie wichtig ihm Europa als politisches Erbe war, zeigte nach seinem Tod auch der Staatsakt, der am 22. Januar 2024 im Berliner Dom und im Deutschen Bundestag stattfand. Auf Schäubles persönlichen, testamentarisch verfügten Wunsch hielt der französische Staatspräsident Emmanuel Macron die Gedenkrede. Schäuble wollte damit, über seinen Tod hinaus, der deutsch-französischen Partnerschaft „einen kräftigen Impuls" geben und seinem „Herzensanliegen" für ein einiges und starkes Europa ein letztes Mal Ausdruck verleihen, wie seine Mitautoren Hilmar Sack und Jens Hacke am Ende des überaus informativen und lesenswerten Erinnerungsbandes feststellen.

Neurechte Erzählungen von Krise und Untergang

Von Michael Ploenus

Felix Schilk, Die Erzählgemeinschaft der Neuen Rechten. Zur politischen Soziologie konservativer Krisennarrative, Bielefeld 2024 (*transcript*), 437 S.

Im Dezember 2024 fragte Marc Felix Serrao in der *Neuen Zürcher Zeitung* den einstigen strategischen Vordenker der Neuen Rechten in der Bundesrepublik, Karlheinz Weißmann, ob es noch ein weiteres Buch über Rechte bräuchte, was dieser mit Blick auf seine eben erschienene Arbeit zur Geschichte der deutschen Nachkriegsrechten erwartungsgemäß bejahte. „Das Projekt unseres ehemaligen Bundespräsidenten Joachim Gauck wurde ja bisher nicht realisiert, nämlich den Begriff ‚rechts' zu entgiften." Also müsse man sich ohne volkspädagogischen Zeigefinger dem Thema „mit der gebotenen Nüchternheit" zuwenden.[1]

Geht es um die Neue Rechte, ist es mit der analytischen Nüchternheit freilich so eine Sache. Angesichts einer kaum noch zu überblickenden Fülle kritischer, wiewohl oft redundanter, alarmistischer und teils aktivistischer Publikationen zum Thema darf man bei jeder weiteren Veröffentlichung verhalten skeptisch fragen: Liefert die Arbeit neue Erkenntnisse? Eröffnet sie andere Perspektiven? Was ist eigentlich die Intention des Autors?

Felix Schilk nimmt in seiner umfangreichen Dissertationsschrift die Neue Rechte aus einer theoretisch vor allem an Karl Mannheim geschulten wissenssoziologischen Perspektive in den Blick. Ihn interessieren weniger ideengeschichtliche oder politikwissenschaftliche Fragen, vielmehr begreift er die Neue Rechte als eine Erzählgemeinschaft mit markantem Denkstil, die sich durch wiederkehrende narrative Muster auszeichnet. Schilk stellt diese Grundmuster als typische Krisennarrative vor. Sie gehören quasi traditionell, strukturell und funktional zur DNA rechter bzw. konservativer Weltanschauung seit der Französischen Revolution – Muster, die sich als konkrete Narrationen situativ variieren und tagespolitisch anpassen lassen. Wir haben es gewissermaßen mit einer kontextabhängigen diskursiven Bricolage zu tun. Die Arbeit konzentriert sich auf drei dieser dem rechten Welterleben und -verständnis fundamental zugrundeliegenden Narrative: Entzweiung, Dekadenz und Apokalypse.

Empirische Grundlage der Analyse bilden drei rechtsintellektuelle Periodika, nämlich die deutschen Zeitschriften *Criticón* (1970–2005) und *Sezession* (seit 2003)

---

1 „Indem die Deutschen ihre nationalen Interessen verleugnen, schaffen sie kein Vertrauen, sondern schüren Misstrauen", in: Neue Zürcher Zeitung vom 18. Dezember 2024; Karlheinz Weißmann, Zwischen Reich und Republik. Geschichte der deutschen Nachkriegsrechten, Berlin 2024.

sowie das Flaggschiff der französischen Nouvelle Droite *Éléments* (seit 1973). Insgesamt unterzieht Schilk 43 ausgewählte Artikel einer vertieften Analyse. Die Auswahl erfolgte exemplarisch: Herangezogen wurden Texte, in denen sich die Krisennarrative besonders deutlich erkennen ließen. Schilk folgt dabei einem wissenssoziologischen Zugriff und kombiniert diesen mit Prinzipien der Grounded Theory. Die Analyse endet dort, wo sich keine neuen narrativen Muster mehr zeigen, also dort, wo eine theoretische Sättigung erreicht ist. Die angeführten drei dominierenden Erzählmuster werden überzeugend und anschaulich herausgearbeitet. Der Untergang einer vermeintlich organischen, ursprünglichen Ordnung mit quasi-transzendenter Aufladung, die Ablehnung linker Erlösungs- und Utopieversprechen, die Klage über kollektiven Identitätsverlust, das Gefühl grassierenden moralischen wie politischen Verfalls und schließlich apokalyptische Katastrophenahnungen und -wünsche durchziehen den rechten Binnendiskurs seit jeher – und also auch entsprechend adaptiert im 21. Jahrhundert. Sekundiert wird die Untersuchung von luziden ikonografischen Bilddeutungen und prägnant montierten Textbeispielen, die die analysierten Narrative plastisch hervorheben.

Der Leser braucht allerdings reichlich Geduld und einen langen Atem, bis er endlich zu diesem zentralen Komplex vordringen darf. Im fünften Kapitel – und damit erst auf Seite 269! – beginnt die eigentliche Auswertung des annoncierten Materials. Zuvor erlaubt sich Schilk einen langen, theoriegeschichtlich fundierten und exkursreichen Anlauf, der nicht frei von Redundanzen ist. Nach der Einleitung beschäftigt er sich im zweiten Kapitel terminologisch, wissenssoziologisch und (ideen-)historisch mit dem Konservatismus und der Neuen Rechten, erläutert im dritten Kapitel etwas zu ausführlich seinen wissenssoziologischen narrations- und diskursanalytischen Zugriff, um dann im vierten Kapitel die nun nicht eben unbekannte Geschichte der Neuen Rechten in der Bundesrepublik breit zu referieren. Dagegen fällt das empirisch ausgerichtete fünfte Kapitel vergleichsweise knapp aus. Man kann das auf der einen Seite wohlwollend als gewissenhaften und triftigen Aufbau der Studie verstehen, auf der anderen allerdings auch als Kompositions- und Proportionsproblem. Hinzu kommt ein weiterer Aspekt: Ist der Leser endlich bei der Analyse besagter Periodika angekommen, ist er bereits vollumfänglich im Bilde, weil ihm im zweifellos starken und kompetenten Theorieteil bereits alles minutiös ausbuchstabiert und breit aufgefächert wurde. Die konkrete Empirie dagegen wirkt dann nur noch wie ein notwendiger, aber eher illustrativer Appendix. Trotz dieser erkennbaren Unwucht müssen stupender Kenntnisreichtum und Gelehrsamkeit des Verfassers unbedingt hervorgehoben werden. Schilk navigiert den Leser sicher und zuverlässig durchs theoretische und ideologische Terrain, wenn auch mit einigen anstrengenden Schleifen und unnötigen Umwegen.

Man wird als halbwegs mit der neurechten Szene und Geschichte Vertrauter allerdings nicht sonderlich überrascht sein von der konstatierten Kontinuität und Funktionalität genannter neurechter Krisennarrative. Schon das der Arbeit vorangestellte Zitat von Kurt Lenk, wonach die Konservativen seit jeher die Menschen mit Katastrophengeschichten in Schach halten wollen, macht deutlich, dass just diese

Erzählmuster als konservatives bzw. neurechtes Wesensmerkmal keineswegs bislang verborgen geblieben sind. Die Leistung der Studie liegt daher auch weniger im Gewinn grundlegend neuer Erkenntnisse zur Gedankenwelt der Neuen Rechten, als vielmehr in der Verlagerung des analytischen Blicks: weg von den üblichen ideengeschichtlichen und politikwissenschaftlichen Untersuchungen, hin zur soziologischen Rekonstruktion der Neuen Rechten als Erzähl*gemeinschaft* – ein Zugriff, der theoretisch ebenso anschlussfähig wie konzeptionell originell ist. Die ebenfalls 2024 erschienene Dissertation von Florian Spissinger, während des Entstehungsprozesses ein Gesprächspartner von Schilk, der die AfD als Gefühlsgemeinschaft mit entsprechenden Narrativen markiert, lässt hoffen, dass in den nächsten Jahren kongeniale Arbeiten mit diesem Ansatz entstehen werden – etwa, religionssoziologisch grundiert, zur Neuen Rechten als politische Glaubensgemeinschaft mit dogmatischem Kernglauben, aber auch Schismen und Sektierer.[2] Nicht zuletzt darf man hoffen, dass die identitätsstiftenden Krisenrhetoriken anderer politischer Formationen – letztlich werden jedwede Kollektive von irgendwelchen Narrativen zusammengehalten – einer ähnlich sorgfältigen, kundigen und unpolemischen Analyse unterzogen werden.

Eben weil es sich um einen so innovativen methodischen Ansatz handelt, wäre es wünschenswert gewesen, der Verfasser hätte sich nicht nur auf die allzu bekannten Krisennarrative kapriziert, sondern eher den Versuch unternommen, bislang weniger kartiertes Diskursterrain gewinnbringend zu explorieren. Zwar haben Rechte bekanntermaßen keine klassisch linke Gesellschaftsutopie anzubieten. Doch selbst eine Neue Rechte im dauernden Krisen- und Apokalypsebewusstsein muss letztlich erstrebenswerte soziale und politische Zukunftsmodelle konturieren und offerieren. Eine Typologie konservativer Hoffnungsnarrative bleibt aber bis auf weiteres eine thematische Leerstelle.

Die Arbeit ist auf einem hohen sprachlichen und akademischen Niveau verfasst, vermeidet wohlfeile Werturteile, reflektiert quer durch den Text immer wieder den eigenen theoretischen Sehepunkt und bleibt dabei methodisch streng kontrolliert. Am Beginn der Arbeit schildert Schilk prägende persönliche Erlebnisse vom Aufwachsen in der ostdeutschen Transformationsgesellschaft mit Erfahrungen von Verlust, Entfremdung und strukturellem Wandel – Erfahrungen, die andere Jugendliche in seinem Umfeld zur Neuen Rechten brachten, in ihm aber das analytische Bedürfnis weckten, den Denkweg der anderen systematisch zu verstehen. Das ist ihm überzeugend gelungen.

Fazit: Felix Schilk hat kein neues Grundlagenwerk zur Neuen Rechten verfasst, stellt aber mit dem Konzept der neurechten Erzählgemeinschaft einen innovativen methodischen Ansatz vor, der sich als vielfältig anschlussfähig erweisen dürfte. Zweifellos hat er sich mit dieser Arbeit in die Reihe der Neue-Rechte-Experten geschrieben.

2 Florian Spissinger, Gefühlsgemeinschaft der AfD. Narrative, Praktiken und Räume zum Wohlfühlen, Opladen 2024.

Die Aktualität Hermann Hellers

Von Hubertus Buchstein

Mike Schmeitzner/Thilo Scholle (Hrsg.), Hermann Heller, die Weimarer Demokratie und der soziale Rechtsstaat, Bonn 2024 (*Dietz*), 200 S.

Gibt es etwas über Hermann Heller zu sagen bzw. schreiben, was nicht bereits über ihn kundgetan worden ist? Diese Frage stellt sich auch und gerade vor dem Hintergrund der treffenden Feststellung der beiden Herausgeber in ihrer Einleitung, dass das Werk von Heller momentan in der Politikwissenschaft und in der Staatslehre eine regelrechte „Renaissance" (S. 12) erlebt. Aber tatsächlich: In gleich mehreren der insgesamt 14 Beiträge des Sammelbandes finden sich Gedanken, die sich wohltuend von purer Hagiografie oder einer simplen Wiederholung des bereits Bekannten abheben.

Das gilt etwa für den Beitrag von Frank Schale über Volksbildungskonzept. Schale stellt Hellers Position in den Zusammenhang einer um die Jahrhundertwende neu aufkommenden neuen Richtung im Volksbildungswesen, in der im Sinne der Jugendbewegung kleinere aktive Bildungskreise unter nicht hierarchischer Leitung eines erfahrenen „Geistesarbeiters" gepflegt wurden. Die neue Richtung gab sich als Ziel aus, die geistigen Voraussetzungen für das Entstehen einer wirklichen Volksgemeinschaft zu fördern. Vor diesem Hintergrund ordnet Schale auch die von Heller verfolgte Weiterführung der sozialistischen Arbeiter- und Volkshochschulbildung ein. Während sich KPD und USPD auf eine explizit proletarische Bildungsarbeit konzentrierten, gehörte Heller zu denjenigen in der SPD, die sich um eine Volksschulbildung im überparteilichen Geiste bemühten. Zu Recht stellt Schale in diesem Zusammenhang die Ambivalenzen des Heller'schen Nationenbegriffs heraus, in dem sich inklusive mit exklusiven Momenten vermischen. Zwar schreibt Heller in keinem seiner Aufsätze und Vorträge, dass bestimmte Gruppen per se von der deutschen Nation ausgeschlossen sind. Allerdings, so Schale, „impliziert die Deutung der Nation als historisch gewachsene Kulturgemeinschaft, in der nur die Werke Anerkennung finden, die Heller selbst als Teil der tradierten Nationalkultur erkennt, dass bestimmte Kulturformen nicht dazu gehören können" (S. 120 f.). Hellers Rede von den „kulturfähigen Völkern", denen ein führender machtpolitischer Anspruch zustehe, stellt Schale in Verbindung mit einem an Hegel angelehnten Machtstaatsdenken. Hellers kulturhegemoniale Aussagen entfalten sich zu einem geschichtspolitischen Denken, nach dem die politische und soziale Integration der Arbeiterklasse in die Nation einen starken Staat entstehen lässt, der umso erfolgreicher auf der internationalen Bühne agieren kann. Schales Aufsatz ist nicht zuletzt auch deshalb lesenswert, weil er in den Schlusspassagen überraschende Parallelen zwischen Hellers

Kulturbegriff und dem Anti-Intellektualismus sowjetischer Volkskommissare aufzeigt.

Auch Co-Herausgeber Mike Schmeitzner verzichtet trotz aller Sympathie für Heller nicht auf kritische Worte. Sein Beitrag befasst sich mit Hellers Deutungen des italienischen Faschismus und des Nationalsozialismus. Sein Beitrag beginnt mit einer Erinnerung daran, wie verdienstvoll Hellers Analyse des italienischen Faschismus aus dem Jahre 1929 war, wie hellsichtig er schon früh Carl Schmitts Option für den Faschismus erkannte und kritisierte. Das von Mussolini geschaffene System und dessen Ideologie bildeten gleichsam das „Prisma“ (S. 92), durch das Heller auch den deutschen Nationalsozialismus sah. Und genau der Blick durch diese Linse – so Schmeitzner – trug zu mehreren eklatanten Fehldeutungen Hellers bezüglich der Nationalsozialisten bei. So zutreffend viele der Analysen Hellers auch waren, so unzutreffend war beispielsweise seine Einschätzung nach dem Wahlsieg der NS-Partei vom November 1930, dass die Aussichten für eine nationalsozialistische Diktatur in Deutschland als gleich Null seien. Den italienischen Vergleichsfall vor Augen bewertete er den Parteiführer der Nationalsozialisten als zu dümmlich, um Deutschland jemals regieren zu können. Noch im Januar 1933 vermutete er, Hugenberg werde es gelingen, Hitler an die Wand zu spielen. Und schließlich unterlag der jüdischstämmige Heller im Hinblick auf den Antisemitismus einer eklatanten Fehleinschätzung, wenn er erklärte, dass der Antisemitismus bei der NSDAP nur eine untergeordnete Rolle spiele, rein wahltaktischer Natur war und gegenüber einem zahlungsfähigen Judentum sofort wieder zurückgestellt werden würde. Grundsätzlich war Heller davon überzeugt, dass Diktaturen sich nur in solchen Ländern durchsetzen könnten, in denen der Bildungsstand der Bevölkerung niedrig ist, wie er es eben für das faschistische Italien oder auch das bolschewistische Russland konstatierte. Die Erklärung, die Schmeitzner für diese Reihe an Fehldeutungen liefert, lautet, dass Heller letztlich eine funktionalistische Sicht auf den Nationalsozialismus hatte, die große Ähnlichkeiten mit der Agententheorie der ökonomistisch argumentierenden marxistischen Linken aufwies.

Den eingeübten Lesegewohnheiten widersprechend ist auch der Aufsatz von Uli Schöler über die Heller-Rezeption im verfassungspolitischen Denken Wolfgang Abendroths. Schöler vertritt eine Deutung, die Abendroth vom traditionellen Marxismus weg und sehr viel näher an Heller heranrücken lässt, als dies üblicherweise zu lesen ist. Das beginnt schon damit, dass Schöler daran erinnert, wie sehr Abendroth im Unterschied zu seiner späteren Selbststilisierung als eines marxistisch sozialisierten Kommunisten während der Weimarer Republik tatsächlich im undogmatischen Milieu freisozialistischer Gruppen beheimatet war. Um seine These zu stützen, beruft Schöler sich weniger auf direkte Bezugnahmen Abendroths auf Heller, denn die sind in der Tat eher rar, wenn auch mit Blick auf das Schlusskapitel von Hellers „Staatslehre“ bedeutsam. Hauptsächlich jedoch legt er eine Art vergleichende Argumentationsanalyse vor. Und hier wird er insofern mehrfach fündig, als er in Arbeiten Abendroths aus verschiedenen Werkepochen das, was Heller als das innere Spannungsverhältnis der Weimarer Reichsverfassung beschrieben hatte – nämlich dass ein demokratischer Rechtsstaat auf lange Sicht nur dann existieren könne, wenn er zum sozialen Rechtsstaat transformiert werde – als den gemeinsamen Nenner der Verfassungsinterpretationen und politischen Interventionen Abendroths identifizieren kann. Es ist faszinierend zu lesen, wie Abendroth im Wandel der ersten dreieinhalb Jahrzehnte der Bundesrepublik mehrfach zwischen seinen Hoffnungen und Befürchtungen changierte und wie stark die jeweiligen konkreten Lageanalysen sein verfassungspolitisches Denken prägten.

Weitere Beiträge in dem Sammelband befassen sich ausführlicher mit Hellers Theorie des sozialen Rechtsstaates, seiner Konzeption von sozialer Homogenität, seinen wirtschaftsdemokratischen Überlegungen, seiner Kritik an Schmitts autoritärem Liberalismus, seiner Rolle im Preußenschlag-Verfahren vor dem Reichsgericht und seiner Kritik an Schmitts autoritärem Liberalismus. Abgeschlossen wird der lesenswerte Band mit einigen kursorischen Überlegungen zu Hellers Aktualität, die aber kaum etwas Neues bieten.

Besser eingefangen wird die heutige Aktualität Hellers als den engagierten Verfechter einer sozialen Demokratie in dem ersten, biografischen Beitrag aus der Tastatur des Co-Herausgebers Thilo Scholle. Bereits 2023 hatte Scholle in der Reihe „Jüdische Miniaturen" ein ebenso kluges wie liebevolles biographisches Porträt Hellers gezeichnet und es mit zahlreichen Fotografien aus dem Nachlassbestand ausstaffiert. Ein Teil dieser ausdrucksstarken Fotos ist auch in dem Sammelband aufgenommen worden und kann Lesern möglicherweise dabei helfen, sich leichter in die Zeit Hermann Hellers hineinzuversetzen.

Eine rechtsextremistische Kulturorganisation im historischen Porträt

Von Armin Pfahl-Traughber

Mattes Schmerdtmann, Das Deutsche Kulturwerk Europäischen Geistes (1950–1996). Porträt eines völkischen Kulturvereins und seiner Schriften, Paderborn 2024 (*Brill Schöningh*), 826 S.

Die Extremismusforschung wird von Politikwissenschaftlern und Soziologen dominiert, was sich auch aus der Aktualität des konkreten Forschungsgegenstandes erklärt. Insofern haben Historiker eher selten einschlägige Veröffentlichungen vorgelegt. Hier deutet sich eine gewisse Änderung an, erschienen doch jüngst voluminöse Bände, welche dem historischen Rechtsextremismus gewidmet waren. Dabei ging es etwa um die Entwicklung des Rechtsterrorismus[1] oder einer früheren rechtsextremistischen Partei[2]. Derartige Darstellungen haben zwei bedeutsame Vorteile: Erstens können sie sich auf Archivfunde auch zu internen Entwicklungen stützen, was meist bei der Forschung zu aktuellen Phänomenen nicht möglich ist. Und zweitens ist das Ende der Geschichte bekannt, kann doch ein in der Entwicklung abgeschlossener Prozess untersucht werden. Beides prägt auch eine voluminöse Studie, die aus der Dissertation von Mattes Schmerdtmann hervorgegangen ist.[3]

Heute sagt dieses „Deutsche Kulturwerk Europäischen Geistes“ (DKEG) selbst den Kennern des Rechtsextremismus wohl nur wenig. Dafür gibt es nachvollziehbare Gründe: Weder gingen vom DKEG Gewalthandlungen aus, noch machte es durch Wahlerfolge auf sich aufmerksam. Kultur und Rechtsextremismus werden nur selten in einen Zusammenhang gebracht. Dabei verkennen viele Betrachter, dass Kultur auch formal verstanden werden kann. Ganz allgemein ging es dem DKEG denn auch um Feierlichkeiten und Ideologisierungen, Kontaktmöglichkeiten und Publikationen, Rückzugsmöglichkeiten und Stabilisierungen. Insofern kam ihm eine integrierende und mobilisierende Funktion zu, verstand man sich doch als nationalistische Gegengesellschaft, die politisch Gleichgesinnte 36 Jahre lang zusammenbrachte.

Deren Porträt beabsichtigt Mattes Schmerdtmann in seinem Werk, wobei es einerseits um das organisatorische Agieren und andererseits um die Schriften geht. Gleich zu Beginn wird auf die Diskrepanz verwiesen, die „zwischen der bürgerlich-seriösen

1 Vgl. Darius Muschiol, Einzeltäter? Rechtsterroristische Akteure in der alten Bundesrepublik, Göttingen 2024.

2 Vgl. Moritz Fischer, Die Republikaner. Die Geschichte einer rechtsextremen Partei. 1983–1994, Göttingen 2024.

3 Die Arbeit wurde als Dissertation am Fachbereich Sprach- und Literaturwissenschaft der Universität Osnabrück angenommen und begutachtet. Rolf Düsterberg war der Erstgutachter, Uwe Backes übernahm das Zweitgutachten.

Fassade […] und der Verbreitung verfassungsfeindlichen Gedankenguts" (S. XI) bestand. Allein diese Besonderheit hätte schon früher einschlägige Forschungen motivieren können, indessen handelt es sich hier um eine Lücke im bisherigen Wissen. Demgegenüber will der Autor zum DKEG die nötige „Grundlagenforschung" (S. XIX) leisten, was ihm durch die Aufarbeitung vieler historischer Quellen beeindruckend gelingt. Bereits am Anfang dieser Besprechung sei auf die imponierende Leistung verwiesen, wurden doch unzählige Detailinformationen zur genannten Organisation aufgearbeitet. Dazu dienten viele Archivmaterialien und Nachlässe, die auf einzelne Funktionsträger, diverse Publikationsorgane oder öffentliche Veranstaltungen bezogen waren.

Indessen vermisst man in der Einleitung eine entwickelte Fragestellung, einhergehend mit einer ausführlicheren Begründung nach vorheriger Erörterung. Es wird zwar eine Ansammlung von Fragen präsentiert, welche aber mehr auf eine Darstellung von einzelnen Fakten hinausläuft. Danach erfolgt eine Aufgliederung mit zwei Hauptteilen, bezogen auf eine „institutionelle Studie zum Verein […] und eine ideologiekritische Analyse der Publikationen" (S. XIX). Bei den folgenden Ausführungen fällt indessen auf, dass eine vorherige Ankündigung nicht ganz eingelöst wurde. Der Autor wollte „zwischen den Arbeitsbegriffen Rechtspopulismus, -radikalismus, -extremismus und Neonazismus" (S. XIII) unterscheiden, was aber in der Konsequenz auf den nächsten Seiten dann doch nicht geschieht. Angesichts der Anlage der Arbeit ist dies ein zwar notwendiger Einwand, aber ohne größere Relevanz für die Studie. Später wird die DKEG bilanzierend ohne diese Termini als „völkischer, rechtsextremer Verein" (S. 447) tituliert.

Die relevanten Fakten finden sich in der „Institutionellen Studie" als erstem Teil akribisch recherchiert. Zunächst geht es um die Geschichte, die etwa von einer „De-Radikalisierung" nach einer vorherigen „Radikalisierung" geprägt gewesen sei. Das Ämtergefüge ist danach ebenso wie die Finanzen bei der Organisationsstruktur ein Thema. Ausführlich geht es bei den Aktivitäten um Publikationsorgane und Veranstaltungen. Darüber hinaus fällt der Blick auf unterschiedliche „Suborganisationen", wozu auch Ableger in Afrika und Südamerika zählen. Und schließlich behandelt der Autor das DKEG-Netzwerk, also etwa die Beziehungen zu Kulturorganisationen oder Parteien. Und schließlich ist die Rezeption ein Thema, sei es in den Medien, sei es in der Politik. Bei diesen Darstellungen zahlten sich die intensiven Recherchen aus, geben doch die Archive hier viel für solche Wahrnehmungen her. Der Autor neigt bei seinen Beschreibungen aber häufig dazu, analytische Einschätzungen eher von anderen Wissenschaftlern zu zitieren.

Mehr diesbezügliche Eigenständigkeit lässt Schmerdtmann danach bei der „ideologiekritischen Textanalyse" erkennen, wobei zunächst das Gemeinte noch im Unklaren bleibt. Zumindest in der Einleitung wird die genaue Methode nur angedeutet, und auch später erfolgt keine klare Erläuterung. Es geht um eine Analyse von schriftlichen Bekundungen, die insbesondere auf politische Absichten und Ideologiefragmente bezogen ist. Dazu nutzt der Autor die folgenden drei Themenfelder: „Völkisch-nationalistische Traditionslinie" (Bezug auf Blut, Boden, Rasse, Volk),

„Revisionismus" (Aufrechnung, Schuld, Siegerjustiz, Viktimisierung) und „Zeitkritik" (Antikommunismus, Modernitätsskepsis, Umerziehung, Werteverfall). Für ihn war dies das Ergebnis der Sichtung von 527 Texten, die mit den genannten inhaltlichen Schwerpunkten verbunden waren. Auch hier werden die Inhalte meist im neutralen Sinne referiert, fehlt es doch an einem entwickelten Analyseinstrument zur Erkenntnis und späteren Zuspitzung.

Gleichwohl liefert der Autor immer wieder beachtliche Einsichten, wozu als Beispiele zwei Zitate präsentiert werden sollen: „Erstens sakralisieren sie Äcker, Dörfer, Wälder [...]. Zweitens beschwören sie eine homogene, blutsmäßig verbundene ‚Volksgemeinschaft' [...]. Drittens proklamieren sie, dass Natur und Gesellschaften durch eine höhere Ordnung [...] determiniert seien [...]. Viertens verstehen sie den Kampf der Völker als naturgemäßen Zustand" (S. 342). Oder: „Indem sie einen Kollektivschuldvorwurf imaginiert, zum Schweigen aufruft oder die individuelle Verantwortung gar nicht erst thematisiert, exkulpiert sie die Deutschen von einer Mitschuld an den Verbrechen des NS-Regimes. Auf diese Weise trägt sie dazu bei, das deutsche Volk im kollektiven Gedächtnis als Mitläufer und Verführte zu verankern" (S. 389). Derartige Aussagen zu einer kritischen Diskursanalyse hätte man sich ausführlicher, häufiger und systematischer gewünscht, machen sie doch den eigentlichen Erkenntnisgewinn über die bloße Faktenpräsentation hinaus verständlich.

Der Anhang ist demgegenüber wieder im letztgenannten Sinne ausgerichtet, finden sich hier doch viele Detailinformationen zu einzelnen Personen. Dabei trägt die Auflistung zu unterschiedlichen Einsichten bei: Die meisten Akteure gehörten zuvor NS-Organisationen an, außerdem waren viele prominente Rechtsextremisten in diesem Sammelbecken. Eine allgemeine Einordnung in dieses politische Lager folgt indessen nicht. Zutreffend handelt es sich um eine Fallstudie zu einer Kulturorganisation, der unterschiedliche Funktionen für den Nachkriegsrechtsextremismus eigen waren. Genau diese hätte der Autor näher herausarbeiten können, ergeben sich daraus doch Einsichten, die über das historische Untersuchungsobjekt hinausweisen. Derartige Einrichtungen können einen Ideologisierungsprozess vorantreiben und als personelles Netzwerk wirken, was Einflüsse auf wirkmächtige Rechtsextremisten wie über Theoriearbeit ermöglicht, aber auch in weniger erfolgreichen Entwicklungsphasen für diese einen Rückzugsraum schafft.[4]

4 Die Besprechung stammt von einem Politikwissenschaftler, das Buch von einem Historiker. Mit guten Gründen könnte dieser darauf verweisen, dass in den Geschichtswissenschaften die genannten Kritikpunkte nicht so wichtig sind. Das spräche aber nicht gegen deren Angemessenheit, meint der Rezensent.

Ein gewisser Reiner Pfeiffer

Von Martin Otto

Sophie Schönberger/Thomas Poguntke (Hrsg.), Politische Skandale und politische Macht, Baden-Baden 2024 (*Nomos*), 183 S.

Die Düsseldorfer Staatsrechtlerin Sophie Schönberger ist im von ihr und dem Düsseldorfer Politikwissenschaftler Thomas Poguntke herausgegebenen Sammelband provokant: „Politische Skandale machen Spaß!" (S. 9). Auch wenn sie „negative Gefühle" (darunter, möglicherweise ironisch gebrochen, auch „betroffen machen") verursachen, befriedigen sie doch ein „urmenschliches Bedürfnis nach Klatsch". Deutlich wird, dass dies in erster Linie Skandale sind, die im „Boulevard" Niederschlag finden, etwa der Berichterstattung der Illustrierten *Bunte* über den Urlaub des Bundesverteidigungsministers Rudolf Scharping. Als Skandal wurde empfunden, dass der Minister sich im Swimmingpool eines Hotels aufhielt, während bei der Bundeswehr eine Urlaubssperre bestand. Die skandalisierten Bilder waren mit ausdrücklichem Einverständnis entstanden, die Schlüssellochperspektive war inszeniert.

In einigen Beiträgen ist „Boulevard" ungeschriebene Voraussetzung des Skandals; anders ist die Berücksichtigung der Ehescheidung der Schauspieler Johnny Depp und Amber Heard (S. 37) nicht zu erklären. Nicht bei allen politischen Skandalen ist allerdings „Spaß" evident. Georg M. Hafner und Edmund Jacoby hatten 1989 mit *Die Skandale der Republik* für die alte Bundesrepublik eine nachvollziehbare Auswahl getroffen. Den dabei von Herfried Münkler bearbeiteten Skandal um die Wohnungsbaugesellschaft „Neue Heimat"[1] hätte niemand mit „Spaß" verbunden, auch ging dem biederen Berliner Brotfabrikanten Horst Schiesser, der 1986 eine sechsstellige Zahl von Mietwohnungen für 1 DM vom DGB erworben hatte, jede Boulevardtauglichkeit ab. Bei nicht wenigen Skandalen von Hafner und Jacoby, darunter „Contergan", der Selbstmord des Asylbewerbers Cemal Kemal Altun und der „Memminger Abtreibungsskandal", dürfte „Spaß" als Zynismus empfunden werden. Die notwendige Begriffsbestimmung erfolgt kursorisch und nicht ohne Redundanzen, etwa Verweise auf das altgriechische „σκάνδαλον", das Stellhölzchen einer Tierfalle (S. 101, S. 170).

Der Sammelband, der auf ein Symposion des Düsseldorfer Instituts für Deutsches und Internationales Parteienrecht (PRUF) aus dem Jahr 2023 zurückgeht, verdient sicher keine wohlfeile Kritik. Der Historiker Martin Kohlrausch (Leuven) gibt als Kenner eine Einführung in „politische Skandale im wilhelminischen Kaiserreich

1 Vgl. Herfried Münkler, Die Neue Heimat, in: Georg M. Hafner/Edmund Jacoby (Hrsg.), Die Skandale der Republik, Frankfurt a. M. 1989, S. 178–188. Die Bezeichnung von Hafner/Jacobi im hier zu besprechenden Band als „reißerischer Sammelband" (S. 105) ist unglücklich.

(1888–1918)". Zuweilen wird etwas viel vorausgesetzt; nicht jeder weiß, um was es in der „Halsbandaffäre" (S. 26) gegangen war. Über eine mögliche Evolution des politischen Skandals angesichts gewandelter medialer Formen schreiben aus soziologischer Perspektive Jasmin Siri (München) und Nils Kumkar (Bremen). Eine Zäsur markiere der „Lewinsky-Skandal" des 42. Präsidenten der USA Bill Clinton. Dessen Fehlverhalten war allerdings nicht allein ethisch (anders S. 34); das Impeachment gegen Clinton war nicht auf moralische Verfehlungen gestützt, sondern auf „lying under oath" und „obstruction of justice". Der Politikwissenschaftler Florian Grotz (Hamburg) geht mit Schaubildern der Frage „Do scandals matter?" (S. 55) nach und nennt die „Spiegel-Affäre" den ersten „formativen Skandal" (S. 65) der Bundesrepublik. Wenn der englische Historiker Anthony Glees (Buckingham) seinen früheren Premierminister Boris Johnson als „Great Corruptor of British Political Culture" (S. 71) bezeichnet, hat dies besonderes Gewicht, denn Glees stammt aus dem Umfeld von Margaret Thatcher. In der Königsdisziplin des deutschen Professors, dem Systematisieren, übt sich der Politikwissenschaftler Ulrich von Alemann (Düsseldorf) mit einer „Systematik des Skandals" (S. 107). Er erwähnt seine entfernte Verwandtschaft mit Philip von Eulenburg und bemüht einen etwas penetranten launigen Tonfall: „Tja, die Anthropologen, die finden irgendwie immer alles gut, auch die Verbrechen und deren Ahndung, die Menschenopfer und eben auch den Skandal. Hält halt alles zusammen." (S. 106). Die Tücken dieses Dauerplauderns zeigen sich im Detail, etwa wenn der Filmkomödie „Schtonk!" (1992) von Helmut Dietl unseriöser Zugang zum Skandal der gefälschten Hitler-Tagebücher vorgehalten wird. Von Alemann entwertet durch Unernsthaftigkeit auch berechtigte Kritik, etwa am zum Teil dilettantisch arbeitenden Fälscher Konrad Kujau, einem Stuttgarter Militariahändler mit entsprechender Gesinnung und kleinkrimineller Vergangenheit, der mit den Tagebüchern die Legende fortschreiben wollte, Hitler habe den Holocaust nicht gewollt (S. 118). Zur Wahrheit gehört auch, dass Kujau dem Stuttgarter Historiker Eberhard Jäckel, einem SPD-Mitglied, zahlreiche „echte" Hitler-Handschriften verkauft hatte, die von diesem ediert wurden.

Noch ärgerlicher wird zu viel „Lockerheit" bei dem Skandal um den in dessen Folge verstorbenen schleswig-holsteinischen Ministerpräsidenten Uwe Barschel. Eine Schlüsselfigur, der Journalist Reiner Pfeiffer, hatte 1979 einen regionalen Skandal verursacht, als er mit umstrittenen Methoden die längst bekannte nationalsozialistische Vergangenheit des angesehenen Bremer Bausenators Stefan Seifritz (SPD) öffentlich machte. Das fehlt bei von Alemann, wie auch die Zusammenarbeit mit dem pathologischen Hochstapler Gert Postel. Pfeiffer ist dafür abwechselnd „ein gewisser Reiner Pfeiffer" (S. 119) oder „der ominöse Herr Pfeiffer" (S. 120). Auch Barschel ist noch für eine Pointe gut; die Aussage seiner „legendären Pressekonferenz", die gegen ihn erhobenen Vorwürfe seien „haltlos", hätte sich „wenig später als seinerseits haltlos" (S. 119) erwiesen. Unbestritten war es ein Skandal, dass der notorisch unseriöse Pfeiffer 1987 in der Kieler Staatskanzlei beschäftigt wurde, und sicher trug der Ministerpräsident dafür die politische Verantwortung; in seinen letzten Tagen im Amt stiftete Barschel Mitarbeiter zu falschen eidesstattlichen Erklärungen an. Ob die „schmutzigen Tricks", so ein Titel des *Spiegel* 1987, aber wirklich „Machenschaften des CDU-Ministerpräsidenten" (S. 119) waren, ob zur Stellenbeschreibung von Pfeiffer wirklich „negativ [!] campaigning" gegen Barschels Angstgegner und Nachfolger Björn Engholm gehörte, ist nicht so eindeutig, wie es bei von Alemann den Anschein hat. Ein Folgeskandal führte 1993 zum Rücktritt des sozialdemokratischen Ministerpräsidenten Björn Engholm; die tatsächlich „beträchtlichen Beträge", die Pfeiffer erhalten hatte, stammten aber nicht aus „Schubladen der SPD-Fraktion" (S. 120), sondern, so jedenfalls dessen Aussage im Untersuchungsausschuss des Kieler Landtags, aus der Küchenschublade des als besonders integer geltenden SPD-Landesvorsitzenden und Sozialministers Günther Jansen.

Sicher können nicht alle Skandale in epischer Breite dargestellt werden. Der „Missbrauchsskandal der katholischen Kirche" wird allerdings bis zur Unkenntnis erweitert: dem „kirchlichen Skandal" werden auch Missbrauch in „Sozialeinrichtungen freier Träger", Privatschulen wie der „renommierte[n] Odenwaldschule" (die nie einen kirchlichen Träger hatte) und sogar der „Sport" zugeschlagen. Dass es in der evangelischen Kirche nur „Einzelfälle" (S. 120) gewesen seien, ist zudem eine kühne Formulierung; den Rücktritt der EKD-Ratsvorsitzenden am 20. November 2023 wegen unprofessionellen Umgangs mit sexualisierter Gewalt konnte von Alemann noch nicht kennen. Nach Spuren des Rechts sucht der Jurist Frederik Orlowski (Düsseldorf) – er kommt so zu den Skandalen um Karl-Theodor zu Guttenberg und Christian Wulff. Ein Vergleich des Plagiators Guttenberg mit seiner sozialdemokratischen Kollegin Franziska Giffey, deren Fall zahlreiche rechtliche Besonderheiten wie eine in der Prüfungsordnung nicht vorgesehene Sanktion aufwies, hätte nahegelegen, zumal im Band zu Recht betont wird, dass vom Tatbestand vergleichbare Skandale je nach Rückhalt in der Partei unterschiedliche Konsequenzen für die Karriere der betroffenen Politiker hatten. Der Medienwissenschaftler Steffen Burkhardt (Hamburg) baut in seinem Beitrag zu Skandalen und Wahlen eine nicht unbedingt zielführende Brücke vom Filmproduzenten und verurteilten Sexualstraftäter Harvey Weinstein zum „Chauvinismus" (S. 152) eines Donald Trump. Die Medienwissenschaftlerin Hanne Detel (Kempten) behandelt abschließend „Kontrollverlust durch politische Skandale in digitalen Medien". Etwas treuherzig ist der Hinweis, das Bild eines sehr jungen Barack Obama in traditioneller muslimischer Kleidung, das wiederholt zu dessen Denunziation verwendet wurde, dürfte „in Kenia vermutlich als positives Signal gewertet" (S. 182) werden; nur eine Minderheit der Kenianer bekennt sich zum Islam.

Das Fehlen eines Lektorats macht sich bemerkbar, auch ein Autorenverzeichnis fehlt. Zur „politischen Macht" hätte mehr geschrieben werden können. Zum *Handbuch des Staatsrechts* findet sich die abenteuerliche Ortsangabe „Heidelberg/München/Landsberg/Frechen/ Hamburg" (S. 18; richtig nur Heidelberg), ein Beitrag verweist als Beleg für die bedenkenswerte Überlegung, im Kaiserreich wären Skandale „Surrogat für die über das Parlament nur unzureichend mögliche Partizipation" (S. 27) gewesen, auf die Dissertation des Kölner Staatsrechtlers Christoph Schönberger; gemeint war als Beleg zur Funktion des Reichstags im Kaiserreich. Der Verweis auf „ungewählte“ Staatsoberhäupter (S. 20 f.) markiert ein Desiderat; in vier Nachbarstaaten Deutschlands wird das Staatsoberhaupt nicht gewählt. Besondere politische Skandale der Monarchie waren in den Niederlanden etwa die Greet-Hofmanns-Affäre, der Zugang einer dubiosen Wunderheilerin zur Königin, oder der Lockheed-Skandal, der den Prinzen der Niederlande zum Ausscheiden aus den Streitkräften zwang. Dem Band ist die Herkunft aus einer Tagung anzusehen, sein legitimer Anspruch liegt eher auf medientheoretischer Durchdringung als auf einzelnen Skandalen. Eine schärfer abgegrenzte Fragestellung hätte gutgetan. Die Ankündigung, politische Skandale machen „Spaß“, wird nur bedingt eingelöst.

Faschismus und Populismus

Von Moritz Pitscheider

Antonio Scurati, Faschismus und Populismus, Stuttgart 2024 (*Klett-Cotta*), 88 S.

Mit der Veröffentlichung einer fünfteiligen Romanreihe über den Aufstieg und Fall von Benito Mussolini hat Antonio Scurati sich in den vergangenen Jahren als einer der einflussreichsten politischen Schriftsteller Italiens etabliert. Parallel zum Erfolg der Pentalogie, die unter ihrem Titel *M.* zuletzt auch in aufwendiger Produktion als Fernsehserie adaptiert wurde, trat Scurati als Kommentator in Tageszeitungen und Fernsehredner in Erscheinung. Eine tagespolitische Intervention bildet die Grundlage für die vorliegende Schrift. Am 29. September 2022, nur wenige Tage nach der Parlamentswahl vom 25. September, aus der die rechtspopulistische Partei *Fratelli d'Italia* unter Giorgia Meloni als stärkste Kraft hervorging, sprach Scurati bei den *Rencontres internationales de Genève*, die sich seit 1946 als Forum des intellektuellen Austauschs über politische Fragen der Gegenwart verstehen. Scuratis Beitrag, im November 2023 schon im italienischen Original bei Bompiani erschienen, knüpft an den typischen Erzählstil des Autors an: in der historischen Rekonstruktion leicht zugänglich, in der politischen Analyse mit gewissem poetischem Pathos. Der Text gliedert sich in drei Teile: zwei längere Kapitel zur italienischen Geschichte, die unter den Titeln „Faschismus" und „Populismus" gefasst werden, sowie eine kürzere politische Bestandsaufnahme der Gegenwart im knappen Abschlusskapitel „Demokratie".

In seiner Analyse der faschistischen Machtergreifung in Italien unterscheidet Scurati zwischen dem Faschisten und dem Populisten Mussolini. Das etwas irritierende Bild des Duce in einer Doppelrolle aus „Vergewaltiger" und „Verführer" (S. 48) soll diese Gleichzeitigkeit unterstreichen. Das Faschistische an der Machtergreifung Mussolinis sei demnach ihr unvermitteltes Verhältnis zur Gewalt. So kommt Scurati also zu dem Schluss, das faschistische Wesen zuvorderst als squadristisches Erbe der Arditi zu begreifen. Die Geschichte des Faschismus ist historisch demnach auch immer die Geschichte des Ersten Weltkriegs, eine Geschichte verrohter Kämpfer, die nach dem „verstümmelten Sieg" Italiens als Überflüssige in die Heimat zurückkehren. Mit Brutalität machen die *Fasci di Combatimento* im Straßenkampf seit ihrer Gründung 1919 Jagd auf ihre politischen Gegner und bestimmen Scurati zufolge in diesem Auftreten den Kern des Faschismus. Dass aus den faschistischen Schlägertruppen allerdings eine politische Bewegung mit Massenbasis wird, lässt sich in der zweiten entscheidenden Triebkraft des Duce erkennen. Scurati bezeichnet Mussolini als „Erfinder" (S. 29) des Populismus und versucht diesen Begriff anhand mehrerer Merkmale zu bestimmen, die an gängige Faschismusdefinitionen erinnern. Was in der geschichtswissenschaftlichen Forschung häufig unter dem Terminus „faschistisches Minimum“ firmiert, ließe sich bei Scurati gewissermaßen als „populistisches Minimum“ verstehen. Neben gängigen Charakteristiken wie der antiparlamentarischen Rhetorik, der Instrumentalisierung von Angst oder dem Versuch, der Komplexität der Moderne etwas entgegenzusetzen, wird ein Motiv ausgeführt, das der Autor mit „Führen durch Nachfolgen“ (S. 62) überschreibt. Scurati skizziert hier ein „Gesetz des mussolinischen Populismus“, das einen neuen Führertypus erschaffe: „den Feldherrn, der die Massen nicht vorangehend, sondern nachfolgend leitet.“ (S. 63). Der nachfolgende Führer sei demnach offenster Ausdruck einer Ideologie, die „nur Taktik und keine Strategie, nur Gelegenheit und keine Überzeugung, nur Praxis und keine Theorie“ (S. 63) kennt. Hier stellt sich die Frage, ob die opportunistische Beliebigkeit, ob das Primat der Praxis über die Theorie, nicht als übergeordnetes Moment der Betrachtung hätte dargestellt werden sollen. Mit Ausnahme der ästhetischen Betrachtung („Mit dem Körper zum Körper sprechen“, S. 76) handelt es sich schließlich durchaus um politische Positionierung, die sich, wie 1932 etwa in der *Dottrina del Fascismo* geschehen, als Programmatik zusammenfassen ließe. Aus Scuratis Perspektive ließe sich jedoch auch diese Entwicklung mit Mussolinis Selbstbezeichnung als „Mann des Danach“ (S. 64) erklären, da es sich beim Populismus um das „leere Gefäß“ handele, das sich nach und nach mit dem fülle, „was man beobachtet, wenn man, einen Augenblick später gekommen, hinter der Menge steht“ (S. 65).

Dass Mussolini tatsächlich als „Erfinder“ des Populismus zu verstehen sei, bleibt dabei eine These, die mehr rhetorisch als analytisch überzeugt. Vieles, was Scurati als Spezifikum des „mussolinischen Populismus“ beschreibt – taktischer Opportunismus, performative Nähe zur Masse, Verzicht auf kohärente Programmatik –, trifft ebenso auf andere autoritäre Taktierer aus dem vorigen Jahrhundert wie Louis Bonaparte oder Georges Boulanger zu. Scurati rekurriert in diesem Kapitel zudem so explizit und detailliert auf Mussolini, dass der Zweck der begrifflichen Trennung zwischen Populismus und Faschismus – nämlich die Gegenwartsanalyse – in den Hintergrund tritt. Die Merkmale des Populismus werden, so entsteht der Eindruck, in erster Linie vom Faschismus abgegrenzt, um Kontinuitäten bis in die Gegenwart nachweisen zu können. Da der Faschismusbegriff aufgrund seiner offenen Verherrlichung der Gewalt für die Einordnung gegenwärtiger Erscheinungen der politischen Rechten, etwa Giorgia Meloni und die *Fratelli d'Italia*, nicht in Frage kommt, versucht Scurati mit dem Populismusbegriff aufzuzeigen, wo die illiberalen Kräfte von heute eben doch von Mussolini gelernt haben könnten.

Was zunächst als präzise historische Differenzierung erscheinen mag, wirkt bei genauerem Betrachten allerdings wie eine begriffliche Instrumentalisierung des Historischen, um angesichts aktueller politischer Entwicklungen als Faschismusforscher nicht mit völlig leeren Händen dazustehen. Hier muss nämlich die Frage gestellt werden, inwieweit sich das Primat der Gewalt und die Begeisterung der Massen überhaupt trennen lassen. Schließlich hat nicht zuletzt die Brutalität der Faschisten selbst eine besondere Anziehungskraft auf krisengebeutelte Subjekte in einer krisengebeutelten Gesellschaft ausgeübt. Scuratis Blick auf die italienischen Massen – und letztlich sogar auf den italienischen Staat – als passives Kollektiv offenbart sich etwa, wenn er schreibt, Mussolini habe „Italien mit seinen zu Schlägertrupps organisierten Arditi vergewaltigt, ihm aber nicht nur Gewalt angetan, sondern es auch verführt" (S. 40). In dieser Zuspitzung bleiben zwei wesentliche Perspektiven unberücksichtigt. Zum einen fehlt die sozialpsychologische Ebene, die destruktive Anteile im Einzelnen eben nicht als reines Ergebnis einer äußeren Überwältigung und Verführung versteht, sondern eben auch als ganz eigene Triebkräfte. Zum anderen wird eine sozioökonomische Analyse ausgeblendet, die den ideologischen Charakter des Staates berücksichtigt, statt ihn als neutralen Träger politischer Inhalte zu verstehen. Dieses Ausblenden jeder materialistischen Sichtweise macht sich an mehreren Stellen des Textes bemerkbar. Zwar taucht im Text beiläufig auf, dass der Antikommunismus ein zentraler Bestandteil der faschistischen Propaganda war – inwiefern die *Fasci di Combatimento* aber auch ganz konkret zur Aufrechterhaltung der Besitzverhältnisse beitrugen, indem sie der Organisation der Arbeiter entgegenwirkten und etwa Streiks zerschlugen, bleibt unbeachtet. Statt den Aufstieg des Faschismus auch im Zusammenhang mit einer Krise kapitalistischer Verwertung zu verstehen, verbleibt Scurati auf der Ebene politischer Rhetorik.

Dieser Mangel an analytischer Präzision zugunsten eines engagierten Gestus zeigt sich am deutlichsten im letzten Kapitel, in dem sich Scurati der Demokratie zuwendet. Auch hier verzichtet er auf eine Auseinandersetzung mit den gesellschaftlichen Voraussetzungen demokratischer Ordnungen – er ersetzt sie durch Appelle und historische Analogien. Die Parallele, die er zwischen dem *fin de siècle* des 19. Jahrhunderts und der Jahrtausendwende zieht, bleibt vage. Statt nach den Bedingungen für die Stabilität oder den Zerfall demokratischer Herrschaft zu fragen, erhebt er die Demokratie zur abstrakten Idee, die nur mit ausreichend Pathos verteidigt werden müsse. In einem völlig verfehlten Schlussbild spitzt sich diese Tendenz zu, wenn Scurati die Demokratie mit einem Weinstock vergleicht, der von „tatkräftigen Händen" gepflegt und „vor Schädlingen geschützt" (S. 88) werden müsse. Was am Ende dennoch von Scuratis Intervention bleibt, ist ein Gespür für die dramatischen Zäsuren der italienischen Geschichte, die in zugänglichem Erzählstil auf wenigen Seiten skizziert werden. Mit seiner Unterscheidung von Faschismus und Populismus unternimmt Scurati zwar den Versuch, einer begrifflichen Unschärfe entgegenzuwirken, die in der gegenwärtigen politischen Debatte oft zur Beliebigkeit führt. Doch seine Thesen bleiben letztlich dort stehen, wo die begriffliche Arbeit und die Analyse der gesellschaftlichen Verhältnisse erst beginnt. Dort, wo der Faschismus als Ausnahme verstanden werden müsste, um die Regel zu erklären, begnügt sich Antonio Scurati in *Faschismus und Populismus* mit einer Untersuchung politischer Rhetorik, der am Ende das eigene demokratische Engagement entgegengehalten wird.

Timothy Snyders Plädoyer für die „positive Freiheit“

Von Peter Graf Kielmansegg

Timothy Snyder, Über Freiheit, München 2024 (*C. H. Beck*), 410 S.

Es gibt Bücher, die es dem Rezensenten schwer machen, weil sie sich mit guten Argumenten positiv, mit anderen nicht weniger guten Argumenten aber auch sehr kritisch besprechen lassen. Timothy Snyders *Über Freiheit* ist ein solches Buch. Es lässt sich rühmen der Vielfalt der Anregungen, die es dem Leser anbietet, auch des Enthusiasmus, mit dem der Autor für das wirbt, was er „positive Freiheit“ nennt, wegen. Aber man kann auch enttäuscht von ihm sein, wenn und weil man es über weite Strecken vornehmlich als ein im Aufbau wie in der Gedankenführung ziemlich chaotisches und auf eine etwas penetrante Weise persönliches politisches Glaubensbekenntnis des Autors liest.

Snyder wurde bekannt durch das Buch *Bloodlands* (2010, deutsch 2011), das dem ostmitteleuropäischen Raum zwischen Deutschland und Russland eine historische Identität als Schauplatz der Millionenmorde des 20. Jahrhunderts zu geben unternahm. 2015 folgte ein Buch über den Holocaust, 2017 dann die politische Kampfschrift *On Tyranny,* die in 20 Lektionen zum Widerstand gegen die (erste) Präsidentschaft Trumps aufrief. Nun also *Über Freiheit.*

Der Titel, um mit ihm zu beginnen, erinnert an die vielleicht berühmteste aller Freiheitsschriften, John Stuart Mills Essay *On Liberty.* Snyder spricht nicht von „liberty“, sondern von „freedom“. Aber die Verwandtschaft der Titel, ob gewollt oder nicht, führt in die Irre. Mill präsentiert sein Thema gleich im ersten Satz mit großer Präzision. Es geht ihm um die Bestimmung der Grenze zwischen individueller Freiheit und legitimer gesellschaftlicher Autorität. Sein Vorgehen ist systematisch, er will auf seine Frage eine theoretisch begründete, also allgemeingültige Antwort geben. Snyder hingegen denkt über Freiheit in einer Sequenz locker verknüpfter, oft sehr persönlich gefärbter Reflexionen nach, die den Leser weniger zum Mitdenken als zu empathischer Begleitung einladen. Sein Freiheitsbegriff ist zudem ein sehr besonderer. Er versteht unter Freiheit, „positiver Freiheit“, um die es ihm geht, wie er immer wieder hervorhebt, die Fähigkeit des Menschen, sich selbst zu vervollkommnen und Gutes in der Welt zu wirken.

Was erfährt der Leser über diese Freiheit? Und wie erfährt er es? Snyder entwickelt sein Freiheitsverständnis in fünf Aspekten – Souveränität, Unberechenbarkeit, Mobilität, Faktizität und Solidarität sind die einschlägigen Kapitel überschrieben. Modifiziert man diese Begriffe leicht, wird der Bezug zum Thema Freiheit deutlicher. Souveränität meint die Summe der Eigenschaften des Menschen, die ihn zu einem verantwortlichen Umgang mit der Freiheit befähigen. Urteilskraft wäre ein Begriff, der sich anbietet. Unberechenbarkeit, ins Positive gewendet, meint Spontaneität. Spontaneität ist gelebte Freiheit. Mobilität verweist darauf, dass Freiheit Raum braucht. Das elementarste Freiheitsverlangen ist es, sich bewegen zu können – die DDR ist bekanntlich vor allem daran gescheitert, dass sie ihre Bürger nur im Lande halten konnte, indem sie sie einsperrte. Snyder hat freilich mehr im Sinn als nur die Freiheit der Bewegung im Raum. Er nimmt auch die soziale Mobilität in den Blick – die Chance, in der Gesellschaft aufzusteigen, ist ihm ein wesentliches Stück Freiheit. Der Begriff Faktizität bringt, nicht sehr glücklich, den Zusammenhang zwischen Freiheit und Wahrheit zur Sprache. Wer nicht anerkennt, dass es Wahrheiten gibt, einfacher ausgedrückt: Fakten, kann, so Snyder, nicht frei sein, weil sein Denken manipulierbar ist. Er erliegt leicht den „großen Lügen", wie Snyder sie nennt, Trumps Behauptung etwa, er habe die Präsidentschaftswahlen 2020 gewonnen, oder der Leugnung der menschen-verursachten Erderwärmung. Schließlich Solidarität: Wir können Freiheit für uns nur beanspruchen, wenn wir sie auch anderen zugestehen. Auch kann die positive Freiheit nur gemeinsam verwirklicht werden, weil sie von Voraussetzungen abhängt, die Menschen nur gemeinsam schaffen können. Den Schlusspunkt hinter diese Sequenz von Aspekten der Freiheit setzt Snyder mit einem Kapitel, das der in den USA weit verbreiteten Überzeugung entgegentritt, je schwächer der Staat sei, desto freier sei die Gesellschaft. Freiheit für alle, lautet Snyders Gegenthese, setze einen starken, handlungsfähigen Staat voraus, der die Bedingungen der Möglichkeit von Freiheit zu schaffen willens und imstande sei.

Zusammengehalten wird dieses Kaleidoskop von Perspektiven auf die Freiheit von der mit großer Schärfe und Konsequenz durchgehaltenen Entgegensetzung von positiver und negativer Freiheit. Sie durchzieht das Buch von der ersten bis zur letzten Seite. Die Unterscheidung steht bekanntlich im Zentrum von Isaiah Berlins berühmter Oxforder Antrittsvorlesung *Zwei Freiheitsbegriffe* aus dem Jahr 1958. Insofern wundert es, dass Snyder abgesehen von einer beiläufigen Bemerkung im Nachwort mit keinem Wort auf Berlin eingeht. Der systematisch-theoretische Zugriff auf das Freiheitsthema ist, wie sich gerade auch hier zeigt, offensichtlich seine Sache nicht. Zwar findet er für seine „positive Freiheit" die schöne Formulierung „Freiheit ist der Zustand, in dem wir das, was wir für gut halten, bejahen und in die Welt bringen können" (S. 109). Gerade diese Formulierung zeigt aber auch, dass Snyders Begriff von positiver Freiheit extrem überfrachtet ist: Freiheit ist nicht nur eine Bedingung der Möglichkeit, sich als Mensch zu bewähren, sondern die Bewährung selbst, mit allem was dazugehört.

Für seinen Begriff der negativen Freiheit gilt, mit entgegengesetztem Vorzeichen, das gleiche: Er ist extrem überfrachtet. Selbst den Judenmord des nationalsozialistischen Deutschlands und den „völkermörderischen, faschistischen Imperialismus Russlands" ordnet Snyder der negativen Freiheit zu – Freiheit verstanden als Abwesenheit oder Beseitigung eines Hindernisses, das dem eigenen Willen entgegensteht. Man mag Hitler und Putin als Protagonisten einer extremen, mörderischen Form von negativer Freiheit deuten. Aber ist damit irgendetwas für das Verständnis von Freiheit gewonnen? Wenn die Unterscheidung einer „Freiheit von“ und einer „Freiheit zu“, derer sich auch Snyder, wie Berlin und viele andere, bedient, irgendeinen analytischen Ertrag erbringen soll, dann doch nur, wenn man fragt, wie sie miteinander zusammenhängen, einander bedingen – beispielsweise die Abwesenheit von Drohung und Zwang, mit denen despotische Herrschaft arbeitet, als – positiv zu wertende – „Freiheit von“ und Mitarbeit am Gemeinwohl aus Überzeugung als „Freiheit zu“. Dieses Aufeinander-Bezogen-Sein von negativer und positiver Freiheit kommt bei Snyder nicht vor.

Dass seine Freiheitsbegrifflichkeit nicht wirklich zu Ende gedacht ist, so wortreich sie auch ausgemalt wird, ist nur eine der Schwächen des Buches. Irritierender mag für viele Leser der frei mäandernde Denk- und Argumentationsstil des Autors sein: von Familiengeschichten über Reiseimpressionen, besonders aus der Ukraine, bis zu philosophischen Reflexionen und naturwissenschaftlichen Elementarlektionen mischt sich vieles, allzu vieles in bunter Folge. Man mag diese Buntheit unterhaltsam, sogar anregend finden. Man mag Sinn dafür haben, dass jemand sein Verständnis von Freiheit auf eine sehr persönliche Weise zur Darstellung bringt. Aber in der Summe zählt für den Leser doch vor allem, was er für sein eigenes Verständnis von Freiheit gewinnt. Und da lautet die Antwort: Der Titel erweckt Erwartungen, die das Buch nicht einlöst oder doch nur auf eine den Leser irritierende Weise.

Snyders *Über Freiheit* hat aber noch ein anderes Thema als das, das der Titel ankündigt. Es ist zugleich die bittere Abrechnung eines Amerikaners mit seinem eigenen Land: mit dem fortdauernden Rassismus, auf den Snyder immer wieder zu sprechen kommt; mit den faktischen Ungleichheiten des Wahlrechts, die vor allem wiederum die Afroamerikaner treffen; mit der Macht des Geldes in der amerikanischen Politik; mit dem Supreme Court, der diese Macht schützt, indem er die Wahlkampfspenden der Milliardäre als durch das Grundrecht der freien Rede geschützt erklärt; mit dem amerikanischen Verständnis des freien Marktes als Markt ohne rechtliche Zügelung. Dazu Trump als Bedrohung der amerikanischen Demokratie. Hier knüpft *On Liberty* an *On Tyranny* an. Als Snyder das Buch schrieb, war Trump noch nicht wiedergewählt. Aber allein schon „die große Lüge“, die Behauptung, er habe die Wahlen von 2020 gewonnen, machte Trump für Snyder zu jemandem, der die amerikanische Demokratie aus den Angeln zu heben versucht. Inzwischen haben die ersten Wochen der zweiten Amtszeit dazu geführt, dass Snyder die Vereinigten Staaten verlassen hat. Mit besonderer Schärfe geißelt er im Übrigen auch die Leugnung des menschen-gemachten Klimawandels durch Trump und seine Gefolgschaft als eine die Menschheit gefährdende Wirklichkeitsverweigerung.

Es ist nicht schwer, Snyders Zorn, manchmal auch seine Verzweiflung, nachzuvollziehen oder gar zu teilen. Die meisten Leser werden da auf seiner Seite stehen. Aber alle Sympathie für Snyders Empörung und Bitterkeit kann doch nichts daran ändern, dass ein kritischer Leser wahrnimmt: Es fehlt seinen stark emotional geprägten Betrachtungen durchgehend an Klarheit, Präzision, auch an Nüchternheit. Einfallsreichtum, Empathie, Leidenschaft schaden einem Buch, dessen Gegenstand die Freiheit ist, gewiss nicht. Aber allein damit ist es bei diesem Thema nicht getan.

Verfassungsschutzbericht 2023

Von Leif Woidtke

Bundesministerium des Innern und für Heimat (Hrsg.), Verfassungsschutzbericht 2023, Berlin 2024 (Bezugsadresse: www.verfassungsschutz.de), 406 S.

Seit 1968 gibt das Bundesministerium des Innern jährlich den Verfassungsschutzbericht (VSB) heraus, der Einblicke in die Tätigkeit des Bundesamtes für Verfassungsschutz (BfV) sowie einen zahlenbasierten Überblick über extremistische Bestrebungen bietet. Anfangs auf Rechts- und Linksextremismus sowie Spionageabwehr fokussiert, nahm der Verfassungsschutz weitere Bedrohungsfelder auf. Kritik an analytischen Schwächen[1] begegnete man mit der Einrichtung des Zentrums für Analyse und Forschung (ZAF).[2] Der Bericht 2023 gliedert sich in die Bereiche Politisch motivierte Kriminalität (PMK), Auswirkungen des Nahostkonflikts und Antisemitismus, Rechtsextremismus/rechtsextremistischer Terrorismus, „Reichsbürger"/„Selbstverwalter", Verfassungsschutzrelevante Delegitimierung des Staates, Linksextremismus, Islamismus/islamistischer Terrorismus, Auslandsbezogener Extremismus, Spionage, Cyberangriffe und sonstige sicherheitsgefährdende oder geheimdienstliche Aktivitäten für eine fremde Macht, Geheim- und Sabotageschutz sowie „Scientology-Organisation" (SO). Erstmalig findet sich der Abschnitt Auswirkungen des Nahostkonflikts und Antisemitismus. Mit 406 Seiten liegt der Umfang leicht über dem Durchschnitt der vergangenen Jahrzehnte. Das einleitende Kapitel zur Legitimation des Verfassungsschutzes dokumentiert einen Personalzuwachs auf 4414 Bedienstete (plus drei Prozent) sowie eine Budgetsteigerung auf etwa 470 Millionen Euro (plus 6,5 Prozent). Angesichts der beschriebenen Bedrohungslagen bleibt offen, ob die Ausstattung der Behörde tatsächlich genügt – der Bericht äußert sich dazu nicht. Politische Diskussionen um den Verfassungsschutz reichen von Forderungen nach erweiterten Befugnissen über verstärkte Kontrollmechanismen und Beschränkungen des Aufgabenspektrums bis hin zu grundsätzlichen Reform- und Auflösungsüberlegungen.

1 Vgl. Deutscher Bundestag, 19. Wahlperiode, Drucksache 19/31492 vom 12. Juli 2021; Marschel Schöne/Martin Herrnkind, Cum hoc ergo propter hoc – Zwischen Korrelation und (Schein-)Kausalität, in: Uwe Backes/Alexander Gallus/Eckhard Jesse/Tom Thieme (Hrsg.), Jahrbuch Extremismus & Demokratie, Bd. 30, Baden-Baden 2018, S. 387–391.

2 Die Autoren- und Beitragsliste des Tagungsbandes zur Wissenschaftskonferenz 2023 lässt die intensive Zusammenarbeit mit der Wissenschaft und die damit verbundene Stärkung der Analysekompetenz des BfV erkennen. Vgl. Bundesamt für Verfassungsschutz (Hrsg.), Tagungsband Wissenschaftskonferenz 2023. Meinungsbildung 2.0 – Strategien im Ringen um Deutungshoheit im digitalen Zeitalter, Köln 2023.

Einleitende Definitionen zur PMK, gefolgt von einem Gesamtüberblick zu den einzelnen Phänomenbereichen erschließen die Materie auch Fachfremden. Diese 22 Seiten könnten als verlängerte Managementfassung des Berichts verstanden werden. Wer sich hiermit begnügt, verpasst jedoch die detaillierten Einzelanalysen. Vor der üblichen Strukturierung findet sich ein Phänomen übergreifendes Sonderkapitel zu den Auswirkungen des Nahostkonfliktes. Ausgangspunkt ist der Terrorangriff der *Hamas* auf Israel am 7. Oktober 2023, der die (inter-)nationale Sicherheitslage erheblich beeinflusste und zu umfangreichen proisraelischen sowie propalästinensischen Versammlungen führte. Das Kapitel analysiert, wie extremistische Akteure verschiedene Narrative – etwa die Parole „From the river to the sea – Palestine will be free" – für eigene Zwecke nutzen. Insbesondere Israelfeindschaft und Antisemitismus zeigten sich als „tragfähige Brückennarrative, also ideologische Schnittmengen und Verbindungen zwischen unterschiedlichen und an sich unvereinbaren extremistischen Einstellungen" (S. 59). Zudem wird ein Anstieg gewaltsamer Übergriffe auf Polizeikräfte festgestellt. Infolge der Entwicklungen verbot das Bundesministerium des Innern und für Heimat (BMI) am 2. November 2023 die Betätigung der *Hamas* in Deutschland. Die umfassende Darstellung führt in den nachfolgenden Phänomenbereichen teilweise zu Redundanzen.

Wie bereits in früheren Berichten liegt der Schwerpunkt der Ausführungen auf den Themenfeldern „Rechtsextremismus/rechtsextremistischer Terrorismus", „Linksextremismus" sowie „Islamismus/islamistischer Terrorismus". Bundesinnenministerin Nancy Faeser betont im Vorwort, der Rechtsextremismus stelle weiterhin die größte Bedrohung für die freiheitliche Demokratie dar. Ausdruck hierfür sind unter anderem 17 Vereinsverbote seit 1992, zuletzt gegen die *Hammerskins Deutschland*.[3] Das rechtsextreme Personenpotenzial stieg 2023 auf 40.600 Personen (plus 5 Prozent), die Zahl gewaltorientierter Rechtsextremisten auf 14.500. Auch rechtsextremistische Gewalttaten nahmen zu, vor allem Körperverletzungen. Die Gesamtzahl rechtsextremistischer Straftaten erhöhte sich deutlich um 22,4 Prozent auf 25.660 Delikte, wobei Propagandadelikte mit 15.081 Fällen dominierten.[4] Die *Freien Sachsen* verdoppelten ihre Demonstrationstätigkeit, während die AfD und *Der III. Weg* Mitgliederzuwächse verzeichneten. Erstmals wurden die *Junge Alternative*, das mittlerweile aufgelöste *Institut für Staatspolitik* und der *Ein Prozent e.V.* als Beobachtungsobjekte aufgeführt. Sie eint die Propagierung eines ethnisch definierten Volksbegriffs. Seit langem bekannt ist, dass sich neben rechtsextremistischen Musikveranstaltungen[5] der Kampfsport[6] als Teil der rechtsextremistischen „Erleb-

3 Gegen die Verbotsverfügung wurden mehrere Klagen eingereicht, so dass das Verbot nicht bestandskräftig ist.

4 Die Anzahl der im/mittels Internet begangenen Straftaten ist in allen Phänomenbereichen um ein Vielfaches gestiegen. Vgl. Bundeskriminalamt (Hrsg.), Bundesweite Fallzahlen 2023 Politisch motivierte Kriminalität, Wiesbaden 2024, S. 8.

5 Bereits im Verfassungsschutzbericht 1991, damals noch im Kontext der Skinhead-Bewegung, und dann fortlaufend aufgeführt (S. 92).

6 Erstmals im Verfassungsschutzbericht 2017 näher thematisiert (S. 68).

niskultur“ etabliert hat. Ergänzend benennt der VSB 2023 erstmals die Anschlussfähigkeit der gewaltgeneigten Fußballszene an das rechtsextremistische Milieu.

Die Szene der „Reichsbürger“ und „Selbstverwalter“ verzeichnete 2023 einen Anstieg auf etwa 25.000 Personen (2022: 23.000), von denen etwa fünf Prozent dem rechtsextremen Spektrum zuzuordnen sind. Rund 2.500 Personen (2022: 2.300) gelten als gewaltorientiert. Die Zahl der von dieser Szene verübten politisch motivierten Straftaten ging zurück (2023: 1.292, 2022: 1.856), darunter 149 Gewalttaten (2022: 286). Immer wieder kommt es bei Vollzugsmaßnahmen zu tätlichen Angriffen auf Polizeibeamte; exemplarisch hierfür stehen die Exekutivmaßnahmen gegen die Gruppe um Heinrich XIII. Prinz Reuß, bei denen eine als Zeuge geführte Person Schusswaffen gegen Polizeikräfte einsetzte und zwei Beamte verletzte. Im Kontext der im April 2021 eingeführten Kategorie „Verfassungsschutzrelevante Delegitimierung des Staates“ werden bundesweit etwa 1.600 Personen (2022: 1.400) erfasst, davon rund 250 als gewaltorientiert. Besondere mediale Aufmerksamkeit erlangte die Vereinigung *Vereinte Patrioten*, die Anschläge auf kritische Infrastrukturen und die Entführung von Bundesgesundheitsminister Karl Lauterbach plante. Die fünf Angeklagten wurden zu mehrjährigen Haftstrafen verurteilt.[7]

Das linksextremistische Personenpotenzial wuchs 2023 erneut – um 500 auf 37.000 Personen. 11.200 davon gelten als gewaltorientiert (2022: 10.800). Die Zahl der linksextremistisch motivierten Straftaten stieg um 10,4 Prozent auf 4.248 Delikte, die der Gewalttaten um 20,8 Prozent auf 727. Gewalt gegen Polizeibeamte nahm dabei mit 477 Fällen um fast zwei Drittel besonders stark zu und übertraf die Zahl derer gegen Rechtsextremisten (204). Regionale Schwerpunkte lagen in Nordrhein-Westfalen (1.093 Straftaten) und Sachsen (804 Straftaten), bedingt durch die gewaltsamen Proteste gegen die Räumung Lützeraths sowie die Ausschreitungen zum „Tag X“ am 3. Juni 2023 in Leipzig im Zusammenhang mit dem Fall Lina E. Auf das Urteil des OLG Dresden, später vom BGH bestätigt[8], reagierte die Szene bundesweit mit weiteren Straf- und Gewalttaten, darunter zwei versuchte Tötungsdelikte an Polizeibeamten. Ergänzt wurde der Bericht um den Aspekt „Angriffe auf Kritische Infrastruktur“, nachdem bereits die VSB 2021 und 2022 entsprechende Einzelereignisse thematisierten.

Die Erfassung von Links- und Rechtsextremisten im öffentlichen Dienst war Bestandteil der Verfassungsschutzberichte (VSB) von 1972 bis 1990. Mit dem VSB 2020 wurde unter dem damaligen Bundesminister des Innern, für Bau und Heimat Horst Seehofer die Kategorie „Rechtsextremisten in Sicherheitsbehörden“ wieder eingeführt und seither fortgeführt. Anders als in den Vorjahren wird jedoch kein eigenes Zahlenmaterial präsentiert. Stattdessen verweist der Bericht auf den dritten Lagebericht „Rechtsextremisten in Sicherheitsbehörden“. Dieser dokumentiert bei 364 Beschäftigten – davon 175 bei Bundes- und 189 bei Landessicherheitsbehörden – tatsächliche Anhaltspunkte für Bestrebungen gegen die freiheitliche demokrati-

7 OLG Koblenz, Urteil vom 06. März 2025 – 1 StE 2 BJs 141/22.
8 BGH, Urteil vom 19. März 2025 – 3 StR 173/24.

sche Grundordnung. Festgestellte Aktivitäten umfassen extremistische Äußerungen in Chats und auf Social-Media-Plattformen, die Verwendung rechtsextremistischer Symbole und Musiktitel sowie politisch motivierte Beleidigungen. 191 dieser Fälle waren bereits im vorangegangenen Lagebericht erfasst worden.[9]

Im Bereich Islamismus/islamistischer Terrorismus gab es kaum Veränderungen des Personenpotenzials (27.200; 2022: 27.480). Für Teilbereiche wie den *Islamischen Staat* (IS), *Al-Qaida* und das *Islamische Zentrum Hamburg e.V.* (IZH) liegen nach wie vor keine gesicherten Zahlen vor – eine Erkenntnislücke, die sich für *Al-Qaida* bis zur erstmaligen Erwähnung im VSB 1999[10] und für das IZH bis 1994[11] zurückverfolgen lässt. Vor dem Hintergrund des Anschlagsgeschehens – 2023 wurden zwei islamistisch motivierte Anschläge mit einer getöteten und vier schwer verletzten Personen registriert – bestätigt dies die anhaltende Gefährdungslage. Besonders Einzelakteure stellen ein erhebliches Risiko dar, häufig mit Angriffen auf sogenannte „weiche Ziele". So liegen Erkenntnisse über mehr als 150 Rückkehrer vor, die an Kampfhandlungen in Syrien oder im Irak beteiligt waren oder dort eine Ausbildung durchliefen. Neu aufgenommen wurde die Kategorie der *Islamistischen Nordkaukasischen Szene* (INS), die insbesondere Aktivitäten von Personen aus Regionen wie Dagestan, Inguschetien und Tschetschenien umfasst und zumeist salafistisch-jihadistisch geprägt ist. Jihadistische Propaganda verbreitet sich zunehmend über moderne Formate wie TikTok, Podcasts, Videostreams und Onlineseminare. Insgesamt wurden im Bereich Islamismus/islamistischer Terrorismus von 1992 an die meisten Vereinsverbote (20) ausgesprochen.

Der Abschnitt Auslandsbezogener Extremismus befasst sich mit nicht islamistischen Organisationen. Deren Ursprungsländer sind im Wesentlichen die Türkei und Syrien. Die meisten Anhängern zählen die *Arbeiterpartei Kurdistans* (PKK) sowie die rechtsextremistische türkische *Ülkücü-Bewegung* (u. a. die *Grauen Wölfe*). Neu eingefügt wurde ein Passus „Säkularer palästinensischer Extremismus sowie Samidoun – Palästinensisches Gefangenensolidaritätsnetzwerk". Die Betätigung von *Samidoun* wurde 2023 verboten und damit einhergehend die Parole „From the river to the sea, Palestine will be free" untersagt. In Deutschland sind diese Organisationen derzeit nicht terroristisch aktiv, gleichwohl gefährden sie die innere Sicherheit „beim gewaltsamen Aufeinandertreffen verfeindeter extremistischer Lager, durch Straftaten bei Versammlungen und durch Angriffe auf Einrichtungen des bekämpften (Heimat-)Staates" (S. 262).

Die Veröffentlichung des VSB 2023 am 18. Juni 2024 durch Bundesinnenministerin Nancy Faeser und BfV-Präsident Thomas Haldenwang erfolgte in einem sicherheitspolitisch hochsensiblen Kontext. Nur wenige Tage zuvor hatte der tödliche Messerangriff auf den Polizeibeamten Rouven Laur in Mannheim, verübt durch

9 Bundesamt für Verfassungsschutz (Hrsg.), Lagebericht Rechtsextremisten in Sicherheitsbehörden Lagebericht – „Reichsbürger" und „Selbstverwalter" „Verfassungsschutzrelevante Delegitimierung des Staates", Köln 2024, S. 23

10 Vgl. Verfassungsschutzbericht 1999, S. 178.

11 Vgl. Verfassungsschutzbericht 1994, S. 194.

einen mutmaßlich islamistisch motivierten Täter, die Verwundbarkeit öffentlicher Räume erneut drastisch vor Augen geführt. Der Bericht zeichnet ein differenziertes Bild der aktuellen Bedrohungslagen: Deutlich wird die weiterhin hohe Gewaltbereitschaft in nahezu allen extremistischen Phänomenbereichen. Gemessen am Anspruch des Verfassungsschutzes als Frühwarnsystem der freiheitlich demokratischen Grundordnung und eingedenk weiterer Anschläge, nicht zuletzt dem auf den Magdeburger Weihnachtsmarkt am 20. Dezember 2024, ist die Politik gefordert, den Sicherheitsbehörden entsprechende materielle, personelle und rechtliche Ressourcen zur Verfügung zu stellen, da ohne entschlossenes Handeln die Analyse Gefahr läuft, zum reinen Lageprotokoll zu verkommen. Insgesamt stellt der *Verfassungsschutzbericht 2023* eine wertvolle Grundlage für das Verständnis der inneren Bedrohungslagen dar – er bietet sowohl Sicherheitsbehörden als auch der wissenschaftlichen Analyse wichtige Impulse.

Arche-Noah-Aktion für demokratisch-progressive Kulturschaffende auf der Flucht

Von Sebastian Liebold

Uwe Wittstock, Marseille 1940. Die große Flucht der Literatur, München 2024 (*C. H. Beck*), 351 S.

Es geht um das Narrativ großer Gefahr. Im bebilderten und tagebuchähnlich gegliederten Erzählpanorama *Marseille 1940* lässt Uwe Wittstock den amerikanischen Journalisten Varian Fry am 15. Juli 1935 in der Chefetage des NSDAP-Auslandspressedienstes in Berlin ebenso offen wie schroff erfahren, wie Hitlers Partei antijüdische Maßnahmen betrieb und weiterzutreiben gedachte. Mit Sinn für dramatische Sätze stellt der Autor von *Februar 33. Der Winter der Literatur* in kalendarischen Dialogen dar, mit welchen Folgen die in aller Öffentlichkeit vollführte Entrechtung von jüdischen und kommunistischen Schriftstellern den Lebensweg von so unterschiedlichen Personen wie Lion Feuchtwanger, Heinrich Mann, Anna Seghers oder Franz Werfel schicksalhaft veränderte.

An vielen Orten (wie Paris, Sanary-sur-Mer und immer wieder in Marseille) tauschten sich die Autoren über ihre Lage aus, berieten über Möglichkeiten der weiteren Emigration – und sparten untereinander nicht an Frotzeleien. So war Heinrich Mann – als die SA bereits nach ihm suchte – in letzter Minute über Kehl nach Frankreich geflohen; auf dem Kongress von jüdischen und kommunistischen Schriftstellern in Paris musste er sogleich André Gides hohe Meinung von sich selbst und – bei einem Essen in Nizza – die niedrige Meinung seines Bruders Thomas über Nelly Kröger, die eigentlich Emmy Westphal hieß und die er 1939 ehelichte, ertragen („nichts als eine alberne, schrecklich ordinäre Person", S. 24). Das Buch spart nicht mit Anzüglichkeiten, etwa zu Feuchtwangers Ehe: „Meist ist Marta freundlich zu den Frauen, mit denen Feuchtwanger schläft, aber sobald sie versucht, ihr, der Ehefrau, den Platz in seinem Leben streitig zu machen, geht sie auf die Barrikaden" (S. 26).

Einen ernsten Abschnitt des 20. Jahrhunderts öffnet der in viele Sprachen übersetzte Künder so unterschiedlicher Autoren wie Karl Marx (*Karl Marx beim Barbier*, 2018), Franz Fühmann oder Marcel Reich-Ranicki daher mit recht reißerischen Mitteln für interessierte Leser. Anfangs scheinen die Selbstzweifel des nachmaligen Retters Fry, der brüchige Familienhintergrund und der Besitz des in seiner Studentenzeit anrüchigen Bands *Ulysses* von James Joyce („ein rebellisches Buch für einen rebellischen Menschen", S. 14) wichtiger als der gravierende Unterschied der demokratischen Regeln in den USA und der über Deutschland hereinbrechenden, teils kämpferisch herbeigewünschten Diktatur der Nationalsozialisten – und doch erlauben die Szenen des Buches einen lebendigen Eindruck davon, wie hart die Abbruchkante der Moderne Ende der 1930er Jahre gewesen ist.

Während die Frage aufkommt, ob die vorgestellten Personen für „die" Gruppe der Emigranten insgesamt zu stehen vermögen, ist Wittstocks gekonnte Verbindung einiger politischer Ereignisse, die er blitzlichtartig präsentiert, und der persönlichen Situation „seiner" Autoren ein unbestreitbarer Vorzug des Buches. Der Leser fühlt förmlich den Vormarsch der deutschen Truppen, während die Schriftsteller mit Entsetzen in der Zeitung lesen, wie die Deutschen Pariser Fabriken bombardieren, die Alliierten via Dünkirchen über den Ärmelkanal fliehen, Pétain den Etat Français ausruft und mehrere Wellen von Flüchtlingen innerhalb Frankreichs nach Süden „schwappen".

Auf die Kapitel „Le désastre" folgen Episoden mit dem Titel „Über die Berge" über Ereignisse des Herbstes 1940, geprägt durch die findigen Hilfestellungen von Varian Fry, die Emigranten bis zum Hafen nach Lissabon zu manövrieren, um die Atlantiküberfahrt anzutreten (oft nach langem Warten, da die Überseeschiffe meist ausgebucht waren, S. 186). Wie ein Krimi lesen sich Wittstocks Zeilen zu den Zwischenstationen – etwa in Barcelona: „Es gibt nur noch zwei Flugtickets nach Madrid. Welche seiner fünf Klienten [Heinrich und Nelly Mann, Lion und Marta Feuchtwanger, Franz Werfel] sollen sie bekommen und welche die Reise mit dem Zug antreten, der intensiver überwacht wird?" (S. 185) Parallel werden die Versuche von Fry erzählt, Geld einzutreiben und die Flüchtlinge in den USA gut zu versorgen (so durch das „Emergency Rescue Committee" der Unitarier). Der Journalist mit taktischen Fähigkeiten versuchte gar, beim englischen Botschafter zu erreichen, dass ein Schiff der Royal Navy aus einer Fahrt im Flottenverband ausschert, um bei Nacht nahe Marseille nicht nur Soldaten, sondern auch „Frys Klienten" (S. 187) aufzunehmen. Dies wies die Navy zurück. Dafür stellte ihm der Botschafter 10.000 Dollar in Aussicht, wenn Fry britische Soldaten auf dem Landweg nach Spanien zu geleiten imstande wäre. Fry avancierte zum Agenten der freien Welt.

In der Zeit von Cloudspeichern sind Szenen wie die folgende mit existenziellem Charakter nur noch schwer zu verstehen, weswegen der Bericht von hohem Wert ist: Walter Benjamin hatte Hannah Arendt bereits mehrfach geschrieben – am 20. September 1940 konnte er sie (die dort unter dem Namen Hannah Blücher beim „Centre Américain de Secours" nach einem Notfallvisum fragte) in Marseille treffen, um ihr sein Manuskript *Über den Begriff der Geschichte* zu übergeben (ebd.). Während er über Fluchtchancen nachdenkt, springt Wittstock zur Fluchtgeschichte von Anna Seghers und ihrer Kinder über die Grenze des besetzten Teils Frankreichs, lässt Lion und Marta Feuchtwanger (er mit US-Pass auf den Namen James Wetcheek, sie mit Behelfsausweis ohne Pseudonym) über die Berge klettern – und sicher in Portbou auf der spanischen Seite der Pyrenäen ankommen, ehe Benjamin in Richtung Portbou aufbricht. Da der angeschlagene Schriftsteller dort – nach einer strapaziösen Wegstrecke – mit Aussicht auf Rückführung in ein französisches Internierungslager festgesetzt wurde, brachte er sich um. Seine Begleiterin, die Fotografin Henny Gurland, verbrannte anschließend einen Brief, den er ihr für Theodor W. Adorno zugesteckt hatte, um nicht „tiefer in den Fall verstrickt“ zu werden (S. 204).

Zeiten von Krieg und Besetzung prägen nicht nur unmenschliche Vorgaben auf hoher Ebene. Zwischenmenschliche Beziehungen werden auf die Probe gestellt, Freundschaften zerreißen – und oft sind die Gründe in den hektischen Momenten der Flucht individuell nachvollziehbar. Ständig lauerte Verrat, oft ging es um falsche Namen oder Atteste – so in dem Moment, als Walter Mehring verhaftet werden sollte. Er blieb mit ärztlichem Nachweis auf freiem Fuß, während Rudolf Breitscheid und Rudolf Hilferding an die Gestapo ausgeliefert wurden (S. 195). Hilferding starb wenig später in einem Pariser Gefängnis, Breitscheid 1944 nach Überstellung ins Konzentrationslager Buchenwald. Notizen wie diese sind im Buch recht knapp formuliert, einige Stationen lesen sich bei Wikipedia nicht weniger anschaulich. Dass Walter Mehring über Martinique nach Florida fliehen konnte, als Drehbuchautor aber nicht reüssierte, erfährt der Leser im Ausblick „Was danach geschah“ (S. 333).

Da der Präfekt des Départements Bouches-du-Rhône (in dem Marseille liegt) sich beim amerikanischen Konsul Hugh Fullerton über die Aktivitäten von Varian Fry beschwert hatte, ging dieser in die Offensive: Er wollte – im Wissen, dass Hiram (genannt Harry) Bingham, der Vizekonsul, sich sehr für die Rettung von Flüchtlingen einsetzte – den Konsul von der existenziellen Bedeutung der Aufgabe überzeugen. Doch Fullerton wollte keine Konflikte mit der Pétain-Regierung, er legte ein Telegramm des State Department auf den Tisch, dass die „Mr. Fry nachgesagten Aktivitäten“ missbilligte (S. 196). Aus heutiger Sicht friert es einen, wenn man liest, welche Steine dem „Rescue Visa Program“ intern in den Weg gelegt wurden – die Institutionen der demokratischen Auffangnation USA waren nicht alle immigrationsfreundlich.

Immer wichtiger wurde aufgrund der fehlenden öffentlichen Billigung die Rolle von Leuten wie Justus (genannt Gussie) Rosenberg, der als Kurier für gefälschte Papiere agierte. Sein Leben und seine späteren Rückblicke sind bemerkenswert: Er scheiterte 1941 bei einem Versuch, nach Spanien zu entkommen, und schloss sich – als Jude in großer Gefahr – der Résistance an. Wiederum im kurzen Nachklapp erfährt man, dass Rosenberg (in *The Art of Resistance*, 2020) Kritik über Fry äußerte: „Er hat lediglich seine Aufgaben erfüllt.“ (S. 331) Wittstock kommentiert dies so: Rosenberg habe als aktiver Untergrundkämpfer „wohl andere Vorstellungen von Mut entwickelt“ (ebd.) als sie Fry besaß. Fry hatte für die weiteren Aktivitäten die Villa Air Bel angemietet – Wittstock gibt das Selbstbewusstsein wieder, das Fry an den Tag legte: „Fry liebt die herrlich angestaubte Würde des Hauses, aber auch die Aussicht [...] mit einer eigenen Bibliothek, goldgerahmten Spiegeln über den Kaminen“ (S. 238), seinem kultiviert-exzentrischen Lebensstil angemessen. Der Kontrast zu den Taten ist augenfällig – den bei verschiedenen Diplomaten vorgetragenen Plan, mit seinem Team ein Schiff für die Flüchtlinge zu akquirieren, gab Fry im Winter 1940/41 auf.

Nach einigen für die Kriegstage fast surrealistischen Kulturabenden in der Villa, die André Breton mitgestaltete, kam mit dem Frühjahr 1941 für etliche Emigranten ein Lichtblick: So konnte u. a. Hannah Arendt einen Platz auf einem Schiff ergattern. Anna Seghers bekam wie André Breton, Alfred Kantorowicz und Claude Lévi-Strauss einen Platz auf dem Frachter „Capitaine Paul Lemerle“, wofür das „Centre Américain de Secours“ (unter der Leitung von Miriam Davenport und maßgeblicher Unterstützung von Otto-Albert Hirschmann) 10.000 Francs je Platz im Frachtraum bezahlte (S. 298), der vor der Küste Afrikas unerträglich heiß wurde. In immer knapperen Szenen wird deutlich, wie nahe Rettung und Tod beieinander lagen.

Die Erzählweise Wittstocks fesselt, die im Literaturverzeichnis aufgeführten Lebenserinnerungen der Protagonisten hat er sicher um alltägliche Details kreativ ergänzt. Als weitere Quellen gibt er Wikipedia und eine Seite über das Wetter im Jahr 1940 an (S. 345). Das Personenregister erlaubt einen schnellen Zugriff; es listet die Namen von Verfolgten und Verfolgern auf – Humanität war und bleibt ein gefährdetes Gut. Bücher wie *Marseille 1940* machen für Bildungsträger klar, dass es ohne den Übergang vom ausgesandten Narrativ zur inneren Demokratiebejahung immer wieder Gewaltexzesse gibt, die in antidemokratischen Regimen regelmäßig auftreten.

Kommentierte Bibliographie

Akbarian, Samira, Recht brechen. Eine Theorie des zivilen Ungehorsams, München 2024 (*C. H. Beck*), 172 S. – Angeregt durch Protestphänomene unserer Gegenwart von der „Letzten Generation" bis zu den „Reichsbürgern" fragt die Frankfurter Rechtsphilosophin Samira Akbarian nach den Formen, der Spannbreite und den Grenzen des zivilen Ungehorsams. Wie viel und welchen Aktivismus muss unsere Gesellschaft aushalten, welcher nützt ihr? Wann wirkt er schädlich und nimmt eine verfassungsfeindliche Ausprägung an, die es zu bekämpfen gilt? Die gedankenreiche Schrift, die einen „rechtsstaatlichen", einen „radikaldemokratischen" und einen „ethischen" Zugang zum zivilen Ungehorsam voneinander unterscheidet, verdeutlicht, ein wie schmaler Grat häufig zwischen den positiven und den negativen Effekten des zivilen Ungehorsams verläuft. Grundsätzlich begegnet die Autorin ihrem Untersuchungsgegenstand mit Sympathie und lässt einen moderaten Utopieüberschwang erkennen. So heißt es abschließend: „Die Vision von einer gerechten, guten Gesellschaft und die Prinzipien von Freiheit und Gleichheit zu verwirklichen, erfordert manchmal – das Recht zu brechen."

Anisin, Alexei, Authoritarian Liberal Surveillance and the COVID-19 Pandemic, Berlin/Boston 2024 (*De Gruyter*), 133 S. – Auf der Grundlage qualitativer und quantitativer Analysen über 54 liberale Demokratien sucht der an der Anglo-Amerikanischen Universität Prag lehrende Sozialwissenschaftler die These zu erhärten, dass die staatlichen Eingriffe in die Individualsphäre der Bürger während der Pandemie sich teilweise aus der Anwendung ordoliberaler Praktiken („authoritarian liberal economic practices") in Verbindung mit zuvor verankerten Strukturen des „Überwachungskapitalismus" (etwa im Bereich der Telekommunikation) erklären lassen.

Augstein, Franziska, Winston Churchill. Biographie, München 2024 (*dtv*), 615 S. – Dies ist ein exzellent geschriebenes Buch zu einem bedeutenden Politiker. Die Stärke liegt nicht in der Erschließung neuer Quellen, sondern in der differenzierten Interpretation. Die Biographie stellt beides heraus: große Stärken (z. B. Rednergabe) wie große Schwächen Churchills (z. B. Rassismus).

Bajohr, Frank/Magnus Brechtken (Hrsg.), Zeitzeugen, Zeitgenossen, Zeitgeschichte. Die frühe NS-Forschung am Institut für Zeitgeschichte, Göttingen 2024 (*Wallstein*), 392 S. – Der Sammelband bietet anhand zahlreicher Beiträge einen guten Einblick in die – vor allem – anfängliche Arbeit des Instituts für Zeitgeschichte. Dabei wird der Reichstagsbrand in zwei Beiträgen abgehandelt. Zu Recht korrigiert Lutz Kreller die Positionen Benjamin Carter Hetts, der dem Reichstagsbrandforscher Fritz Tobias unlautere Motive unterstellt.

Becker, Manuel/Volker Kronenberg/Christopher Prinz (Hrsg.), Rücktritte von politischen Ämtern. Perspektiven auf das Ende von politischen Karrieren, Wiesbaden 2024 (*Springer VS*), 390 S. – Rücktritte gehören zur politischen Kultur, dabei oft lediglich als blankes Scheitern gewertet. Gemäß Hermann Hesses berühmtem Diktum wohnt jedem Anfang ein Ende inne – dies gilt auch für politische Karrieren. Während Macht in Monarchien meist erst mit dem Tod endet, ist sie in Demokratien bewusst auf Zeit angelegt. Dennoch sind freiwillige Amtsaufgaben historisch eher die Ausnahme als die Regel. Gründe für Rücktritte reichen von Krankheit und Überforderung bis hin zu politischen Differenzen. Beispiele wie Nicola Sturgeon zeigen, dass auch heute persönliche Motive im Zentrum stehen können, doch meist wird der Rücktritt als erzwungen interpretiert. In Deutschland ein besonders interessanter Fall ist der Rücktritt Gustav W. Heinemanns von 1950, wurde er später doch Bundespräsident. Andere Rücktritte wie die von Franz Josef Strauß (Spiegel-Affäre) oder Karl-Theodor zu Guttenberg (Plagiatsaffäre) galten als unvermeidlich. Eine feste Kultur des Rücktritts hat sich rund um solch divergierende

Beispiele nie entwickelt. Umso wichtiger ist es, politische Rücktritte systematisch, vergleichend und mit historischem Tiefgang zu erforschen. Dazu gibt dieser Band einen wichtigen Impuls.

Benhabib, Seyla, Kosmopolitismus im Wandel. Zwischen Demos, Kosmos und Globus, Berlin 2024 (*Mandelbaum*), 92 S. – Der Kosmopolitismus hat in der gegenwärtigen Weltlage einen schweren Stand. Seyla Benhabib macht sich daran, diesen zu verteidigen, und legt mit dem Büchlein ein Plädoyer vor, den Kosmopolitismus neu zu denken. Dabei referiert sie zunächst die zeitgenössische Kritik am Kosmopolitismus, die bezeichnenderweise von ihren einstigen Verfechtern ausgeht, insbesondere von Martha Nussbaum, die einem liberalen Nationalismus das Wort rede. Darauffolgend stellt Benhabib überzeugend vor, wie das Völkerrecht durch neue Ansätze aus der Sicht des Globalen Südens rekonstruiert werden kann, um anschließend das „Streben nach planetarischer Nachhaltigkeit" ins kosmopolitische Denken einzubeziehen.

Bisky, Jens, Die Entscheidung. Deutschland 1929 bis 1934, Berlin 2024 (*Rowohlt Berlin*), 640 S. – Populäre Bücher zur Weimarer Geschichtsperiode erfreuen sich seit einiger Zeit wieder großer Beliebtheit. Jens Bisky vom Hamburger Institut für Sozialforschung und zuvor langjähriger Feuilletonredakteur der Süddeutschen Zeitung hat eine dichte Erfahrungsgeschichte der Jahre 1929 bis 1934 vorgelegt, als Deutschland eine Krisenzeit durchlebte und schließlich der Nationalsozialismus an die Macht gelangte. Bisky berichtet lebendig von fluiden Zuständen, von einer „Republik des Übergangs". Er beschreibt eine ins Taumeln geratene Epoche, von der nicht sicher zu erahnen war, wo sie ihre Dynamik hinführen würde, ob zu neuen Höhen oder in den Abgrund. Die Erwartungen und Erfahrungen der Zeitgenossen, die Bisky mit all ihren Ambivalenzen gut einfängt, schienen sich zu überschlagen. Diese Betrachtung lässt die lang währende Offenheit der Entwicklung erkennen, benennt aber ebenso fatale Kipppunkte, die letztlich ins „Dritte Reich" führten. Am Ende stehen Betrachtungen über „Weimarer Verhältnisse", die uns durchaus etwas Angst machen sollen. So lautet der letzte Satz: „Wer heute auf das Ende Weimars zurückblickt, weiß: Es ist politisch leichtfertig, nicht mit dem Schlimmsten zu rechnen."

Bredow, Wilfried von, Kriege im 21. Jahrhundert. Wie heute militärische Konflikte geführt werden, Berlin 2024 (*BeBra*), 279 S. – Der Inhalt des Buches geht weit über den Untertitel hinaus. Der emeritierte Marburger Politikwissenschaftler, nicht nur im Bereich der internationalen Politik bestens ausgewiesen, macht die Relevanz von Kriegen allüberall deutlich. So wird die Fixierung auf die Ukraine und den Nahen Osten vermieden. Was soll man mehr loben: die angenehme, unprätentiöse Sprache bei der Präsentation der kriegerischen Konflikte oder die Analysekraft des Autors, der sich in allen Weltregionen auszukennen scheint?

Breier, Zsuzsa, 1989. Das Jahr beginnt, Göttingen 2024 (*Vandenhoeck & Ruprecht*), 467 S. – Diese quellennahe Darstellung einer liberalen Publizistin behandelt nur die ersten drei Monate des Schlüsseljahres 1989 – vor allem mit Blick auf Deutschland und Ungarn. Damals deutete für die Zeitgenossen noch wenig auf das Ende des Kommunismus in Europa hin.

Buzar, Stipe/Jean-François Caron (Hrsg.), War on Terror. Reflecting on 20 Years of Policy, Actions, and Violence, Berlin/Boston 2024 (*De Gruyter*), 102 S. – Experten der Internationalen Beziehungen ziehen eine deprimierende Bilanz zur Effektivität wie – und vor allem auch – zur Legitimität des von Präsident George W. Bush nach den Anschlägen vom 11. September 2001 ausgerufenen „War on Terror".

Calhoun, Craig J./Dilip Parameshwar Gaonkar/Charles Taylor, Zerfallserscheinungen der Demokratie, Berlin 2024 (*Suhrkamp*), 459 S. – In diesem politiktheoretischen Werk wird die gegenwärtige Krise der Demokratie als Folge einer inneren Entleerung normativer Voraussetzungen gedeutet, konkret: als Verlust von Öffentlichkeit als Forum einer vernünftigen Diskussion und sozialer Teilhabe. Entsprechend stehen Entwicklungen in fortgeschrittenen Demokratien seit den 1970er Jahren im Zentrum. Charles Taylor benennt drei Faktoren: den Verlust der Wirkmacht der Bürgerschaft angesichts der wachsenden Komplexität der repräsentativen Demokratie, die zunehmende Ausgrenzung durch rassistische, wirtschaftliche und kulturelle Diskriminierung sowie die gesteigerte Polarisierung durch mediale und politische Manipulation. Craig

Calhoun interpretiert diese Tendenzen als Folge des Aufstiegs des globalen Neoliberalismus, der die Bürger entfremdet und lokale Gemeinschaften atomisiert habe. Diese Entsolidarisierung findet ihre ideologische Rechtfertigung in der allseitigen Verehrung von Authentizität und Meritokratie. Als Gegenmaßnahmen empfehlen Calhoun und Taylor eine Sammlung der progressiven Kräfte – Klimaaktivisten und Gewerkschafter – zur Erneuerung des sozialdemokratischen Versprechens. Spätestens hier dürfte der dritte Autor Dilip Parameshwar Gaonkar intervenieren. Denn die Krise der Demokratie ist für ihn nicht allein Folge sozio-ökonomischer Faktoren, sondern hat primär politische Ursachen. Jede Hoffnung auf eine politische Erneuerung greift daher auf Formen zurück, die selbst für die Krise der Demokratie verantwortlich sind. Es bleibt ein ewiger Kreislauf zwischen Elitenherrschaft und direkter Aktion des Protests, auch wenn Gaonkar mit letzterem sympathisiert.

Chaouat, Bruno, Ist Theorie gut für die Juden? Das fatale Erbe französischen Denkens, Berlin 2024 (*Edition Tiamat*), 440 S. – Das Buch geht der Frage nach, inwiefern die Theoriebildung des französischen Poststrukturalismus – von Derrida und Lyotard bis hin zur postkolonialen Theorie – zu einer Verstärkung des Antisemitismus in akademischen Debatten beigetragen hat. Chaouat zeigt, wie eine Faszination für das diasporische Judentum zugleich mit einer tiefen Ablehnung des Zionismus einhergeht und in Teilen den gegenwärtigen Aktivismus im universitären Milieu prägt. In sorgfältigen Analysen rekonstruiert er das Spannungsfeld von Philosemitismus, Antisemitismus und theoretischer Projektion und macht dabei die problematischen Folgen einer intellektuellen Tradition sichtbar, die immer wieder auf die Delegitimierung Israels hinausläuft. Die Studie verbindet persönliche Erfahrung mit textnaher Analyse und leistet damit einen wichtigen Beitrag zu den Debatten über das Verhältnis von Theorie, Judentum und Antisemitismus.

Correctiv/Katapult, 100 Karten über Rechtsextremismus, Greifswald 2024 (*Katapult*), 190 S. – Illustriert mit zahlreichen Karten und Grafiken bietet der von Katapult und Correctiv gemeinsam erarbeitete Band einen Überblick über Daten und Erhebungen zu rechtsextremen Parteien und Gruppen, vor allem in Deutschland. Erfasst werden Themen wie die NS-Vergangenheit einzelner Wissenschaftler, rechtsextreme Einstellungen in der Bevölkerung, Codes und Symbole, Reichsbürger, antisemitische Vorfälle und Gewaltdelikte. Einen Schwerpunkt legt das Buch auf die AfD.

De Grazia, Victoria, Der perfekte Faschist. Eine Geschichte von Liebe, Macht und Gewalt, Berlin 2024 (*Wagenbach*), 512 S. – Zwei Jahre nach der italienischen Erstveröffentlichung bei Einaudi liegt nun die deutsche Übersetzung dieser ausführlichen Biografie des faschistischen Kolonialministers Attilio Teruzzi vor. De Grazia schildert seine Karriere als Prototyp des faschistischen Funktionärs, die sich zwischen Loyalität zum Regime, kolonialen Kriegen und privatem Machtmissbrauch vollzog. Den Ausgangspunkt bildet die spektakuläre Ehe Teruzzis mit der jüdisch-amerikanischen Sängerin Liliana Weinman, die mit der Zeit den antisemitischen Charakter des Regimes sichtbar werden lässt. Mit großer Detailfülle rekonstruiert die Autorin Teruzzis Rolle in der faschistischen Partei, dem Zweiten Weltkrieg und dem italienischen Kolonialismus. Das Werk verbindet politische Biografie mit kulturgeschichtlicher Analyse und liefert einen fundierten Einblick in Funktionsweisen und Alltagsrealitäten des italienischen Faschismus.

Dosdall, Henrick, Terrorismus und Polizei. Der Fall Breitscheidplatz, Wiesbaden 2024 (*Springer VS*), 167 S. – Der an der Fachhochschule für öffentliche Verwaltung in Meiningen/Thüringen tätige Sozialwissenschaftler untersucht den islamistischen Anschlag auf dem Berliner Breitscheidplatz 2016 sowie das vorrausgegangene und anschließende polizeiliche Handeln aus einer organisationssoziologischen Perspektive. Im Mittelpunkt steht die Frage, wie es trotz Observation und Telekommunikationsüberwachung zu dem Attentat kommen konnte. Im Ergebnis sei ein komplexes Ursachenbündel dafür verantwortlich zu machen: begrenzte Ressourcen der Polizei, Verantwortungsdiffusion, verschiedene Bewertungen der Gefährlichkeit Anis Amris sowie mangelnde Kommunikation und Koordination der Sicherheitsbehörden. Zugleich zeigt der Autor, wie begrenzt die Möglichkeiten polizeilicher Präventions- und Repressionsarbeit sind, wenn es sich um isolierte Einzeltäter ohne Einbindung in Netzwerkstrukturen handelt.

Dreier, Horst, Metamorphosen der Demokratie, Basel 2024 (*Schwabe*), 63 S. – Wie von Horst Dreier nicht anders zu erwarten, sind diese Ausführungen, die als 41. Band der „Jacob Burckhardt Gespräche auf Castelen" erschienen sind, hochgelehrt, urteilsstark und – ungeachtet des geringen Umfangs – differenziert. Der emeritierte Würzburger Staatsrechtslehrer nimmt die Krisen unserer Demokratie als Ausgangspunkt, um zunächst bis zum „Urbild der Demokratie" im alten Athen zurück zu leuchten und über die repräsentative Demokratie als der Moderne entwachsene Staatsform nachzudenken. Der letzte Abschnitt vor dem Schluss taxiert die Bedeutung von Inter- und Supranationalisierung, von Migration und des durch soziale Medien wesentlich bewirkten Strukturwandels der Öffentlichkeit für den Status unserer Demokratie. Am Ende fragt Dreier danach, ob sie eine „Metamorphose" durchlaufen wird oder gar von „Erosion" bedroht ist. Von Untergangsprophetien hält er wenig. Die einzige „echte Metamorphose" in der langen Demokratiegeschichte sei jene von ihrer direkten hin zur repräsentativen Ausprägung gewesen. Was die Herausforderungen durch Social Media betrifft, deren Rolle er insgesamt für ambivalent hält, vertraut der Jurist auf „die ordnende und regulierende Kraft des Rechts". Schließlich appelliert er an unseren Bürgersinn, „die Demokratie als etwas Wertvolles und Erhaltenswertes" zu erachten. Dolf Sternberger hätte es ihm in jedem Fall gedankt.

Eilenberger, Wolfram, Geister der Gegenwart. Die letzten Jahre der Philosophie und der Beginn einer neuen Aufklärung 1948–1984, Stuttgart 2024 (*Klett-Cotta*), 492 S. – Wolfram Eilenberger setzt mit diesem Band seine Erfolgsbuchreihe fort, die er einst mit *Zeit der Zauberer* begann. Wie schon in den Vorgängerbänden hat er sich vier Protagonisten ausgesucht, um ein ideen- und philosophiegeschichtliches Panorama aufzuspannen. Diesmal sind es Theodor W. Adorno, Susan Sontag, Michel Foucault und Paul K. Feyerabend. Und wieder gelingt es Eilenberger gekonnt, Philosophie-, Lebens- und Zeitgeschichte – dazu noch exzellent geschrieben – zu verknüpfen. Der Autor erweist sich nun zum wiederholten Male im besten Sinne als Wissenspopularisierer, ohne sich intellektuell um Kopf und Kragen zu reden oder vielmehr zu schreiben.

Eversberg, Dennis/Martin Fritz/Linda von Faber/Matthias Schmelzer, Der neue Sozial-ökologische Klassenkonflikt. Mentalitäts- und Interessengegensätze im Streit um Transformation, Frankfurt a. M. 2024 (*Campus*), 221 S. – Der Untertitel dieser Studie beinhaltet bereits ihren zentralen Befund: „Je nach sozialer Position […] haben unterschiedliche Teile der Bevölkerung ganz unterschiedliche Interessen und somit Einstellungen im Hinblick darauf, welche Richtung die Transformation nehmen soll." Die Soziologen der Jenaer Nachwuchsforschergruppe „Mentalitäten im Fluss" analysierten Daten aus der Bevölkerungsumfrage BioMentalitäten (von Faber/Fritz 2023), woraus sie drei Mentalitätsspektren herausschälen (ökosozial, konservativ-steigerungsorientiert, defensiv-reaktionär), die unterschiedliche Einstellungen und Interessen gegenüber der sozial-ökologischen Transformation zeitigen. Sichtbar werde daran ein Klassenkonflikt, der entlang von vier Konfliktdimensionen verlaufe (Abstraktionskonflikt, Lebensweisekonflikt, Veränderungskonflikt, Externalisierungskonflikt). Die Autoren scheuen sich nicht, politische Schlussfolgerungen abzuleiten.

Ewald, Christina, Revolution und Ordnung. Aushandlungsprozesse zwischen Politik, Verwaltung und Gesellschaft in Hamburg 1918/19, Göttingen 2024 (*Wallstein*), 384 S. – Am Beispiel Hamburgs legt Christina Ewald mit ihrer geschichtswissenschaftlichen Dissertation eine substanzielle Studie zur Novemberrevolution vor. Obgleich lokalhistorisch orientiert, weist ihre Arbeit doch darüber hinaus, weil sie in exemplarischer Weise aufschlüsselt, wie Revolution und Ordnung in einem Wechselverhältnis zu verstehen sind und wie sehr solche Umbruchssituationen über politische und ökonomische Grundsatzfragen hinaus sehr konkret in die Alltagswelt der Menschen hineinwirken. Deren dynamische Erfahrungswelten fängt die Autorin gut ein. Besonders erkenntnisreich sind in diesem Fall die Kapitel über „umstrittene Freizeitvergnügen" („Tanz wischen Aufbruchstimmung und Ordnungsverfall?") und über „Wohnungspolitik als Dauerproblem". Ewalds Doktorarbeit ist vorbildlich gearbeitet und kann als Musterbeispiel für weitere regionalgeschichtliche oder auch vergleichende Studien über die zeitweilig „vergessene Revolution" von 1918/19 herangezogen werden.

Felsch, Philipp, Der Philosoph. Habermas und wir, Berlin 2024 (*Propyläen*), 256 S. – Würde die Bundesrepublik ihren führenden, die Zeitläufte prägenden Philosophen einer Papstwahl gleich küren, so hätte es bereits vor vielen Jahrzehnten heißen müssen: Habemus Habermas! Er gilt als „*der* Philosoph", wie es der klug gewählte Buchtitel schon anzeigt, so wie es nur „*den* Papst" gibt. Der Berliner Kulturhistoriker zeichnet ein feines Porträt von diesem bundesrepublikanischen Meisterdenker, den er seinen Lesern bisweilen persönlich nahekommen lässt. Philipp Felschs Stärke liegt in der Beobachtung und Darstellung der kleinen, scheinbar unbedeutenden Dinge, weniger im Nachvollzug theoretischer Lehrgebäude oder dem Absolvieren abstrakter Rationalitätsprüfungen. Er bringt eigene Beobachtungen und Bewertungen ein und berichtet von seinen Wahrnehmungen während Besuchen bei Habermas. So beginnt der lesenswerte Band mit dem Kapitel „Ein Nachmittag in Starnberg", in dem sogleich zu erfahren ist, dass Habermas seinen Gast in Chinos und „fabrikneuen Reeboks" begrüßte und „wie ein Amerikaner" wirkte. In – vermeintlichen – Nebensächlichkeiten sucht Felsch nach so etwas wie einer mikro-materialisierten Intellectual History. Darin ist er ein Meister, ohne aber vor einer vergleichsweise konventionellen Intellektuellengeschichte zurückzuschrecken. Das belegt beispielsweise das Kapitel „J'accuse" über den klassischen Gesellschaftskritiker.

Fohrmann, Jürgen/Erik Schilling (Hrsg.), Totalität und Radikalität, Göttingen 2024 (*Wallstein*), 265 S. – Der Sammelband vereinigt und ergänzt die Beiträge des Kolloquiums der „Krupp Reimers-Forschungsgruppe", die im November 2022 tagte und das Ziel verfolgte, „im interdisziplinären Dialog zentrale Themen der globalisierten Gesellschaft in historischer und gegenwärtiger Perspektivierung zu erörtern und die Ergebnisse einem breiteren Publikum zugänglich zu machen". Der Band liefert neben konzeptionell gefassten Beiträgen zur Begriffsschärfung von Totalität und Radikalität analytische Fallbeispiele, die zeigen, wie in ganz unterschiedlichen Sphären, ob religiöser, digitaler, oder ökologischer Art, Formen von Totalität und Radikalität zu Tage treten, die dazu neigen, demokratische Prozesse zu unterminieren. Der Band verharrt jedoch nicht im Dystopischen, sondern zeigt Potenziale auf, wie man dem „Totalen" entkommen kann.

Fredrich, Benjamin, Schlägereien in Parlamenten, Greifswald 2024 (*Katapult*), 207 S. – Faustschläge, Tritte, Massenschlägereien – das verbindet man kaum mit Parlamenten. Doch Fredrichs Buch zeigt, dass solche Szenen Teil politischer Auseinandersetzungen sein können. Der Herausgeber des Katapult-Magazins hat einen seiner früheren Artikel ausgebaut und bietet nun eine üppige Sammlung weltweiter Beispiele, in denen Debatten in Gewalt umschlagen.

Friedman, Michel, Judenhass. 7. Oktober 2023, Berlin 2024 (*Berlin Verlag*), 103 S. – Der Publizist Michel Friedman zeigt schonungslos, wie der Judenhass seit dem 7. Oktober 2023 an Boden gewinnt, auch in Deutschland: „Seit dem 7. Oktober werden Davidsterne an Wände geschmiert, an Häuser, in denen Juden leben. Wie Anfang der 1930er-Jahre. Flaschen mit brennendem Benzin werden auf Synagogen geschmettert. Es werden jüdische Gräber geschändet." In ganz Europa, ja weltweit haben antisemitische Straftaten rasant zugenommen, ausgehend von Rechts- und Linksextremisten wie von muslimischen Antisemiten. Und auch verbal kommen die Angriffe aus der bürgerlichen Mitte. Schockierend ist, dass sich, 80 Jahre nach der Befreiung von Auschwitz, Juden in Deutschland nicht mehr sicher fühlen. Was ist dagegen zu tun? Friedman fordert zu Recht mehr Aufklärung bei Kindern und Jugendlichen sowie für Lehrkräfte und appelliert an alle Repräsentanten des Staates und jeden einzelnen Bürger, gegen den Antisemitismus aufzustehen, um den Hass nicht siegen zu lassen.

Fritzsche, Maria, Sprachlich konstruierter Extremismus. Mehrdimensionale Textanalyse von Propaganda-Magazinen des sogenannten Islamischen Staates, Berlin/Boston 2024 (*De Gruyter*), 395 S. – Die 2023 an der Technischen Universität Berlin vorgelegte Dissertation geht der Frage nach, wie in Propagandatexten des Islamischen Staates dessen extremistische Weltanschauung wirkungsvoll vermittelt wird. Dafür wertet die Autorin 28 Beiträge aus den deutschsprachigen Online-Magazinen Dabiq und Rumiyah aus. Im Ergebnis arbeitet sie einesteils attraktive Identifikationsangebote heraus, bei denen potenziellen Anhängern der Anschluss an die Ingroup versprochen wird, bei der Allah und die „wahren Gläubigen" eine Gemeinschaft bilden, was radikale Selbstaufwertung und das Ende von Zweifel und Sinnsuche mit sich bringe. Anderenteils würden die positiven Emotionen mit dem Hass auf Outgroups verknüpft, da dies Gottes Wille sei.

Grothe, Ewald/Wolther von Kieseritzky (Hrsg.), Vernunftrepublikaner, Reichskanzler, liberaler Außenminister. Das Staatsverständnis von Gustav Stresemann, Baden-Baden 2024 (*Nomos*), 349 S. – Jonathan Wright bezeichnete Gustav Stresemann unumwunden als Weimars größten Staatsmann. Dieses positive Diktum hat sich durchgesetzt, vom alten Streit um Person und Politik Stresemanns entlang der Konfliktlinie Nationalist versus Europäer, überzeugter Demokrat versus opportunistischer Republikaner etc. ist nur wenig übriggeblieben. Sein Erbe strahlt mittlerweile in hellem Glanze, weshalb der Versuch der AfD, ihre parteinahe Stiftung nach Stresemann zu benennen, vor einigen Jahren umso mehr Empörung und Abwehr auslöste. Das vorbildlich zusammengestellte Kompendium versammelt die besten Kenner dieses Weimarer Politikers und beleuchtet ihn in seinem Verhältnis zu England, Frankreich sowie den Vereinigten Staaten, bevor seine Haltung zum Parlamentarismus, zu Parteien und Verbänden und somit zu Segmenten einer pluralistischen Demokratie genauer taxiert wird. In weiteren Abschnitten werden die Außen- und Finanzpolitik Stresemanns sowie seine Positionierungen gegenüber separatistischen und extremistischen Bestrebungen behandelt. Ulrich Lappenküper erinnert abschließend an die unterschiedlichen Konjunkturen der Stresemann-Rezeption in der Bundesrepublik Deutschland. Wer sich rasch auf den State-of-the-Art der Stresemann-Forschung bringen will, der greife nach diesem so lesenswerten wie elaborierten Band.

Gustenau, Gustav/Florian Hartleb (Hrsg.), Antisemitismus auf dem Vormarsch. Neue ideologische Dynamiken, Baden-Baden 2024 (*Nomos*), 271 S. – Die Beiträge des inhaltsreichen Bandes bilden zwei Schwerpunkte: Zum einen geht es um die Artikulationsformen des Online-Antisemitismus in globaler Perspektive. Zum anderen werden „Phänomenbereiche des Antisemitismus" überwiegend mit Blick auf Deutschland beleuchtet: die Frage der „Querfronten", Antisemitismus bei rechtsextremen Einzeltätern, der islamische Antisemitismus, Antisemitismus und Israelfeindlichkeit im Linksextremismus sowie schließlich die Rolle des Antisemitismus als „Kitt" bei Reichsbürgern und „Staatsverweigerern".

Heise, Volker, 1945, Berlin 2024 (*Rowohlt Berlin*), 464 S. – In einer neuen Zeit des Krieges und der Verwüstung ist es gut, sich in das geschichtsträchtige Jahr 1945 zurückzuversetzen. Es markiert eine Phase des Übergangs zwischen Zerstörung und Wiederaufbau, zwischen Schuld und Sühne, zwischen Verblendung und Klarsicht, zwischen Diktatur und Demokratie. Der historische Publizist Volker Heise entwirft ein chronologisches Zeitpanorama, das die Sichtweisen, Eindrücke und Urteile zahlreicher ganz unterschiedlicher Zeitzeugen zusammenkomponiert – und sich so zugleich als eine Hommage an Walter Kempowskis *Echolot* darbietet. Bei der Lektüre entsteht so ein regelrechter Sog, der einen in diese Vergangenheit hineinzieht und im Prozessionszug der Geschichte mitlaufen lässt.

Henning, Tim, Wissenschaftsfreiheit und Moral, Frankfurt a. M. 2024 (*Suhrkamp*), 318 S. – Der Mainzer Philosophieprofessor Tim Henning untersucht das Verhältnis von Wissenschaftsfreiheit und Moralismus. Auf der einen Seite gilt Wissenschaft als ein autonomer Bereich, in dem nur wissenschaftliche Kriterien zu gelten haben. Auf der anderen Seite kann moralische Kritik dazu führen, dass wissenschaftliche Thesen nicht zum Zuge kommen dürfen.

Hoffmann, Ruth, Das deutsche Alibi. Mythos „Stauffenberg-Attentat" – wie der 20. Juli 1944 verklärt und politisch instrumentalisiert wird, München 2024 (*Goldmann*), 400 S. – Ruth Hoffmann beleuchtet in ihrem Buch die Rezeptionsgeschichte des 20. Juli 1944 in der Nachkriegszeit und stellt heraus, wie die wechselhafte Deutung dieses berühmtesten aller Attentats- und Umsturzversuche stets vor dem Hintergrund politischer und nicht zuletzt exkulpatorischer Interessen und Absichten erfolgte. Angenehm sticht die differenzierte Betrachtung der Verschwörer heraus, bei denen es sich eben größtenteils weder um Demokraten im heutigen parlamentarisch-westlichen Sinne (Idealisierung in der Bundesrepublik) noch um verkappte Anhänger der NS-Ideologie (Abgrenzung seitens der Deutschen Demokratischen Republik) handelte. Die durchweg gut lesbare Monografie leidet zuweilen unter der Neigung der Autorin zu politisch reißerischen Thesen.

Hrytsak, Yaroslav, Ukraine. Biographie einer bedrängten Nation, München 2024 (*C. H. Beck*), 480 S. – Yaroslav Hrytsak lehrt Geschichte an der Katholischen Universität in Lwiw. Er schildert die Entwicklung der Ukraine im Sinne einer prekären Staatlichkeit im 20. Jahrhundert, blickt aber zudem weit zurück in die Geschichte, um langfristige kulturelle Prägungen zu erfassen und nachvollziehbar zu machen. Der Historiker räumt mit Thesen der russischen Propaganda auf, setzt sich aber auch kritisch mit geschichtspolitischen Legenden ukrainischer Provenienz auseinander. Hrytsak liefert eine exzellent geschriebene Geschichtsdarstellung, die jedem zur Lektüre empfohlen sei, der ein vertieftes Verständnis von einem Land erhalten will, das sich seit 2022 – aufgezwungen durch den militärischen Überfall seitens Russlands – weiterhin im Krieg befindet. Vor diesem Hintergrund ist Hrytsaks Plädoyer für die liberale Demokratie als Abschluss seiner Einleitung umso verständlicher: „Bei all ihren Mängeln", schreibt er, „ist die liberale Demokratie immer noch der beste Schutz gegen Gewalt. Aufgrund der spezifischen Geschichte einer Nation mag der Weg dorthin länger oder schwieriger sein, und die liberale Demokratie wird sich wohl nicht immer durchsetzen, aber ich bin überzeugt, dass es sich lohnt, diesem Pfad zu folgen."

Hübscher, Monika/Sabine von Mering (Hrsg.), Antisemitismus in den Sozialen Medien, Opladen/Berlin/Toronto 2024 (*Barbara Budrich*), 329 S. – Die englischsprachige Erstfassung des Bandes entstand vor dem Hamas-Massaker vom 7. Oktober 2023 mit dem Ziel, Antisemitismus in den Sozialen Medien als Forschungsfeld zu konstituieren. In dieser deutschsprachigen Version geht es auch um die Folgen des 7. Oktober 2023, der nicht zuletzt die strategische Ausnützung der neuen Kommunikationsformen als Mittel des Terrors wie zur Verbreitung von Hass und Hetze einer internationalen Öffentlichkeit vor Augen führte.

Hünermund, Sebastian, Öffentliche Anhörungen im Deutschen Bundestag. Eine empirische Untersuchung ihrer Funktion im politischen Prozess, Baden-Baden 2024 (*Nomos*), 433 S. – Die an der Martin-Luther-Universität Halle-Wittenberg entstandene Dissertation stellt die Frage nach der Funktion der öffentlichen Anhörungen im politischen Prozess in Hinblick auf Information, Kontrolle und Kommunikation. Dazu untersucht Hünermund sechs ausgewählte Fallbeispiele im Zeitraum von 2002 bis 2019. Von den Hearings des US-Kongresses übernommen, sollte der Gesetzgebungsprozess durch die Anhörung von Experten in den Ausschüssen unter Wahrung der öffentlichen Meinung verbessert werden. Seit der Aufnahme in die Geschäftsordnung des Deutschen Bundestages 1951 sind öffentliche Anhörungen zu einem wichtigen Instrument des Parlamentarismus geworden, deren Durchbruch mit den Hearings über die Notstandgesetzgebung 1967/68 einsetzte. Dennoch kommt Hünermund zu dem Befund, dass die Leistungsfähigkeit der Anhörungen in der Parlamentarismusforschung in Frage gestellt werde. Leisten die Anhörungen tatsächlich das, was sie versprechen, oder sind sie eher „Zeitverschwendung", ohne einen „nennenswerten Zugewinn an Informationen" liefern zu können? Wer mehr darüber erfahren will, dem sei diese erhellende Studie empfohlen, die ein differenziertes Urteil fällt.

Jahn, Sarah Jadwiga/Jana-Andrea Frommer (Hrsg.), Antisemitismusprävention durch ethisch-politische Bildung der Polizei. Perspektiven von Polizei, Zivilgesellschaft und Wissenschaft auf den Schutz jüdischen Lebens und Demokratie, Wiesbaden 2024 (*Springer VS*), 336 S. – Ziel des Sammelbandes ist es, einen Beitrag zur ethisch-politischen Bildungsarbeit der Polizei zu leisten, um Wissen über und Handlungssicherheit im Umgang mit Antisemitismus zu vermitteln. Die insgesamt 18 Beiträge sind in vier Themenbereiche strukturiert: 1) jüdische und zivilgesellschaftliche Perspektiven auf Antisemitismus und Implikationen für die polizeiliche Bildung; 2) Herausforderungen und Implikationen für die ethisch-politische Bildung; 3) Antisemitismusprävention in der Polizei und 4) Modelle der polizeilichen Bildung und Praxis. Da sämtliche Texte im Zeitraum von November 2022 bis August 2023 entstanden, fand der Hamas-Angriff auf Israel am 7. Oktober 2023 keine Berücksichtigung. Dies ist so bedauerlich wie unverständlich, zumal der Band erst Ende 2024 erschien.

Kahane, Anetta, Von Nazis und Forellen. Kolumnen über die Reparatur der Welt, Leipzig 2024 (*Hentrich & Hentrich*), 253 S. – Der Band umfasst 95 seit 2009 in der Frankfurter Rundschau und in der Berliner Zeitung veröffentlichte Texte der Gründerin und langjährigen Vorsitzenden der Amadeu Antonio Stiftung. Neben den Schwerpunkten Rechtsextremismus und Antisemitismus behandelt die Autorin ein breites Spektrum an Themen, etwa zu Erinnerungskultur, Demokratie, (Zivil-)Gesellschaft und Nahostkonflikt. Letztgenannter spielt vor allem in den Kolumnen seit dem Hamas-Angriff am 7. Oktober 2023 eine zentrale Rolle. Der Titel des Buches entstammt dem gleichnamigen Text aus dem Jahr 2010.

Kohlenberger, Judith, Gegen die neue Härte, München 2024 (*dtv*), 252 S. – Anhand zahlreicher Beispiele untersucht die Kulturwissenschaftlerin, wie sich eine Politik der Abschottung und eine zunehmend verrohte Sprache gegenüber Geflüchteten in die europäische Gesellschaft einschreiben. Der Band verknüpft Beobachtungen zur Asyl- und Migrationspolitik mit Analysen gesellschaftlicher Diskurse und fragt nach den Folgen für Demokratie und gesellschaftlichen Zusammenhalt. Gegen die „systemische Härte" setzt Kohlenberger den Anspruch einer „universalistischen Empathie".

Krusche, Dorit/Kerstin Wiedemann (Hrsg.), Ricarda Huch als moderne Essayistin, Berlin 2024 (*Frank & Timme*), 249 S. – Mittlerweile gehört Ricarda Huch zu den großen vergessenen deutschen Schriftstellerinnen und Schriftstellern des 20. Jahrhunderts. Daran vermag auch die Tatsache nichts zu ändern, dass in ihrem Fall schon seit vielen Jahren eine Werkausgabe vorliegt, die Huch nicht nur als belletristische Autorin, sondern auch als Historikerin und öffentliche Intellektuelle erkennbar werden lässt. Insbesondere die letztgenannte Rolle nimmt der von Dorit Krusche und Kerstin Weidemann herausgegebene, sorgfältig in interdisziplinärer Absicht zusammengestellte Band in den Blick. Schließlich ist der „Essay als Form", wie es einst Theodor W. Adorno fasste, in seiner „methodisch unmethodischen" Weise die intellektuelle Ausdrucksweise par excellence. Dieses Handwerkszeug pflegte Huch nicht nur im Falle „kleiner" Texte, die sie für Tageszeitungen und Kulturzeitschriften schrieb, sondern diese Schreibpraxis prägte auch ihre markanten Reden (wobei sie das Vortragen an sich nicht mochte) und ihr historiographisches Werk. Poetische Qualitäten, anthropologisches Taxieren und politische Implikationen gingen dann im Idealfall eine glückliche Verbindung ein. Sowohl an Huchs literarischem Werk als auch an ihren politischen Einschätzungen interessierte Leser kommen bei der Lektüre dieses lesenswerten Bandes auf ihre Kosten. Christian E. Roques weist den vor gut zwei Jahrzehnten von Claudia Bruns formulierten Vorwurf gegenüber Ricarda Huch überzeugend zurück, sie sei dem Ideenspektrum der „konservativen Revolution" zuzurechnen. Dies hieße, autoritäre gegenüber liberalen und auch demokratischen Bestandteilen in ihrem politischen Denken zu stark zu gewichten.

Kurze, Michael, Rechtspopulistische Parteien, Ein neuer Typ der Parteienfamilie oder eine Ansammlung nationaler Einzelphänomene?, Baden-Baden 2024 (*Nomos*), 426 S. – Die Dissertation widmet sich der Frage, inwiefern die deutsche AfD, die österreichische FPÖ, die niederländische PVV und der französische Rassemblement National als Parteienfamilie verstanden werden können. Im Zentrum steht eine systematische Analyse von Ideologie, Organisation, Wählerschaft und europäischer Kooperation, ergänzt durch einen ausführlichen Programmvergleich. Während deutliche Unterschiede, etwa in der Wirtschafts- oder Energiepolitik, sichtbar werden, arbeitet Kurze zugleich zentrale Gemeinsamkeiten heraus, insbesondere in der Gegenüberstellung von „Volk" und „Elite". Die Arbeit kommt zu dem Ergebnis, dass trotz nationaler Besonderheiten eine rechtspopulistische Parteienfamilie existiert, deren Zusammenhalt auch durch eine wachsende Kooperationsbereitschaft auf europäischer Ebene gestärkt wird. Damit leistet die Studie einen wichtigen Beitrag zur theoretischen Klärung und zur Abgrenzung des Rechtspopulismus-Begriffs.

Lenhard, Philipp, Café Marx. Das Institut für Sozialforschung von den Anfängen bis zur Frankfurter Schule, München 2024 (*C. H. Beck*), 624 S. – Philipp Lenhard, der vor einigen Jahren eine schmale und dennoch gewichtige Biografie über Friedrich Pollock als „graue Eminenz" der Frankfurter Schule vorgelegt hat, präsentiert mit diesem Buch eine weit ausgreifende und umfassende Geschichte des Instituts für Sozialforschung. Zeitlich setzt das intensiv aus den (ungedruckten) Quellen schöpfende Opus in der Entstehungsphase der Weimarer Republik ein und endet mit einem Ausblick auf das „Nachleben" 2024. Lenhard gelingt es nicht nur überzeugend, das theoretische Fundament einer Denkschule – ob „marxistisch" oder „kritisch" – freizulegen. Ihm glückt auch die intellektuellengeschichtliche Ausleuchtung der Akteure, Orte und Zeitläufte. Besonders hervorhebenswert ist beispielsweise für die Übergangsjahre zwischen 1930 und 1933 eine „Im Kaffeehaus" überschriebene Miniatur über das Frankfurter Intellektuellenmilieu jener transitorischen Periode. Lenhard will gelebte, dann historisch gewordene Erfahrung festhalten – und daraus auch Schlussfolgerungen ziehen. So heißt es abschließend: „Doch wer nach dem Holocaust und den Moskauer Prozessen ein bloßes ‚Zurück zu Marx' fordert, ohne die Verbrechen des Stalin- und des Hitler-Regimes zum Angelpunkt seiner Kritik zu machen, der betreibt keine Kritische Theorie, sondern eine verbalradikal aufgeputzte Form der Verdrängung." Die Protagonisten seiner Studie, mit Adorno und Horkheimer an der Spitze, würden dagegen „bis auf Weiteres Einspruch erheben".

Linder, Jutta (Hrsg.), Weltpolitik / Weltfrieden. Thomas Mann zur Zeit des Kalten Krieges, Frankfurt a. M. 2024 (*Vittorio Klostermann*), 272 S. – Dieser in der renommierten Buchreihe „Thomas-Mann-Studien" erschienene Band würdigt Thomas Mann in den ersten zehn Nachkriegsjahren von 1945 bis 1955. Sie markieren zugleich sein letztes Lebensjahrzehnt voller politischer Umbrüche und auch persönlich-lebensweltlicher Wandlungen (vor allem der Wegzug aus den Vereinigten Staaten zurück ins zunächst nach 1933 gewählte Schweizer Exil). Die Publikation entspricht einem jüngeren Trend, sich vor allem auch dem politischen Thomas Mann zuzuwenden, seine Sichtweisen, Motivationen und konkreten öffentlichen Aktivitäten zu würdigen. Manche der Aufsätze taxieren als „Bestandsaufnahme" (so Helmut Koopmann) Thomas Manns Weg in den Kalten Krieg insgesamt, andere blicken speziell auf seine schwierige Neulokalisierung im geteilten Deutschland, aber auch auf sein Verhältnis zu Österreich, zu Italien und zu den Staaten des Ostblocks – respektive umgekehrt: das Thomas-Mann-Bild dort. Am Ende steht eine Betrachtung der Herausgeberin zu Thomas Manns Vorstellungen eines „Weltfriedensmanifests". Gleich zu Beginn wirft Jutta Linder in der Einleitung die Frage auf, welche „möglichen Überraschungen" der „politische" Thomas Mann wohl für die Phase des Kalten Krieges bereithielt. Sie betont auch „im hohen Alter seine Disponibilität, sich im Angesicht gewandelter Verhältnisse selbst neu zu positionieren". So sehr die Zwangslagen des Kalten Kriegs auch ihn in einen verengten Meinungskorridor zwingen wollten, so entwand sich Thomas Mann doch festgefügten Deutungskategorien. Er blieb der eigensinnige Intellektuelle, der er im Grunde stets war.

Lüders, Michael, Krieg ohne Ende? Warum wir für Frieden im Nahen Osten unsere Haltung zu Israel ändern müssen, München 2024 (*Goldmann*), 400 S. – Michael Lüders hinterfragt kritisch das deutsche Sonderverhältnis zum Staat Israel, die darauf aufbauende Nahostpolitik und die offizielle bundesdeutsche Erinnerungskultur an den Holocaust, die – so der Autor – bis heute zu einer einseitigen Parteinahme für Israel führe. Das Bemühen, über den komplexen Nahostkonflikt aufzuklären und kritische Aspekte anzusprechen, ist in der Sache gerechtfertigt. Lüders' Buch gerät jedoch zu einer durchweg einseitigen und undifferenzierten Streitschrift, in der sich von Anfang bis Ende an Israel, Deutschland und den USA abgearbeitet wird. Israel wird für alle Konflikte und Fehlentwicklungen im Nahen Osten hauptverantwortlich gemacht; die Rollen der Palästinenser (Hamas, PLO), der arabischen Nachbarn oder des Iran bleiben auffällig unterbelichtet. Die anklagenden Termini, inhaltlichen Auslassungen und analytischen Verdrehungen im Buch tragen nicht zu Aufklärung und Versöhnung bei, sondern geben vielmehr jedem Antisemiten argumentativ-propagandistisches Futter an die Hand.

Mann, Michael, Über Kriege, Hamburg 2024 (*Hamburger Edition*), 718 S. – Der in Los Angeles Soziologie lehrende Michael Mann legt ein Mammutwerk zur Geschichte der Kriege vor. Er blickt zurück bis ins antike Rom und spannt von da aus einen Bogen bis hin zum Ukrainekrieg. Mann verbindet ideologiegeschichtliche und -kritische Betrachtungen mit der Taxierung politisch-strategischer, ökonomischer und militärisch-taktischer Motive. Für seinen Kollegen, den

Gewalttheoretiker Randall Collins, ist er aufgrund dieses systematisierenden Zugriffs auf einen historisch ausladenden Topos der Max Weber unserer Tage. Am Ende dieses Opus steht die Erkenntnis, dass es unter rationalen Gesichtspunkten in jedem Fall besser wäre, sich für den Frieden zu entscheiden. Nur: „Die menschliche Natur spielt eine Rolle, und darum gibt es für die Kriege, die geführt werden, meist keinen triftigen Grund." Anstelle von Hoffnung und Vernunftglauben steht am Ende so etwas wie anthropologische Ernüchterung.

Manthe, Rainald, Demokratie fehlt Begegnung. Über Alltagsorte des sozialen Zusammenhalts, Bielefeld 2024 (*transcript*), 154 S. – Rainald Manthe, ein Soziologe, der am „Zentrum Liberale Moderne" tätig war, sensibilisiert mit seinem Büchlein dafür, dass Demokratie nicht nur eine Staats-, sondern auch eine Lebensform ist. Sie braucht in konkreter Weise gemeinsame Erfahrungswelten und Begegnungsstätten, alltägliche Orte, an denen sich entweder gezielt oder nebenbei sozialer Zusammenhalt spüren lässt.

Mayrhofer, Hemma/Florian Neuburg, Resilienz gegen Extremismus. Biografische Fallverläufe im gesellschaftlichen Kontext, Weinheim/Basel 2024 (*Beltz Juventa*), 214 S. – Die Studie analysiert anhand von Fallstudien Resilienzfaktoren gegen Extremismus. Attraktive Zukunftsperspektiven sind u. a. Resilienzfaktoren. Dazu gehört ein positives gesellschaftliches Umfeld ebenso wie ein guter familiärer Rückhalt. Besonders beleuchtet wird die Interaktion von Risiko- und Resilienzfaktoren.

Merten, Viola, Der Naturbegriff der Neuen Rechten in Deutschland und den USA. Diffuse Konzepte und ihr Beitrag zur Bildung programmatischer Querfronten, Baden-Baden 2024 (*Nomos*), 142 S. – Die Studie untersucht die strategische Instrumentalisierung des Naturbegriffs in Publikationen der Neuen Rechten in Deutschland und den USA. Am Beispiel der Zeitschrift Wir Selbst und des Blogs Postliberal Order zeigt Merten, wie „Natur" als positiv besetzter, zugleich jedoch diffuser Bezugspunkt genutzt wird, um ideologische Anknüpfungspunkte für Querfrontbildungen zu schaffen. In vergleichender Perspektive wird deutlich, dass diese Semantik nicht nur an traditionelle rechte Argumente anschließt, sondern auch gezielt Elemente aufgreift, die für linke und ökologische Milieus attraktiv erscheinen. Damit verdeutlicht die Arbeit, wie kulturell aufgeladene Begriffe in der gegenwärtigen politischen Kommunikation genutzt werden, um Allianzen gegen die liberale Demokratie zu stärken.

Möllers, Christoph, Das Grundgesetz. Geschichte und Inhalt, 4. Aufl., München 2024 (*C. H. Beck*), 122 S. – Vierte Auflage der erfolgreichen Kurzeinführung, die im Wesentlichen der Fassung von 2019 folgt: Für die nächste Auflage wäre eine Berücksichtigung der Pandemie, eine Betrachtung der Veränderungen in der Finanzverfassung sowie insbesondere eine Diskussion der Neufassung der Artikel zum Bundesverfassungsgericht bedenkenswert.

Morina, Christina (Hrsg.), Antisemitismus und Rassismus. Konjunkturen und Kontroversen seit 1945, Göttingen 2024 (*Vandenhoeck & Ruprecht*), 160 S. – Nach einer Einleitung der Herausgeberin Christina Morina, die Zeitgeschichte an der Universität Bielefeld lehrt, folgt ein erster Teil mit zwei Aufsätzen zu den „Konjunkturen und Kontroversen" über Antisemitismus und Rassismus innerhalb der Historiographie nach 1945 (Stefanie Schüler-Springorum) und über „Ansätze und Leerstellen" in der gegenwärtigen Antisemitismus- und Rassismusforschung (Barbara Manthe und Anna Strommenger). Der zweite Teil dokumentiert ein Gespräch zwischen Max Czollek und Teresa Koloma Beck, das durch einen kundigen Kommentar von Frank Wolff über eine „Annäherung an eine unheimliche Zweisamkeit" (nicht der beiden Gesprächspartner, sondern von Antisemitismus und Rassismus), wie es treffend heißt, beschlossen wird. Mit dieser Sammelschrift soll zugleich exemplarisch das Erkenntnis- und Debattenpotenzial der Zeitgeschichte für Problemfelder unserer Gegenwart aufgezeigt werden.

Neumann, Klaus, Blumen und Brandsätze. Eine deutsche Geschichte 1989–2023, Hamburg 2024 (*Hamburger Edition*), 512 S. – Der Titel des Buches ist so plastisch wie bildhaft, er deutet eine große Spannbreite „deutscher Geschichte" seit dem Wendejahr 1989 bis in unsere Gegenwart an. „In diesem Buch geht es darum", schreibt Klaus Neumann, der bis vor kurzem Geschichte im australischen Melbourne lehrte, „wie zu unterschiedlichen Zeiten und an unterschiedlichen

Orten Flüchtlinge im weitesten Sinne in Deutschland willkommen geheißen, allenfalls toleriert oder abgewiesen wurden." Der Autor trägt dabei vor allem lokalhistorische und -politische Beobachtungen – aus Hamburg ebenso wie Sachsen – zusammen und sucht sie zu ordnen. In dem Buch werden viele kleine Geschichten erzählt, die Neumann aber als „Versatzstücke einer gemeinsamen Geschichte" verstanden wissen will. Er hofft durch den Blick auf konkrete Fälle und lokale Konstellationen mehr für die Problematik zu sensibilisieren als durch vergleichsweise abstrakte „Lehren aus der Vergangenheit". So möchte er „eine Zukunft jenseits von ‚Migrationsproblemen' und ‚Asylkrisen'" denkbar werden lassen.

Niess, Wolfgang, Schicksalsjahr 1925. Als Hindenburg Präsident wurde, München 2024 (*C. H. Beck*), 304 S. – Der langjährige Radio- und Fernsehredakteur Wolfgang Niess hat als Doktorarbeit ein maßgebliches Werk zur Historiographiegeschichte der Novemberrevolution verfasst. Es folgten Darstellungen für ein größeres geschichtsinteressiertes Publikum über eben diese ungeliebte deutsche Revolution von 1918/19 und über den Hitler-Putsch vom Herbst 1923. Nun folgt Niess' Würdigung des Jahres 1925 und der Hindenburgwahl. Gut lesbar und mit dem Blick für das Wesentliche vermittelt er so ein wichtiges Stück Weimarer Geschichte. Der Neuigkeitswert der Thesen ist gering, umso gelungener fällt allerdings die Synthese aus, die dem State-of-the-Art entspricht. Der Wechsel von Friedrich Ebert zu Paul von Hindenburg hatte große Auswirkungen. Es dürfte allerdings eine Streitfrage bleiben, mit welcher Zwangsläufigkeit diese Personalie letztlich Hitlers Weg zur Macht im Jahr 1933 ermöglichte. Von einer „Zeitbombe" zu sprechen, „die 1933 mit zerstörerischer Gewalt explodieren sollte" (so der Buchrückentext), wirkt etwas zu dramatisierend und deterministisch.

Patzelt, Werner J., Geschichte des Parlamentarismus, Band 1: Außereuropäische Vormoderne und vorchristliche Antike, Baden-Baden 2024 (*Nomos*), 330 S. – Das als vierbändiges Kompendium angelegte Werk zur Geschichte des Parlamentarismus des Dresdner Politikwissenschaftlers folgt seinem in vielen Büchern und kleineren Studien vorgelegten Forschungsimpuls: Wie jede politische Institution ist auch die eines Parlaments abhängig vom geografischen, historischen und sozialen Raum. Ein Parlament ist demnach nicht nur ein Ort der Repräsentation, über deren mathematisch korrekte Proportionalität heute gerne geforscht und gestritten wird, sondern in erster Linie ein Ort des Beratens und Debattierens. Den weiten Parlamentarismusbegriff, wie ihn Patzelt in zahlreichen Studien – darunter Parlamente und ihre Symbolik (2001), Parlamente und ihre Funktionen (2003), Parlamente und ihre Zeit (2009), Parlamente und ihre Evolution (2012) sowie Evolutorischer Institutionalismus (2007) – vorgelegt hat, sollte der Leser kennen, bevor er sich den einzelnen Ausführungen zu parlamentarischen Strukturen im vormodernen Afrika, Amerika und der Antike widmet. Auf die Reaktion der historischen Forschung zu diesen Kapiteln darf man gespannt sein.

Petersen, Andreas, Der Osten und das Unbewusste. Wie Freud im Kollektiv verschwand, Stuttgart 2024 (*Klett-Cotta*), 349 S. – Während Westeuropa im Verlauf des 20. Jahrhunderts so etwas wie einen „psychological turn" vollzog, blieb eine solche Volte in Osteuropa und Russland aus. Das explizite wie implizite psychologische Wissen driftete über einen langen Zeitraum hinweg zwischen Ost und West auseinander. Die Rezeption Freuds und der Tiefenpsychologie verlief hier wie dort komplett unterschiedlich. Indem Andreas Petersen die Rezeptionsgeschichte insbesondere für Osteuropa nachzeichnet und einordnet, beleuchtet er ein bislang weitgehend unbekanntes Kapitel der Geschichte, das in seiner Widerläufigkeit zum Westen „gesellschaftliche Auswirkungen" bis heute habe. „Dieses sehr unterschiedliche Erbe hat enorme Sprengkraft", so weckt der Autor auch die Neugier jener Leser, die mehr als nur ein verschüttetes historisches Phänomen wiederentdecken wollen.

Polenz, Ruprecht, Tu was! Kurze Anleitung zur Verteidigung der Demokratie, München 2024 (*C. H. Beck*), 108 S. – Der engagierte CDU-Politiker und eifrige Publizist setzt sich für Demokratie ein und attackiert den Rechtsextremismus. Die Lösungsvorschläge fallen zum Teil recht banal aus, u. a.: „Schreiben Sie Leserbriefe!" – „Gehen Sie wählen!" – „Spenden Sie Geld!" – „Treten Sie in eine politische Partei ein!"

Preiss, Ulrike, Stile extremistischer Tatschreiben. Charakteristika rechter und linker inkriminierter Texte, Berlin/Boston 2024 (*De Gruyter*), 298 S. – In der 2022 an der Universität Heidelberg angenommenen Dissertation werden die stilistischen Merkmale rechts- und linksextremer Drohbriefe, Bekennerschreiben und Positionspapiere vergleichend untersucht. Mit den Methoden der forensischen Linguistik werden zudem Rückschlüsse auf Autorenschaften analysiert. Die Autorin kommt zu dem Ergebnis, dass sich rechts- und linksextreme Sprache zwar in einigen stilistischen Ausprägungen unterscheiden, etwa bei der Praxis des Genderns, im Versuch eines intellektuellen Auftretens beim linken Sprachgebrauch oder wegen der Häufung dehumanisierender Ausdrücke im Rechtsextremismus. Allerdings verwirft die Autorin die Vorstellung eines grundlegenden Unterschieds „rechtsextremer und linksextremer Sprache". Vor allem da, wo sich die kommunikativen Ziele ähneln, würden sich auch die eingesetzten linguistisch-stilistischen Strategien überschneiden.

Ruck, Michael, Arnold Brechts Staatsverständnis in Praxis und Theorie. Deutscher Verwaltungsjurist – amerikanischer Staatswissenschaftler – transnationaler Politikberater, Baden-Baden 2024 (*Nomos*), 210 S. – Allein wer die zweibändigen Lebenserinnerungen dieses Politikers, Intellektuellen und Gelehrten gelesen hat, weiß um den herausragenden Charakter Arnold Brechts als einer vielschichtigen und differenzierten Person der Zeitgeschichte. Einer der besten Kenner seines Lebens und Werks ist der Flensburger Zeithistoriker Michael Ruck, der mit dieser Schrift gleichsam nochmals eine Bilanz der eigenen Forschungen und Erkenntnisse über Arnold Brecht vorlegt – und dies in gut geschriebener Form. Der Band ist chronologisch gegliedert – bereits die Hauptkapitel vermitteln einen guten Eindruck von den Schwerpunkten, die einen bei der Lektüre erwarten: erstens „Vom ‚unpolitischen' Juristen im kaiserlichen Obrigkeitsstaat zum republikanischen Spitzenbeamten der Weimarer Demokratie (1918–1933)", zweitens „Vom preußisch-deutschen Verwaltungspraktiker zum Staats- und Politikwissenschaftler im Exil (1933–1945)", schließlich drittens „Transnationaler Mittler und Ratgeber beiderseits des Atlantik im Kalten Krieg (1945–1976)". Wer sich noch nicht zuvor mit Brecht befasst hat, erhält bereits durch die Lektüre der Einleitung einen hervorragenden Überblick zu Lebensweg, Denken und Wirken.

Sahebi, Gilda, Wie wir uns Rassismus beibringen. Eine Analyse deutscher Debatten, Frankfurt a. M. (*S. Fischer*), 460 S. – Rassismus ist kein Phänomen des politischen Extremismus, sondern tief in der deutschen Gesellschaft verankert, so die These der Ärztin und Politologin Gilda Sahebi. An verschiedenen Debatten der letzten Jahre (Staatsbürgerschaft, Nahostkonflikt, Migration) macht Sahebi überzeugend deutlich, wie rassistische Narrative in der demokratischen Mitte fest verankert sind. Doch die Autorin will nicht verurteilen, sondern über die Strukturen aufklären, die Rassismus salonfähig machen, und mit diesem Band einen Beitrag dazu leisten, rassistische Denkmuster zu durchbrechen. Dazu schlägt Sahebi ein anderes Narrativ vor, dass vor allem die Einwanderungsgesellschaft repräsentiert und „Anti-Migrationsrhetorik" meidet. Ein äußerst wichtiges Buch, dem ein breiter Leserkreis zu wünschen ist.

Salzborn, Samuel, Wehrlose Demokratie? Antisemitismus und die Bedrohung der politischen Ordnung, Leipzig 2024 (*Hentrich & Hentrich*), 142 S. – Der Politikwissenschaftler fungiert als Ansprechpartner des Landes Berlin zu Antisemitismus und plädiert für eine Reaktualisierung des im Grundgesetz verankerten Konzepts der Wehrhaften Demokratie auf dem Weg zu einer „vollumfänglichen Antisemitismusbekämpfung", die Maßnahmen der Prävention, Intervention und Repression besser als bisher miteinander verzahnen soll.

Sarrazin, Thilo, Deutschland auf der schiefen Bahn. Wohin steuert unser Land?, München 2024 (*LMV*), 327 S. – Der Autor des Groß-Bestsellers *Deutschland schafft sich ab* von 2010 hat seither jedes zweite Jahr ein Buch geschrieben. Erneut überwiegt Skepsis mit Blick auf die weitere Entwicklung. Der Autor fordert abermals eine Wende in der Asyl- und Einwanderungspolitik.

Schmeitzner, Mike/Carsten Schreiber/Tom Thieme (Hrsg.), Transformationen einer Polizei. Das Landeskriminalamt Sachsen im 20. Jahrhundert, Baden-Baden 2024 (*Nomos*), 449 S. – Der Band geht auf eine gleichnamige Kooperationstagung zurück, die im Herbst 2022 vom Hannah-Arendt-Institut (HAIT) an der TU Dresden, dem Forum Polizei_Geschichte Sachsen und dem

Sächsischen Institut für Polizei- und Sicherheitsforschung (SIPS) organisiert wurde. Die systematische geschichtswissenschaftliche Aufarbeitung des ersten Landeskriminalamts in Deutschland erfolgt entlang der vier Systembrüche des 20. Jahrhunderts – 1918/19, 1933, 1945/49, 1989/90. Drei Leitfragen stehen im Mittelpunkt der einzelnen Beiträge: Wie gestalteten sich die Übergänge von einem politischen System zum anderen konkret? Dominierten Wandlungsprozesse oder Kontinuitäten innerhalb von Kriminalpolizei und LKA? Und wie gestaltete sich der Umgang mit dem Polizeipersonal der Vorgängerregime? Zudem beleuchtet ein Text den Wert einer solchen Institutionengeschichte für die heutige politische Bildungsarbeit der Polizei.

Schöne, Helmar, Parlamente. Aufgaben – Arbeitsweise – Anforderungen, Stuttgart 2024 (*Kohlhammer*), 177 S. – Ausgangspunkt der Einführung ist die Feststellung, dass ausgerechnet jene Institution, die die Bevölkerung repräsentieren soll, zu den unbeliebtesten gehört. Der Hallenser Politikwissenschaftler führt dies auf mangelnde Kenntnisse und verbreitete Missverständnisse zurück, was parlamentarische Arbeit beinhaltet und leisten kann. In knapper und informativer Form stellt das Buch die Entstehungsgeschichte, die Aufgaben, die organisatorische Struktur, die Arbeitsweise der Parlamente sowie die Sozialstruktur der Abgeordneten vor. Thematisiert und eingeordnet werden die gängigen Kritikpunkte des zeitgenössischen Parlamentarismus: Parteienstreit, fehlende Volksnähe, Lobbyismus, Diäten und Nebeneinkünfte sowie die soziale Repräsentationslücke gegenüber bestimmten Bevölkerungsgruppen. Neuere Herausforderungen (Politische Polarisierung durch mediale Echokammern) haben die Absage an den Parlamentarismus verstärkt. Für den Autor gibt es hier jedoch keine Alternative. Überzeugend ist daher sein Urteil, dass Demokratiebildung nicht allein die Stärkung von Ich- und Sozialkompetenz meinen sollte, sondern etwas, das vielleicht auch unter Politikwissenschaftlern verpönt ist: Institutionenkunde.

Schröter, Susanne, Der neue Kulturkampf. Wie eine woke Linke Wissenschaft, Kultur und Gesellschaft bedroht, Freiburg u. a. 2024 (*Herder*), 271 S. – Die Frankfurter Professorin für „Ethnologie kolonialer und postkolonialer Ordnungen" übt scharfe Kritik zu unterschiedlichen und doch zusammengehörenden Themenfeldern: Feminismus, Antirassismus, woke Linke. Ob diese Ideologien tatsächlich in der Gesellschaft so weit vorgedrungen sind, wie die Autorin behauptet?

Schulze-Marmeling, Dietrich, Antisemitismus reloaded. Die Linke, der Staat und der 7. Oktober, Rastede 2024 (*Edition Einwurf*), 240 S. – Ausgangspunkt der Untersuchung ist die Reaktion in Deutschland auf das Massaker der Hamas am 7. Oktober 2023 und die anschließende Verschärfung der antiisraelischen Rhetorik in der öffentlichen Debatte. Schulze-Marmeling zeichnet nach, wie Teile der Linken Empathie für die Opfer vermissen ließen und stattdessen alte antizionistische Erzählungen wiederholten. Dabei weist er präzise auf Widersprüche, Doppelmoral und ideologische Verkürzungen hin. Das Buch thematisiert sowohl historische Kontinuitäten im linken Antisemitismus als auch aktuelle Auseinandersetzungen und verweist dabei treffend auf Parallelen zum rechten Antisemitismus. Die Analyse versteht sich weniger als systematische Gesamtdarstellung denn als Sammlung pointierter Beobachtungen, die wichtige Impulse für die Antisemitismuskritik liefern.

Schuppert, Gunnar Folke, Krisen, Bedrohte Ordnungen, Zeitenwenden, Resilienz. Regierbarkeitsprobleme in gestressten Gesellschaften, Baden-Baden 2024 (*Nomos*), 93 S. – Der Staats- und Verwaltungswissenschaftler Gunnar Folke Schuppert greift in seiner kleinen Schrift prominente zeitdiagnostische Stichworte auf: Krisen, Bedrohte Ordnungen, Zeitenwenden und Resilienz. Er handelt sie in einzelnen Kapiteln nacheinander ab, ohne allerdings ein abschließendes Fazit zu ziehen. Und doch versteht er seine ein wenig tentativen Überlegungen als einen ersten Wegweiser „vom reinen Krisenmanagement zu einer ganzheitlichen krisenwissenschaftlichen Perspektive".

Schüttemeyer, Suzanne S./Pia Berkhoff/Malte Cordes/Oscar W. Gabriel/Daniel Hellmann/Benjamin Höhne/Oliver Kannenberg/Sophie Kopsch/Oskar Niedermayer/Anastasia Pyschny/Danny Schindler, Die Aufstellung der Kandidaten für den Deutschen Bundestag. Empirische Befunde zur personellen Qualität der parlamentarischen Demokratie, Baden-Baden 2024

(*Nomos*), 481 S. – In der ersten Monografie des Instituts für Parlamentarismusforschung (IParl), einer Einrichtung der Stiftung Wissenschaft und Demokratie, wird der Vorgang der Kandidatenaufstellung zur Bundestagswahl 2017 systematisch beleuchtet. Datengrundlage sind die Befragungen und Beobachtungen, die das IParl im Vorfeld der Wahl des 19. Bundestages in allen Bundesländern und zahlreichen Parteien durchgeführt hat. Die einzelnen Kapitel befassen sich mit der methodisch-theoretischen Grundlegung der Erhebung, einer historischen Rückschau, der Sozialstruktur und Motivation der Aspiranten, dem konkreten Entscheidungsverfahren, der innerparteilichen Entscheidungs- und Handlungsmacht, dem Sonderfall der Denominierung, dem Vergleich der politischen Einstellung von Kandidaten, Elektoren und Wählern sowie einer Diskussion des vermeintlichen oder tatsächlichen Reformbedarfs bei der Kandidatennominierung. Die einzelnen Befunde sind ein wertvoller Beitrag für die empirische Erforschung der Kandidatenrekrutierung für den Bundestag. Etwas irritierend ist die ungewöhnliche Autorenreihung sowie die Edition als Autorenkollektiv ohne Herausgeber, die eine entsprechende Einordnung und Bilanzierung der Ergebnisse weitgehend vermissen lässt.

Siegfried, Detlef, Körber. Stiftung und Gesellschaft seit 1959, Göttingen 2024 (*Vandenhoeck & Ruprecht*), 368 S. – In souveräner Weise und unter großem Quellenaufwand schreibt der in Kopenhagen lehrende Zeithistoriker die Geschichte der in Hamburg ansässigen Körber-Stiftung in ihrem Verhältnis zur gesellschaftlichen Entwicklung. Diese Stiftung besaß und besitzt dabei ein weit über den lokalen Raum hinausweisendes intellektuellengeschichtliches Potenzial. Das signalisieren bereits die auf Public History ausgerichteten Schwerpunkte der Stiftungstätigkeit – ob Bergedorfer Gesprächskreis oder Geschichtswettbewerb des Bundespräsidenten –, aber auch der Körber-Preis für Spitzenforschung in Naturwissenschaft und Technik. Siegfrieds Buch leistet nicht nur eine empirisch überaus gründliche Institutionengeschichte, sondern es lässt uns an ihrem markanten Beispiel wie unter dem Vergrößerungsglas ein Stück intellektuelle Streitgeschichte der Bundesrepublik nachvollziehen.

Sina, Kai, Was gut ist und was böse. Thomas Mann als politischer Aktivist, Berlin 2024 (*Propyläen*), 296 S. – Der Münsteraner Literaturwissenschaftler Kai Sina würdigt in seinem langen, gut geschriebenen Essay den politischen Akteur Thomas Mann. Dabei gelingt ihm zum einen eine Syntheseleistung, nämlich bereits Bekanntes – wie sollte es im Falle des berühmten Schriftstellers auch anders sein! – über das Wirken Manns als öffentlicher Intellektueller klug gebündelt zusammenzufügen und zu präsentieren. Sina erinnert nicht zuletzt an die grandiose Republikrede von 1922, aber auch an die vielen Ansprachen an „Deutsche Hörer!" während des Zweiten Weltkriegs. Zum anderen setzt er originelle Akzente, indem er zwei Perspektiven breiter eröffnet, als dies für gewöhnlich geschieht. So kommen zahllose kleine Initiativen und Interventionen, die Thomas Mann als politisch Denkender und Handelnder – eben als Aktivist – unternommen hat, zur Sprache. Außerdem erörtert Sina eingehend die Haltung seines Protagonisten zum Judentum und zur Bildung eines israelischen Staates. Dabei flackert manche Ambivalenz – wie so oft bei Thomas Mann – irritierend auf; insgesamt aber kann man eine Denkbewegung nachvollziehen, die Thomas Mann schließlich zum Befürworter eines politischen Zionismus werden ließ. Trotz manchen Irrtums in politischen Dingen besaß Mann in der Rolle als Gesellschaftskritiker einen klaren moralischen Kompass. Er bewies Urteilskraft und wusste, wie er die Resonanz und sogar die politische Wirksamkeit seiner Sichtweisen steigern konnte.

Später, Jörg, Adornos Erben. Eine Geschichte aus der Bundesrepublik, Berlin 2024 (*Suhrkamp*), 760 S. – Nach seiner Rückkehr aus dem Exil in die neugegründete Bundesrepublik Deutschland war Theodor W. Adorno neben Max Horkheimer der maßgebliche Akteur der Frankfurter Schulbildung. Dicht beschrieben und akribisch durch Sichtung vielfältiger Archivquellen belegt, handelt von diesem bis 1969 reichenden Prozess der erste Teil des Werks. Der zweite Teil „Die Schule entlässt ihre Kinder" berichtet ebenso wie der dritte Teil „Kritische Theorie im Handgemenge" von der Schülergeneration. Namentlich herausgestellt werden sogleich im Inhaltsverzeichnis Jürgen Habermas, Oskar Negt und Alexander Kluge. Hinzu kommen indes weitere Protagonisten, die als „Adornos Erben" gelten können: Regina Becker-Schmidt, Gerhard Brandt, Ludwig von Friedeburg, Karl Heinz Haag, Elisabeth Lenk, Helge Pross, Alfred Schmidt, Herbert Schnädelbach, Hermann Schweppenhäuser und Rolf Tiedemann. Wenngleich die Gliederung einen strukturellen Zugang suggeriert, zeichnet Später doch eher ein biografisch grundiertes, vergleichsweise kleinteiliges Gruppenbild mit Meister nach. Letzterer strahlte dabei durch sein „Charisma" und seine „Genialität" deutlich über seinen Tod im Jahr 1969 hinaus. Und doch folgte auf die „Erfolgsgeschichte" eine Phase des „Niedergangs": „Nach Adornos Tod stand der Kritischen Theorie ein trostloses Jahrzehnt bevor. Sie wurde dezentralisiert, provinzialisiert und verfügte über keinen festen Ort mehr." Für einen solchen sorgt jetzt indes in Buchform Jörg Später mit seinem fleißigen, materialgesättigten und gut geschriebenen Buch einer intellektuellen Erbschaft voller einzelner Geschichten. Gegenüber der gelungenen historischen Rekonstruktion wirkt das grundsätzliche Sinnieren über die Bedeutung der Kritischen Theorie etwas hölzern und gestelzt: „Aus meiner Sicht", schreibt Jörg Später abschließend (und jetzt bitte noch einmal Luft holen), „steht sie heute vor allem für eine ethisch-humanistische Haltung zur Welt, die es politischen Subjekten, die per definitionem über Reflexionsvermögen, ein Sensorium für Ambivalenzen und Nichtidentisches verfügen, ermöglicht, sich kritisch zu orientieren und Resilienz gegen Verdummungszusammenhänge aufzubauen."

Spissinger, Florian, Die Gefühlsgemeinschaft der AfD. Narrative, Praktiken und Räume zum Wohlfühlen, Opladen/Berlin/Toronto 2024 (*Barbara Budrich*), 301 S. – Die von der Rosa-Luxemburg-Stiftung geförderte und 2023 an der Universität Leipzig als Dissertation angenommene ethnografische Studie analysiert die Praktiken der AfD, eine tiefe emotionale Bindung zu ihren Anhängern zu schaffen. Dazu zählen die Kultivierung von Rollenbildern wie Freiheitskämpfer, Naturretter und kritische Aufklärer. Vermeintliche Bedrohungen durch Klimaschutz und Migration verfestigen die „Gefühlsarbeit" zu einem kohärenten Weltbild – Kritik von außen gilt dagegen als Bekräftigung des eigenen Weltbilds und bestätigt die Notwendigkeit des Widerstands. Zudem dienen Spott und Schimpfen auf Politik und Medien als Mechanismen des Miteinanders, die moralisch entlasten und den Bruch mit der Mehrheitsgesellschaft vertiefen würden, so der Autor.

Stanley, Jason, Wie Faschismus funktioniert, Neu-Isenburg 2024 (*Westend*), 216 S. – Der amerikanische Philosoph Jason Stanley versucht ein zeitgemäßes faschistisches Minimum zu bestimmen und ordnet dafür gegenwärtige autoritäre Verschiebungen historisch ein. Im Zentrum stehen zehn Merkmale faschistischer Politik, wie die Berufung auf eine idealisierte Vergangenheit, die gezielte Verzerrung von Wirklichkeit oder die Abwertung von Bildung und Intellektualität. Stanley zeigt, dass diese Tendenzen demokratische Gesellschaften nachhaltig untergraben können, ohne zwangsläufig ein faschistisches Regime einzurichten.

Stark, Martin, Die Quadratur des Wahlrechts. Das Bundeswahlgesetz zwischen Demokratietheorie, Staatsrecht und Parteiinteressen, Baden-Baden 2024 (*Nomos*), 429 S. – Die an der FU Berlin angenommene Dissertation diskutiert die in den letzten Jahren mitunter polemisch geführte Debatte um die Reform des Bundeswahlgesetzes und spart auch selbst nicht mit Kritik (etwa gegenüber dem Bundesverfassungsgericht). Stark analysiert ausführlich die historischen Auseinandersetzungen um das Wahlrecht zum Bundestag. Er kann zeigen, dass viele Vorschläge nicht selten „alter Wein in neuen Schläuchen" sind. Nicht wenige Reformen bewegten sich in dem Bestreben, die Idee des Parteienstaates fortzusetzen, statt angemessene demokratietheoretische Überlegungen anzustellen. Entsprechend resignativ bewertet Stark die letzten Reformvorschläge als wenig zielführend. An wen ist diese Kritik gerichtet? An das politikwissenschaftliche Schrifttum, das Bundesverfassungsgericht oder die Parteien, die um das für sie richtige Wahlgesetz kämpfen?

Steg, Joris (Hrsg.), Der Staat in der Krise, Baden-Baden 2024 (*Nomos*), 283 S. – Mag der Staat auch in der Krise sein, die Buchreihe „Staatsverständnisse" ist es nicht. Jahr für Jahr gelingt es Reihenherausgeber Rüdiger Voigt mit nie nachlassender Energie neue Bände und frische Perspektiven auf „Klassiker" und auf alte wie neue Herausforderungen des politischen Gefüges zu lenken. Die aktuelle Schrift greift das zeitdiagnostische Krisenparadigma auf und fragt danach, was Staatskrisen ausmacht, woran man sie erkennt und wie sie überwunden werden – wenn sie denn überwunden werden. In drei großen Etappen widmen sich die Autoren aus Politik-, Sozial- und Rechtswissenschaft (eine genuin historische fehlt ebenso wie eine philosophische Perspektive) den folgenden Leitperspektiven: „Was heißt Staatskrise überhaupt und wann ist der Staat in der Krise? Theoretische und empirische Analysen", „Staatliches Handeln in der Krise" und „Der Westen in der Krise und nicht-westliche Perspektiven auf Staats- und Demokratiekrisen".

Sturn, Richard (Hrsg.), Joseph Schumpeter und der Staat, Baden-Baden 2024 (*Nomos*), 339 S. – Dieser Band in der wichtigen ideengeschichtlichen wie politiktheoretischen Schriftenreihe „Staatsverständnisse" widmet sich dem Staatsdenken Joseph Schumpeters. Wie Schumpeter selbst suchen die verschiedenen Beiträge der Sammelschrift, Ökonomik und Politik miteinander in Beziehung zu setzen und das Verhältnis von Kapitalismus, Staat und Demokratie im Denken ihres Protagonisten auszutarieren. Walter Reese-Schäfer fragt provokant, ob Schumpeter als eine Art „bürgerlicher Marx" zu gelten habe. Harald Bluhm nimmt eine Verortung Schumpeters innerhalb der politischen Theorie seiner Zeit vor. Hinzu treten stärker finanz- und wirtschaftswissenschaftlich geprägte Perspektiven. In interdisziplinärer Weise setzt diese Schrift eine wichtige Wegmarke, an der sich weitere Schumpeter-Studien werden orientieren können.

Teltschik, Horst, Die 329 Tage zur deutschen Einigung. Das vollständige Tagebuch mit Nachbetrachtungen, Rückblenden und Ausblicken, hrsg. von Michael Gehler, Göttingen 2024 (*Vandenhoeck & Ruprecht*), 992 S. – Der Hildesheimer Zeithistoriker Michael Gehler hat ein Mammutwerk ediert – nach allen Regeln der historiographischen Kunst. Er erläutert in einem editorischen Vorwort die Standards des eigenen Tuns, führt danach in einem gut lesbaren Essay in das Denken und Handeln Horst Teltschiks ein, bevor nun erstmals das vollständige Tagebuch seines Heroen für den Zeitraum vom 9. November 1989 bis zum 3. Oktober 1990 abgedruckt wird. Erläuterungsbedürftiges wird vom Herausgeber in den Fußnoten geklärt. Vor allem aber schließen an den historischen Text 300 Seiten „Nachbetrachtungen und Rückblenden" an, die Gespräche Gehlers mit Teltschik dokumentieren. Besonders lesenswert sind die eingeflochtenen „Charakterisierungen von Akteuren, Counterparts, Entscheidungsträgern, Mitgestaltern, Weggefährten und Zeitgenossen" durch Horst Teltschik. Er berichtet etwa, wie Egon Bahr ihm einen Kontakt zum KGB vermittelte, den er aber nicht nutzen musste. Leicht missmutig heißt es über Wolfgang Bergsdorf: „Nie habe ich erlebt, dass er für Kohl eine Rede schreiben oder Interviews führen musste. Das musste alles ich machen. Er war ein freischwebender Intellektueller, der versuchte, Intellektuelle für Kohl einzuwerben." Mit Zuneigung schreibt er hingegen über seinen alten Freund, den Politikprofessor Christian Hacke: „Er hatte eine gewisse Leichtigkeit, war nicht allzu ernst, ein fröhlicher Bursche und absolut loyal." Das Buch ist eine wahre Fundgrube, in der es sich zu wühlen lohnt, die man aber auch systematisch erschließen kann – dank mehrerer Register, ob zu Orten, Personen oder Sachbezügen.

Theurer, Jochen, 75 Jahre Grundgesetz: Das fragile Gleichgewicht. Wie sich die Gewaltenteilung im Lauf der Zeit verändert hat, Wiesbaden 2024 (*Springer*), 153 S. – Dieses flott geschriebene Sachbuch greift bestimmte Aspekte aus der Geschichte und Systematik des Grundgesetzes auf, erklärt und kritisiert sie. Zentraler Befund: Die Legislative – primär die Abgeordneten des Bundestags – hat in den letzten 75 Jahren zugunsten der Exekutive, der Parteien und vor allem der EU an Bedeutung verloren. Lediglich die Judikative konnte ihre Kompetenz verteidigen und sogar leicht ausbauen. Die Kürze der Ausführungen ermöglicht rechtspolitische Denkanstöße, lässt jedoch entsprechende wissenschaftliche Gründlichkeit vermissen. Das Buch ist eher für Laien geeignet.

Trașcă, Ottmar/Virgiliu Țârău/Corneliu Pintilescu (Hrsg.), Building a Nazi Racial Community in the South-East. Mobility and Transnational Transfer between Nazi Germany and the South-Eastern European ‚Volksdeutsche', Regensburg 2024 (*Friedrich Pustet*), 464 S. – Die Beiträge des Bandes gehen auf eine Konferenz in Klausenburg/Cluj-Napoca vom Juli 2022 zurück. Im Zentrum stehen deutsche Volksgruppen und „Volksdeutsche" als Adressaten und Agenten nationalsozialistischer Einflusspolitik in den 1930er und 1940er Jahren. Südosteuropa bildet den geographischen Mittelpunkt, aber ein Beitrag behandelt auch die Tschechoslowakei und die politischen Vereinigungen vor und nach 1945.

Ullrich, Volker, Schicksalsstunden einer Demokratie. Das aufhaltsame Scheitern der Weimarer Republik, München 2024 (*C. H. Beck*), 383 S. – Was für ein schöner, gelungener Untertitel – „Das aufhaltsame Scheitern der Weimarer Republik“! Volker Ullrich hat sich in den vergangenen Jahren zum Meister der populären Geschichtsprosa entwickelt, die den Stand der Zeitgeschichtsforschung nicht hintergeht und doch ausgezeichnet zu lesen ist. Wichtigtuerischer Wissenschaftsjargon ist ihr ebenso fremd wie die effekthascherische steile These. Unter den aktuellen gemeinverständlichen Publikationen zur Weimarer Republik ist dies die beste. Sie kann all jenen empfohlen werden, die sich mit dieser Geschichtsepoche so lehr- wie gedankenreich vertraut machen wollen, aber auch jenen, die mit gründlichem Vorwissen an die Lektüre gehen. Dies auch deshalb, weil Ullrich zentrale Etappen und Wendepunkte zwischen 1918/19 und 1933 abschreitet und dabei dafür sensibilisiert, dass es auch anders hätte kommen können. Er denkt über damals bereits gegebene alternative Wege nach, statt zu kontrafaktischer Geschichtsbetrachtung als eine Art historiographisches Fantasiespiel zu animieren.

Vitzthum, Wolfgang Graf, Der stille Stauffenberg. Der Verschwörer, Georgeaner und Völkerrechtler Berthold Schenk Graf von Stauffenberg, Berlin 2024 (*Duncker & Humblot*), 180 S. – Wolfgang Graf Vitzthum legt eine kurze, aber nichtsdestotrotz erkenntnisreiche Monografie über den im heutigen öffentlichen Bewusstsein im Schatten seines jüngeren Bruders Claus stehenden Juristen und Verschwörer Berthold Schenk Graf von Stauffenberg vor. Hervorzuheben ist insbesondere die intensive Untersuchung der Prägung der Stauffenberg-Brüder durch den Dichter Stefan George, dessen Idee des „geheimen Deutschlands“ mutmaßlich zu einer gewissen geistigen Unabhängigkeit gegenüber der Ideologie des Nationalsozialismus beitrug. Auf kurzweilige Art gelingt es Vitzthum zu ergründen, wie aus dem den Idealen der NS-Bewegung anfänglich nicht abgeneigten Völkerrechtler Berthold Schenk Graf von Stauffenberg schließlich eine zentrale Figur der Verschwörung des 20. Juli 1944 wurde, der das positive Recht zu Gunsten des Ideals der Rechtsstaatlichkeit bewusst zu brechen bereit war.

Voss, Rüdiger von, Das Vermächtnis des Staatsstreichs vom 20. Juli 1944. Rezeption und historische Wahrnehmung des Widerstandes, Berlin 2024 (*BeBra Wissenschaft*), 396 S. – Der umfangreiche Band versammelt verschiedene Beiträge des Autors mit Bezug zur Thematik des 20. Juli 1944 im weiten Sinne. Leider fehlt bis auf eine grobe thematische Unterteilung eine sinnvolle oder zumindest chronologische Gliederung, die dem Leser den Zugang zum Buch erleichtert hätte. Zahlreiche wortwörtliche Wiederholungen in mehreren Beiträgen erwecken den Eindruck der Redundanz. Nicht zuletzt wirken – vermeintliche – Lehren für die gegenwärtige Tagespolitik aufgrund einer fehlenden wissenschaftlichen Herleitung bisweilen willkürlich und deplatziert. Wenige gelungene Beiträge – wie ein Überblick über die Rezeptionsgeschichte des 20. Juli in der Bundeswehr – stehen einem Gros thematisch sprunghafter und wenig Erkenntnis bringender Essays und Artikel gegenüber. Für Leser, die sich einen wissenschaftlichen Überblick über die Rezeptionsgeschichte des 20. Juli erhoffen, ist der Band eher wenig empfehlenswert.

Wagner, Vernessa, Geschichten der Krise. Die Berichterstattung über Wirtschaftskrisen in Deutschland und England im 19. Jahrhundert, Bielefeld 2024 (*transcript*), 294 S. – Vernessa Wagner schreibt mit ihrer Frankfurter Dissertation Wirtschafts- und Mediengeschichte zugleich. Sie untersucht in so akribischer wie vergleichender Weise die Berichterstattung deutscher und englischer Zeitungen über ökonomische Krisensituationen ab der Mitte des 19. Jahrhunderts (insbesondere 1847 und 1857). Die Autorin entschlüsselt Struktur und Sprache dieser frühen medialen Akteure, die nicht nur nüchtern und faktenorientiert Bericht erstatteten, sondern in bisweilen amüsanter, mal dramatisierender, mal beschwichtigender Weise durch ihre Narrative eine eigene Wirklichkeit prägten. Es tun sich Muster und Dynamiken auf, die mutatis mutandis vereinzelt bis in die Gegenwart hinein wiedererkennbar sind. Das führt Wagner zu dem gelassenen Schluss: „Das historisch gebildete Wissen um die Resilienz der Wirtschaft wie der Gesellschaft, um ihre Widerstands- und Innovationskraft sowie ihre Adaptionsfähigkeit jeder neuen Krise zum Trotz ist ein beruhigender Faktor.“

Weber, Kristin, Islamistischer Terrorismus in Deutschland. Analyse der Täterprofile deutscher Syrienrückkehrer auf Basis von Gerichtsakten, Wiesbaden 2024 (*Springer VS*), 342 S. – Die 2023 an der Deutschen Hochschule der Polizei (DHPol) in Münster-Hiltrup angenommene Dissertation analysiert auf Grundlage von Gerichtsakten der Generalbundeanwaltschaft die Radikalisierungsprozesse von 58 nach Syrien ausgereisten und später zurückgekehrten Dschihadisten – von ersten Berührungspunkten zu islamistischen Ideologien und Milieus, über den Anschluss an gewaltbereite Organisationen bis hin zum terroristischen Kampf innerhalb der Strukturen des Islamischen Staates. Vor allem die Rolle salafistischer Prediger in Deutschland bei der Rekrutierung, bei Reisevorbereitungen und als Bürgen solcher Foreign Fighters innerhalb der terroristischen Netzwerke ist in hohem Maße aufschlussreich für das konkrete Handeln der Sicherheitsbehörden.

Wihl, Tim, Wilde Demokratie. Das Recht auf Protest, Berlin 2024 (*Wagenbach*), 142 S. – Mit politikphilosophischen Referenzen zum radikaldemokratischen Denken, dem Brokdorf-Beschluss sowie vielfältigen Verweisen auf eine gelebte Kultur von Revolten und Demonstrationen begründet der Politik- und Rechtswissenschaftler den Protest als konstitutionellen Bestandteil der Staatsmacht: die „Protestative". Sein Kernargument lautet, dass jeder Demokratie ein „Kontinuum vom Widersprechen über das Sich-Widersetzen bis zum Neu-Verfassen" innewohnt, ohne welches die Idee der Selbstregierung nicht möglich ist. Nicht nur Vertreter der radikalen Demokratie, sondern auch weniger martialisch argumentierende Republikaner teilen diese Ansicht. So wie dieser die Mäßigung der Teilhabe in der Tugend findet, muss auch Wihl bei aller Faszination für die Rebellion nach den Grenzen des Protests fragen. Dies ist schon deshalb notwendig, weil er mit dem Begriff der „Protestative" nicht allein die Macht der Öffentlichkeit meint. Sie wäre eine Staatsgewalt. Wie der Staat die „Protestative" nicht nur garantieren, sondern rechtlich binden soll, wird indes kaum zur Sprache gebracht. Auch die Frage nach der Legitimität des Protests (und damit nach dessen Grenzen) wird politiktheoretisch und verfassungsrechtlich nur assoziativ beantwortet, wenngleich politisch eindeutig: Protest wird von Wihl ausschließlich emanzipatorisch gedacht. Diese Ziele der Protestierenden sowie deren angestrebte Gemeinwohlorientierung sollen institutionell einer permanenten Selbstreflexion unterworfen werden, wobei jede Protestaktion danach befragt werden müsse, ob sie einer progressiven Bewusstseinsbildung der Noch-Nicht-Überzeugten dienen kann. Ob eine solch anspruchsvolle Vereinigung noch Zeit für Protest oder gar Revolte hat, sei dahingestellt.

Wolffsohn, Michael, Nie wieder? Schon wieder! Alter und neuer Antisemitismus, Freiburg i. Br./Basel/Wien 2024 (*Herder*), 96 S. – Schon wieder Antisemitismus in Deutschland? „Das ist richtig und falsch. Falsch vor allem deshalb, weil der den Juden- und Israeltod brüllend fordernde Pöbel nicht – wieder wie zu ‚Führers Zeiten' – aus deutschen Rechtsextremisten, sondern mehrheitlich – fast einheitlich – aus muslimischen Neudeutschen, also Neubürgern oder -einwohnern besteht." Der 1947 in Tel Aviv geborene und mit den Eltern 1954 nach West-Berlin zurückgekehrte Historiker übersieht den alten, sich vorsichtiger artikulierenden Antisemitismus nicht, wenn er in seiner Streitschrift dazu aufruft, die politischen und gesellschaftlichen Konsequenzen aus dem neuen wie alten Antisemitismus zu ziehen.

Zehentreiter, Ferdinand, Die gesellschaftliche Verantwortung von Kunst nach Auschwitz. Über das Politische der Ästhetik, Weilerswist 2024 (*Velbrück Wissenschaft*), 219 S. – In seinem 1951 veröffentlichten Essay über „Kulturkritik und Gesellschaft" prägte Theodor W. Adorno den bald berühmten Satz, nach Auschwitz ein Gedicht zu verfassen, sei barbarisch. Der Sozialwissenschaftler und -philosoph Ferdinand Zehentreiter nimmt das prominente Diktum als Ausgangspunkt, um grundlegend über das Politische in seinem Bezug zur Ästhetik nachzudenken. Adorno und dessen Überlegungen zu Kultur nach Auschwitz werden ausgiebig behandelt, aber auch andere Autoren wie Pierre Bourdieu, Luc Boltanski, Imre Kertész, Christian Boltanski und Luigi Nono geraten ins Blickfeld. Der Autor warnt vor Kurzschlüssen und Gleichsetzungen zwischen „kulturellem Konformismus" und „politischer Uniformierung".

Zeitschriftenauslese

Goertz, Stefan, Einflussnahme von Linksextremisten auf den Klimaaktivismus? Herausforderungen für die Sicherheitsbehörden, in: Die Polizei 115 (2024), H. 11, S. 313–321. – Der Autor geht der Frage nach, wie stark das Spektrum klimaaktivistischer Organisationen mit linksextremistischen Bestrebungen verbunden bzw. durchzogen ist. Dafür werden die wichtigsten Klimaschutzorganisationen untersucht: Fridays for Future, Die Letzte Generation, Extinction Rebellion und Ende Gelände. Auch findet die postautonome Gruppe „Interventionistische Linke" Berücksichtigung, obwohl es sich bei ihr nicht um eine genuin klimaaktivistische Bewegung handelt, sondern um ein linksextreme, die das Themenfeld Klimaschutz als mobilisierungsfähiges Thema zur Schaffung eines „revolutionären Bewusstseins" nutzt. Zudem sind die weitgehend deskriptiven Ausführungen zu den Zielen und Aktionen der verschiedenen Gruppen nicht systematisch vergleichend angelegt. Die zwei allgemeinen Schlussfolgerungen des Autors: Durch linksextreme Unterwanderungsversuche komme es einerseits zur Radikalisierung eines Teils der Klimaschutzbewegung, andererseits werde immer diffuser, ob das Ziel „System Change" allein die fundamentale Wende in der Klimapolitik meine oder auf die Überwindung des demokratischen Systems ziele.

Hölscheidt, Sven, Extremismus im Parlamentarismus, in: Die Öffentliche Verwaltung 77 (2024), H. 22, S. 941–952. – Der Beitrag gibt einen Überblick zu potenziellen Obstruktionsmitteln durch extremistische Akteure im deutschen Parlamentarismus. Das Instrumentarium reicht vom Bezweifeln der Beschlussfähigkeit und dem Produzieren einer Vorlagenflut über gezielte Regelverletzungen zur Störung und Verzögerung von Debatten bis hin zu Blockademöglichkeiten einer Sperrminorität bei der Wahl von anderen Staatsorganen wie Verfassungsrichtern. Parallel werden Gegenmaßnahmen zur Abwehr von Extremismus im Parlament skizziert: die Nichtwahl von extremistischen Politikern in Gremien und Ämter, die in einigen Landesverfassungen vorgesehene Möglichkeit der Abgeordnetenanklage und des Abgeordnetenausschlusses, die Erschwerung von Verfassungsänderungen sowie die Regelungen des Parteiverbotes und des Finanzierungsausschlusses. Der Autor kritisiert manche Regelungen nicht nur mit Blick auf die Frage der Rechtmäßigkeit, sondern benennt auch potenziell kontraproduktive Wirkungen, z. B bei künftigen Verfassungsänderungen und bei Eingriffen in Abgeordnetenrechte mit folgenden Organstreitverfahren. Nicht trotz, sondern wegen der Stärke der AfD dürfe der Kampf gegen den Extremismus in den Parlamenten nicht mit rechtlichen, sondern müsse in erster Linie mit politischen Mitteln geführt werden.

Kielmansegg, Peter Graf, Das Grundgesetz. Eine Verfassung der Freiheit?, in: INDES (2024), H. 1–2, S. 9–14. – Ausgangspunkt der Überlegungen ist die Frage, ob ein Zuviel an Selbstbindung der politischen Gewalt an die Verfassung möglich ist, dass diese nicht freiheitssichernd, sondern freiheitsbeschränkend wirkt. Hierfür werden zwei Typen von Verfassungen unterschieden – einerseits Verfassungen mit dem Ziel der Gewährung von Freiräumen zur Selbstregierung des Gemeinwesens und andererseits Verfassungen mit einer politischen Programmatik und festgeschriebenen Staatszielen. Der Autor sieht in der ursprünglichen Konzeption des Grundgesetzes eher die erstgenannte Variante programmatischer Zurückhaltung, allerdings eine problematische Tendenz in Richtung übertriebener Selbstbindung. Diese resultiere aus der engen Auslegung des Verfassungstextes durch die Inflation konkretisierender Leitsätze, was die Handlungsspielräume des Gesetzgebers einschränkt, vor allem aber aus der normativen Aufladung – „die Verfassung in einen Kodex von Werten umzudeuten" (S. 11). Als Beispiele nennt Kielmansegg die Ableitung von konkreten staatlichen Leistungspflichten aus dem Rechtssatz der Menschenwürde, die Proklamation von allumfassender Geschlechtergleichheit, die Umdeutung des Diskriminierungsverbotes (Artikel 3) in einen „antirassistischen Kampf" sowie die stärker auf Gesinnungsprüfung als auf extremistisches Handeln fokussierte Arbeit des Verfassungsschutzes. Das Fazit des Autors: „Das Grundgesetz ist eine Verfassung der Freiheit. Aber die Tendenz, es als eine Art politischen Bekenntnistext zu verstehen und als solchen den Bürgern anzusinnen, gefährdet seine Offenheit. Zu viel Verehrung tut einer Verfassung nicht unbedingt gut. In einer Zeit zunehmender Illiberalität haben wir allen Anlass, dieses Paradox ernst zu nehmen“ (S. 14).

Maier, Martin G., „Meine Zielgruppe ist das Volk.“ Die Querfront als populistische Strategie rund um Jürgen Elsässers Compact Magazin, in: Zeitschrift für Rechtsextremismusforschung 4 (2024), H. 1, S. 119–135. – Der Autor behandelt den Wandel des Querfrontkonzeptes in dem rechtsextremen Magazin Compact. Zielten erste Überlegungen in der Gründungsphase der Publikation auf organisationsbezogene Kooperationen von rechts- und linksaußen, änderte sich dies mit der Intensivierung des Zuwanderungsthemas ab 2015, in dessen Folge sich die Gräben zwischen den politischen Lagern vertieft hätten. Heute richte sich diese vielmehr auf die Mobilisierung von enttäuschten Linken und (ehemaligen) Wählern der etablierten Parteien, indem klassische populistische Narrative der „hart arbeitenden normalen Leute“ gegen die „korrupten internationalen Eliten“ formuliert würden. Als Brückenkonzepte dafür dienen etwa linksnationalistische Wirtschaftsmodelle, das Feindbild „links-grüner“ Identitätspolitik, verschwörungstheoretisch begründete Querdenkerpositionen sowie die massiv kritisierte militärische Unterstützung der Ukraine. Die Positionen Sahra Wagenknechts würden explizit als „linker“ Bezugspunkt herausgestellt, träfen jedoch auf wenig Gegenliebe. Der Populismus des Compact-Magazins ziele auf ein breites Publikum, das „kaum den intellektuellen Ansprüchen anderer rechtsextremer Medien wie Cato, Sezession oder Junge Freiheit“ entspräche.

Mannewitz, Tom, Zwischen „Tag X“ und einem „Marsch durch die Institutionen“. Die Instrumentalisierung des Staates durch Rechtsextremisten, in: Zeitschrift für Politik 71 (2024), H. 2, S. 145–164. – Der Autor untersucht die verschiedenen Strategien innerhalb des Rechtsextremismus, mit deren Hilfe der Staat unterwandert und seiner Handlungsfähigkeit beraubt werden soll. Er identifiziert eine Erosions-, eine Manipulations-, eine Usurpations- und eine Okkupationsstrategie. Bei der Erosionsstrategie gehe es darum, möglichst viele Angehörige der Behörden, insbesondere von Polizei und Militär, zum Ungehorsam zu bewegen. Die Voraussetzungen für den Erfolg der Strategie seien aber enorm, setze sie zunächst vollständige Gewaltfreiheit und eine erhebliche gesellschaftliche Resonanz voraus. Voraussetzungsärmer sei die Manipulationsstrategie, etwa durch den Aufruf einschlägiger Parteien an ihre Mitglieder, sie mögen sich als Schöffen bewerben, oder durch die Aufforderungen bei Pegida-Demonstrationen und AfD-Kundgebungen, die Polizei solle remonstrieren, um so der Migration nach Deutschland Einhalt zu gebieten. Die Usurpationsstrategie, vor allem von gewaltorientierten Gruppen präferiert, ziele darauf, dem Staat möglichst viele Ressourcen abspenstig zu machen, um sie für die eigenen Belange einzusetzen: Knowhow, Personal, Waffen und Munition etwa in Vorbereitung für einen „Tag X“. Die hauptsächlich von der Neuen Rechten verfolgte Okkupationsstrategie trachte schließlich danach, möglichst viele Stellen in Staat, Medien und Kultur mit „eigenen Leuten“ zu besetzen, um im Falle einer Machtübernahme nicht nur auf einen funktionsfähigen, sondern auch loyalen (Beamten-)Apparat zählen zu können.

Merkel, Wolfgang, Wie resilient ist unsere Demokratie? in: Aus Politik und Zeitgeschichte 74 (2024), B 27, S. 18–25. – Anders als in früheren Aufsätzen diagnostiziert der langjährige Direktor der Abteilung Demokratie und Demokratisierung am Wissenschaftszentrum Berlin eine Abnahme an demokratischer Qualität seit anderthalb Jahrzehnten, auch in den etablierten rechtsstaatlichen Demokratien. Diese hänge maßgeblich mit der Massivität und Gleichzeitigkeit der fundamentalen Herausforderungen durch Klimawandel, Migration, Pandemie und wirtschaftliche Regression zusammen. Anstelle der Dramatisierung durch die Verbreitung von Untergangsszenarien appelliert Merkel an die Stärkung einer demokratischen Resilienz „als die Fähigkeit eines demokratischen Regimes, externe Herausforderungen und interne Stressoren zu absorbieren und sich den wandelnden funktionalen Bedingungen demokratischen Regierens dynamisch anzupassen, ohne in einen Regimewandel zu geraten oder seine definierenden Prinzipien, Funktionen und Normen aufzugeben oder zu beschädigen“ (S. 19). Ziel der Politik im Angesicht der multiplen Krise müsse eine Leistungsbilanz sein, die von möglichst großen Teilen der Bevölkerung als effizient und fair wahrgenommen werde. Weimar-Analogien verwirft Merkel ebenso entschieden wie Forderungen nach einem AfD-Verbot. Letztgenanntes stärke nicht, sondern erodiere den liberalen Charakter der wehrhaften Demokratie.

Pfahl-Traughber, Armin, Israelbezogener Antisemitismus oder legitime Kritik? Kursierende Definitionen zur Differenzierung kritisch geprüft, in: Politikum (2024), H. 4, S. 9–14. – Um die Frage beantworten zu können, ab wann die Schwelle von Kritik an Israel hin zu antisemitischen Positionen überschritten ist, analysiert der Autor drei der geläufigsten Definitionen von Antisemitismus: jene der International Holocaust Remembrance Alliance (IHRA), den sogenannten 3-D-Test des früheren israelischen Sozialministers Natan Sharansky und der Jerusalem Declaration of Antisemitism. Während erstgenannte aufgrund diffuser Formulierungen wie „möglicher Hass" oder „bestimmte Wahrnehmungen" unpräzise sei, mangele es letztgenannten vor allem an Trennschärfe. Zur Differenzierung schlägt der Autor die Unterscheidung von drei Grundpositionen vor: a) antisemitische Israelfeindlichkeit, b) nicht-antisemitische Israelfeindlichkeit und c) nicht-antisemitische Kritik an der israelischen Politik. Denn nicht jede Feindschaft gegenüber Israel habe eine antisemitische Stoßrichtung, etwa wenn aufgrund eines Antiimperialismus einseitig Position für die Palästinenser bezogen werde. Eine legitime Kritik an Israel unterscheide sich davon durch einen differenzierten, menschenrechtlichen Blick auf alle Seiten.

Steinbrecher, Markus/Heiko Bichl/Nina Leonhard, Extremismus in der Bundeswehr, in: Aus Politik und Zeitgeschichte 74 (2024), B 47–48, S. 23–28. – Die Autoren versuchen eine Antwort auf die öffentlich vieldiskutierte Frage zu geben, ob es sich bei rechtsextremistischen Vorkommnissen in der Bundeswehr um zwar medial stark beachtete, aber letztlich seltene Einzelfälle handelt oder ob der Rechtsextremismus ein strukturelles Problem der „Truppe" darstellt. Dafür liefern sie neben den normativen und rechtlichen Vorgaben der Bundeswehr – die Anerkennung und das Eintreten der Soldaten für die freiheitlich-demokratische Grundordnungen – einen quantitativen Überblick zum Ausmaß extremistischer Vorfälle. Der Rechtsextremismus dominiert, während der Linksextremismus und Ausländerextremismus so gut wie keine Rolle spielt. Der rückläufigen Entwicklung seit 2021 stehen Vermutungen zum Dunkelfeld aufgrund des Problems eines falsch verstandenen Korpsgeistes entgegen. Als potenzielle Ursachen identifizieren die Autoren zwei zentrale Faktorenbündel: Einerseits würden extremistische Einstellungen von außen in die Bundeswehr importiert, da militärische Grundsätze wie Disziplin, Hierarchie und Gehorsam in hohem Maße kompatibel mit rechten Wertevorstellungen seien. Andererseits fände eine Radikalisierung innerhalb der Verbände statt, die aus Unzufriedenheit und aus Zweifeln am Funktionieren des demokratischen Systems resultiere. Um solchen Dynamiken entgegenzuwirken, sei der transparente Umgang mit extremistischen Vorkommnissen zentral, jedoch ohne öffentliche Vorverurteilungen auszusprechen und die Bundeswehr unter Generalverdacht zu stellen.

Volk, Sabine/Manès Weisskircher, Defending democracy against the „Corona dictatorship"? Far-right PEGIDA during the COVID-19 pandemic, in: Social Movement Studies 23 (2024), S. 719–737. – Die Autoren untersuchen die Reaktion rechtsextremer zivilgesellschaftlicher Organisationen auf die COVID-19-Pandemie mit Schwerpunkt auf dem Fall PEGIDA in Deutschland. Wie sich zeigt, hat PEGIDA das Programm kollektiver Aktionen im Zusammenhang mit Einwanderung schnell angepasst und sich hauptsächlich als Verteidigerin von Demokratie, Verfassung und Bürgerrechten präsentiert, während die deutsche Regierung der Vorwurf der Etablierung einer „Corona-Diktatur" trifft. Die Untersuchung trägt nicht nur zu einem besseren Verständnis der Entwicklung einer wichtigen rechtsextremen sozialen Organisation während der Pandemie bei, sondern dient auch der Erforschung der rechtsextremen Ideologie im Allgemeinen. Die Untersuchung eines kritischen Falls von rechtsextremem Aktivismus mündet in die Empfehlung, die traditionelle akademische Unterscheidung zwischen radikaler und rechtsextremer Ideologie auf der Grundlage formaler pro-demokratischer und antidemokratischer Positionen zu überdenken. Während sie sich zu demokratischen Idealen bekennen, greifen Aktivisten demokratische Institutionen und ihre wichtigsten Vertreter scharf an und bezeichnen sie als

„totalitär" oder „diktatorisch" – ein wesentliches extremistisches Merkmal des zeitgenössischen rechtsextremen Diskurses, das während der Pandemie besonders auffällig war. Tatsächlich scheint die Veränderung im Diskurs von PEGIDA während der Pandemie mit den allgemeinen Trends in der Entwicklung der rechtsextremen Ideologie in Protestbewegungen und der Parteipolitik übereinzustimmen, wo formale Unterstützung für die Demokratie mit einer Rhetorik der Delegitimierung der gegenwärtigen demokratischen Institutionen und ihrer Repräsentanten einhergeht.

U.B./A.G./E.J./T.T.

Verzeichnis der besprochenen Bücher

Patzelt, Werner J., Geschichte des Parlamentarismus, Band 1: Außereuropäische Vormoderne und vorchristliche Antike – 485

Pesch, Jan-Hinrick, Das Scheitern der Querfront und seine Ursachen. Eine Studie zu Fällen aus dem Links- und Rechtsextremismus der Weimarer Republik und der Bundesrepublik Deutschland – 437

Petersen, Andreas, Der Osten und das Unbewusste. Wie Freud im Kollektiv verschwand – 485

Polenz, Ruprecht, Tu was! Kurze Anleitung zur Verteidigung der Demokratie – 485

Preiss, Ulrike, Stile extremistischer Tatschreiben. Charakteristika rechter und linker inkriminierter Texte – 486

Quent, Matthias/Fabian Virchow (Hrsg.), Rechtsextrem, das neue Normal? Die AfD zwischen Verbot und Machtübernahme – 267

Rödder, Andreas, Der verlorene Frieden. Vom Fall der Mauer bis zum neuen Ost-West-Konflikt – 440

Ruch, Philipp, Es ist 5 vor 1933. Was die AfD vorhat und wie wir sie stoppen – 267

Ruck, Michael, Arnold Brechts Staatsverständnis in Praxis und Theorie. Deutscher Verwaltungsjurist – amerikanischer Staatswissenschaftler – transnationaler Politikberater – 486

Sahebi, Gilda, Wie wir uns Rassismus beibringen. Eine Analyse deutscher Debatten – 486

Salzborn, Samuel, Wehrlose Demokratie? Antisemitismus und die Bedrohung der politischen Ordnung – 486

Sarrazin, Thilo, Deutschland auf der schiefen Bahn. Wohin steuert unser Land? – 486

Schäuble, Wolfgang, Erinnerungen. Mein Leben in der Politik – 443

Schilk, Felix, Die Erzählgemeinschaft der Neuen Rechten. Zur politischen Soziologie konservativer Krisennarrative – 447

Schmeitzner, Mike/Carsten Schreiber/Tom Thieme (Hrsg.), Transformationen einer Polizei. Das Landeskriminalamt Sachsen im 20. Jahrhundert – 486

Schmeitzner, Mike/Thilo Scholle (Hrsg.), Hermann Heller, die Weimarer Demokratie und der soziale Rechtsstaat – 450

Schmerdtmann, Mattes, Das Deutsche Kulturwerk Europäischen Geistes (1950-1996). Porträt eines völkischen Kulturvereins und seiner Schriften – 453

Schönberger, Sophie/Thomas Poguntke (Hrsg.), Politische Skandale und politische Macht – 456

Schöne, Helmar, Parlamente. Aufgaben – Arbeitsweise – Anforderungen – 487

Schröter, Susanne, Der neue Kulturkampf. Wie eine woke Linke Wissenschaft, Kultur und Gesellschaft bedroht – 487

Schulze-Marmeling, Dietrich, Antisemitismus reloaded. Die Linke, der Staat und der 7. Oktober – 487

Schuppert, Gunnar Folke, Krisen, Bedrohte Ordnungen, Zeitenwenden, Resilienz. Regierbarkeitsprobleme in gestressten Gesellschaften – 487

Schüttemeyer, Suzanne S./Pia Berkhoff/Malte Cordes/Oscar W. Gabriel/Daniel Hellmann/Benjamin Höhne/Oliver Kannenberg/Sophie Kopsch/Oskar Niedermayer/Anastasia Pyschny/Danny Schindler, Die Aufstellung der Kandidaten für den Deutschen Bundestag. Empirische Befunde zur personellen Qualität der parlamentarischen Demokratie – 487

Scurati, Antonio, Faschismus und Populismus – 460

Sellner, Martin, Remigration. Ein Vorschlag – 330

Semsrott, Arne, Machtübernahme. Was passiert, wenn Rechtsextreme regieren. Eine Anleitung zum Widerstand – 267

Siegfried, Detlef, Körber. Stiftung und Gesellschaft seit 1959 – 488

Mitteilungen und Hinweise

Stark im Amt und Starke Stelle

Stark im Amt wurde im Jahr 2021 als Informationsportal für Amts- und Mandatsträger etabliert, die Hass und Hetze erleben. Auf der Website finden Betroffene Informationen und Kontaktadressen von Beratungsstellen, bundesweit und in ihrer Region. Seit August 2024 ist über das Portal auch eine Ansprechstelle mit persönlicher Beratung erreichbar: Die starke Stelle berät betroffene Amtsträgerinnen und Amtsträger telefonisch, per E-Mail oder Videokonferenz.

Viele Bürgermeisterinnen und Bürgermeister, Stadtrats- und Gemeinderatsmitglieder, Landrätinnen und Landräte sowie Mitglieder der Kreistage haben es bereits erlebt: Verleumdungen, Anfeindungen, Gewaltandrohungen. Häufig wird anonym im Netz gepöbelt und bedroht, aber auch auf offener Straße sinken die Hemmschwellen. Die regelmäßige Umfrage des Bundeskriminalamtes bei kommunalen Amts- und Mandatsträgern zeigt: Hass und Hetze, Drohungen und Übergriffe gegen kommunalpolitisch engagierte Menschen ebben nicht ab. Das politische Klima bleibt angespannt. Seit der Corona-Pandemie verharren die Fallzahlen auf hohem Niveau.

Laut der jüngsten Befragung des Kommunalen Monitorings „Hass, Hetze und Gewalt gegenüber Amtsträgerinnen und Amtsträgern“ (KoMo) des Bundeskriminalamts gaben 36 Prozent der Befragten an, zwischen Mai und Oktober 2024 Anfeindungen erfahren zu haben. Im Durchschnitt wurden acht derartige Vorfälle erlebt, jedoch nur knapp ein Drittel der Fälle zur Anzeige gebracht. Denn viele dieser Vorfälle liegen in einem Graubereich, in dem Betroffene nicht direkt den Notruf wählen oder eine Anzeige erstatten wollen. Viele Betroffene sind unsicher, ab welcher Fallhöhe sie die Polizei einschalten können oder wollen. Daher ist es wichtig, sich im Falle des Falles schnell informieren zu können. Auf dem Online-Portal stark-im-amt.de haben die kommunalen Spitzenverbände in Zusammenarbeit mit der Körber Stiftung deshalb erstmals eine Übersicht über das Hilfenetzwerk zusammengestellt, das Betroffene bundesweit und in den einzelnen Bundesländern berät und unterstützt. Die Netzwerkdaten werden fortlaufend aktualisiert und erweitert. Auf dem Portal werden auch regelmäßig Veranstaltungshinweise und Beiträge, etwa zum Umgang mit Online-Hetze und Hass-Postings, veröffentlicht. Ziel ist, Betroffene zu stärken und ihnen Wege aufzuzeigen, gegen Hass und Hetze vorzugehen. Außerdem wollen die Initiatoren mehr öffentliche Aufmerksamkeit schaffen: Denn die Gesellschaft muss sich hinter Menschen, die sich in besonderem Maße für andere Menschen einsetzen, stellen und diese verteidigen.

Seit August 2024 ist die starke Stelle eingerichtet, eine direkte Ansprechstelle für von Hass und Hetze betroffene kommunale Amts- und Mandatsträger. Die starke Stelle wird von der Stiftung Deutsches Forum für Kriminalprävention betrieben und ist online an das Portal Stark im Amt angeschlossen. Die starke Stelle erweitert das Portal und schließt eine Lücke im bestehenden Netzwerk durch ein persönliches Beratungsangebot per Hotline, E-Mail oder Videoschaltung. Die Nachfrage zeigt, dass ein solches Angebot für kommunale Amtsträger leider notwendig ist. Die im Koalitionsvertrag von CDU, CSU und SPD vorgesehene Fortführung der starken Stelle sendet das wichtige Signal, dass der Bund kommunale Amts- und Mandatsträger auch weiterhin im Kampf gegen Hass, Hetze und Gewalt unterstützen wird.

Das Portal Stark im Amt und die starke Stelle können allerdings nur die Folgen von Hass und Hetze mildern, indem sie Betroffenen Gehör und Unterstützung bieten. Darüber hinaus braucht es grundsätzlich mehr präventive Maßnahmen – etwa durch politische Bildung –, damit den Menschen die Rolle der kommunalen Selbstverwaltung deutlicher wird. Es muss für alle klar sein: Menschen, die sich für andere Menschen einsetzen, dürfen nicht zur Zielscheibe werden. Deshalb muss Hass, Hetze und Gewalt gegen kommunalpolitisch Engagierte spürbare und rasche strafrechtliche Konsequenzen für die Täter haben. Wichtig sind also das konsequente Verfolgen und das Ahnden von Straftaten. Dazu kann auch eine Strafrechtsverschärfung beitragen, die Nachstellungen, Aufmärsche vor Wohnhäusern und Drohungen gegen die Familie von kommunalpolitisch Engagierten verfolgt. An dieser Stelle muss das Strafgesetzbuch nachgebessert werden. Und: Auch wer online Hass und Hetze gegen kommunalpolitisch engagierte Menschen sät, muss die strafrechtlichen Folgen schneller spüren als bisher. Die in den meisten Bundesländern eingerichteten Schwerpunktstaatsanwaltschaften und ähnliche Zentraleinheiten leisten einen wichtigen Beitrag zu einer effizienten Strafverfolgung. Wichtig bleibt aber, dass Ermittlungsverfahren nicht vorschnell mangels öffentlichen Interesses eingestellt werden.

Kontakt und weitere Informationen: www.stark-im-amt.de sowie www.starkestell e.de.

Stiftung Bundeskanzler-Adenauer-Haus mit den Ausstellungsorten Bad Honnef-Rhöndorf und Berlin

Die Stiftung Bundeskanzler-Adenauer-Haus erinnert als überparteiliche Politikergedenkstiftung des Bundes an den ersten Bundeskanzler Konrad Adenauer. An ihren Standorten in Bad Honnef-Rhöndorf in der Nähe von Bonn sowie in Berlin-Mitte macht sie mit Ausstellungen die jüngere deutsche Geschichte für ein breites Publikum zugänglich. Darüber hinaus bietet die Stiftung kompakte Wanderausstellungen zu Adenauers Biografie und Einzelaspekten seiner Politik an.

Herzstück der Stiftung ist das Rhöndorfer Wohnhaus Adenauers. Er bewohnte es von 1937 bis zu seinem Tode 1967. Führungen durch die privaten Räume vermitteln biografische sowie zeithistorische Informationen und einen Eindruck seines bürgerlichen Lebensstils. Die Rhöndorfer Dauerausstellung „Konrad Adenauer 1876–1967. Rheinländer, Deutscher, Europäer“ im unterhalb des Gartens gelegenen Ausstellungsgebäude spiegelt Adenauers Leben im Kontext von fünf Epochen deutscher Geschichte wider. Im 2024 eröffneten Konrad-Adenauer-Forum in Berlin ist die Dauerausstellung „Konrad Adenauer. Der erste Bundeskanzler“ zu sehen. In drei Themenräumen – zu Demokratie, Freiheit und Europa – steht hier der Regierungschef im Fokus, der die deutsche Nachkriegsgeschichte nachhaltig prägte.

Konrad Adenauer erlebte Kindheit und Jugend im Kaiserreich. Zu Beginn der Weimarer Republik sorgte er in Köln für einen geordneten Übergang von der Monarchie zur Demokratie. Als Oberbürgermeister seiner Heimatstadt lernte Adenauer das politische Handwerk. Als Zentrumspolitiker verteidigte er die Grundfesten von Freiheit und Recht gegen Angriffe von rechts und links. Seine christliche und demokratische Überzeugung wurde Adenauer schließlich zum Verhängnis: Unmittelbar nach der „Machtergreifung“ vertrieben ihn die Nationalsozialisten aus dem Amt. Die Zeit zwischen 1933 und 1945 erlebte er in existentieller Sorge. Zwei Mal wurde Adenauer in dieser Zeit inhaftiert und bangte um sein Leben und seine Angehörigen.

Nach der NS-Diktatur galt es in Deutschland eine neue, langfristig tragfähige Demokratie zu errichten. Als Präsident des Parlamentarischen Rates war Adenauer eine wichtige Integrationsfigur. Er baute in der Nachkriegszeit zudem die interkonfessionelle Sammlungspartei CDU mit auf, die breiten Bevölkerungsschichten eine politische Heimat bot. Adenauers Kompass war wegweisend: Oberstes Ziel seiner Politik war die Einbindung in die freiheitlichen Demokratien des Westens. Dazu gehörten neben den engen transatlantischen Beziehungen die Europäische Einigung und die deutsch-französische Aussöhnung. Gen Osten und dem Kommunismus sollte dagegen ein Bollwerk entstehen. Jegliche totalitären Systeme, in denen Unterdrückung statt Freiheit herrschen, lehnte Adenauer zeitlebens ab.

Der historische Ort, Adenauers Wohnhaus, bietet aufgrund seiner Authentizität einen atmosphärisch-emotionalen Zugang zum Thema. Die Ausstellungen in Bad Honnef und Berlin betten Adenauers Vita in die langen Linien der jüngeren deutschen Vergangenheit ein und illustrieren die Entstehung der Bundesrepublik Deutschland.

Die Stiftung bietet für alle Altersstufen Veranstaltungen im Bereich historisch-politische Bildung an und vermittelt grundlegende Kenntnisse der Zeitgeschichte. In kostenfreien Führungen, Workshops und Vorträgen kann sich ein breites Publikum an beiden Standorten der Stiftung mit der Grundlegung und den Errungenschaften unserer Demokratie auseinandersetzen. Gleichzeitig wird die Verletzlichkeit der Demokratie erfahrbar. Die Demokratieworkshops für Schulklassen und andere Interessierte beinhalten u. a. Führungen, Gruppenarbeit und interaktive didaktische Elemente. Das Adenauerhaus ist so mit seinen vielfältigen Angeboten ein Erinnerungsort der Demokratiegeschichte und zugleich ein partizipativer Lernort der Demokratiebildung.

Ein Archiv, das den Nachlass des Gründungskanzlers aufbewahrt und erschließt, ist darüber hinaus die Basis der wissenschaftlichen Stiftungsarbeit, die mit ihren

Quelleneditionen, Monografien, Aufsätzen, Vorträgen und Tagungen einen Beitrag zur Geschichtsforschung leistet.

Die beiden Dauerausstellungen, die Wanderausstellungen, Publikationen und Veranstaltungen sind multiperspektivisch angelegt und werfen einen differenzierten Blick auf Adenauers Politik. Sie würdigen seine wegweisenden Verdienste um die Bundesrepublik Deutschland, zeigen aber auch Kontroversen auf.
Kontakt und weitere Informationen: www.adenauerhaus.de.

Personenverzeichnis

Autorenverzeichnis

Bene Ausborn, Doktorand, Institut für Politikwissenschaft, Technische Universität Chemnitz.

Dr. Uwe Backes, Prof., Hannah-Arendt-Institut für Totalitarismusforschung e. V. an der Technischen Universität Dresden.

Dr. Arnd Bauerkämper, Prof., Friedrich-Meinecke-Institut für Geschichtswissenschaft, Freie Universität Berlin.

Dr. Manuel Becker, PD, Academy of International Affairs NRW, Bonn.

Anja Blankenbühler, M.A., Doktorandin, Institut für Politikwissenschaft, Technische Universität Chemnitz.

Dr. Evelyn Bokler, Prof., Lehrbeauftragte, Institut für Politische Wissenschaft, Rheinische Friedrich-Wilhelms-Universität Bonn.

Dr. Wilfried von Bredow, Prof. em., Institut für Politikwissenschaft, Philipps-Universität Marburg.

Dr. Hubertus Buchstein, Prof., Institut für Politikwissenschaft, Universität Greifswald.

Dr. Frank Decker, Prof., Institut für Politische Wissenschaft und Soziologie, Rheinische Friedrich-Wilhelms-Universität Bonn.

Dr. Jost Dülffer, Prof. em., Historisches Institut, Universität zu Köln.

Dr. Wolfgang Durner, Prof., Fachbereich Rechtswissenschaft, Universität Bonn.

Dr. Jürgen W. Falter, Prof., Institut für Politikwissenschaft, Johannes-Gutenberg-Universität Mainz.

Dr. Rolf Frankenberger, PD, Institut für Rechtsextremismusforschung, Universität Tübingen.

Dr. Alexander Gallus, Prof., Institut für Politikwissenschaft, Technische Universität Chemnitz.

Dr. Manfred Görtemaker, Prof. em., Geschichte des 19./20. Jahrhunderts, Universität Potsdam.

Dr. Bernd Greiner, Prof. em., Arbeitsbereich Globalgeschichte, Universität Hamburg.

Dr. Florian Grotz, Prof., Institut für Politikwissenschaft, Helmut Schmidt Universität/Universität der Bundeswehr Hamburg.

Dr. Fabian Habersack, Post-Doktorand, Institut für Politikwissenschaft, Universität Innsbruck.

Dr. Jens Hacke, PD, Lehrstuhlvertretung, Institut für Politikwissenschaft, Universität Halle.

Dr. Hendrik Hansen, Prof., Hochschule des Bundes für öffentliche Verwaltung, Berlin.

Dr. Florian Hartleb, Prof., Modul University, Wien.

Dr. Helge F. Jani, freier Publizist, Hamburg.

Dr. Hans-Gerd Jaschke, Prof. em., Fachbereich Polizei und Sicherheitsmanagement, Hochschule für Wirtschaft und Recht Berlin.

Dr. Eckhard Jesse, Prof. em., Institut für Politikwissenschaft, Technische Universität Chemnitz.

Dr. Peter Graf Kielmansegg, Prof. em., Fakultät für Sozialwissenschaften, Universität Mannheim.

Dr. Sandra Kostner, Geschäftsführerin Masterstudiengang „Migration, Diversität und Teilhabe“, Pädagogische Hochschule Schwäbisch Gmünd.

Dr. Wolfgang Kraushaar, Hamburger Stiftung zur Förderung von Wissenschaft und Kultur, Hamburger Institut für Sozialforschung.

Dr. Jürgen P. Lang, Politikwissenschaftler, München.

Dr. Sebastian Liebold, Institut für Politikwissenschaft, Technische Universität Chemnitz.

Dr. Roland Löffler, Direktor, Sächsische Landeszentrale für politische Bildung, Dresden.

Dr. Tom Mannewitz, Prof., Hochschule des Bundes für öffentliche Verwaltung, Berlin.

Dr. Werner Müller, Prof. em., Historisches Institut, Universität Rostock.

Dr. Helmut Müller-Enbergs, Gastwissenschaftler, Friedrich-Meinecke-Institut, Freie Universität Berlin.

Dr. Herfried Münkler, Prof. em., Politische Theorie, Humboldt-Universität zu Berlin.

Dr. Teresa Nentwig, Wissenschaftliche Referentin, Landesamt für Verfassungsschutz Baden-Württemberg, Stuttgart.

Dr. Cemal Öztürk, Wissenschaftlicher Mitarbeiter, Institut für Politikwissenschaft, Universität Duisburg-Essen.

Dr. Martin Otto, Rechtswissenschaftliche Fakultät, FernUniversität Hagen.

Dr. Jan-Hinrick Pesch, Wissenschaftlicher Mitarbeiter, Bundesministerium des Innern, Berlin.

Dr. Thomas Petersen, PD, Wissenschaftlicher Mitarbeiter, Institut für Demoskopie Allensbach.

Dr. Armin Pfahl-Traughber, Prof., Hochschule des Bundes für öffentliche Verwaltung, Brühl.

Dr. Gert Pickel, Prof., Religions- und Kirchensoziologie, Universität Leipzig.

Moritz Pitscheider, M.A., Wissenschaftlicher Mitarbeiter, Institut für Politikwissenschaft, Technische Universität Chemnitz.

Dr. Michael Ploenus, Institut für Geschichtswissenschaft, Technische Universität Braunschweig.

Dr. Susanne Pickel, Prof., Institut für Politikwissenschaft, Universität Duisburg-Essen.

Dr. Martin Sabrow, Prof. em., Leibniz-Zentrum für Zeithistorische Forschung, Potsdam.

Dr. Steven Schäller, Wissenschaftlicher Mitarbeiter, Merkator Forum Migration und Demokratie (MIDEM), Technische Universität Dresden.

Dr. Frank Schale, Wissenschaftlicher Mitarbeiter, Institut für Politikwissenschaft, Technische Universität Chemnitz.

Paul Schliefsteiner, Direktor des Austrian Center for Intelligence, Propaganda and Security Studies (ACIPSS), Graz.

Dr. Manfred G. Schmidt, Prof. em., Institut für Politische Wissenschaft, Universität Heidelberg.

Dr. Susanne Schröter, Prof., Institut für Ethnologie, Goethe-Universität Frankfurt.

Dr. Brigitte Seebacher, Prof., Publizistin, Rothenbach.

Norman Siewert, M.A., wissenschaftlicher Referent, Senatsverwaltung für Inneres und Sport, Berlin.

Dr. Jochen Staadt, Forschungsverbund SED-Staat, Freie Universität Berlin.

Dr. Alexander Straßner, Prof., Institut für Politikwissenschaft, Universität Regensburg.

Dr. Roland Sturm, Prof. em., Institut für Politische Wissenschaft, Friedrich-Alexander-Universität Erlangen-Nürnberg.

Dr. Hans-Ulrich Thamer, Prof. em., Historisches Seminar, Universität Münster.

Dr. Tom Thieme, Prof., Hochschule der Sächsischen Polizei (FH), Rothenburg/Oberlausitz.

Dr. Carsten Wegscheider, Wissenschaftlicher Mitarbeiter, Institut für Politikwissenschaft, Universität Münster.

Dr. Leif Woidtke, Polizeidirektor, Hochschule der Sächsischen Polizei (FH), Rothenburg/Oberlausitz.

Dr. Tobias Wunschik, Wissenschaftlicher Mitarbeiter, Institut für Geschichtswissenschaft, Humboldt-Universität zu Berlin.

Dr. Barbara Zehnpfennig, Prof. em., Geistes- und Kulturwissenschaftliche Fakultät, Universität Passau.